编委会成员
（以下均为作者完成本作品时的工作单位）

张海龙　北京云亭律师事务所

刘春辉　北京云亭律师事务所

邢　辉　北京云亭律师事务所

吴　刚　北京云亭律师事务所

琚　敬　北京云亭律师事务所

彭镇坤　北京云亭律师事务所

郭　静　北京云亭律师事务所

王可慧　北京云亭律师事务所

张宇森　北京云亭律师事务所

云亭法律实务书系

建设工程纠纷
裁判规则与类案集成

张海龙 刘春辉 ◎ 编著

CONSTRUCTION PROJECT DISPUTES
INTEGRATION OF JUDGMENT
RULES AND CASES

中国法制出版社
CHINA LEGAL PUBLISHING HOUSE

序　言

　　二零二零年十一月六日，北京云亭律师事务所建设工程专业委员会正式成立。成立伊始，建工专委会就定下目标：认真编写两本书，为云亭法律实务书系添砖加瓦。一本主要内容是建设工程施工合同纠纷解决实务；另一本主要内容是房地产开发、合作、并购、销售过程中的纠纷解决实务。功夫不负有心人，历时一年六个月，关于建设工程施工合同纠纷解决实务的书终于要面世了。

　　纵观整个争议解决领域，建工案件有几个特点：一是标的额大，标的额几百万元的都是小菜了，争议标的额数千万元是常态，上亿元的也比比皆是；二是争议大，但凡建工案子，很少有不提反诉的，而且双方法庭上都振振有词，觉得自己才是最冤枉的；三是建工律师起的作用大，原告起诉几千万元，裁判结果可能只有几十万元，甚至可能还要倒找被告，优秀的建工律师能发挥很大作用；四是裁判观点多，且同案不同判的情况十分常见；五是鉴定多，建工案子十有八九都会提起鉴定，或是造价鉴定，或是质量鉴定，或是修复方案鉴定，或是修复费用鉴定，可能还会有合理工期鉴定；六是材料多，推着装满拉杆箱的小推车去法院和仲裁委的，大多数是建工律师，而小推车里的材料只是建工律师花很长时间从浩如烟海的材料库中萃取出来的一小部分，一份材料决定案件胜负的情况在建工领域较为常见，建工前辈朱树英老师"从废纸麻袋捡回的签证文件决定3638万元胜诉"在业界早已传为美谈；七是专业性强，建工律师身边往往聚集了一批建造师、造价师等专业高手以备随时请教，很少有建工律师仅凭法律知识就能把案子办好的。

　　凡此种种，都是建工案子的魅力所在，作为专门解决建工纠纷的律师，我们多做一些研究，多请教一些建造师，多去资料库扒几天，就有可能给客户争取到几百万元甚至数千万元的经济利益，何乐而不为呢？

本书延续云亭法律实务书系的写作特点和编写体例，以问题为导向，着重研究司法实践中最常见、最重要的实务问题。我们通过认真研读最高人民法院 2018 年以来的上千份建设工程裁判文书，创作了近 200 篇实务文章，又从中选出 100 篇作为本书的百案评析，在每篇评析的最后都附有若干篇相关典型案例供读者参考。本书分九大板块，从影响施工合同效力的因素、施工合同无效后的处理、建设工程工期争议、建设工程结算争议、工程造价鉴定的要点、工程价款优先受偿权、实际施工人的保护、施工领域常见的刑事风险防范、建工案件常见程序争议等几个部分，希望为读者解决争议提供一些好的思路，并在诉讼过程中少走一些弯路。

目 录

第一部分 合同效力

001 调出必须招标项目目录前签订的合同未经招标程序的，其效力该如何认定？ …………………………………………………………………… 1

002 中标通知书发出后，招标人和投标人未订立书面合同，合同是否成立？ …………………………………………………………………… 9

003 施工合同内容与招投标文件不一致，以哪一个为准？ ……………… 28

004 承包人中标后依法分包时，是否必须公开招标？ …………………… 37

005 招标前进行实质性谈判的，中标无效，所签施工合同也无效 ……… 41

006 应当公开招标的项目，未经批准采用邀请招标方式，中标有效吗？ …… 48

007 挂靠施工，应根据发包方对挂靠是否明知来认定施工合同的效力 …… 56

008 低于成本价中标的合同无效时，应如何认定"低于成本价"呢？ …… 65

009 哪些情况属于另行订立背离合同实质性内容的其他协议？ ………… 72

010 合同上加盖的施工企业印章系私刻，是否对施工企业发生效力？ …… 80

011 施工合同被认定无效时，工程质量保证金还能扣留吗？ …………… 91

012 施工合同无效情形下，就尚未竣工验收的烂尾工程，承包人可以主张折价补偿吗？ ………………………………………………… 96

第二部分 工期和质量

013 承包人进场施工时，建设单位尚未取得施工许可证的，应如何确定开工日期？ …………………………………………………… 103

014	开工通知发出后，现场尚不具备开工条件的，开工日期应如何确定？	109
015	竣工验收报告提交之日、竣工验收合格之日，哪个才是实际竣工日期？	114
016	承包人提交竣工验收报告后，发包人拖延验收的，竣工日期应如何确定？	119
017	建设工程未经竣工验收，发包人将其中的住宅部分交付买受人的，竣工日期应如何认定？	123
018	承包人未按约定程序提交工期顺延申请，是否影响承包人工期索赔？是否代表工期延误的责任转移至承包人？	129
019	承包人未曾提出工期顺延申请，但设计确有变更的，应如何计算顺延天数？	135
020	承包人逾期竣工的，是否应赔偿发包人向购房人支付的逾期交房违约金？	141
021	取得竣工验收合格证明是否可以证明工程质量合格？	148
022	工程存在质量问题时，发包人是否可以直接请求减少工程价款？	153

第三部分 结　　算

023	发包人未签字的签证单，一定不能作为结算依据吗？	160
024	施工合同中注明"本合同仅作备案使用，不作为施工结算的依据"时，该合同还可以作为结算依据吗？	167
025	数份建设工程施工合同均无效，且难以确定哪一份是实际履行的合同时，如何确定工程价款的结算依据？	183
026	发包人收到结算文件逾期未答复时，承包人能否按照通用条款的默示推定内容，依据单方制作的结算文件向发包人索要工程款？	196
027	施工合同未约定人机材结算依据时，应按定额还是市场价结算？	204
028	合同约定审计是付款的前提条件时，发包方不委托审计的，承包人就无法主张工程款吗？	211

029 房地产是合作开发的,承包人能否向发包人之外的其他合作方主张工程款? ………………………………………………………… 220

030 发包人能否以承包人未开具发票为由拒付工程款? ………… 231

031 工程已完工多年,承包人依据"背靠背"条款拒绝向分包人支付工程款的,法院不予支持 ……………………………………… 238

032 工程款清偿期限届满前签订的以房抵工程款协议是否有效? … 248

033 以房抵工程款但未办理登记过户的房屋,是否应计入已付工程款? … 254

034 合同约定固定总价为"暂定价",该"暂定价"金额是否可以作为结算依据? ……………………………………………………… 260

035 施工合同为固定总价,施工过程中,发包人同意"据实结算",是否有效? ………………………………………………………… 267

036 固定总价合同下,存在与固定总价相冲突的结算条款,应怎样确定结算依据? ……………………………………………………… 274

037 固定价合同解除后,未完工程如何结算? …………………… 278

038 项目经理私刻公章与发包人签订结算协议,效力如何认定? … 287

039 固定价合同履行过程中,材料价格大幅度上涨,承包人有何救济途径? ……………………………………………………………… 294

第四部分 鉴　　定

040 当事人约定按固定价结算工程款时,法院为何不准许工程造价司法鉴定? ………………………………………………………… 305

041 需要司法鉴定才能确定欠付工程款数额时,当事人未申请鉴定,法院能否直接驳回当事人的诉讼请求? ………………………… 311

042 一审放弃鉴定申请,二审又申请司法鉴定的,法院会准许吗? … 317

043 当事人提出各自认可的结算依据,工程造价鉴定机构应如何处理? ……………………………………………………………………… 323

044 司法鉴定机构认为现有检材不具备鉴定条件的,法院能否另行委托鉴定机构? …………………………………………………… 327

045	受单方委托作出的审计报告或鉴定意见一定不能作为定案证据吗？	333
046	刑事案件的鉴定意见可否作为民事案件的定案证据？	343
047	鉴定意见与施工合同的计价约定相矛盾的，能否作为定案证据？	348
048	无管辖权法院委托作出的鉴定意见，有管辖权法院可否作为定案证据？	354
049	当事人不服工程造价司法鉴定意见，可否起诉鉴定机构？	359
050	鉴定材料未经当事人质证，司法鉴定意见一定不能作为定案证据吗？	365
051	司法鉴定意见没有鉴定人签章，能否作为定案证据？	371
052	工程造价司法鉴定意见违反推荐性技术规范，是否因此无效？	375
053	当事人对鉴定意见提出异议，法庭未通知鉴定人出庭作证，是否属于程序违法？	381
054	工程造价鉴定意见遗漏工程量，法院可否要求当事人就遗漏部分另案诉讼？	387
055	工程造价鉴定费应由败诉当事人承担吗？	391

第五部分　优先受偿权

056	工程款利息、停工损失是否属于建设工程价款优先受偿权的范围？	400
057	工程质量保证金是否属于优先受偿权的范围？	405
058	建设工程优先受偿权的起算时间应如何认定？	410
059	双方就结算不能达成一致，诉讼中通过司法鉴定才确定工程价款的，优先受偿权从何时起算？	420
060	借用资质的实际施工人是否享有工程价款优先受偿权？	429
061	转包、违法分包情形下，实际施工人是否享有建设工程价款优先受偿权？	435
062	施工合同解除后，承包人是否享有工程价款优先受偿权？	440

063 哪些装饰装修工程承包人享有建设工程价款优先受偿权？ 443

064 承包人对违章建筑是否享有工程价款优先受偿权？ 450

065 承包人预先放弃建设工程价款优先受偿权，是否有效？ 454

066 施工合同无效，是否影响承包人建设工程价款优先受偿权？ 459

067 承包人能否在另案执行程序中主张建设工程价款优先受偿权？ 468

068 诉讼请求包含了建设工程价款优先权，但结案调解书没有涉及，该优先权还受保护吗？ 474

069 承包人与发包人签订以房抵工程款协议，是否构成建设工程价款优先受偿权的行使？能否排除强制执行？ 479

070 承包人依据建设工程价款优先受偿权对涉案房屋申请强制执行，房屋买受人能否排除执行？ 492

071 承包人工程价款优先受偿权能否对抗商品房消费者的权利？ 504

第六部分 实际施工人

072 建工合同纠纷中如何区分"挂靠"与"内部承包"？ 513

073 涉及工程款结算等重大问题，双方各执一词时，司法实践中应如何区分认定转包和挂靠？ 522

074 怎样证明己方是实际施工人，从而突破合同相对性向发包方索要工程款？ 527

075 层层转包情形下，与实际施工人没有合同关系的转包人是否承担付款连带责任？ 534

076 挂靠人是否可以实际施工人身份，要求被挂靠人与发包人连带承担工程款支付责任？ 540

077 建设工程施工合同无效，实际施工人是自然人的，能否计取企业管理费？ 548

第七部分 刑事法律风险

078 如何认定建工领域刑事法律风险之串通投标罪？ 553

| 079 | 挂靠人私自以被挂靠人名义刻制项目部印章，构成伪造公司印章罪？ 559
| 080 | 如何防范建工领域刑事法律风险之重大责任事故罪？ 563
| 081 | 实际施工人采取转移财产、逃匿方式逃避支付劳动报酬的，构成拒不支付劳动报酬罪 573
| 082 | 虚报工程量进行结算，构成犯罪吗？ 580

第八部分　程序问题

| 083 | 工程进度款的诉讼时效从何时起算？ 585
| 084 | 当事人对工程款进行了初步结算，最终金额未确定，诉讼时效应否起算？ 589
| 085 | 诉讼保全保险费应当由败诉方承担吗？ 595
| 086 | 转包合同约定了仲裁条款，实际施工人还能依据建工司法解释（一）第四十三条第二款突破合同相对性起诉发包人吗？ 602
| 087 | 施工合同约定的仲裁条款有效，补充合同约定的仲裁条款无效，应仲裁还是诉讼？ 610
| 088 | 施工合同约定"向工程所在地仲裁委申请仲裁"是否有效？ 617
| 089 | 工程款债权转让，受让人是否受施工合同仲裁条款的约束？ 624
| 090 | 实际施工人与转包人的仲裁案正在审理过程中，实际施工人是否可以同时对发包人提起代位权诉讼？ 631
| 091 | 发包人要求承包人开具工程款发票是否属于人民法院受案范围？ 640
| 092 | 判决生效多年后，当事人发现鉴定人员资质系伪造的新证据，据此申请再审能否成立？ 647
| 093 | 二审判决生效后，当事人发现一审程序的审判人员曾在审理该案时收受过对方当事人的贿赂并被判刑，案件是否应再审？ 655

第九部分　其　　他

| 094 | BT合同纠纷，可以适用施工合同纠纷司法解释吗？ 660

095	"包工头"聘用的建筑工人因工伤亡,承包人应承担赔偿责任吗?	666
096	挂靠人对外签订转包合同,对被挂靠人是否构成表见代理?	677
097	用已设定抵押的房屋抵偿工程款,承包人的权利优先于抵押权人吗?	687
098	借用资质施工情形下,借用人能以实际施工人身份排除出借人其他债权人的强制执行吗?	695
099	费用索赔事由出现后,未在合同约定时间内提出索赔,诉讼中提出索赔请求能否得到支持?	706
100	工程停工,发包人未要求监理人暂停服务,监理人能否主张停工期间的监理费?	712

后　　记 ·· 720

第一部分　合同效力

001 调出必须招标项目目录前签订的合同未经招标程序的，其效力该如何认定？

阅读提示

依据《中华人民共和国招标投标法》（以下简称《招标投标法》）第三条和2000年5月1日施行的《工程建设项目招标范围和规模标准规定》[①]第三条，关系社会公共利益、公众安全的项目必须进行招投标，其中包括商品住宅。然而2018年6月1日实施的《必须招标的工程项目规定》大幅限缩了必须招标工程的范围，将民间资本投资较多的商品住宅项目从必须招标的工程项目范围中删除。那么2018年6月1日前未经招标程序签订的有关民间资本投资的商品住宅项目的施工合同效力该如何认定？

裁判要旨

根据2000年5月1日施行的《工程建设项目招标范围和规模标准规定》第三条第五项的规定，包括经济适用房在内的商品住宅属于必须进行招标的关系社会公共利益、公众安全的项目，但根据2018年6月1日施行的《必须招标的工程项目规定》及2018年6月6日施行的《必须招标的基础设施和公用事业项目范围的规定》，包括经济适用房在内的商品住宅不再属于必须招标的工程项目。从保护市场交易安全稳定和诚实信用原则考虑，根据鼓励交易的民法基本原则以及应尽量使合同有效的审判原则，当事人双方已自愿签订并已实际履行的《建设工程施工合同》不应仅因未经招投标程序而被认定为无效。

[①] 编者按：已失效。

案情简介

一、中某公司与城某公司2012年12月6日签订的《陕西省建设工程施工合同》（以下简称《建设工程施工合同》）约定：工程名称为航某星苑经济适用房小区1号楼、2号楼、3号楼；层数为地下2层，地上32层；建筑面积暂定74556.5平方米。资金来源为自筹。

二、双方2015年9月30日根据上述《建设工程施工合同》签订《补充协议》，约定因该项目为经济适用房小区工程，国有土地使用权类型为划拨，城某公司负责把该商铺部分土地使用权单独办证，使用权类型由划拨变性为出让，费用由城某公司承担。中某公司承诺该工程于2015年10月10日复工。

三、西安市人民政府2016年6月16日审批土地文件载明：某安国家民用航天产业基地管委会社会事业局发函明确，公建配套中的卫生站、社区办公、文化活动中心等由城某公司建成后移交航天基地社区服务中心，产权归某安国家民用航天产业基地管委会。

四、中某公司2017年8月11日向城某公司发出的资金占用费确认单载明：根据《补充协议》，航某星苑工程于2015年10月10日复工至今，城某公司应付工程进度款合计约3600万元及资金占用费7293000元。城某公司在该确认单上签署意见：同意确认利息718万元。

五、航某星苑经济适用房小区1号楼、2号楼、3号楼于2017年8月17日工程竣工，总监理工程师在中某公司提交的竣工报告上签署意见：竣工同意验收。

六、建设单位、监理单位、勘察单位、设计单位及施工单位于2017年9月4日进行交房验收，工程验收合格。同日，中某公司与城某公司签署《工程移交书》。

七、中某公司与城某公司于2018年11月16日签订的工程结算核对说明载明：双方在施工合同、工程结算书、技术规范等有关资料基础上，对现场进行了勘察，对工程量进行全面核对，对结算书所报工程量、工程造价进行了核对、核实。

八、纠纷是什么？一审判决认定涉案工程不必招投标。

九、城某公司认为一审判决认定涉案工程不必招投标，《建设工程施工合同》有效，属于认定事实不清，适用法律错误，故向最高人民法院提起上诉。最高人民法院驳回上诉，维持原判。

法律分析

本案的焦点问题是调出必招目录前签订的合同未经招标的，其效力该如何认定。笔者认为：不应仅因未经招投标程序而被认定为无效。

本案的相关事实大部分发生在2018年6月1日《必须招标的工程项目规定》实施之前。依据此前的规定，涉案项目必须招标，但当事人在签订施工合同时并未依法进行招投标，对于"应招未招"的，人民法院通常会认定施工合同无效。但本案在引发纠纷之后提起诉讼并审理之前，相应的法规已发生变化，此时就产生了人民法院应如何适用法律法规的问题。就民事法律关系而言，调整的是平等主体之间的身份关系和财产关系，一般是秉承"法不溯及既往"原则，但在合同效力的认定上，特别是在适用新法更符合双方当时的预期且不违背公序良俗的情况下，可以适用新法，这区别于刑法领域的"从旧兼从轻"的法律适用原则，即在民商法领域，新法发生效力时的未决案件按照新法处理，但是法律另有规定的除外。

在本案中，法院坚持了"从新"原则，并从保护市场交易安全、稳定和诚实信用原则出发，根据鼓励交易的合同法基本原则以及应尽量使合同有效的审判原则认定了涉案合同有效。但人民法院在认定的过程中，并不是简单地适用"从新"原则，而是在"从新"原则的基础上考察了涉案合同的签订过程、履行过程，以涉案合同能反映当事人真实意思，且自愿实际履行、无其他影响效力的情形为抓手，对合同进行了全面审查。

实务经验

2018年6月1日《必须招标的工程项目规定》实施后，此类问题在司法实践中十分常见，笔者参与处理的也有几例。记得在法庭上笔者提出本文观点时，法官和对方律师都感到很诧异，"新的规定怎么可以溯及既往"呢？所以，当法官程序性地向对方律师释明"假如合同有效，被反诉人是否对违约金申请调整"时，对方律师胸有成竹地回答"不调整"。因司法鉴定的原因，本案至今没有一审判决，法官对这个问题会怎么裁判，尚不得而知。好在笔者检索到最高法院几位法官亦持同样观点，不禁对裁判结果充满了期待。

在此提醒承发包以及建工争议解决参与者，在设计诉讼方案时，切莫故步自封，要多检索一些案例和文章，看看最高法院对这类案子是怎样裁判的，资深法官、教授和律师对这类问题的看法是什么，不要放弃任何一个可能性。对新的观点，一定要制作有权威性和代表性的案例检索报告，增加法官采信的可能性。当对方提出新的、与自己固有观念不同的观点时，要认真进行分析、考虑、检索，不要不假思索地不予理会，特别是遇到法官对违约金调整进行释明时，一定要理性回答，不要错失机会。

法条链接

《中华人民共和国招标投标法》（2017年修正）

第三条　在中华人民共和国境内进行下列工程建设项目包括项目的勘察、设计、施工、监理以及与工程建设有关的重要设备、材料等的采购，必须进行招标：

（一）大型基础设施、公用事业等关系社会公共利益、公众安全的项目；

（二）全部或者部分使用国有资金投资或者国家融资的项目；

（三）使用国际组织或者外国政府贷款、援助资金的项目。

前款所列项目的具体范围和规模标准，由国务院发展计划部门会同国务院有关部门制订，报国务院批准。

法律或者国务院对必须进行招标的其他项目的范围有规定的，依照其规定。

《必须招标的工程项目规定》（国家发展和改革委员会令第16号　2018年6月1日实施）

第一条　为了确定必须招标的工程项目，规范招标投标活动，提高工作效率、降低企业成本、预防腐败，根据《中华人民共和国招标投标法》第三条的规定，制定本规定。

第二条　全部或者部分使用国有资金投资或者国家融资的项目包括：

（一）使用预算资金200万元人民币以上，并且该资金占投资额10%以上的项目；

（二）使用国有企业事业单位资金，并且该资金占控股或者主导地位的项目。

第三条　使用国际组织或者外国政府贷款、援助资金的项目包括：

（一）使用世界银行、亚洲开发银行等国际组织贷款、援助资金的项目；

（二）使用外国政府及其机构贷款、援助资金的项目。

第四条 不属于本规定第二条、第三条规定情形的大型基础设施、公用事业等关系社会公共利益、公众安全的项目，必须招标的具体范围由国务院发展改革部门会同国务院有关部门按照确有必要、严格限定的原则制订，报国务院批准。

《必须招标的基础设施和公用事业项目范围规定》（发改法规规〔2018〕843号 2018年6月6日实施）

第二条 不属于《必须招标的工程项目规定》第二条、第三条规定情形的大型基础设施、公用事业等关系社会公共利益、公众安全的项目，必须招标的具体范围包括：

（一）煤炭、石油、天然气、电力、新能源等能源基础设施项目；

（二）铁路、公路、管道、水运，以及公共航空和A1级通用机场等交通运输基础设施项目；

（三）电信枢纽、通信信息网络等通信基础设施项目；

（四）防洪、灌溉、排涝、引（供）水等水利基础设施项目；

（五）城市轨道交通等城建项目。

法院判决

最高人民法院在本案民事判决书的"本院认为"部分就一审判决认定城某公司与中某公司于2012年12月6日签订的《陕西省建设工程施工合同》有效是否正确论述如下：

涉案工程涉及的是经济适用房项目，根据2000年5月1日施行的《工程建设项目招标范围和规模标准规定》[①]第三条第五项的规定，包括经济适用房在内的商品住宅属于必须进行招标的关系社会公共利益、公众安全的项目，但根据2018年6月1日施行的《必须招标的工程项目规定》及2018年6月6日施行的《必须招标的基础设施和公用事业项目范围的规定》，涉案工程不再属于必须招标的工程项目。一审判决认定城某公司与中某公司于2012年12月6日自愿签订并已实际履行的《建设工程施工合同》有效，并无不当。城某公司关于涉案工程项目属于必须进行招投标的工程，双方当事人未经招投标签订的《建设工程施工合同》无效的主张不能成立。

---

① 编者按：已失效。

案件来源

西安城某房地产实业有限公司、中某建设集团有限公司建设工程施工合同纠纷二审民事判决书丨最高人民法院·（2020）最高法民终846号

延伸阅读

云亭建工律师团队就本文相关问题，检索到一些有代表性的案例，现分享如下，供读者学习参考：

案例一：北海智某投资有限公司、张某智建设工程施工合同纠纷二审民事判决书丨最高人民法院·（2020）最高法民终305号

关于《6.24补充协议》的效力问题。就民事法律关系而言，所调整的是平等主体之间的身份关系和财产关系，一般是秉承"法不溯及既往"原则，但在合同效力的认定上，特别在适用新法更符合双方当时的预期且不违背公序良俗的情况下，可以适用新法。本案涉案项目为民营资本投资建设的商品住宅小区，虽然2000年5月1日原国家发展计划委员会发布的《工程建设项目招标范围和规模标准规定》①的第三条第五项以及《招标投标法》第三条将商品住宅纳入必须进行招投标的项目，但根据2018年3月27日国家发展和改革委员会公布的《必须招标的工程项目规定》以及2018年6月6日发布的《必须招标的基础设施和公用事业项目范围规定》，已不再将民营投资的商品住宅项目列入必须强制招标的范围。本案智某公司与海某公司签订《6.24补充协议》时未经过招投标，根据当时的相关法律规定，双方所签订的《6.24补充协议》无效，但现行新法已对工程建设项目的招投标范围进行了调整。调整后，民营资本投资的商品住宅项目已不列入必须招投标的范围，此时适用新法更符合双方签订合同时的本意，亦有利于维护交易的稳定，故双方所签订的合同应认定合法有效。

案例二：和某（十堰）房地产开发有限公司、和某（湖北）置业有限公司建设工程施工合同纠纷二审民事判决书丨最高人民法院·（2019）最高法民终1668号

依据《招标投标法》第三条规定，国家发改委制定了《必须招标的工程项目规定》（经国务院批准，自2018年6月1日起施行）。与此同时，2000年4月4日国务院批准、2000年5月1日原国家发展计划委员会发布的《工程建设项目

---

① 编者按：已失效。

招标范围和规模标准规定》废止。与 2000 年《工程建设项目招标范围和规模标准规定》相比,《必须招标的工程项目规定》大幅限缩了必须招标工程的范围,将原规定中民间资本投资较多的商品住宅项目、科教文卫体和旅游项目等从必须招标的工程项目范围中删除。本案中,涉案工程属于民间资本投资的商品住宅项目,不属于必须招标的工程,故和某房地产公司、和某置业公司与葛洲坝建某公司 2010 年签订的《建设工程施工补充协议》是双方真实意思表示,内容不违反法律和行政法规的强制性规定,合法有效。

案例三: 杭州建某集团有限责任公司、大理汇某房地产开发有限公司建设工程施工合同纠纷二审民事判决书 | 最高人民法院・(2019)最高法民终 940 号

经查明,涉案工程系商品房项目,不属于《招标投标法》第三条第一款第二项、第三项所规定"全部或者部分使用国有资金投资或者国家融资的项目""使用国际组织或者外国政府贷款、援助资金的项目"。而根据《必须招标的工程项目规定》《必须招标的基础设施和公用事业项目范围规定》的规定,涉案工程亦不属于《招标投标法》第三条第一款第一项规定的"大型基础设施、公用事业等关系社会公共利益、公共安全的项目"。虽然《必须招标的工程项目规定》《必须招标的基础设施和公用事业项目范围规定》分别自 2018 年 6 月 1 日和 2018 年 6 月 6 日起施行,但将该原则适用于既往签订的合同,有利于尊重当事人的真实意思,且并无证据证明适用的结果将损害社会公共利益和公共安全。综合上述分析,2014 年《建设工程施工合同》不违反法律和行政法规的强制性规定,应为合法有效。

案例四: 安徽环某房地产股份有限公司、中国某冶集团有限公司建设工程施工合同纠纷二审民事判决书 | 最高人民法院・(2019)最高法民终 485 号

根据《必须招标的工程项目规定》第四条规定,对于不属于全部使用或部分使用国有资金投资或者国家融资和使用国际组织或者外国政府贷款、援助资金的大型基础设施、公用事业等关系社会公共利益、公众安全的项目,必须招投标的具体范围由国务院发展改革部门会同国务院有关部门按照确有必要、严格限定的原则制订,报国务院批准。该规定表明,随着国家深化建筑行业改革,缩小并严格界定必须进行招标的工程建设项目范围,放宽有关规模标准,招标范围应当按照确有必要、严格限定原则确定,成为工程建设项目招投标改革趋势。涉案工程虽然名为棚户区改造工程,并涉及部分拆迁安置房的建设,但从整个工程施工内容来看,主要是商品房开发,且安徽环某公司未举证证明涉案工程属于全部使

用或部分使用国有资金投资或国家融资的项目。综合某冶公司在涉案工程桩基工程进行施工后即退场,且双方曾在阜阳市人民政府主持下,就解除涉案《建设工程施工合同》相关问题于2016年4月19日达成一致意见并形成《专题会议纪要》的事实,本案仅以涉案工程未招投标而认定涉案《建设工程施工合同》无效依据不足,且与双方协商一致解除涉案《建设工程施工合同》的行为相矛盾,故对安徽环某公司以涉案工程未进行招投标为由主张涉案合同无效的上诉理由,本院不予支持。

此外,安徽环某公司与某冶公司通过协商方式签订涉案《建设工程施工合同》,将其开发的涉案工程交由某冶公司施工,该施工合同系双方真实意思表示,某冶公司是具有建筑工程特级资质的企业,本案并不存在除因未招投标而导致合同无效的其他情形,安徽环某公司作为涉案工程建设方,其对是否以招标形式将涉案工程对外发包具有决定权。在安徽环某公司选择以协商方式直接将涉案工程发包给某冶公司且安徽环某公司一审并未就合同效力提出异议的情形下,安徽环某公司二审上诉以涉案工程未经过招投标而主张涉案合同无效,有违诚实信用原则。

云亭建工律师团队在案例检索中也发现,对本文所涉问题,也有不同的裁判观点。同时分享如下,供读者辩证参考:

案例五:湖北东某置业有限公司、国某建设集团有限公司建设工程施工合同纠纷二审民事判决书|最高人民法院·(2019)最高法民终442号

本案中,涉案系列合同及补充协议签订时间均在2012年12月至2013年10月份期间,涉案工程在2012年至2015年期间进行施工作业,纠纷亦发生在2015年。因此,本案应当适用修订前的《招标投标法》第三条和2000年4月4日经国务院批准的《工程建设项目招标范围和规模标准规定》对涉案工程是否属于必须招投标项目进行认定。具体到本案,根据双方2012年12月5日签订的《建设工程施工合同》第一条关于工程概况及承包范围的约定,涉案工程项目规划用途为生产车间和专用市场,工程施工范围除工业厂房和交易市场外还包含两栋24层商住楼。因此根据上述规定,涉案工程属于关系社会公共利益、公众安全而必须进行招标的项目。

002 中标通知书发出后，招标人和投标人未订立书面合同，合同是否成立？

阅读提示

《招标投标法》第四十六条规定，招标人和中标人应当在发出中标通知书后订立书面合同，如果招标人或中标人因提出超出招投标文件的要求而无法协商一致，未能订立书面合同，双方的合同关系是否成立？双方应承担何种法律责任？招标人是否应赔偿投标人经济损失？

裁判要旨

签订书面合同，只是对招标人与中标人之间的业已成立的合同关系的书面细化和确认，其目的是履约的方便以及对招投标进行行政管理的方便，不是合同成立的实质要件。中标通知书发出后，当事人提出超出招投标文件的要求导致未能订立书面合同的，应承担违约责任。

案情简介

一、2002年8月22日，长某公司委托国某公司就岳阳某岭花园二期（高层）工程开发项目进行国内邀请招标。

二、经过投标，富某公司中标，长某公司于2002年9月30日向富某公司发出中标通知书。

三、后双方就签订项目合同开展洽谈，直至2015年6月12日，双方仍未能签订合同。

四、富某公司向法院起诉，请求：判令解除双方的合作、合同关系；判令长某公司赔偿富某公司因其违约而遭受的直接损失15216204元，可得利益损失27592364元，以上两项合计42808568元。

五、岳阳市中级人民法院认为：双方之间的合同成立，富某公司提出背离招投标文件实质性内容的要求是双方未能签订书面合同的主要原因，富某公司应承担主要责任，长某公司承担次要责任。一审判决：长某公司赔偿富某公司各项损失 2006870 元。

六、湖南省高级人民法院认为：合同未能履行既有富某公司的原因，也有长某公司的原因，应各承担 50% 的责任。二审判决：长某公司赔偿富某公司各项损失 5017175 元。

七、长某公司向最高人民法院申请再审，最高人民法院裁定驳回其再审申请。

法律分析

本案的焦点问题是双方之间的合同是否成立，长某岭公司应承担什么责任，是否应赔偿富某公司经济损失。云亭建工律师团队分析如下：

第一，《中华人民共和国民法典》（以下简称《民法典》）第四百七十一条规定，当事人订立合同，可以采取要约、承诺方式或者其他方式。第四百七十三条第一款规定，要约邀请是希望他人向自己发出要约的表示。拍卖公告、招标公告、招股说明书、债券募集办法、基金招募说明书、商业广告和宣传、寄送的价目表等为要约邀请。第四百八十三条规定，承诺生效时合同成立，但是法律另有规定或者当事人另有约定的除外。在招投标活动中，招标人发出招标公告是一种要约邀请，投标人进行投标是一种要约，而招标人确定中标人的行为则是承诺，承诺一般以通知的方式作出，到达相对人时生效，承诺生效时合同成立，所以，投标人收到中标通知书时，双方的合同即成立。

本案中，长某公司于 2002 年 9 月 30 日向富某公司发出中标通知书，富某公司收到时，双方的合同已经成立。

第二，根据《招标投标法》第四十六规定，招标人和中标人应当自中标通知书发出之日起三十日内，按照招标文件和中标人的投标文件订立书面合同，在招投标活动中，双方也会在招标文件和投标文件中做出类似的约定。该条规定及约定的订立书面合同是双方在招投标之后应当履行的法定义务和合同义务，该义务没有履行并不影响涉案合同经过招投标程序而已成立的事实。签订书面合同，只是对招标人与中标人之间的业已成立的合同关系的书面细化和确认，其目的是履约的方便以及对招投标进行行政管理的方便，不是合同成立的实质要件。

本案中，长某公司向富某公司发出中标通知书，双方未能就合同版本协商一致而订立书面合同，并不影响双方合同的成立。

第三，合同成立后，当事人不履行合同义务，应当承担违约责任。

本案中，富某公司中标后，富某公司就涉案项目提出超出招投标文件工程范围的要求导致双方的谈判拖延，长某公司单方提出增加开发主体，均违反招标文件和投标文件的约定，双方均有违约，法院根据案情确定各自承担责任的比例，对于富某公司的损失，判决长某公司部分赔偿。

实务经验

一、招标投标程序符合《民法典》关于采取要约、承诺方式订立合同的规定，属于采取要约、承诺的方式订立合同。

在招投标活动中，招标人发布招标公告或者投标邀请书邀请投标人投标的，根据《民法典》第四百七十三条规定，招标公告为要约邀请。根据《招标投标法》规定，投标文件应当对招标文件提出的实质性要求和条件作出响应，已经包含了合同的具体条款，具有法律约束力，投标人不得随意修改投标文件，只要招标人宣布中标就可签订合同。可见，投标行为符合《民法典》第四百七十二条规定的要约的构成要件，应为要约行为。开标、评标确定中标人后，招标人发出中标通知书，中标通知书对招标人和中标人具有法律效力，招标人和中标人应当签订合同，且应当按招标文件和投标文件签订合同，不得签订背离合同实质内容的其他协议，即招标人发出中标通知书为同意投标人的投标文件，符合《民法典》第四百七十九条规定的承诺行为。中标通知书到达投标人时，双方合同成立。

二、《招标投标法》第四十六条的规定并非合同成立或生效的条件。

有观点认为，因《招标投标法》第四十六条的规定，双方订立书面合同前合同关系未成立或者未生效。

笔者认为这种观点不正确，理由是：该条规定没有否定招标文件和投标文件的效力，而是要求按照招标文件和投标文件订立书面合同。该条款后半句规定，订立书面合同之后，"招标人和中标人不得再行订立背离合同实质性内容的其他协议"，这里的"合同实质性内容"是指与招标文件和投标文件一致的书面合同书，可见，该条规定中标后订立一份书面合同书的目的在于通过对招标过程中产生的文件的整理，以及对此后项目履行中可能出现的具体内容的细化，以完整的合同书的形式确定下来，以方便项目的执行。《招标投标法》第四十五条及第五十九条也未规定订立书面合同为双方合同关系成立或生效条件，第五十九条虽然规定了违反第四十五条应承担的法律责任，但主要是责令改正和罚款，是行政责任，不涉及民事法律关系。

三、在建设工程领域的招投标活动中，特别是在非必须招标的项目中，有的招标人为了赶工期，通过评标确定了中标人，认为已经"心里有数"了，就忽略了招标程序，不发中标通知书即与中标人磋商、签订合同，甚至提前进场施工。这样可能会导致中标无效、合同无效，对此，笔者建议承包人要在收到中标通知书以后再签订合同。

四、建议承包人收到中标通知书之后，积极与招标人协商按照招标文件和投标文件签订书面合同，如果任何一方提出背离招标文件和投标文件的实质性内容的要求，则合同可能被确定为无效，还要承担违约责任。

五、除民事责任外，若出现不按照招标文件和投标文件订立合同、订立背离合同实质性内容的协议、中标人提出附加条件等情况，招标人和中标人还可能承担罚款等行政责任。

法条链接

《中华人民共和国民法典》（2021年1月1日实施）

第一百三十七条　以对话方式作出的意思表示，相对人知道其内容时生效。

以非对话方式作出的意思表示，到达相对人时生效。以非对话方式作出的采用数据电文形式的意思表示，相对人指定特定系统接收数据电文的，该数据电文进入该特定系统时生效；未指定特定系统的，相对人知道或者应当知道该数据电文进入其系统时生效。当事人对采用数据电文形式的意思表示的生效时间另有约定的，按照其约定。

第四百七十一条　当事人订立合同，可以采取要约、承诺方式或者其他方式。

第四百七十二条　要约是希望与他人订立合同的意思表示，该意思表示应当符合下列条件：

（一）内容具体确定；

（二）表明经受要约人承诺，要约人即受该意思表示约束。

第四百七十三条　要约邀请是希望他人向自己发出要约的表示。拍卖公告、招标公告、招股说明书、债券募集办法、基金招募说明书、商业广告和宣传、寄送的价目表等为要约邀请。

商业广告和宣传的内容符合要约条件的，构成要约。

第四百七十九条 承诺是受要约人同意要约的意思表示。

第四百八十条 承诺应当以通知的方式作出；但是，根据交易习惯或者要约表明可以通过行为作出承诺的除外。

第四百八十三条 承诺生效时合同成立，但是法律另有规定或者当事人另有约定的除外。

第四百八十四条 以通知方式作出的承诺，生效的时间适用本法第一百三十七条的规定。

承诺不需要通知的，根据交易习惯或者要约的要求作出承诺的行为时生效。

《中华人民共和国招标投标法》（2017年修正）

第四十五条 中标人确定后，招标人应当向中标人发出中标通知书，并同时将中标结果通知所有未中标的投标人。

中标通知书对招标人和中标人具有法律效力。中标通知书发出后，招标人改变中标结果的，或者中标人放弃中标项目的，应当依法承担法律责任。

第四十六条 招标人和中标人应当自中标通知书发出之日起三十日内，按照招标文件和中标人的投标文件订立书面合同。招标人和中标人不得再行订立背离合同实质性内容的其他协议。

招标文件要求中标人提交履约保证金的，中标人应当提交。

第五十九条 招标人与中标人不按照招标文件和中标人的投标文件订立合同的，或者招标人、中标人订立背离合同实质性内容的协议的，责令改正；可以处中标项目金额千分之五以上千分之十以下的罚款。

第六十条 中标人不履行与招标人订立的合同的，履约保证金不予退还，给招标人造成的损失超过履约保证金数额的，还应当对超过部分予以赔偿；没有提交履约保证金的，应当对招标人的损失承担赔偿责任。

中标人不按照与招标人订立的合同履行义务，情节严重的，取消其二年至五年内参加依法必须进行招标的项目的投标资格并予以公告，直至由工商行政管理机关吊销营业执照。

因不可抗力不能履行合同的，不适用前两款规定。

《中华人民共和国招标投标法实施条例》（2019年修订）

第五十七条 招标人和中标人应当依照招标投标法和本条例的规定签订书面合同，合同的标的、价款、质量、履行期限等主要条款应当与招标文件和中标人的投标文件的内容一致。招标人和中标人不得再行订立背离合同实质性内容的其他协议。

招标人最迟应当在书面合同签订后5日内向中标人和未中标的投标人退还投标保证金及银行同期存款利息。

第七十三条 依法必须进行招标的项目的招标人有下列情形之一的，由有关行政监督部门责令改正，可以处中标项目金额10‰以下的罚款；给他人造成损失的，依法承担赔偿责任；对单位直接负责的主管人员和其他直接责任人员依法给予处分：

（一）无正当理由不发出中标通知书；

（二）不按照规定确定中标人；

（三）中标通知书发出后无正当理由改变中标结果；

（四）无正当理由不与中标人订立合同；

（五）在订立合同时向中标人提出附加条件。

第七十四条 中标人无正当理由不与招标人订立合同，在签订合同时向招标人提出附加条件，或者不按照招标文件要求提交履约保证金的，取消其中标资格，投标保证金不予退还。对依法必须进行招标的项目的中标人，由有关行政监督部门责令改正，可以处中标项目金额10‰以下的罚款。

第七十五条 招标人和中标人不按照招标文件和中标人的投标文件订立合同，合同的主要条款与招标文件、中标人的投标文件的内容不一致，或者招标人、中标人订立背离合同实质性内容的协议的，由有关行政监督部门责令改正，可以处中标项目金额5‰以上10‰以下的罚款。

《最高人民法院关于审理建设工程施工合同纠纷案件适用法律问题的解释（一）》（法释〔2020〕25号 2021年1月1日实施）

第二条 招标人和中标人另行签订的建设工程施工合同约定的工程范围、建设工期、工程质量、工程价款等实质性内容，与中标合同不一致，一方当事人请求按照中标合同确定权利义务的，人民法院应予支持。

招标人和中标人在中标合同之外就明显高于市场价格购买承建房产、无偿建设住房配套设施、让利、向建设单位捐赠财物等另行签订合同，变相降低工程价款，一方当事人以该合同背离中标合同实质性内容为由请求确认无效的，人民法院应予支持。

第二十三条 发包人将依法不属于必须招标的建设工程进行招标后，与承包人另行订立的建设工程施工合同背离中标合同的实质性内容,当事人请求以中标合同作为结算建设工程价款依据的,人民法院应予支持,但发包人与承包人因客观情况发生了在招标投标时难以预见的变化而另行订立建设工程施工合同的除外。

法院判决

最高人民法院在本案民事裁定书中就长某公司与富某公司之间的合同是否成立以及长某公司是否应就富某公司的损失承担责任论述如下:

(一) 关于原审判决认定长某公司与富某公司之间的合同成立,是否属于适用法律错误的问题

招投标活动是招标人与投标人为缔结合同而进行的活动。招标人发出招标通告或投标邀请书是一种要约邀请,投标人进行投标是一种要约,而招标人确定中标人的行为则是承诺。承诺生效时合同成立,因此,在招标活动中,当中标人确定,中标通知书到达中标人时,招标人与中标人之间以招标文件和中标人的投标文件为内容的合同已经成立。《招标投标法》第四十六条和涉案招标文件、投标文件要求双方按照招标文件和投标文件订立书面合同的规定和约定,是招标人和中标人继中标通知书到达中标人之后,也就是涉案合同成立之后,应再履行的法定义务和合同义务,该义务没有履行并不影响涉案合同经过招投标程序而已成立的事实。因此,签订书面合同,只是对招标人与中标人之间的业已成立的合同关系的书面细化和确认,其目的是履约的方便以及对招投标进行行政管理的方便,不是合同成立的实质要件。一审法院适用《中华人民共和国合同法》(以下简称《合同法》)第二十五条①,二审法院适用《最高人民法院关于适用〈中华人民共和国合同法〉若干问题的解释(二)》第一条②,认定涉案合同成立并无不当,本院予以维持。

(二) 关于原审判决认定的证据能否证明长某公司应就富某公司的损失承担责任的问题

首先,二审判决认定长某公司对富某公司的损失承担50%的责任,是因为长某公司单方提出增加开发主体,违反了中标通知书中关于中标人的约定,属于违约行为。该违约事实有【2003】04号《关于"某岭花园"二期项目有关事项的

---

① 编者按:《民法典》第483条。
② 编者按:最高人民法院《全国法院贯彻实施民法典工作会议纪要》(法〔2021〕94号)第6条。

函》、【2004】1号《关于推荐新某地置业发展有限公司共同参与开发"某岭花园"二期工程项目的函》、【2004】11号《关于"某岭花园"二期工程有关事宜的复函》作为证据支持。根据《合同法》第一百零七条①规定，当事人一方不履行合同义务或者履行合同义务不符合约定的，应当承担继续履行、采取补救措施或者赔偿损失等违约责任。长某公司有违约行为，应当承担赔偿损失的违约责任，其认为对富某公司的损失承担责任无证据支持的主张，本院不予支持。其次，富某公司违约在先，不是长某公司不承担赔偿损失责任的理由。富某公司在中标通知书送达之后，提出要求长某公司另行投入资金和增加商业面积等诸多实质性背离招投标文件的内容，导致不能签订书面合同。虽然是富某公司违约在先，但长某公司没有按约取消富某公司的中标资格，而是继续就新条件展开延期协商，其行为也违反了招投标文件和中标合同的约定，造成富某公司在长期磋商过程中经济损失不断扩大。因此，长某公司认为是富某公司违约在先，不应由其承担富某公司损失的主张，于法无据，本院不予支持。

案件来源

中国石某集团资产经营管理有限公司长某分公司与岳阳某区富某房地产开发有限公司等合资、合作开发房地产合同纠纷再审查与审判监督民事裁定书｜最高人民法院·（2019）最高法民申2241号

延伸阅读

在案例一中，法院认为，中标通知书到达中标人时合同即成立，招标文件构成合同的文本；在案例二中，法院认为，无论中标通知书是否发出，经投标并交纳相应的保证金，招标公告之规定即对投标人产生约束力；在案例四、案例七、案例八、案例九、案例十中，招标人已经发出中标通知书，法院认为合同已经成立；在案例三、案例五、案例六中，中标通知书尚未发出，法院认为合意尚未达成，基于招投标行为而形成的合同不成立。

---

① 编者按：《民法典》第577条。

案例一：江苏中某建筑产业集团有限责任公司、潜江市兴某投资开发有限公司建设工程施工合同纠纷二审民事判决书丨最高人民法院·（2019）最高法民终1996号

一、关于涉案工程招标文件中支付工程款时间的约定是否有效的问题

通过招标投标方式订立建设工程施工合同，有固定的程序，每个程序阶段亦有明确的要求。《招标投标法》第十九条第一款规定："招标人应当根据招标项目的特点和需要编制招标文件。招标文件应当包括招标项目的技术要求、对投标人资格审查的标准、投标报价要求和评标标准等所有实质性要求和条件以及拟签订合同的主要条款。"第二十七条第一款规定："投标人应当按照招标文件的要求编制投标文件。投标文件应当对招标文件提出的实质性要求和条件作出响应。"第四十一条规定："中标人的投标应当符合下列条件之一：（一）能够最大限度地满足招标文件中规定的各项综合评价标准；（二）能够满足招标文件的实质性要求，并且经评审的投标价格最低；但是投标价格低于成本的除外。"招标人发布招标公告是要约邀请，投标人投标是要约，招标人向中标人发出中标通知书是承诺。中标通知书到达中标人时承诺生效，合同成立。招标文件、中标人的投标文件和中标通知书构成建设工程施工合同的文本。《招标投标法》第四十六条第一款规定："招标人和中标人应当自中标通知书发出之日起三十日内，按照招标文件和中标人的投标文件订立书面合同。招标人和中标人不得再行订立背离合同实质性内容的其他协议。"从实践情况看，招标人和中标人依据本条规定自中标通知书发出之日起三十日内按照招标文件和中标人的投标文件订立的书面合同，实际是根据招标文件和中标人的投标文件订立的合同书。因此，在当事人通过招标投标方式订立建设工程施工合同的情况下，招标文件、中标人的投标文件以及中标通知书本身就是合同文本的组成部分。

《招标投标法》第四十六条第一款规定："招标人和中标人应当自中标通知书发出之日起三十日内，按照招标文件和中标人的投标文件订立书面合同。招标人和中标人不得再行订立背离合同实质性内容的其他协议。"《最高人民法院关于审理建设工程施工合同纠纷案件适用法律问题的解释（二）》（已失效，以下简称《建设工程解释二》）第十条规定："当事人签订的建设工程施工合同与招标文件、投标文件、中标通知书载明的工程范围、建设工期、工程质量、工程价款不一致，一方当事人请求将招标文件、投标文件、中标通知书作为结算工程价款的依据的，人民法院应予支持。"因此，在建设工程施工合同有效的情况下，

对于建设工程施工合同的工程范围、建设工期、工程质量、工程价款等实质性内容，应当以招标文件、投标文件、中标通知书为准。对于工程范围、建设工期、工程质量、工程价款等非实质性内容，以当事人的真实意思表示为准。招标人和中标人按照招标文件和中标人的投标文件订立的建设工程施工合同书未约定支付工程价款时间而招标文件约定了建设工程价款时间的，应当以招标文件的约定为依据。涉案招标文件已经约定工程价款付款时间。中某建筑公司在投标文件中承诺，如其中标，完全接受并响应招标文件主要合同条款规定的全部内容。因此，中某建筑公司关于兴某公司、领导小组办公室发布的招标公告中关于付款方式等内容不能构成合同约定，其与兴某公司或兴某公司及领导小组办公室签订的建设工程施工合同对付款时间未作出约定或约定不明的上诉理由不能成立，本院不予支持。

《合同法》第三十九条第二款①规定："格式条款是当事人为了重复使用而预先拟定，并在订立合同时未与对方协商的条款。"第四十条②规定："格式条款具有本法第五十二条和第五十三条规定情形的，或者提供格式条款一方免除其责任、加重对方责任、排除对方主要权利，该条款无效。"中某建筑公司与兴某公司、领导小组办公室系通过招标投标方式签订建设工程施工合同。上述合同并非兴某公司或者领导小组办公室为了重复使用而预先拟定且在订立时未与中某建筑公司协商的合同。故中某建筑公司关于涉案招标公告中付款方式所附的"第四章合同条款及格式"属于格式条款，其内容存在提供格式条款的一方免除自身责任、加重对方责任、排除对方主要权利的情形，应为无效的上诉理由不能成立，本院不予支持。一审判决关于涉案工程项目付款时间的认定有事实和法律依据，本院予以维持。

案例二：江苏兴某建设集团有限公司、六安东某经济建设有限公司建设工程施工合同纠纷再审审查与审判监督民事裁定书｜最高人民法院·（2017）最高法民申 3433 号

《招标投标法》第十六条规定："招标人采用公开招标方式的，应当发布招标公告。依法必须进行招标的项目的招标公告，应当通过国家指定的报刊、信息网络或者其他媒介发布。招标公告应当载明招标人的名称和地址、招标项目的性质、数量、实施地点和时间以及获取招标文件的办法等事项。"第二十七条规定：

---

① 编者按：《民法典》第 496 条第 1 款。
② 编者按：《民法典》第 497 条。

"投标人应当按照招标文件的要求编制投标文件。投标文件应当对招标文件提出的实质性要求和条件作出响应。"第四十六条规定:"招标人和中标人应当自中标通知书发出之日起三十日内,按照招标文件和中标人的投标文件订立书面合同。招标人和中标人不得再行订立背离合同实质性内容的其他协议。招标文件要求中标人提交履约保证金的,中标人应当提交。"据前述法律规定,招标人和中标人订立书面合同时应严格依照招标文件和投标文件。本案中,东某公司在《招标公告》明确告知"涉案招标工程实行投标保证金和低价风险差额保证金制度"。"投标人中标后应缴纳低价风险差额保证金,低价风险差额保证金应于中标公示结束之日起 7 个工作日内将其现金部分提交完毕,并于提交低价风险差额保证金现金部分之日起 2 个工作日领取中标通知书","中标人必须按上述要求提交担保并在各项担保提交后 15 日内与招标人签订合同,超过时限未提交相关担保(其中任何一项)或因中标人原因未签合同的,投标保证金不予退还,其中标资格无效"。该条款系招标方要求投标人在中标后与之签订合同提供担保而提出的条件,并非中标后拟签订的合同条款,故中标后拟签订的合同是否成立及生效对该条款的效力并无影响。招标公告系公开文件,兴某公司作为投标人在招投标阶段可选择是否接受招标公告之规定,并自由决定是否选择投标,但一经投标并交纳相应的保证金,招标公告之规定即对投标人兴某公司产生约束力。兴某公司投标并提交投标保证金时对履约担保及低价风险差额保证金条款亦未提出异议,可依法认定双方当事人已就该条款达成了合意,该项规定之内容不违反法律规定,合法有效。兴某公司在中标公示后未依约提交低价风险差额保证金,原判决认为"双方对公告中设立的由中标人领取中标通知书及相关条件已达成合意,故应按招标公告履行"并无不当。兴某公司在中标公示后未依约提交低价风险差额保证金,原判决未支持其要求东某公司退还投标保证金的诉请符合该条约定。原判决未叙明其适用的实体法条文确有不当,但其裁判结果符合《合同法》第八条[①]、第六十条[②]的规定,结果并无不当。

案例三:黑龙江省滑某建筑工程公司、哈尔滨新某房地产开发有限责任公司建设工程施工合同纠纷再审民事判决书 | 最高人民法院·(2017)最高法民再 51 号

《招标投标法》第四十五条规定:"中标人确定后,招标人应当向中标人发

[①] 编者按:《民法典》第 119 条。
[②] 编者按:《民法典》第 509 条。

出中标通知书,并同时将中标结果通知所有未中标的投标人。中标通知书对招标人和中标人具有法律效力……"第四十六条第一款规定:"招标人和中标人应当自中标通知书发出之日起三十日内,按照招标文件和中标人的投标文件订立书面合同……"滑某公司投标为要约,交易中心发出中标通知书为承诺,又根据《合同法》第二十六条①"承诺通知到达要约人时生效"和第二十五条②"承诺生效时合同成立"的规定,只有在交易中心向滑某公司发出中标通知书到达滑某公司时,招投标行为始告完成,双方基于招投标行为而形成的合同始告成立。而本案中,交易中心并未向滑某公司发出中标通知书,因此双方未就此达成合意,以滑某公司投标价格为基础的合同并未成立,亦不能作为判定双方权利义务的依据,故滑某公司主张以其投标价作为核算工程价款的标准,没有事实依据,本院不予支持。

案例四:中国某油管道局工程有限公司、新某能源工程技术有限公司海事海商纠纷二审民事判决书|浙江省高级人民法院·(2020)浙民终375号

关于争议焦点一,本案新某公司就涉案工程向中国某油管道公司发出了招标邀请函,中国某油管道公司进行了投标并收到了新某公司的中标通知书。《合同法》第十五条③规定,招标邀请函在性质上为要约邀请。《招标投标法》第四十五条第二款规定,中标通知书对招标人和中标人具有法律效力。第四十六条规定,招标人和中标人应当自中标通知书发出之日起三十日内,按照招标文件和中标人的投标文件订立书面合同。招标人和中标人不得再行订立背离合同实质性内容的其他协议。因此,涉案工程经过招投标,按照相关法律规定,双方的权利义务关系已经明确,合同的主要条款已经确定。因正式工程施工合同尚未签订,故本案应当按照双方的招投标文件、中标通知书等证据来确定双方的权利义务。

本案中国某油管道公司主张新某公司单方取消中国某油管道公司中标资格构成违约,按照《合同法》第二百八十四条④的规定,新某公司应赔偿中国某油管道公司的损失。新某公司则认为其公司不应承担责任,即使需要承担责任,也仅需承担缔约过失责任,且中国某油管道公司的损失应限于招投标过程中发生的损失。本案中国某油管道公司在中标后即准备了施工等方案并进行了论证,为涉案工程施工配备了人员和船舶,又将施工船舶从广州调迁至舟山港等候开工。中国

---

① 编者按:《民法典》第137条、第484条。
② 编者按:《民法典》第483条。
③ 编者按:《民法典》第473条。
④ 编者按:《民法典》第804条。

某油管道公司主张因新某公司过错导致延期开工而给中国某油管道公司造成的损失,分别是船舶调迁费、船期闲置损失和工程项目部人员窝工损失,均为中国某油管道公司为施工准备而产生的实际损失。《招标投标法》第九条规定,招标项目按照国家有关规定需要履行项目审批手续的,应当先履行审批手续,取得批准。涉案工程于2018年5月30日通过主管部门的审批核准,而新某公司于2017年5月即提前招标并确定了中标单位,并在中标通知书里明确7天内签订合同。之后,新某公司在中国某油管道公司多次催促下仍然未能确定工期并签订正式施工合同。故新某公司违约在先,并因此造成了中国某油管道公司的上述损失,新某公司应承担相应的民事责任。2018年10月28日,双方达成签订正式施工合同的一致意见并形成会议纪要。后中国某油管道公司又以施工成本上升等为由拒绝签订正式施工合同,导致其于2018年11月20日被取消中标资格,双方合同解除,中国某油管道公司对此亦应承担相应的民事责任。《合同法》第一百二十条[1]规定,当事人双方都违反合同的,应当各自承担相应的责任。综上,一审据此认定双方各自承担责任有相应依据,符合公平原则,应予维持。新某公司上诉提出其不应承担责任的理由不能成立,不予采纳。

案例五:苏州柯某达装饰股份有限公司、乌鲁木齐某区建设综合管理服务中心建设工程施工合同纠纷二审民事判决书|新疆维吾尔自治区高级人民法院·(2021)新民终67号

关于某建设管理中心是否应当共同承担付款义务的问题。本院认为,招投标作为一种签订合同的方式,招标公告或通知应属要约邀请,投标属要约,招标人选定中标人属承诺。《招标投标法》第四十五条规定:"中标人确定后,招标人应当向中标人发出中标通知书,并同时将中标结果通知所有未中标的投标人。中标通知书对招标人和中标人具有法律效力。中标通知书发出后,招标人改变中标结果的,或者中标人放弃中标项目的,应当依法承担法律责任。"《政府采购法》第四十六条规定采购人与中标、成交供应商应当在中标、成交通知书发出之日起三十日内,按照采购文件确定的事项签订政府采购合同。中标、成交通知书对采购人和中标、成交供应商均有法律效力。中标、成交通知书发出后,采购人改变中标、成交结果的,或者中标、成交供应商放弃中标、成交项目的,应当依法承担法律责任。按照上述法律规定,承诺应自中标通知书到达要约人时生效,即合同成立。本案中,文体中心幕墙工程虽公开招投标,但是招标人某建设管理中

---

[1] 编者按:《民法典》第157条。

心、中某村公司未向柯某达公司发出中标通知书，柯某达公司亦未收到中标通知书，因此涉案幕墙工程招投标行为不具有法律效力。因某建设管理中心并非涉案《施工合同》和《补充协议》的签订主体，一审法院依据合同相对性原则判定由中某村公司承担剩余工程款并无不当，本院予以维持。

案例六：西安华某绿化工程有限公司、淮安市某管理局建设工程施工合同纠纷二审民事判决书 | 江苏省高级人民法院·（2015）苏民终字第00250号

根据《招标投标法》第四十五条、第四十六条之规定，中标人确定后，招标人应当向中标人发出中标通知书。中标通知书对招标人和中标人具有法律效力。中标通知书发出后，招标人改变中标结果的，或者中标人放弃中标项目的，应当依法承担法律责任。招标人和中标人应当自中标通知书发出之日起三十日内，按照招标文件和中标人的投标文件订立书面合同。本案中，涉案工程系政府建设项目，招投标程序是双方建立合同关系的必经程序，根据招投标法规定，中标人确定后，中标人应发出中标通知书，双方并应签订书面合同。华某公司虽被确定为中标人，但此后招标人并未发出中标通知书，双方也未订立书面合同，故华某公司与某局之间并未成立合同关系。但某局在已经确定华某公司为中标人的情况下中止招投标程序，某局存在缔约过失行为，应承担缔约过失责任。所谓缔约过失责任，是指在合同缔约过程中，一方因违背其依据的诚实信用原则所产生的义务，而致另一方的信赖利益受损，从而产生的弥补性的损害赔偿责任。据此，对华某公司上诉主张是否成立，本院分述如下：

关于苗木定金损失60万元及利息应否支持的问题。判断该部分损失是否应由某局赔偿，关键在于该部分损失是否实际发生。为证明该部分损失已实际发生，华某公司在原审中提交了绿化苗木采购合同一份、NO.2181384收据一张。某局对证据的真实性不予认可。经审查，本院认定华某公司主张的该60万元苗木定金损失实际发生的事实依据不足。理由：1. 关于该60万元如何交付的问题，华某公司陈述系现金交付。本院认为，60万元属大额款项，华某公司不采取银行转账这一便捷、安全方式，而采取现金方式交付，该陈述令人难以信服。2. 关于华某公司与收款人彭某成的关系问题。华某公司在一审中陈述双方不认识，二审中则陈述是很要好的朋友关系，在该关键事实上前后陈述不一致。综上，仅凭现有证据难以认定苗木定金损失60万元实际发生的事实，华某公司上诉要求支持其该部分损失及利息，本院不予支持。

关于华某公司主张某局赔偿其已完工程款429.561532万元及相关利息是否

应予支持的问题。本院认为，华某公司为实现合同成立所作准备而支出的相关成本，某局理应予以赔偿。但若属华某公司擅自扩大的损失，则应由华某公司自行承担。本案中，客观上华某公司已进场施工，某局虽无直接证据证明其反对华某公司进场施工，但某局得知项目调整后已向华某公司收回了部分图纸，华某公司最迟应于此时知晓其可能无法最终取得涉案工程施工权，其应停止施工避免损失扩大，故对后期施工行为发生的相关损失理应由其自行承担。对于某局收回图纸前华某公司施工行为的损失，华某公司提交的证据是其单方制作的工程量明细表，不足以证明某局收回图纸前华某公司实际施工量。综上，对华某公司要求某局赔偿其已完工程款 429.561532 万元及相关利息的上诉主张，本院不予支持。

关于华某公司主张预期可得利益损失及相关利息是否应予支持的问题。本院认为，华某公司未有证据证明其因与某局磋商订立涉案合同而丧失其他订约机会，并由此造成其损失。故对其该主张，本院也不予支持。

案例七：广州白某国际机场股份有限公司、广州市黄某建筑工程总公司建设工程施工合同纠纷二审民事判决书｜广东省广州市中级人民法院·（2020）粤 01 民终 3229 号

白某机场公司发包的涉案建设工程经过招标、投标程序，由黄某建筑公司中标，中标通知书已送达黄某建筑公司，故订立合同所采取的要约、承诺方式已经完成，双方当事人之间的建设工程施工合同关系成立并发生法律效力。按照招标、投标文件约定，双方当事人自中标通知发出之日起三十日内，按招标文件要求和投标文件承诺签订合同，但不得超出该两文件的范围，也不得再行订立背离合同实质性内容的其他协议。此外，依照《招标投标法》第四十六条第一款规定，招标人和中标人应当自中标通知书发出之日起三十日内，按照招标文件和中标人的投标文件订立书面合同；依照《合同法》第二百七十条①规定，建设工程合同应当采用书面形式；依照《建筑工程施工许可管理办法》第四条第一款第四项关于建设单位申请领取施工许可证应当具备"已经确定施工企业。按照规定应当招标的工程没有招标，应当公开招标的工程没有公开招标，或者肢解发包工程，以及将工程发包给不具备相应资质条件的企业的，所确定的施工企业无效"的条件的规定，及《住房城乡建设部办公厅关于进一步加强建筑工程施工许可管理工作的通知》第二条第一款第二项关于"已经确定施工企业"，是指依法必须招标的工程项目提交中标通知书和施工合同；直接发包的工程项目提交直接发包

---

① 编者按：《民法典》第 789 条。

批准手续和施工合同的规定,签订施工合同系申领施工许可证应当具备的条件之一。因此,涉案建设工程施工合同关系成立并生效后,签订书面形式的施工合同系白某机场公司和黄某建筑公司依约、依法应当履行的一项民事义务。根据本案现有证据,没有发现白某机场公司有拒绝签订施工合同或者向黄某建筑公司提出背离合同实质性内容的要求的情形。黄某建筑公司就其答辩主张部分材料代理商拒绝报价和交易及白某机场公司私下指定的代理商报价远超市场正常水平和招标限价的事实,没有举证证明,本院不予采信。招投标文件中约定的设备材料价格属于合同实质性内容,黄某建筑公司在其2018年3月28日的复函、同年4月11日的调整材料价格报告、同年5月15日及10月11日的复函中提出协商、调整招投标文件中的设备材料的最高限价的行为,系以协商、调整设备材料价格作为签订施工合同的条件,属于要求订立背离合同实质性内容的其他协议的行为,违反了招投标文件的约定及《招标投标法》第四十六条第一款关于招标人和中标人不得再行订立背离合同实质性内容的其他协议的规定;此外,黄某建筑公司于2018年4月13日领取白某机场公司审核完毕的涉案工程施工合同后,至白某机场公司于2018年8月15日提出解除合同时,仍未签署涉案工程施工合同。因此,涉案工程的施工合同未能签订,黄某建筑公司负有过错。至于黄某建筑公司提出施工许可证和动火证未取得、材料运输通道问题未解决的主张,属于签订施工合同后的履行问题,不能作为拒绝签订施工合同的理由。而白某机场公司在施工合同未在招投标文件约定或者法律规定的期限内签订的情况下,未采取积极措施解决,而是在施工合同未订立、未领取施工许可证的情况下,要求黄某建筑公司开工,由此引发双方争议,以及在黄某建筑公司发回电子施工合同后迟至2018年4月10日才将施工合同审核完毕,拖延了签订涉案工程施工合同的时间。因此,涉案工程的施工合同未能签订,白某机场公司亦有过错,故白某机场公司于2018年8月15日通知黄某建筑公司解除双方之间的建设工程施工合同关系,不符合法律规定,其上诉主张确认该通知解除合同的行为有效,本院不予支持。鉴于白某机场公司通知黄某建筑公司解除施工合同关系后,黄某建筑公司在2018年10月11日给白某机场公司的复函中也有同意解除施工合同关系的意思表示,且黄某建筑公司反诉请求白某机场公司退还施工安全风险保证金,实际上亦无继续履行合同的意向,故一审法院采纳白某机场公司提出的解除涉案建设工程施工合同关系的诉讼主张,并作出相应的判决,并无不当,本院予以认同。

因涉案工程的施工合同未能签订,造成涉案建设工程施工合同关系解除,双方当事人对此均有过错，应当各自承担相应的民事责任。根据涉案工程中标后的履行情况及双方当事人的过错程度，本院确定因涉案建设工程施工合同关系解除而造成黄某建筑公司支出招标代理服务费45720.92元的损失，由黄某建筑公司自行承担，故其诉请白某机场公司赔偿该损失，本院不予支持。白某机场公司对此提出的上诉请求成立，本院予以支持。一审法院关于黄某建筑公司对施工合同未能签订的事实没有责任及涉案建设工程施工合同关系解除的责任全部归于白某机场公司的认定有误，本院予以纠正。因涉案工程中标后没有签订书面施工合同，没有申领施工许可证，也没有进行施工，故白某机场公司上诉主张黄某建筑公司承担逾期竣工违约责任并支付相应的违约金，以及不予返还黄某建筑公司支付的施工安全风险保证金，均缺乏事实及法律依据，本院不予支持。一审法院对此作出的判决正确，本院予以维持。

案例八：某冶建工集团有限公司、汝州市鑫某投资有限公司建设工程合同纠纷民事二审民事判决书｜湖南省平顶山市中级人民法院·（2021）豫04民终2269

本院认为，汝州鑫某公司就汝州市某庄棚户区改造一期施工总承包项目发布招标公告，某冶公司经过公开的招投标程序中标，汝州鑫某公司向某冶公司发送中标通知书，但双方最终未签订书面建设工程施工合同，本案的争议焦点是对于未订立书面合同哪一方存在过错，过错方应当承担多大比例的缔约过失责任。《招标投标法》第四十五条第二款规定："中标通知书对招标人和中标人具有法律效力。中标通知书发出后，招标人改变中标结果的，或者中标人放弃中标项目的，应当依法承担法律责任。"第四十六条规定："招标人和中标人应当自中标通知书发出之日起三十日内，按照招标文件和中标人的投标文件订立书面合同。招标人和中标人不得再行订立背离合同实质性内容的其他协议。招标文件要求中标人提交履约保证金的，中标人应当提交。"《中华人民共和国招标投标法实施条例》（以下简称《招标投标法实施条例》）第五十七条第一款规定："招标人和中标人应当依照招标投标法和本条例的规定签订书面合同，合同的标的、价款、质量、履行期限等主要条款应当与招标文件和中标人的投标文件的内容一致，招标人和中标人不得再行订立背离合同实质性内容的其他协议。"本案中，汝州鑫某公司在向某冶公司发出中标通知书后，将招标文件中缴纳履约保证金的方式由银行保函或现金两种方式，统一明确为现金转账方式，并将此要求作为合同谈判的先决条件，汝州鑫某公司单方变更履约担保方式加重了某冶公司的负担，属于对招标文件条款的实质变更，汝州鑫某公司对未订立书面合同存在主要过错。汝州鑫某公司提供的与某冶公司签订的合作框架协议，仅是双方就汝州市棚户区改造达成的初步意向性文件，不能作为判断某冶公司是否存在过错的合同依据。缴纳招标代理费是某冶公司取得中标通知书的前提条件，也是某冶公司为订立合同付出的必要成本和实际损失，汝州鑫某公司应当对某冶公司的缔约损失承担主要责任。汝州鑫某公司上诉称原审认定双方未签订合同系汝州鑫某公司的主要原因造成，汝州鑫某公司应承担主要责任错误的理由不能成立，本院不予支持。

汝州鑫某公司发函要求采用现金转账担保方式后，某冶公司向汝州鑫某公司回函不接受变更履约担保方式，某冶公司称汝州鑫某公司坚持要求现金转账的担保方式，且提供银行保函需要汝州鑫某公司配合和双方签订的合同为条件，所以某冶公司最终未采用银行保函方式缴纳履约保证金，汝州鑫某公司对此予以否认，且某冶公司未提供与汝州鑫某公司协商提供银行保函的相应证据，该理由也与招标文件7.3.1要求的"接到通知书后、签订合同之前投保人向中标人提交履约担保"的内容不符，结合当事人陈述的情况，某冶公司对双方未订立书面合同存在次要过错。原审法院依据双方过错程度，酌定汝州鑫某公司承担某冶公司缔约损失的70%即296334.5元并无不当，某冶公司上诉称原审认定其承担缔约过失的次要责任，属于认定事实错误的理由不能成立，本院亦不予支持。但是，296334.5元在占用期间产生的利息属于法定孳息，利息损失也属于缔约损失，一审法院以未有证据为由不予支持不当，本院予以纠正。

案例九：上海朗某机械设备有限公司、中某建筑第六工程局有限公司买卖合同纠纷二审民事判决书 | 天津市第二中级人民法院·（2018）津02民终5064号

本院认为，《招标投标法》第四十五条第二款规定："中标通知书对招标人和中标人具有法律效力。中标通知书发出后，招标人改变中标结果的，或者中标人放弃中标项目的，应当依法承担法律责任。"第四十六条第一款规定："招标人和中标人应当自中标通知书发出之日起三十日内，按照招标文件和中标人的投标文件订立书面合同。招标人和中标人不得再行订立背离合同实质性内容的其他协议。"中某六局在向朗某公司发出中标通知书后，双方对合同条款进行磋商，中某六局在向朗某公司提交最终合同后，朗某公司对该合同文本中的付款方式存在异议故双方最终未能签订书面合同，现双方均认为系对方过错导致未能签订合同。依据双方当事人提交的证据，中某六局于2018年5月10日发送的合同文本中的付款方式与招标文件一致，依据法律规定，招标人和中标人不得再行订立背离合同实质性内容的其他协议,故双方未能签订书面合同的主要责任在于朗某公司。同时,中某六局在中标通知书及合同后续磋商过程中,对于设备数量进行了变更,亦存在违反招标文件的行为,且中某六局在双方未签订正式合同情况下即指示朗某公司进行所需物资设备的准备工作,存在一定过错,故中某六局对于朗某公司的损失亦应承担一定的赔偿责任。一审法院参照朗某公司提供的证据,考虑本案双方当事人的履约情况及过错程度酌定中某六局赔偿朗某公司15万元并无不妥,本院予以维持。

案例十:沈阳远某铝业工程有限公司、裕某兴业(厦门)有限公司建设工程合同纠纷二审民事判决书 | 福建省厦门市中级人民法院·(2018)闽02民终4782号

本院认为,远某公司与裕某公司就涉案项目的价格,自2013年9月29日起进行了多次的议标,裕某公司向远某公司发出的《中标通知书》包含分包工程项目、合同总价、包干方式、合同工期、付款办法等内容,远某公司收到该《中标通知书》后亦按裕某公司的要求,于2014年7月30日向裕某公司进行回复,确认同意按《中标通知书》的条件接受裕某公司的委托执行及完成涉案工程。可见,远某公司接受了裕某公司的要约并作出承诺,依照《合同法》第二十五条、第二十六条①的规定及《中标通知书》约定的"在签署正式合同前,经分包单位签署回执的本中标通知书为有效的合同文件,对发包人及总承包人均有法律效力及约束力",一审法院认为双方当事人就涉案项目的合同已成立,并无不当。裕某公司认为涉案合同未成立的理由,不能成立,本院不予采信。双方当事人均应诚信地履行该合同,否则应承担相应的法律责任。虽然裕某公司于2014年9月12日向远某公司发出暂缓签署合同的工作函,但该行为系裕某公司的单方行为,未得到远某公司的认可。远某公司已于2016年6月24日以律师函方式要求裕某公司履行涉案合同、允许远某公司进场施工,裕某公司收到该函件后未予答复,远某公司以裕某公司拒绝履行合同义务为由,要求解除涉案合同,符合法律规定。远某公司要求裕某公司承担赔偿责任,有相应的事实和法律依据,应予以准许。按照《合同法》第一百一十三条②的规定,损失赔偿额包括合同履行后可以获得的利益,但应当以订立合同时当事人应当预见违约可能造成的损失额为限。远某公司要求裕某公司赔偿其预期利润损失符合上述法律规定,应予以支

---

① 编者按:《民法典》第483条、第484条。
② 编者按:《民法典》第584条。

持，但远某公司主张的包括打印装订费用、工资损失、差旅费等直接损失均系远某公司为订立合同应当支出的费用，不应予以支持。远某公司投标报价的金额包含每个单项工程的制作利润和安装利润，并以每个单项工程的价格为基础，根据相应的工程量，确定了投标总价为225808519.8元。裕某公司亦确认其向远某公司发出的《中标通知书》中的原投标总价（2013年11月20日）的金额225808519.8元系远某公司投标总价，由此可见裕某公司接受了远某公司包含利润的投标价格。远某公司主张225808519.8元对应的利润12046058.75元，有相应的事实依据，本院予以采纳。同理，因中标通知书中××××板品牌更换为"倍某达"后价格增加300万元的报价，亦包含制作利润58832.57元，亦应予以支持。

003 施工合同内容与招投标文件不一致，以哪一个为准？

阅读提示

建设工程领域，合同内容与招投标文件不一致的现象时有发生。《最高人民法院关于审理建设工程施工合同纠纷案件适用法律问题的解释（一）》（以下简称《建设工程解释一》）规定，当施工合同的实质性内容与招投标文件不一致时，以招投标文件为准。那么，非实质性内容不一致时，以哪一个为准呢？

裁判要旨

当事人通过招投标方式订立建设工程施工合同的，招标文件、投标文件以及中标通知书共同构成书面建设工程施工合同。当事人另行签订的合同与招投标文件不一致时，工程范围、建设工期、工程质量、工程价款等实质性内容以招标文件、投标文件、中标通知书为准，非实质性内容以当事人的真实意思表示为准。

案情简介

一、2011年11月3日，潜某市政府与中某建筑公司签订了《潜某市新城区投资建设合作协议》，约定双方就新城土地整理和代建公建项目进行合作。

二、经公开招投标程序，中某建筑公司与兴某公司、潜某市某领导小组办公室签订了潜某市非物质文化遗产展示中心、潜某市科普中心、潜某市特色农业研究交流中心、潜某市综合行政服务中心《建设工程施工合同》；中某建筑公司与兴某公司签订了范某村农民公寓、潜某市规划展示馆、河东北某农民公寓、范某村农民公寓、戴某农民公寓市政及小区配套工程《建设工程施工合同》。

三、2015年9月10日，中某建筑公司与潜某市政府协商终止《潜某市新城区投资建设合作协议》。

四、中某建筑公司向法院起诉，请求解除其与兴某公司及领导小组办公室签订的系列《建设工程施工合同》，并请求判令兴某公司及领导小组支付欠付的工程款。

五、一审法院认定中某建筑公司与兴某公司及领导小组签订的系列《建设工程施工合同》解除理由不成立；虽然《建设工程施工合同》没有约定付款方式，但根据招标公告之约定，兴某公司付款条件尚不成就，兴某公司无须支付工程款。

六、中某建筑公司不服一审判决，提起上诉。最高人民法院二审对此问题维持原判。

法律分析

《民法典》第四百八十三条规定，承诺到达时合同成立。笔者认为，《民法典》是全国人民代表大会表决通过的基本法律，虽不能说在位阶上高于全国人大常委会表决通过的《招标投标法》，但判断民事法律行为的成立与否时，应首先按照《民法典》要约承诺制度进行分析。招标公告为要约邀请，投标人投标为要约，招标人向中标人寄送中标通知书为承诺，中标通知书到达中标人时承诺生效，合同成立。因此，中标通知书到达投标人时，本约合同即成立。一方当事人不遵守招投标文件、中标通知时应当承担违约责任，而非承担缔约过失责任。预约是当事人约定将当事人将来要订立的契约为本约，而以订立本约为其标的之契约，但无论是招标文件、投标文件，还是中标通知书均无关于将来订立特定契约的约定，因此不能将中标通知书理解为预约。既然中标通知书到达中标人时承诺生效，合同成立，那么招标文件、中标人的投标文件和中标通知书构成建设工程施工合同的文本。为何《招标投标法》第四十六条还规定，招标人和中标人应当自中标通知书发出之日起三十日内，按照招投标文件和中标人的投标文件订立书面合同呢？实际上，招标文件、投标文件和中标通知书本身就是书面建设工程施工合同，已经符合合同法规定的形式要件，《招标投标法》第四十六条根据招标文件和投标文件订立的合同书的内容应当与招标文件、投标文件以及中标通知书的内容一致，二者实际上是同一个合同，只是表现为不同的书面形式。《建设工程解释一》第二十二条规定："当事人签订的建设工程施工合同与招标文件、投标文件、中标通知书载明的工程范围、建设工期、工程质量、工程价款不一致，一方当事人请求将招标文件、投标文件、中标通知书作为结算工程价款的依据的，人民法院应予支持。"因此，如建设工程施工合同与招投标文件不一致时，工程范围、建设工期、工程质量、工程价款等实质性内容，应当以招标文件、投标文件、中标通知书为准；除工程范围、建设工期、工程质量、工程价款之外的非实质性内容，以当事人的真实意思表示为准；对于非实质性内容，如果招投标文件有规定或约定，而建设工程施工合同无约定的，应当以招投标文件为准。

实务经验

实践中建设工程施工合同内容与招投标文件不一致的现象经常发生。正如上文所述，司法实践中主要看不一致之处是否属于实质性内容。实质性内容不一致的，以招投标文件为准；非实质性内容不一致的，以双方真实意思表示为准；无法确定哪一个才是双方真实意思表示的，在后行为构成对在先行为的变更，以在后签订的合同或在后形成的招投标文件为准。

那么，双方不按照招投标文件签署合同仅对民事权益有影响吗？不仅如此，不按照招投标文件的实质性内容签订合同可能会被追究行政责任。《招标投标法》第五十九条规定："招标人与中标人不按照招标文件和中标人的投标文件订立合同的，或者招标人、中标人订立背离合同实质性内容的协议的，责令改正；可以处中标项目金额千分之五以上千分之十以下的罚款。"招投标双方务必严格按照《招标投标法》在法定期间内签订与招投标文件实质性内容相一致的书面合同。

法院判决

关于涉案工程招标文件关于支付工程款时间的约定是否有效的问题。

通过招标投标方式订立建设工程施工合同，有固定的程序，每个程序阶段亦有明确的要求。《招标投标法》第十九条第一款规定："招标人应当根据招标项目的特点和需要编制招标文件。招标文件应当包括招标项目的技术要求、对投标人资格审查的标准、投标报价要求和评标标准等所有实质性要求和条件以及拟签订合同的主要条款。"第二十七条第一款规定:"投标人应当按照招标文件的要求编制投标文件。投标文件应当对招标文件提出的实质性要求和条件作出响应。"第四十一条规定:"中标人的投标应当符合下列条件之一:(一)能够最大限度地满足招标文件中规定的各项综合评价标准;(二)能够满足招标文件的实质性要求,并且经评审的投标价格最低;但是投标价格低于成本的除外。"招标人发布招标公告是要约邀请,投标人投标是要约,招标人向中标人发出中标通知书是承诺。中标通知书到达中标人时承诺生效,合同成立。招标文件、中标人的投标文件和中标通知书构成建设工程施工合同的文本。《招标投标法》第四十六条第一款规定:"招标人和中标人应当自中标通知书发出之日起三十日内,按照招标文件和中标人的投标文件订立书面合同。招标人和中标人不得再行订立背离合同实质性内容的其他协议。"从实践情况看,招标人和中标人依据本条规定自中标通知书发出之日起三十日内按照招标文件和中标人的投标文件订立的书面合同,实际是根据招标文件和中标人的投标文件订立的合同书。因此,在当事人通过招标投标方式订立建设工程施工合同的情况下,招标文件、中标人的投标文件以及中标通知书,本身就是合同文本的组成部分。

《招标投标法》第四十六条第一款规定:"招标人和中标人应当自中标通知书发出之日起三十日内,按照招标文件和中标人的投标文件订立书面合同。招标人和中标人不得再行订立背离合同实质性内容的其他协议。"《建设工程解释二》第二十二条规定:"当事人签订的建设工程施工合同与招标文件、投标文件、中标通知书载明的工程范围、建设工期、工程质量、工程价款不一致,一方当事人请求将招标文件、投标文件、中标通知书作为结算工程价款的依据的,人民法院应予支持。"因此,在建设工程施工合同有效的情况下,对于建设工程施工合同的工程范围、建设工期、工程质量、工程价款等实质性内容,应当以招标文件、投标文件、中标通知书为准。对于工程范围、建设工期、工程质量、工程价款等非实质性内容,以当事人的真实意思表示为准。招标人和中标人按照招标文件和中标人的投标文件订立的建设工程施工合同书未约定支付工程价款时间而招标文件约定了建设工程价款时间的,应当以招标文件的约定为依据。涉案招标文件已经约定工程价款付款时间。中某建筑公司在投标文件中承诺,如其中标,完全接受并响应招标文件主要合同条款规定的全部内容。因此,中某建筑公司关于兴某公司、领导小组办公室发布的招标公告中关于付款方式等内容不能构成合同约定，其与兴某公司或兴某公司及领导小组办公室签订的建设工程施工合同大部分对付款时间未作出约定或约定不明的上诉理由不能成立，本院不予支持。

《合同法》第三十九条第二款①规定："格式条款是当事人为了重复使用而预先拟定，并在订立合同时未与对方协商的条款。"第四十条②规定："格式条款具有本法第五十二条和第五十三条规定情形的，或者提供格式条款一方免除其责任、加重对方责任、排除对方主要权利的，该条款无效。"中某建筑公司与兴某公司、领导小组办公室系通过招标投标方式签订建设工程施工合同。上述合同并非兴某公司或者领导小组办公室为了重复使用而预先拟定且在订立时未与中某建筑公司协商的合同。故中某建筑公司关于涉案招标公告中付款方式所附的"第四章合同条款及格式"属于格式条款，其内容存在提供格式条款的一方免除自身责任、加重对方责任、排除对方主要权利的情形，应为无效的上诉理由不能成立，本院不予支持。一审判决关于涉案工程项目付款时间的认定有事实和法律依据，本院予以维持。

案件来源

江苏中某建筑产业集团有限责任公司、潜某市兴某投资开发有限公司建设工程施工合同纠纷二审民事判决书｜最高人民法院·（2019）最高法民终1996号

法条链接

《中华人民共和国民法典》（2021年1月1日实施）

第四百七十一条 当事人订立合同，可以采取要约、承诺方式或者其他方式。

第四百八十三条 承诺生效时合同成立，但是法律另有规定或者当事人另有约定的除外。

《中华人民共和国招标投标法》（2017修正）

第四十六条第一款 招标人和中标人应当自中标通知书发出之日起三十日内，按照招标文件和中标人的投标文件订立书面合同。招标人和中标人不得再行订立背离合同实质性内容的其他协议。

---

① 编者按：《民法典》第496条第1款。
② 编者按：《民法典》第497条。

《最高人民法院关于审理建设工程施工合同纠纷案件适用法律问题的解释（一）》（法释〔2020〕25号 2021年1月1日实施）

第二十二条 当事人签订的建设工程施工合同与招标文件、投标文件、中标通知书载明的工程范围、建设工期、工程质量、工程价款不一致，一方当事人请求将招标文件、投标文件、中标通知书作为结算工程价款的依据的，人民法院应予支持。

延伸阅读

（一）合同无效情形下，合同与招投标文件不一致的，不应机械理解以招投标文件为准，而应当看实际履行情况。

案例一：某江建工建设集团有限公司、大同市云某水泥有限责任公司建设工程施工合同纠纷二审民事判决书丨最高人民法院·（2020）最高法民终1274号

关于涉案工程价款是按照"综合单价"计算还是"可调价格"计算，如果按照"可调价格"计算工程价款，万某造价公司、圣某泰造价公司出具的鉴定意见能否作为计算涉案工程价款的依据的问题。

经查明，2009年6月12日，某建工集团制作的《大同市云某水泥有限责任公司4500t/d熟料新型干法水泥生产线一期工程投标文件》（A标段）（B标段）均显示：根据已收到的招标编号为DTYZ-JZ2009-001的云某水泥公司4500t/d熟料新型干法水泥生产线一期（A标）（B标）工程的招标文件，遵照《工程建设施工招标投标管理办法》的规定，经考察现场和研究上述工程招标文件后，我方愿以以下综合单价承包涉案工程，其中A标土建报价为54551187.07元，B标段土建报价为41535611.97元。并保证在合同履行期内，不因施工条件（包括参考工程量）及市场价格等因素的变化而改变综合单价。另，该投标文件第4条显示：我方同意所递交的投标文件在投标须知第10条规定的投标有效期内有效，在此期间内我方的投标有可能中标，我方将受此约束。该投标文件第5条显示：除非另外达成协议并生效，你方的中标通知书和本投标文件将构成约束我们双方的合同。

2009年7月2日某建工集团与云某水泥公司签订《建设工程施工合同》，该合同第五条约定：本合同为"可调价格"，合同金额为96000000元（暂定价）。该合同专用条款第八条第33.1项约定："……双方按照协议书约定的合同价款及专用条款约定的合同价款调整内容，进行工程竣工结算……"在二审中双方均认可实际履行的是《建设工程施工合同》《补充协议》。

从上述事实看，虽然某建工集团曾在其投标文件中表示愿以"综合单价"承包涉案工程，但该内容与此后双方签订的《建设工程施工合同》约定的"可调价格"不一致，且涉案合同均为无效。根据《建设工程解释二》第十一条的规定："当事人就同一建设工程订立的数份建设工程施工合同均无效，但建设工程质量合格，一方当事人请求参照实际履行的合同结算建设工程价款的，人民法院应予支持。"一审法院认定涉案工程价款应按照"可调价格"计算适当。云某水泥公司上诉称应按照某建工集团制作的投标文件中承诺的"综合单价"计算工程价款的理由不能成立。

（二）背离招投标文件实质性内容的合同无效，按照招标文件、投标文件、中标通知书之规定执行。

案例二：重庆建工第某建筑工程有限责任公司青海分公司、都某县水利局建设工程施工合同纠纷二审民事判决书｜最高人民法院·（2019）最高法民终1905号

本院认为，关于事实认定方面包含涉案《建设工程施工合同》的效力、重庆某建主张的利息应否支持、违约金数额等事实，分述如下：

首先，关于涉案《建设工程施工合同》的效力问题。2012年8月都某县水利局就涉案都某县察汗乌苏河河道治理工程BT建设项目在国内公开招标。2012年10月26日重庆建工第某建筑工程有限责任公司进行投标。中标后，2012年11月10日重庆某建与都兰某县签订《建设工程施工合同》。重庆某建对涉案工程进行施工后，因都某县水利局未足额支付工程款，形成本案诉讼。重庆某建认为，其按照《建设工程施工合同》实际进行了履行和施工，都某县水利局应当按约支付工程欠款及相应的利息和违约金。都某县水利局认为，双方签订的《建设工程施工合同》与招投标文件内容实质上不一致，应属无效合同，双方应当按照招投标文件确定的内容确定工程款及违约金等内容。本院认为，根据《招标投标法》第四十六条的规定，"招标人和中标人应当自中标通知书发出之日起三十日内，按照招标文件和中标人的中标投标文件订立书面合同。招标人和中标人不得再行订立背离合同实质性内容的其他协议。"涉案《建设工程施工合同》是否有效，应当视该合同的内容是否与双方招投标文件载明的内容一致，是否进行了实质变更。而如何认定实质变更问题，应当根据涉案工程的建设工期、工程价款、违约责任等实质性内容加以认定。结合原审法院原审和再审查明的事实看，

本院分别比较说明如下：(一) 关于建设工期。《招标文件》中的《招标公告》载明：计划工期16个月、《投标须知前附表》的工期要求为工期16个月，有效工期11个月。《投标文件》中的《投标函》载明：建设工期485日历天（工期为2012年11月1日至2014年2月28日）。《建设工程施工合同》载明：开工日期为2012年11月13日，竣工日期为2013年7月30日。二审中，都某县水利局举证认为涉案工程存在冬休期无法施工问题，重庆某建存在缩短工程工期的事实。虽然重庆某建认为其实际履行过程中并未冬休，是应都某县水利局的要求加班加点完成施工，但并未提供相关证据证明，故本院认定《建设工程施工合同》对涉案工程的工期进行了缩短。(二) 关于工程价款。《招标文件》载明：工程总投资为71809900元。《投标文件》载明：建安工程费为人民币58800800元。《建设工程施工合同》载明：合同价款金额58800800元。三个文件对于工程总价款并无实质差异。(三) 关于资金占用率。《招标文件》资金占用率处显示空白。《投标文件》载明：资金占用率1470020元（5.0%）。《建设工程施工合同》载明：合同价款58800800元整（建安工程费+当年同期银行贷款利率的资金占用率%）。可见《建设工程施工合同》将资金占用率由5.0%变更为当年同期银行贷款利率。(四) 关于回购。《招标文件》载明：项目投融资建设的回购期为三年，自实际交付使用之日起计算回购期，招标人按合同签订的回购方式及时间每年向中标人支付一次回购款，在三年内分三期全额回购项目资产（第一年：在中标人完成工程一个月后向中标人支付50%回购款，但不计资金占用成本；第二年：在中标人完成工程13个月后支付30%回购款和当期资金占用成本；第三年：在中标人完成工程25个月后支付20%回购款和当期资金占用成本）。回购总价由工程结算价款（中标价格+经审计确认的签证和工程量调整的建安工程费）、资金占用成本组成。《建设工程施工合同》载明：在全部工程竣工验收合格一个月内支付工程总价的50%，工程验收合格后第13个月内再付工程总价的30%，第25个月内全部付清。具体为：工程总价的50%不计息，30%计算二年，20%计算三年。可见，《建设工程施工合同》关于回购款的支付和回购期利息问题，对涉案招投标文件进行了实质性修改，无论是付款期限还是支付利息的金额，均加重了都某县水利局的合同义务。(五) 关于违约责任。《招标文件》载明：如若不能按期支付回购款并且超过15日宽限期，乙方有权就未付款额按与招标人确定的10%收取延误期的资金占用成本。《建设工程施工合同》载明：如果甲方应支付的合同款延误支付，每拖延一天，按未付款额的10%收取延误期的资金占用成本。可见,《建设工程施工合同》在违约责任方面对《招标文件》内容进行了变更。二审中,重庆某建举证认为,都某县水利局对于其违约行为是有预期的,只是对于违约金数额有异议,但是该证据系单方出具且仅有一方签字,不符合协议生效要件,本院对该证据的真实性不予确认。此外,对履约保证金由工程验收合格后30日内返还变更为施工中返还、竣工验收程序和步骤等方面,《建设工程施工合同》亦对招投标文件进行了变更和修改。综合以上事实,虽然《招标文件》和《投标文件》并不是正式的合同,但属双方的真实意思表示,《建设工程施工合同》并不是对《招标文件》和《投标文件》的具体和细化,而是在实质上对内容进行变更和修改,违反了《招标投标法》第四十六条关于招标人和中标人不得再行订立背离合同实质性内容的其他协议的规定,一审法院据此认定涉案《建设工程施工合同》无效,并无不当。

其次,关于重庆某建主张的利息应否支持问题。重庆某建认为,其通过BT模式建设涉案工程项目时,存在融资成本,并且垫资建设,应当按照资金占用率计算融资成本,并获得回购利息,原审法院认为资金占用率与利息进行重复计算,属认定事实错误。本院认为,本案系BT模式进行工程建设,即都某县水利局并没有投入资金,而是由中标人重庆某建利用其资金垫资建设,都某县水利局在回购涉案工程项目时,通过回购款的形式给予重庆某建相应的融资成本报酬。至于重庆某建系利用自有资金还是另外向其他主体融资,并不是其与都某县水利局之间法律关系涉及的内容。重庆某建的《投标文件》中,在分部分项《工程单位计算表》中均已按7.0%计算了工程利润,建设工程投资并不必然产生利息,只有履行过程中迟延支付工程款时,方以利息的形式弥补施工方的资金损失。本案中,都某县水利局在回购涉案项目时,分期支付的回购款中均包含了工程欠款和资金占用成本,已经向重庆某建支付了合理成本损失,重庆某建额外再主张计算利息,没有事实和法律依据。原审法院对于重庆某建的利息损失不予支持,并无不当。

最后,关于违约金的计算问题。因《建设工程施工合同》无效,故应当按照《招标文件》中关于违约责任的内容计算违约金。一审法院按照《招标文件》约定的回购条款和内容,按照应付款时间,分期计算都某县水利局应当支付的回购款及违约金,并无不当。重庆某建关于原审法院没有认定都某县水利局违约并支付违约金的主张,本院不予支持。

综上,原审法院在涉案《建设工程施工合同》的效力、工程款数额、利息及违约金等方面,认定事实清楚,并无不当。

004 承包人中标后依法分包时，是否必须公开招标？

阅读提示

对于必须招投标的项目，总包中标后再分包的，是否必须采用公开招投标方式？本文结合具体案例来加以分析。

裁判要旨

总承包人并非工程项目的投资建设主体，而是项目的执行单位。除非以"暂估价"形式包括在总承包范围内且属于必须公开招标项目的，总承包人有权直接发包并确定分包人，无须公开招投标。

案情简介

一、国投哈某密公司哈密某矿选煤厂EPC总承包进行公开招标，地某线公司为该招标项目的中标人。

二、国投哈某密公司与地某线公司于2013年5月签订总承包合同。总承包合同中对分包进行了约定：承包商应按照本合同文件对施工单位的资质规定，通过招标的方式选择，确定合格的分包人，并报业主审核同意，以合同形式委托其完成承包合同范围内的部分项目。

三、地某线天津分公司对国投哈某密公司哈密一矿选煤厂的土建工程施工进行邀请招标，平煤神某新疆分公司中标，后地某线天津分公司与平煤神某新疆分公司签订《合同协议书》。

四、合同履行中双方发生争议。诉讼中平煤神某新疆分公司主张项目资金来源于国有资金，分包时应当公开招投标，但地某线天津分公司没有进行公开招标，而是采用邀请招标方式，故招标程序违法，所签合同亦无效。

五、一审法院和二审法院均未支持平煤神某新疆分公司的这一主张。

法律分析

本案中，虽然建设单位的资金系国有企业资金，涉案项目属于依法必须进行公开招标的项目,但是地某线公司作为总包方依法取得发包人国投哈某密公司支付的工程款后,工程款已转化为地某线公司的自有资金。在地某线公司对外分包时,分包方系履行与总包方地某线公司的合同,并不与建设单位产生直接的法律关系,故地某线公司进行分包时并不需要进行招投标程序。

《国务院办公厅关于促进建筑业持续健康发展的意见》(国办发〔2017〕19号)规定:除以暂估价形式包括在工程总承包范围内且依法必须进行招标的项目外,工程总承包单位可以直接发包总承包合同中涵盖的其他专业业务,无须进行招标投标。本案中并不涉及"暂估价"项目,分包时无须公开招投标。

实务经验

招标投标中的"暂估价",是指总承包招标时不能确定价格而由招标人在招标文件中暂时估定的工程、货物、服务的金额,待施工或采购过程中最终确定价格后,再对总承包工程款进行调整。《建设工程工程量清单计价规范》(GB 50500-2013)第9.9.1、9.9.2条规定:发包人在招标工程量清单中给定暂估价的材料、工程设备属于依法必须招标的,应由发承包双方以招标的方式选择供应商,确定价格,并应以此为依据取代暂估价,调整合同价款。不属于依法必须招标的,应由承包人按照合同约定采购,经发包人确认单价后取代暂估价,调整合同价款。

从上述规范可以得出如下结论:如总承包招标时存在"暂估价"项目,分包时应区分"暂估价"项目是否属于必须招标项目,然后采用不同的采购方式。"暂估价"项目属于必须招标项目的,由发包人与总承包人共同组织招投标确定分包方,并通过公开招标这一竞争程序最终确定"暂估"价格,然后再据此调整总承包价格;"暂估价"项目不属于必须招标项目的,虽然不需要进行公开招投标,但是也不可任由总承包人随意指定分包人和分包价格,因为涉及总承包合同中"暂估"项目价格确定问题,分包价格需要报发包人最终确认。

云亭建工律师团队提醒总承包人,只要总承包中存在"暂估价"项目,无论是否属于必须招标项目,一定不要未经发包人同意自行分包,否则可能导致"暂估价"项目结算时发生争议。

法条链接

《中华人民共和国建筑法》（2019年修正）

第二十九条　建筑工程总承包单位可以将承包工程中的部分工程发包给具有相应资质条件的分包单位；但是，除总承包合同中约定的分包外，必须经建设单位认可。施工总承包的，建筑工程主体结构的施工必须由总承包单位自行完成。

建筑工程总承包单位按照总承包合同的约定对建设单位负责；分包单位按照分包合同的约定对总承包单位负责。总承包单位和分包单位就分包工程对建设单位承担连带责任。

禁止总承包单位将工程分包给不具备相应资质条件的单位。禁止分包单位将其承包的工程再分包。

《中华人民共和国招标投标法实施条例》（2019年修订）

第二十九条　招标人可以依法对工程以及与工程建设有关的货物、服务全部或者部分实行总承包招标。以暂估价形式包括在总承包范围内的工程、货物、服务属于依法必须进行招标的项目范围且达到国家规定规模标准的，应当依法进行招标。

前款所称暂估价，是指总承包招标时不能确定价格而由招标人在招标文件中暂时估定的工程、货物、服务的金额。

《国务院办公厅关于促进建筑业持续健康发展的意见》（国办发〔2017〕19号　2017年2月21日实施）

三、完善工程建设组织模式

（三）加快推行工程总承包。装配式建筑原则上应采用工程总承包模式。政府投资工程应完善建设管理模式，带头推行工程总承包。加快完善工程总承包相关的招标投标、施工许可、竣工验收等制度规定。按照总承包负总责的原则，落实工程总承包单位在工程质量安全、进度控制、成本管理等方面的责任。除以暂估价形式包括在工程总承包范围内且依法必须进行招标的项目外，工程总承包单位可以直接发包总承包合同中涵盖的其他专业业务。

法院判决

关于需要公开招标的项目经公开招标确定总承包人后，总承包人依法或依约确定分包人是否仍需要进行公开招标的问题。平煤神某新疆分公司认为，项目使用的资金源头系国有资金,总承包人依约确定分包人时仍需要采取公开招标方式。《招标投标法实施条例》第八条规定,国有资金占控股或者主导地位的依法必须进行招标的项目,应当公开招标。根据一审查明,国投哈某密公司的资金系国有企业自有资金,哈密某矿选煤厂项目系国投哈某密公司建设的煤炭能源项目,属于依法必须进行公开招标的项目。国投哈某密公司依照法律规定通过公开招标的方式将哈密某矿选煤厂项目以 EPC 总包的方式发包给地某线公司。该招投标行为符合法律规定。双方签订的《合同协议书》约定,承包商应按照本合同文件对施工单位的资质规定,通过招标的方式选择,确定合格的分包人,并报业主审核同意,以合同形式委托其完成承包合同范围内的部分项目。该协议授权总包方可以通过招标方式确定分包人。作为总承包人,地某线公司并非项目投资建设主体,而是该项目的执行单位。除非有法律规定的必须公开招标的项目,其有权依照约定的方式确定分包人。此外,资金的源头属性,不能无限制地延伸。国投哈某密公司运用国有资金建设涉案项目,相关资金支付给地某线公司后,属于地某线公司的资产,并非仍是国有资金。因此,地某线公司对外分包,不具有法定必须公开招标的情形。其通过邀请招标的方式确定平煤神某新疆分公司为涉案项目标段 B 的中标单位,符合《合同协议书》的约定,国投哈某密公司对平煤神某新疆分公司施工亦未提出异议,表明其认可地某线公司的分包行为。故上述分包行为未违反法律、行政法规的强制性规定,平煤神某新疆分公司有关理由不成立。

案件来源

平煤神某建工集团有限公司新疆分公司、大某工程开发(集团)有限公司天津分公司建设工程施工合同纠纷二审民事判决书丨最高人民法院·(2018)最高法民终 153 号

延伸阅读

案例一:江苏武某建工集团有限公司、常州市通某建设工程有限公司等建设工程分包合同纠纷二审民事判决书丨江苏省常州市中级人民法院·(2020)苏 04 民终 4384 号

因涉案项目属于 BT 项目,最终实际使用政府资金予以实施,依法应当属于强制招标的项目范围,且根据总包合同的约定,发包人在工程量清单中给定暂估

价的专业工程，包括从暂列金额开支的专业工程，达到依法应当招标的规模标准的，及虽未达到规定的招标规模标准但合同约定采用分包方式或招标方式实施的，应当由发包人、承包人作为招标人，组织招标工作，以招标方式确定专业分包人。而根据分包合同，涉案基坑支护和降水工程属于暂估价专业工程，且已达到国家规定的规模标准，故通某公司与武某建工公司未经招投标即签订分包合同，一审认定涉案分包合同无效正确。

案例二： 武汉地质勘察基某工程有限公司、福建中某建设有限公司湖北分公司等建设工程施工合同纠纷一审民事判决书丨湖北省高级人民法院·（2014）鄂民一初字第00015号

本院认为，福建中某公司与武汉中某华公司签订《工程施工总承包合同》，由福建中某公司总承包徐东××还建工程，福建中某公司为总承包人。福建中某湖北分公司将该工程中的基础工程专业分包给武汉勘某公司施工，武汉勘某公司具有相应的桩基工程施工资质，该合同系当事人的真实意思表示，合同内容不违反法律、行政法规的禁止性规定，应为有效。武汉勘某公司认为该合同未经招投标程序而无效。本院认为，国家设立招标投标制度，其目的在于保护国家利益、社会公共利益和招标投标活动当事人的合法权益，提高经济效益，保证工程质量。工程总承包在涉及社会公共安全等情形时，应当按照《招标投标法》的规定进行招投标。但工程分包法律并未明示必须经过招投标。由于工程总承包已经包含了分包部分，在工程总承包已设置招标投标制度的情况下，工程质量和经济效益等相关法益已得到保障，分包部分无须再次进行招投标，故武汉勘某公司主张分包未招投标而无效的理由不能成立。至于福建中某公司与武汉中某华公司以及湖北徐某公司之间的总承包合同关系是否有效，因不属于本案的审理范围，本院在本案中不予审理。总包与分包合同并不属于主从合同关系，总包合同关系的效力并不影响分包合同关系的效力。

005 招标前进行实质性谈判的，中标无效，所签施工合同也无效

阅读提示

建设工程领域中，发包人和承包人在招投标前有时会进行接触和沟通，这种

接触和沟通一旦涉及实质性内容,往往会被认定为中标前进行实质性谈判,进而被认定中标无效。那么哪些情况属于中标前进行实质性谈判呢?

裁判要旨

在发出招投标文件之前,招标人与投标人已先行磋商、签约并施工,招投标之前签订的协议与中标合同在工程内容、工程地点、承包范围、工程质量、取费标准等实质内容基本一致,足以证明双方在招投标前进行了实质性谈判,中标无效,所签合同也无效。

案情简介

一、杭州建某公司与阜阳巨某公司于2012年10月19日签订《建设工程总承包协议》,阜阳巨某公司将包括涉案巨某金宝汇B地块在内的"巨某新世界"工程全部交由杭州建某公司施工。《建设工程总承包协议》对价格、工期、质量、取费标准等进行了约定。

二、2014年5月22日阜阳巨某公司对巨某金宝汇B地块进行招标活动,杭州建某公司经由招投标程序,被确定为巨某金宝汇B地块施工项目的中标单位,并按照中标通知书与发包人阜阳巨某公司签订《建设工程施工合同》及《建设工程施工补充协议》,由阜阳巨某公司将其开发的巨某金宝汇B地块工程发包给杭州建某公司承建。

三、双方于2012年10月19日所签《建设工程总承包协议》,与2014年5月22日经招标投标中标程序后所签《建设工程施工合同》《建设工程施工补充协议》在承包范围、工程质量、取费标准等实质性内容上的约定基本一致。

四、双方因争议诉至法院,最高人民法院二审判决认定涉案工程中标无效,涉案《建设工程总承包协议》《建设工程施工合同》《建设工程施工补充协议》亦无效。

法律分析

《招标投标法》第四十三条明确规定在确定中标人之前,招标人不得与投标人就投标价格、投标方案等实质性内容进行谈判。之所以禁止招标人与投标人就投标价格、投标方案、主要合同条款等实质性内容进行谈判,一方面是为了防止出现所谓的"拍卖"式招标方式,即招标人利用一个投标人提交的投标文件对另一个投标人施加压力,迫使其降低报价或获取其他方面对发包人更有利的条件投标;另一方面是为了确保维护公平公正的招投标程序、市场秩序的规范,避免出现"明招暗定"的情形。

人民法院在审理此类案件时,通常会从标前标后协议的工程内容、承包范围、建设工期、质量标准、计价方式、支付方式、取费标准签约时间、前后协议的内容、实际履行情况等方面进行比较,据此判断是否构成中标前进行实质性谈判。如果承包人在中标前已实际进场施工,将认定中标前进行了实质性谈判。在确认涉案项目为必招项目的前提下,对涉案协议是否违反《招标投标法》第四十三条进行认定。

实务经验

《招标投标法》第二十一条及《招标投标法实施条例》第二十八条规定,招标人可以组织潜在投标人踏勘现场,但不得组织单个或者部分潜在投标人踏勘现场。投标人如需对拟投标项目进一步了解,可以充分利用现场踏勘的机会,就招标项目的所有问题向招标人进行询问并要求招标人进行解答。

另外,招标文件中通常会有招标答疑的安排,投标人可将对招标文件、招标项目的疑问向招标人、招标代理机构书面提出,请求给予解答说明。

法条链接

《中华人民共和国招标投标法》(2017 年修正)

第二十一条　招标人根据招标项目的具体情况,可以组织潜在投标人踏勘项目现场。

第四十三条　在确定中标人前,招标人不得与投标人就投标价格、投标方案等实质性内容进行谈判。

《中华人民共和国招标投标法实施条例》(2019 年修订)

第二十八条　招标人不得组织单个或者部分潜在投标人踏勘项目现场。

《房屋建筑和市政基础设施工程施工招标投标管理办法》(2019 年修正)

第十七条　招标人应当根据招标工程的特点和需要,自行或者委托工程招标代理机构编制招标文件。招标文件应当包括下列内容:

(一)投标须知,包括工程概况,招标范围,资格审查条件,工程资金来源或者落实情况，标段划分，工期要求，质量标准，现场踏勘和答疑安排，投标文件编制、提交、修改、撤回的要求，投标报价要求，投标有效期，开标的时间和地点，评标的方法和标准等；

（二）招标工程的技术要求和设计文件；

（三）采用工程量清单招标的，应当提供工程量清单；

（四）投标函的格式及附录；

（五）拟签订合同的主要条款；

（六）要求投标人提交的其他材料。

第二十三条 投标人对招标文件有疑问需要澄清的，应当以书面形式向招标人提出。

《最高人民法院关于审理建设工程施工合同纠纷案件适用法律问题的解释（一）》（法释〔2020〕25号 2021年1月1日实施）

第一条 建设工程施工合同具有下列情形之一的，应当依据民法典第一百五十三条第一款的规定，认定无效：

（一）承包人未取得建筑业企业资质或者超越资质等级的；

（二）没有资质的实际施工人借用有资质的建筑施工企业名义的；

（三）建设工程必须进行招标而未招标或者中标无效的。

承包人因转包、违法分包建设工程与他人签订的建设工程施工合同，应当依据民法典第一百五十三条第一款及第七百九十一条第二款、第三款的规定，认定无效。

法院判决

关于涉案《建设工程施工合同》《建设工程施工补充协议》效力的问题。阜阳巨某公司在涉案工程进行招标投标之前，与杭州建某公司签订《建设工程总承包协议》。在招标投标之后，双方当事人又依据招标投标文件签订了《建设工程施工合同》《建设工程施工补充协议》。双方当事人对该三份合同的真实性均无异议。关于施工工程，《建设工程总承包协议》约定为"巨某新世界"（暂定名），包括A、B、C、D四个地块，《建设工程施工合同》《建设工程施工补充协议》约定为"巨某金宝汇广场B地块"；关于工程地点，《建设工程总承包协议》《建设工程施工合同》约定的工程地点均为"安徽省阜阳市颍某南路与南某环（路）交汇处"；关于承包范围，《建设工程总承包协议》《建设工程施工合同》

《建设工程施工补充协议》约定的工程承包范围均为"施工（设计）图纸范围内的土建、安装、装饰、附属工程及室外工程等全部工程内容"，其中《建设工程总承包协议》《建设工程施工补充协议》约定桩基工程及需特殊资质的由业主单独分包，《建设工程施工合同》约定桩基工程、支护工程、土方工程、电梯安装工程及需特殊资质的由业主单独分包；关于工程质量，《建设工程总承包协议》《建设工程施工补充协议》约定为"合格标准，争创市优"，《建设工程施工合同》约定为"合格标准"；关于取费标准，《建设工程总承包协议》约定为土建综合取费22%，涉案工程中标通知书载明"中标价款为（人民币）百分之贰拾贰（22%）"，《建设工程施工补充协议》约定"建筑工程综合取费22%"。上述证据表明，双方当事人在招标投标前就涉案工程的实质性内容进行了谈判。双方当事人在招标投标前签订的《建设工程总承包协议》与招标投标中标文件、招标投标后签订的《建设工程施工合同》《建设工程施工补充协议》在承包范围、工程质量、取费标准等实质性内容上的约定亦基本一致。故双方当事人在招标投标前就涉案工程实质性内容进行谈判的行为影响中标结果。双方当事人均认可，涉案工程在签订合同时属于必须招投标的工程。依照《招标投标法》第四十三条、第五十五条及《最高人民法院关于审理建设工程施工合同纠纷案件适用法律问题的解释》第一条第三项[①]的规定，涉案工程中标无效，涉案《建设工程总承包协议》《建设工程施工合同》《建设工程施工补充协议》亦无效。

案例索引

杭州建某集团有限责任公司、阜阳巨某房地产开发有限公司建设工程施工合同纠纷二审民事判决书｜最高人民法院·（2019）最高法民终523号

延伸阅读

案例一：万某建设有限公司、商丘华某房地产开发有限公司建设工程施工合同纠纷二审民事判决书｜最高人民法院·（2020）最高法民终774号

由于涉案建设项目涉及商品住宅且包含拆迁安置房，合同标的金额较大，按照当时招投标规定必须进行招投标，但双方在履行招投标程序前进行实质性接触，签订《施工总承包框架协议》，万某公司对涉案工程先开工建设，后双方补办招投标手续，签订《建设工程施工合同》，同时声明《建设工程施工合同》只

[①] 编者按：《建设工程解释一》第1条第1款第3项。

限于办理建筑施工许可证，用于其他性质一概无效，违反了《招标投标法》第四十三条"在确定中标人前，招标人不得与投标人就投标价格、投标方案等实质性内容进行谈判"和第五十五条"依法必须进行招标的项目，招标人违反本法规定，与投标人就投标价格、投标方案等实质性内容进行谈判的，给予警告，对单位直接负责的主管人员和其他直接责任人员依法给予处分。前款所列行为影响中标结果的，中标无效"的规定，根据《合同法》第五十二条第五项①以及《最高人民法院关于审理建设工程施工合同纠纷案件适用法律问题的解释》第一条第三项②的规定，双方签订的《施工总承包框架协议》《建设工程施工合同》均应认定无效。

案例二：中某建设集团有限公司、天津辉某房地产开发有限公司建设工程施工合同纠纷二审民事判决书｜最高人民法院·（2019）最高法民终412号

本案中，根据已查明的事实，辉某公司、中某公司均确认在招投标前中某公司已经进场施工，中某公司提供的邮件往来公证材料显示，辉某公司要求中某公司按照其"附件内容投标报价"，即双方在投标之前已经就投标报价进行实质性谈判，违反《招标投标法》第四十三条及第五十三条规定，根据《合同法》第五十二条③规定及《最高人民法院关于审理建设工程施工合同纠纷案件适用法律问题的解释》第一条④规定，《备案合同》应为无效。

案例三：东莞市力某置业投资有限公司、凯某市人民政府建设工程施工合同纠纷二审民事判决书｜最高人民法院·（2019）最高法民终205号

麻某县人民政府与力某公司于2011年12月7日签订《麻某县城至白某坪公路工程碧某至白某坪标段建设项目建设-移交（BT）合同书》，并于2012年3月22日签订补充协议，明确了双方对于投资建设涉案公路的权利义务。2012年4月，麻某县人民政府对外发布招标公告。力某公司于2012年5月29日发出投标文件。2012年6月2日，麻某县人民政府发出中标通知书，并在次日根据中标结果，双方订立《麻某县城至白某坪公路（K5+000.000至K10+927.584第二标段）道路工程项目建设-移交（BT）合同书》。该合同内容与此前双方所签合同、补充协议的内容基本一致。双方在签订了中标合同后，又于2012年6月5日签订补充合同书，再次明确，中标合同与之前所签的合同互为补充，如有冲突，以

---

① 编者按：已失效，被《民法典》吸收。
② 编者按：《建设工程解释一》第1条第1款第3项。
③ 编者按：已失效，被《民法典》吸收。
④ 编者按：《建设工程解释一》第1条。

原签订的合同书及补充协议为准。以上协议签订的时间及内容证明，招投标双方在招投标前已进行了实质性谈判并影响中标结果。

案例四： 中建某局第某建筑工程有限公司、黑龙江省日出康某房地产开发有限公司建设工程施工合同纠纷二审民事判决书丨最高人民法院·（2018）最高法民终922号

本案中，涉案工程系面向社会销售的大型商品住宅小区，关系到社会公共利益、公共安全的建设工程项目，根据法律规定应当进行招投标程序。双方当事人虽分别于2012年、2013年经招投标程序，签订了三份《建设工程施工合同》，并报相关行政部门备案。但是中建某局某公司实际已于2011年10月进场施工，于2011年12月与日出康某公司签订了双方合意真实且实际履行的《工程施工合同》，双方当事人先签订合同后招标的行为违反了法定招标程序，并且双方当事人在履行法定招标程序之前，已经达成合意并实际履行《工程施工合同》，实质上是先行确定了工程承包人，违反法律、行政法规效力性强制性规定，故一审法院认定涉案《工程施工合同》、备案合同及与施工相关的补充协议等为无效合同并无不当，本院予以维持。

案例五： 牡某江市第某医院、黑龙江四某园建筑工程有限公司建设工程施工合同纠纷二审民事判决书丨最高人民法院·（2018）最高法民终828号

根据已查明的事实，四某园公司与第某医院于2012年6月15日签订《临时施工协议》。四某园公司于2012年6月28日进场施工。四某园公司与第某医院签订《黑龙江省建设工程施工合同》的时间为2013年6月26日，而第某医院向四某园公司发出《中标通知书》的时间为2013年7月1日。根据上述事实，应认定本案存在先签订《临时施工协议》并实际进场施工，且双方签订的涉案施工合同时间早于中标时间，明招暗定，违反《招标投标法》第四十三条关于"在确定中标人前，招标人不得与投标人就投标价格、投标方案等实质性内容进行谈判"的规定。原审判决认定涉案《黑龙江省建设工程施工合同》无效，证据充分，适用法律正确，本院予以确认。

案例六： 德阳弘某建设发展有限公司、金某县教育局建设工程施工合同纠纷二审民事判决书丨最高人民法院·（2018）最高法民终69号

关于合同效力问题。本案中，2011年12月8日，金某县人民政府与弘某公司已就涉案工程签订《合作框架协议》；弘某公司提交的2012年5月8日《金某职教中心工程首次施工例会会议纪要》等证明弘某公司在2012年5月初即进场

施工，双方当事人在庭审中亦认可该事实。由于前述协议签订和实际进场施工均是在 2012 年 10 月 15 日金某县教育局发布《金某县职业教育培训中心建设项目 BT（建设-移交）模式招商公告》之前，涉案工程的招标投标违反了《招标投标法》第四十三条、第五十三条、第五十五条的规定，该中标无效。故本案中金某县教育局与弘某公司签订《投资施工合同》《补充协议》均为无效合同，弘某公司关于《补充协议》的签订符合情势变更情形而合法有效，以及因《招标投标法》第四十六条的规定系管理性强制性规定而不应据此认定《补充协议》无效的上诉主张均不能成立。

006 应当公开招标的项目，未经批准采用邀请招标方式，中标有效吗？

阅读提示

公开招标和邀请招标是两种不同的招标方式。国有资金控股或占主导地位的必须招标项目原则上必须公开招标，确需采用邀请招标的应报经批准。那么，应当公开招标的项目，未经批准采用了邀请招标，中标有效吗？所签合同有效吗？

裁判要旨

公开招标和邀请招标都是法律规定的招标方式，邀请招标的前置审批程序属于法律法规的管理性规定，未经前置审批进行邀请招标的，应由相关部门给予行政处罚，但并不影响承发包双方经邀请招标程序签订的民事合同的效力。

案情简介

一、2006 年 3 月 20 日，经过招投标程序，磨某公司向路某公司发出《国道 213 线某州-某憨公路云南磨某至思某高速公路施工总承包招投标中标通知书》。2006 年 4 月 18 日，磨某公司（甲方）和路某公司（乙方）签订《总包协议》，约定由路某公司作为施工总承包人，合同价暂定 3211516888 元。合同签订后，路某公司进场组织施工。

二、2010 年 6 月 12 日，磨某公司（甲方）与路某公司（乙方）签订《补充协议》，就部分工程需重新编制预算单价报甲方审批后作为计量合同单价进行了约定。

三、施工过程中双方发生争议，路某公司诉至法院，请求判令磨某公司支付其工程款及利息214301911.08元。一审法院认为双方经邀请招标程序签订的《总包协议》和《补充协议》有效，应按照合同支付工程款及利息。

四、磨某公司不服，以"涉案工程属于应当公开招标的工程，却未经批准以邀请招标方式选定施工单位，违反了《招标投标法》第三条、第十一条，《招标投标法实施条例》第八条以及《国家发展改革委关于云南省磨某至思某公路项目核准的批复》第五条的规定，合同无效"为由，上诉至最高法院。

五、最高法院终审认定合同有效，驳回了磨某公司的上诉。

法律分析

一、《最高人民法院关于审理建设工程施工合同纠纷案件适用法律问题的解释（一）》（法释〔2020〕25号）第一条第一项规定，"建设工程施工合同具有下列情形之一的，应当依据民法典第一百五十三条第一款的规定，认定无效：……（三）建设工程必须进行招标而未招标或者中标无效的"。该条规定的是"应招标而未招标的或者中标无效的"所签合同无效，而不是"应当公开招标而未公开招标的"所签合同无效。

二、《招标投标法》第三条规定，"在中华人民共和国境内进行下列工程建设项目包括项目的勘察、设计、施工、监理以及与工程建设有关的重要设备、材料等的采购，必须进行招标：（一）大型基础设施、公用事业等关系社会公共利益、公众安全的项目；（二）全部或者部分使用国有资金投资或者国家融资的项目；（三）使用国际组织或者外国政府贷款、援助资金的项目"；第十条规定，"招标分为公开招标和邀请招标"。即：公开招标和邀请招标都是法律规定的招标方式，采用邀请招标方式不构成"应招标而未招标"。

三、《招标投标法》并未将"应当公开招标而采用邀请招标"规定为中标无效情形。

综上，云亭建工律师团队认为：应当公开招标的必须招标项目，未经批准采用邀请招标方式，虽然违反了法律和行政法规的管理性规定，应受到行政处罚，但并不属于"建设工程必须进行招标而未招标或者中标无效"情形，所签合同有效。

实务经验

一、招标分为公开招标和邀请招标两种，邀请招标相较公开招标，具有保密性强、时间短、费用低的优势，但也存在竞争不充分、透明性不足等缺点，所以法律和行政法规规定应当公开招标的项目确需采用邀请招标方式的，应当经过批准。

二、以下几类必须招标的项目，经过批准后可以采用邀请招标方式：

1. 国有资金控股或占主导地位的建设工程项目中：（1）技术复杂、有特殊要求或者受自然环境限制，只有少量潜在投标人可供选择的项目，经招标监管部门批准可以采用邀请招标；（2）采用公开招标方式的费用占项目合同金额的比例过大的项目，经项目审批或核准单位批准可以采用邀请招标。

2. 不宜采用公开招标方式的国家重点项目，经国家发展计划部门批准后可以采用邀请招标。

3. 不宜采用公开招标方式的省级重点项目，经省级人民政府批准后可以采用邀请招标。

4. 公开招标数额标准以上政府采购项目中：（1）技术复杂、有特殊要求或者受自然环境限制，只有少量潜在投标人可供选择；（2）采用公开招标方式的费用占项目合同金额的比例过大的，报经设区的市级以上人民政府财政部门批准后，可以采用邀请招标方式。

5. 财政管理实行省直接管理的县级人民政府，可以报经省级人民政府批准，对第 4 项所涉项目批准采用邀请招标方式。

应该批准而未经批准采用邀请招标的，违反了法律和行政法规的管理性强制性规定，由监管部门责令改正、处 10 万元以下罚款，但一般不影响经邀请招标程序所签施工合同的效力。

三、以下招标项目，可以自主决定采用公开招标或者邀请招标：

1. 必须招标的项目中，非国有控股或占主导地位的项目、非国家和省级重点项目，项目单位可自主选择采用公开招标或邀请招标。

2. 非必须招标的项目，项目单位可以自主选择采用公开招标或邀请招标。

案件来源

普洱磨某高速公路开发经营有限公司、云南路某股份有限公司建设工程施工

合同纠纷二审民事判决书丨最高人民法院·（2019）最高法民终794号

法院判决

人民法院在裁判文书中就该问题论述如下：

一审判决：关于合同效力的问题。首先，关于涉案工程项目的招投标程序是否合法的问题。《招标投标法》第三条规定："在中华人民共和国境内进行下列工程建设项目包括项目的勘察、设计、施工、监理以及与工程建设有关的重要设备、材料等的采购，必须进行招标：（一）大型基础设施、公用事业等关系社会公共利益、公众安全的项目……"第十条规定："招标分为公开招标和邀请招标。公开招标，是指招标人以招标公告的方式邀请不特定的法人或者其他组织投标。邀请招标，是指招标人以投标邀请书的方式邀请特定的法人或者其他组织投标。"公开招标和邀请招标均系合法有效的招投标方式，涉案工程项目属于大型基础设施工程，依法应当进行招投标，因法律并未禁止此类工程通过邀请招标方式进行招投标，故涉案工程通过邀请招标进行招投标的方式并未违反法律强制性禁止性规定。

最高人民法院二审判决：关于合同效力的问题。首先，《招标投标法》第十条规定，招标分为公开招标和邀请招标，两种招标方式均系合法有效。而涉案招投标发生于2006年，自2012年2月1日起施行的《招标投标法实施条例》不适用于本案。涉案工程采用邀请招标的方式即便与《国家发展改革委关于云南省磨某至思某公路项目核准的批复》中要求不相符合，亦是违反行政管理的问题，并不存在违反当时法律法规的规定而无效的问题。其次，涉案工程经过立项以及报建审批，《总承包协议》及《补充协议》系真实存在的合同，路某公司在工程启动之初系同时作为公路的投资人和建设单位的事实，也有相应的政府审批文件认同。项目公司磨某公司成立后作为发包人与总承包人路某公司签订工程施工合同的意思表示有事实基础，现磨某公司并未提交涉案当事人在签订合同时存在恶意串通的直接证据，仅凭路某公司与磨某公司之间的人员任职交叉情形，不能证实双方存在串标行为，更不能据此认定招投标行为无效以及《总承包协议》《补充协议》为无效合同。最后，因为每段高速公路的地理状况不同，即便是同期、相邻地理位置的高速公路造价也没有可比性，不能仅依据造价的差异推定涉案工程存在损害国家利益的情形。综上，一审认定《总承包协议》和《补充协议》合法有效并无不当，本院予以维持。

法条链接

《中华人民共和国民法典》（2021年1月1日实施）

第一百五十三条 违反法律、行政法规的强制性规定的民事法律行为无效。但是，该强制性规定并不导致该民事法律行为无效的除外。违背公序良俗的民事法律行为无效。

《最高人民法院关于审理建设工程施工合同纠纷案件适用法律问题的解释（一）》（法释〔2020〕25号 2021年1月1日实施）

第一条第一款 建设工程施工合同具有下列情形之一的，应当依据民法典第一百五十三条第一款的规定，认定无效：

（一）承包人未取得建筑企业资质或者超越资质等级的；

（二）没有资质的实际施工人借用有资质的建筑施工企业名义的；

（三）建设工程必须进行招标而未招标或者中标无效的。

《中华人民共和国招标投标法》（2017年修正）

第三条 在中华人民共和国境内进行下列工程建设项目包括项目的勘察、设计、施工、监理以及与工程建设有关的重要设备、材料等的采购，必须进行招标：

（一）大型基础设施、公用事业等关系社会公共利益、公众安全的项目；

（二）全部或者部分使用国有资金投资或者国家融资的项目；

（三）使用国际组织或者外国政府贷款、援助资金的项目。

前款所列项目的具体范围和规模标准，由国务院发展计划部门会同国务院有关部门制订，报国务院批准。

法律或者国务院对必须进行招标的其他项目的范围有规定的，依照其规定。

第十条 招标分为公开招标和邀请招标。

公开招标，是指招标人以招标公告的方式邀请不特定的法人或者其他组织投标。

邀请招标，是指招标人以投标邀请书的方式邀请特定的法人或者其他组织投标。

第十一条 国务院发展计划部门确定的国家重点项目和省、自治区、直辖市人民政府确定的地方重点项目不适宜公开招标的，经国务院发展计划部门或者省、自治区、直辖市人民政府批准，可以进行邀请招标。

第十二条第三款 依法必须进行招标的项目，招标人自行办理招标事宜的，应当向有关行政监督部门备案。

《中华人民共和国招标投标法实施条例》（2019年修订）

第八条 国有资金占控股或者主导地位的依法必须进行招标的项目，应当公开招标；但有下列情形之一的，可以邀请招标：

（一）技术复杂、有特殊要求或者受自然环境限制，只有少量潜在投标人可供选择；

（二）采用公开招标方式的费用占项目合同金额的比例过大。

有前款第二项所列情形，属于本条例第七条规定的项目，由项目审批、核准部门在审批、核准项目时作出认定；其他项目由招标人申请有关行政监督部门作出认定。

第六十四条 招标人有下列情形之一的，由有关行政监督部门责令改正，可以处10万元以下的罚款：

（一）依法应当公开招标而采用邀请招标；

（二）招标文件、资格预审文件的发售、澄清、修改的时限，或者确定的提交资格预审申请文件、投标文件的时限不符合招标投标法和本条例规定；

（三）接受未通过资格预审的单位或者个人参加投标；

（四）接受应当拒收的投标文件。

招标人有前款第一项、第三项、第四项所列行为之一的，对单位直接负责的主管人员和其他直接责任人员依法给予处分。

《中华人民共和国政府采购法》（2014年修正）

第二十九条 符合下列情形之一的货物或者服务，可以依照本法采用邀请招标方式采购：

（一）具有特殊性，只能从有限范围的供应商处采购的；

（二）采用公开招标方式的费用占政府采购项目总价值的比例过大的。

《中华人民共和国政府采购法实施条例》（2015年修正）

第二十三条 采购人采购公开招标数额标准以上的货物或者服务，符合政府采购法第二十九条、第三十条、第三十一条、第三十二条规定情形或者有需要执行政府采购政策等特殊情况的，经设区的市级以上人民政府财政部门批准，可以依法采用公开招标以外的采购方式。

第七十八条 财政管理实行省直接管理的县级人民政府可以根据需要并报经

省级人民政府批准,行使政府采购法和本条例规定的设区的市级人民政府批准变更采购方式的职权。

延伸阅读

案例一:重庆市圣某建设(集团)有限公司与贵州山某生态移民发展有限公司建设工程施工合同纠纷二审民事判决书丨最高人民法院·(2016)最高法民终675号

关于《施工协议》的效力。圣某公司上诉主张原判认定《施工协议》无效,适用法律错误。本院认为,首先,涉案工程系扶贫民生工程、涉及社会公共利益,根据《招标投标法》第三条规定,大型基础设施、公用事业等关系社会公共利益、公众安全的项目,全部或者部分使用国有资金投资或者国家融资的项目,必须进行招标。据此,涉案工程应当招标。其次,《招标投标法》第十条规定,招标分为公开招标和邀请招标。公开招标,是指招标人以招标公告的方式邀请不特定的法人或者其他组织投标。邀请招标,是指招标人以招标邀请书的方式邀请特定的法人或者其他组织投标。《招标投标法》第十一条规定,国务院发展计划部门确定的国家重点项目和省、自治区、直辖市人民政府确定的地方重点项目不适宜公开招标的,经国务院发展计划部门或者省、自治区、直辖市人民政府批准,可以进行邀请招标。《招标投标法》第十七条规定,招标人采取邀请招标方式的,应当向三个以上具备承担招标项目的能力、资信良好的特定的法人或者其他组织发出招标邀请书。即无论公开招标还是邀请招标,均应遵循公开、公平、公正和诚实信用原则。本案双方当事人均未提交证据证明,涉案工程已履行招投标程序,原判依据《建设工程施工合同司法解释》第一条规定,认定《施工合同》无效,并无不当。

案例二:北京城某建设集团有限责任公司、香河万某新元房地产开发有限公司建设工程施工合同纠纷二审民事判决书丨最高人民法院·(2019)最高法民终1085号

关于《总承包施工补充合同》的效力。1.关于涉案工程是否违反招投标程序而无效的问题。涉案《总承包施工补充合同》约定的工程项目为商品房住宅,暂定合同总价为3.96亿元。依据《招标投标法》第三条关于"大型基础设施、公用事业等关系社会公共利益、公众安全的项目"必须进行招标的规定,以及《总承包施工补充合同》签订时有效的国家发展和改革委员会《工程建设项目招

标范围和规模标准规定》（国家发展和改革委员会令第3号）第三条第五项关于商品住宅，包括经济适用住房属于关系社会公共利益、公众安全的公用事业项目的规定，涉案《总承包施工补充合同》所涉工程项目属于必须进行招标的工程项目。北京城某公司一审举示了招标文件，拟证明涉案《总承包施工补充合同》系经过招投标程序签订，香河万某公司对该证据的真实性、合法性无异议。对此，本院认为，招标可以采用公开招标和邀请招标的方式进行，邀请招标是指招标人以投标邀请书的方式邀请特定的法人或者其他组织投标。涉案工程项目由香河万某公司委托具有资质的招标代理人香河县某建设工程咨询有限公司（以下简称帝某公司）进行邀请招标。2015年1月6日的中标通知书载明，经邀请招标、投标、评标答疑、招标人及乙方（北京城某公司）对投标文件的再次确认等程序，确认乙方（北京城某公司）中标承建涉案项目的总承包工程。据此，应认定涉案工程项目以邀请招标的方式进行了招投标。

案例三：肖某佑、临某县人民政府建设工程施工合同纠纷再审审查与审判监督民事裁定书｜最高人民法院·（2019）最高法民申1218号

关于涉案《建设工程施工合同》效力问题。《最高人民法院关于审理建设工程施工合同纠纷案件适用法律问题的解释（一）》第一条第一款规定："建设工程施工合同具有下列情形之一的，应当根据民法典第一百五十三条第一款的规定，认定无效：……（二）没有资质的实际施工人借用有资质的建筑施工企业名义的；（三）建设工程必须进行招标而未招标或者中标无效的。"本案中肖某佑不仅以盐城某建公司的名义于2011年11月22日与临某县人民政府就涉案工程签订建设协议及办理有关结算手续，且在施工过程中垫付了临时接电费等费用，盐城某建公司寄给临某县教育局的《债权转让通知书》中亦明确载明涉案项目实际投资人是肖某佑，因此肖某佑关于其不是涉案工程的实际施工人主张不能成立，原判认定肖某佑在本案中借用盐城某建公司名义进行施工正确；其次，依据《招标投标法》及《招标投标法实施条例》的规定，涉案工程作为使用国有资金、关系社会公共利益的大型基础设施项目，应当公开招标，而临某县教育局却采用邀请招标的形式确定盐城某建公司为涉案工程的中标单位，且对肖某佑实际施工的三号宿舍楼未依法进行招标，原判认定盐城某建公司与临某县教育局签订的《建设工程施工合同》无效，并无不当，肖某佑及临某县教育局对合同的无效均有过错。

007 挂靠施工，应根据发包人对挂靠是否明知来认定施工合同的效力

阅读提示

《建设工程司法解释（一）》规定没有资质的实际施工人借用有资质的建筑施工企业名义所签合同无效。但是，如果发包人自始对挂靠事实不知情，发包人与被挂靠人所签合同是否有效呢？如果被认定无效，是否导致发包人索赔逾期竣工违约金等权利受损呢？

裁判要旨

挂靠人以被挂靠人名义对外签订合同的效力，应根据合同相对人是否善意、在签订协议时是否知道挂靠事实来作出认定。如果相对人不知道挂靠事实，有理由相信承包人就是被挂靠人，则应优先保护善意相对人，双方所签订协议直接约束善意相对人和被挂靠人，该协议并不属于无效协议。

案情简介

一、2012年9月10日，林某公司与牛某贵签订了《内部承包协议书》，约定：牛某贵挂靠林某公司承揽信某投资大厦项目，实际施工人为牛某贵，林某公司负责与建设单位签署《建设工程施工合同》，牛某贵按照1%上缴林某公司管理费，牛某贵独立设立账务账簿、独立核算，自主聘用工作人员、自筹资金、自主施工、自担风险。

二、2012年9月12日，信某公司与林某公司签订了《建设工程施工合同》，约定：由林某公司承建信某公司开发建设的信某投资大厦项目，合同价款暂定4000万元人民币。

三、2012年10月20日，林某公司出具《授权委托书》，委托牛某贵为公司代理人全权处理信某投资大厦项目全部事宜，同意工程款拨付到林某公司许昌县分公司，引起纠纷法律后果由林某公司承担。

四、2012年12月25日项目开工。施工期间，信某公司多次向林某公司支付

工程款。双方往来函件主体均为信某公司和林某公司。

五、信某公司向法院起诉请求解除其与林某公司签订的《建设工程施工合同》及补充合同。一审、二审法院均认为，牛某贵在没有资质的情况下，借用有资质的建筑施工企业名义施工，故所签《建设工程施工合同》及补充合同均属无效。

六、信某公司不服二审判决向最高法院申请再审。最高法审查认为信某公司为善意相对人，其与林某公司签订的《建设工程施工合同》及附属合同有效。

法律分析

无效的合同自始无效、当然无效、绝对无效；无效合同的违约金条款也无效。也就是说，在承包人逾期竣工的情况下，发包人无法依据无效合同的违约金条款追究承包人的违约责任，而只能要求承包人赔偿逾期竣工给自己造成的实际损失。通常情况下，虽然发包人损失巨大，但苦于无法举证证明，往往赔偿损失之请求很难得到法院支持。这就造成了承包人通过"借用资质承揽工程"的违法行为获得了现实利益，无疑对发包人是十分不公平的。

民法理论上，将意思表示不真实区分为"通谋虚伪"和"真意保留"。通谋虚伪是指交易双方均对外在表示与内心意思不一致明知，《民法典》第一百四十六条规定其为无效的民事法律行为。真意保留是指交易的一方保留了其内心真实意思，做出的外在表示行为与其内心意思不一致，而交易相对方对此并不明知。真意保留的，以表意人外在表示行为作为认定其意思表示的依据，一般认定是有效的民事法律行为。

建工领域中，发包人对挂靠人借用被挂靠人资质承揽工程明知的，属于通谋虚伪，所签合同当然无效；挂靠人向发包人隐瞒了出借资质的事实，民法理论上属于真意保留，发包人对挂靠人借用被挂靠人资质承揽工程不知情，属于善意相对人，则应优先保护交易安全和善意发包人的利益，应当认定发包人与被挂靠人所签合同有效。

实务经验

《建设工程司法解释（一）》第四十三条规定的实际施工人权利保护条款，能否适用于借用资质的实际施工人，司法实践中争议颇大。从司法解释的字面意思理解，借用资质的实际施工人是不可以适用该条突破合同相对性直接向发包人主张工程款条款的。

那么，借用资质的实际施工人如何主张工程款呢？笔者认为，应该区分发包人对挂靠人借用资质承揽工程是否明知，适用不同的请求权基础。如果发包人对借用资质明知，发包人与挂靠人借用资质所签合同因通谋虚伪而无效，但发包人和挂靠人之间直接形成事实上的权利义务关系，挂靠人可以直接向发包人主张工程款。在发包人不知道挂靠人借用资质情况下，发包人与被挂靠人所签施工合同应为有效，该合同直接约束发包人和被挂靠人，挂靠人与被挂靠人之间的法律关系事实上属于转包关系，挂靠人可以适用《建设工程司法解释（一）》第四十三条之规定向被挂靠人和发包人主张工程款。

也有裁判观点认为，在发包人不知道挂靠人借用资质承揽工程情况下，只有被挂靠人可以向发包人主张工程款，挂靠人只能向其挂靠合同相对方被挂靠人主张权利，而不能适用《建设工程司法解释（一）》第四十三条之规定向发包人主张工程款。还有观点认为，在发包人不知道挂靠人借用资质情况下，挂靠人只能向被挂靠人主张权利，或者按照《民法典》第五百三十五条之规定向发包人行使代位权。

总之，对于挂靠人，建议首先选择适用《建设工程司法解释（一）》第四十三条直接向被挂靠人和发包人主张权利，并整理足够的支持此观点的案例检索报告，以说服法庭获得支持。因为，通常情况下发包人较被挂靠人实力雄厚，况且在一定条件下还可以主张建设工程价款优先受偿权，实际拿到工程款的概率比较高。另外，代位权应以到期债权为限，被挂靠人仅仅以获取挂靠费为目的，往往不会主动与发包人结算，也不会积极向发包人主张权利，挂靠人行使代位权时，如果发包人以尚未与被挂靠人结算、债权不确定为由抗辩，挂靠人的诉讼目的就难以实现。

法院判决

关于二审判决适用法律是否错误的问题。

第一，在处理无资质的企业或个人挂靠有资质的建筑企业承揽工程时，应区分内部关系和外部关系。挂靠人与被挂靠人之间的协议因违反法律的禁止性规定，属于无效协议。而挂靠人以被挂靠人名义对外签订合同的效力，应根据合同相对人是否善意、在签订协议时是否知道挂靠事实来作出认定。如果相对人不知道挂靠事实，有理由相信承包人就是被挂靠人，则应优先保护善意相对人，双方所签订协议直接约束善意相对人和被挂靠人，该协议并不属于无效协议。如果相对人在签订协议时知道挂靠事实，即相对人与挂靠人、被挂靠人通谋作出虚假意思表示，则当事人签订的建设工程施工合同属于无效合同。本案中，信某公司与林某公司签订《建设工程施工合同》，林某公司为承包人，该合同上加盖了林某公司公章和林某公司法定代表人马某栓的私人印章。该合同及附属合同亦未将牛某贵列为当事人。林某公司与牛某贵之间签订《内部承包协议书》，只能证明林某公司与牛某贵之间的借用资质或者转包关系。信某公司明确表示，其在与林某公司签订《建设工程施工合同》及附属合同时不知道林某公司与牛某贵之间的关系。本案无证据证明信某公司在签订《建设工程施工合同》及附属合同时知道系牛某贵借用林某公司的名义与其签订合同，故信某公司在签订上述合同时有理由相信承包人为林某公司，是善意的。本案应优先保护作为善意相对人的信某公司的利益。信某公司主张涉案《建设工程施工合同》及附属合同有效，有法律依据。该协议直接约束信某公司和林某公司。一二审判决认定涉案《建设工程施工合同》及附属合同无效缺乏法律依据，本院予以纠正。

第二，信某公司在收到牛某贵提交的《正负零以下工程预算书》后，未及时依合同约定核定工程量，亦未按合同约定的时间支付工程款，对涉案工程停工、工期延期存在过错。一二审法院综合双方当事人的过错情况，对信某公司提出的工程延期违约金请求以及牛某贵提出的拖欠工程款损失均不予支持，并无不当。

第三，鉴于牛某贵施工的主体结构分部工程已经验收合格，剩余工程牛某贵已不再施工，一二审判决判令信某公司返还履约保证金并无不当。由于双方均对工期延误存在过错，二审判决综合双方过错情况均未支持双方当事人要求对方承担违约责任的诉讼请求，信某公司关于应将该履约保证金作为林某公司的违约金予以扣除的再审申请理由亦不能成立。

第四，双方当事人约定，涉案工程获得"中某杯"后，工程合同价按预算价主体下浮4%，装饰下浮5%，否则按工程造价下浮8%为工程结算价。由于涉案工程因双方发生纠纷并未施工完毕，牛某贵施工的主体结构分部工程已经验收合格，二审判决综合全案情况，酌定牛某贵建设的工程决算价为预算主体价下浮5%，是适当的。

案件来源

许昌信某置业有限公司、河南林某建设工程有限公司建设工程施工合同纠纷再审审查与审判监督民事裁定书｜最高人民法院·（2019）最高法民申1245号

法条链接

《中华人民共和国民法典》（2021年1月1日实施）

第五百三十五条 因债务人怠于行使其债权或者与该债权有关的从权利，影响债权人的到期债权实现的，债权人可以向人民法院请求以自己的名义代位行使债务人对相对人的权利，但是该权利专属于债务人自身的除外。

代位权的行使范围以债权人的到期债权为限。债权人行使代位权的必要费用，由债务人负担。

相对人对债务人的抗辩，可以向债权人主张。

《最高人民法院关于审理建设工程施工合同纠纷案件适用法律问题的解释（一）》（法释〔2020〕25号 2021年1月1日实施）

第四十三条 实际施工人以转包人、违法分包人为被告起诉的，人民法院应当依法受理。

实际施工人以发包人为被告主张权利的，人民法院应当追加转包人或者违法分包人为本案第三人，在查明发包人欠付转包人或者违法分包人建设工程价款的数额后，判决发包人在欠付建设工程价款范围内对实际施工人承担责任。

第四十四条 实际施工人依据民法典第五百三十五条规定，以转包人或者违法分包人怠于向发包人行使到期债权或者与该债权有关的从权利，影响其到期债权实现，提起代位权诉讼的，人民法院应予支持。

延伸阅读

案例一：罗某雄、贵州某建工程有限公司等建设工程施工合同纠纷民事二审民事判决书｜最高人民法院·（2021）最高法民终394号

关于罗某雄的主体身份及相关法律关系的问题。

（一）钢某公司和罗某雄之间系转包关系，而非借用资质关系。

钢某公司主张涉案项目系罗某雄事先找遵义开某公司谈好，才找钢某公司借用资质，遵义开某公司对罗某雄借用资质的行为明确并且放任、追求，钢某公司

仅仅是挂名、过账，遵义开某公司和罗某雄建立事实上的建设工程施工合同关系。本院认为，转包关系中的转承包人（即和承包人建立合同关系的实际施工主体）和挂靠关系中的挂靠人均可为实际施工人，但两者产生的法律效果并不完全相同，故只有区分不同类型的实际施工人，才能准确适用法律，确定当事人的权利义务。

住房和城乡建设部《建筑工程施工发包与承包违法行为认定查处管理办法》第七条规定："本办法所称转包，是指承包单位承包工程后，不履行合同约定的责任和义务，将其承包的全部工程或者将其承包的全部工程肢解后以分包的名义分别转给其他单位或个人施工的行为。"可见，在转包关系中，对发包人而言，转包人以承包合同的相对方出现，其自身承接工程后，将全部工程转给其他主体施工，但并未脱离这一合同链条关系，仍是建设工程连环合同的一部分。在实际施工过程中，转包人作为中转环节，对工程具有较强的管理、支配地位。发包人通过转包人进行施工指示、进度款支付等工作，作为实际施工人的转承包人则通过转包人开展报送工程量、工程进展等工作。转承包人除能依据合同关系向转包人主张权利外，还能根据相关司法解释突破合同相对性规定，直接向发包人主张相应权利。

住房和城乡建设部上述管理办法第九条又规定："本办法所称挂靠，是指单位或个人以其他有资质的施工单位的名义承揽工程的行为。前款所称承揽工程，包括参与投标、订立合同、办理有关施工手续、从事施工等活动。"一般而言，在施工挂靠关系中，出借资质的一方即被挂靠人并不实际参与工程的施工，由借用资质的一方即挂靠人和发包人直接进行接触，全程参与投标、订立合同、进行施工。实践中，挂靠又可分为发包人明知和不明知两种情形。前一种挂靠情形，尽管建设工程施工合同名义上还是被挂靠人，但实质上挂靠人已和发包人之间建立事实上的合同关系。根据合同相对性原则，被挂靠人对挂靠人的施工行为无法产生实质性影响，施工过程中的具体工作也往往由挂靠人越过被挂靠人，和发包人直接进行联系。而在后一种挂靠情形下，法律、司法解释并未赋予挂靠人可突破合同相对性原则。根据案件的具体情况，挂靠人一般无权直接向发包人主张权利，这与转包关系中的转承包人权利不同。

因此，本案应准确认定罗某雄和钢某公司的法律关系。首先，发包人遵义开某公司和承包人钢某公司之间建立了建设工程合同关系。遵义开某公司对涉案工程启动了招投标程序，钢某公司通过投标行为最终中标，双方签订了《建设工程施工合同》。其次，钢某公司承包涉案工程后，以内部承包形式将涉案全部工程转给了罗某雄施工。根据钢某公司和罗某雄于2015年8月13日签订的《项目内部承包合同》，钢某公司将涉案工程以内部承包的形式交由罗某雄进行施工。根据《项目内部承包合同》第二条"内部承包方式"的约定，钢某公司聘任罗某雄作为项目部负责人，负责项目工程部的日常管理、协调和监督工作，罗某雄对承包项目自筹资金、自主经营、独立核算、自负盈亏，还约定涉案工程扣除成本支出及罗某雄向钢某公司交纳的包干管理费50万元、税金，其余部分作为罗某雄的收益。再次，钢某公司始终未放弃发包人合同相对人身份。根据钢某公司和罗某雄《项目内部承包合同》第五条"施工管理"以及第六条"财务管理"约定，钢某公司对涉案项目施工质量、进度以及施工现场平面布置、文明施工、工程款财务进行监督。遵义开某公司支付的工程款，大部分直接进入钢某公司相关账户，即便是少部分直接支付给相关班组的款项，也是遵义开某公司出于钢某公司的委托而支付，并未向罗某雄直接支付。在罗某雄施工阶段，遵义开某公司工程款的支付是根据《工程进度款报审表》进行，九期的《工程进度款报审表》均显示发包人为遵义开某公司，承包人为钢某公司，涉案项目资料上报人为钢某公司项目经理陈某祥，经过监理及业主的审批完成，罗某雄并未作为一方主体签字。即便是在工程联系单上的签字，也是以钢某公司代表的名义向监理、业主报送，和遵义开某公司之间并未直接发生关系。钢某公司、罗某雄均主张在涉案工程中标之前，罗某雄已与遵义开某公司谈妥该项目，但第一次《项目内部承包协议》时间早于工程中标时间也仅证明钢某公司与罗某雄有转包或者挂靠的合意，并不能证明遵义开某公司同意或明知罗某雄以钢某公司名义承揽工程。涉案工程中标后，罗某雄和钢某公司又于2016年1月22日签订了内容一致的《项目内部承包合同》，该合同应视为罗某雄、钢某公司对于涉案工程进行转包的确认，并不意味着钢某公司对其承包人地位的放弃。最后，钢某公司对于罗某雄能否继续对涉案工程施工并获得发包人拨付的工程款具有支配地位。钢某公司《关于撤销罗某雄"蚕某岭项目部"负责人中止项目内部承包合同的决定》载明，因罗某雄施工过程中，存在违反《项目内部承包合同》第六条关于工程款专款专用、第八条关于民工工资和材料款及时清偿、第十二条关于给钢某公司造成损失后钢某公司解除合同的约定，钢某公司撤销了罗某雄项目负责人资格，钢某公司另行组建项目部进行施工，并以《关于调整"遵义市新浦新区三合收费站匝道处（蚕某岭）平场工程"项目部负责人及项目部管理人员的函》的方式将上述决定告知遵义开某公司。该决定直接导致罗某雄在现场无法进行施工，也无法继续获得相关工程款。综上，《项目内部承包协议》系钢某公司和罗某雄的转包协议，因罗某雄无施工资质，应为无效。

罗某雄、钢某公司另主张涉案项目开始之前，罗某雄已经和遵义开某公司就相同地块存在土地整治项目的合作，罗某雄系借用钢某公司的资质对涉案项目进行施工，遵义开某公司和罗某雄之间建立事实上的合同关系。但即便是涉案项目开始之前罗某雄和遵义开某公司就相同地块存在土地整治项目合作，因和涉案工程并不属于同一工程，且施工内容不尽一致，无法就此认定遵义开某公司对罗某雄借用资质施工的行为明知或放任。遵义开某公司不认可罗某雄系借用资质和其签订合同，也否认其和罗某雄建立事实上合同关系。从查明事实看，罗某雄未在涉案工程招投标文件、建设工程施工合同中签字，也未作为缔约一方实质上参与了涉案工程招投标、施工合同订立过程，相关文件上签字人均为时任钢某公司法定代表人的谭某群。而且，即便罗某雄和钢某公司已经达成借用资质合意并已经对涉案项目进行施工，但是在遵义开某公司对此不知情且不认可的情况下，罗某雄和遵义开某公司无法直接建立事实合同关系。因此，遵义开某公司和罗某雄之间缺乏绕过承包人钢某公司而建立合同关系的合意，相关履行行为也未建立事实合同关系。罗某雄、钢某公司关于罗某雄和遵义开某公司建立事实上合同关系的主张缺乏事实依据。综上，发包人遵义开某公司和承包人钢某公司签订《建设工程施工合同》，不存在违反法律法规强制性规定的情形，应为有效。一审法院以罗某雄无施工资质，从而认定该施工合同无效，系适用法律错误，本院予以纠正。

（二）罗某雄系转包关系下的实际施工人，案外人付某远、刘某先非本案实际施工人。

本涉案及遵义开某公司与承包人钢某公司之间的建设工程施工合同关系、承包人即转包人钢某公司和转承包人罗某雄之间的转包关系，罗某雄系根据《项目内部承包合同》对涉案工程进行施工。钢某公司始终认可罗某雄的实际施工人身份，付某远、刘某先仅是罗某雄组织的劳务班组，施工过程中各类工程联系单和联系函件、对外所签各种合同以及委托司法鉴定时所提供的施工材料等均印证了这一事实。2016年12月7日和2017年1月19日两次《会议纪要》的记载内容表明，在涉案工程产生问题时，罗某雄以钢某公司项目部名义召集各班组进行协调处理，参会人员并非只有作为劳务班的付某远、刘某先，还有爆破班、车队等其他人员等，且有钢某公司人员参会，该情况进一步验证了罗某雄为转包关系下的实际施工人。此外，罗某雄已完成部分工程价款金额为113595336.99元，除去遵义开某公司对有关项目计价有异议外，上述金额仍远远超过了罗某雄应支付给付某远和刘某先的工程款。遵义开某公司未举示证据证明未支付的工程款不是罗某雄所投入的情况下，该部分应被认定为罗某雄的相关投入。罗某雄对涉案工程实际进行了投入，对施工现场进行管控并协调相关事宜，应为涉案工程的实际施工人。钢某公司、遵义开某公司关于罗某雄仅仅是中间转包人而非实际真正进行施工的主张，和查明的事实不符，本院不予支持。据此，罗某雄有权依法要求钢某公司及遵义开某公司各自承担相应责任。

案例二：陈某军、阜阳某伤医院建设工程施工合同纠纷二审民事判决书｜最高人民法院·（2019）最高法民终1350号

本院认为，本案争议的焦点问题是：陈某军是否为本案适格原告。

第一，《中华人民共和国民事诉讼法》第一百二十二条规定："起诉必须符合下列条件：（一）原告是与本案有直接利害关系的公民、法人和其他组织；（二）有明确的被告；（三）有具体的诉讼请求和事实、理由；（四）属于人民法院受理民事诉讼的范围和受诉人民法院管辖。"本案中，陈某军主张其是涉案工程的实际施工人，请求两医院支付涉案工程的欠付工程款。根据陈某军提供的阜阳民某医院与江西某建所签《建设工程施工合同》、其本人与江西某建所签《省外阜阳第某分公司承包经营协议》、工程款支付报审表、工程签证单、监理例会会议纪要及双方当事人的当庭陈述等相关证据，能够证明其与涉案工程具有一定的直接利害关系。

第二，一审法院经过初步审查，认为陈某军与江西某建之间形成挂靠关系。在处理无资质的企业或个人挂靠有资质的建筑企业承揽工程时，应进一步审查合同相对人是否善意、在签订协议时是否知道挂靠事实来作出相应认定。如果相对人不知晓挂靠事实，有理由相信承包人就是被挂靠人，则应优先保护善意相对人，双方所签订协议直接约束善意相对人和被挂靠人，此时挂靠人和被挂靠人之间可能形成违法转包关系，实际施工人可就涉案工程价款请求承包人和发包人承担相应的民事责任；如果相对人在签订协议时知道挂靠事实，即相对人与挂靠人、被挂靠人通谋作出虚假意思表示，则挂靠人和发包人之间可能直接形成事实上的合同权利义务关系，挂靠人可直接向发包人主张权利。即无论属于上述何种情形，均不能仅以存在挂靠关系而简单否定挂靠人享有的工程价款请求权。一审法院应当在受理案件后，就各方当事人之间形成何种法律关系、陈某军在本案中的法律地位究竟为何、对涉案工程款是否享有实体权利、其诉讼请求能否得到支持等焦点问题进行实体审理后作出判断得出结论。因此,一审法院认为挂靠关系不能适用《最高人民法院关于审理建设工程施工合同纠纷案件适用法律问题的解释》第二十六条规定,进而认定陈某军不是本案适格原告并驳回其起诉,系适用法律错误,本院予以纠正。陈某军的起诉符合《中华人民共和国民事诉讼法》第一百一十九条的规定,其具备本案原告的诉讼主体资格,一审法院应予受理。陈某军的上诉理由成立,本院予以支持。

008 低于成本价中标的合同无效时,应如何认定"低于成本价"呢?

阅读提示

《招标投标法》第三十三条明确规定投标人不得以低于成本的报价竞标,但无论是最高人民法院的司法解释还是各地方法院对于建设工程合同纠纷审理的指导意见,均没有明确具体的认定标准和构成要件,尤其是低价中标中的"低价"意为何指。那么,司法实践中应如何认定"低价中标"呢?

裁判要旨

法律禁止投标人以低于成本的报价竞标,主要目的是规范招标投标活动,避免不正当竞争,保证工程质量,维护社会公共利益。如果确实存在低于成本价投标的,应当依法确认中标无效,并认定建设工程施工合同无效。但是,对"成本价"应作正确理解,所谓"投标人不得以低于成本的报价竞标"指投标人投标报价不得低于其为完成投标项目所需支出的企业个别成本。

案情简介

一、华某公司2006年4月12日通过佛山市南某区发展和改革局核准,可通过直接发包的方式将"西某科技工业园"所需兴建厂房发包出去。

二、上述项目工程用地、规划、报建已取得国有土地使用权证、建设工程规划许可证、建筑工程施工许可证。针对上述工程规格、招投标等要求,华某公司于 2006 年 3 月 17 日作出《施工总承包招标方案》。2006 年 4 月 13 日确定第一标段即涉案工程投标报价最高限价为 2915 万元,第二标段投标报价最高限价为 1820 万元。

三、2006 年 4 月 14 日,南海某建对涉案工程投标编制《工程量清单报价表》,确定对涉案工程投标总价为 29134105.62 元,并于同日预交了 80 万元投标保证金。南海某建在该报价表中将各项工程的夜间施工费、脚手架、环境保护费等措施项目费调整为零。同年 4 月 15 日,南海某建在编制《华某公司西某新厂区(第一标段)投标文件之一》其中的投标函中表示,愿意以 29134105.62 元投标报价并按华某公司对涉案工程施工总承包方案提出的要求承包,承担工程施工、竣工、任何质量缺陷保险责任。

四、2006 年 4 月 20 日,华某公司向南海某建出具《中标通知书》,确认将涉案工程发包给南海某建。2006 年 5 月 23 日,华某公司与南海某建签订《建设工程施工合同》。

五、2006 年 7 月 15 日,南海某建正式开工。2007 年 8 月 2 日,南海某建以华某公司低于成本价招标,承诺以后工程结算保证南海某建有 5% 利润引诱其中标,后中标施工中,拖欠工程进度款且未履行承诺,拒绝对工程款作出调整为由致函华某公司,决定与华某公司解除施工关系,停止施工并依法追讨工程款。

六、一审法院广东省佛山市中级人民法院判决:确认南海某建与华某公司于 2006 年 5 月 23 日签订的《建设工程施工合同》无效;二审法院广东省高级人民法院判决:驳回上诉,维持原判。

七、华某公司认为二审判决以《建设工程施工合同》约定的中标价低于《工程造价鉴定书》(方案一)中的定额造价为由,认定《建设工程施工合同》无效,适用法律错误,故向最高人民法院申请再审。最高人民法院再审判决:撤销一审判决和二审判决,判决南海某建与华某公司于 2006 年 5 月 23 日签订的《建设工程施工合同》有效。

法律分析

本案的焦点问题是南海某建中标是否为"低价中标"?云亭建工律师团队认为:"低价"指低于投标人为完成投标项目所需支出的个别成本。

第一,从法律对合同无效的严格规定以及司法实践对合同无效的谨慎态度来看,人民法院通常会从维护交易的安全、稳定与效率出发,力求平衡合同各方当事人的合法权益，一般不会轻易否定合同效力。但基于对秩序和公平的考量，需要对招投标活动进行规范，以避免不正当竞争、保证项目质量，进而维护社会公共利益。因此，低价中标的合同应当认定为无效。

第二，最高人民法院民一庭在《民事审判指导与参考》总第 60 辑中就如何理解《招标投标法》第三十三条所称的"低于成本"，认为：《招标投标法》第三十三条所称的"低于成本"，投标人以中标合同约定价格低于社会平均成本为由，主张符合招标投标法第三十三条规定的情形，合同约定价格条款无效的，人民法院不予支持。即所谓的"成本"应该是"个别成本"而非是社会平均成本或行业平均成本，更不应是项目招标的标底、招标控制价或者市场成本价，否则将会使得整个社会、整个行业丧失提高效率、节约成本的动力，进而导致整个行业、整个社会竞争力下降。

第三，《最高人民法院关于印发〈全国法院民商事审判工作会议纪要〉的通知》（法〔2019〕254 号）第三十二条认为：依据建设工程司法解释第二条规定，建设工程施工合同无效，在建设工程经竣工验收合格情况下，可以参照合同约定支付工程款，但除非增加了合同约定之外新的工程项目，一般不应超出合同约定支付工程款。

实务经验

第一，招投标工作不仅是一种经济行为，同时也是一种法律行为，其涉及的资金额度很大，且一般工程建设也非常复杂。因此，对招投标过程中所有的工作环节必须保持严谨的态度。

第二，投标人务必对自己的成本价有科学、严谨、合理的评估和测算，并留存好相应的证据，以备在出现纠纷时，能够对自己成本价的合理性做出有效充分的证明。

第三，招标人应认真、仔细地审核投标文件，严格落实招投标现场管理事宜。投标人是否适合该项目，不能仅通过某一个招标的结果或者中标的价格来确定，而要通过其对所承包项目每一环节建设的水平来进行相应验证。一旦发现存在"低价中标"的情形，则应立即予以相应处理，以避免出现争议后被动。

法条链接

《中华人民共和国招标投标法》（2017年修正）

第三十三条 投标人不得以低于成本的报价竞标，也不得以他人名义投标或者以其他方式弄虚作假，骗取中标。

第四十一条 中标人的投标应当符合下列条件之一：

（一）能够最大限度地满足招标文件中规定的各项综合评价标准；

（二）能够满足招标文件的实质性要求，并且经评审的投标价格最低；但是投标价格低于成本的除外。

法院判决

最高人民法院在本案民事判决书的"本院认为"部分就涉案施工合同效力应如何认定论述如下：

根据已经查明的案件事实，华某公司系采用邀请招标的方式发包涉案工程，虽然在具体实施中不符合邀请招标的相关程序规定，但考虑到佛山市南某区发展和改革局对工程发包人式已予核准，可以认定涉案工程履行了招投标程序，应当适用《招标投标法》的相关规定。对于本案是否存在《招标投标法》第三十三条规定的以低于成本价竞标的问题。本院认为，法律禁止投标人以低于成本的报价竞标，主要目的是规范招标投标活动，避免不正当竞争，保证项目质量，维护社会公共利益，如果确实存在低于成本价投标的，应当依法确认中标无效，并相应认定建设工程施工合同无效。但是，对何为"成本价"应作正确理解，所谓"投标人不得以低于成本的报价竞标"应指投标人投标报价不得低于其为完成投标项目所需支出的企业个别成本。《招标投标法》并不妨碍企业通过提高管理水平和经济效益降低个别成本以提升其市场竞争力。原判决根据定额标准所作鉴定结论为基础据以推定投标价低于成本价，依据不充分。南海某建未能提供证据证明对涉案项目的投标报价低于其企业的个别成本，其以此为由主张《建设工程施工合同》无效，无事实依据。涉案《建设工程施工合同》是双方当事人真实意思表示，不违反法律和行政法规的强制性规定，合法有效。原判决认定合同无效，事实和法律依据不充分，本院予以纠正。

案件来源

佛山华某纺织有限公司、佛山市南海第某建筑工程有限公司建设工程施工合

同纠纷审判监督民事判决书丨最高人民法院·（2015）民提字第 142 号

延伸阅读

案例一：湖南瑞某园林建设有限公司、湘某房地产股份有限公司建设工程施工合同纠纷再审审查与审判监督民事裁定书丨最高人民法院·（2017）最高法民申 1548 号

瑞某公司主张，其受湘某公司欺骗，《施工合同》和《补充协议》约定的工程价款远低于市场价格，违反了《招标投标法》第三十三条、第四十一条的规定，故合同无效。本院认为，瑞某公司通过招投标的方式中标湘某公司的涉案工程，瑞某公司在投标之前，必然已对涉案工程进行了预算。在中标之后，瑞某公司、湘某公司根据中标结果订立《施工合同》，之后就其他范围的工程订立《补充协议》。可见，《施工合同》和《补充协议》是瑞某公司、湘某公司双方协商一致的结果。瑞某公司关于其被欺骗导致《施工合同》和《补充协议》约定的工程价款过低而无效的主张并未提供相应的证据予以证明。而且，瑞某公司无论是在一审起诉中还是二审上诉中，均未主张过《施工合同》和《补充协议》因中标价格过低而无效。因此，原审认定《施工合同》和《补充协议》均属有效，并无不当。既然《施工合同》和《补充协议》有效，本案就应按照合同约定计算工程款，瑞某公司主张按照定额计算工程造价，无事实和法律依据，不能成立。

案例二：南通市通州百某市政工程有限公司、苏州市吴江东太湖综某开发有限公司建设工程施工合同纠纷申请再审民事裁定书丨最高人民法院·（2015）民申字第 884 号

《招标投标法》第三十三条所称的"低于成本"，是指低于投标人的为完成投标项目所需支出的个别成本。每个投标人的管理水平、技术能力与条件不同，即使完成同样的招标项目，其个别成本也不可能完全相同，个别成本与行业平均成本存在差异，这是市场经济环境下的正常现象。实行招标投标的目的，正是通过投标人之间的竞争，特别在投标报价方面的竞争，择优选择中标者，因此，只要投标人的报价不低于自身的个别成本，即使是低于行业平均成本，也是完全可以的。本案中，苏州市姑某工程造价事务所出具的鉴定结论书系依据建筑行业主管部门颁布的工程定额标准和价格信息编制的，反映的是建筑市场的社会平均成本，不能等同于百某市政公司的个别成本，百某市政公司也没有证据证明合同约定价格低于其个别成本,故百某市政公司所称合同约定价格低于其成本价无事实依据,其主张涉案《建筑工程施工合同》因此而无效没有事实和法律依据。

案例三:湖北金某建筑工程有限公司、湖北省某监狱建设工程施工合同纠纷二审民事判决书丨湖北省高级人民法院·(2016)鄂民终173号

根据查明事实,湖北某监狱虽就涉案工程依法进行了公开招标,但其在招标过程中就工程价款向招标人设置拦标价,将投标价格上限限定在8241600元。无论是从湖北某监狱招投标前审核确定的预算价9263714.30元来看,还是从一审法院委托湖北中某信工程造价咨询有限公司宜昌分公司就涉案工程造价做出的鄂中某信造咨字(2015)0701号《湖北某监狱第6标段(习艺钢球)车间厂房工程造价的鉴定报告》确认的涉案工程成本造价11638395.69元(13503284.01元—1864888.32元)来看,湖北某监狱设置的拦标价均远低于上述成本造价。另从湖北某监狱二审提交的华某鼎诚建设集团有限公司、湖北中某建设发展有限公司、宜昌市坤某建筑有限责任公司、荆州市九某建设发展有限公司、金某公司这五个公司的投标函、投标函附录来看,均是按照湖北某监狱限定的拦标价以下报价,故湖北某监狱在招投标程序中设置拦标价的行为,是导致投标人低于造价成本报价的主要原因。湖北某监狱设置拦标价的行为,以及金某公司在湖北某监狱设置拦标价的情况下,故意以低于成本报价竞标并中标的行为,均违反了招标投标活动应当遵循公开、公平、公正和诚实信用的原则,侵害了其他投标人的合法权益,扰乱了我国建筑施工的正常招投标秩序,一审依据《招标投标法》第三十三条以及第四十一条的规定,确认金某公司中标行为及双方签订的《建设工程施工合同》无效,具有事实和法律依据。

涉案工程完工后虽未办理工程竣工验收和办理结算,但鉴于湖北某监狱已经将涉案工程投入使用,且于一审过程中撤回对工程质量提出的鉴定申请,故一审判决确认涉案工程质量合格,并无不当。依据《最高人民法院关于审理建设工程施工合同纠纷案件适用法律问题的解释》第二条关于"建设工程施工合同无效,但建设工程经竣工验收合格的,承包人请求参照合同约定支付工程价款的,应予支持"的规定,在涉案合同无效的情况下,金某公司诉请湖北某监狱支付工程款,具有事实和法律依据。湖北某监狱与金某公司签订的《建设工程施工合同》中关于"合同价款为820万元,其中安全防护、文明施工措施费为176518.25元。若本合同签订后发包人更换施工图纸,则承包人有权要求对该项目的工程造价重新进行核算,据实结算"的约定,属于当事人就工程款计价及结算的约定,因经一审法院委托鉴定，湖北华某建设工程设计审查事务有限公司湖北华某图审字第（2014）第3070号《图纸审查鉴定意见书》确认涉案图纸变更设计存在重大变更，故金某公司请求参照上述合同约定的结算条款，即"若本合同签订后发包人更换施工图纸，则承包人有权要求对该项目的工程造价重新进行核算，据实结算"，申请对涉案工程造价进行鉴定，具有事实依据。湖北某监狱虽在二审过程中向本院提交湖北某监狱迁建工程第Ⅵ标段钢球车间项目施工图纸会审记录，主张金某公司同意进行图纸设计变更，但并没有向本院提交证据证实金某公司同意放弃合同中关于"更换施工图纸，则承包人有权要求对该项目的工程造价重新进行核算，据实结算"的权利。故湖北某监狱上诉主张一审依照金某公司申请对全部工程据实结算不当，缺乏事实依据，依法不予支持。

案例四：孙某、侯某亮建设工程施工合同纠纷二审民事判决书｜河南省新乡市中级人民法院·（2018）豫07民终4927号

对于本案是否存在《招标投标法》第三十三条规定的以低于成本价竞标的问题。本院认为，法律禁止投标人以低于成本的报价竞标，主要目的是规范招标投标活动，避免不正当竞争，保证项目质量，维护社会公共利益。如果确实存在低于成本价投标的，应当依法确认中标无效，并相应认定建设工程施工合同无效。但是，对何为"成本价"应作符合立法本意的理解，所谓"投标人不得以低于成本的投价竞标"应指投标人投标报价不得低于其为完成投标项目所需支出的企业个别成本。原一审过程中，孙某申请对整个工程造价进行鉴定，鉴定意见书载明涉案工程总价款为15069480.66元。在发回重审庭审过程中，孙某提交了涉案工程承建时支出的各项成本单据约667页1998张，除税金外成本合计14258591.95元。《建设工程施工合同》中，美某谷公司和达某公司约定固定价为8985237.3元。虽企业可以通过提高管理水平、降低个别成本，但涉案工程投标报价明显低于企业的个别成本。涉案《建设工程施工合同》违反《招标投标法》第三十三条规定，合同无效。

合同无效后，因合同取得财产的当事人应当返还财产或者折价补偿。在双方当事人既没有签订书面合同，又对工程价款计算方式各执己见的情况下，通过中介机构对工程造价进行司法鉴定，参照司法鉴定意见进行裁判，才能得出相对公正的结论。同时，工程造价鉴定是依据政府指导价即定额形成，直接反映了"折价补偿"返还原则。因此，在《建设工程施工合同》《工程承包协议》以及张某成违法分包给孙某施工的行为均属无效时，应当按照鉴定意见对涉案工程价款进行确定。

案例五：中国人民武装警察某部队、平陆泰某建筑工程有限公司合同纠纷再审民事判决书丨山西省运城市中级人民法院·（2017）晋08民再41号

本案中，武警部队于2010年6月20日与泰某公司通过招投标签订了《三营、团直宿舍楼工程承包合同》，泰某公司对三营宿舍楼投标报价1110元/m²，团直宿舍楼投标报价1120元/m²，工程合同总价款12074700.70元。双方合同虽约定工程报价一次性包定，但在工程施工过程中，部分土建、安装工程进行了变更，应以双方确认后的工程总价为准。竣工后双方因工程款发生了纠纷，对于武警部队审计事务所作出的审计结果，泰某公司不予认可，且该审计结果为武警部队单方出具，其证明效力不及于法院委托的鉴定机构所出具的鉴定结论的效力。根据鉴定机构所作出的工程总造价鉴定结论，诉争工程的总成本价为1381.47万元，高于双方签订的合同总造价1207.47万元，且根据武警部队在同一时期与其他建筑公司签订的《工程承包合同》中每平方米的工程造价为1435元，高出本案每平方米合同造价300元。本案合同造价确实远低于同一时期承包合同造价，也有悖公平。根据《招标投标法》第三十三条：禁止投标人以低于成本的报价竞标。其目的在于保证招标竞争秩序和确保工程质量，维护经济公序和社会公共利益，该条规定属于效力性强制规定，违反该规定的合同应属无效合同。故本案武警部队与泰某公司所签订的《工程承包合同》因低于工程成本价，违反法律强制性规定，应认定为无效。造成合同无效，武警部队与泰某公司均有过错，双方应各自承担相应的责任。武警部队审计事务所作出的审计结果应支付泰某公司的总价款12150111.01元。根据鉴定结论，在合同无效的情况下，工程总造价为16002201.11元，对于其中的差价16002201.11元-12150111.01元=3852090.1元，因双方均有过错，各半负担。扣除武警部队已支付的10549400元，武警部队还应支付泰某公司工程款为12150111.01元-10549400元+（3852090.1元÷2）=3526756.06元及利息。

009 哪些情况属于另行订立背离合同实质性内容的其他协议？

阅读提示

《招标投标法》第四十六条规定，"招标人和中标人不得再行订立背离合同实质性内容的其他协议",《最高人民法院关于审理建设工程施工合同纠纷案件适用法律问题的解释(一)》(法释〔2020〕25号)进一步明确工程范围、建设工期、工程质量、工程价款等属于合同的实质内容。支付方式、结算方式是否属于实质性内容?工程范围增加招投标文件未提及的配套设施是否属于变更了招标文件的实质性内容呢?

裁判要旨

另行签订的协议对工程总造价及支付方式的约定与招投标文件及中标合同不同的,属于对中标合同的实质性变更,另行签订的协议因违反法律的强制性规定而无效。《建设工程施工合同》虽然将招投标文件中未提及的小区道路、园林绿化等配套工程列入了合同范围,但并不违反《招标投标法》的强制性规定,《建设工程施工合同》合法有效。

案情简介

一、2011年12月1日,琼某建筑公司成为地质大队招标的位于海南省海口市府城镇凤某路北侧的"职工住宅楼工程"的中标单位。2011年12月8日双方就"职工住宅楼工程"签订《建设工程施工合同》。该合同约定:工程内容为新建地上18层、地下一层框架结构住宅楼一幢,总建筑面积8194.51平方米;合同工期为自开工之日起360个日历天;工程价款为15816541.39元(中标价);合同价款采用固定价格方式确定,无论工程是否有变更,工程量是否有增加或减少,工程价款均不得变更。

二、2011年12月8日,地质大队和琼某建筑公司签订《合作合同书》:地质大队将面积1886.34平方米的用地用于规划建设职工住宅楼,并按地质大队实际得到的建筑面积,以每平方米单价2280元结算提供建设资金;建成的职工住宅楼,双方同意按以下方式分配并办理产权证,第二层至十六层共60套职工宿舍套房分给地质大队,第十七层至十八层共6套职工宿舍套房分给琼某建筑公司,地下室的产权和小区地面停车位等全部属地质大队;地质大队所得的60套住房按造价每平方米2280元结算并提供建设资金,总造价约为13800000元,本工程项目建设所需的其余建设资金由琼某建筑公司全部承担。

三、2011年12月18日,地质大队和琼某建筑公司签订《补充协议书》:地下室由琼某建筑公司投资建设,底层架空层临路27米长的场地使用权归琼某建筑公司所有；小区道路、园林绿化、围墙工程由琼某建筑公司施工，工程造价另行结算；琼某建筑公司所分得的房产，如不违反土地管理法的规定，可给琼某建筑公司分割相应的土地面积。

四、双方发生争议后诉至法院，一审法院海南省海口市中级人民法院判决：《合作合同书》和《补充协议书》无效；二审法院海南省高级人民法院判决：《合作合同书》第二条第（一）项、第五条第（九）项、第（十）项无效，《补充协议书》第二条、第三条、第五条无效。

五、地质大队认为二审判决认定《合作合同书》及《补充协议书》部分条款无效，属适用法律错误，故向最高人民法院申请再审。最高人民法院判决：撤销二审判决，维持一审判决。

法律分析

本案的焦点问题是招投标文件中的"实质性改变"应如何认定及"实质性改变"部分无效还是合同全部无效。云亭建工律师团队认为：另行签订的协议对工程总造价及支付方式的约定，同招投标文件及中标合同不同，属于对中标合同的实质性变更，另行签订的协议因违反法律的强制性规定而无效。分析如下：

第一，就本案而言，一审法院认定《合作合同书》和《补充协议书》对备案的中标合同《建设工程施工合同》中有关工程价款的数额及支付方式进行了重大变更，而工程价款属于合同的实质性内容。因此，《合作合同书》和《补充协议书》依法应当认定为无效。

第二，二审法院认为，从双方当事人签订的《合作合同书》及其《补充协议书》的内容来看，既有合作条款，也有施工条款。《合作合同书》约定部分内容，均不在《建设工程施工合同》范围内，不属于《建设工程施工合同》条款，应属于合作条款，并未违反法律、法规和司法解释关于合同效力的强制性规定。与此同时，《合作合同书》部分内容改变了备案《建设工程施工合同》约定的工程尾款、支付比例和期限等内容，该部分约定系对备案《建设工程施工合同》相应结算条款的实质性变更，依法应属无效条款。除此之外，双方当事人在该《合作合同书》中约定的其他施工条款，可以作为对双方当事人所签《建设工程施工合同》的补充，只要与备案的《建设工程施工合同》约定不相抵触，并不当然属于无效条款。因此，二审法院认为一审判决未对双方当事人签订的《合作合同书》及其《补充协议书》内容的性质加以区分，认定全部无效，属于认定部分事实不清，适用法律错误。

第三，最高人民法院认为，《建设工程施工合同》系地质大队和琼某建筑公司经过招投标程序签订并经备案登记的施工合同，依法成立并有效。从《合作合同书》及《补充协议书》约定的内容看，其均涉及对涉案工程总造价及支付方式的约定，且同招标人和中标人经备案登记的《建设工程施工合同》关于涉案工程款结算的约定不同，属于对《建设工程施工合同》的实质性内容进行变更。因此，《合作合同书》和《补充协议书》因违反法律的强制性规定而无效，涉案工程款的结算应以《建设工程施工合同》为依据。也就是说，最高人民法院在效力认定上没有区分合同内容，而是认为违反了《招标投标法》第四十六条、原《建设工程施工合同解释》第二十一条[①]就认定为合同整体无效。

实务经验

第一，实务操作中，在签订合同后，客观情况往往会发生变化，为了使合同的履行更加合理，必须修改其中的某些内容，但这种修改不得实质性改变招投标文件的内容。

第二，无论是招标方还是投标方，都应仔细、认真对待招投标文件，在招投标文件中尽可能细致地进行安排，不能细致安排的也应作出原则性安排，这样就可使合同履行中的变更和调整既受严格约束也满足必要性要求。

第三，在合同履行过程中，对于客观情况出现的变化，要随时留存好证据，同时发包人与承包人应就该等变化及时进行沟通。

法条链接

《中华人民共和国招标投标法》（2017年修正）

第四十六条 招标人和中标人应当自中标通知书发出之日起三十日内，按照招标文件和中标人的投标文件订立书面合同。招标人和中标人不得再行订立背离合同实质性内容的其他协议。

招标文件要求中标人提交履约保证金的，中标人应当提交。

《中华人民共和国招标投标法实施条例》（2019年修订）

第五十七条 招标人和中标人应当依照招标投标法和本条例的规定签订书面

---

① 编者按：《建设工程施工合同解释（一）》第二十二条。

合同，合同的标的、价款、质量、履行期限等主要条款应当与招标文件和中标人的投标文件的内容一致。招标人和中标人不得再行订立背离合同实质性内容的其他协议。

《最高人民法院关于审理建设工程施工合同纠纷案件适用法律问题的解释（一）》（法释〔2020〕25号　2021年1月1日实施）

第二十二条　当事人签订的建设工程施工合同与招标文件、投标文件、中标通知书载明的工程范围、建设工期、工程质量、工程价款不一致，一方当事人请求将招标文件、投标文件、中标通知书作为结算工程价款的依据的，人民法院应予支持。

法院判决

本案中，地质大队和琼某建筑公司于2011年12月8日依据中标文件签订《建设工程施工合同》并办理了合同备案。该合同约定：工程价款为15816541.39元，合同价款采用固定价格方式确定，无论工程是否有变更或工程量是否有增加或减少，工程价款均不得变更。同日，地质大队和琼某建筑公司签订的《合作合同书》约定：建成的职工住宅楼第十七层至十八层共6套职工宿舍套房分给琼某建筑公司；地质大队所得的60套住房按造价每平方米2280元结算，总造价约为13800000元，项目建设所需的其余建设资金由琼某建筑公司全部承担。2011年12月18日，地质大队和琼某建筑公司签订的《补充协议书》又约定：地下室由琼某建筑公司投资建设，工程项目底层架空层临路27米长的场地使用权归琼某建筑公司所有；小区道路、园林绿化、围墙工程由琼某建筑公司施工，工程价款另行结算。从《合作合同书》及《补充协议书》约定的内容看，其均涉及对涉案工程总造价及支付方式的约定，且同招标人和中标人经备案登记的《建设工程施工合同》关于涉案工程款结算的约定不同，属于对《建设工程施工合同》的实质性内容进行变更。因此，《合作合同书》和《补充协议书》因违反法律的强制性规定而无效，涉案工程款的结算应以《建设工程施工合同》为依据。

小区道路、园林绿化等属于涉案职工住宅楼的配套工程，虽然在招标投标文件中未体现，《建设工程施工合同》将这些配套工程列入施工范围并不违反《招标投标法》第四十六条和《招标投标法实施条例》第五十七条的规定。

案件来源

海南省核某业地质大队、海南琼某建筑工程公司建设工程施工合同纠纷再审民事判决书丨最高人民法院·（2017）最高法民再249号

延伸阅读

案例一：重庆建工第某建筑工程有限责任公司青海分公司、都某县水利局建设工程施工合同纠纷二审民事判决书丨最高人民法院·（2019）最高法民终1905号

涉案《建设工程施工合同》是否有效，应当视该合同的内容是否与双方招投标文件载明的内容一致，是否进行了实质变更。而如何认定实质变更问题，应当根据涉案工程的建设工期、工程价款、违约责任等实质性内容加以认定。结合原审法院原审和再审查明的事实看，本院分别比较说明如下：（一）关于建设工期。虽然重庆某建认为其实际履行过程中并未冬休，是应都某县水利局的要求加班加点完成施工，但并未提供相关证据证明，故本院认定《建设工程施工合同》对涉案工程的工期进行了缩短。（二）关于工程价款。《招标文件》《投标文件》《建设工程施工合同》三个文件对于工程总价款并无实质差异。（三）关于资金占用率。《建设工程施工合同》将资金占用率由5.0%变更为当年同期银行贷款利率。（四）关于回购。《建设工程施工合同》关于回购款的支付和回购期利息问题，对涉案招投标文件进行实质性修改，无论是付款期限还是支付利息的金额，均加重了都某县水利局的合同义务。（五）关于违约责任。《建设工程施工合同》在违约责任方面对《招标文件》内容进行了变更。此外，对履约保证金由工程验收合格后30日内返还变更为施工中返还，竣工验收程序和步骤等方面，《建设工程施工合同》亦对招投标文件进行了变更和修改。综合以上事实，虽然《招标文件》和《投标文件》并不是正式的合同，但属双方的真实意思表示，《建设工程施工合同》并不是对《招标文件》和《投标文件》的具体和细化，而是在实质上对内容进行变更和修改，违反了《招标投标法》第四十六条关于招标人和中标人不得再行订立背离合同实质性内容的其他协议的规定，一审法院据此认定涉案《建设工程施工合同》无效，并无不当。

案例二：江苏南通某建集团有限公司、天津国某置业有限公司建设工程施工合同纠纷二审民事判决书 | 最高人民法院·（2019）最高法民终 1093 号

《总包补充协议》与中标的《建设工程施工合同》相比，工程款支付方式由预付款加进度付款改为承包人全垫资施工。而款项支付方式系工程价款的重要内容，因此，应认定《总包补充协议》构成对中标合同的实质性变更，根据《招标投标法》第四十六条的规定，该协议无效，对双方当事人不具有法律约束力。南通某建依据《总包补充协议》第 26 条第 2 项约定，请求国某公司支付欠付工程款利息，依据不足。从合同实际履行情况看，在涉案工程竣工验收前，国某公司未支付任何预付款和工程进度款。即便 2018 年 2 月 7 日南通某建向国某公司借款 1000 万元并自愿按照年利率 4.5% 支付资金占用费时，亦未提出抵扣前期预付款和进度款的主张。可见，双方并未实际履行《建设工程施工合同》的约定。2018 年 8 月 17 日双方签订的《支付协议》首部明确，"鉴于双方分别于 2015 年 4 月 15 日和 2016 年 1 月 18 日签订了国某中心大厦的《建设工程施工合同》和《补充协议》"。《支付协议》是《建设工程施工合同》履行完毕后对所有工程款数额的最终结算，并详细约定了工程款的具体支付时间。因此，虽然中标的《建设工程施工合同》约定了工程预付款和进度款的支付事宜，但双方并未实际履行，而且工程结算的《支付协议》中又对工程款支付作出新的约定，应视为是对《建设工程施工合同》工程款支付方式的变更。双方的权利义务关系应以变更后的合同内容确定。

案例三：北京住某集团有限责任公司、河北旅某职业学院建设工程施工合同纠纷二审民事判决书 | 最高人民法院·（2019）最高法民终 922 号

本案中，某职业学院与住某集团就涉案工程签订了两份《建设工程施工合同》并进行了备案，因两份施工合同关于合同价款调整方式的约定与招标文件不一致，一审法院认定两份施工合同无效，并无不妥。2007 年 7 月 2 日，住某集团和某职业学院签订《补充协议》对住某集团的承包范围及工程款支付作出重新约定，一审法院对《补充协议》的真实性、合法性予以确认，亦无不妥。

案例四：惠某工程（中国）有限公司、中国石油某石化有限责任公司建设工程施工合同纠纷二审民事判决书 | 最高人民法院·（2018）最高法民终 803 号

中石油某石化的《招标文件》含拟在国外采购的设备 25 台（套），但投标总价明确不含引进设备材料费。双方对于合同约定产生了不同理解。惠某工程公司认为招标范围包含拟在国外采购的设备，但因《中国石油某石化炼化一体项目工程计价依据指导手册》中规定了"引进设备单价及数量以批复初步设计概算为准，下浮3%包干使用"，故无须投标单位单独报价。中石油某石化认为，工程范围包含拟在国外采购的设备是对整个工程的描述，并不能由此认定所有设备均应由投标人采购，《中国石油某石化炼化一体项目工程计价依据指导手册》是根据《PC工程合同》而制定，不能作为认定招标范围的依据。因中石油某石化打算自行采购国外设备，故在《招标文件》中申明引进设备不纳入投标报价。本院认为，《招标文件》前述条款的规定的确存在歧义，但根据惠某工程公司2016年5月16日向中石油某石化发出的《惠某工程关于某石化项目引进物资采购问题的说明》，其中关于"涉案工程于2007年12月底进行招标，2008年1月7日签发中标通知书，双方进行了长达7个月的合同谈判。将引进物资纳入PC合同范围是在长达半年多时间内合同谈判过程中形成的，此合同内容的增加，是得到双方认可的"的陈述，表明惠某工程公司与中石油某石化在招投标完成之后，《PC工程合同》签订前对于引进设备未包含在招投标范围内并未产生歧义，且对是否纳入合同范围进行了协商。故可以认定引进设备材料费用未纳入涉案工程招标，惠某工程公司与中石油某石化对于引进设备的采购未经招投标即在《PC工程合同》中作出约定，该约定违反《招标投标法》关于涉及国有投资的重大项目应当进行招投标的规定，应为无效。

案例五：中国某开发集团哈尔滨有限公司、江苏省苏某建设集团股份有限公司建设工程施工合同纠纷二审民事判决书｜最高人民法院·（2017）最高法民终437号

诉争2013年11月26日签订的《施工协议》系针对涉案同一工程项目另行签订的协议，没有经过备案，该协议约定的竣工时间早于协议签订时间，并不真实，且付款方式改为"主体结构十五层以下暂不付款"，亦即主体结构十五层以下由承包人垫资施工，改变了备案合同关于发包人支付预付款和进度款的约定，明显加重了承包人的义务，对苏某集团的利益影响较大。因此，一审判决认定该《施工协议》属于与备案合同实质性内容矛盾的"黑合同"，违反《招标投标法》第四十六条第一款的强制性规定而应认定为无效，并无不当。

案例六：平某神马建工集团有限公司新疆分公司、大某工程开发（集团）有限公司天津分公司建设工程施工合同纠纷二审民事判决书｜最高人民法院·（2018）最高法民终153号

关于固定单价和固定总价以及最终价格的确定是否影响合同效力的问题。平某神马新疆分公司认为招标文件采取的是固定单价,但相关协议约定的是固定总价,且价格几次变化,背离了中标,应属无效。《招标投标法》第四十六条规定,招标人和中标人应当自中标通知书发出之日起三十日内,按照招标文件和中标人的投标文件订立书面合同。招标人和中标人不得再行订立背离合同实质性内容的其他协议。从大某天津分公司制作的招标文件看,固定总价是在固定单价的计价方式基础上根据工程量计算得出。平某神马新疆分公司在投标函表示,其理解并同意中标价为固定价,即在投标有效期内和合同有效期内,该价格固定不变,表明其认可以固定总价进行结算。后双方据此签订《合同协议书》,约定本合同为固定总价合同,并未背离招投标结果。虽然涉案投标价、中标价、合同价并不完全相同,但一方面,投标价格12669.7万元、中标价格为11900万元以及合同约定价格11776.24万元三个价格之间并无特别巨大的悬殊;另一方面,由于合同总价是根据固定单价计算得出,有关工程量需要双方磋商确认,故经双方协商确定最后价格并无不妥。因此,本案固定单价、固定总价的表述以及价格的调整并不属于《招标投标法》第四十六条第一款规定的招标人和中标人再行订立背离合同实质性内容的其他协议的情形。据此,平某神马新疆分公司的有关主张,缺乏依据,本院不予支持。

010 合同上加盖的施工企业印章系私刻,是否对施工企业发生效力?

阅读提示

《民法典》第四百九十条规定,"当事人采用合同书形式订立合同的,自当事人均签名、盖章或者按指印时合同成立",如果合同加盖的印章是未经备案的私刻印章,是否发生法律效力?

裁判要旨

虽然合同上加盖的印章系未经备案的私刻印章,但该印章在该方当事人其他对外合同上曾被使用,相对人基于对加盖该印章的其他一系列文书的信任,有理由相信加盖该印章的合同系该方当事人的真实意思表示。

案情简介

一、2011年1月，发包人宝某公司与承包人中某建集团签订《建设工程施工合同》，合同约定由中某建集团承建恒某雅苑二、三期工程。

二、2011年6月，都某公司出具授权委托书，委托沙某博为项目总负责人，以都某公司的名义与中某建集团下属负责涉案工程施工的中某建长沙公司签署合同并处理一切有关事务。

三、之后，沙某博代表都某公司与中某建长沙公司签订联合施工协议，约定由都某公司承建恒某雅苑54#-60#楼工程。

四、2011年6月25日，都某靖江公司与沙某博签订了《内部承包经营合同书》和《安全生产协议》，约定由沙某博承建恒某雅苑54#-60#楼工程。

五、后经查明，联合施工协议、授权委托书上所加盖的印章为都某靖江公司负责人吴某鹍私刻。

六、合同履行过程中发生纠纷，中某建集团向法院起诉，请求法院判令都某公司、都某靖江公司、沙某博向中某建集团返还超付工程款、支付违约损失等。

七、一、二审法院均认为，沙某博以都某公司名义签订联合施工协议构成表见代理。

八、都某公司、都某靖江分公司不服，向最高人民法院提出再审申请，最高人民法院驳回其再审申请。

法律分析

本案的焦点问题是沙某博以都某公司名义签订联合施工协议是否构成表见代理？

一、《民法典》第一百七十二条规定："行为人没有代理权、超越代理权或者代理权终止后，仍然实施代理行为，相对人有理由相信行为人有代理权的，代理行为有效。"

本案中，沙某博的授权委托书和联合施工协议上加盖的印章，均不是都某公司的备案印章，而是都某靖江公司负责人吴某鹍私刻，都某公司否认沙某博有代理权。但如果中某建长沙公司有理由相信沙某博有代理权，则沙某博的代理行为有效，对都某公司发生效力。

二、根据《民法典总则编司法解释》第二十八条，同时满足"存在代理权的外观""相对人不知道行为人行为时没有代理权,且无过失"两个条件的,可以认定为"相对人有理由相信行为人有代理权",也就是能够构成表见代理。

本案中,除了授权委托书外,沙某博还向中某建长沙公司提交了资质证书、营业执照等加盖都某公司印章的文件,吴某鹍私刻的印章还被都某公司用在其他对外合同中,虽然授权委托书和联合施工协议上加盖的印章与备案印章不一致,但一个企业可能存在多枚印章,要求中某建长沙公司审查对方公章与备案公章的一致性,过于严苛。基于对加盖都某公司印章的一系列文书的信任,中某建长沙公司有理由相信沙某博具有代理权。

实务经验

一、合同上的印章是否系备案印章并非认定合同效力的决定性因素,同一公司刻制多枚印章的情形大量存在,合同上的印章可能也是正常使用的印章。即使合同上的印章是未经被代理人许可的私刻印章,但是代理人使用该印章签订合同也可能满足表见代理的构成要件,致使合同对被代理人发生效力。

二、在对是否构成表见代理进行举证时,一般来说,相对人应当就合同签订人符合"存在代理权的外观"这一条件进行举证,被代理人应当就相对人不符合"相对人不知道行为人行为时没有代理权,且无过失"这一条件进行举证。

三、如果被代理人以印章系私刻、并非备案印章等理由否认表见代理的成立,相对人可以从被代理人在其他交易中也使用过该印章且未否定其效力、公司存在多枚印章等角度进行反驳。

四、即使印章系私刻,甚至私刻印章之人已经被追究刑事责任,只要相对人有理由相信行为人有代理权,则不影响表见代理的成立。建议施工企业不要刻制多枚印章,只使用备案印章。如果基于客观原因必须刻制、使用多枚印章的,则要对其严格管理,制定精细的用印审批、登记流程,尽量降低风险。

五、虽然相对人没有审查签订合同所加盖印章是否系备案印章的义务,但如果合同一方是法人时,合同上只有该法人单位经办人的签名捺印,没有加盖法人印章,法院一般不会认定构成表见代理。

六、即使无法构成表见代理,如果相对人能够举证证明被代理人事后对无权代理行为进行了追认,则无权代理行为对被代理人也发生效力。

法条链接

《中华人民共和国民法典》（2021年1月1日实施）

第一百六十五条　委托代理授权采用书面形式的，授权委托书应当载明代理人的姓名或者名称、代理事项、权限和期限，并由被代理人签名或者盖章。

第一百七十一条　行为人没有代理权、超越代理权或者代理权终止后，仍然实施代理行为，未经被代理人追认的，对被代理人不发生效力。

相对人可以催告被代理人自收到通知之日起三十日内予以追认。被代理人未作表示的，视为拒绝追认。行为人实施的行为被追认前，善意相对人有撤销的权利。撤销应当以通知的方式作出。

行为人实施的行为未被追认的，善意相对人有权请求行为人履行债务或者就其受到的损害请求行为人赔偿。但是，赔偿的范围不得超过被代理人追认时相对人所能获得的利益。

相对人知道或者应当知道行为人无权代理的，相对人和行为人按照各自的过错承担责任。

第一百七十二条　行为人没有代理权、超越代理权或者代理权终止后，仍然实施代理行为，相对人有理由相信行为人有代理权的，代理行为有效。

《最高人民法院关于适用〈中华人民共和国民法典〉总则编若干问题的解释》（法释〔2022〕6号　2022年2月24日）

第二十八条　同时符合下列条件的，人民法院可以认定为民法典第一百七十二条规定的相对人有理由相信行为人有代理权：

（一）存在代理权的外观；

（二）相对人不知道行为人行为时没有代理权，且无过失。

因是否构成表见代理发生争议的，相对人应当就无权代理符合前款第一项规定的条件承担举证责任；被代理人应当就相对人不符合前款第二项规定的条件承担举证责任。

《最高人民法院关于当前形势下审理民商事合同纠纷案件若干问题的指导意见》（法发〔2009〕40号　2009年7月7日）

四、正确把握法律构成要件，稳妥认定表见代理行为

12. 当前在国家重大项目和承包租赁行业等受到全球性金融危机冲击和国内宏观经济形势变化影响比较明显的行业领域，由于合同当事人采用转包、分包、

转租方式，出现了大量以单位部门、项目经理乃至个人名义签订或实际履行合同的情形，并因合同主体和效力认定问题引发表见代理纠纷案件。对此，人民法院应当正确适用合同法第四十九条关于表见代理制度的规定，严格认定表见代理行为。

13. 合同法第四十九条规定的表见代理制度不仅要求代理人的无权代理行为在客观上形成具有代理权的表象，而且要求相对人在主观上善意且无过失地相信行为人有代理权。合同相对人主张构成表见代理的，应当承担举证责任，不仅应当举证证明代理行为存在诸如合同书、公章、印鉴等有权代理的客观表象形式要素，而且应当证明其善意且无过失地相信行为人具有代理权。

14. 人民法院在判断合同相对人主观上是否属于善意且无过失时，应当结合合同缔结与履行过程中的各种因素综合判断合同相对人是否尽到合理注意义务，此外还要考虑合同的缔结时间、以谁的名义签字、是否盖有相关印章及印章真伪、标的物的交付方式与地点、购买的材料、租赁的器材、所借款项的用途、建筑单位是否知道项目经理的行为、是否参与合同履行等各种因素，作出综合分析判断。

法院判决

最高人民法院在本案民事裁定书中就沙某博以都某公司名义签订《联合施工协议》是否构成表见代理论述如下：

首先，根据原审法院查明，在本案合同缔约过程中，沙某博提供了都某公司的资质证书、营业执照、组织机构代码证、授权委托书等加盖都某公司印章的文件。在施工过程中，亦存在其他加盖都某公司印章的文件，如《关于成立都某公司长沙工程处的通知》《关于设立长沙恒某雅苑54#-60#项目经理部的通知》《内部承包经营合同书》《安全生产协议》以及认可恒某雅苑54#-60#项目部公章的授权书、朱某所持的介绍信、在开立银行账户过程中留存的都某公司的开户资料等。双方最初签订的《联合施工协议》中也加盖了都某靖江分公司的印章。原审法院对双方存有争议的相关文件中的印章真实性问题进行了鉴定，形成[2011] 28号、[2011] 78号、[2012] 1号、[2017] 1717号鉴定文书。综合鉴定情况和全案所存的印章情况，虽然沙某博提供的资质文件、授权委托书中加盖的印章为吴某鸥私刻形成，但授权委托书中加盖的都某公司法定代表人签章未被鉴伪，上述其他多份从都某靖江分公司获得的资料中的都某公司印章未被证实为私刻。同时，吴某鸥私刻的印章还被都某公司用在其他对外合同中，且效力未被否定。现都某公司以部分文件印章不真实为由主张其对涉案工程不知情、不应承担责任，理据不足，本院不予支持。

其次，判断表见代理的过失，应以合同签订时为时间界点。沙某博在签订协议前先进场施工以及将合同签订时间倒签至2011年2月1日，并不构成中某建集团对判断授权正当性的过失。现实中，一个企业可能存在多枚印章，在民事交易中要求合同当事人审查对方公章与备案公章的一致性，过于严苛。本案中，在代理人持有资质文件及授权文书等法人身份证明文件的情况下，要求中某建集团承担公章审查不严的责任，有失公允。

最后，协议形成行为与印章加盖行为在性质上具有相对独立性。协议内容是双方合意行为的表现形式，而印章加盖行为是各方确认双方合意内容的方式，二者相互关联又相对独立。即印章在证明真实性上尚属初步证据，合同是否成立取决于双方当事人意思表示是否真实。故依据上述沙某博所持的授权文件和都某公司资质文件，足以形成沙某博具有都某公司代理权的外观表象。在合同履行过程中，2011年6月8日都某公司出具授权书承诺其认可"恒某雅苑54#-60#幢工程项目部公章"，2011年10月都某公司向中某建长沙分公司出具介绍信，介绍其副总朱某前往处理长沙恒某雅苑工程的相关事宜。上述行为亦足以证明都某公司参与涉案《联合施工协议》确系其真实意思表示，其对本案所涉项目经过亦知情并认可。

综上所述，中某建集团基于对加盖都某公司印章的一系列文书的信任，认定沙某博具有代理权，符合表见代理的客观表象。都某公司及其靖江分公司主张中某建集团存在主观过错、本案不构成表见代理，理据不足，本院不予支持。

案件来源

江苏大某建设工程有限公司、江苏大某建设工程有限公司靖江分公司建设工程施工合同纠纷再审审查与审判监督民事裁定书｜最高人民法院·（2019）最高法民申1614号

延伸阅读

案例一：李某盛、新疆天某圣源建设工程有限公司等建设工程施工合同纠纷其他民事民事裁定书｜最高人民法院·（2021）最高法民申2345号

《最高人民法院关于当前形势下审理民商事合同纠纷案件若干问题的指导意

见》第十三条规定，《合同法》第四十九条[1]规定的表见代理制度不仅要求代理人的无权代理行为在客观上形成具有代理权的表象，而且要求相对人在主观上善意且无过失地相信行为人有代理权。合同相对人主张构成表见代理的，应当承担举证责任，不仅应当举证证明代理行为存在诸如合同书、公章、印鉴等有权代理的客观表象形式要素，而且应当证明其善意且无过失地相信行为人具有代理权。本院认为，在处理无资质企业或个人挂靠有资质的建筑企业承揽工程时，应区分内部和外部关系，挂靠人与被挂靠人之间的协议因违反法律禁止性规定，属无效协议。而挂靠人以被挂靠人名义对外签订合同效力，应根据合同相对人在签订协议时是否善意、是否知道挂靠事实来作出认定。首先，本案中李某盛与张某磊、奚某军之间签订施工合同，张某磊、奚某军作为承包人，将涉案工程外墙保温部分转包给李某盛施工，该合同上落款处只有李某盛与张某磊、奚某军签名摁手印，并无天某圣源公司公章。其次，李某盛实际施工期间，从未向天某圣源公司主张支付涉案工程款，也未在天某圣源公司处取得任何工程款。最后，天某圣源公司在与示范区管委会签订的《工程合同协议书》上盖章及其与王某成建筑工程施工合同案事后追认的行为，并不能代表其认可张某磊、奚某军与李某盛的转包行为，且李某盛在得知涉案工程农民工上访追讨工资事件发生后，仍与张某磊、奚某军签订涉案施工合同，未尽到合理审查义务。因此，李某盛并非属于善意且无过失，原审据此认定张某磊、奚某军的行为不能构成表见代理，继而驳回李某盛对天某圣源公司的诉讼请求，并无不当。

案例二：河北九某建设集团有限公司、涿州市金某林房地产开发有限公司建设工程施工合同纠纷再审民事裁定书丨最高人民法院·（2020）最高法民再155号

本案争议焦点在于九某公司是否具备原告主体资格。经查，九某公司授权杨某元代理其参与投标涉案工程，中标后杨某元以九某公司名义与金某林公司签订建筑施工合同，金某林公司知道投标人、中标人是九某公司。后杨某元虽私刻公章并以九某公司名义签订建筑施工合同，但九某公司事后对杨某元的无权代理行为进行了追认，并承担了相应合同义务。依据《最高人民法院关于适用〈中华人民共和国合同法〉若干问题的解释（二）》（法释〔2009〕5号）第十二条关于"无权代理人以被代理人的名义订立合同，被代理人已经开始履行合同义务的，视为对合同的追认"的规定，杨某元经过追认的签约行为系有权代理行为而

---

[1] 编者按：已失效，被《民法典》吸收。

非合同权利义务概括转让行为。二审法院忽略了九某公司授权杨某元代理其投标、中标与杨某元以九某公司名义签订《建设工程施工合同》《工程补充协议》及九某公司对杨某元签约行为追认等事实，以杨某元出具《声明》是合同一方将合同权利义务概括转移，该转让未经合同相对方金某林公司同意，九某公司不能基于《声明》取得主张工程款的权利为由，认定九某公司不具备本案原告主体资格，事实和法律依据不足。九某公司为诉请金某林公司向其支付工程款及利息，提交了《授权委托书》《中标通知书》《建设工程合同》及其他证据材料，能够证明其与本案存在直接利害关系，符合《民事诉讼法》第一百一十九条规定的原告诉讼主体资格条件。至于金某林公司与一审第三人杨某元是否应进行工程结算，工程欠款是否存在及具体金额是否明确，系实体审理需要查明的问题。二审法院以工程未结算，九某公司不具备本案原告主体资格等为由裁定驳回其起诉不当，本院予以纠正。

案例三：窦某君建设工程施工合同纠纷再审审查与审判监督民事裁定书｜最高人民法院·（2020）最高法民申 3185 号

本院经审查认为，首先，根据科某学院于 2013 年 7 月 5 日加盖印章的《民办非企业单位变更登记申请表》可知，科某学院申请变更学校举办者为财某公司、法定代表人为张某旭，已经业务主管单位云南省教育厅审查同意、登记管理机关云南省民政厅审查批准，并办理了变更登记。虽然张某旭已被刑事判决认定构成合同诈骗罪，但根据《合同法》第五十四条①的规定，财某公司与科某学院所签订的《投资办学协议》并不必然无效。

其次，涉案《建设工程施工合同》加盖了科某学院的印章，结合云南省教育厅云教民办〔2014〕17 号批复、云南省发展和改革委员会云发改办社会〔2015〕30 号批复、昆明倘某产业园区和昆明轿某山旅游开发区国土规划分局颁发的《建设用地规划许可证》等证据来看，可以认定科某学院因新校区建设项目与窦某君签订《建设工程施工合同》系其真实意思表示。科某学院主张其在 2014 年已被云南省教育厅相关工作小组接管，无权对外使用印章，《建设工程施工合同》中科某学院印章系伪造，但其并未提供证据证明，故科某学院的该项主张不能成立。

最后，涉案《建设工程施工合同》系由王某亮、宋某秀以科某学院名义与窦某君签订，签订合同时，虽然张某旭授权王某亮处理科某学院相关事宜的委托

---

① 编者按：《民法典》第 148 条。

期限已经届满,但王某亮持有科某学院新校区建设项目的相关批复文件,窦某君进场实际施工后,科某学院并未提出异议,且举办者财某公司出具《情况说明》亦对涉案合同的签订和履行情况进行了说明,足以证明签订合同时窦某君有理由相信王某亮、宋某秀有权代表科某学院,故窦某君与科某学院因此形成建设工程施工合同关系。虽然窦某君不具备建设工程施工资质,双方签订的《建设工程施工合同》无效,但不影响窦某君向科某学院主张支付工程款的权利。科某学院认为其并非实际受益人,对新校区建设项目无注意义务,与相关单位批复文件及颁发的《建设用地规划许可证》所证明的事实不符。故科某学院主张王某亮、宋某秀与窦某君签订合同的行为不构成表见代理的理由不能成立。

案例四:中某冶集团有限公司、夏某举建设工程施工合同纠纷再审民事判决书丨最高人民法院·(2019)最高法民再 199 号

《合同法》第四十九条①规定:"行为人没有代理权、超越代理权或者代理权终止后以被代理人名义订立合同,相对人有理由相信行为人有代理权的,该代理行为有效。"本案各方当事人争议的问题在于,袁某和以中某冶成都分公司名义与夏某举签订《S302 线通江县城过境公路大房沟隧道工程劳务分包初步协议》以及向夏某举收取履约保证金 800 万元的行为,是否构成表见代理。首先,夏某举提供的证据能够证明袁某和具有代理中某冶成都分公司与其签订涉案协议的授权表象。袁某和在与夏某举签订涉案协议时向夏某举出示的三份材料,中某冶成都分公司中某冶成分公司发(2013)3 号文件证明袁某和是该分公司聘任的副总经理,中某冶成都分公司中某冶成分公司发(2014)1 号文件证明该分公司任命袁某和为四川省通江县 S302 线县城过境公路建设项目的指挥长,全权负责本项目,《通江县 S302 线县城过境公路建设项目工程施工内部承包协议书》证明袁某和内部承包该工程。虽然三份材料上中某冶成都分公司的印章与公安局备案印章不一致,但中某冶公司在另案中并未否定其效力,且中某冶公司在本案中虽主张印章是袁某和伪造的,但其没有提供充分证据加以证明。夏某举提供的证据能够证明袁某和具有代理中某冶成都分公司与其签订涉案协议的授权表象。其次,中某冶成都分公司有重大过错。中某冶成都分公司与袁某和签订《通江县 S302 线县城过境公路建设项目工程施工内部承包协议书》是为了规避施工人应具备相应建设资质的法律规定,其有过错。中某冶成都分公司在该项目工程无法开工后,未退还袁某和的保证金,而是决定该保证金退还由袁某和自行想办法。中某冶成都分

---

① 编者按:已失效,被《民法典》吸收。

公司以书面协议解除《通江县 S302 线县城过境公路建设项目工程施工内部承包协议书》，却放任袁某和持有中某冶成都分公司中某冶成分公司发（2013）3 号文件、中某冶成分公司发（2014）1 号文件，使袁某和具有代理中某冶成都分公司的授权表象，其有过错。中某冶成都分公司作为专业的建设单位，在从业中不遵守法律关于禁止借用建设资质的规定，在企业管理中不规范经营，导致本案纠纷的发生，具有重大过错。最后，夏某举有理由相信行为人袁某和有代理权。袁某和在与夏某举签订涉案协议上加盖中某冶集团有限公司 S302 线通江县城过境公路工程项目经理部印章，虽然中某冶公司主张该项目部的印章是伪造的，但其没有提供证据加以证明，夏某举依据袁某和持有的三份材料，对袁某和以中某冶成都分公司项目部名义与其签订涉案协议并收取保证金 800 万元的行为，是对"全权负责项目"权限的通常判断，且工程内容也未超出常识性判断，故夏某举与袁某和签订涉案协议并支付保证金 800 万元是在袁某和有授权表象的情况下，夏某举属于善意第三方。综上，袁某和以中某冶成都分公司名义与夏某举签订《S302 线通江县城过境公路大房沟隧道工程劳务分包初步协议》以及向夏某举收取履约保证金 800 万元的行为，构成表见代理。

案例五：青海宏某混凝土有限公司、海某建设集团有限公司青海分公司民间借贷纠纷二审民事判决书丨最高人民法院·（2019）最高法民终 1535 号

（一）关于青海宏某公司与海某青海分公司之间担保合同是否成立的问题

《合同法》第三十二条①规定："当事人采用合同书形式订立合同的，自双方当事人签字或者盖章时合同成立。"本案中，涉案《协议书》中有海某青海分公司负责人崔某辉签字并加盖海某青海分公司印章。虽然经鉴定涉案《协议书》中海某青海分公司的印章印文与备案印章印文不一致，但因同一公司刻制多枚印章的情形在日常交易中大量存在，故不能仅以合同中加盖的印章印文与公司备案印章或常用业务印章印文不一致来否定公司行为的成立及其效力，而应当根据合同签订人盖章时是否有权代表或代理公司，或者交易相对人是否有合理理由相信其有权代表或代理公司进行相关民事行为来判断。本案中，崔某辉作为海某青海分公司时任负责人，其持海某青海分公司印章以海某青海分公司名义签订涉案《协议书》，足以令作为交易相对人的青海宏某公司相信其行为代表海某青海分公司，并基于对其身份的信任相信其加盖的海某青海分公司印章的真实性。而事实上，从海某集团公司单方委托鉴定时提供给鉴定机构的检材可以看出，海某青

---

① 编者按：《民法典》第 490 条。

海分公司在其他业务活动中亦多次使用同一枚印章。因此，海某集团公司、海某青海分公司以涉案《协议书》中海某青海分公司印章印文与其备案印章印文不一致为由认为海某青海分公司并未作出为涉案债务提供担保的意思表示的主张不能成立。青海宏某公司与海某青海分公司在涉案《协议书》上签章时，双方当事人之间的担保合同关系成立。

虽然经鉴定涉案《协议书》中安某汇鑫公司的印章印文与安某汇鑫公司提交的样本印章印文不一致，但如前所述，不能仅以合同中加盖的印章印文与公司备案印章印文或常用业务印章印文不一致来否定公司行为的成立及其效力，而应当根据合同签订人是否有权代表或代理公司进行相关民事行为来判断。根据查明的事实，涉案《协议书》签订时，崔某辉为安某汇鑫公司的股东，但并非安某汇鑫公司法定代表人，亦无证据证明其在安某汇鑫公司任职或具有代理安某汇鑫公司对外进行相关民事行为的授权。而仅因崔某辉系安某汇鑫公司股东，不足以成为青海宏某公司相信崔某辉有权代理安某汇鑫公司在涉案《协议书》上签字盖章的合理理由，故崔某辉的行为亦不构成表见代理，对安某汇鑫公司不具有约束力。因此，青海宏某公司与安某汇鑫公司之间并未形成有效的担保合同关系，其主张安某汇鑫公司承担连带保证责任的请求不能成立。一审判决对该问题认定并无不当。

案例六：河南兴某建筑工程公司、张家口市景某商贸有限公司买卖合同纠纷再审审查与审判监督民事裁定书｜最高人民法院·（2015）民申字第426号

本院经审查认为，兴某公司北京工程处系兴某公司于2009年9月6日根据该司《关于成立北京分公司的决定》［豫兴字（2009）第14号］设立，该公司法定代表人王某胜亦于2009年10月16日出具《法人声明》，确认王某霞为北京工程处负责人。根据王某霞和路某安在公安机关的笔录内容，可以证实张某林与兴某公司北京工程处之间存在事实上的挂靠关系。本案中，景某公司与兴某公司北京工程处签订涉案张北县宏某嘉苑工程、涿州工地的《钢材购销合同》，是以张某林所持北京工程处负责人王某霞分别于2010年7月21日、2011年3月17日出具的《委托书》和北京工程处的四证为依据，虽然该两份委托书上所记载的授权范围为委托张某林办理工程的前期业务及投标活动，因工程施工中的分包和挂靠现象大量存在，加之合同约定的交货地点均为施工工地，故景某公司在签约时有理由相信张某林是代表兴某公司北京工程处。在景某公司与张某林签订通州工地的《钢材购销合同》时虽然没有在当时取得2011年5月1日王某霞出具的《委托书》，但因该合同与涿州工地的合同同时签订，景某公司在签约时亦有理由相信张某林有权代表兴某公司北京工程处。因此，再审申请人兴某公司关于前述《委托书》所记载的授权范围不足以使景某公司相信张某林有权代表北京工程处，景某公司在签约时存在过错的申请理由，无事实和法律依据，本院不予采信。原审判决已经查明，上述合同签订后，景某公司已经依约将涉案钢坯实际交付至上述工地并由张某林聘用的人员签收，但兴某公司北京工程处仅支付了部分货款，依法应当承担继续支付货款并承担赔偿损失的违约责任。原审判决关于张某林与兴某公司签订并履行三份合同的行为构成表见代理并应由兴某公司承担相应法律责任的认定正确，本院予以确认。本案中兴某公司虽然提供了涉案合同的印章与其持有的印章不符的鉴定意见，但因其提交的作为比对检材的印章亦非备案印章，考虑到张某林与兴某公司北京工程处存在挂靠的约定，故原审判决以现实中企业存在两枚以上印章的情况客观存在这一经验法则作为认定本案事实的基础，并无不当。

011 施工合同被认定无效时，工程质量保证金还能扣留吗？

阅读提示

质保金条款是建设工程施工合同的必备条款，在施工合同被认定为无效情况下，质保金条款有效吗？

裁判要旨

合同无效则质保金条款也无效，质保金扣留比例及返还时间的约定对当事人不具有法律约束力。关于无效合同项下质保金返还问题，人民法院可根据《建设工程质量保证金管理办法》之规定酌情确定。

案情简介

一、2008年6月3日，帮某达公司与某冶公司就某小区一期工程施工签订了《补充条款》，2008年8月4日签订了《建设工程施工合同》，约定：小区一期住宅楼、商业及地下车库工程由某冶公司承包施工。《补充条款》第六条就质保金的比例及质保期约定：质保金为工程总造价的5%，质保期从工程竣工综合验收合格之日起计算，一年质保期满，给付质保金总额的50%；二年质保期满，给付质保金总额的30%；五年质保期满，付清质保金余额。

二、2008年10月29日，双方就二期工程施工又签订了《补充条款》，于2008年11月20日签订了《建设工程施工合同》，二期工程质保期及质保金的约定与一期工程约定相同。

三、2012年7月26日，双方就涉案工程进行了最终决算，并签署了《工程结算备案协议书》，确定工程质保金总额为9259772元。

四、一审法院认定涉案合同均有效，合同约定质保期从工程竣工综合验收合格之日起计算，涉案工程质保期尚未开始计算，某冶公司要求给付质保金的诉讼请求不予支持。

五、某冶公司认为一审认定质保期尚未到期错误，故向河北高院提起上诉。二审法院认定涉案工程中标无效，合同无效，质保金条款亦无效，但双方应依法履行合同义务；判决帮某达公司返还某冶公司质保金。

六、帮某达公司认为双方签订的《建设工程施工合同》及《补充条款》没有合同法规定的合同无效的情形，不应认定为无效，且认为判决帮某达公司应当返还某冶公司质保金没有法律及事实依据，故向最高院申请再审。最高院经审理，认为再审理由不成立，裁定驳回帮某达公司的再审申请。

法律分析

本案的焦点问题是施工合同无效，质保金能否扣留。云亭建工律师团队认为合同无效后，应当参照《建设工程质量保证金管理办法》关于质保金返还时间之规定处理。

合同无效后，除争议解决条款外，其他条款均无效，质保金条款亦应当认定无效。但质保金并非完全由合同双方意定，而是具有一定的法定属性。法律不认可意定质保金条款的效力后，应当从法定。认定合同无效后，应当参照《建设工程质量保证金管理办法》关于质保金返还时间之规定处理，而不应当与折价补偿款（工程款）一并返还。

实务经验

司法实践中，关于无效合同的质保金条款效力问题判法各异，有的法院判决质保金条款无效，质保金应随工程款一并返还；有的法院判决质保金具有质量担保属性，质保金条款不因合同无效而无效。

云亭建工律师团队认为，合同无效情形下，除争议解决条款外其他部分均属无效。质保金条款并非争议解决条款，故应属无效。但建筑工程质量关乎公共安全，质保金并非完全属于合同双方意定，具有一定的法定属性。故确认质保金条款无效后，应参照法律法规、行政规章关于质保金返还的相关规定进行处理。

法条链接

《建设工程质量保证金管理办法》（2017年修订）

第二条 本办法所称建设工程质量保证金（以下简称保证金）是指发包人与承包人在建设工程承包合同中约定，从应付的工程款中预留，用以保证承包人在缺陷责任期内对建设工程出现的缺陷进行维修的资金。

缺陷是指建设工程质量不符合工程建设强制性标准、设计文件，以及承包合同的约定。

缺陷责任期一般为1年，最长不超过2年，由发、承包双方在合同中约定。

法院判决

最高人民法院在本案民事裁定书中就帮某达公司应返还某冶公司质保金的认定是否正确论述如下：

因双方所签《补充条款》及《建设工程施工合同》为无效合同，故合同中约定的质保金条款对双方不具有约束力。根据《建设工程质量保证金管理办法》第二条、第八条的规定，质保金应从工程通过竣工验收之日起计算，质保金最长不超过2年。帮某达公司再审申请期间主张应按照《补充条款》第六条约定，质保期自工程综合验收完毕开始计算的主张没有法律依据，不予支持。应从涉案工程竣工验收合格之日起计算2年的质保期，2010年12月24日由勘察单位、设计单位、施工单位、施工图审查单位、监理单位及建设单位六方对单体楼进行了验收，并出具了《河北省建设工程竣工验收报告》，从该日计算，涉案工程质保期已过，帮某达公司应返还某冶公司质保金9259772元。虽然质保金予以返还，但是某冶公司对工程的保修义务不能免除，对于涉案工程存在的质量问题，仍然应当由某冶公司继续履行维修义务，并按国家规范及施工图要求进行整改。

案件来源

唐山帮某达房地产开发有限公司、中国某冶集团有限公司建设工程施工合同纠纷再审审查与审判监督民事裁定书丨最高人民法院·（2018）最高法民申4428号

延伸阅读

云亭建工律师团队检索发现，最高法院就本文类似问题，有不同的裁判观点，现分享如下，供读者学习参考：

一、合同无效质保金条款也无效，质保金应随折价补偿款一并支付

案例一：山西陶某房地产开发有限公司、江苏天某建设集团有限公司建设工程施工合同纠纷再审审查与审判监督民事裁定书丨最高人民法院·（2019）最高法民申2121号

关于山西陶某公司是否应当向江苏天某公司支付工程价款及未支付工程价款数额的问题。原审查明，2014年6月23日双方签订《工程联系函》，明确"建设单位（本案被告）因特殊原因，未经竣工验收确需进行钢结构施工，导致该工程在合同约定期间不能竣工验收和交付，一切责任和损失由建设单位承担，并视同已经竣工验收"。2015年6月3日，山西陶某公司开始将房屋交付购买人，可以认定山西陶某公司于2015年之前已经接收涉案工程并实际投入使用。《最高人民法院关于审理建设工程施工合同纠纷案件适用法律问题的解释》第十四条第三项规定，"建设工程未经竣工验收，发包人擅自使用的，转移占有建设工程之日为竣工日期。"《最高人民法院关于审理建设工程施工合同纠纷案件适用法律问题的解释》第二条规定，"建设工程施工合同无效，但建设工程经竣工验收合格，承包人请求参照合同约定支付工程价款的，应予支持。"2014年6月23日双方当事人均认可的《工程联系单》已经对江苏天某公司作出工程未竣工验收的免责声明，因此原审判决山西陶某公司按照双方实际履行的《七一合同》支付工程价款并无不当。本案一审审理中，双方当事人在一审法院主持下，共同对江苏天某公司完成的工程量进行了核算。山西陶某公司原审中已明确表示对江苏天某公司已完成的工程量没有异议，对依据《七一合同》计算的工程造价为188232094.49元也没有异议，但认为应当按照《备案合同》约定的计价方式认定工程总造价为134826291元。因已经查明双方履行的是《七一合同》，双方签订的《七一合同》与《备案合同》均无效，故合同中关于工程价款支付进度的

约定以及质保金条款亦无效。依据《七一合同》计算已完成工程造价为188232094.49元，参照《七一合同》关于竣工结算时下浮1.3%作为工程结算价的约定以及核减已付款，原审确认山西陶某公司尚欠江苏天某公司工程款71293147.26元（188232094.49元-188232094.49元×1.3%-114491930元）并无不当。山西陶某公司的该项申请再审事由不能成立。

案例二：中某建设集团有限公司、鹰潭市美某置业有限公司建设工程施工合同纠纷二审民事判决书｜最高人民法院·（2019）最高法民终750号

关于质保金返还问题，因涉案施工合同无效，质保金条款亦无效，合同中关于质保金扣留比例及返还时间的约定，对合同当事人不具有法律约束力。美某公司依据合同约定主张扣留质保金不能成立，涉案工程价款质保金应随工程款一并返还。一审法院判决美某公司按照合同约定返还质保金不当，本院予以纠正。

关于美某公司应否支付提前竣工验收奖励款30万元问题。美某公司与中某公司约定如中某公司在2016年3月31日竣工验收合格，给予30万元奖励款。因涉案施工合同无效，合同约定的奖励条款亦无效，中某公司依据合同要求美某公司支付30万元提前竣工验收奖励款的主张不能成立。一审法院支持中某公司要求美某公司支付30万元提前竣工验收奖励款的诉讼请求不当，本院予以纠正。

二、合同无效质保金条款也无效，质保金的返还应参照相关法律法规、行政规章处理

案例三：安阳中某发汇成置业有限公司、杭某建工集团有限责任公司建设工程施工合同纠纷二审民事判决书｜最高人民法院·（2020）最高法民终1113号

中某发公司是否有权扣留防水部分的质保金190.029173万元。本院认为，中某发公司应当返还上述质保金190.029173万元。理由是：其一，国家住房和城乡建设部、财政部2017年发布的《建设工程质量保证金管理办法》第二条规定，建设工程质量保证金是指发包人与承包人在建设工程承包合同中约定，从应付的工程款中预留，用以保证承包人在缺陷责任期内对建设工程出现的缺陷进行维修的资金。缺陷责任期一般为1年，最长不超过2年，由发、承包双方在合同中约定。本案双方所约定预留的实际是质量保证金。质量保证金作为工程款的一部分，预留最长不应超过2年。现杭某建工公司撤离工地已经超过2年，中某发公司应向杭某建工公司返还上述质保金。其二，中某发公司已在本案中就防水保修问题反诉主张赔偿，本案一审中已对此予以审理并部分支持了中某发公司的诉讼请求，所以该公司不应再扣留上述质保金。

三、合同解除后，双方仍应受质保金条款约束

案例四：阜康市柏某房地产开发有限公司、新疆兵团水某工程集团有限公司建设工程施工合同纠纷二审民事判决书｜最高人民法院·（2016）最高法民终587号

关于质保金应否扣除的问题。水某公司在本案中起诉请求柏某公司支付全部工程款，柏某公司主要抗辩理由为涉案工程尚未施工完毕、存在质量问题、付款条件尚未成就等。在一审审理过程中，双方当事人均同意解除合同。一审法院在认定柏某公司违约的前提下，据此判决涉案合同解除并判决柏某公司支付包括质保金在内的应付工程款。虽然一审法院未将质保金是否应予扣除作为争点并组织双方辩论，但由于柏某公司在一审中未就此问题作出独立的抗辩，一审程序中双方未就此问题展开辩论，一审程序并无瑕疵。因此，本院二审应在查明该事实基础上作出判决。水某公司在二审庭审中主张该事项不属于本案审理范围的理由不能成立。

虽然涉案合同因水某公司行使解除权且被一审法院判决确认解除，由于质保金的功能是为应对涉案工程在质量保修期内可能发生的质量问题以暂缓给付相应工程款的形式作出的担保，因此，根据该合同条款的性质，涉案合同的解除并不影响其中的质保金条款，该条款仍应拘束双方当事人。但是，由于双方当事人未在《建设工程施工合同》及《建筑工程施工合同补充协议》中明确约定质保期，参照财政部、建设部发布的《建设工程价款结算暂行办法》第十四条第五款的规定，质保金待工程交付使用一年后清算。涉案工程于2014年7月完成主体工程验收，至本案诉讼时，已经超过1年，因此，柏某公司主张扣除质保金的理由不能成立。

012 施工合同无效情形下，就尚未竣工验收的烂尾工程，承包人可以主张折价补偿吗？

阅读提示

施工合同无效但建设工程竣工验收合格的，可以参照合同约定的价款折价补偿承包人。实务中，施工合同无效且中途停工的建设工程项目很多，这类工程项

目尚未竣工，不具备竣工验收条件，承包人能否要求发包人参照合同约定的价款折价补偿？

裁判要旨

涉案建设工程施工合同无效，虽然工程未竣工、未经综合验收合格，但承包人提供的《（检验批、分项）工程报验审核表》有监理单位的盖章确认，审查结论均为合格，可以确认已完成工程质量合格，承包人有权请求发包人参照合同约定的价款折价补偿。

案情简介

一、2011年12月6日，新某业公司（发包人）与中某公司（承包人）签订了《建设工程施工总承包协议》，约定：中某公司承建新某业公司开发的某州大酒店工程；待工程建设规划许可证正式批复下达后，双方在本协议基础上正式签署正式合同。协议签订后，中某公司于2011年12月19日正式进场施工；因新某业公司未按约定支付工程进度款，中某公司于2013年6月15日全面停工。

二、截至2014年1月21日，新某业公司累计支付工程款54410248.8元。后就该工程结算问题双方一直未达成一致。2019年，中某公司向辽宁省高院提起诉讼，请求新某业公司向中某公司支付工程款70412726元。

三、一审法院审理认定，新某业公司在起诉前未取得建设用地规划许可证、建设工程规划许可证等行政审批手续，《建设工程施工总承包协议》无效。虽然协议无效，但有监理公司盖章确认的《工程报验审核表》，可据此认定已完工程质量合格，故支持中某公司要求支付已完工程工程款的主张。

四、中某公司、新某业公司均不服，向最高院提起上诉。新某业公司主张一审法院未对工程质量进行审查，径行认定工程质量合格并判决支付工程款，于法无据。

五、最高院认为一审法院认定事实基本清楚，判决结果并无不当，驳回上诉，维持原判。

法律分析

本案的焦点问题是合同无效情形下，不具备竣工验收条件的未完工程，能否折价补偿。云亭建工律师团队认为：未完工程不具备竣工验收条件，但是只要证明分部工程、分项工程和检验批验收合格，承包人即有权按照《民法典》第七百九十三条之规定请求发包人折价补偿。

《民法典》实施之前，《最高人民法院关于审理建设工程施工合同纠纷案件适用法律问题的解释》第二条规定，"建设工程施工合同无效，但建设工程经竣工验收合格，承包人请求参照合同约定支付工程价款的，应予支持。"因先有竣工后有"竣工验收"，工程未竣工的不具备竣工验收的前提条件。司法实践中，对合同无效情形下，未完工程能否参照合同约定的计价方式索要工程款或请求折价补偿，发生了很大争议。《民法典》第七百九十三条将"经竣工验收合格"变更为"经验收合格"，明确了虽未经竣工验收合格，但所施工程验收合格的，亦可折价补偿，起到了定分止争的作用。

《建筑工程施工质量验收统一标准》（GB 50300—2013）规定，建筑工程施工质量验收分为单位工程验收、分部工程验收、分项工程验收和检验批，建筑工程施工质量验收贯穿施工全过程。检验批、分项工程完工后，由施工单位、监理单位进行验收，合格后进行下一阶段施工；分部工程完工后，由施工单位、监理、设计、勘察单位进行验收；单位工程竣工后，由建设单位组织施工、监理、设计，勘察单位进行竣工验收。未完工程不具备竣工验收条件，但是只要证明分部工程、分项工程和检验批验收合格，承包人即有权按照《民法典》第七百九十三条之规定请求发包人折价补偿。

实务经验

第一，工程虽然未完工，但中途经过检验批、分项工程、分部工程验收，可以证明已完工程部分质量合格的，承包人可以请求折价补偿。

第二，工程未完工，也未进行中间验收，但发包人已经安排其他施工队伍在承包人已完工程基础上继续施工，可以按照未经验收擅自使用规则，推定已完工程质量合格，法院应支持折价补偿之请求。

第三，工程未完工，也未进行中间验收，但承发包双方就已完工程达成了结算协议，按照结算协议独立于施工合同的规则，承包人可以按照结算协议得到救济。

法条链接

《中华人民共和国民法典》（2021年1月1日实施）

第七百九十三条 建设工程施工合同无效，但是建设工程经验收合格的，可以参照合同关于工程价款的约定折价补偿承包人。

建设工程施工合同无效，且建设工程经验收不合格的，按照以下情形处理：

（一）修复后的建设工程经验收合格的，发包人可以请求承包人承担修复费用；

（二）修复后的建设工程经验收不合格的，承包人无权请求参照合同关于工程价款的约定折价补偿。

发包人对因建设工程不合格造成的损失有过错的，应当承担相应的责任。

《建筑工程施工质量验收统一标准》（2014年6月1日生效）

4.0.1 建筑工程施工质量验收应划分为单位工程、分部工程、分项工程和检验批。

6.0.1 检验批应由专业监理工程师组织施工单位项目专业质量检查员、专业工长等进行验收。

6.0.2 分项工程应由专业监理工程师组织施工单位项目专业技术负责人等进行验收。

6.0.3 分部工程应由总监理工程师组织施工单位项目负责人和项目技术负责人等进行验收。

勘察、设计单位项目负责人和施工单位技术、质量部门负责人应参加地基与基础分部工程的验收。

设计单位项目负责人和施工单位技术、质量部门负责人应参加主体结构、节能分部工程的验收。

6.0.4 单位工程中的分包工程完工后，分包单位应对所承包的工程项目进行自检，并应按本标准规定的程序进行验收。验收时，总包单位应派人参加。分包单位应将所分包工程质量控制资料整理完整，并移交给总包单位。

6.0.5 单位工程完工后，施工单位应组织有关人员进行自检。总监理工程师应组织各专业监理工程师对工程质量进行竣工预验收。存在施工质量问题时，应由施工单位整改。整改完毕后，由施工单位向建设单位提交工程竣工报告，申请工程竣工验收。

6.0.6 建设单位收到工程竣工报告后，应由建设单位项目负责人组织监理、施工、设计、勘察等单位项目负责人进行单位工程验收。

法院判决

最高人民法院在本案民事判决书中就中某公司诉请新某业公司支付工程款 43637620.20 元及相应利息、安全文明措施费 3198488.51 元及相应利息应否支持论述如下：

《最高人民法院关于审理建设工程施工合同纠纷案件适用法律问题的解释（二）》第十一条第一款规定："当事人就同一建设工程订立的数份建设工程施工合同均无效，但建设工程质量合格，一方当事人请求参照实际履行的合同结算建设工程价款的，人民法院应予支持。"本案中，涉案建设工程施工合同无效，但中某公司提供的证据 271 份《工程报验审核表》，均有监理公司的盖章确认，且审查结论中均载明符合要求，可以确认已完成涉案工程质量合格。因此，中某公司要求支付已完成工程的工程款的主张，应予以支持。

案件来源

中某建设集团有限公司、锦州新某业房屋开发有限公司建设工程施工合同纠纷二审民事判决书｜最高人民法院·（2020）最高法民终 905 号

延伸阅读

案例一：呼和浩特市成某房屋开发有限公司、蒋某国建设工程施工合同纠纷再审审查与审判监督民事裁定书｜最高人民法院·（2020）最高法民申 6461 号

关于成某公司应否承担给付工程款的责任及其责任范围。依照《最高人民法院关于审理建设工程施工合同纠纷案件适用法律问题的解释》第二条、第十三条规定，建设工程未经竣工验收即由发包人擅自使用的，应视为建设工程竣工验收合格，建设工程竣工验收合格的，无效建设工程施工合同中的承包人可以参照合同约定主张工程价款。本案中，蒋某国退场后，成某公司即更换施工人继续施工，应当认为成某公司对涉案工程构成擅自使用，且蒋某国施工部分已竣工验收合格，故本案工程款支付条件已经成就，蒋某国有权参照《承包合同书》主张涉案工程的工程价款。一、二审法院已经查明，在《呼和浩特市银某小区项目工程施工总承包合同》的实际履行过程中，成某公司始终知晓蒋某国为涉案工程的实际施工人，并直接向其支付工程进度款。一、二审法院据此认为蒋某国与成某公司之间形成事实结算关系，二审判决由成某公司向蒋某国支付欠付的工程价

款，符合本案法律关系实际和合同履行情况，并无不当。

案例二：姚某广、广某建工集团某建筑工程有限责任公司建设工程施工合同纠纷再审民事判决书｜最高人民法院·（2020）最高法民再 176 号

因华某公司未按照约定向广某公司支付工程款等原因，涉案工程于 2015 年 3 月 1 日全面停工。2015 年 8 月 12 日，广某公司与华某公司签订《逸某江南项目停工问题处理确认书》，对停工前的已完工情况进行了确认，并约定了已完工工程的造价和结算事项。27 号判决亦对该约定的工程造价进行了确认。本案再审期间，华某公司出具《百色市逸某江南住宅小区情况说明》，表明"该项目已于 2015 年全面停工，项目停工后所涉及的各方单位并未对已建工程做有任何的验收工作"。本院认为，根据《建设工程施工合同司法解释》第二条规定，"建设工程施工合同无效，但建设工程经竣工验收合格，承包人请求参照合同约定支付工程价款的，应予支持"。尽管涉案工程因停工未验收，但广某公司和广某公司第九分公司在再审庭审中均认可已完工部分的工程质量合格，华某公司亦无证据证明已完成的工程质量不合格。在发包人与承包人确认已完工部分的工程造价，且有生效裁判文书对此进行确认的情况下，实际施工人姚某广有权就已完工部分的工程主张工程款。

案例三：武汉祥某建筑有限公司、赵某岭建设工程施工合同纠纷再审审查与审判监督民事裁定书｜最高人民法院·（2020）最高法民申 6486 号

祥某公司申请再审称：……（四）原审法院适用法律错误。根据相关法律规定，赵某岭在其施工的工程尚未经过竣工验收合格的情况下，无权请求祥某公司向其支付工程款。在本案中，一审法院认定祥某公司与赵某岭签署的相关协议均无效。根据《最高人民法院关于审理建设工程施工合同纠纷案件适用法律问题的解释》第二条"建设工程施工合同无效，但建设工程经竣工验收合格，承包人请求参照合同约定支付工程价款的，应予支持"的规定，在建设工程施工合同无效的情况下，只有在建设工程已经竣工验收合格时，承包人才有权利请求参照合同约定支付工程价款。涉案工程既未竣工，也未验收合格，赵某岭无权请求祥某公司向其支付工程款。一二审法院均判决支持赵某岭的诉讼请求，适用法律错误。

赵某岭提交书面意见称：……涉案工程不能竣工验收，是因祥某公司出现问题致使涉案工程停工。涉案工程是边施工边验收，而且祥某公司已经出具工程量结算清单，视为施工工程已经验收合格。

本院审查认为：……祥某公司代理人吴某富就涉案工程出具了工程量结算清

单，祥某公司未提交充分证据证明涉案工程质量不合格，原判决判令祥某公司向赵某岭支付已完成工程的工程款，并无不当。

案例四：延边吉某房地产开发有限公司、程某权建设工程施工合同纠纷再审审查与审判监督民事裁定书｜最高人民法院·（2020）最高法民申4919号

吉某公司申请再审称：……涉案工程未竣工验收，也不符合竣工验收标准，全部工程款均未达到付款条件。故一、二审法院判决吉某公司向程某权给付工程款确有错误。

本院认为：关于吉某公司是否应向程某权支付工程款问题。涉案工程虽未经竣工验收，但程某权已完成大部分工程，吉某公司已将部分房屋对外出售，一、二审法院认定吉某公司应向程某权支付其已完工部分的工程款，并无不当。

案例五：云南俊某达房地产开发有限公司、陈某开建设工程施工合同纠纷再审审查与审判监督民事裁定书｜最高人民法院·（2020）最高法民申5012号

俊某达公司申请再审称：……涉案工程至今未竣工验收，也没有交付给俊某达公司实际使用，剩余工程款未达支付条件。

本院经审查认为：……据原审查明，陈某开以九某市第一建筑工程公司（现为弘某公司）名义与俊某达公司签订《建筑工程施工合同》后，陈某开对涉案工程进行了实际施工。后因俊某达公司原因导致涉案工程不能竣工验收，陈某开与俊某达公司就工程价款支付及逾期付款责任等事项签订多份《补充协议》。同时，陈某开以弘某公司名义向俊某达公司提交了《工程结算表》，俊某达公司法定代表人李某在该结算表上签字并加盖了俊某达公司公章。据此，本案系无资质的实际施工人陈某开借用九某市第一建筑工程公司资质与俊某达公司签订《建筑工程施工合同》，该施工合同无效。但涉案多份《补充协议》及《工程结算表》是对工程价款结算及逾期付款责任的约定，其内容独立于《建筑工程施工合同》，且俊某达公司对其在上述文件中加盖的公章的真实性并无异议，弘某公司亦对陈某开以其名义对涉案工程进行施工并进行结算的事实表示认可。因此，弘某公司在上述文件中加盖的公章的真实性并不影响上述事实的认定，涉案多份《补充协议》及《工程结算表》应视为各方真实意思表示，内容未违反法律、行政法规的强制性规定，原审法院对弘某公司公章的真实性不予鉴定认定有效并无不当。同时，俊某达公司亦未提供证据证明涉案多份《补充协议》是受胁迫签订。故俊某达公司称涉案多份《补充协议》及《工程结算表》无效的再审理由不能成立，不予支持。

第二部分 工期和质量

013 承包人进场施工时，建设单位尚未取得施工许可证的，应如何确定开工日期？

阅读提示

建设工程开工前，建设单位应当申请取得施工许可证，未取得施工许可证擅自施工，可能要被行政处罚。但是，实践中未取得施工许可证即开工的现象非常普遍，在这种情况下，若承包人和发包人对开工日期发生争议，法院会如何认定？

裁判要旨

开工日期的确定要坚持实事求是的原则，实际进场施工日期与施工许可证记载的日期不一致的，应以实际进场施工日期为开工日期。

案情简介

一、2011年12月21日，资某商贸公司作为发包人，与作为承包人的顺某公司签订《建设工程施工合同》，约定：由顺某公司承包益某大厦改扩建工程二期新建商住楼工程。合同开工时间为2012年2月1日，自开工日起算，总工期为13个月，合同价款为118000000元。

二、2012年2月1日，顺某公司进场施工。

三、2012年4月2日，因顺某公司承建的益某大厦改扩建二期工程未取得施工许可证擅自施工，益某市住房和城乡建设局对顺某公司罚款8000元。

四、2012年9月3日，益某市住房和城乡建设局对涉案工程发放了建筑工程施工许可证。

五、后因涉案工程工期延误,顺某公司未能依约交付涉案工程项目,资某商贸公司与顺某公司发生纠纷。

六、一审、二审认定涉案工程的开工日期为2012年2月1日。

七、顺某公司认为未取得施工许可的施工行为不能视为法律意义上的开工,涉案工程开工日期应从2012年9月3日建设单位取得施工许可、施工行为具备合法性后开始计算,资某商贸公司不能一边违法要求顺某公司进场施工,一边以顺某公司延误工期为由主张违约责任,故向最高人民法院申请再审。2018年12月21日,最高人民法院再审认定:一二审认定涉案工程的开工日期正确。

法律分析

本案的焦点问题是承包人经发包人同意进场施工的,开工日期如何认定。云亭建工律师团队认为:此种情形下,应以实际进场施工时间为开工日期,不以施工许可证记载的时间为准。

《建设工程司法解释》(2004)仅规定了竣工日期的认定规则,未规定开工日期的认定规则,《建设工程司法解释(二)》(2018)增加了开工日期的认定规则,《民法典》施行后修订的《建设工程司法解释(一)》(法释〔2020〕25号)予以保留。《建设工程司法解释(一)》第八条第二项规定:承包人经发包人同意已经实际进场施工的,以实际进场施工时间为开工日期。

本案审理时,上述规定尚未出台,法院坚持实事求是的原则,没有直接按照施工许可证记载的日期认定开工日期,而是认定实际进场施工日期作为开工日期,符合最新司法解释的规定。

实务经验

第一,《建筑法》规定:建设工程开工前,建设单位应当申请取得施工许可证,取得施工许可证之后方可开工。因此,在建设工程领域,施工许可证非常重要,以至于在解决工期的争议时,有人认为未取得施工许可证进场施工是违法的,不应将违法进场施工的日期认定为开工日期。云亭建工律师团队认为,确定开工日期是为了计算工期,以便进一步判断当事人是否有违约行为,属于民事争议,应根据客观事实进行认定确定,不应受行政许可、行政处罚等影响。

第二，司法实践中，尽管施工许可证对承发包双方来讲非常重要，但对开工日期发生争议时，施工许可证只是其中一个证据，而且不是直接可以证明开工日期的证据，要考虑开工报告、合同等文件材料记载的时间综合认定开工日期。

第三，如果取得施工许可证进场施工一段时间后，被行政处罚，可能要停止施工，停止施工的期间不应当计算在工期之中。遇到这种情况，承包人可保存相关证据材料，以证明停止施工的期间，否则，很容易出现的情况是：法院将开工日期认定为实际进场施工的日期，而被责令停止施工的期间没有从工期中扣除，承包人必将遭受重大损失。

第四，对于晚于施工许可证记载日期开工的情况，同样坚持实事求是的原则，以实际进场施工日期为开工日期。总之，不能直接以施工许可证记载的日期为开工日期。

法条链接

《中华人民共和国建筑法》（2019年修正）

第七条 建筑工程开工前，建设单位应当按照国家有关规定向工程所在地县级以上人民政府建设行政主管部门申请领取施工许可证；但是，国务院建设行政主管部门确定的限额以下的小型工程除外。

按照国务院规定的权限和程序批准开工报告的建筑工程，不再领取施工许可证。

《最高人民法院关于审理建设工程施工合同纠纷案件适用法律问题的解释（一）》（法释〔2020〕25号 2021年1月1日实施）

第八条 当事人对建设工程开工日期有争议的，人民法院应当分别按照以下情形予以认定：

（一）开工日期为发包人或者监理人发出的开工通知载明的开工日期；开工通知发出后，尚不具备开工条件的，以开工条件具备的时间为开工日期；因承包人原因导致开工时间推迟的，以开工通知载明的时间为开工日期。

（二）承包人经发包人同意已经实际进场施工的，以实际进场施工时间为开工日期。

（三）发包人或者监理人未发出开工通知，亦无相关证据证明实际开工日期的，应当综合考虑开工报告、合同、施工许可证、竣工验收报告或者竣工验收备案表等载明的时间，并结合是否具备开工条件的事实，认定开工日期。

法院判决

开工日期的确定要坚持实事求是的原则，以合同约定及施工许可证记载的日期为基础，综合工程的客观实际情况，以最接近实际进场施工的日期作为开工日期。本案双方签订的《建设工程施工合同》约定的开工日期为 2012 年 2 月 1 日，顺某公司提交的经济技术签证资料也能够证明项目自 2012 年 2 月 1 日已经开工，且顺某公司在本案诉讼中对其曾于该日期进场施工亦不否认。故虽然资某商贸公司取得施工许可证日期为 2012 年 9 月 3 日，但从上述情况来看，2012 年 2 月 1 日应为最接近实际进场施工的日期。顺某公司主张未取得施工许可的施工行为不能视为法律意义上的开工，应以 2012 年 9 月 3 日建设单位取得施工许可证的时间来确定本案的开工日期，该主张与客观事实不符，不应得到支持。至于涉案工程在未取得施工许可证前已经实际施工的问题，属于行政处罚范围，有关行政机关亦对该行为作出了相应的行政处罚决定，该事实不影响本院对实际开工日期的认定。

案件来源

湖南顺某建设集团有限公司、益某市资某商贸投资开发有限公司建设工程施工合同纠纷再审民事判决书丨最高人民法院·（2018）最高法民再 442 号

延伸阅读

案例一：酒某集团冶某有限公司、嘉峪关中某房地产开发有限公司建设工程施工合同纠纷二审民事判决书丨甘肃省高级人民法院·（2020）甘民终 318 号

……涉案工程开工日期如何确定。

中某公司与冶某公司签订的第一份合同（包括 4 号、5 号、6 号、8 号、9 号、10 号、14 号楼）约定的开工日期 2014 年 7 月 30 日，经中某公司、冶某公司和勘察、设计、监理单位五方签字确认的《建设工程竣工验收备案表》中载明的开工日期 2014 年 7 月 31 日，经中某公司、冶某公司和设计、监理单位四方签字确认的《工程质量竣工验收记录》中载明的 4 号、5 号楼开工日期为 2014 年 8 月 1 日，6 号、8 号楼开工日期为 2014 年 7 月 31 日，9 号、10 号楼开工日期为 2014 年 8 月 1 日，14 号楼开工日期为 2014 年 7 月 31 日，《建筑工程施工许可证》颁发时间为 2014 年 8 月 29 日，其中载明的合同开工日期为 2014 年 7 月 31

日。中某公司提交的6份《工程开工报告》显示：冶某公司申报意见为"已具备开工条件"，时间均为2014年8月1日。第二份合同（包括1号、2号、7号楼）约定的开工日期为2014年10月30日，经中某公司、冶某公司和勘察、设计、监理单位五方签字确认的《建设工程竣工验收备案表》中载明的开工日期为2014年10月24日，经中某公司、冶某公司和设计、监理单位四方签字确认的《工程质量竣工验收记录》中载明的1号、2号楼无开工日期，7号楼开工日期为2014年7月31日，《建筑工程施工许可证》颁发时间为2014年11月18日，其中载明的合同工期为2014年10月24日-2015年10月8日。第三份合同（3号楼）约定的开工时间为2015年3月20日，中某公司提交的经中某公司、冶某公司和勘察、设计、监理单位五方签字确认的《建设工程竣工验收备案表》中载明的开工日期为2015年3月20日，经中某公司、冶某公司和设计、监理单位四方签字确认的《工程质量竣工验收记录》中载明的开工日期为2015年4月15日，《建筑工程施工许可证》颁发时间为2015年4月10日，其中载明的合同工期为2015年3月20日-2016年4月22日。

根据《最高人民法院关于审理建设工程施工合同纠纷案件适用法律问题的解释（二）》第五条规定："当事人对建设工程开工日期有争议的，人民法院应当分别按照以下情形予以认定：（一）开工日期为发包人或者监理人发出的开工通知载明的开工日期；开工通知发出后，尚不具备开工条件的，以开工条件具备的时间为开工日期；因承包人原因导致开工时间推迟的，以开工通知载明的时间为开工日期。（二）承包人经发包人同意已经实际进场施工的，以实际进场施工时间为开工日期。（三）发包人或者监理人未发出开工通知，亦无相关证据证明实际开工日期的，应当综合考虑开工报告、合同、施工许可证、竣工验收报告或者竣工验收备案表等载明的时间，并结合是否具备开工条件的事实，认定开工日期。"建筑工程施工许可证是建设主管部门颁发给建设单位的准许其施工的凭证，只是表明了建设工程符合相应的开工条件，建设工程施工许可证的颁发时间并不是确定开工日期的唯一凭证。实践中，开工日期早于或晚于施工许可证颁发日期情形大量存在。当实际开工日期与施工许可证记载日期不一致时，应以前者作为确定开工日期依据。

本案中，上述施工许可证颁发时间与三份合同约定的开工日期不相同的情形下，应当以实际开工日期而不是以施工许可证的颁发日期作为确定开工日期的依据。建设单位、施工单位与监理单位确认的实际开工日期当然具有明显优势的证明力和说服力,应当成为认定案件事实的重要依据。另外,根据监理施工日志显示在《建筑工程施工许可证》颁发时间之前冶某公司已经进场施工。因此,在经中某公司、冶某公司和监理单位共同签字确认的《建设工程竣工验收备案表》《工程质量竣工验收记录》载明的开工时间与《建设工程施工合同》均基本一致,且施工许可证上记载的开工日期亦和合同约定的开工日期相同的情况下,再以施工许可证颁发的日期确定为开工日期,无事实和法律依据。

案例二:鞍山金某房地产开发有限公司建设工程施工合同纠纷再审审查与审判监督民事裁定书 | 最高人民法院·(2019)最高法民申5790号

……关于铁某公司是否延迟竣工并应支付违约金。

《建设工程施工合同》中约定开工日期为2012年8月15日,但金某公司未在约定的开工日期前取得建筑工程施工许可证,其直至2012年12月4日才取得建筑工程施工许可证,导致铁某公司无法按合同中约定的开工日期开始施工,且金某公司在施工过程中存在增加工程量、设计变更及迟延给付工程款等情况,金某公司主张铁某公司应支付3#楼延迟竣工71天和4#楼延迟竣工45天的违约金,一、二审法院未予支持并无不当。

案例三:广西建某集团某建筑工程有限责任公司建设工程施工合同纠纷再审审查与审判监督民事裁定书 | 最高人民法院·(2019)最高法民申3651号

……关于开工时间的认定。

广西某建公司主张原判决认定涉案工程的开工日期为2010年3月5日缺乏证据证明。根据《最高人民法院关于审理建设工程施工合同纠纷案件适用法律问题的解释(二)》第五条的规定:当事人对建设工程开工日期有争议的,人民法院应当分别按照以下情形予以认定:(一)开工日期为发包人或者监理人发出的开工通知载明的开工日期;开工通知发出后,尚不具备开工条件的,以开工条件具备的时间为开工日期;因承包人原因导致开工时间推迟的,以开工通知载明的时间为开工日期。(二)承包人经发包人同意已经实际进场施工的,以实际进场施工时间为开工日期。(三)发包人或者监理人未发出开工通知,亦无相关证据证明实际开工日期的,应当综合考虑开工报告、合同、施工许可证、竣工验收报告或者竣工验收备案表等载明的时间,并结合是否具备开工条件的事实,认定开工日期。广西某建公司与柳州望某公司2010年3月5日至2010年9月3日多次召开的监理例会以及工作会议所形成的会议纪要、监理记录表等书面记录能够证明工程的实际开工时间,从"截至2010年7月31日,7#楼完成五层主体,8

#、9#、10#楼要向7#楼看齐"的记载可见，广西某建公司已经于2010年7月31日前进场施工。原审法院根据2010年3月5日监理例会记录"今日是本工程第一次生产前例会，今天定为开工日期"的记载，将实际进场施工日期2010年3月5日确定为涉案工程的开工日期，符合《最高人民法院关于审理建设工程施工合同纠纷案件适用法律问题的解释（二）》第五条第二项的规定。

014 开工通知发出后，现场尚不具备开工条件的，开工日期应如何确定？

阅读提示

开工日期的确定直接影响到工期的计算，进而影响对承包人是否在约定工期内完工的判定。实践中，发包人开工通知载明的开工日期可能与实际开工日期并不一致，甚至发出开工通知时还不具备开工条件，这种情况应当如何确定实际开工日期？

裁判要旨

开工通知发出后，尚不具备开工条件的，以开工条件具备的时间为开工日期。

案情简介

一、2013年9月26日，茂某公司与西某公司签订《瑞某圆桩基、基坑土石方及基坑支护工程施工合同》，约定：西某公司承包瑞某圆桩基、基坑土石方及基坑支护工程，合同工期为总日历天数117天，开工日期暂定2013年10月1日，具体开工日期以发包人书面通知为准，暂估金额3500万元。

二、2013年10月3日，茂某公司向西某公司发出进场通知，载明："瑞某圆小区桩基、基坑土石方及基坑支护工程项目已具备进场条件，根据合同约定，你方接到通知后，应及时安排相关人员做好进场准备，尽快进场，并及时完成各项工作。"

三、2013年12月1日，西某公司向监理公司发出《工程开工报审表》并提交开工报告，监理公司于同日回复"同意开工"。

四、西某公司向一审法院提出诉讼请求：茂某公司立即支付工程余款17994568.41元。茂某公司提出反诉请求：判令西某公司支付逾期竣工违约金1880000元。

五、关于开工日期争议，茂某公司主张开工日期为《进场通知》发出之日（2013年10月3日），西某公司则主张开工日期为具备开工条件之日（2013年12月1日）。

六、一审法院认为涉案工程的开工日期应当认定为具备开工条件之日（2013年12月1日）。茂某公司认为西某公司于2013年10月3日进场施工，因其单方原因造成工程延期，直至2015年2月8日才竣工，实际工期493天，超出约定工期376天，应当按照合同约定以每天5000元的标准，向茂某公司支付工期延误违约金共计1880000元，向云南省高级人民法院提起上诉。

七、云南省高级人民法院认为一审法院对于实际开工日期的认定正确，西某公司主张的实际开工日期成立，予以确认。

法律分析

本案的焦点问题是开工通知发出后，现场尚不具备开工条件，如何确定开工日期？云亭建工律师团队认为：应以开工条件具备的日期为开工日期。

第一，关于承发包双方对建设工程实际开工日期的争议，《最高人民法院关于审理建设工程施工合同纠纷案件适用法律问题的解释》第八条作了规定，原则上以开工通知中载明的开工日期为准，若是在开工通知的时间尚不具备开工条件，则以开工条件具备的时间为开工日期。

第二，本案中，发包人向承包人发出《进场通知》的目的是要求西某公司尽快进场，不等同于开工通知，所以不应以《进场通知》发出的时间为准。2013年12月1日，承包人向监理人发出《工程开工报审表》并提交开工报告，监理人于同日回复"同意开工"，这一事实可以说明监理人同意开工后才开始施工，故法院将监理人回复"同意开工"的时间作为实际开工日期。

实务经验

第一，建设工程中，实际开工日期的确定直接影响到实际工期的计算，进而影响承包人是否逾期竣工或者提前完工的认定，承发包双方对合同约定的开工日期一般没有争议，主要争议的是实际开工日期。《建设工程司法解释》（2004）没有规定如何确定实际开工日期，《建设工程司法解释（二）》（2018）对此作了规定，原则上开工日期为发包人或者监理人发出的开工通知载明的开工日期。

第二，《民法典》第八百零三条规定，承包人可以顺延工期的一个理由是发包人未能提供开工条件。因此，即使发包人发出开工通知，载明了开工的日期，如开工通知载明的日期尚不具备开工条件，也不应以开工通知载明的开工日期为实际开工日期，而应以开工条件具备的时间为开工日期。

第三，开工通知发出后，在开工条件具备的情况下，如果承包人未能按约定时间进场施工，导致工期延误，承包人不仅要承担相应的赶工费用，而且工期不予顺延，以开工通知载明的时间起算工期。

法条链接

《中华人民共和国民法典》（2021年1月1日实施）

第八百零三条 发包人未按照约定的时间和要求提供原材料、设备、场地、资金、技术资料的，承包人可以顺延工程日期，并有权请求赔偿停工、窝工等损失。

《最高人民法院关于审理建设工程施工合同纠纷案件适用法律问题的解释（一）》（法释〔2020〕25号 2021年1月1日实施）

第八条 当事人对建设工程开工日期有争议的，人民法院应当分别按照以下情形予以认定：

（一）开工日期为发包人或者监理人发出的开工通知载明的开工日期；开工通知发出后，尚不具备开工条件的，以开工条件具备的时间为开工日期；因承包人原因导致开工时间推迟的，以开工通知载明的时间为开工日期。

（二）承包人经发包人同意已经实际进场施工的，以实际进场施工时间为开工日期。

（三）发包人或者监理人未发出开工通知，亦无相关证据证明实际开工日期的，应当综合考虑开工报告、合同、施工许可证、竣工验收报告或者竣工验收备案表等载明的时间，并结合是否具备开工条件的事实，认定开工日期。

法院判决

本院认为：双方签订的《建设工程施工合同》协议书第三条约定："合同工

期总日历天数 117 天。开工日期暂定 2013 年 10 月 1 日，具体开工日期以发包人书面通知为准。"双方当事人对于合同约定的工期没有争议，但对实际开工日期、实际竣工日期以及违约责任均存在争议。

首先，关于涉案工程的实际开工日期，本院认为，《最高人民法院关于审理建设工程施工合同纠纷案件适用法律问题的解释（二）》第五条规定："当事人对建设工程开工日期有争议的，人民法院应当分别按照以下情形予以认定：（一）开工日期为发包人或者监理人发出的开工通知载明的开工日期；开工通知发出后，尚不具备开工条件的，以开工条件具备的时间为开工日期；因承包人原因导致开工时间推迟的，以开工通知载明的时间为开工日期……"本案中，茂某公司于 2013 年 10 月 3 日向西某公司发出进场通知，要求西某公司在接到通知后尽快进场。茂某公司发出进场通知的目的是要求西某公司尽快进场，进场通知不等同于开工通知，且发出进场通知的时间并非西某公司的实际开工时间，茂某公司认为应当以发出进场通知的 2013 年 10 月 3 日作为开工日期的主张，缺乏事实依据，不能成立。此后，西某公司于 2013 年 12 月 1 日向监理公司发出《工程开工报审表》并提交开工报告，监理公司于同日回复"同意开工"。从上述事实可以看出，西某公司系待具备开工条件后向监理发出了开工申请和开工报告，监理同意开工后才开始施工，故应当以监理公司回复"同意开工"的时间作为实际开工日期，即涉案工程的实际开工日期为 2013 年 12 月 1 日。一审法院对于实际开工日期的认定正确，西某公司主张的实际开工日期成立，本院予以确认。

案件来源

云南西某建设工程总公司、云南茂某房地产开发有限公司建设工程施工合同纠纷二审民事判决书｜云南省高级人民法院·（2020）云民终 231 号

延伸阅读

案例一：云南荣某建筑经营有限公司、昆明雪某丹枫家居用品商场建设投资有限公司建设工程施工合同纠纷二审民事判决书｜云南省高级人民法院·（2019）云民终 1405 号

（一）关于涉案工程开工时间如何认定的问题。本院认为，《最高人民法院关于审理建设工程施工合同纠纷案件适用法律问题的解释（二）》第五条规定："当事人对建设工程开工日期有争议的，人民法院应当分别按照以下情形予以认

定：（一）开工日期为发包人或者监理人发出的开工通知载明的开工日期；开工通知发出后，尚不具备开工条件的，以开工条件具备的时间为开工日期；因承包人原因导致开工时间推迟的，以开工通知载明的时间为开工日期。（二）承包人经发包人同意已经实际进场施工的，以实际进场施工时间为开工日期。（三）发包人或者监理人未发出开工通知，亦无相关证据证明实际开工日期的，应当综合考虑开工报告、合同、施工许可证、竣工验收报告或者竣工验收备案表等载明的时间，并结合是否具备开工条件的事实，认定开工日期。"涉案《建设工程施工合同》约定，开工日期以建设单位书面通知为准，而本案中双方确认雪某公司未发出过开工通知。荣某公司于2017年3月20日向雪某公司发出的《关于对"昆明市雪某商务广场建设项目"协商结算方案的回复函》载明"我司（荣某公司）于2014年11月20日正式开始进场施工……"，且从一审中荣某公司提交的《施工日志》来看，2014年11月20日荣某公司亦有施工行为，故本院确定2014年11月20日为涉案工程开工日期。

案例二：简阳市虹某房地产开发有限公司、四川省都江堰龙泉山灌某管理处建筑工程公司建设工程施工合同纠纷二审民事判决书丨四川省高级人民法院·(2019) 川民终325号

关于灌某公司是否存在一期工程工期违约并赔偿损失的问题。《合同法》第二百八十三条①规定："发包人未按照约定的时间和要求提供原材料、设备、场地、资金、技术资料的，承包人可以顺延工程日期，并有权要求赔偿停工、窝工等损失。"同时，根据《最高人民法院关于审理建设工程施工合同纠纷案件适用法律问题的解释（二）》第五条规定，开工日期应当综合开工报告、合同、施工许可证、竣工验收报告等载明的时间，并结合是否具备开工条件的事实予以确定。就本案查明事实看，虽然灌某公司已于2014年5月25日进场施工，但是虹某公司系陆续将一期工程土地交付给灌某公司，最晚一批土地至2014年10月8日才交付完毕。土地交付的迟延，必然会影响到实际开工时间的推迟进而影响工期。故，在因虹某公司原因导致开工条件不具备的情况下，应当以开工条件具备时作为一期工程的实际开工时间。一期工程于2016年9月22日竣工，并未超出双方合同约定的24个月工期，一审法院认定灌某公司不存在工期违约行为并不承担赔偿损失责任正确，本院予以维持。

---

① 编者按：《民法典》第803条。

015 竣工验收报告提交之日、竣工验收合格之日，哪个才是实际竣工日期？

阅读提示

从承包人提交竣工验收申请到竣工验收合格通常有比较长的时间。司法解释规定验收合格之日为竣工日期，示范文本规定提交竣工验收申请之日为竣工日期。到底哪个时间才是实际竣工日期？

裁判要旨

施工合同约定以承包人提交竣工验收申请报告之日为实际竣工日期的，应按合同约定确定实际竣工日期。

案情简介

一、2015年1月30日，华某公司与民某公司就"尼某河幸福小区B1区电梯公寓建设项目"签订《建设工程施工合同》，计划开工日期为2015年3月6日，计划竣工日期为2015年10月15日，合同约定工期日历天数为220天，合同价款为44788796.00元。

二、双方因工期延误发生争议，华某公司将民某公司诉至法院。

三、一审认为涉案工程应竣工日期为2016年7月10日，实际竣工日期为2017年3月31日，逾期264天。一审判决：民某公司承担工期延误违约金5220000元。

四、民某公司不服一审判决，向西藏自治区高级人民法院提起上诉。二审认为涉案工程应竣工日期为2016年9月7日，因变更设计、增加施工面积顺延工期15天至2016年9月22日，实际竣工日期为2017年3月31日，但2016年12月20日之后与民某公司无关，故逾期89天，各自承担45天。判决：民某公司承担工期延误违约金1350000元。

五、民某公司不服，向最高人民法院申请再审，称根据《建设工程施工合同（示范文本）》第二部分通用合同条款第13.2.3条竣工日期约定，应以民某公司提交竣工验收申请报告之日即 2017 年 3 月 24 日为实际竣工日期。最高人民法院再审认定：华某公司在一审中提交的《竣工验收申请报告（初验）》中的落款时间为 2017 年 3 月 24 日。涉案工程竣工验收合格，按照合同约定，涉案工程的实际竣工日期应认定为 2017 年 3 月 24 日。二审法院将竣工时间认定为 2017 年 3 月 31 日确有不当，但该竣工日期的认定并不影响民某公司的实体权利。最终，驳回了民某公司的再审申请。

法律分析

本案的焦点问题是工程经竣工验收合格的，如何确定实际竣工日期。云亭建工律师团队认为：建设工程施工合同约定以承包人提交竣工验收申请报告之日为实际竣工日期的，应按合同约定确定实际竣工日期。

建设工程竣工验收合格的情况下，关于承发包双方对竣工日期的争议，司法解释和建设工程示范文本有不同的规定。《最高人民法院关于审理建设工程施工合同纠纷案件适用法律问题的解释（一）》第九条第一项规定，"建设工程经竣工验收合格的，以竣工验收合格之日为竣工日期"，而《建设工程施工合同（示范文本）》（2017 版）第 13.2.3 规定，"工程经竣工验收合格的，以承包人提交竣工验收申请报告之日为实际竣工日期"。对此，合同有约定的应以约定为准，没有约定的话，按司法解释的规定处理。

本案中，双方采用了示范文本的条款，在《建设工程施工合同》约定："工程经竣工验收合格的，以承包人提交竣工验收申请报告之日为实际竣工日期"，所以，本案实际竣工日期不应认定为司法解释规定的竣工验收合格之日，而应认定为提交竣工验收申请报告之日，因此最高人民法院将民某公司提交的《竣工验收申请报告（初验）》的落款日期认定为实际竣工日期。

实务经验

第一，2017 版的《建设工程施工合同（示范文本）》规定"因发包人原因，未在监理人收到承包人提交的竣工验收申请报告 42 天内完成竣工验收，或完成竣工验收不予签发工程接收证书的，以提交竣工验收申请报告的日期为实际竣工日期"。发包人应在合同约定的竣工验收期限内积极组织验收，避免超过期限被认定为拖延验收而承担不利法律后果。

第二，实践中，承包人提交了竣工验收申请资料，但有时发包人或者监理人不出具签收手续。对此，承包人应注重保存相关的证据，避免在诉讼中无法证明已提交竣工验收申请报告及具体提交时间。

第三，值得注意的是，上述条款的适用前提是工程通过了竣工验收，如果工程质量存在问题、无法通过竣工验收、需要整改等，则即使承包人提交了竣工验收申请报告，也不能以提交竣工验收申请报告之日为实际竣工日期。

第四，站在承包人的角度，云亭建工律师团队建议在合同中选择适用《建设工程施工合同（示范文本）》规定的"工程经竣工验收合格的，以承包人提交竣工验收申请报告之日为实际竣工日期"。

法条链接

《中华人民共和国民法典》（2021年1月1日实施）

第七百九十九条 建设工程竣工后，发包人应当根据施工图纸及说明书、国家颁发的施工验收规范和质量检验标准及时进行验收。验收合格的，发包人应当按照约定支付价款，并接收该建设工程。

建设工程竣工经验收合格后，方可交付使用；未经验收或者验收不合格的，不得交付使用。

《最高人民法院关于审理建设工程施工合同纠纷案件适用法律问题的解释（一）》（法释〔2020〕25号 2021年1月1日实施）

第九条 当事人对建设工程实际竣工日期有争议的，人民法院应当分别按照以下情形予以认定：

（一）建设工程经竣工验收合格的，以竣工验收合格之日为竣工日期；

（二）承包人已经提交竣工验收报告，发包人拖延验收的，以承包人提交验收报告之日为竣工日期；

（三）建设工程未经竣工验收，发包人擅自使用的，以转移占有建设工程之日为竣工日期。

《建设工程施工合同（示范文本）》（GF—2017—0201）

13.2.3 竣工日期

工程经竣工验收合格的，以承包人提交竣工验收申请报告之日为实际竣工日期，并在工程接收证书中载明；因发包人原因，未在监理人收到承包人提交的竣工验收申请报告42天内完成竣工验收，或完成竣工验收不予签发工程接收证书的，以提交竣工验收申请报告的日期为实际竣工日期；工程未经竣工验收，发包人擅自使用的，以转移占有工程之日为实际竣工日期。

法院判决

本院认为：《建设工程施工合同》第二部分通用合同条款第13.2.3条约定："工程经竣工验收合格的，以承包人提交竣工验收申请报告之日为实际竣工日期，并在工程接受证书中载明……"，华某公司在一审中提交的《竣工验收申请报告（初验）》中的落款时间为2017年3月24日。涉案工程竣工验收合格，按照合同约定，涉案工程的实际竣工日期应认定为2017年3月24日。二审法院将竣工时间认定为2017年3月31日确有不当，但是二审法院认定民某公司于2016年12月20日完成了出户电缆的施工工作，其后的工程延误与民某公司无关，故该竣工日期的认定虽有不当但并不影响民某公司的实体权利。

案件来源

山东民某建设有限公司、林某华某房地产开发有限责任公司建设工程施工合同纠纷再审审查与审判监督民事裁定书｜最高人民法院·（2019）最高法民申2708号

延伸阅读

案例一：汪清县宝某房地产开发有限公司、江苏长某建设集团有限公司建设工程施工合同纠纷再审民事判决书｜最高人民法院·（2018）最高法民再235号

……长某公司应否承担逾期竣工违约责任及如何承担。

《建设工程适用法律解释》第十四条规定，当事人对建设工程实际竣工日期有争议的，按照以下情形分别处理：（一）建设工程经竣工验收合格的，以竣工验收合格之日为竣工日期；（二）承包人已经提交竣工验收报告，发包人拖延验收的，以承包人提交验收报告之日为竣工日期；（三）建设工程未经竣工验收，发包人擅自使用的，以转移占有建设工程之日为竣工日期。本案中，长某公司虽于2013年11月30日完成涉案工程施工并向宝某公司交付，但因工程质量未达到约定交付条件，未能通过竣工验收。之后，又发生外墙保温板脱落事故，双方为此进行多轮协商解决未果。至本案纠纷发生时仍没有能够进行竣工验收。由于本案不符合《建设工程适用法律解释》第十三条规定的建设工程未经竣工验收

发包人擅自使用的情形，二审法院认定长某公司完工时间为涉案工程竣工时间，缺乏事实和法律依据。因2015年8月30日，即本案争议的外墙保温改建工程竣工时间，涉案工程已具备竣工验收条件，一审法院将该时间点视为长某公司施工的涉案工程竣工时间，符合本案实际情况，也不违背上述《建设工程适用法律解释》对认定竣工日期确立的法律规则。

案例二：浙江东某建设有限公司、楼某平建设工程施工合同纠纷再审民事判决书丨浙江省高级人民法院·（2020）浙民再30号

本院再审认为，本案再审争议在于工期延误责任的认定。双方《建设工程施工合同》对工期约定："开工日期2016年4月10日，竣工日期2016年11月9日，工期总日历天数210天。工期总日历天数与根据前述计划开竣工日期计算的工期天数不一致的，以工期总日历天数为准"。《工程补充协议》约定涉案工程的开工日期为2016年3月25日，2016年7月15日前完成工程使用功能验收，2016年7月25日前完成消防验收合格移交钥匙，超过2016年7月25日东某公司应赔偿海某公司损失，金额为合同价的1%/每天。《工程补充协议二》约定施工工期与原补充协议土建工程同步，超过日期赔偿损失，金额为合同价的1%/每天。再审中，双方对二审认定的涉案工程开工日期2016年4月25日均予以认可。再审庭审中，海某公司明确认可涉案工程工期为210日历天，海某公司系依据《工程补充协议》主张东某公司对消防验收合格时间延期152天的逾期责任。本院认为，申请消防验收系业主单位的职责，且消防验收必须以工程完工为前提，《工程补充协议》约定将消防验收合格日期提前到竣工日期前数月，不符合工程建设实际，也不符合法律规定，对双方当事人没有约束力。根据《建设工程施工合同》约定，工期为日历天210天，而开工日期应认定为2016年4月25日，因此涉案工程应于2016年11月21日竣工。从查明事实看，东某公司提交竣工验收申请报告日期为2017年1月24日。涉案工程于2017年3月7日竣工验收合格。根据双方《建设工程施工合同》约定，工程经竣工验收合格的，以承包人提交竣工验收申请报告之日为实际竣工日期，故本案工程竣工日期为2017年1月24日。由此东某公司延误工期64天。考虑到海某公司确实存在逾期付款的事实以及《建设工程施工合同》之后工程量大大增加的情况，一审判决东某公司无须承担工期逾期责任，符合本案实际。

016 承包人提交竣工验收报告后，发包人拖延验收的，竣工日期应如何确定？

阅读提示

建设工程竣工验收合格后方可交付使用，如果发包人故意拖延不组织验收，对竣工结算和付款条件是否产生影响？

裁判要旨

承包人已经提交竣工验收报告，发包人拖延验收的，视为竣工，以承包人提交验收报告之日为竣工日期。

案情简介

一、2012年10月8日，中国新某公司与阜新新某公司签订了《建设工程施工合同》，双方约定由中国新某公司承包大某国际阜新公司生活基地，开工日期为2012年10月10日，竣工日期为2013年11月24日，合同工期总日历天数411天，合同价款为237162907.24元，工程经竣工验收合格后2个月内完成结算审计工作，结算完成付至工程总价款的95%，剩余5%作为工程质保金。

二、2014年7月24日，中国新某公司向阜新新某公司发出《工作联系单》，联系事由：关于大某荣城4#-9#住宅楼、D2车库、17#楼、18#楼预验收事宜。

三、2014年8月28日，中国新某公司向阜新新某公司发出《大某荣城工程联系单》，载明："4#-9#楼验收时间确定在2014年9月10日。"

四、中国新某公司起诉：请求判令阜新新某公司支付工程款304125200.18元及逾期利息13998032元等。阜新新某公司主张：涉案工程未能竣工验收，存在质量问题，不具备竣工结算并支付工程款的条件。

五、辽宁省高级人民法院判决：阜新新某公司给付中国新某公司工程款270765437.31元及该款利息等。

六、阜新新某公司认为涉案工程未能竣工验收，且责任在中国新某公司，故向最高人民法院提起上诉。2019年11月14日，最高人民法院判决：驳回上诉，维持原判。

法律分析

本案的争议焦点是涉案工程是否具备竣工结算并支付工程款的条件。云亭建工律师团队认为：涉案工程视为竣工，并具备结算条件。

本案中，中国新某公司于 2014 年 7 月 24 日向阜新新某公司申请验收，阜新新某公司并未对该申请予以回复。原《最高人民法院关于审理建设工程施工合同纠纷案件适用法律问题的解释》第九条第二项规定了承包人已经提交竣工验收报告，发包人拖延验收的，以承包人提交验收报告之日为竣工日期。本案中，建设工程施工合同也就此作了约定。因此，涉案二期工程虽未进行竣工验收，但施工方已向建设方提出竣工验收的申请，说明已基本完成涉案工程的建设，因阜新新某公司的原因未组织验收，涉案工程视为竣工，并具备结算条件。

对于阜新新某公司主张工程质量问题，最高人民法院认为，阜新新某公司在有权依法组织验收并在验收中提出质量异议的情况下，其拒绝按法定方式行使权利，应对其不当行为承担后果。

实务经验

第一，2017 版的《建设工程施工合同（示范文本）》规定"因发包人原因，未在监理人收到承包人提交的竣工验收申请报告 42 天内完成竣工验收，或完成竣工验收不予签发工程接收证书的，以提交竣工验收申请报告的日期为实际竣工日期"，承发包双方可以约定竣工验收的期限，发包人收到竣工验收申请报告后应当积极组织验收，避免超过期限被认定为拖延验收而承担不利法律后果。

第二，对承包人来讲，最重要的是能够证明已经提交了竣工验收报告以及提交的日期，实践中常见的问题是，承包人虽然提交了竣工验收报告，但是未要求监理人或发包人签收，发生争议时无法有效证明已提交了竣工验收报告以及提交的具体时间。云亭建工律师团队建议：当发包人不签收竣工验收报告时，可以使用 EMS 特快专递等方式再次提交，并在快递单上注明邮递的文件内容。

法条链接

《中华人民共和国民法典》（2021年1月1日实施）

第七百九十九条 建设工程竣工后，发包人应当根据施工图纸及说明书、国家颁发的施工验收规范和质量检验标准及时进行验收。验收合格的，发包人应当按照约定支付价款，并接收该建设工程。

建设工程竣工经验收合格后，方可交付使用；未经验收或者验收不合格的，不得交付使用。

《最高人民法院关于审理建设工程施工合同纠纷案件适用法律问题的解释（一）》（法释〔2020〕25号 2021年1月1日实施）

第九条 当事人对建设工程实际竣工日期有争议的，人民法院应当分别按照以下情形予以认定：

（一）建设工程经竣工验收合格的，以竣工验收合格之日为竣工日期；

（二）承包人已经提交竣工验收报告，发包人拖延验收的，以承包人提交验收报告之日为竣工日期；

（三）建设工程未经竣工验收，发包人擅自使用的，以转移占有建设工程之日为竣工日期。

《建设工程质量管理条例》（国发〔2000〕279号 2019年修订）

第十六条 建设单位收到建设工程竣工报告后，应当组织设计、施工、工程监理等有关单位进行竣工验收。

建设工程竣工验收应当具备下列条件：

（一）完成建设工程设计和合同约定的各项内容；

（二）有完整的技术档案和施工管理资料；

（三）有工程使用的主要建筑材料、建筑构配件和设备的进场试验报告；

（四）有勘察、设计、施工、工程监理等单位分别签署的质量合格文件；

（五）有施工单位签署的工程保修书。

建设工程经验收合格的，方可交付使用。

法院判决

本院认为：本案工程分为一期和二期。关于一期工程，根据合同约定，一期工程已经建设单位、监理单位、施工单位、设计单位四方作出《1#-3#，〈单位

(子公司)工程质量竣工验收记录》》,四方一致表示,1#-3#楼竣工验收完毕。关于二期工程,根据本案查明事实,2014年7月24日,中国新某公司已向阜新新某公司申请验收,阜新新某公司并未对该申请予以回复。《最高人民法院关于审理建设工程施工合同纠纷案件适用法律问题的解释》第十四条第(二)项规定了承包人已经提交竣工验收报告,发包人拖延验收的,以承包人提交验收报告之日为竣工日期。双方建设工程施工合同第32.3条亦约定,发包人在收到承包人送交的竣工验收报告后28天内不组织验收的,视为竣工验收报告已被认可。因此,二期工程虽未进行竣工验收,但施工方已向建设方提出竣工验收的申请,说明已基本完成涉案工程的建设,因阜新新某公司原因未组织验收。因此,涉案工程应按前述法律规定视为竣工,并具备结算条件。

案件来源

阜新新某房地产开发有限公司、中国新某建设开发有限责任公司建设工程施工合同纠纷二审民事判决书 | 最高人民法院·(2019)最高法民终1466号

延伸阅读

案例一:抚顺市中某建筑工程有限公司、抚顺长某羊绒业科技发展有限公司建设工程施工合同纠纷再审审查与审判监督民事裁定书 | 最高人民法院·(2019)最高法民申1535号

……关于涉案工程竣工日期的认定

《最高人民法院关于审理建设工程施工合同纠纷案件适用法律问题的解释》第十四条第二项规定,当事人对建设工程实际竣工日期有争议的,承包人已经提交竣工验收报告,发包人拖延验收的,以承包人提交验收报告之日为竣工日期。中某公司于2008年7月将羊绒加工车间竣工验收报告提交给长某公司,长某公司未组织竣工验收,主张应待中某公司承包的四项工程全部完工后统一组织验收,但双方在《建设工程施工合同》中并无四项工程需统一组织竣工验收的约定。四份《建设工程施工合同》为相互独立的施工合同,中某公司在羊绒加工车间竣工后向长某公司提交竣工验收报告,要求长某公司组织竣工验收,符合法律规定。长某公司关于四项工程项目需全部竣工后统一组织验收的主张,没有合同和法律依据。羊绒加工车间工程项目的竣工时间应认定为2008年7月,合同约定的竣工日期为2007年10月30日,二审法院认定工程迟延竣工时间达3年6

个月，认定事实错误。

案例二：拉萨兴某房地产开发有限公司、陈某龙建设工程施工合同纠纷再审审查与审判监督民事裁定书｜最高人民法院·（2019）最高法民申2046号

……关于质保金的认定。《建设工程质量保证金管理办法》第二条、第八条规定，缺陷责任期一般为1年，最长不超过2年，由发、承包双方在合同中约定；缺陷责任期从工程通过竣工验收之日起计。涉案工程于2015年8月10日开工，2016年11月完工。2016年11月13日，兴某公司、精某公司及陈某龙对涉案工程进行了初步验收并提出存在的问题。陈某龙整改后，精某公司于同年11月24日向兴某公司及监理机构递交报告，要求对涉案工程进行终验，但兴某公司至今未组织终验。根据《最高人民法院关于审理建设工程施工合同纠纷案件适用法律问题的解释》第十四条第二款关于"承包人已经提交竣工验收报告，发包人拖延验收的，以承包人提交验收报告之日为竣工日期"之规定，涉案工程实际竣工日期应认定为2016年11月24日。由于双方合同仅约定了质保金预留比例，其他未明确约定，依法缺陷责任期应自2016年11月24日起计，至2018年11月24日，2年最长缺陷责任期已经届满。二审法院据此对兴某公司关于从工程余款中扣除质保金的主张不予支持，具有事实和法律依据。

017 建设工程未经竣工验收，发包人将其中的住宅部分交付买受人的，竣工日期应如何认定？

阅读提示

建设工程竣工验收合格后方可交付使用，如果未经竣工验收，发包人就将工程中的住宅交付房屋买受人，对竣工日期和付款条件是否产生影响？

裁判要旨

发包人接收未经竣工验收的工程后，将住宅交付给买受人，视为对该工程擅自处分（擅自使用），应以转移占有之日为竣工日期。

案情简介

一、2010年，中某公司和一某公司签订了《建设工程施工合同》，约定由一某公司承包包头市某区甲某坝村经济适用房住宅工程。

二、工程现状：已经交付中某公司，其中住宅部分中某公司已经交付业主使用，商业部分中某公司认可使用其中的两间。一某公司在移交工程后即退场，不再实际占有并控制房屋。中某公司抗辩其只使用了商业用房两间大概800平方米，并认为商业用房与车库处于无序管理状态。

三、一某公司向一审法院起诉，诉讼请求：中某公司支付工程欠款140645337.89元及利息等。

四、中某公司认可一某公司提供的工程结算书中所确认的一、三区工程总造价为499792113元，已经支付的工程价款合计370925212.93元。

五、内蒙古自治区高级人民法院一审判决：中某公司向一某公司支付未付工程欠款128866900.07元及利息等。

六、中某公司认为合同约定竣工验收后支付工程款至90%，但涉案工程至今仍未完成竣工验收，向最高人民法院提起上诉。2019年5月17日，最高人民法院二审未采纳中某公司的上诉理由。

法律分析

本案的焦点问题是建设工程未经竣工验收，发包人将其中的住宅部分交付买受人的，竣工日期如何认定。云亭建工律师团队认为：此种情形下，应以承包人交付工程之日为竣工日期。

《建筑法》第六十一条第二款和《民法典》第七百九十九条第二款均规定，建设工程竣工验收合格后方可交付使用，未经验收或者验收不合格的，不得交付使用。但是实践中，发包人使用未经验收工程的现象十分常见，双方对竣工日期发生争议时如何认定？《最高人民法院关于审理建设工程施工合同纠纷案件适用法律问题的解释（一）》（法释〔2020〕25号）第九条第三项作了规定：建设工程未经竣工验收，发包人擅自使用的，以转移占有建设工程之日为竣工日期。

本案中，涉案工程没有竣工验收，中某公司接收涉案工程后，已将工程的住宅部分交付给买受人，也认可自己使用了两间商业部分，其他商业部分不认可已使用。但庭审查明一某公司移交工程之后即退场，并未继续控制涉案工程，结合其他证据可以认定中某公司接收了涉案工程，并且占有使用，属于建设工程未经竣工验收、发包人擅自使用的情形，故根据上述司法解释应以转移占有该工程之日为竣工日期。

实务经验

第一，建设工程未经竣工验收，发包人擅自使用，在民事争议解决中主要会产生两个方面的法律后果：一是影响竣工日期的认定。根据建设工程司法解释，这种情形下，应认定承包人将建设工程转移给发包人之日为竣工日期，实际竣工日期的确定将影响到工程款支付条件是否成就、实际工期的计算及是否逾期竣工或提前完工、保修期的起算时间、质量保证金的退还时间、优先受偿权的起算时间等问题，以及这些问题所衍生的更多法律问题。二是影响工程质量的认定。司法实践中，发包人擅自使用未经竣工验收工程的，法院将这种情形视为已经认可承包人完全履行了合同义务，认可工程质量符合要求，认可工程已竣工。根据《最高人民法院关于审理建设工程施工合同纠纷案件适用法律问题的解释（一）》第十四条规定，发包人若再以质量不合格为由要求对工程质量进行鉴定、主张结算条件未成就等，将难以得到支持。

第二，实践中，法院会对发包人提出的其并未使用工程的抗辩进行严格审查，发包人接收工程后尽快使用应该是其追求利益最大化的表现，不使用反而可能造成更大的损失，一般只要是正常使用，都会被认定为擅自使用，如发包人将房屋交付给购房的业主，学校、幼儿园已由教育部门使用，公路工程已通车运营，等等。

第三，承包人交付工程之后再进行竣工验收的，认定竣工日期所要考查的重点是发包人在此期间有没有使用涉案工程，如果没有使用，仍然应按实际竣工验收日期确定竣工日期，而不能将实际交付工程之日认定为竣工之日。如在陕西建工某建设集团有限公司、宝鸡华某（集团）房地产发展有限公司建设工程施工合同纠纷再审案中，最高人民法院认为：虽然涉案工程是先交付后进行竣工验收，但华某公司并非擅自使用未经竣工验收的涉案工程，先移交后验收是双方协商的结果，二审法院以实际验收之日为竣工日期符合司法解释的规定。

法条链接

《中华人民共和国民法典》（2021年1月1日实施）

第七百九十九条 建设工程竣工后，发包人应当根据施工图纸及说明书、国家颁发的施工验收规范和质量检验标准及时进行验收。验收合格的，发包人应当按照约定支付价款,并接收该建设工程。

建设工程竣工经验收合格后,方可交付使用;未经验收或者验收不合格的,不得交付使用。

《最高人民法院关于审理建设工程施工合同纠纷案件适用法律问题的解释(一)》(法释〔2020〕25号 2021年1月1日实施)

第九条 当事人对建设工程实际竣工日期有争议的,人民法院应当分别按照以下情形予以认定:

(一)建设工程经竣工验收合格的,以竣工验收合格之日为竣工日期;

(二)承包人已经提交竣工验收报告,发包人拖延验收的,以承包人提交验收报告之日为竣工日期;

(三)建设工程未经竣工验收,发包人擅自使用的,以转移占有建设工程之日为竣工日期。

第十四条 建设工程未经竣工验收,发包人擅自使用后,又以使用部分质量不符合约定为由主张权利的,人民法院不予支持;但是承包人应当在建设工程的合理使用寿命内对地基基础工程和主体结构质量承担民事责任。

法院判决

最高人民法院在本案民事判决书的"本院认为"部分就中某公司应向一某公司支付的工程款及其利息金额论述如下:

第一,中某公司已经实际占有并擅自处分涉案工程。根据原审已查明事实,双方在原审庭审中已经对涉案工程竣工时间进行了确认:一区多层交付时间为2012年7月至8月;一、三区高层为2013年9月开始交付。工程现状是一、三区已经交付给中某公司,其中住宅部分,中某公司已经交付业主使用;商业部分,虽然中某公司只自认使用其中两间,但已有证据足以证明一某公司在移交工程后就退场,不再实际占有并控制涉案工程。可见,涉案工程已经由中某公司占有使用。这从其将涉案工程作为已竣工房屋交付业主使用也可印证。此外,双方还于2014年10月29日签订两份《工程结算书》,其中"工程名称"一栏分别写明为一区、三区第一阶段竣工结算。可见,双方都已确认本案争议的部分涉案工程已经竣工。现中某公司上诉主张涉案争议部分工程没有竣工,与其前述确认矛盾,不予采信。依照《最高人民法院关于审理建设工程施工合同纠纷案件适用法律问题的解释》第十四条规定:"当事人对建设工程实际竣工日期有争议的,按照以下情形分别处理：（一）建设工程经竣工验收合格的，以竣工验收合格之日为竣工日期；（二）承包人已经提交竣工验收报告，发包人拖延验收的，以承包人提交验收报告之日为竣工日期；（三）建设工程未经竣工验收，发包人擅自使用的，以转移占有建设工程之日为竣工日期。"中某公司接收未经竣工验收的涉案工程后，对该工程擅自处分，依法应以转移占有该工程之日为竣工日期。

案件来源

包头市中某置业有限责任公司、中国一某集团有限公司建设工程施工合同纠纷二审民事判决书｜最高人民法院·（2018）最高法民终1110号

延伸阅读

案例一：北海智某投资有限公司、张某智建设工程施工合同纠纷二审民事判决书｜最高人民法院·（2020）最高法民终305号

（一）一审法院认定智某公司擅自使用涉案工程是否正确

海某公司将房屋钥匙交予智某公司，已经将涉案工程置于智某公司的管控之下，智某公司出售涉案工程房屋，构成对涉案工程的使用及处分。一审法院综合智某公司接收房屋钥匙并出售房屋的事实，认定智某公司构成《建设工程司法解释》第十三条规定的发包人擅自使用建设工程的行为，该认定并无不当。

案例二：固始县国某大酒店有限公司建设工程施工合同纠纷再审审查与审判监督民事裁定书｜最高人民法院·（2020）最高法民申2575号

关于涉案工程是否应视为已经竣工并具备结算条件的问题。《建筑法》第六十一条第二款和《合同法》第二百七十九条第二款①均规定，建筑工程竣工经验收合格后，方可交付使用；未经验收或者验收不合格的，不得交付使用。《最高人民法院关于审理建设工程施工合同纠纷案件适用法律问题的解释》第十四条第三项规定："建设工程未经竣工验收，发包人擅自使用的，以转移占有建设工程之日为竣工日期。"国某公司作为涉案工程的开发商，其项目工程主要用于出售，其在明知工程未经竣工验收的情况下，将涉案工程房屋交付业主并装修入住，其行为已经构成擅自使用。同时，涉案工程除零星工程外已经基本完成，主体工程已经验收合格，双方办理了水电交接手续。综合以上情况，应视为工程已经竣工并具备结算条件。

---

① 编者按：《民法典》第799条第2款。

案例三：浙江宏某建设集团有限公司、陕西广某投资发展集团有限公司建设工程施工合同纠纷二审民事判决书｜最高人民法院·（2020）最高法民终849号

（二）关于质保期起算点与付款节点

广某公司上诉称，质保期限起算点应为工程验收合格之日，涉案工程未全部验收，故未及质保期起算点。本院认为，《最高人民法院关于审理建设工程施工合同纠纷案件适用法律问题的解释》第十四条规定："当事人对建设工程实际竣工日期有争议的，按照以下情形分别处理：（一）建设工程经竣工验收合格的，以竣工验收合格之日为竣工日期；（二）承包人已经提交竣工验收报告，发包人拖延验收的，以承包人提交验收报告之日为竣工日期；（三）建设工程未经竣工验收，发包人擅自使用的，以转移占有建设工程之日为竣工日期。"本案中，除13号楼和幼儿园外，其余工程均未验收，但已全部交付使用，最后交付日为2016年6月13日，一审法院以2016年6月13日为质保期起算点，具有法律依据。广某公司此项上诉理由不成立，本院不予支持。

广某公司还主张，承包协议对付款节点有明确约定，目前尚未达到承包协议约定的付款时间，不具备付款条件。本院认为，承包协议系无效协议，对付款节点的约定亦归于无效。根据《最高人民法院关于审理建设工程施工合同纠纷案件适用法律问题的解释》第十八条的规定，建设工程已实际交付的，交付之日视为应付款时间起算日。一审法院以2016年6月13日作为应付款起算日，处理正确。广某公司此项上诉理由缺乏法律依据，本院亦不予支持。

案例四：陕西建工某建设集团有限公司建设工程施工合同纠纷再审审查与审判监督民事裁定书｜最高人民法院·（2019）最高法民申679号

三、关于涉案工程竣工日期的认定。《最高人民法院关于审理建设工程施工合同纠纷案件适用法律问题的解释》第十四条规定："当事人对建设工程实际竣工日期有争议的，按照以下情形分别处理：（一）建设工程经竣工验收合格的，以竣工验收合格之日为竣工日期；（二）承包人已经提交竣工验收报告，发包人拖延验收的，以承包人提交验收报告之日为竣工日期；（三）建设工程未经竣工验收，发包人擅自使用的，以转移占有建设工程之日为竣工日期。"本案中，首先，虽然涉案工程是先交付后进行竣工验收，但华某公司并非擅自使用未经竣工验收的涉案工程，而是经双方协商的结果。其次，2012年7月5日，建设单位、监理单位、勘察单位、设计单位、施工单位相关人员共同参加了涉案工程5#、6#楼工程质监验收并形成《生态时代5#、6#楼工程质监验收会议纪要》，即涉案工程经过了竣工验收，故二审法院以实际验收之日2012年7月5日为竣工日期符合前述司法解释的规定。

案例五：湖南省某工程有限公司、洪某县交通运输局建设工程施工合同纠纷二审民事判决书｜最高人民法院·（2019）最高法民终491号

关于湖南某公司应支付的违约金数额问题。洪某县交通局上诉称原审判决认定的涉案工程开工时间及竣工时间均有误，因而据此计算的违约金数额不当。首先，关于工程开工时间，招标第2号补遗书载明开工时间为2014年1月15日，但《施工合同》又约定承包人应按监理人指示开工，根据双方关于合同文件效力顺序的约定，应以后者为准，即以监理人指示开工的时间为准。但洪某县交通局未提交监理人指示开工的证据，原审判决将湖南某公司自认的实际开工日2014年3月15日，在洪某县交通局无相反证据加以否定的情况下，认定为开工时间并无不当。洪某县交通局上诉主张开工时间应当早于2012年9月10日，该时间不仅与招标第2号补遗书所载内容不符，也远早于双方签订涉案《施工合同》的时间，以此作为开工时间并计算违约金，与双方当事人的真实意思不符。其次，关于涉案工程的竣工时间，本案双方当事人未正式办理工程移交手续，但已经于2015年9月22日通车，即发包人洪某县交通局已经擅自使用，根据《最高人民法院关于审理建设工程施工合同纠纷案件适用法律问题的解释》第十四条之规定："当事人对建设工程实际竣工日期有争议的，按照以下情形分别处理：……（三）建设工程未经竣工验收，发包人擅自使用的，以转移占有建设工程之日为竣工日期。"原审判决将实际通车日2015年9月22日作为工程竣工时间具有相应的法律依据。根据上述工程开工时间和竣工时间，原审判决计算工程逾期天数（219天）和认定违约金（每日2万元计算，共计438万元），并鉴于双方均有导致工期延误的行为，判令双方各半分担，并无不当。

018 承包人未按约定程序提交工期顺延申请，是否影响承包人工期索赔？是否代表工期延误的责任转移至承包人？

阅读提示

施工合同约定出现工期顺延事由后，承包人应按照约定的期限提交顺延申请。如果在施工过程中，承包人未按约定的期限申请工期顺延，是否一定由其承担工期延误的责任？诉讼中承包人再提出工期顺延是否一定不能得到法院的支持？

裁判要旨

非承包人的原因导致工期延误，承包人未按约定的期限提交工期顺延申请的，视为承包人同意工期不顺延，但不代表工期延误的责任转移至承包人。

案情简介

一、2012年4月28日，江某公司与省建某公司签订《工程总承包意向合同书》，约定江某公司将其"长河湾二期7#-12#楼及综合地下室工程"发包给省建某公司施工，合同价款暂定为12000万元，合同工期为总日历天数500天。

二、合同约定，江某公司未按合同约定提供图纸及开工条件、未按约定支付工程进度款致使施工不能正常进行等非属于省建某公司原因造成的工期延误，经监理工程师确认报请江某公司，工期相应顺延；江某公司需办理土地征用、拆迁、平整场地等工作，使施工场地具备施工条件，于开工前五日完成"三通一平"工作。

三、双方发生争议后，省建某公司起诉请求：判决江某公司支付工程欠款5000万元及利息等。

四、江某公司反诉请求：判决省建某公司赔偿逾期完工损失16187449.56元。

五、湖北省宜昌市中级人民法院一审判决：江某公司向省建某公司支付工程价款32815674.12元及利息，驳回江某公司要求省建某公司赔偿损失的反诉请求。

六、江某公司不服上诉，湖北省高级人民法院二审判决：驳回上诉，维持原判。

七、江某公司认为原判认定省建某公司延误工期517天，但却在缺乏证据证明的情形下，将延误工期的责任全部归咎于江某公司不当，故向最高人民法院申请再审，2019年12月13日，最高人民法院裁定：驳回再审申请。

法律分析

本案的争议焦点是承包人未按约定程序提交工期顺延申请，是否代表工期延误的责任转移至承包人。

本案中，能够查明发生工期延误的主要原因是发包人拖欠进度款、开工前未完成场地平整、大量设计变更等，这些原因都不是承包人的原因，符合合同约定工期顺延的情形，承包人本应按约定及时向监理人申请工期顺延，而承包人没有申请。根据《最高人民法院关于审理建设工程施工合同纠纷案件适用法律问题的解释（一）》第十条第二款规定，这种情况视为承包人同意工期不顺延，但是并不代表工期延误的责任因此由发包人转移至承包人。因此，发包人主张承包人未申请工期顺延视为施工进度不受影响，进而要求承包人赔偿工期延误损失的诉讼请求不能得到支持。

实务经验

一、《最高人民法院关于审理建设工程施工合同纠纷案件适用法律问题的解释（一）》第十条第二款但书部分规定了两种情况下，即使承包人未在约定的期限内提出工期顺延的申请，仍可认定工期顺延。

一种情况是：发生工期顺延事由之后，承发包双方对工期问题通过协议或事实行为进行了妥善解决，发包人同意了工期顺延，承包人无须再按施工合同约定的期限提出顺延申请。例如，在天津滨某名苑投资有限公司与大某建筑安装集团有限责任公司建设工程施工合同纠纷一案中，最高人民法院认为：滨某名苑公司根据大某建筑公司的施工计划提出新的工期要求，应视为滨某名苑公司认可相应工程工期发生变化，双方已经就工期顺延问题达成一致意见，在上述情况下，大某建筑公司无须另行提出工期顺延的申请。

另一种情况是：承包人虽未在约定期限内提出工期顺延申请，但能够提出合理抗辩。首先，承包人要对其为什么未按约定索赔程序在约定期限内提出工期顺延申请作出合理的解释，如果不对承包人进行这样的要求，那么合同约定索赔程序就没有意义了；承包人作出合理解释的情况下，还要考察承包人主张的工期顺延事由是否成立。对此问题，法院更注重实体上的审查。

二、通过研究最高人民法院审理的有关工期的案例，云亭建工律师团队发现，很多案件中，法院采用比例法解决工期争议，即先根据双方提供的证据认定工期延误的责任归属，再按比例进行分摊。

三、云亭建工律师团队建议：承包人在发生工期顺延事由后，严格按照合同约定的索赔程序提出申请,并且保存好每一步的证据。如果确实没有申请过或者没有保存申请过的证据,只能在诉讼阶段尽可能地提出合理抗辩,虽然这样难度更大,但也存在获得支持的可能。

法条链接

《中华人民共和国民法典》(2021年1月1日实施)

第八百零三条 发包人未按照约定的时间和要求提供原材料、设备、场地、资金、技术资料的,承包人可以顺延工程日期,并有权请求赔偿停工、窝工等损失。

第八百零四条 因发包人的原因致使工程中途停建、缓建的,发包人应当采取措施弥补或者减少损失,赔偿承包人因此造成的停工、窝工、倒运、机械设备调迁、材料和构件积压等损失和实际费用。

《最高人民法院关于审理建设工程施工合同纠纷案件适用法律问题的解释(一)》(法释〔2020〕25号 2021年1月1日实施)

第十条 当事人约定顺延工期应当经发包人或者监理人签证等方式确认,承包人虽未取得工期顺延的确认,但能够证明在合同约定的期限内向发包人或者监理人申请过工期顺延且顺延事由符合合同约定,承包人以此为由主张工期顺延的,人民法院应予支持。

当事人约定承包人未在约定期限内提出工期顺延申请视为工期不顺延的,按照约定处理,但发包人在约定期限后同意工期顺延或者承包人提出合理抗辩的除外。

法院判决

关于工期顺延及工期延误损失问题。根据江某公司一审中所举证据显示,其所主张的工期延误损失主要分为两部分,一是因江某公司与某银行股份有限公司宜昌夷陵支行之间的《固定资产贷款合同》展期而多支付的银行利息,二是因不能如约交房、办证,江某公司所承担的逾期交房违约金,逾期办证违约金。对江某公司所主张的这两部分损失,根据一、二审查明事实,因涉案工程所涉各栋楼在《固定资产贷款合同》到期前均已办理了预售许可证,仅工期延误并不必然影响商品房预售,且涉案工程实际竣工日期是2015年9月,早于约定的交房日期2015年12月30日。结合工期延误还存在江某公司未按照约定支付工程进度款、未完成场地平整、施工过程中存在设计变更等多种原因,一、二审法院未支持江某公司所主张的工期延误损失并不缺乏证据支持。同时,根据涉案 4.28 合同"专用条款"第 15.1 条"以下非承包人原因造成工期延误,经监理工程师确认报请发包人,工期相应顺延"的约定,出现延误工期情形,应经监理工程师确认并报请发包人。但根据该条约定,并不能得出如未履行上述程序便可视为该事件不影响施工进度的结论,江某公司主张因省建某公司未履行报请程序故应视为不影响施工进度与合同约定不符,本院不予支持。

案件来源

宜昌江某置业有限公司建设工程施工合同纠纷再审审查与审判监督民事裁定书丨最高人民法院·(2019)最高法民申 5645 号

延伸阅读

案例一:贵州庆某实业有限公司建设工程施工合同纠纷再审审查与审判监督民事裁定书丨最高人民法院·(2020)最高法民申 4769 号

本院经审查认为:关于涉案工程工期逾期责任承担的问题。首先,庆某公司认为奇某公司未按约定提出延期书面报告,且原审法院未查明工期顺延具体天数,原审关于工程逾期责任承担错误。本院认为,承包人是否提出书面延期报告不能成为工期逾期责任认定的充分依据,还应结合工程联系单等反映工程施工情况的证据材料综合认定。原审已查明,涉案工程发生了工期顺延,如部分空调、消防、弱电及土建的施工未完工、停电、缺部分施工图、部分设计不符要求需更改设计方案等,涉案工程工期顺延具有合理理由。是否查明工期顺延的具体天数,不影响逾期责任的认定。其次,庆某公司认为合同中专用条款第 8.3 条的"我方"是指庆某公司而非奇某公司。经审查,专用条款 8.3 条约定:"因本工程工期极度紧张,空调、消防及弱电施工单位需要积极配合我方施工安排。风口、消防、弱电末端的安装由各相关单位自行完成。如因上述各项内容影响工程质量和工期,我方不承担相关责任。"本院认为,第一,根据专用条款 8.1(9)"双方约定发包人应做的其他工作:协助承包人及其他施工各方协调工作及交叉配合……",专用条款 8.3 条中的"空调、消防及弱电"属于发包人庆某公司应协调的工作。第二,通用条款 8.3 条约定:"发包人未能履行 8.1 各项义务,导致工期延误或给承包人造成损失的,发包人赔偿承包人有关损失,顺延延误的工期",因此空调、消防及弱电等工程导致工期延误,由发包人庆某公司承担责任,并顺延工期。庆某公司关于专用条款8.3条中的"我方"解释为"庆某公司"的主张与前述约定矛盾。

案例二:天津滨某名苑投资有限公司、大某建筑安装集团有限责任公司建设工程施工合同纠纷二审民事判决书|最高人民法院·(2019)最高法民终126号

本院经审查认为:关于大某建筑公司应否向滨某名苑公司支付工程迟延违约金的问题。滨某名苑公司上诉主张,大某建筑公司在图纸变更后没有按照合同约定向滨某名苑公司提出相应工期顺延要求,故一审认定大某建筑公司不存在工程延误错误。上述主张不能成立。涉案《施工合同》系双方当事人真实意思表示,且不违反法律、行政法规的强制性规定,原审认定涉案《施工合同》合法有效,并无不当。从合同约定来看,涉案《施工合同》第4.1条、第8.1.7条以及第13.1条约定,发包人开工前提供图纸3套;开工后7天内,由发包人组织设计、勘查、监理、施工等单位进行图纸会审及设计交接;如果由于发包人原因或经发包人书面认可的其他特殊原因造成的工期拖延,其工期相应顺延,费用不增加。上述约定表明,发包人滨某名苑公司依约负有及时交付经审查合格、内容完整、数量齐备的施工图纸之义务,如因发包人滨某名苑公司未能及时交付图纸等或滨某名苑公司书面确认的其他原因导致大某建筑公司未能在约定工期完工的,工期相应顺延,承包人大某建筑公司对工期顺延不应承担违约责任。合同实际履行情况为,2011年5月9日,大某建筑公司进场施工,直至2011年7月12日和9月5日,涉案工程的土建、水暖电部分的变更施工图才出图,而根据2011年6月30日至2012年3月22日间多份监理会议纪要的记载,大某建筑公司再三催促滨某名苑公司尽快提供正式图纸。在涉案工程的施工许可证下发后,施工过程中出现16次图纸设计变更和73项签证商洽变更,装修过程中还存在滨某名苑公司要求变更装修方案的情况。一般来说,因工程设计变更或装修方案调整必然导致工期延长,且不能归咎于大某建筑公司。在2011年8月25日的会议中,滨某名苑公司要求大某建筑公司尽快上报最新工期计划,其后,滨某名苑公司根据大某建筑公司的施工计划提出新的工期要求,应视为滨某名苑公司认可相应工程工期发生变化,双方已经就工期顺延问题达成一致意见。在上述情况之下,大某建筑公司无须另行提出工期顺延的申请。综上,现有证据不能证明系大某建筑公司的原因造成了涉案工程工期拖延,且在滨某名苑公司认可工期可以顺延的情况下,滨某名苑公司关于涉案工程工期延误是由于大某建筑公司存在非法转包、违法分包等总包组织不力及管理混乱的原因导致的上诉理由，缺乏事实依据。一审判决以实际履行及洽商变更等情况认定工期延误的原因并进行处理，并无不当。滨某名苑公司关于大某建筑公司支付工程迟延违约金的上诉请求，不能成立。

019 承包人未曾提出工期顺延申请，但设计确有变更的，应如何计算顺延天数？

阅读提示

建设工程施工过程中出现工期顺延事由时，如果承包人按照约定程序进行工期索赔，可以获得准确的顺延天数，即使不能就顺延天数达成一致发生争议，也因有明确的索赔资料和索赔证据，对法院认定是否顺延、应顺延的天数能起到重要作用。但是，如果承包人没有按照索赔程序提出工期索赔，诉讼中也无法提交充足证据，法院会如何认定是否顺延及顺延天数？

裁判要旨

承包人未提出过顺延申请，但设计确有变更并足以影响工期且具体影响天数难以查明的，可采取价款比例法计算顺延天数。

案情简介

一、2012年，自某公司与铜某公司签订《建设工程施工合同》，约定自某公司将该公司二期工程发包给铜某公司，工程内容为Ⅱ标的炼铜车间、电解锌、铜等项目，工期总日历天数300天，合同总工期不因合同外变更洽商的工程量变化而调整，合同价款估算3500万元。

二、施工过程中，自某公司就涉案工程向铜某公司提供了多家设计单位出具的施工图纸，存在施工图纸设计变更的情形，也发生过停电情形。

三、2014年3月涉案工程完工，双方开始进行工程结算，发生争议。

四、铜某公司向一审法院起诉，请求：判令自某公司支付工程款14499977.8元及逾期付款的利息损失等。

五、自某公司提起反诉，请求：判令铜某公司向自某公司支付逾期竣工违约金200万元等。

六、江西省抚州市中级人民法院一审判决：自某公司支付铜某公司工程款11216915.9元；驳回自某公司的要求铜某公司支付逾期竣工违约金的反诉请求。

七、双方均不服，提起上诉，2019年8月15日，湖北省高级人民法院二审判决：自某公司支付铜某公司工程款10770985.92元；铜某公司支付自某公司逾期竣工违约金112万元。

八、双方均申请再审，铜某公司的再审申请理由之一是认为本案工期延期具有合理性，二审判决认定铜某公司应承担迟延完工的违约责任错误。2020年4月7日，最高人民法院裁定：驳回双方的再审申请。

法律分析

本案的焦点问题是承包人未曾提出工期顺延申请，但设计确有变更，应如何计算顺延天数。云亭建工律师团队认为：此种情形下可采用价款比例法计算。

建设工程施工合同纠纷案中，发包人只要证明实际的工期长于合同约定的工期就可以主张工期延误。发包人为了方便诉讼，仅需证明或者说明实际竣工日期晚于合同约定竣工日期就可以主张工期延误，并要求承包人承担逾期竣工违约责任。此时举证责任转至承包人，承包人需要证明系发包人的原因导致实际开工日期晚于合同约定的开工日期、施工期内发生了法定或约定的事由等，以证明工期没有延误或工期延误不是自己的原因导致，否则就要承担逾期竣工的违约责任。因建设工程的复杂性，施工期间设计变更经常发生，而设计变更也是导致工期顺延的合理事由。因设计变更导致工期延长的，若承包人不能提供详细的证明材料，法院也难以查明应当顺延的天数。此时，可以采用价款比例法计算应顺延的天数。

本案中，铜某公司实际竣工日期比合同约定的竣工日期晚200多天，铜某公司应当证明存在工期顺延的法定或约定事由方可免责。涉案工程存在施工图纸设计变更等情形的确可能导致工期顺延，但是铜某公司未提交有关工期顺延的申请报告、签证等文件材料，对于设计变更实际影响多少天工期难以查明，其应当承担不利后果。但是，从平衡双方当事人利益考虑，法院采取价款比例的计算方法，即实际工程总价与合同约定总价之比，乘以约定工期天数，计算出设计变更后的合理工期，进而计算出应顺延的工期天数。

一审法院认为自某公司不能证明工期延误与铜某公司有关，且不能证明铜某公司存在过错，所以认定承包人不承担逾期竣工的违约责任。二审法院对举证责任分配进行了调整，虽然应当由承包人承担不利后果，但是从平衡双方利益的角度对顺延的天数作了计算，且得到了最高人民法院的支持。

实务经验

第一，《最高人民法院关于审理建设工程施工合同纠纷案件适用法律问题的解释（一）》第十条规定了承发包双方在施工合同中约定了工期索赔程序的情形。对于施工合同没有约定工期索赔程序的，承包人是否申请过顺延不影响按实际情况对工期顺延进行认定。但是，如果没有详细的文件材料，要查明工期顺延具体天数有很大难度。对承包人来讲，无论施工合同是否约定工期索赔程序，承包人都要在发生顺延事由后，及时向监理人或发包人反映、沟通、申请，并且保存好相关材料。

第二，因设计变更导致的工期顺延，除本案采用的价款比例法计算，还可以采用工程量比例法计算：以实际的工程量、约定的工程量和约定工期按比例计算出实际的工期（应该的工期），以确定工期顺延的天数。

第三，实践中，对于难以确定工期顺延具体天数的情形，法院也可能不计算工期顺延的具体天数，而是对工期延误的责任进行分配，酌定承发包双方各自承担的比例。建议双方保存好对方存在过错的证据。

第四，对承包人来讲，没有按工期索赔程序操作可能会承担不利后果，即使法院从平衡利益出发采用了上述计算方法，或者进行了酌定责任，都有可能与实际的情形不符，而且如果工期顺延的原因不是设计变更的话，也难以使用上述方法计算。因此，云亭建工律师团队建议承包人在施工过程中严格按照合同约定的程序提出工期索赔。

法条链接

《中华人民共和国民法典》（2021年1月1日实施）

第八百零三条 发包人未按照约定的时间和要求提供原材料、设备、场地、资金、技术资料的，承包人可以顺延工程日期，并有权请求赔偿停工、窝工等损失。

第八百零四条 因发包人的原因致使工程中途停建、缓建的，发包人应当采取措施弥补或者减少损失，赔偿承包人因此造成的停工、窝工、倒运、机械设备调迁、材料和构件积压等损失和实际费用。

《最高人民法院关于审理建设工程施工合同纠纷案件适用法律问题的解释（一）》（法释〔2020〕25号　2021年1月1日实施）

第十条　当事人约定顺延工期应当经发包人或者监理人签证等方式确认，承包人虽未取得工期顺延的确认，但能够证明在合同约定的期限内向发包人或者监理人申请过工期顺延且顺延事由符合合同约定，承包人以此为由主张工期顺延的，人民法院应予支持。

当事人约定承包人未在约定期限内提出工期顺延申请视为工期不顺延的，按照约定处理，但发包人在约定期限后同意工期顺延或者承包人提出合理抗辩的除外。

法院判决

最高人民法院在本案民事裁定书的"本院认为"部分就顺延天数的计算论述如下：

一、关于铜某公司应否承担迟延完工的违约责任。对于涉案工程实际竣工日期晚于约定竣工日期即工程存在逾期，双方并无异议。铜某公司主张工程逾期存在合理抗辩事由，对此应承担相应的举证责任。铜某公司以自某公司未取得建设规划许可证、提交工程设计图纸迟延及存在停水停电等为由，主张工期应顺延。根据《最高人民法院关于审理建设工程施工合同纠纷案件适用法律问题的解释（二）》第六条规定，当事人约定顺延工期，应当经发包人或监理人确认，或证明其在合同约定的期限内提出工期顺延的申请且该顺延事由符合合同约定。本案铜某公司未能提供证据证明发包人或监理人已确认工期顺延或其在顺延事由发生后按约提出申请，应承担举证不能的不利后果。二审判决基于本案工程施工图纸确有变更，但该变更对工期影响天数难以确定等情形，从平衡双方当事人利益考虑，以合同约定的工程总价与实际完成经鉴定机构鉴定总价差额和合同约定工程总价的比值作为系数，再以该系数乘以合同总工期，计算工期顺延天数为88天，相对公平合理，不违反法律规定。

案件来源

铜陵有色金属集团铜某建筑安装股份有限公司、江西自某环保科技有限公司

建设工程施工合同纠纷再审审查与审判监督民事裁定书｜最高人民法院·（2020）最高法民申 210 号

延伸阅读

案例一：福建青某建筑工程有限公司、福建青某建筑工程有限公司平顶山市分公司建设工程施工合同纠纷二审民事判决书｜最高人民法院·（2018）最高法民终 858 号

二、关于常某置业公司应否承担工期延误责任，如承担责任，向青某公司及青某平顶山分公司赔偿的金额应如何认定的问题。（一）根据一审查明的事实，常某置业公司发出开工令的日期就比合同约定的开工日期迟延了近 100 天。各楼竣工日期迟延了 100~200 天。在 2011 年 3 月初，青某平顶山分公司就施工中的问题向常某置业公司发函反映，但常某置业公司未能提交证据证明问题解决的时间，在施工过程中，青某平顶山分公司就常某置业公司指定材料、品牌、型号、施工工艺、分包工程配合等问题向常某置业公司发函，但常某置业公司未及时答复，拖延的时间从几十天到 167 天不等。2011 年 3 月至 2013 年 10 月，青某公司多次发函要求常某置业公司支付拖欠的工程进度款。故原判决认定常某置业公司对施工过程中的问题不及时解决是造成工期延误的主要原因有事实依据。（二）常某置业公司辩称工期延误是因为青某公司及青某平顶山分公司单方原因造成。其提交监理工程师通知单及回复单拟证明工期延误是由青某公司所导致。经对上述证据内容审查，监理工程师通知单主要涉及工程质量，工程安全及施工现场安全文明施工的问题。虽问题应予解决，但上述问题对工期的影响是次要的。综上，本院认为一审判决认定常某置业公司对施工过程中的相关问题不及时解决，是造成工期延误的主要原因正确。对于青某公司及青某平顶山分公司主张的损失，一审法院要求其提供相应证据予以证明。但在二审期间，青某公司及青某平顶山分公司依旧没有完成相关举证责任，其所称提交的三份索赔资料仅是其单方制作的文件，其中只有 2012 年 4 月 10 日的《报告》有明确的索赔意思表示，其他两份并无索赔的意思表示，不能作为索赔文件。该报告索赔金额为 354280 元，但只是其单方陈述有损失，并无进一步的证据证明损失的存在。故对其要求酌情认定损失数额的请求不予支持。

案例二：亿某集团（云南）地产有限公司、个某市城市建筑工程有限公司建设工程合同纠纷二审民事判决书 | 云南省高级人民法院·（2020）云民终 697 号

首先，就亿某公司要求个某城建公司支付逾期竣工违约金 235 万元，亿某公司认为，涉案工程自 2011 年 3 月 23 日开工，至 2018 年 8 月 28 日竣工验收，较合同约定的工期 365 天，逾期时间高达 2350 天（2715 天-365 天），个某城建公司应按合同约定承担每天 1000 元的违约金，共计 235 万元。个某城建公司认为，《建设工程施工合同》通用条款第 26.4 条约定，亿某公司未按合同约定支付工程进度款，导致个某城建公司无法施工，可以停工，并由亿某公司承担违约责任。本院认为，《建设工程施工合同》专用条款第 25.1 条、第 26.1 条约定，个某城建公司应按月向亿某公司及监理报送当月完成工程量报表，亿某公司审核后支付 75% 的工程进度款。个某城建公司虽然提交了其单方制作的工程报表，其中两份由监理确认，但未提交其向亿某公司报送的证据，即个某城建公司没有证据证明其已按合同约定向亿某公司请求支付工程进度款，故个某城建公司以亿某公司未按约定支付工程进度款为由抗辩其不应承担逾期竣工违约责任不能成立。但根据《最高人民法院关于审理建设工程施工合同纠纷案件适用法律问题的解释（二）》第六条第二款规定："当事人约定承包人未在约定期限内提出工期顺延申请视为工期不顺延，按照约定处理，但发包人在约定期限后同意工期顺延或者承包人提出合理抗辩的除外。"在承包人没有证据证明顺延工期已经发包人同意的情况下，承包人抗辩工期延误的理由是否合理属于人民法院的审查范围。就本案而言，涉案工程 2011 年 3 月 23 日开工，2018 年 8 月 28 日竣工验收，已远超合同约定的工期 365 天，虽然合同工期系对承包人按期施工的约束，但结合个某城建公司抗辩亿某公司未按时支付工程款以及个某城建公司与跃某村委会签订于 2016 年 9 月 8 日的《借款补充协议书》中业主跃某村对因项目方资金问题导致工程未能如期完成的确认，本院认为工期延误并非个某城建公司或亿某公司的单方原因所致，双方均有责任，亿某公司主张逾期竣工的违约责任全部由个某城建公司承担不符合本案客观情况。本院综合考虑双方过错程度、工期情况，根据公平原则，酌定个某城建公司应承担逾期竣工违约金 100 万元。

案例三：江苏新某兴建设集团有限公司、腾冲县金某房地产开发有限公司建设工程施工合同纠纷二审民事判决书 | 最高人民法院·（2018）最高法民终 24 号

（二）关于新某兴公司应否以及如何承担工期延误违约金的问题。对涉案工程工期存在延误，当事人并无异议，争议的焦点是工期延误的原因。《最高人民法院关于适用〈中华人民共和国民事诉讼法〉的解释》第九十条规定，当事人对自己提出的诉讼请求所依据的事实或者反驳对方诉讼请求所依据的事实，应当提供证据加以证明，但法律另有规定的除外。在作出判决前，当事人未能提供证据或者证据不足以证明其事实主张的，由负有举证证明责任的当事人承担不利的后果。本案中，针对金某公司的反诉请求，新某兴公司抗辩称涉案工程工期延误系因金某公司原因所致，对于该反驳对方诉讼请求所依据的事实，新某兴公司应当提供证据加以证明。新某兴公司一审虽提交了包括《工程签证单》《工程联系单》在内的多份证据，证明因金某公司原因导致工期延误，但新某兴公司并不否认其提交的证据不能完全一一覆盖实际的工期延误天数，二审中新某兴公司亦未提交补充证据证明所有的工期延误均系金某公司原因所致，新某兴公司应承担相应的不利后果。一审判决以存在金某公司原因造成工期延误的客观事实为由，将工期延误全部认定为金某公司的责任，存有不当，本院予以纠正。关于工期延误违约金数额，从已经查明的事实看，导致涉案工程工期延误的原因是多方面，且无法精确计算不同原因导致的具体延误天数，根据公平原则和诚实信用原则，兼顾合同履行情况及当事人过错，本院酌定新某兴公司支付金某公司工期延误违约金 750000 元。

020 承包人逾期竣工的，是否应赔偿发包人向购房人支付的逾期交房违约金？

阅读提示

根据《城市房地产管理法》，房地产开发到一定程度时，开发商可以办理预售许可，预售商品房。而此时，房屋工程尚在建设中。如果逾期完工，很可能导致开发商不能如期向购房人交房，需要向购房人支付逾期交房违约金。如果工期延误是承包人造成的，这部分损失是否应由承包人承担？

裁判要旨

因承包人原因导致工程逾期竣工的，发包人根据商品房预售协议向买房人支付的逾期交房违约金为发包人的损失，承包人应当按合同约定承担违约责任，若施工合同为无效合同，承包人也应赔偿该损失。

案情简介

一、2011 年 11 月 13 日，顺某公司和瑞某公司签订《施工协议》，协议约定：瑞某公司承包顺某公司肇庆市骏某湾豪庭一期工程，总建筑面积为 11.67143 万平方米，预算总金额 1.80907165 亿元。

二、2014 年 1 月 20 日，顺某公司作为甲方，瑞某公司及李某忠作为乙方，签订《补充协议书》约定：如属乙方问题影响竣工交楼，瑞某公司及李某忠要支付 3000 万元给顺某公司作为损失。

三、顺某公司因迟延交房而被部分购房者起诉，最终顺某公司通过诉讼或自行和解的方式，向 541 户购房者支付了赔偿金共计 25534841.76 元。

四、顺某公司向一审法院起诉请求：判令瑞某公司、李某忠向顺某公司支付违约金 3000 万元、赔偿经济损失 3326.091995 万元等。

五、广东省肇庆市中级人民法院一审法院判决：瑞某公司、李某忠连带向顺某公司支付违约金 3000 万元。

六、李某忠、瑞某公司不服，向广东省高级人民法院提起上诉，二审法院判决：瑞某公司、李某忠连带向顺某公司赔偿经济损失 3000 万元。

七、李某忠认为二审法院认定《施工协议》及《补充协议书》无效后，未考虑造成损失的原因及双方在履行合同过程中的过错，直接参照《施工协议》及《补充协议书》的约定，判令瑞某公司、李某忠赔偿顺某公司经济损失 3000 万元，违反了《合同法》第五十八条[①]的规定，故向最高人民法院申请再审。最高人民法院再审判决：瑞某公司、李某忠连带赔偿顺某公司 25534841.76 元。

法律分析

本案的焦点问题是承包人逾期竣工的，是否应赔偿发包人逾期向购房人交房而承担的违约金损失。云亭建工律师团队认为：此种情形下，应赔偿违约金损失。

《民法典》第五百八十五条第一款规定："当事人可以约定一方违约时应当根据违约情况向对方支付一定数额的违约金，也可以约定因违约产生的损失赔偿额的计算方法。"建设工程施工合同一般会约定逾期竣工时承包人如何承担违约

---

① 编者按：《民法典》第 157 条。

金责任，如每逾期一日支付违约金 10000 元或者按合同总价的日万分之三计算等。因承包人原因导致工程逾期竣工，进而导致发包人逾期向购房人交房而产生了损失，承包人应当按施工合同约定承担违约责任。若施工合同约定的违约金不足以弥补发包人的实际损失，应按实际损失赔偿；若施工合同被认定为无效，虽然施工合同中违约金条款没有约束力，但是基于诚实信用原则，承包人仍应赔偿发包人这一损失。

本案中，在施工过程中，双方根据涉案工程进展情况约定了如承包人瑞某公司、李某忠逾期交楼，则支付发包人顺某公司 3000 万元的损失，这实际是关于逾期违约金的约定。发包人据此既要求承包人瑞某公司、李某忠支付 3000 万元违约金，同时又主张赔偿 3326.091995 万元的经济损失。因涉案施工合同无效，3000 万元违约金的约定也属无效，承包人不应承担违约金。发包人因工程逾期竣工导致其向购房人逾期交房，共向 541 户购房者支付了 25534841.76 元赔偿金，这一损失是承包人逾期竣工造成的，应由承包人赔偿。

一审判决认为违约金条款属于解决双方争议的条款，合法有效，属于适用法律错误。二审判决认为经济损失可参照违约金条款的约定，亦系适用法律错误。再审判决认为根据现有证据可以认定顺某公司因迟延交房而向购房者承担了 25534841.76 元的赔偿责任，所以损失金额确定为 25534841.76 元。

实务经验

第一，根据《民法典》第五百八十五条之规定，在施工合同履行中，如果承包人未按约定的期限完工应承担违约责任。施工合同可以约定违约金，若没有约定或者约定的违约金过低，发包人可以要求按实际损失赔偿。若发包人主张的损失，系发包人向购房人支付的逾期交房赔偿金，则应提供充分的证据证明，比如发包人与购房人经过司法程序确定的赔偿金数额。

第二，若施工合同被确认无效，关于工期的约定也无效，但是基于公平和诚实信用原则，承包人仍应赔偿给发包人造成的损失。

第三，建议发包人重视逾期违约责任条款。建设工程中，一旦承包人原因导致逾期竣工，必然给发包人造成损失。但是，发包人要想获得赔偿，必须举证证明损失的具体事项、具体金额等，司法实践中是很困难的。常常因为发包人举证不力而得不到法院的支持，导致利益失衡。故云亭建工律师团队提醒发包人，尽量在施工合同中约定承包人逾期竣工违约金数额或违约金计算的方法。当然，如果合同无效，该约定无法律约束力。

法条链接

《中华人民共和国民法典》（2021年1月1日实施）

第五百八十四条 当事人一方不履行合同义务或者履行合同义务不符合约定，造成对方损失的，损失赔偿额应当相当于因违约所造成的损失，包括合同履行后可以获得的利益；但是，不得超过违约一方订立合同时预见到或者应当预见到的因违约可能造成的损失。

第五百八十五条 当事人可以约定一方违约时应当根据违约情况向对方支付一定数额的违约金，也可以约定因违约产生的损失赔偿额的计算方法。

约定的违约金低于造成的损失的，人民法院或者仲裁机构可以根据当事人的请求予以增加；约定的违约金过分高于造成的损失的，人民法院或者仲裁机构可以根据当事人的请求予以适当减少。

当事人就迟延履行约定违约金的，违约方支付违约金后，还应当履行债务。

《最高人民法院关于审理建设工程施工合同纠纷案件适用法律问题的解释（一）》（法释〔2020〕25号 2021年1月1日实施）

第六条 建设工程施工合同无效，一方当事人请求对方赔偿损失的，应当就对方过错、损失大小、过错与损失之间的因果关系承担举证责任。

损失大小无法确定，一方当事人请求参照合同约定的质量标准、建设工期、工程价款支付时间等内容确定损失大小的，人民法院可以结合双方过错程度、过错与损失之间的因果关系等因素作出裁判。

第二十四条 当事人就同一建设工程订立的数份建设工程施工合同均无效，但建设工程质量合格，一方当事人请求参照实际履行的合同关于工程价款的约定折价补偿承包人的，人民法院应予支持。

实际履行的合同难以确定，当事人请求参照最后签订的合同关于工程价款的约定折价补偿承包人的，人民法院应予支持。

法院判决

最高人民法院在本案民事判决书的"本院认为"部分就顺某公司遭受的经济损失金额如何确定的问题论述如下：

违约金条款并非合同中独立存在的有关解决争议方法的条款，涉案合同因无效自始不具有法律约束力，则违约金条款亦应认定无效。一审判决认定涉案违约金条款仍然有效，属于适用法律错误，二审法院予以纠正，并无不当。但是，根据《最高人民法院关于审理建设工程施工合同纠纷案件适用法律问题的解释》的规定，在建设工程施工合同被认定无效的情况下，当事人有权请求参照合同约定支付的是工程价款，并不包括违约金。二审法院未查明顺某公司具体损失情况，简单参照涉案合同关于3000万元违约金的约定判决瑞某公司、李某忠连带赔偿顺某公司经济损失3000万元，亦系适用法律错误，本院予以纠正。本案中根据现有证据可以认定顺某公司因迟延交房而向购房者承担了25534841.76元的赔偿责任，因此，顺某公司因涉案工程逾期完工的损失金额确定为25534841.76元。瑞某公司、李某忠应就顺某公司该损失承担连带赔偿责任。

案件来源

李某忠、瑞某建设集团有限公司建设工程施工合同纠纷再审民事判决书｜最高人民法院·（2019）最高法民再231号

延伸阅读

案例一：临某县万某置业有限公司、中某投集团第六工程局有限公司（原某城建第六工程局有限公司）建设工程施工合同纠纷二审民事判决书｜最高人民法院·（2018）最高法民终74号

三、关于万某公司的损失范围和数额如何认定及中某投六局应否予以赔偿的问题。首先，对于万某公司的损失范围和数额问题，本院评析如下：1. 对于原审判决认定的因工程延期交付，万某公司向临某县财政国库支付中心支付的2187132元安置费，双方均未对此提出上诉，本院予以确认。2. 对于万某公司已售房屋的逾期交房违约金损失，因万某公司已售房屋逾期交房是客观事实，且2013年6月6日之后因房屋未能按期交付，引发部分买房人陆续到政府上访或到法院起诉，要求万某公司支付逾期交房违约金，原审法院根据万某公司提供的《商品房买卖合同》、违约金收条、转款凭证、法院判决书、调解书、调解协议等证据，对万某公司向购房户支付的逾期交房违约金28087656.2元予以认定。中某投六局上诉称上述违约金没有全部实际发生，但未提交可以推翻上述认定的相反证据，故本院不予采信。3. 关于万某公司主张的未售房屋租金损失，系可

得利益损失，因万某公司不能证明上述未售房屋具备可出租条件，且上述房屋均为万某公司新建的拟销售房屋，按常理开发商对新建的商品房在待售期间并不进行出租，故万某公司主张的未售房屋租金损失缺乏合理性，原审法院未予支持并无不当。4. 关于地下室因漏水降水造成的损失，万某公司主张降水损失10850180元的依据是其单方委托安徽金某工程造价咨询有限公司作的预算审核报告，效力不足且中某投六局不予认可，原审判决未予采信正确，但地下室存在漏水问题属实，其间万某公司自行安排施工人员实施降水必然产生一定的支出费用，本院考量万某公司降水期间，及地下室漏水问题存在于工程尚未交付使用阶段且后经中某投六局修复并验收合格等因素，对万某公司主张的降水损失酌定支持100万元。5. 对于原审判决认定万某公司支付的地下室修复工程设计费479772（400000+79772）元，原审判决在查明事实部分查明万某公司支付设计费用数额为40万元，对于79772元二次设计费，经审查万某公司并未提交实际支付凭证，依法不应认定。中某投六局关于该问题的上诉理由成立。6. 对于万某公司主张的管理人员工资2934750元，万某公司不能有效证明其发放的工资和工程延期之间具有完全对应性，即不能有效证明上述工资都是因为工程延期而额外增加的费用，但工程施工延期确会增加万某公司管理人员工资方面的支出，考量施工延期时间等因素，本院对万某公司主张的上述人员工资损失酌定支持50万元。7. 对万某公司主张的不合格材料罚款，因未提供证据证明中某投六局使用的不合格材料的价款，一审法院不予支持并无不当。8. 对万某公司在另案中受到的安徽省阜阳市中级人民法院罚金10万元，属另案处理范围，本案不予审查。9. 对于万某公司主张的工期滞后违约金，因本案中工期延误是双方原因造成的，并非单方违约所致，且万某公司已主张赔偿因工程延误给其造成的实际损失，故原审法院对万某公司主张的工期滞后违约金不予支持并无不妥。综上，可以有效认定万某公司各项损失合计32174788.2元。其次，关于中某投六局对万某公司的上述损失具体赔偿问题，本案上述损失均因工期延误、质量问题加固及修复造成，与万某公司、中某投六局双方的违约行为均有关系，但如前所述，中某投六局在万某公司并不拖欠其工程进度款的情况下拒不履行约定复工的主要合同义务，及其施工的地下室因存在严重质量缺陷而影响整体工程施工进度，中某投六局对工期延误的责任无疑更大，原审法院判令双方对上述损失各半负担欠妥，根据本案的具体情况，本院酌定中某投六局对万某公司上述损失承担三分之二的赔偿责任，即21449858.8元。

案例二：浙江省东阳某建筑工程有限公司、青海泰某房地产开发有限公司建设工程施工合同纠纷二审民事判决书｜最高人民法院·（2019）最高法民终1622号

（二）关于青海泰某公司主张逾期交付工程的损失能否成立及数额的问题

青海泰某公司主张因东阳某建公司逾期交工导致其逾期交付房屋从而向购房人支付违约金31026536元，应由东阳某建公司承担赔偿责任。首先，从青海泰某公司一审提交的支付购房人违约金的证据来看，其中2406386.01元系通过诉讼方式确定违约金金额，其余违约金系通过协商方式确定金额。而从青海泰某公司提交的生效判决内容来看，青海泰某公司提出逾期交房的抗辩理由主要为政府部门规划调整，其通过自行和解方式向购房人支付违约金的书面凭证记载的逾期交房理由亦为政府部门规划调整。其次，从青海泰某公司提交的违约金统计表来看，其计算违约金的期间延续至2012年9月15日以后，而此时工程已交付。因此，青海泰某公司提交的证据不能证明其向购房人支付违约金的原因系因东阳某建公司逾期交付工程所致，其要求东阳某建公司赔偿损失的请求因证据不足不能成立。一审判决对此认定有误，本院依法予以更正。

案例三：北京爱某华物业管理有限公司建设工程施工合同纠纷再审审查与审判监督民事裁定书｜最高人民法院·（2019）最高法民申5667号

本院经审查认为，根据已查明事实，玻璃幕墙工程并非涉案海某大厦整体工程的最后施工环节，爱某华公司亦不否认，玻璃幕墙工程后续还存在如精装修、地面、墙面、二次结构等其他工程。对于玻璃幕墙工程对整体工期的影响，一审法院经咨询北京市建委无确切答复，爱某华公司亦不能就此提供证据证明。因无法区分玻璃幕墙工程与后续其他工程对海某大厦整体逾期竣工造成的影响大小，而爱某华公司对其主张的25559073.85元损失，亦未提供充分的证据予以证明，一审判决综合本案全部案件事实，酌情认定北某国际公司应当赔偿损失的金额，二审经过审理，亦认可一审判决的酌定数额，此为人民法院依法行使自由裁量权范畴，该认定并无明显不当。爱某华公司的再审申请不符合《民事诉讼法》第二百条第二项规定的情形。

案例四：滁州嘉某房地产有限公司、江苏天某建设有限公司建设工程施工合同纠纷二审民事判决书｜最高人民法院·（2018）最高法民终1250号

二、关于天某公司是否应当赔偿嘉某公司因延期交房造成的损失5673561元的问题

涉案《建设工程施工合同》专用合同条款第12.4.1条约定，开工二个月内，

嘉某公司预付天某公司 2000 万元工程款，但嘉某公司并未按合同约定的期限支付建设工程预付款。而且，嘉某公司亦未按照合同约定的建设工程价款付款时间节点支付工程款，构成违约。这是造成涉案工程工期延误的重要原因。涉案《建设工程施工合同》专用合同条款第 7.5.1 条约定，发包人未按合同规定支付工程款影响施工进度的属于因发包人原因导致工期延误的其他情形。同时该合同通用合同条款第 7.5.1 条约定，发包人未能按合同约定日期支付工程预付款、进度款或竣工结算款，导致工期延误和（或）费用增加的，由发包人承担由此延误的工期和（或）增加的费用。嘉某公司未提交证据证明系由于天某公司的过错导致延期交房，其上诉请求天某公司赔偿其因延期交房造成的损失 5673561 元，缺乏事实依据，本院不予支持。

案例五：歌某建设集团有限公司、合肥创某物业发展有限责任公司建设工程合同纠纷二审民事判决书 | 最高人民法院·（2016）最高法民终 485 号

（六）歌某公司是否应当承担逾期交房损失 1925479 元和工程质量不合格损失 412763 元

1、关于逾期交房损失。创某公司主张其在一审中提供了《"创某花园"销售资金回笼情况分析表》，该分析表系有购房户签字的违约金发放表，可证明购房户从该公司处领取了违约金和逾期交房损失数额。本院认为，该表是创某公司单方制作，且其没有提供已向各购房户支付违约金的支付凭证予以佐证，不能作为认定逾期交房损失的依据。根据本案查明的事实，造成创某公司向购房户迟延交房的原因是涉案各单体工程工期均存在不同程度延误。且如前所述，工期延误由多种原因造成，双方对此均有责任，因工期延误造成的损失应当由双方自行承担。因此，创某公司主张的逾期交房损失应由其自行承担。

021 取得竣工验收合格证明是否可以证明工程质量合格？

阅读提示

实践中，房地产项目因办理不动产登记等需要，发包人、承包人均会积极签署竣工验收合格证明，甚至在存在明显质量问题情况下，发包人和承包人仍会签署竣工验收合格证明。事后，发包人以工程存在质量问题向承包人索赔时，承包人往往会以建设工程已取得竣工验收合格证明进行抗辩。那么，取得竣工验收合格证明，就足以证明工程质量合格吗？

裁判要旨

竣工验收合格文件对工程质量有较强的证明力，但并不是工程存在质量缺陷的绝对抗辩理由。如客观证据显示建设工程存在质量缺陷，法院有权不必囿于竣工验收合格文件，对质量缺陷进行认定并要求承包人承担相应责任。

案情简介

一、2004年10月15日，南通某建（承包人）与恒某公司（发包人）签订了《建设工程施工合同》，约定由南通某建承建恒某公司发包的吴江恒某国际广场全部土建工程，合同总价款为30079113元。合同签订后，南通某建就涉案工程进行施工，2005年7月20日，承发包双方及勘察、设计、监理单位共同签署了竣工验收合格文件。

二、2006年，南通某建向江苏苏州中院提起诉讼；恒某公司提出反诉，主张南通某建偷工减料，未按设计图纸施工，工程质量不合格，导致屋面渗漏，应承担重作工程损失。南通某建辩称，涉案工程已竣工验收合格，施工单位仅承担保修义务。

三、一审审理过程中，恒某公司申请对屋面渗漏的重作损失进行了鉴定。结合鉴定意见及现场情况，屋面渗漏系南通某建未按原设计图纸施工导致隐患及承租人擅自安装路灯破坏防水层两方面因素所致，其中未按涉及图纸施工为主要原因，路灯破坏防水层为局部和次要原因。

四、一审法院认定，南通某建因偷工减料造成质量不符合设计要求是全面性而非局部性问题，根据全面设计方案对屋面缺陷予以整改，并由南通某建承担费用。

五、南通某建认为涉案工程已验收合格，仅承担保修义务，不应承担整体重作费用，向江苏省高院提起上诉。

六、江苏高院认定屋面广泛性渗漏属客观存在并已经法院确认的事实，竣工验收合格文件及其他任何书面证明均不能对该客观事实形成有效对抗，故南通某建根据验收合格抗辩屋面广泛性渗漏，理由不能成立，应按全面设计方案修复，承担重作费用。

法律分析

本案的焦点问题是取得竣工验收合格证明，是否足以证明工程质量合格。云亭建工律师团队认为：竣工验收合格证明仅是书证的一种，在有客观证据足以推翻其所记载的事实时，该竣工验收合格证明不能作为认定案件事实的根据。

竣工验收合格文件，在诉讼程序中属于证据的范畴，其证明力大小，需要根据民诉法、民诉法解释、民事诉讼证据规定等法律、法规和司法解释确定的规则进行判断。竣工验收证明文件，是建设单位、监理单位、勘探单位、设计单位、施工单位共同对工程质量进行的确认，证据性质上属于"书证"，证明力上低于"国家机关或者其他依法具有社会管理职能的组织在其职权范围内制作的文书"。《民诉法解释》第一百一十四条规定，"国家机关或者其他依法具有社会管理职能的组织，在其职权范围内制作的文书所记载的事项推定为真实，但有相反证据足以推翻的除外"。可见，国家机关职权范围内制作的文件尚且没有绝对的证明力，有相反证据推翻的尚不足以作为认定案件事实的根据，何况建设单位、监理单位等签署的竣工验收证明文件呢？如果有足够证据证明质量确有缺陷，法院可以认定质量不合格，并判决承包人修理或者返工、改建。

实务经验

第一，建工案件与别的案件最大的不同，在于国家对建设工程管理异常严格，从立项、规划、招投标、施工图审查、中间验收、竣工验收、竣工备案等各个层面都作了严格的规定，实践中建设单位、施工单位往往会为了满足国家管理的需要，签署不符合客观事实的文件。工程竣工以后，为了通过国家竣工验收备案证明，尽快办理不动产登记，建设单位往往未经仔细验收，随意地签署竣工验收合格证明。一旦出现工程质量问题，承包人往往拿出竣工验收合格证明文件，证明不存在工程质量问题。而这些证明文件盖有建设单位、勘探单位、设计单位、监理单位公章，具有很高的证明力，建设单位往往百口莫辩。

第二，工程质量百年大计，质量安全事关公共利益，建设单位切记不可仅仅为了追求办理报建、竣工备案手续之需要，不经验收就冒然签署合格文件，一定要严格按照《建筑工程施工质量验收统一标准》和其他专业工程质量验收标准，认真验收。

第三，在特定情况下，双方当事人确需未经全面验收就出具合格文件时，要共同以会议纪要或其他文字形式，注明"仅供办理报建（竣工验收备案）使用"，以免诉讼中处于被动局面。

法条链接

《中华人民共和国民事诉讼法》（2023年修正）

第六十六条 证据包括：

（一）当事人的陈述；

（二）书证；

（三）物证；

（四）视听资料；

（五）电子数据；

（六）证人证言；

（七）鉴定意见；

（八）勘验笔录。

证据必须查证属实，才能作为认定事实的根据。

法院判决

江苏省高级人民法院在本案民事判决书中就屋面渗漏质量问题的赔偿责任论述如下：

屋面广泛性渗漏属客观存在并已经法院确认的事实，竣工验收合格证明及其他任何书面证明均不能对该客观事实形成有效对抗，故南通某建根据验收合格抗辩屋面广泛性渗漏，其理由不能成立。其依据《建设工程质量管理条例》，进而认为其只应承担保修责任而不应重作的问题，同样不能成立。因为该条例是管理性规范，而本案屋面渗漏主要系南通某建施工过程中偷工减料而形成，其交付的屋面本身不符合合同约定，且已对恒某公司形成仅保修无法救济的损害，故本案裁判的基本依据为民法通则、合同法等基本法律而非该条例，根据法律位阶关系，该条例在本案中只作参考。本案中屋面渗漏质量问题的赔偿责任应按谁造成、谁承担的原则处理，这是符合法律的公平原则的。

案件来源

江苏南通某建集团有限公司、吴江恒某房地产开发有限公司支付工程价款及

被告反诉屋面渗漏质量问题建设工程施工合同纠纷案 | 江苏省高级人民法院·（2012）苏民终字第0238号

延伸阅读

案例：杨某、东台市东某房地产开发有限公司商品房销售合同纠纷案 | 江苏省东台市人民法院·（2008）东民一初字第28号

东某公司与杨某签订房屋买卖合同，应当保证出卖的房屋符合法律规定或者合同约定的质量，现交付的房屋出现墙体裂缝及渗漏问题，经专业部门鉴定，其主要原因系温度变化时结构材料不均匀收缩所致，而屋面未作保温层和墙体砌筑质量较差导致顶部楼层温度裂缝明显。房屋出卖人对房屋存在的质量缺陷依法应当承担相应的修复义务。

关于东某公司以交付的房屋通过了有关行政管理部门的强制性标准审查且通过了竣工验收为由拒绝承担相应责任的主张，法院认为，虽然交付的房屋从设计施工至竣工均经有关行政管理部门审核批准，未设置保温层符合当时的建筑标准和规范，但是交付的房屋存在明显质量缺陷，且已严重影响对房屋的正常居住使用，其原因亦经相关专业部门鉴定。房屋通过标准审查仅是有关行政管理部门认定的事实，并不能据此否定房屋存在质量缺陷的客观事实。故对上诉理由，不予采纳。

东某公司认为，其已向杨某出具了房屋的相关图纸资料，杨某应当知道屋面未设置保温层的事实。对此法院认为，房屋的图纸资料属于专业技术材料，没有出卖人的相关告知，买受人仅凭常识，不可能得知房屋未设置保温层，即使买受人知道未设置保温层的事实，在出卖人交付房屋时，买受人也不可能知道未设置保温层会产生裂缝渗漏等问题。且本案中的房屋质量缺陷具有隐蔽性，杨某在使用过程中才得以发现，东某公司不能以订立合同时所拥有的信息优势来免除保证房屋质量的法定责任。

022 工程存在质量问题时，发包人是否可以直接请求减少工程价款？

阅读提示

工程质量是建设工程的重中之重，建筑施工企业因各种原因造成建设工程质量不符合质量标准的，要承担返工、修理、赔偿损失等民事责任，甚至还可能要承担刑事责任。就工程款纠纷而言，发包人是否可以以工程存在质量问题为由主张减少工程款？

裁判要旨

根据《建设工程司法解释（一）》第十二条之规定，正常情况下，承包人交付的工程存在质量问题时，发包人应当先要求承包人修理、返工或者改建，如果承包人拒绝从事上述工作，发包人才能要求减少工程款。

案情简介

一、2010年1月，昭某公路管理处与重庆某建集团约定，由重庆某建集团以BT模式承包昭某二级公路项目。

二、2010年3月19日，重庆某建集团将昭某二级公路（二分部）交由重庆交某公司施工，随后，重庆交某公司将该二分部第三工区分包给佳某公司施工。

三、2014年7月，涉案昭某二级公路在交工检测中检测出部分工程存在质量缺陷，交工验收文件要求缺陷工程整改修复合格后在竣工验收时一并验收，但由于发生地震，为了不影响地震灾后恢复重建工作，昭某公路管理处与重庆某建集团采用在工程结算款中扣除缺陷工程修复款金额8072756元的方式处理。

四、佳某公司向一审法院起诉请求：重庆交某公司和重庆某建集团连带支付工程款4800万元等。

五、重庆交某公司反诉请求：由佳某公司向其赔偿损失27651737.25元等。

六、重庆交某公司主张从应付工程款中减掉缺陷工程修复款金额8072756元，对此，云南省高级人民法院一审判决未予支持，最高人民法院二审判决减少支付 8072756 元中的 50% 的工程款。

法律分析

本案的焦点问题是佳某公司应得工程款是否应扣减缺陷工程修复款 8072756 元。云亭建工律师团队分析如下：

《建设工程司法解释（一）》第十二条规定："因承包人的原因造成建设工程质量不符合约定，承包人拒绝修理、返工或者改建，发包人请求减少支付工程价款的，人民法院应予支持。"

第一，关于佳某公司所交付工程是否存在质量问题，最高人民法院根据昭某市公路工程质量监督站的文件等证据认定昭某二级公路在交工验收后，存在质量缺陷。

第二，在交工验收文件要求缺陷工程整改修复时，重庆交某公司应要求佳某公司进行修理、返工或者改建，如果佳某公司拒绝从事上述工作，才能减少支付工程款。但是，因当时出现地震灾害，为了不影响地震灾后恢复重建工作，重庆某建集团同意采用在工程结算款中扣除缺陷工程修复款方式处理，最高人民法院认为，这种处理方式符合当时的情势。

第三，缺陷工程修复款的金额 8072756 元是昭某公路管理处与重庆某建集团协商确认的，佳某公司并未参与协商过程，该金额也未经佳某公司认可，故重庆某建集团要求对佳某公司应得工程款中 8072756 元作全部扣减，缺乏事实依据。最高人民法院根据本案实际情况，即涉案工程确实存在质量缺陷问题，佳某公司应承担相应责任，基于公平原则，酌情考虑由佳某公司与重庆交某公司各承担 50% 的缺陷工程修复款。

实务经验

一、除特殊情况，因承包人原因造成建设工程存在质量问题，发包人应及时要求承包人修复，如果承包人拒绝修复，发包人才可以扣减工程价款。如果发包人未通知承包人而直接委托第三方修复，然后再要求扣减相应工程款，存在一定风险。

二、如果发包人和承包人对工程是否存在质量问题有争议，双方可以通过鉴定的方式进行确认，造成工程质量问题的原因可能是多方面的，双方也可以通过鉴定的方式确定造成质量问题的原因，只有质量问题系因承包人的原因造成的，发包人才可以扣减工程价款。

三、减少的工程款数额应为修复所发生的费用，对于没有进行实际修复的，可以通过鉴定的方式确定修复方案及其费用。

四、承包人主张工程款的案件中，发包人应以抗辩的方式主张减少工程款，无须提出反诉，但是发包人主张承包人承担赔偿损失、支付违约金等违约责任时，应以反诉的方式提出。

五、工程质量合格是承包人工程款请求权成立的前提条件，云亭建工律师团队建议承包人严格按施工图纸和施工技术标准施工，若发现发包人存在不规范行为，应发出意见或者建议进行沟通，拒绝发包人的不合理要求。

法条链接

《中华人民共和国民法典》（2021年1月1日实施）

第八百零一条 因施工人的原因致使建设工程质量不符合约定的，发包人有权请求施工人在合理期限内无偿修理或者返工、改建。经过修理或者返工、改建后，造成逾期交付的，施工人应当承担违约责任。

《中华人民共和国建筑法》（2019年修正）

第七十四条 建筑施工企业在施工中偷工减料的，使用不合格的建筑材料、建筑构配件和设备的，或者有其他不按照工程设计图纸或者施工技术标准施工的行为的，责令改正，处以罚款；情节严重的，责令停业整顿，降低资质等级或者吊销资质证书；造成建筑工程质量不符合规定的质量标准的，负责返工、修理，并赔偿因此造成的损失；构成犯罪的，依法追究刑事责任。

《最高人民法院关于审理建设工程施工合同纠纷案件适用法律问题的解释（一）》（法释〔2020〕25号 2021年1月1日实施）

第十一条 建设工程竣工前，当事人对工程质量发生争议，工程质量经鉴定合格的，鉴定期间为顺延工期期间。

第十二条 因承包人的原因造成建设工程质量不符合约定，承包人拒绝修理、返工或者改建，发包人请求减少支付工程价款的，人民法院应予支持。

第十三条 发包人具有下列情形之一，造成建设工程质量缺陷，应当承担过错责任：

（一）提供的设计有缺陷；

（二）提供或者指定购买的建筑材料、建筑构配件、设备不符合强制性标准；

（三）直接指定分包人分包专业工程。

承包人有过错的，也应当承担相应的过错责任。

第十四条 建设工程未经竣工验收，发包人擅自使用后，又以使用部分质量不符合约定为由主张权利的，人民法院不予支持；但是承包人应当在建设工程的合理使用寿命内对地基基础工程和主体结构质量承担民事责任。

法院判决

关于佳某公司应得工程款中是否应扣除缺陷工程修复款8072756元的问题。本案中，2014年12月31日昭某市公路工程质量监督站作出的72号文件载明："三、对存在质量问题和施工缺陷的分项工程进行核算，并由施工单位签字认可。四、不合格工程在交工结算前给予计量扣减"；2017年4月6日昭某公路管理处复函中载明："工程结算分为两部分：先进行竣工工程结算，再进行缺陷工程结算，最后在竣工工程结算款中扣除缺陷工程修复款即为建某集团的竣工结算工程款"；2018年6月21日昭某公路管理处作出的（2018）6号复函载明："昭某二级公路2010年1月开工，2012年6月完工通车，2014年7月10日通过交工验收。但在交工检测中检测出部分工程存在质量缺陷，交工验收文件要求缺陷工程整改修复合格后在竣工验收时一并验收。为了不影响地震灾后恢复重建工作，重庆某建集团同意采用在工程结算款中扣除缺陷工程修复款方式处理。"

从上述文件以及复函可以看出，涉案昭某二级公路在2014年7月10日交工验收后，存在质量缺陷。交工验收文件要求缺陷工程整改修复合格后在竣工验收时一并验收，但由于发生地震，为了不影响地震灾后恢复重建工作，昭某公路管理处与重庆某建集团通过多次协商，重庆某建集团同意采用在工程结算款中扣除缺陷工程修复款方式处理。本院认为，根据《建设工程施工合同解释》第十一条关于"因承包人的过错造成建设工程质量不符合约定，承包人拒绝修理、返工或者改建，发包人请求减少支付工程价款的，应予支持"之规定，正常情况下，佳某公司所施工交付的工程存在质量问题，应当先要求佳某公司进行修理、返工或者改建，如果佳某公司拒绝从事上述工作，才能减少支付工程款。但是，本案系特殊情况，由于发生地震灾害，为了不影响地震灾后恢复重建工作，昭某公路管理处与重庆某建集团协商同意采用在工程结算款中扣除缺陷工程修复款方式处理，符合当时的情势。但是缺陷工程修复款金额8072756元系业主方昭某公路管理处与重庆某建集团协商确认，佳某公司并未参与协商过程，重庆交某公司亦未举证证明其曾与佳某公司就上述金额进行过核算，更未经佳某公司签字认可，故仅凭业主方与重庆某建集团协商确定的扣减数额要求对佳某公司应得工程款作相应扣减，缺乏事实依据。考虑到本案实际情况，即涉案工程确实存在质量缺陷问题，佳某公司应承担相应责任，基于公平原则，本院酌情考虑由佳某公司与重庆交某公司各承担50%的业主认定缺陷工程修复款，即双方分别承担8072756元×50%＝4036378元。

案件来源

重庆某建设（集团）有限责任公司、重庆市佳某建筑工程有限公司建设工程施工合同纠纷二审民事判决书｜最高人民法院·（2018）最高法民终494号

延伸阅读

案例一： 青海盛某房地产开发有限公司、某冶建设集团有限公司建设工程施工合同纠纷二审民事判决书｜最高人民法院·（2020）最高法民终898号

（三）关于盛某公司反诉请求

盛某公司上诉认为，涉案工程存在未完工程和严重质量问题，一审法院驳回其要求完成未完工程、履行修复义务的反诉请求错误。关于未完工程，二审庭审中盛某公司明确其主张的未完工程为路面散水工程，一审判决已将该工程价款从涉案工程总造价中扣除，不存在继续履行问题，盛某公司该上诉理由不能成立。关于修复问题，经一审法院委托鉴定，青海省建筑工程质量检测站出具《关于盛某小区2#、3#楼工程项目委托检测的回复》，载明涉案工程存在部分施工内容与图纸设计、工艺、用料不符的问题，中国建筑技术集团有限公司出具《关于青海盛某小区2#、3#楼质量检测相关技术问题的答复》，就工程相关问题的处理提出建议。根据《合同法》第一百零七条、第二百八十一条，《建工司法解释二》第四条规定，盛某公司要求某冶公司、某冶西宁分公司、李某初履行修复义务，于法有据，应予支持，一审判决未予支持不当，本院予以纠正。

……

判项四：某冶建设集团有限公司、某冶建设集团有限公司西宁分公司、李某初于本判决生效后九十日内就青海省建筑工程质量检测站《关于盛某小区2#、3#楼工程项目委托检测的回复》列明的问题履行修复义务，如某冶建设集团有限

公司、某冶建设集团有限公司西宁分公司、李某初在规定的期限内不履行修复义务，则由青海盛某房地产开发有限公司委托有资质的第三方修复，所需费用由某冶建设集团有限公司、某冶建设集团有限公司西宁分公司、李某初承担……

案例二：崔某伟、黑龙江省大庆皓某清真食品工业有限公司建设工程施工合同纠纷再审审查与审判监督民事裁定书丨最高人民法院·（2019）最高法民申3855号

二、关于原审法院认定涉案工程不合格系由于崔某伟的过错造成的事实认定是否正确的问题。

《民事诉讼法》第六十四条第一款规定，当事人对自己提出的主张，有责任提供证据。《最高人民法院关于适用〈中华人民共和国民事诉讼法〉的解释》第九十一条规定，人民法院应当依照下列原则确定举证证明责任的承担，但法律另有规定的除外：（一）主张法律关系存在的当事人，应当对产生该法律关系的基本事实承担举证证明责任；（二）主张法律关系变更、消灭或者权利受到妨害的当事人，应当对该法律关系变更、消灭或者权利受到妨害的基本事实承担举证证明责任。建设工程施工合同作为双务有偿合同，施工人的义务为按照合同约定和国家建设工程质量标准提供符合要求的建设工程。就此而言，施工人崔某伟应提供证据证明其施工的建设工程符合设计要求和质量标准。在涉案建设工程已经通过鉴定证明存在质量问题的情况下，崔某伟主张该质量问题非系其施工原因造成，应提供充分的证据反驳上述事实。但崔某伟并未提供充分的证据证明涉案工程非其施工原因造成，故对该再审申请理由，本院不予采信。

……

四、关于原审法院采纳鉴定报告认定涉案工程修复费用是否正确的问题。

《最高人民法院关于审理建设工程施工合同纠纷案件适用法律问题的解释》第十一条规定："因承包人的过错造成建设工程质量不符合约定，承包人拒绝修理、返工或者改建，发包人请求减少支付工程价款的，应予支持。"在本案建设工程施工合同已经解除且崔某伟并未对不符合约定的施工工程进行修理、返工、改建的情况下，皓某公司主张扣除相应的维修费用，符合上述司法解释规定，依据充分。

在本案审理过程中，一审法院委托黑龙江中某力得尔工程咨询有限责任公司对涉案工程质量及修复费用等问题进行司法鉴定。2018年9月18日、19日，鉴定机构组织当事人进行现场听证、勘验，皓某公司经通知后未到场。鉴定结论

为：1. 肇州皓某肉牛产业项目厂区道路工程质量存在系列问题；2. 肇州皓某肉牛产业项目厂区室外管网工程质量存在系列问题；3. 预计的修复费用为2001619.77元。修复方案根据国家有关建设工程规范、规程、标准、竣工图纸，结合现场工程质量实物现状，选用能保证结构安全和正常使用功能且经济、合理的修复方案。原审法院根据该鉴定报告所预计的修复费用，在皓某公司应支付的工程款中扣除该修复费用，并无不当。崔某伟虽主张上述鉴定报告所使用的鉴定标准有失公平，但其并未提供相关证据证明，故应承担不利的法律后果；对该再审申请理由，本院不予采信。

案例三：鸡东县鑫某房地产开发有限公司、朱某友建设工程施工合同纠纷再审审查与审判监督民事裁定书｜最高人民法院·（2018）最高法民申5423号

第二，原审判决关于质保金及逾期竣工违约金的认定并无不当。关于质保金。原审审理过程中，鑫某公司并未提出工程质保金的抗辩，原审判决未扣除质保金并无不当。如工程存在质量问题，鑫某公司可另行主张。关于逾期交工违约金。《最高人民法院关于审理建设工程施工合同纠纷案件适用法律问题的解释》第十四条规定，当事人对建设工程实际竣工日期有争议的，按照以下情形分别处理：（一）建设工程经竣工验收合格的，以竣工验收合格之日为竣工日；（二）承包人已经提交竣工验收报告，发包人拖延验收的，以承包人提交验收报告之日为竣工日期；（三）建设工程未经竣工验收，发包人擅自使用的，以转移占有建设工程之日为竣工日期。本案所涉工程虽未经验收，但自涉案工程由鑫某公司使用之时，依法应视为工程结算条件已成就，鑫某公司此时即有付款义务。《最高人民法院关于审理建设工程施工合同纠纷案件适用法律问题的解释》第十一条规定，因承包人的过错造成建设工程质量不符合约定，承包人拒绝修理、返工或者改建，发包人请求减少支付工程价款的，应予支持。本案中鑫某公司关于逾期交付违约金的主张应当提起反诉，不属于上述规定中可以抵扣工程款的情形，原审法院对其抗辩未予支持并无不当。

第三部分 结 算

023 发包人未签字的签证单，一定不能作为结算依据吗？

阅读提示

建设工程施工项目工期长、情况复杂多变，几乎每一个项目都不会完全按照预设顺利完工，总会出现签证和变更。由于承包人现场管理水平的原因，或实际施工人人员素质的差异，实践中经常出现签证单未经发包人签字确认的情况。发生诉讼以后，发包人往往对未经其签字确认的签证单不予认可。未经发包人签字确认的签证单，一定不能作为结算工程价款的依据吗？哪些情况下可以作为结算依据呢？

裁判要旨

1. 签证单虽然只有监理代表和承包人签字，没有发包人签字确认，但是根据《建设工程监理规范》，监理单位代表发包人对建设工程的质量、造价、进度等进行控制管理，签署工程计量凭证、审查处理工程洽商变更，亦在监理单位职责范围之内。因此有监理代表签字认可的签证单，工程量及对应的工程价款应予以采信。

2. 签证单虽无监理代表和发包人签字确认，但发包人、承包人和监理代表签字的会议纪要可以证实该部分工程量确实发生，对其工程量及对应的工程价款应予以采信。

案情简介

一、2006年9月30日，潭某公司为修建湘潭至衡阳西线高速公路土建工程施工发布招标文件，中某村公司中标。2007年1月15日，潭某公司与中某村公司签订《湖南省湘潭至衡阳西线高速公路土建工程施工潭衡高速公路合同文本》。

二、合同签订后，中某村公司组织人员、机械进场施工。2011年3月29日至9月19日期间，涉案工程完工，潭某公司唐某波等人出具了接收钥匙的收条。2011年10月15日，湘潭至衡阳西线高速公路正式通车。

三、2013年3月，中某村公司将结算资料交给了潭某公司委托的第三方造价咨询机构恒某咨询公司，但造价咨询机构一直未作出结算结论。

四、因潭某公司欠付工程款，中某村公司诉至一审法院。诉讼过程中因双方当事人对涉案工程造价无法达成一致意见，中某村公司申请进行工程量及工程造价鉴定，经三方摇号，一审法院选定建某公司进行鉴定。

五、2018年6月19日，在就鉴定意见初稿对审过程中，潭某公司提出中某村公司提交的大量工程签证单只有复印件而无原件、只有监理单位签字而无发包人签字，或者既无监理单位签字也无发包人签字，对其工程量和造价不予认可。

六、一审法院判决确认签证单复印件的效力，认可有监理代表签字确认的签证单和虽无监理代表签字确认，但有证据证明工程量确已发生的签证单的效力，判决潭某公司支付中某村公司工程价款5119173.83元及利息。

七、中某村公司认为涉案工程造价司法鉴定违反法定程序，鉴定结论依法不应作为审判依据；潭某公司认为即使采信原审造价鉴定意见，也应采信补充鉴定结论金额，并进一步扣减劳保基金及虚假土方运距所涉造价，故均向最高院提起上诉。最高院审理后改判潭某公司支付中某村公司工程价款1705678.05元及利息。

法律分析

本案的焦点问题是发包人未签字的签证单，是否一定不能作为结算依据。云亭建工律师团队认为：只要承包人证明工程量确已发生，且所发生工程量系发包人同意其施工，即可主张发包人支付相应工程价款。

第一，《建设工程监理规范》（住房和城乡建设部公告第35号）规定，监理"受建设单位委托，根据法律法规、工程建设标准、勘察设计文件及合同，在施工阶段对建设工程质量、造价、进度进行控制，对合同、信息进行管理……"可见，监理与发包人系委托代理关系，监理对承包人制作的签证单确认的，其中涉及工程量、工期及工程质量等事实的，原则上对发包人具有约束力。

第二，在签证单既没有发包人签字，又没有监理签字的情况下，只要承包人证明工程量确已发生，且所发生工程量系发包人同意其施工，即可主张发包人支付相应工程价款。

第三，反之，仅有发包人或监理签字确认的签证单，只要发包人有足够证据证明所涉工程量确未发生，法院就不应支持发包人向承包人支付相应工程价款。

实务经验

第一，建设工程项目隐蔽工程众多，并非承包人按照发包人或监理单位要求增加的每一项工程都能在诉讼中证明工程量确已发生。所以，在工程量发生前后，一定要找监理和发包人派驻现场的负责人办理签证手续。否则，一旦发生纠纷，发包人"不认账"将会增加很多不必要的工作，且存在大概率败诉的风险。

第二，当发包人和监理拒绝签字时，一定要收集和保存好该工程量系根据发包人或监理要求而进行的证据，以及工程量确已发生且可以通过鉴定等方式计算出相应工程价款的证据。例如，在设计变更的情况下，要保存好经设计单位同意修改的施工图纸。

法条链接

《最高人民法院关于审理建设工程施工合同纠纷案件适用法律问题的解释（一）》（法释〔2020〕25号　2021年1月1日实施）

第二十条　当事人对工程量有争议的，按照施工过程中形成的签证等书面文件确认。承包人能够证明发包人同意其施工，但未能提供签证文件证明工程量发生的，可以按照当事人提供的其他证据确认实际发生的工程量。

法院判决

关于签证单系复印件问题。一审法院认为：中某村公司提交的大部分鉴定材料系复印件，并称已将工程竣工图纸、竣工资料、结算资料、变更资料等全部材料8套移交给了潭某公司，手头已无原件。为此，中某村公司提交了2013年3月19日资料移交清单和2013年11月18日恒某咨询公司向潭某公司出具的《需要提供资料联系函》证明原件已移交给潭某公司。潭某公司不认可复印件，否认资料移交清单接受人"肖某"系其公司员工。原审法院认为，恒某咨询公司系受潭某公司委托进行工程造价审计，资料移交清单系恒某咨询公司签收，恒某咨询公司向潭某公司出具的《需要提供资料联系函》中"尚缺如下资料：合同文件、招标文件、投标文件、合同清单工程量计算式、图形算量、钢筋算量电子版（含合同清单和变更部分）所有设计施工图纸及所有竣工图，请贵司提供"，也证明中某村公司已移交绝大部分施工结算资料，而所缺的资料均是发包人也持有的。因此，潭某公司以"肖某"不是其员工否认中某村公司已移交施工结算资料原件，明显不能成立。故中某村公司提交的复印件可结合设计图等其他证据原件综合认定其效力。

关于签证单仅有监理代表签字而无发包人签字问题。最高法院认为：该部分虽然只有监理代表和施工单位签字，没有建设方签字确认，但是根据建设工程监理工作规范，监理单位代表工程建设方对建设工程的质量、造价、进度等进行控制管理。建设单位与承包单位之间就工程建设有关的联系活动，一般通过监理单位进行。签署工程计量凭证、审查处理工程洽商变更，亦在监理单位职责范围之内。因此在签证有监理代表签字认可的情况下，潭某公司关于签证未经其签字确认即工程尚未施工的主张，依法不予采信。原审法院将其计入工程造价并无不当，本院予以维持。

关于签证单既无发包人签字也无监理签字问题。最高法院认为：《最高人民法院关于审理建设工程施工合同纠纷案件适用法律问题的解释》第十九条规定，当事人对工程量有争议的，按照施工过程中形成的签证等书面文件确认。承包人能够证明发包人同意其施工，但未能提供签证文件证明工程量发生的，可以按照当事人提供的其他证据确认实际发生的工程量。该部分签证单的签证程序虽然不完善，但是会议纪要有建设方、监理方和施工方的签字，可以证实该施工工程量确实发生，原审法院对此予以认定并无不当，本院予以维持。

案件来源

北京中某村开发建设股份有限公司、湖南潭某高速公路开发有限公司建设工程施工合同纠纷二审民事判决书｜最高人民法院·（2019）最高法民终1401号

延伸阅读

案例一：怀化宏某房地产开发有限公司、浙江万某建设集团有限公司建设工程施工合同纠纷二审民事判决书｜最高人民法院·（2019）最高法民终1517号

关于未经宏某公司签字、盖章的签证单费用4074591.43元的问题。《最高人

民法院关于审理建设工程施工合同纠纷案件适用法律问题的解释》第十九条规定"当事人对工程量有争议的，按照施工过程中形成的签证等书面文件确认。承包人能够证明发包人同意其施工，但未能提供签证文件证明工程量发生的，可以按照当事人提供的其他证据确认实际发生的工程量"。本案中，经查，该部分签证单经监理签字，可以证明工程量已经发生。且宏某公司未提交证据证明签证单所载内容与实际施工不符。同时，《施工合同》专用条款第5.2条虽约定"需要取得发包人批准才能行使的职权：工程量等工程变更的联系单……"，但宏某公司并未提供有效证据证明异议签证单所载内容属于该条款约定事项。鉴定机构出具鉴定征求意见稿之后，一审法院多次要求陈某勇就其提出的该部分异议予以汇总，并详细说明异议联系单的具体情况、明确工程量是否实际发生并提交相应证明材料，但其均未回应法庭要求。故在工程量实际发生且无证据表明监理单位与施工单位存在违反监理程序行为的情形下，鉴定机构根据相关签证单作出相应的造价评估，一审法院予以采信，并无不当。

案例二：通州建某集团有限公司、烟台芝某房地产开发有限公司建设工程施工合同纠纷二审民事判决书｜最高人民法院·（2019）最高法民终1082号

通州建某公司提交的经济签证、现场签证对应的款项能否纳入应付工程款。通州建某公司主张除了宏某公司审核的330755800.32元外，工程价款还应包括其提交的11份经济签证和现场签证涉及的1.39亿元。本院认为，虽然11份签证上都有芝某公司的签字盖章，其中10份上还有总监理工程师的签字，但是在一审庭审时，总监理工程师陈某刚出庭作证，称其签字的所有签证都是芝某公司当时的负责人韩某君、赵某波分几次让他签的，其中4份数额较大的签证是虚假的，其他6份签证虽有相关事实，但是数额偏大。一审时，芝某公司还提交了烟台市公安局芝罘分局经济犯罪侦查大队出具的《情况说明》，《情况说明》载明芝某公司当时的法定代表人韩某君和项目负责人赵某波涉嫌利用职务便利编制虚假工程经济签证单、现场签证侵占芝某公司工程款，涉嫌职务侵占罪，已立案侦查。另外，从签证内容看，签证涉及数千万元误工费、机械租赁费、材料租赁费等，但是芝某公司没有提交任何能够与签证相对应的工程资料等证据相佐证，而且签证体现的巨大的人材机数量、停窝工天数等确实与常理不符，不符合工程签证应遵循的实事求是原则。《最高人民法院关于适用的解释》第一百零八条规定："对负有举证证明责任的当事人提供的证据，人民法院经审查并结合相关事实，确信待证事实的存在具有高度可能性的，应当认定该事实存在。对一方当事人为反驳负有举证证明责任的当事人所主张事实而提供的证据，人民法院经审查并结合相关事实，认为待证事实真伪不明的，应当认定该事实不存在。"通过对上述证据的分析可知，通州建某公司仅凭所提交的签证无法达到令人确信签证所载事实"存在具有高度可能性"的证明程度。通州建某公司二审时主张签证所载事实至少有部分是真实的，但是其并未提交充足证据证明哪部分是真实的，在这种情形下，其有关经济签证、现场签证涉及的1.39亿元应当计入工程价款的主张不能成立，一审判决对此认定并无不当。

案例三：重庆市黄某建设（集团）有限公司、瓮安县志某房地产开发有限公司建设工程施工合同纠纷二审民事判决书｜最高人民法院·（2019）最高法民终1120号

关于黄某公司主张的人工挖孔桩溶洞及烂井治理工程款1652783元能否成立的问题。黄某公司上诉主张在人工挖孔桩施工中因溶洞及烂井治理而增加工程款1652783元，其向本院提交了黔南州工某建设监理有限责任公司于2016年3月1日出具的《瓮安县学某雅苑3#、4#、5#商住楼溶洞增加工程量结算报告书》为证，该报告申请增加人工挖孔桩溶洞及烂井治理工程款1652782元，并附有施工照片。志某公司主张，该结算报告系黄某公司单方制作，照片内容不能确定发生于涉案工程，不能作为结算依据。本院认为，《补充协议》附件三《工程设计变更及现场签证协议书》第三条第三款约定，需要现场测量、计算的签证工程必须有志某公司现场代表、合同预算部造价人员、监理、黄某公司参加并签字确认，如挖孔桩的桩径、桩长、嵌岩深度、基坑土质等。黄某公司主张增加工程量，但未能提供经志某公司、监理单位签字确认的现场签证，仅凭其单方制作的结算报告及照片，不足以证明黄某公司实施了溶洞及烂井治理以及相应的增加工程量。司法鉴定意见及一审法院对此未予认定，并无不当，本院予以维持。黄某公司在二审中申请对基础工程部分因溶洞及烂井治理增加的工程款进行补充司法鉴定，但其主张缺乏基本事实依据，本院依法不予准许。

关于黄某公司主张的高边坡土石方开挖工程款55412.75元能否成立的问题。黄某公司上诉主张因实施高边坡土石方开挖工程而增加工程款55412.75元，其提交了《瓮安县学某雅苑3#、4#、5#商住楼高边坡土石方施工专项方案》和施工照片为证。志某公司主张，黄某公司并未实施高边坡土石方开挖工作，对此不予认可。本院认为，黄某公司提交的施工方案系其单方制作，未经监理单位审查同意，且无经三方确认的现场签证，不足以证明其实施了高边坡土石方开挖工程。司法鉴定意见及一审法院对此未予认定，并无不当，本院予以维持。黄某公司在二审中申请对基础工程部分高边坡土石方开挖费用进行补充司法鉴定，但其主张缺乏基本事实依据，本院依法不予准许。

关于志某公司主张扣减按水磨钻机械成孔定额计价多算的工程款 1413807.88 元能否成立的问题。志某公司上诉主张，涉案工程图纸设计桩基为人工挖孔桩，黄某公司未经志某公司同意擅自改变施工工艺，采用水磨钻机械成孔，司法鉴定意见按水磨钻机械成孔定额计算工程款有误，应按图纸设计的人工挖孔桩计价，多计算的工程款 1413807.88 元应予扣减。本院认为，志某公司提供的《车库基础平面布置图》虽载明涉案工程采用大直径人工挖孔灌注嵌岩桩基础及独立基础，但黄某公司提供的经监理单位审核同意的《瓮安县学某雅苑 3#、4#、5#商住楼施工组织设计》中人工挖孔桩施工部分载明，由于本工程基岩较硬，人工将表层泥土清理后，拟采用水磨钻进行基岩施工，且经志某公司、监理单位、黄某公司三方签章确认的《工程收方记录》亦对采用水磨钻成孔工艺予以确认。故司法鉴定意见按水磨钻机械成孔定额计算涉案工程款，具有事实依据，志某公司该项上诉主张不能成立。

关于志某公司主张扣减多算的天棚打磨费用 510941.79 元能否成立的问题。志某公司上诉主张鉴定机构按 6 元/m^2 计算天棚打磨费用，严重偏离 0.6 元/m^2 的瓮安县当地市场价格，多算的 510941.79 元工程款应予扣减。司法鉴定意见载明，天棚打磨单价双方未签证，参照市场行情及鉴定机构参与的项目天棚打磨签证单价 6 元/m^2 计算。志某公司主张天棚打磨费用的当地市场价格为 0.6 元/m^2，对此其一审中未举证证明，二审中提交了涉案瓮安县学某雅苑 1 号楼、2 号楼天棚打磨实际施工人熊某祥于 2018 年 1 月 10 日出具的《领条》为证，拟证明同一项目的另两栋楼的天棚打磨费用系按 0.6 元/m^2 计价。黄某公司认为，该《领条》的真实性不能确认，且鉴定人在一审中已经出庭对志某公司提出的异议进行了具体说明，应按司法鉴定意见计算天棚打磨费用。本院认为，熊某祥出具的《领条》载明领到涉案工程 1 号楼、2 号楼天棚打磨人工工资 2.5 万元，按 0.6 元/m^2 计价。但人工工资与工程价款不能简单等同，该《领条》不能证明天棚打磨费用的当地市场价格为 0.6 元/m^2，不足以推翻司法鉴定意见的认定。志某公司该项上诉主张事实和法律依据不足，本院不予支持。

案例四：重庆市基某工程有限公司、新疆某某建设兵团建设工程（集团）有限责任公司建设工程施工合同纠纷二审民事判决书丨最高人民法院·（2020）最高法民终 860 号

植筋费用。虽然现有证据证明基某公司在施工过程中对于墙体拉筋采用了植筋锚固，但基某公司并未提交证据证明植筋锚固系涉案工程施工组织设计中要求采用的施工方法。同时，工程价款鉴定过程中，因其未提交证据证明植筋锚固工程量导致鉴定机构无法计算该部分工程造价，在本案一、二审期间，其仍未提交充分的证据证明植筋锚固工程量，故其主张的 15 万元植筋费用依据不足，不予支持。

施工包干费。基某公司认为涉案工程施工经历两个冬雨季，应当依据《新疆维吾尔自治区建筑安装工程费用定额》（2004）标准计取施工包干费即冬雨季施工增加费 90 万元，因基某公司未提交证据证明其在冬雨季进行了施工及施工天数，其计取该部分费用无事实依据，不予支持。

024 施工合同中注明"本合同仅作备案使用，不作为施工结算的依据"时，该合同还可以作为结算依据吗？

阅读提示

经招投标后，承发包双方在签订的备案合同上注明"本合同仅作备案作用，不作为施工结算的依据"，双方又另行签订了实质性内容与备案合同不一致的其他施工合同，在进行结算时，备案合同还能否作为结算依据？

裁判要旨

"本合同仅作备案作用，不作为施工结算的依据"的内容，明显有违司法解释维护中标合同的法律效力、规范建筑市场的目的。当事人就同一建设工程另行订立的建设工程施工合同与中标合同实质性内容不一致的，应当以中标合同作为结算工程价款的根据。

案情简介

一、2014 年 4 月 18 日，东某公司委托华某公司通过邀标方式对涉案工程进行了招投标，中某公司中标。

二、2014年5月8日，东某公司与中某公司签订了《湘某兰庭6-1#、7-1#栋楼施工合同》（以下简称5.8合同），合同约定，工程按房产部门测绘的建筑面积以1328元/m²的价格实行固定价包干，在施工期内不对人工、材料价格另行调整，并约定了履约保证金、工程进度款、违约金等内容。

三、2014年5月10日，东某公司与中某公司签订了《湘某兰庭（一期）续建工程》（以下简称5.10合同），约定合同价款为42702800元。合同第84页注明"本合同仅作备案作用，不作为施工结算的依据"。该合同已备案。

四、合同签订后，东某公司出具了《工程开工令》，中某公司进场施工。

五、2018年6月6日，东某公司与中某公司对涉案工程未完成的工程量进行了核对，中某公司退出了该工程项目施工。

六、由于双方对未支付的工程价款数额等事宜存在争议，中某公司向一审法院起诉，请求法院判决东某公司支付其工程款及逾期付款利息，赔偿损失并退还其保证金等。

七、一审法院认为，由于存在串标行为，本案5.8合同和5.10合同均为无效合同，应参照双方实际履行的5.8合同结算。

八、二审法院认为，本案不存在先签订建设工程合同后进行招投标的串标行为，5.10合同为中标合同，合同有效。5.8合同与经过备案的中标合同的实质性内容不一致，故5.8合同无效，本案应以5.10合同作为工程结算的依据。

九、中某公司不服提起再审申请，请求改判以5.8合同作为涉案工程的结算依据，最高院驳回其再审申请。

法律分析

本案的焦点问题是应当以哪一份合同作为结算工程价款的依据。5.10合同中注明了"本合同仅作备案使用，不作为施工结算的依据"，是否还可以作为结算依据？

一、《招标投标法》第三条规定，大型基础设施、公用事业等关系社会公共利益、公众安全的工程建设项目必须进行招标。本涉案工程属于必须招标的范围，东某公司与华某公司签订《工程建设项目招标代理合同》，对涉案项目进行了邀标，且无证据证明邀标程序中存在违法而导致中标无效的情形，5.10合同无违反法律法规强制性规定的情形，为有效合同。

二、《招标投标法》第四十六条规定："招标人和中标人应当自中标通知书发出之日起三十日内，按照招标文件和中标人的投标文件订立书面合同。招标人和中标人不得再行订立背离合同实质性内容的其他协议。"最高人民法院关于审理建设工程施工合同纠纷案件适用法律问题的解释（一）（法释〔2020〕25号）第二条规定："招标人和中标人另行签订的建设工程施工合同约定的工程范围、建设工期、工程质量、工程价款等实质性内容，与中标合同不一致，一方当事人请求按照中标合同确定权利义务的，人民法院应予支持。"

本案中，5.10合同是按照招标文件和投标文件签订的合同，5.8合同与5.10合同实质性内容不一致，应为无效合同。

三、虽然5.10合同结尾注明了"本合同仅作备案作用，不作为施工结算的依据"，但该内容明显有违法律及司法解释的维护中标合同的法律效力、规范建筑市场的目的，故不具有排除5.10合同作为结算依据的效力，本案应当以5.10合同作为结算依据。

实务经验

一、当事人签订的施工合同是否可以作为结算依据，与是否备案并无直接关系，而是取决于合同是否有效。因备案机关有要求，所以一般备案合同是根据招标文件和投标文件而拟订的合同，甚至是根据备案机关提供的模板填写的合同，大多为有效合同。2019年3月18日，住房和城乡建设部发文，取消了推行合同备案制度，多地也不再要求将建设工程施工合同进行备案，所以，施工合同是否有效及应以哪份合同为结算依据，与施工合同是否备案没有直接关系。

二、实践中，有些当事人在备案合同中注明"仅供备案使用""只限于办理备案手续用"等字样，有些当事人则在另行签订的协议中备注"本协议与备案合同相矛盾的，以本协议书的条款为准"等，若备案合同是有效中标合同，而另行签订的合同或补充协议无效，则该类备注均不具有排除备案合同作为结算依据的效力。

三、该类备注并非毫无用处，在当事人签订了数份合同均无效的情况下，确定哪一份合同为实际履行合同时，这类备注可以反映当事人的真实意思表示。

四、建设工程施工合同的内容包括工程范围、建设工期、开工和竣工时间、工程质量、工程造价、材料和设备供应责任、拨款和结算、竣工验收、质量保修范围和质量保证期等。但合同的实质性内容仅指影响或者决定当事人基本权利义务的条款，主要包括工程范围、建设工期、工程质量、工程价款等，建议承包人和发包人在订立建设工程施工合同时，将这些内容与招标文件、投标文件、中标通知书保持一致。

五、在认定实质内容变更时，法院会一般从合同变更的内容以及变更的程度两个角度进行考量，如果另行达成的协议没有达到法律所禁止的"实质性变更"的严重程度，也不会导致合同当事人之间权利义务关系的显失平衡，法院一般不会认为其构成实质内容变更，如承发包双方只是以补充协议等形式约定的正常的工程量增减、设计变更等，一般不会被认定为"实质性内容不一致"。

六、实践中，有些当事人并非直接通过变更合同条款的方式对实质性内容进行变更，如有些中标人会作出以明显高于市场价格购买承建房产、无偿建设住房配套设施、让利、向建设方捐款等承诺，这些承诺在实务中一般也会被认定为变更中标合同的实质性内容。

七、招投标程序的违法行为可能导致中标无效，如有些当事人在进行招投标程序之前即签订建设工程施工合同，在招投标之后又签订备案合同，即存在"未招先定"的情形，此种情况下，备案合同以及另外签订的施工合同均无效，且备案合同并不比另外签订的施工合同更具有优先适用效力。

法条链接

《中华人民共和国招标投标法》（2017年修正）

第四十三条　在确定中标人前，招标人不得与投标人就投标价格、投标方案等实质性内容进行谈判。

第四十六条　招标人和中标人应当自中标通知书发出之日起三十日内，按照招标文件和中标人的投标文件订立书面合同。招标人和中标人不得再行订立背离合同实质性内容的其他协议。

招标文件要求中标人提交履约保证金的，中标人应当提交。

最高人民法院关于审理建设工程施工合同纠纷案件适用法律问题的解释（一）（法释〔2020〕25号　2021年1月1日施行）

第一条　建设工程施工合同具有下列情形之一的，应当依据民法典第一百五十三条第一款的规定，认定无效：

（一）承包人未取得建筑业企业资质或者超越资质等级的；

（二）没有资质的实际施工人借用有资质的建筑施工企业名义的；

（三）建设工程必须进行招标而未招标或者中标无效的。

承包人因转包、违法分包建设工程与他人签订的建设工程施工合同，应当依据民法典第一百五十三条第一款及第七百九十一条第二款、第三款的规定，认定无效。

第二条 招标人和中标人另行签订的建设工程施工合同约定的工程范围、建设工期、工程质量、工程价款等实质性内容，与中标合同不一致，一方当事人请求按照中标合同确定权利义务的，人民法院应予支持。

招标人和中标人在中标合同之外就明显高于市场价格购买承建房产、无偿建设住房配套设施、让利、向建设单位捐赠财物等另行签订合同，变相降低工程价款，一方当事人以该合同背离中标合同实质性内容为由请求确认无效的，人民法院应予支持。

第二十一条 当事人签订的建设工程施工合同与招标文件、投标文件、中标通知书载明的工程范围、建设工期、工程质量、工程价款不一致，一方当事人请求将招标文件、投标文件、中标通知书作为结算工程价款的依据的，人民法院应予支持。

第二十四条 当事人就同一建设工程订立的数份建设工程施工合同均无效，但建设工程质量合格，一方当事人请求参照实际履行的合同关于工程价款的约定折价补偿承包人的，人民法院应予支持。

实际履行的合同难以确定，当事人请求参照最后签订的合同关于工程价款的约定折价补偿承包人的，人民法院应予支持。

三、《最高人民法院关于审理建设工程施工合同纠纷案件适用法律问题的解释》（法释〔2004〕14号 已失效）

第二十一条 当事人就同一建设工程另行订立的建设工程施工合同与经过备案的中标合同实质性内容不一致的，应当以备案的中标合同作为结算工程价款的根据。

法院判决

最高人民法院在本案民事裁定书中就以哪一份合同作为结算依据的问题论述如下：

《招标投标法》第十条规定:"招标分为公开招标和邀请招标。公开招标,是指招标人以招标公告的方式邀请不特定的法人或者其他组织投标。邀请招标,是指招标人以投标邀请书的方式邀请特定的法人或者其他组织投标。"因此,邀请招标属于招标方式之一。根据原审法院查明的事实,东某公司与华某项目管理有限公司(现已更名)签订《工程建设项目招标代理合同》,对涉案项目进行了邀标。中某公司中标后,与东某公司签订了建设工程施工合同并且对该合同进行了备案。本案中,并无充分证据证明东某公司存在串标行为,或者该公司在邀标程序中存在导致中标无效的违法行为。因此,二审法院认为5.10合同并未因违反强制性法律规定而无效,双方将该合同进行了备案,5.10合同为有效合同,理据充分,本院予以确认。而5.8合同与经过备案的中标合同5.10合同实质性内容不一致,故5.8合同因违反《招标投标法》第四十六条关于"招标人和中标人应当自中标通知书发出之日起三十日内,按照招标文件和中标人的投标文件订立书面合同。招标人和中标人不得再行订立背离合同实质性内容的其他协议"的规定而无效。又因《最高人民法院关于审理建设工程施工合同纠纷案件适用法律问题的解释》(法释〔2004〕14号)第二十一条规定:"当事人就同一建设工程另行订立的建设工程施工合同与经过备案的中标合同实质性内容不一致的,应当以备案的中标合同作为结算工程价款的根据。"该规定的适用前提是备案的中标合同为有效合同;承前分析,二审法院以合法有效的5.10合同作为涉案工程结算的依据,事实和法律充分,本院予以认可。而5.10合同结尾注明的"本合同仅作备案作用,不作为施工结算的依据"的内容,明显有违《最高人民法院关于审理建设工程施工合同纠纷案件适用法律问题的解释》(法释〔2004〕14号)第二十一条关于维护中标合同的法律效力,规范建筑市场的规则目的。故二审法院认为5.10合同的备注内容不影响该合同作为涉案工程的结算依据,事实和法律依据充分,本院予以认可。而中某公司关于5.10合同的备注内容可排除该合同作为结算依据,应以实际履行的5.8合同作为结算依据没有事实和法律依据,本院不予支持。

案件来源

中某建设集团有限公司、戴某根建设工程施工合同纠纷再审审查与审判监督民事裁定书丨最高人民法院·(2021)最高法民申66号

延伸阅读

案例一、三、四、六、七中，由于招投标过程中存在无效情形，备案合同和另行签订的协议均为无效，法院认为此时应当参照双方实际履行的合同进行结算；案例五和案例八中，法院认为备案合同有效，涉案工程应以中标的备案合同作为结算依据；案例二中，法院认为将另行签订的协议纳入工程价款结算的鉴定依据之中，符合等价有偿原则，不违反双方当事人的约定和真实意思表示。

案例一：龙某建设集团股份有限公司、成都奥某斯财富广场投资有限公司建设工程施工合同纠纷二审民事判决书｜最高人民法院·（2020）最高法民终744号

（一）关于涉案工程结算依据如何确定的问题

1. 2018年6月6日施行的《必须招标的基础设施和公用事业项目范围规定》第二条规定，不属于《必须招标的工程项目规定》第二条、第三条规定情形的大型基础设施、公用事业等关系社会公共利益、公众安全的项目，必须招标的具体范围包括：（一）煤炭、石油、天然气、电力、新能源等能源基础设施项目；（二）铁路、公路、管道、水运，以及公共航空和A1级通用机场等交通运输基础设施项目；（三）电信枢纽、通信信息网络等通信基础设施项目；（四）防洪、灌溉、排涝、引（供）水等水利基础设施项目；（五）城市轨道交通等城建项目。按照上述规定，涉案工程不再属于必须招标的工程项目。但由于奥某斯公司依据《招标投标法》的规定采取邀请招标的方式，故仍应当依照该法的规定进行招投标活动。由于奥某斯公司违反了《招标投标法》第十七条关于"招标人采用邀请招标方式的，应当向三个以上具备承担招标项目的能力、资信良好的特定的法人或者其他组织发出投标邀请书"等相关规定，一审法院认定四份《备案合同》和《施工合同》均无效并无明显不当。

2. 依照《建设工程司法解释》第二条关于"建设工程施工合同无效，但建设工程经竣工验收合格，承包人请求参照合同约定支付工程价款的，应予支持"的规定，结合涉案工程已经竣工验收合格的事实，应参照龙某公司与奥某斯公司实际履行的合同认定涉案工程价款。本院认为，龙某公司与奥某斯公司实际履行的是《施工合同》而非《备案合同》，理由如下：第一，龙某公司向奥某斯公司支付质量保证金1.05亿元，与双方当事人在《施工合同》中约定的质量保证金的数额相同。而《备案合同》约定的质量保证金仅为2054.72万元。第二，龙某公司在履行合同过程中向工商银行象山支行申请开立的以奥某斯公司为受益人的《建设工程履约保函》载明，该保函是为了履行《施工合同》需要而出具的。第三，龙某公司在上海证券交易所向投资人发布的公告载明与奥某斯公司签订了《施工合同》以及实际履行该合同。第四，龙某公司与奥某斯公司于 2010 年 12 月 24 日签订的《补充协议一》、2014 年 6 月 17 日签订的《补充协议二》均载明是以《施工合同》为基础和依据。第五，龙某公司对提交的《工程结算审核报告》系按照《施工合同》约定的土建工程总价下浮 15.5%、安装工程总价下浮 18.5% 计算工程款，并未提出异议。综合上述分析，一审法院以《施工合同》作为工程款结算依据并无不当，应予维持。

案例二：山东中某防科技发展有限公司、江苏省建某集团有限公司建设工程合同纠纷二审民事判决书｜最高人民法院·（2019）最高法民终 990 号

一、一审判决将《协议书》《补充协议》纳入确定工程价款的鉴定依据是否正确

2011 年 11 月 5 日《建设工程施工合同》专用条款第 47 条补充条款约定，"本合同如有变动，双方另行签订协议书，最终以双方签订的协议书为准"；双方当事人于 2011 年 11 月 18 日签订的《协议书》第七条约定，"2011 年 11 月 5 日签订的《建设工程施工合同》和中标通知书用于政府备案使用，不作结算依据。结算依据、付款方式以本协议签订的内容为准，本协议具有同等的法律效力，签字盖章后生效"，《协议书》有中某防公司、江苏建某公司的合同专用章及签字；2014 年 2 月 18 日《补充协议书》第十条其他事项第 1 款约定，"本协议与签订的《建设工程施工合同》具有等同的法律效力，但双方签订的《建设工程施工合同》和中标通知书与本协议相互冲突时均执行本协议"。当事人对上述合同中公司印章的真实性没有异议。

从当事人意思表示看，三份合同内容相互印证，存在允许就《建设工程施工合同》变更施工范围后的内容另行签订协议书的合意；从合同约定的不同施工范围和实际履行情况看，江苏建某公司的实际施工范围超过备案《建设工程施工合同》约定的范围；涉案工程停工后，江苏建某公司向中某防公司提交按后续协议审计的《结算书》，中某防公司经审核后，在 2015 年 3 月 12 日第二份《协议书》、2015 年 3 月 30 日《对账单》中认可了江苏建某公司报请的结算值 92832336.95 元，对该《结算书》没有提出异议。从权利义务对应看，因中某防公司未按合同约定足额支付工程进度款等原因，导致工程多次停工，相关施工费

用上涨,应当承担上述损失或者施工成本。合同实际履行中有施工范围扩大、因建设方原因导致相关施工费用上涨等情形,备案合同价款与据实结算价格之间差距较大,一审判决认定若完全按照备案合同结算,将造成当事人利益失衡是正确的。故一审将《协议书》《补充协议》纳入工程价款结算的鉴定依据之中,符合等价有偿原则,据实结算不违反双方当事人的约定和真实意思表示,对任何一方当事人并无不公,一审判决上述认定和处理并无不当。二审中,中某防公司管理人主张《协议书》《补充协议》《结算书》系中某防公司法定代表人在受胁迫情况下签署,均应无效,但未提交充分有效证据证明,本院不予支持。

案例三:江苏苏某建设工程有限公司、湖北国某置业有限公司建设工程施工合同纠纷再审审查与审判监督民事裁定书|最高人民法院·(2018)最高法民申4527号

一、关于本案应否以实际履行的合同作为工程价款结算依据的问题。本案涉案工程为商品住宅,属于必须招投标的项目。因国某公司与苏某公司的招投标属于串通投标,双方签订并经备案的《湖北省建设工程施工合同》和未经招投标程序签订的《薇某水岸三期工程总承包合同》均属于无效合同。《最高人民法院关于审理建设工程施工合同纠纷案件适用法律问题的解释》第二条规定:"建设工程施工合同无效,但建设工程竣工验收合格,承包人请求参照约定支付工程款的,应予支持",在两份合同均无效的情况下,应当以双方实际履行的合同作为结算工程款的依据。《薇某水岸三期工程总承包合同》是双方实际履行的合同,可作为双方结算工程款的依据,理由如下:首先,2011年4月13日,苏某公司向国某公司出具《承诺函》,明确表示《湖北省建设工程施工合同》仅作备案之用,不作为工程结算依据,工程结算以双方于2011年3月23日签订的《薇某水岸三期33#、36#工程施工合同》为准,而双方仅于2011年3月21日签订《薇某水岸三期工程总承包合同》,除备案合同外,双方并未就涉案工程签订其他施工合同。故苏某公司出具《承诺函》所指向的涉案工程结算合同就是《薇某水岸三期工程总承包合同》。其次,2011年8月17日,苏某公司与国某公司签订的《补充协议》,明确指向双方签订的《薇某水岸三期工程总承包合同》,系双方基于《薇某水岸三期工程总承包合同》就工程进度问题签订的。最后,国某公司与刘某斌结算中签订的《总包结算》载明的合同金额和苏某公司与刘某斌签订的《内部承包合同》及《薇某水岸三期工程总承包合同》载明的合同金额均一致,可反映出合同履行的实际情况。《最高人民法院关于审理建设工程施工合同纠纷案件适用法律问题的解释》第二十一条规定："当事人就同一建设工程另行订立的建设工程施工合同与经过备案的中标合同实质性内容不一致的，应当以备案的中标合同作为结算工程价款的根据"，该规定适用前提一般是备案的中标合同系有效合同，而本案备案中标合同《湖北省建设工程施工合同》属于无效合同，因此，该合同不能作为结算工程款的依据。苏某公司关于原审判决对涉案工程价款认定依据错误的申请再审理由不能成立。

案例四：中国建筑第某工程局有限公司、哈尔滨凯某源置业有限责任公司建设工程施工合同纠纷二审民事判决书｜最高人民法院·（2017）最高法民终730号

一、关于涉案合同效力的问题

（一）涉案合同无效。《最高人民法院关于审理建设工程施工合同纠纷案件适用法律问题的解释》第一条第三款规定："建设工程施工合同具有下列情形之一的，应当根据合同法第五十二条第（五）项的规定，认定无效：……（三）建设工程必须进行招标而未招标或者中标无效的。"本案中，双方当事人于2012年5月27日签订"玖郡6号庄园"《施工协议书》。2012年7月15日，中建某公司对"玖郡6号庄园"的A、B、C、D四个区进行全面施工。凯某源公司于2012年9月对"玖郡6号庄园"的B区项目进行招投标。2012年10月8日，双方当事人签订"玖郡6号庄园"B区《建设工程施工合同》，2012年12月19日，双方当事人办理"玖郡6号庄园"B区《建设工程施工合同》备案手续。本院认为，涉案工程系大型商品住宅小区，涉及社会公共利益及公众安全，属于《招标投标法》第三条规定必须进行招投标的范畴，双方当事人签订的《施工协议书》因未经招投标程序，应属无效合同。而双方当事人签订的《建设工程施工合同》因先施工后招标的行为，明显属于先定后招、明招暗定，也属无效合同。因此，一审法院认定双方当事人之间一系列施工合同因违反《最高人民法院关于审理建设工程施工合同纠纷案件适用法律问题的解释》第一条第三款及《招标投标法》等法律、司法解释的效力性、强制性规定而无效，认定正确。双方当事人也均认可涉案施工合同无效，本院对此予以确认。中建某公司作为大型专业施工企业，凯某源公司作为专业房地产开发企业，对上述行为违反法律、行政法规的禁止性规定应为明知，对涉案合同无效均存缔约过错。

二、关于工程造价的问题

（一）关于涉案工程价款结算标准的问题。本案中，双方当事人签订的"玖郡6号庄园"《施工协议书》与"玖郡6号庄园"B区《建设工程施工合同》均无效。中建某公司与凯某源公司虽然办理了"玖郡6号庄园"B区《建设工程施工合同》备案手续,但双方当事人于2012年12月7日签订的《情况说明》明确约定双方实际履行2012年5月27日签订的《施工协议书》,《建设工程施工合同》仅作备案之用,不作为工程计算等经济往来的依据。且双方当事人仅对"玖郡6号庄园"B区签订备案合同,而实际施工范围为A、B、C、D四个区,以《施工协议书》作为鉴定依据,更符合双方当事人的真实意思表示。因此,一审法院以《施工协议书》约定的2010年定额标准作为涉案工程价款结算标准,并无不当。中建某公司主张造价鉴定应按照备案合同进行鉴定,没有事实和法律依据,本院不予支持。

案例五:海南省某工业地质大队、海南琼某建筑工程公司建设工程施工合同纠纷再审民事判决书 | 最高人民法院 · (2017) 最高法民再249号

本院再审认为,根据地质大队的再审事由和琼某建筑公司的答辩意见,本案的争议焦点为:《建设工程施工合同》《合作合同书》《补充协议书》是否有效以及涉案工程款的结算依据。

《建设工程施工合同》系地质大队和琼某建筑公司经过招投标程序签订并经备案登记的施工合同,依法成立并有效。琼某建筑公司主张涉案工程的招标活动违反了《招标投标法》第二十二条和《招标投标法实施条例》第三十四条、第四十一条的规定,《建设工程施工合同》应属无效。《招标投标法》第二十二条规定了招标人的保密义务,《招标投标法实施条例》第三十四条规定了与招标人有利害关系的个人或单位中标无效的情形,第四十一条则规定了串通投标无效的情形。再审中,琼某建筑公司向本院提交的证据不足以证明涉案工程的招标行为存在上述法律规定的情形。此外,琼某建筑公司在原一、二审中均未主张涉案《建设工程施工合同》无效,也未提交任何证据证明该合同无效。二审认定该合同有效,其亦未向本院申请再审。因此,对琼某建筑公司的该项主张不予支持。

《招标投标法》第四十六条第一款规定:"招标人和中标人应当自中标通知书发出之日起三十日内,按照招标文件和中标人的投标文件订立书面合同。招标人和中标人不得再行订立背离合同实质性内容的其他协议。"《建设工程施工合同解释》第二十一条规定:"当事人就同一建设工程另行订立的建设工程施工合同与经过备案的中标合同实质性内容不一致的,应当以备案的中标合同作为结算工程价款的根据。"本案中,地质大队和琼某建筑公司于2011年12月8日依据中标文件签订《建设工程施工合同》并办理了合同备案。该合同约定：工程价款为15816541.39元，合同价款采用固定价格方式确定，无论工程是否有变更或工程量是否有增加或减少，工程价款均不得变更。同日，地质大队和琼某建筑公司签订的《合作合同书》约定：建成的职工住宅楼第十七层、第十八层共6套职工宿舍套房分给琼某建筑公司；地质大队所得的60套住房按定死造价每平方米2280元结算，总造价约为13800000元，项目建设所需的其余建设资金由琼某建筑公司全部承担。2011年12月18日，地质大队和琼某建筑公司签订的《补充协议书》又约定：地下室由琼某建筑公司投资建设，工程项目底层架空层临路27米长的场地使用权归琼某建筑公司所有；小区道路、园林绿化、围墙工程由琼某建筑公司施工，工程价款另行结算。从《合作合同书》及《补充协议书》约定的内容看，其均涉及对涉案工程总造价及支付方式的约定，且同招标人和中标人经备案登记的《建设工程施工合同》关于涉案工程款结算的约定不同，属于对《建设工程施工合同》的实质性内容进行变更。因此，《合作合同书》和《补充协议书》因违反法律的强制性规定而无效，涉案工程款的结算应以《建设工程施工合同》为依据。关于琼某建筑公司主张依据《建设工程施工合同》结算显失公平的问题。《最高人民法院关于贯彻执行〈中华人民共和国民法通则〉若干问题的意见》（试行）第七十二条规定，"一方当事人利用优势或者利用对方没有经验，致使双方的权利与义务明显违反公平、等价有偿原则的，可以认定为显失公平"。本案中，琼某建筑公司并未提交证据证明其作为投标人与招标人地质大队依据招投标文件签订《建设工程施工合同》存在一方利用优势地位或对方没有经验的情形，且合同显失公平并非认定合同无效的事由，依据《合同法》的相关规定，合同显失公平是合同予以撤销的法定事由。因此，琼某建筑公司的该项主张不能成立。

案例六：江苏省第某建筑安装集团股份有限公司、唐山市昌某房地产开发有限公司建设工程施工合同纠纷民事二审判决书 | 最高人民法院·（2017）最高法民终175号

本院认为，第一，《招标投标法》《建设工程项目招标范围和规模标准规定》明确规定应当进行招标的范围，涉案工程建设属于必须进行招标的项目，当事人双方2009年12月8日签订的《备案合同》虽系经过招投标程序签订，并在建设行政主管部门进行备案，但在履行招投标程序确定江苏某建公司为施工单位之前，一方面昌某公司将属于建筑工程单位工程的分项工程基坑支护委托江苏某建公司施工，另一方面江苏某建公司、昌某公司、设计单位及监理单位对涉案工程结构和电气施工图纸进行了四方会审，且江苏某建公司已完成部分楼栋的定位测量、基础放线、基础垫层等施工内容，一审法院认定涉案工程招标存在未招先定等违反《招标投标法》禁止性规定的行为，《备案合同》无效并无不当。

第二，当事人双方2009年12月28日签订的《补充协议》系未通过招投标程序签订，且对备案合同中约定的工程价款等实质性内容进行变更，一审法院根据《建设工程施工合同司法解释》第二十一条规定，认为《补充协议》属于另行订立的与经过备案中标合同实质性内容不一致的无效合同并无不当。

第三，《建设工程施工合同司法解释》第二条规定，建设工程施工合同无效，但建设工程经竣工验收合格，承包人请求参照合同约定支付工程价款的，应予支持。《建设工程施工合同司法解释》第二十一条规定，当事人就同一建设工程另行订立的建设工程施工合同与经过备案的中标合同实质性内容不一致的，应当以备案的中标合同作为结算工程价款的根据。就本案而言，虽经过招投标程序并在建设行政主管部门备案的《备案合同》因违反法律、行政法规的强制性规定而无效，并不存在适用《建设工程施工合同司法解释》第二十一条规定的前提，也并不存在较因规避招投标制度、违反备案中标合同实质性内容的《补充协议》具有优先适用效力。

《合同法》第五十八条规定，合同无效或者被撤销后，因该合同取得的财产，应当予以返还；不能返还或者没有必要的，应当折价补偿。有过错的一方应当赔偿对方因此所受到的损失，双方都有过错的，应当各自承担相应的责任。建设工程施工合同的特殊之处在于，合同的履行过程，是承包人将劳动及建筑材料物化到建设工程的过程，在合同被确认无效后，只能按照折价补偿的方式予以返还。本案当事人主张根据《建设工程施工合同司法解释》第二条规定参照合同约定支付工程价款，涉案《备案合同》与《补充协议》分别约定不同结算方式，应首先确定当事人真实合意并实际履行的合同。

结合本案《备案合同》与《补充协议》，从签订时间而言，《备案合同》落款时间为2009年12月1日，2009年12月30日在唐山市建设局进行备案；《补充协议》落款时间为2009年12月28日，签署时间仅仅相隔二十天。从约定施工范围而言，《备案合同》约定施工范围包括施工图纸标识的全部土建、水暖、电气、电梯、消防、通风等工程的施工安装，《补充协议》约定施工范围包括金色和园项目除土方开挖、通风消防、塑钢窗、景观、绿化、车库管理系统、安防、电梯、换热站设备、配电室设备、煤气设施以外所有建筑安装工程，以及雨污水、小区主环路等市政工程。实际施工范围与两份合同约定并非完全一致。从约定结算价款而言，《备案合同》约定固定价，《补充协议》约定执行河北省2008年定额及相关文件，建筑安装工程费结算总造价降3%，《补充协议》并约定价格调整、工程材料由甲方认质认价。综上分析，当事人提交的证据难以证明其主张所依据的事实，一审判决认为当事人对于实际履行合同并无明确约定，两份合同内容比如甲方分包、材料认质认价在合同履行过程中均有所体现，无法判断实际履行合同并无不当。

在无法确定双方当事人真实合意并实际履行的合同时，应当结合缔约过错、已完工程质量、利益平衡等因素，根据《合同法》第五十八条规定由各方当事人按过错程度分担因合同无效造成的损失。一审法院认定本案中无法确定真实合意履行的两份合同之间的差价作为损失，基于昌某公司作为依法组织进行招投标的发包人，江苏某建公司作为对于招投标法等法律相关规定也应熟知的具有特级资质的专业施工单位的过错，结合本案工程竣工验收合格的事实，由昌某公司与江苏某建公司按6∶4比例分担损失并无不当。江苏某建公司上诉主张应依《补充协议》结算工程价款，事实依据和法律依据不足，本院不予支持。

案例七：成都市第某建筑工程公司、成都天某府实业有限公司建设工程施工合同纠纷二审民事判决书｜四川省高级人民法院（2018）川民终707号

一、认定工程价款的合同依据

2012年8月30日，天某府公司与成都某建公司签订《时某豪廷广场工程建设施工合同》及《时某豪廷广场项目施工合同补充协议》、附件二《房屋建筑工程质量保修书》、附件三《安全生产合同书》。2013年6月21日，天某府公司与成都某建公司订立了《建设工程施工合同》及其附件，并于2013年7月24日备案。2013年9月9日，天某府公司出具《时某豪廷广场工程招标邀请书》邀请成都某建公司参加投标。2013年6月20日《中标通知书》及2013年10月15日两份《中标通知书》载明成都某建公司中标涉案工程。2013年10月26日，天某府公司与成都某建公司订立了《建设工程施工合同》及其附件，于2013年11月25日备案。同日，天某府公司与成都某建公司还订立了一份《建设工程施工合同》及其附件，于2013年11月25日备案。2013年11月12日，戴某向天某府公司出具两份《承诺书》，承诺一标段（时某豪廷广场B栋办公楼、C、D栋住宅楼、部分裙楼商业、部分地下室）双方于2013年6月21日已签订的《建设工程施工合同》以及二、三标段（时某豪廷广场 A 栋办公楼、部分裙楼商业、部分地下室）双方于 2013 年 10 月 26 签订的《建设工程施工合同》仅用于备案使用，时某豪廷广场项目的结算均以 2012 年 8 月 30 日签订的《时某豪廷广场工程建设施工合同》及附件和补充协议为准，并作为双方权利义务履行的依据。戴某在两份《承诺书》"成都市第一建筑工程公司时某豪廷广场项目负责人"处签字。

　　本院认为，其一，《招标投标法》第三条规定必须进行招投标的工程，主要有以下三种：大型基础设施和公用事业等关系社会公共利益、公众安全的项目，全部或部分使用国有资金投资项目或国家融资的项目，使用国外组织或外国政府贷款、援助资金的项目。很显然，本案项目属于该法规定的必须进行招投标的项目。再者，《招标投标法》第四十六条第一款规定"招标人和中标人应当自中标通知书发出之日起三十日内，按照招标文件和中标人的投标文件订立书面合同。招标人和中标人不得再行订立背离合同实质性内容的其他协议"，《合同法》第五十二条①规定，违反法律、行政法规的强制性规定的合同无效。于本案中，2013 年 9 月 9 日，天某府公司出具《时某豪廷广场工程招标邀请书》邀请成都某建公司参加投标。但《中标通知书》发出的时间却是 2013 年 6 月 20 日，可见并不符合《招标投标法》中进行实质意义招投标的法定程序。故此，所谓招投标之后双方于 2013 年 10 月 26 日签订并备案的两份《建设工程施工合同》及其附件违反法律强制性规定，应属无效，并非《最高人民法院关于审理建设工程施工合同纠纷案件适用法律问题的解释》第二十一条规定的"当事人就同一建设工程另行订立的建设工程施工合同与经过备案的中标合同实质性内容不一致的，应当以备案的中标合同作为结算工程价款的根据"之情形，不能当然适用该条规定。其二，因涉案工程属于必须进行招投标的项目，而 2012 年 8 月 30 日签订的《时某豪廷广场工程建设施工合同》、2013 年 6 月 21 日签订并备案的《建设工程施工合同》并未经过招投标程序，故而也属无效合同。其三，因成都某建公司向天某府公司出具的《授权委托书》载明委任戴某为时某豪廷项目负责人，全权代理成都某建公司就该工程的施工建设及与该项目相关的一切事务，则 2013 年 11 月 12 日，戴某向天某府公司出具两份《承诺书》系代表成都某建公司作出的意思表示，法律后果由成都某建公司承担。该两份《承诺书》中明确承诺一标段（时某豪廷广场 B 栋办公楼、C、D 栋住宅楼、部分裙楼商业、部分地下室）

---

① 编者按：已失效，被《民法典》吸收。

双方于 2013 年 6 月 21 日已签订的《建设工程施工合同》以及二、三标段（时某豪廷广场 A 栋办公楼、部分裙楼商业、部分地下室）双方于 2013 年 10 月 26 签订的《建设工程施工合同》仅用于备案使用，时某豪廷广场项目的结算均以 2012 年 8 月 30 日签订的《时某豪廷广场工程建设施工合同》及附件和补充协议为准，并作为双方权利义务履行的依据；2013 年 11 月 25 日双方签订的《补充协议》对《承诺书》的意思表示再次予以确认；加之成都某建公司于 2012 年 10 月进入现场并作施工准备，2013 年 4 月 16 日已经实际开工，因此双方于 2012 年 8 月 30 日签订的《时某豪廷广场工程建设施工合同》《时某豪廷广场项目施工合同补充协议》及附件作为反映双方真实意思的合同，应是结算工程价款的依据。成都某建公司的该项上诉理由不成立，本院不予支持。

案例八：北京恒远中某投资有限公司、北京城建某建设集团有限公司建设工程施工合同纠纷一审民事判决书｜北京市第三中级人民法院·（2019）京 03 民初 575 号

关于争议焦点一，《施工总承包合同》《框架协议书》的效力认定问题，恒远中某公司以《协议书》约定《施工总承包合同》仅用于备案，不作为双方支付款项及结算的依据，且双方在招投标前已就涉案工程进行磋商并提前拟定《框架协议书》等为由，主张在投标过程中存在投标人与招标人相互串通的情形，根据《招标投标法》第五十三条等的规定，《施工总承包合同》《框架协议书》应为无效。对此，本院认为，第一，从恒远中某公司与城建某公司签订的三份合同的先后顺序来看，备案的《施工总承包合同》在先，之后签署《框架协议书》及《协议书》，不存在双方事先签订一份与备案中标合同背离的合同，不符合双方串通投标的情形。第二，即使《协议书》第一条约定不以《施工总承包合同》内容作为结算依据，但仅是双方对于工程价款结算依据的约定，并不因此否定《施工总承包合同》和《框架协议书》的效力。第三，从合同的履行情况来看，双方均确认城建某公司于 2015 年 12 月底进场施工，与《施工总承包合同》所约定的计划开工日期相符。第四，恒远中某公司对其主张的串通投标情形未提供其他充分有效的证据予以证明，且在涉案工程施工过程中，恒远中某公司一直未就合同效力问题提出异议，反而是以客观情况发生重大变化为由向城建某公司发出《解除协议通知书》。第五，涉案工程既非大型基础设施、公用事业等关系社会公共利益、公众安全的项目，亦非全部或者部分使用国有资金投资或者国家融资的项目，更非使用国际组织或者外国政府贷款、援助资金的项目，即不属《招标投标法》第三条规定必须进行招标的建设项目。第六,城建某公司具有建筑业企业施工资质,恒远中某公司就涉案工程项目取得《建设工程规划许可证》,恒远中某公司并未对其主张情形提供充分证据予以证明,涉案合同亦均无其他无效情形。综上,《施工总承包合同》《框架协议书》均系双方当事人真实意思表示,内容未违反法律和行政法规的强制性规定,应属合法有效。

《招标投标法》第四十六条第一款规定:"招标人和中标人应当自中标通知书发出之日起三十日内,按照招标文件和中标人的投标文件订立书面合同。招标人和中标人不得再行订立背离合同实质性内容的其他协议。"《最高人民法院关于审理建设工程施工合同纠纷案件适用法律问题的解释》第二十一条规定:"当事人就同一建设工程另行订立的建设工程施工合同与经过备案的中标合同实质性内容不一致的,应当以备案的中标合同作为结算工程价款的根据。"《最高人民法院关于审理建设工程施工合同纠纷案件适用法律问题的解释(二)》第一条第一款规定:"招标人和中标人另行签订的建设工程施工合同约定的工程范围、建设工期、工程质量、工程价款等实质性内容,与中标合同不一致,一方当事人请求按照中标合同确定权利义务的,人民法院应予支持。"本案中,当事人另行订立的《框架协议书》,对涉案工程的工期、价款等方面作出实质性变更,该《框架协议书》虽然是当事人真实意思表示,并在中标合同后进行了合同相关内容的重新确认和补充,但其合同形式不合法,不论其是否被实际履行,均不产生变更经过备案的《施工总承包合同》的法律效力。故涉案工程应以《施工总承包合同》作为结算工程价款的依据。

025 数份建设工程施工合同均无效,且难以确定哪一份是实际履行的合同时,如何确定工程价款的结算依据?

阅读提示

数份建设工程施工合同均无效的情况下,应参照当事人实际履行的合同结算工程价款,但是无法确定哪一份合同是实际履行的合同时,应如何确定工程价款的结算依据呢?

裁判要旨

当事人就同一建设工程订立的数份施工合同均无效，但建设工程质量合格，一方当事人请求参照实际履行的合同结算建设工程价款的，人民法院应予支持。实际履行的合同难以确定，当事人请求参照最后签订的合同结算工程价款的，人民法院应予支持。

案情简介

一、2014年7月15日，宝某公司与核某公司签订了《建设工程施工合同》（以下简称《20140715合同》）。约定由核某公司承建山西宝某食品工业园车间及附属工程，合同价款采取固定单价方式，合同总价为1.19亿元。

二、签订合同后，宝某公司履行了招标程序，核某公司的工作人员谌某以宝某公司代表的身份进入评标委员会参与评标，后核某公司中标。

三、2015年6月5日，宝某公司与核某公司签订了《建设工程施工合同》（以下简称《20150605合同》），合同约定由核某公司承建"新建宝某食品产业一体化项目"三标段工程，合同价为179407602.85元。该合同已备案。

四、取得涉案项目的《建设工程施工许可证》后，核某公司履行了施工义务，施工工程经第三方检测单位鉴定合格。

五、由于宝某公司拖欠工程款，核某公司向法院提起诉讼。一审法院认为，备案的《20150605合同》为有效合同，应作为工程价款的结算依据。

六、宝某公司认为双方构成串通投标，《20150605合同》系无效合同，不应作为结算依据，故提起上诉。二审法院认为，现有证据不足以证明宝某公司的主张，判决驳回上诉。

七、最高人民法院认为，涉案《20140715合同》《20150605合同》均为无效，由于现有证据不能认定双方实际履行的是哪份合同，应将双方当事人最后签订的合同即《20150605合同》作为结算依据。

法律分析

第一，《招标投标法》第五十三条规定，投标人与招标人串通投标的，中标无效。

本案中，宝某公司在招投标程序开始前就和核某公司签订了施工合同，且谌某作为核某公司的工作人员以宝某公司代表的身份成为评标委员会成员参与评标，上述行为属于《招标投标法实施条例》第四十一条第二款第六项规定的"招标人与投标人为谋求特定投标人中标而采取的其他串通行为"情形，构成招标人与投标人串通投标，故核某公司中标无效。

第二，根据《最高人民法院关于审理建设工程施工合同纠纷案件适用法律问题的解释（一）》第一条第一款第三项的规定，建设工程必须进行招标而未招标或者中标无效的，建设工程施工合同无效。

本案中，由于核某公司中标无效，宝某公司和核某公司签订的《20150605合同》也无效。

第三，《最高人民法院关于审理建设工程施工合同纠纷案件适用法律问题的解释（一）》第二条规定："招标人和中标人另行签订的建设工程施工合同约定的工程范围、建设工期、工程质量、工程价款等实质性内容，与中标合同不一致，一方当事人请求按照中标合同确定权利义务的，人民法院应予支持。"

该条适用的前提是中标合同合法有效。本案中，《20150605合同》因中标无效而无效，所以不能适用该条，中标合同并不必然具有更优先的效力。

第四，《最高人民法院关于审理建设工程施工合同纠纷案件适用法律问题的解释（一）》第二十四条规定："当事人就同一建设工程订立的数份建设工程施工合同均无效，但建设工程质量合格，一方当事人请求参照实际履行的合同关于工程价款的约定折价补偿承包人的，人民法院应予支持。实际履行的合同难以确定，当事人请求参照最后签订的合同关于工程价款的约定折价补偿承包人的，人民法院应予支持。"

《20140715合同》和《20150605合同》均无效，且依据现有证据不能认定双方实际履行的是哪份合同，应参照最后签订的合同即《20150605合同》结算建设工程价款。

实务经验

一、存在多份建设工程施工合同时，以中标合同为结算依据的前提条件是中标合同有效。在中标合同无效的情况下，中标合同并不优先于其他合同作为结算依据。建议承包人在承接项目时，严格遵守相关法律法规进行投标程序，否则可能导致中标合同无效、结算困难等问题。

二、在中标合同与另行签订的合同均无效的情况下，法院会选择双方实际履行的合同作为发包人向承包人折价补偿的依据，实际履行的合同最符合当事人的真实意思，法院一般会将实际工程进度、施工范围、工程价款约定等方面与合同约定相比较，以确定哪一份是实际履行的合同。

三、由于建设工程一般施工周期较长，当事人履行施工合同时可能存在不同合同内容之间的交叉，履行情况可能同时符合多份合同的内容，在无法明确当事人到底履行的是哪一份合同时，可以参照最后签订的合同作为折价补偿的依据。

四、也有一些类似的案例，法院没有参照最后签订的合同结算，而是结合缔约过错、已完工工程质量、利益平衡等因素，按当事人过错程度确定折价补偿款。

法条链接

《中华人民共和国招标投标法》（2017年修正）

第三十七条 评标由招标人依法组建的评标委员会负责。

依法必须进行招标的项目，其评标委员会由招标人的代表和有关技术、经济等方面的专家组成，成员人数为五人以上单数，其中技术、经济等方面的专家不得少于成员总数的三分之二。

前款专家应当从事相关领域工作满八年并具有高级职称或者具有同等专业水平，由招标人从国务院有关部门或者省、自治区、直辖市人民政府有关部门提供的专家名册或者招标代理机构的专家库内的相关专业的专家名单中确定；一般招标项目可以采取随机抽取方式，特殊招标项目可以由招标人直接确定。

与投标人有利害关系的人不得进入相关项目的评标委员会；已经进入的应当更换。

评标委员会成员的名单在中标结果确定前应当保密。

第五十三条 投标人相互串通投标或者与招标人串通投标的，投标人以向招标人或者评标委员会成员行贿的手段谋取中标的，中标无效，处中标项目金额千分之五以上千分之十以下的罚款，对单位直接负责的主管人员和其他直接责任人员处单位罚款数额百分之五以上百分之十以下的罚款；有违法所得的，并处没收违法所得；情节严重的，取消其一年至二年内参加依法必须进行招标的项目的投标资格并予以公告，直至由工商行政管理机关吊销营业执照；构成犯罪的，依法追究刑事责任。给他人造成损失的，依法承担赔偿责任。

《中华人民共和国招标投标法实施条例》（2019 年修订）

第四十一条　禁止招标人与投标人串通投标。

有下列情形之一的，属于招标人与投标人串通投标：

（一）招标人在开标前开启投标文件并将有关信息泄露给其他投标人；

（二）招标人直接或者间接向投标人泄露标底、评标委员会成员等信息；

（三）招标人明示或者暗示投标人压低或者抬高投标报价；

（四）招标人授意投标人撤换、修改投标文件；

（五）招标人明示或者暗示投标人为特定投标人中标提供方便；

（六）招标人与投标人为谋求特定投标人中标而采取的其他串通行为。

《最高人民法院关于审理建设工程施工合同纠纷案件适用法律问题的解释（一）》（法释〔2020〕25 号　2021 年 1 月 1 日实施）

第一条　建设工程施工合同具有下列情形之一的，应当依据民法典第一百五十三条第一款的规定，认定无效：

（一）承包人未取得建筑业企业资质或者超越资质等级的；

（二）没有资质的实际施工人借用有资质的建筑施工企业名义的；

（三）建设工程必须进行招标而未招标或者中标无效的。

承包人因转包、违法分包建设工程与他人签订的建设工程施工合同，应当依据民法典第一百五十三条第一款及第七百九十一条第二款、第三款的规定，认定无效。

第二条　招标人和中标人另行签订的建设工程施工合同约定的工程范围、建设工期、工程质量、工程价款等实质性内容，与中标合同不一致，一方当事人请求按照中标合同确定权利义务的，人民法院应予支持。

招标人和中标人在中标合同之外就明显高于市场价格购买承建房产、无偿建设住房配套设施、让利、向建设单位捐赠财物等另行签订合同，变相降低工程价款，一方当事人以该合同背离中标合同实质性内容为由请求确认无效的，人民法院应予支持。

第二十四条　当事人就同一建设工程订立的数份建设工程施工合同均无效，但建设工程质量合格，一方当事人请求参照实际履行的合同关于工程价款的约定折价补偿承包人的，人民法院应予支持。

实际履行的合同难以确定，当事人请求参照最后签订的合同关于工程价款的约定折价补偿承包人的，人民法院应予支持。

法院判决

最高人民法院在本案民事裁定书中就应以哪一份合同作为工程款结算依据的问题论述如下：

一、关于《20150605合同》的效力问题。首先，根据宝某公司一审中出示的《评标报告》《开标、评标阶段记录文件》《20150605合同》的记载内容，谌某作为核某公司的工作人员，却以宝某公司代表的身份成为评标委员会成员参与评标，依据《招标投标法》第三十七条第三款关于"与投标人有利害关系的人不得进入相关项目的评标委员会；已经进入的应当更换"的规定，谌某进入评标委员会确属不当。《20140715合同》的签订表明，宝某公司作为招标人在招投标程序开始前与投标人核某公司就工程范围、建设工期、工程价款等实质性内容达成一致意见，而谌某进入评标委员会、核某公司中标，上述行为符合《招标投标法实施条例》第四十一条第二款第六项规定的"招标人与投标人为谋求特定投标人中标而采取的其他串通行为"情形，属于招标人与投标人串通投标。依据《招标投标法》第五十三条的规定，核某公司的中标无效。根据《最高人民法院关于审理建设工程施工合同纠纷案件适用法律问题的解释》第一条第三项"建设工程施工合同具有下列情形之一的，应当根据合同法第五十二条第（五）项的规定，认定无效：……（三）建设工程必须进行招标而未招标或者中标无效的"规定，因核某公司的中标无效，故宝某公司与其签订的《20150605合同》应为无效，故二审判决对该合同的效力认定不当。

二、关于《20140715合同》是否为双方当事人实际履行合同的问题。根据本案查明事实，宝某公司一审中出示的《工程款支付申请表》《报验申请表》《工程款签收表》《工程支付申请统计》记载的各项单体工程的各个部分的开工时间、完成时间以及整个单体工程的总完成天数，均与《20140715合同》第一章合同协议书第3.1条约定的合同总工期不一致。宝某公司一审中出示的《工程款支付凭证》《工程款报付申请与实际付款对比表》记载的核某公司申请付款时间、宝某公司实际付款时间，亦与《20140715合同》第二章合同条件第21.1条约定的工程款支付时间、支付比例不一致。宝某公司将部分分项工程进行了擅自甩项，交由核某公司以外的第三人进行了施工。上述事实表明，双方当事人并未按《20140715合同》履行主要合同义务。故宝某公司主张双方实际履行的是《20140715合同》的申请理由不能成立。

三、关于二审判决依据《鉴定报告》确定本案工程价款是否妥当的问题。《最高人民法院关于审理建设工程施工合同纠纷案件适用法律问题的解释（二）》第十一条规定："当事人就同一建设工程订立的数份建设工程施工合同均无效，但建设工程质量合格，一方当事人请求参照实际履行的合同结算建设工程价款的，人民法院应予支持。实际履行的合同难以确定，当事人请求参照最后签订的合同结算建设工程价款的，人民法院应予支持。"涉案《20140715合同》《建设工程施工合同协议》《20150605合同》均无效，双方当事人在履行主要合同义务时，既未按《20140715合同》履行，也未按《20150605合同》履行，依据现有证据不能认定双方实际履行的是哪份合同，在双方对核某公司的施工工程部分有争议，而核某公司亦未完成全部承包工程项目的情况下，需要对项目核某公司已完工部分的工程造价进行鉴定。根据本案查明事实，《20150605合同》是双方当事人最后签订的合同。第一，《鉴定报告》参照《20150605合同》，得出工程价款为109493823.80元的鉴定结论，比《20140715合同》约定的119053590元低了9558766.2元，符合实际，亦较好地平衡了双方当事人的利益。第二，虽然智某公司是核某公司投标总价文件的编制人，但其与项目没有利害关系。宝某公司在选任鉴定机构时和智某公司接受鉴定委托后，均未对此提出异议，且智某公司在接受鉴定项目委托时，指定了不同的鉴定人进行鉴定，故宝某公司主张智某公司作为鉴定主体违法的申请理由不能成立。第三，《鉴定报告》载明的鉴定材料包括施工图纸、现场勘查和调研勘验笔录、修改通知单、工作联系单、图纸会审纪要、核某公司和宝某公司分别签字盖章现场完成情况明细，一审法院就该报告已组织双方进行了质证，故宝某公司主张鉴定材料未经质证、鉴定程序违法的申请理由不能成立。第四，在双方对核某公司的施工工程部分及其造价有争议的情况下，《鉴定报告》是对核某公司所建工程项目的造价进行鉴定，并不存在工程造价重复鉴定的问题。核某公司一审中出示的工程质量验收记录和工程结构实体检测鉴定报告均载明工程质量符合要求，并不存在质量问题。宝某公司出示的工程建设整改通知单不足以推翻工程质量验收记录和工程结构实体检测鉴定报告对工程质量的认定。故宝某公司主张存在鉴定程序违法、重复鉴定的申请理由不能成立。

案件来源

山西宝某农业科技有限公司、中国核工业某建设有限公司建设工程施工合同

纠纷再审审查与审判监督民事裁定书丨最高人民法院·（2019）最高法民申5242号

延伸阅读

案例一至案例六中，法院认为应参照双方实际履行的合同进行工程款结算，案例七中，法院将两份合同之间的差价作为损失，由当事人按各自的过错程度分担。

案例一：崔某、吉林市江某农民新村房地产开发有限公司建设工程施工合同纠纷其他民事民事裁定书丨最高人民法院·（2021）最高法民申4115号

本院经审查认为，本案申请再审审查的主要问题是：涉案《备忘录》及《会议纪要》的效力如何认定；原审判决工程款结算的依据是否正确。

关于《备忘录》及《会议纪要》的效力问题。《备忘录》系江某公司与崔某共同签订，意思表示真实明确，应认定为有效。《备忘录》第三条关于崔某须取得正某公司关于涉案工程特别授权的约定，并非《备忘录》约定的生效条件。崔某签订《备忘录》时是否取得正某公司的特别授权，不影响《备忘录》本身的效力，亦非《备忘录》其他条款的生效前提。崔某关于《备忘录》对其没有约束力的申请再审事由，缺乏事实和法律依据，本院不予采信。《备忘录》第二条约定，2014年4月6日合同为中标合同的补充约定，内容与中标合同不一致的，以该合同为准。原审判决据此认定崔某与江某公司实际履行的是2014年4月6日合同，有合同依据，本院予以支持。

《合同法》第三十二条①规定："当事人采用合同书形式订立合同的，自双方当事人签字或者盖章时合同成立。"崔某系涉案工程的实际施工人，项目部印章由其保管。原审判决据此认为《会议纪要》加盖项目部印章即视为崔某对《会议纪要》内容的确认，符合案件事实和法律规定，并无不当。崔某申请再审提交的正某公司关于项目部印章的《情况说明》，尚不能否定《会议纪要》的真实性。故对崔某关于《会议纪要》不应采信的申请再审事由，本院不予采信。

关于原审判决工程款结算依据是否正确的问题。因《备忘录》真实有效，可以认定崔某与江某公司实际履行的是2014年4月6日合同。本案不属于实际履行的合同难以确定的情形。崔某关于本案应适用《最高人民法院关于审理建设工程施工合同纠纷案件适用法律问题的解释（二）》的规定参照较后签订的合

---

① 编者按：《民法典》第490条。

同进行工程价款结算的申请再审主张,缺乏依据,本院不予支持。一审法院根据崔某的申请,依法委托吉林公某公司进行工程造价鉴定。吉林公某公司依据2014年4月6日合同及《会议纪要》关于涉案项目结算争议事项的约定作出《鉴定结论(二)》,针对双方质疑作出书面回复、对鉴定报告进行修正并出庭接受质询,鉴定程序并无违法之处。崔某虽对《鉴定结论(二)》不予认可,但未提供足以反驳的证据及理由,其申请再审提交的《(二某厂回迁区建设项目)补充协议书》,仅能证明吉林公某公司曾为江某公司参与的其他建设项目出具过测算文件,不能证明吉林公某公司与江某公司存在恶意串通损害崔某利益的行为。原审判决采信《鉴定结论(二)》并将其作为工程款结算依据,并无不当。二审法院依据诉讼费分担比例,判决双方当事人分担鉴定费用,符合公平原则,亦无不当。

案例二:丁某松、孙某等建设工程施工合同纠纷其他民事民事裁定书丨最高人民法院·(2021)最高法民申2187号

本院认为,(一)原判决认定丁某松、孙某、董某意与熙某公司实际履行的合同是燕某公司与熙某公司签订的施工合同具有事实依据。根据原审查明的事实,本案中,丁某松、孙某、董某意借用扬某江公司和燕某公司的名义分别与熙某公司就涉案工程签订了三份施工合同,丁某松、孙某、董某意主张其对熙某公司与燕某公司签订合同一事不知情,实际履行的是2011年8月8日扬某江公司与熙某公司签订的固定总价加可调价合同(合同价款为234026472元),熙某公司主张实际履行的是2011年12月24日和2012年2月24日其与燕某公司签订的固定总价合同(1#-11#楼及地下车库合同价款为81381463元)。然而,丁某松、孙某、董某意一审提供的借款协议书载明,丁某松、孙某、董某意自认挂靠燕某公司承包涉案工程,且工程报验单、质量验收记录等施工资料均以燕某公司名义报送,结合工程款拨付均是通过燕某公司拨付给丁某松等人的事实,丁某松、孙某、董某意申请再审称对熙某公司与燕某公司签订合同一事毫不知情与事实不符。涉案工程款拨付等事实亦可证明燕某公司与熙某公司之间的固定价合同是双方的真实意思表示并实际履行。同时,河北建设工程信息网公布的扬某江公司中标涉案工程1#-11#楼及地下车库工程的价款为81660300元,与燕某公司和熙某公司签订的合同约定同一标段工程价款81381463元相差无几,丁某松、孙某、董某意对扬某江公司中标价款表示认可,亦可印证燕某公司与熙某公司签订的施工合同是双方实际履行的合同。另外,即使实际履行的合同难以确定,根据《最高人民法院关于审理建设工程施工合同纠纷案件适用法律问题的解释(二)》

第十一条的规定，应参照当事人最后签订的合同作为结算工程价款的依据。

案例三：李某、正定县恒某建筑劳务分包有限公司等建设工程施工合同纠纷其他民事民事裁定书｜最高人民法院·（2021）最高法民申 2604 号

关于涉案工程的结算依据问题。《最高人民法院关于审理建设工程施工合同纠纷案件适用法律问题的解释（二）》第十一条规定："当事人就同一建设工程订立的数份建设工程施工合同均无效，但建设工程质量合格，一方当事人请求参照实际履行的合同结算建设工程价款的，人民法院应予支持。实际履行的合同难以确定，当事人请求参照最后签订的合同结算建设工程价款的，人民法院应予支持。"墅某公司与燕某建设公司针对涉案项目一期工程于 2012 年 10 月 12 日、2012 年 12 月 30 日签订了两份《建筑工程施工合同》，于 2013 年 1 月 3 日签订了备案合同《河北省建设工程施工合同》，墅某公司与恒某公司针对二期工程于 2014 年 5 月 15 日签订了《建筑工程施工合同》，上述合同均属无效。根据前述司法解释的规定，应参照实际履行的合同结算建设工程价款。关于实际履行的合同的认定问题，首先，对于二期工程，恒某公司及李某与墅某公司仅签有一份非备案合同，不存在参照其他合同结算工程价款的问题，故应参照该合同约定采用固定单价方式计算。其次，对于一期工程，2013 年 1 月 3 日签订的备案合同亦非当事人实际履行的合同。一是涉案工程施工完成后，墅某公司与李某、燕某建设公司对每栋楼的建筑面积进行了核对，显然与非备案合同约定的固定单价计价方式相一致；二是当事人之间数份合同中签订时间最晚的合同所约定的计价方式、计价标准与前两份非备案合同大致相当，可以佐证三份非备案合同对于计价方式的约定系当事人的最终真实意思。原审法院认定涉案当事人实际履行的合同为非备案合同，并无不当。

案例四：江苏帝某建设集团有限公司、新疆金某大农佳乐生态工程有限公司建设工程施工合同纠纷再审审查与审判监督民事裁定书｜最高人民法院·（2020）最高法民申 1242 号

本案申请再审的主要问题是原判决以 5 月施工合同作为工程款结算依据是否缺乏证据证明及适用法律是否错误。

经审查核实，二审所认定的出图时间与帝某公司提交的施工设计图记载的出图日期相符，5 月施工合同所记载的有图纸部分工程出图日期均在 2015 年 4 月即在该合同签订之前。5 月施工合同约定的工程价款为总价合同（固定价加预估价），明确约定了有图纸部分的工程价款数额，帝某公司以工程设计图核准时间认为 5 月施工合同在签订时并没有工程图纸从而否定 5 月施工合同的约定，与该合同内容不符，帝某公司该申请再审理由不能成立。

双方当事人于 2015 年 5 月 23 日就涉案工程签订了 5 月施工合同，2015 年 8 月 12 日签订《补充协议书》，2015 年 12 月 16 日签订 12 月备案合同。5 月施工合同和 12 月备案合同对工程承包范围、工程价款及合同价格形式、工期等实质性内容约定不一致。金某大公司称 12 月备案合同仅为备案所用，不应作为工程价款认定依据。双方均认可涉案工程按照当地政策要求必须进行建设工程合同备案。12 月备案合同并未体现与之前合同的关系，未体现是对之前合同的补充或变更。5 月施工合同对工程承包范围、工程价款、双方的权利义务、竣工结算等进行了详细的约定，而且该合同中还约定了详细的补充条款。之后双方又针对 5 月施工合同达成《补充协议书》。帝某公司申请再审称 5 月施工合同为进场合同、该合同主要内容或约定不明或没有约定的申请再审理由与合同内容明显不符，该申请再审理由不能成立。依据备案合同缴费是行政管理的需要，帝某公司以实际缴费基数作为 12 月备案合同是实际履行合同的理由不能成立。

原判决认定 5 月施工合同是双方实际履行的合同，并无不当。首先，从实际工程进度来看，帝某公司在 2015 年 4 月已进场施工，5 月施工合同约定工程于 2015 年 8 月 25 日完工，之后《补充协议书》中将工期延长至 2015 年 10 月 30 日；12 月备案合同签订时实际已完成大部分工程，但 12 月备案合同约定的施工日期为 2015 年 12 月 25 日至 2016 年 12 月 25 日；12 月备案合同约定的施工日期与实际施工时间及《补充协议书》的约定均不符。其次，从实际施工范围来看，5 月施工合同的承包范围不包含门窗、内外墙涂料、钢结构、库房车间电器照明，帝某公司实际施工内容与 5 月施工合同工程内容一致，与 12 月备案合同内容不相符。最后，从工程价款约定来看，12 月备案合同为单价合同，单价完全按照金某大公司委托的造价咨询机构所作出的造价进行约定；12 月备案合同中约定的部分施工内容在该合同签订时已由金某大公司分包给他人施工，该合同中并未剔除由他人施工部分，而是将全部工程进行造价。5 月施工合同是总价合同，包含有图部分的固定价及无图部分的预估价，该合同对工程未出图部分及变更部分约定"工程结算价下浮 15% 为最终结算价"，对未确定部分的计量取费亦进行了约定。5 月施工合同约定的工程价款更符合双方协商的结果。故结合以上，原判决依据 5 月施工合同认定工程价款，并无不当。

案例五：陕西宝某建设（集团）有限责任公司、陕西聚某节能建筑开发有限公司建设工程施工合同纠纷再审审查与审判监督民事裁定书｜最高人民法院·（2020）最高法民申 2649 号

本院认为，根据原审查明的事实，涉案工程属于必须进行招投标的工程，在履行招投标程序确定宝某公司为施工单位，根据招投标文件签订建设工程施工合同之前，宝某公司已进场施工，并与聚某公司就涉案工程实质性内容进行磋商，签订建设工程施工合同，违反了《招标投标法》第四十三条、第五十五条的强制性规定，中标行为无效。根据《最高人民法院关于审理建设工程施工合同纠纷案件适用法律问题的解释》第一条第三项的规定，中标无效，双方当事人根据招投标文件签订的施工合同即备案合同亦无效。除备案合同外，宝某公司与聚某公司在招投标前后，先后签订的多份施工合同及协议，因未通过招投标程序，该合同及协议亦无效。《最高人民法院关于审理建设工程施工合同纠纷案件适用法律问题的解释（二）》第十一条规定，当事人就同一建设工程订立的数份建设工程施工合同均无效，但建设工程质量合格，一方当事人请求参照实际履行的合同结算建设工程价款的，人民法院应予支持。实际履行的合同难以确定，当事人请求参照最后签订的合同结算建设工程价款的，人民法院应予支持。宝某公司与聚某公司签订的《补充协议》是双方当事人签订的最后一份协议，且在协议中明确约定该协议作为双方竣工结算的唯一依据。从合同实际履行情况看，宝某公司亦系按照《补充协议》约定的支付工程进度款的时间节点及比例向聚某公司申请付款，《补充协议》是双方当事人实际履行的合同。同时《补充协议》明确约定"本协议双方应遵循《聚泉小区 1#、2#、5#楼预算几点说明》"。另外，双方当事人此前签订的四份非备案合同中亦明确约定："本合同双方应遵循《聚泉小区 1#、2#、5#楼预算几点说明》中的条文。附：《聚泉小区 1#、2#、5#楼预算几点说明》"。由此可见，预算几点说明亦系宝某公司与聚某公司关于涉案工程造价结算依据的真实意思表示。宝某公司主张预算几点说明是聚某公司单方伪造夹带在合同书后面，《补充协议》是在聚某公司的胁迫下签订的，但其均未提供充分的证据予以证明。原审判决认定《补充协议》及预算几点说明为涉案工程价款的结算依据，依据充分，并无不当。

案例六：泉州市丰某建筑工程有限公司、威海胜某地产有限公司建设工程施工合同纠纷二审民事判决书｜最高人民法院·（2020）最高法民终 59 号

一、一审关于涉案多份合同效力问题的认定是否正确，双方之间应以哪份合

同作为结算工程价款的依据的问题

1. 关于涉案多份合同效力的认定问题。针对涉案合同的效力问题,威海中院(2018)鲁10民再98号民事判决认定,涉案工程属于依法必须进行招标的工程建设项目,胜某公司未经招投标即与投标人丰某公司的分支机构就合同的实质性内容进行谈判,并签订了建设工程施工合同,此后丰某公司就涉案工程中标,其中标后又与胜某公司签订了建设工程施工合同并备案。上述行为属于"明招暗定"的虚假招标行为,违反了招标投标法的强制性规定,故胜某公司与丰某威海分公司2011年8月8日签订的两份建筑施工合同、胜某公司与丰某公司2012年1月16日签订的建筑施工合同均为无效合同。根据该生效判决的认定,前述合同应为无效合同。二审中,胜某公司虽主张涉案合同应为有效合同,但其并未提供相应的证据推翻前述已为人民法院发生法律效力的裁判所确认的事实,在此情况下,一审判决对涉案多份合同效力问题的认定正确。

2. 关于结算工程价款的依据问题,《最高人民法院关于审理建设工程施工合同纠纷案件适用法律问题的解释(二)》第十一条规定:"当事人就同一建设工程订立的数份建设工程施工合同均无效,但建设工程质量合格,一方当事人请求参照实际履行的合同结算建设工程价款的,人民法院应予支持。实际履行的合同难以确定,当事人请求参照最后签订的合同结算建设工程价款的,人民法院应予支持。"根据前述司法解释的规定,涉案协议均无效后,对于当事人有关参照实际履行的合同结算建设工程价款的请求,人民法院应予支持。针对实际履行的合同问题,当事人于诉讼过程中存在较大争议。结合当事人的主张和鉴定机构的鉴定意见等分析,主要的争议在于《价款协议书》是否为当事人实际履行的合同依据。本院认为,一审判决认定《价款协议书》为当事人实际履行的协议,并以此作为认定涉案工程价款的依据并无不当。理由如下:首先,涉案《价款协议书》与《6700万元合同》《1.5亿元合同》《备案合同》在工程范围、工期、质量、保修等合同必要内容等方面并不存在实质性差异,仅在涉案工程造价计价方式上作出了不同的约定,即由"可调价格合同方式"变更为"固定单价方式"。且《价款协议书》的订立时间迟于前述合同,应以当事人最终的意思表示作为确定双方当事人权利义务的依据。其次,合同履行过程中,丰某威海分公司根据其施工形象进度制作了《工程付款申请单》。从该《工程付款申请单》记载的情况看,形象进度款的计算依据为:施工工程量×《价款协议书》约定的单价×形象进度百分比。而涉案工程形象进度款的计算依据与《价款协议书》所约定的计算标准一致。最后，丰某公司虽上诉主张应以《备案合同》《1.5亿元合同》等作为认定涉案工程价款的依据，但并未提供相应的证据证明，根据《最高人民法院关于适用的解释》第九十条有关"当事人对自己提出的诉讼请求所依据的事实或者反驳对方诉讼请求所依据的事实，应当提供证据加以证明，但法律另有规定的除外。在作出判决前，当事人未能提供证据或者证据不足以证明其事实主张的，由负有举证证明责任的当事人承担不利的后果"规定，丰某公司的主张亦不能获得支持。

026 发包人收到结算文件逾期未答复时，承包人能否按照通用条款的默示推定内容，依据单方制作的结算文件向发包人索要工程款？

阅读提示

建设工程施工合同通常由协议书、通用条款和专用条款三部分组成。通用条款是示范文本制订单位提前制订的示范性条款，协议书和专用条款由当事人协商一致后订立。通用条款中对各方具有重大影响的默示推定内容，能否作为当事人主张权利的依据？

裁判要旨

通用条款中对各方权利义务具有重大影响的"收到结算文件逾期未答复视为认可"等默示推定内容，既没有写入专用条款，也没有在专用条款中明确约定受该项内容约束的，不能作为承包人主张权利的依据。

案情简介

一、2010年11月3日，京某公司与海某公司签订了《建设工程施工合同》。约定：海某公司承包京某公司发包的福安市"京某·韩某煌都"（一期）建设项目。发包人应当自收到竣工结算资料之日起7天内对资料的完整性进行审查，并将审查结果书面告知承包人。发包人未在7天内将审查结果告知承包人的，视为结算资料已完整。发包人应从收到完整结算资料之日起，在合同约定时限内向承包人出具书面审查意见，予以核减的，应在审查意见中逐项明确理由和依据；发包人未在合同约定时限内出具书面审查意见的，视同认可承包人的竣工结算报告。

二、2010年12月8日，京某公司与海某公司签订《施工承包协议书》，工程名称：福安市"京某·韩某煌都"工程。工程款支付：单体工程竣工验收合格后30天内，承包人提供竣工结算书及结算资料，发包人收到结算书60天内提出审核意见，双方在30天内核对完毕。工程竣工结算办理后7天内，发包人付至结算总造价的97%，结算总造价的3%作为工程保修金。工程保修金（除防水工程造价3%外）在工程竣工验收合格满两年后7天内付清。

三、2013年9月17日，韩某煌都一期工程通过竣工验收并交付使用。海某公司于2014年1月22日向京某公司提交了《工程竣工结算报告》，并于2014年7月15日向京某公司提交了完整的结算资料，报送造价306591837.9元。

四、2014年9月22日，京某公司与海某公司就"京某·韩某煌都"（一期）工程后期事宜签署了《会议纪要》，明确：承包人请求发包人加快进度审结造价。承包人已经报送的结算资料，发包人将于2014年10月份提出初审意见，双方就初审意见尽快落实相关的其他事宜。

五、2014年10月13日，京某公司通过快递向海某公司发送《关于韩某煌都一期工程款支付情况及结算要求的说明》，明确表示海某公司提交的结算资料仍不完整，存在结算价格差异较大的情形。2014年11月27日，京某公司再次通过快递向海某公司发送《关于要求尽快办结"韩某煌都一期工程结算"的函》，希望双方尽快办结涉案工程结算。海某公司主张其并未收到前述两份函件。

六、海某公司诉至法院，诉讼中，海某公司主张本案应依据合同通用条款的约定，以其提交的《工程竣工结算报告》为依据确认工程款，京某公司主张双方就通用条款并未达成一致意思表示，应以鉴定意见为依据确认工程价款。

法律分析

一、对于建设工程施工合同中专用条款和通用条款的适用顺序及规则，应结合合同中关于适用顺序的约定、条款内容及性质、交易习惯等进行综合判断。如果专用条款是对通用条款的细化和补充，应一并适用通用条款和专用条款；如果两者相抵触，鉴于专用条款是双方协商一致的结果，而通用条款是示范性格式条款，应适用专用条款；如果通用条款中具有的内容，在专用条款中没有约定的，应判断通用条款的该项内容是否属于"免除或减轻一方责任、加重另一方责任、排除或限制一方主要权利"等对当事人具有重大利害关系的内容，如属于则参照《民法典》第四百九十六条的精神，应认定通用条款的该项内容对当事人不具有约束力。

二、《最高人民法院关于审理建设工程施工合同纠纷案件适用法律问题的解释》（法释〔2004〕14号）（已失效）第二十条规定，"当事人约定，发包人收到竣工结算文件后，在约定期限内不予答复，视为认可竣工结算文件的，按照约定处理。承包人请求按照竣工结算文件结算工程价款的，应予支持"。《民法典》颁布后最高法院对司法解释进行清理修订时，该条内容在修订后的《最高人民法院关于审理建设工程施工合同纠纷案件适用法律问题的解释（一）》（法释〔2020〕25号）第二十一条中予以保留。《最高人民法院关于如何理解和适用〈最高人民法院关于审理建设工程施工合同纠纷案件适用法律问题的解释〉第20条的请求的复函》（〔2005〕民一他字第23号）中指出："适用该司法解释第二十条的前提条件是当事人之间约定了发包人收到竣工结算文件后，在约定期限内不予答复，则视为认可竣工结算文件。承包人提交的竣工结算文件可以作为工程款结算的依据。建设部制定的建设工程施工合同格式文本中的通用条款第33条第3款的规定，不能简单地推论出，双方当事人具有发包人收到竣工结算文件一定期限内不予答复，则视为认可承包人提交的竣工结算文件的一致意思表示，承包人提交的竣工结算文件不能作为工程款结算的依据"。云亭建工律师团队认为，适用通用条款中的"收到结算文件逾期未答复视为认可"等默示推定内容，必须以当事人在协议书、专用条款中有明确约定为前提。

实务经验

第一，工程结算条款是对当事人权利义务具有重大影响的条款，承发包双方在签订合同时，应充分考虑、认真对待。如果双方协商一致采用"收到结算文件逾期未答复视为认可"等默示推定内容的，应在专用条款、协议书中明确约定，以免因此产生纠纷。

第二，如果双方协商一致采用"收到结算文件逾期未答复视为认可"的，实践中应注意：承包人向发包人递交结算文件时，应提供完整、详细的书面结算资料，以便发包人审核。同时应采用有据可查的送达方式，例如：由专人送达且要求发包人负责人签收、向合同约定的发包人收件地址发送邮件或电子邮件送达、通过EMS邮寄送达且在邮寄单上注明邮件内容，一般不采用留置送达。

第三，在明确约定采用"收到结算文件逾期未答复视为认可"的前提下，发包人收到承包人送达的结算文件时，应首先对结算文件进行形式审查，看结算文件所涉工程是否通过了竣工验收、是否满足了结算的前提条件，看结算文件是否附有招投标文件、施工合同及相关协议、施工组织设计、签证资料、图纸会审、设计变更、竣工图纸、隐蔽工程施工记录、材料认价单及进场验收合格证明、专业分包项目协议书等，如果相关资料缺失导致无法对结算文件进行审核的，应及时书面通知承包人补充提交。承包人提交的结算资料齐全的，发包人应在约定期限内自行审核或委托第三方中介机构审核，并将审核结果在约定期限内通知承包人。

第四，承包人提交的结算资料不全或有瑕疵，致使发包人无法审核，发包人通知承包人补充或补正的，审核期限应从承包人补充或补正后重新起算。发包人收到承包人提交的结算文件后，积极与承包人进行核对，在约定期限内未完成审核的，不属于"逾期未答复"情形。

法条链接

《中华人民共和国民法典》（2021年1月1日实施）

第四百九十八条 对格式条款的理解发生争议的，应当按照通常理解予以解释。对格式条款有两种以上解释的，应当作出不利于提供格式条款一方的解释。格式条款和非格式条款不一致的，应当采用非格式条款。

《最高人民法院关于审理建设工程施工合同纠纷案件适用法律问题的解释（一）》（法释〔2020〕25号 2021年1月1日实施）

第二十一条 当事人约定，发包人收到竣工结算文件后，在约定期限内不予答复，视为认可竣工结算文件的，按照约定处理。承包人请求按照竣工结算文件结算工程价款的，人民法院应予支持。

《最高人民法院关于如何理解和适用〈最高人民法院关于审理建设工程施工合同纠纷案件适用法律问题的解释〉第20条的请示的复函》（〔2005〕民一他字第23号）

你院渝高法〔2005〕154号《关于如何理解和适用最高人民法院〈关于审理建设工程施工合同纠纷案件适用法律问题的解释〉第二十条的请示》收悉。经研究，答复如下：

同意你院审委会的第二种意见，即：适用该司法解释第二十条的前提条件是当事人之间约定了发包人收到竣工结算文件后，在约定期限内不予答复，则视为认可竣工结算文件。承包人提交的竣工结算文件可以作为工程款结算的依据。建设部制定的建设工程施工合同格式文本中的通用条款第 33 条第 3 款的规定，不能简单地推论出，双方当事人具有发包人收到竣工结算文件一定期限内不予答复，则视为认可承包人提交的竣工结算文件的一致意思表示，承包人提交的竣工结算文件不能作为工程款结算的依据。

最高人民法院民事审判庭
二〇〇六年四月二十五日

案件来源

福安市京某房地产有限公司、中建海某建设发展有限公司建设工程施工合同纠纷再审民事判决书｜最高人民法院·（2019）最高法民再 110 号

法院判决

涉案工程造价以海某公司提交的《工程竣工结算报告》为依据缺乏事实基础，二审判决适用法律有误。

1. 根据《建设工程施工合同解释》第二十条"当事人约定，发包人收到竣工结算文件后，在约定期限内不予答复，视为认可承包人提交的竣工结算文件的，按照约定处理。承包人请求按照竣工结算文件结算工程价款的，应予支持"的规定，承包人请求按照竣工结算文件结算工程价款，其前提必须是当事人对"发包人在约定期限内不予答复即视为认可承包人提交的竣工结算文件"这一内容有明确的约定，即必须是双方当事人协商一致的结果。2006 年 4 月 25 日最高人民法院作出的［2005］民一他字第 23 号《复函》进一步明确：建设工程施工合同格式文本中通用条款的约定，不能简单地推论出，双方当事人具有发包人收到竣工结算文件一定期限内不予答复，则视为认可承包人提交的竣工结算文件的一致意思表示，承包人提交的竣工结算文件不能作为工程款结算的依据。尽管该《复函》中所述合同格式文本中具体通用条款的条目与本案所涉合同格式文本中通用条款的条目有所不同，但该《复函》的实质精神是明确的，即双方当事人必须具有"发包人收到竣工结算文件一定期限内不予答复，则视为认可承包人提交的竣工结算文件"的一致意思表示，才能据此办理。

2. 京某公司与海某公司 2010 年 11 月 3 日签订的《建设工程施工合同》通

用合同条款第17.5.1.4条虽有"发包人未在合同约定时限内出具书面审查意见的，视同认可承包人的竣工结算报告"的内容，但专用合同条款就同一事项进行约定时，双方未将前述通用合同条款的内容写入专用合同条款所对应的内容之中。换言之，本案中，同一合同项下的通用条款和专用条款对同一事项作出了不同的约定。如何认定不同约定的法律效力，就需要结合建设工程施工合同中通用合同条款和专用合同条款的不同地位以及合同解释的有关规定加以分析认定。

  首先，建设工程施工合同中的通用合同条款一般是指工程建设主管部门或行业组织为合同双方订约的便利，针对建设工程领域的共性问题，给订约双方提供的可通用的合同条款和范本。通用合同条款作为格式条款，不是合同双方事先通过谈判，协商一致后确定的条款。建设工程施工合同中的专用合同条款是订约双方根据各方需要，针对合同项下工程项目的具体事项，经过谈判协商而作出的相应约定，系订约双方协商一致的结果。在专用合同条款就同一事项作出与通用合同条款中示范性内容不一致的约定时，应该理解为订约双方通过协商对通用合同条款中的相关事项进行了修改或者变更，双方当事人应该遵从专用合同条款的约定。针对合同法律文本适用的先后顺序，涉案《建设工程施工合同》专用合同条款第1.4条亦作了如此约定，即优先适用专用合同条款。因此，双方是否达成了"发包人在约定期限内不予答复即视为认可承包人提交的竣工结算文件"的一致意思表示，应以专用合同条款的约定为认定依据。

  其次，如前所述，通用合同条款是格式条款，专用合同条款是当事人协商确定的非格式条款。根据《合同法》第四十一条[①]规定，格式条款和非格式条款不一致的，应当采用非格式条款。就本案而言，通用合同条款确定了发包人对承包人结算资料的审查时限，同时也确定了发包人逾期未提交审查意见的法律后果（即视为认可承包人提交的竣工结算文件）；专用合同条款仅约定发包人对承包人结算资料的审查时限，而未约定发包人逾期未提交审查意见的法律后果。这种情况下不能作出发包人即接受了通用合同条款所预设的法律后果的解释，因为"视为认可承包人提交的竣工结算文件"这一责任后果，相对于发包人承担的在约定期限内不予答复的不利后果而言，并不具有唯一性。因此，在本案中不应作出"双方就'发包人收到承包人竣工结算文件后，在约定期限内不予答复，视为认可竣工结算文件'达成了一致约定"这一事实的认定。

  3. 本案其他事实也可以印证京某公司与海某公司未就"发包人在约定期限

[①] 编者按：《民法典》第498条。

内不予答复即视为认可承包方提交的竣工结算文件"达成一致。本案中,双方在 2010年11月3日签订《建设工程施工合同》后,又于2010年12月8日签订了《施工承包协议书》,该协议第七条第四项约定,"单体工程竣工验收合格30天内,承包人提供竣工结算书及结算资料,发包人收到竣工结算书60天内提出审核意见,双方并在30天内核对完毕……"结合该协议详细约定的合同价款计价方式和标准等内容,可见该协议是双方反复磋商的结果,充分展示了双方当事人的真实意思表示。然而,从该协议前述第七条第四项的内容看,与涉案《建设工程施工合同》专用合同条款的约定方式一样,也仅约定发包人审查的时限,未约定通用合同条款中有关在约定期限内不予答复,视为认可竣工结算文件的内容。从专用合同条款和《施工承包协议书》的内容可以看出,但凡是经过双方磋商达成的约定,均没有上述通用合同条款中的示范性内容,也体现了京某公司在条款磋商过程中意思表示的前后一致性,即未接受通用合同条款中有关在约定期限内不予答复,视为认可竣工结算文件的内容。而且,在2014年9月22日双方召开协调会之时,按照海某公司的意思,京某公司此时已经过了提交初审意见的时限,那么在给予京某公司宽限期时完全可以在《会议纪要》中明确京某公司逾期未提交初审意见即视为认可海某公司结算报告的内容,但双方仍未将此内容写入《会议纪要》,也可以说明双方对在约定期限内不予答复即视为认可竣工结算文件的内容并未形成一致意思表示。

  4. 京某公司虽未对海某公司报送的结算资料提出详细具体的审查意见,但其于2014年10月13日向海某公司发出了有关海某公司结算价差异较大的函件,表明京某公司对海某公司单方作出的竣工结算提出了异议。即便如海某公司所言,通用合同条款的前述约定对双方有约束力,但因京某公司已在双方约定的时限内提出了异议,海某公司单方作出的《工程竣工结算报告》和结算资料亦不能作为认定涉案工程造价的依据。虽然海某公司反驳称其未收到京某公司的上述函件,但京某公司出具函件的时间(2014年10月13日)与投递的时间(2014年10月13日)一致,海某公司在一审期间亦确认快递单存根联所记载的收件人江某端为其原法定代表人、收件地址亦是其公司地址,而顺丰速递查询结果显示邮件已签收。故京某公司主张其于2014年10月13日向海某公司寄送上述函件的事实具有高度可能性。《最高人民法院关于适用〈中华人民共和国民事诉讼法〉的解释》第一百零八条第一款规定:"对负有举证证明责任的当事人提供的证据,人民法院经审查并结合相关事实,确信待证事实的存在具有高度可能性的，应当认定该事实存在。"本院据此确认京某公司主张的事实存在。而对于海某公司的反驳主张，因其未提交证据予以佐证，本院不予采信。由此，二审判决认定京某公司与海某公司就"发包人在约定期限内不予答复即视为认可承包人提交的竣工结算文件"达成了一致，缺乏足够的事实基础。本案不具备适用《建设工程施工合同解释》第二十条的前提条件，二审判决适用该条规定以海某公司提交的《工程竣工结算报告》作为认定涉案工程款的依据，属适用法律错误。

延伸阅读

案例一：南阳宛某昕高速公路建设有限公司、内蒙古博某控股集团有限公司建设工程施工合同纠纷二审民事判决书｜最高人民法院·（2018）最高法民终879号

本院认为，本案为建设工程施工合同纠纷，广某二局的诉请之一为宛某昕公司支付拖欠的工程价款，因此工程价款如何结算是本案需要查明的基本事实。对此，原判决认定本案应适用广某二局与宛某昕公司所签《河南省内某至邓某高速公路工程土建工程 NO.2 合同段施工合同》（以下简称《施工合同》）通用条款 17.6.2 条、专用条款 A. 公路行业标准专用合同条款 17.6.1 条的约定，以及《最高人民法院关于审理建设工程施工合同纠纷案件适用法律问题的解释》第二十条的规定，以广某二局提交的最终结清申请单作为结算依据。上述合同约定及司法解释规定一般认为是工程结算的"默示推定条款"，其适用有严格条件。具体到本案，广某二局未全部完成涉案工程，且与宛某昕公司就涉案工程价款争议悬殊，此种情况下能否适用"默示推定条款"，应考察双方合同履行情况、工程进度款支付情况、宛某昕公司是否存在故意拖延结算行为、《施工合同》约定的异议期限与涉案工程量相比是否合理、宛某昕公司逾期回复的原因及时间、宛某昕公司就涉案工程价款纠纷申请仲裁是否影响"默示推定条款"的适用，等等。原审仅从宛某昕公司未严格按照前述合同条款约定的异议时间进行审核、双方当事人均未申请司法鉴定的角度进行考虑，而未全面审查相关事实，导致"默示推定条款"适用依据不充分。另，宛某昕公司二审提交一份《土建二标施工合同补充协议》，该协议效力如何，亦将影响工程价款结算方式的确定，应一并予以审查。上述问题均系本案的基本事实，应进行全面审查，并在此基础上依法判决。

案例二：贵州省冶某建设公司、遵义佳某房地产开发有限公司建设工程施工合同纠纷再审民事判决书丨最高人民法院·（2020）最高法民再 336 号

关于能否直接以冶某公司提交的工程竣工结算材料作为确定工程款的依据问题。虽然双方在合同中约定发包人派驻现场的代表应在 7 日内对承包人报送的工程结算等工程资料给予审批回复，如不回复，则视为认可，并在收到完整结算资料 60 个工作日办理完工程结算，但佳某公司现场代表在签收冶某公司所交结算资料的同时，注明"请施工单位尽快提交上述工程决算相关竣工资料（竣工图、签证单、联系单、设计变更修改通知单、竣工报告等）。本结算金额 27419046.76 元，施工单位提交相关结算资料后提交审计单位审核，若审减金额超过 10%，审计相关的所有费用由施工单位承担"。据此可以认定，佳某公司对于冶某公司提交的工程竣工结算资料中的结算金额并未认可，需要冶某公司补交相应材料后进一步核算。

冶某公司于 2015 年 2 月 11 日向佳某公司补充报送了工程竣工结算资料，佳某公司于 2015 年 2 月 14 日向冶某公司发送《关于佳某公司对承建商贵州省冶某建设公司派人到本公司无理纠缠的函》，明确表示工程根本不具备竣工验收决算的条件，不认可冶某公司报送工程结算书的结算金额。故二审判决未依冶某公司报送的工程结算资料作为涉案工程价款的支付依据并无不当。

027 施工合同未约定人机材结算依据时，应按定额还是市场价结算？

阅读提示

建设工程施工合同通常会约定计价方式和计价依据，但也有仅约定"据实结算"而对具体计价依据未作约定，还有的工程项目直至施工完毕也没有签订合同。双方在结算时发生争议诉至法院，法院会如何处理呢？

裁判要旨

在对计价依据没有约定的情况下，一般应以市场价确定工程价款。这是因为，以定额为基础确定工程造价大多不能反映企业的施工、技术和管理水平，定额标准往往跟不上市场价格的变化，而建设行政主管部门发布的市场价格信息，更贴近市场价格，更接近建筑工程的实际造价成本，且符合《民法典》的相关规定，对双方当事人更加公平。

案情简介

一、2003年11月1日，永某公司与某冶某建设公司第五分公司签订了三份建设工程施工合同。第一份合同约定：工程名称是翼缘板轧制厂工程，合同价款为452万元；第二份合同约定：工程名称为30万吨棒线材轧钢厂，合同总价款为1186万元；第三份合同约定：工程名称为轧钢厂房，合同价款是988万元。

二、经法院调查，上述三份合同均系环某公司冒用某冶金建筑公司第五分公司的名义，使用虚假公章与永某公司签订，环某公司是涉案钢结构厂房工程的实际施工人。

三、环某公司实际施工的涉案钢结构厂房工程已经竣工验收合格，永某公司已接收并投入使用。

四、因上述三份合同系同一日期签订，约定的工程价款相互矛盾，无法确定按哪一份合同确定工程价款，一审法院委托造价公司对钢结构厂房的造价进行了鉴定。造价公司分别按市场价和定额出具了两份鉴定意见。

五、一审法院审查认为，鉴定机构按定额价结算方式出具的鉴定结论与市场价结算方式出具的结论相比，事实和法律上的依据都较充分，故采信鉴定机构按定额价结算方式出具的鉴定结论。

六、本案经一审、二审及山东省高院再审，法院均采纳定额价鉴定意见。

七、永某公司不服山东省高院再审判决，向最高院申请再审。最高法院认为应采纳市场价鉴定意见作为涉案工程的造价。

法律分析

《民法典》第五百一十一条规定："当事人就有关合同内容约定不明确，依据前条规定仍不能确定的，适用下列规定：……（二）价款或者报酬不明确的，按照订立合同时履行地的市场价格履行；依法应当执行政府定价或者政府指导价的，依照规定履行……"

定额价是各地建设主管部门根据本地建筑市场建筑成本的平均值确定的，在性质上属于政府指导价范畴。《价格法》第十八条规定："下列商品和服务价格，政府在必要时可以实行政府指导价或者政府定价：（一）与国民经济发展和人民生活关系重大的极少数商品价格；（二）资源稀缺的少数商品价格；（三）自然垄断经营的商品价格；（四）重要的公用事业价格；（五）重要的公益性服务价格。"第十九条规定："政府指导价、政府定价的定价权限和具体适用范围，以中央的和地方的定价目录为依据。中央定价目录由国务院价格主管部门制定、修订，报国务院批准后公布。地方定价目录由省、自治区、直辖市人民政府价格主管部门按照中央定价目录规定的定价权限和具体适用范围制定，经本级人民政府审核同意，报国务院价格主管部门审定后公布。省、自治区、直辖市人民政府以下各级地方人民政府不得制定定价目录。"建设工程人机材价格不在《中央定价目录》（2020）和各省编制的政府定价目录中，不属于《民法典》第五百一十一条规定的"依法应当执行政府定价或者政府指导价的，依照规定履行"。

地市建设行政主管部门发布的市场价格信息每季更新，更贴近当时的市场价格，更接近建筑工程的实际造价成本。故，当合同未约定人员、机械、材料价格时，应当按照《民法典》第五百一十一条之规定，按照施工时施工地的市场信息价进行结算。

实务经验

第一，为了避免结算时发生争议，当事人应尽可能在建设工程施工合同中对结算方式、结算依据、是否调差及调差方法进行详尽的约定，尽量不要出现"执行同期定额"等容易产生争议的约定。笔者参与的一个建设工程施工合同纠纷案件，合同约定了"执行同期定额"，恰好在施工过程中该省发布了新的定额，双方结算时发生争议形成诉讼。法院委托司法鉴定后，又因无法证明哪部分工程发生在旧定额执行期、哪部分工程发生在新定额颁布实施以后，司法鉴定全部按照旧定额进行了造价鉴定，施工单位不服上诉，缠讼多年，双方都精疲力竭。

第二，通常情况下市场信息价要比定额价高。如果在建设工程施工合同中明确约定按某省某期定额结算，且未约定按同期信息价调差的话，发包人一定要仔细审查鉴定意见中的分项费用汇总表，如发现有根据同期信息价调差的，要及时提出异议。还有的合同会约定信息价在一定幅度内不调差，这时，也要仔细审查鉴定意见中的分项费用汇总表，看是否扣除了合同约定的不予调差的相应比例。否则，鉴定意见的总价会差别很大。

第三，审查鉴定意见时，要找到工程所在地建设行政主管部门发布的造价信息，与鉴定意见中的分项费用汇总表进行一一对照，看采用的价格是不是施工当时当地的信息价。如当地建设行政主管部门发布的造价信息没有该项内容的，要询问鉴定机构采用的市场价来源，是施工单位提供的采购价，还是建设单位和施工单位共同确认的认价单价格，或是鉴定机构进行市场询价得出的价格？建设项目工程量大，每一分钱乘以工程量都不是一个小数字，一定要慎之又慎。

第四，委托鉴定后，一定要认真核对各分部分项工程验收记录、施工日志等能够反映施工进度节点的证据，如实向鉴定机构提供主要工程（比如主体工程、二次结构等）的开完工时间，以便鉴定机构准确采用施工当时的市场价格，出具准确的鉴定意见。

法条链接

《中华人民共和国民法典》（2021年1月1日实施）

第五百一十一条 当事人就有关合同内容约定不明确，依据前条规定仍不能确定的，适用下列规定：

（一）质量要求不明确的，按照强制性国家标准履行；没有强制性国家标准的，按照推荐性国家标准履行；没有推荐性国家标准的，按照行业标准履行；没有国家标准、行业标准的，按照通常标准或者符合合同目的的特定标准履行。

（二）价款或者报酬不明确的，按照订立合同时履行地的市场价格履行；依法应当执行政府定价或者政府指导价的，依照规定履行。

（三）履行地点不明确，给付货币的，在接受货币一方所在地履行；交付不动产的，在不动产所在地履行；其他标的，在履行义务一方所在地履行。

（四）履行期限不明确的，债务人可以随时履行，债权人也可以随时请求履行，但是应当给对方必要的准备时间。

（五）履行方式不明确的，按照有利于实现合同目的的方式履行。

（六）履行费用的负担不明确的，由履行义务一方负担；因债权人原因增加的履行费用，由债权人负担。

《最高人民法院关于审理建设工程施工合同纠纷案件适用法律问题的解释（一）》（法释〔2020〕25号 2021年1月1日实施）

第十九条 当事人对建设工程的计价标准或者计价方法有约定的，按照约定结算工程价款。

因设计变更导致建设工程的工程量或者质量标准发生变化，当事人对该部分工程价款不能协商一致的，可以参照签订建设工程施工合同时当地建设行政主管部门发布的计价方法或者计价标准结算工程价款。

建设工程施工合同有效，但建设工程经竣工验收不合格的，依照民法典第五百七十七条规定处理。

法院判决

最高人民法院在本案民事判决书中就涉案工程价款的确定依据问题论述如下：

第一，本案应当通过鉴定方式确定工程价款。尽管当事人签订的三份建设工程施工合同无效，但在工程已竣工并交付使用的情况下，根据无效合同的处理原则和建筑施工行为的特殊性，对于环某公司实际支出的施工费用应当采取折价补偿的方式予以处理。本案所涉建设工程已经竣工验收且质量合格，在工程款的确定问题上，按照最高人民法院《关于审理建设工程施工合同纠纷案件适用法律问题的解释》第二条的规定，可以参照合同约定支付工程款。但是，由于本案双方当事人提供了由相同的委托代理人签订的、签署时间均为同一天、工程价款各不相同的三份合同，在三份合同价款分配没有规律且无法辨别真伪的情况下，不能确认当事人对合同价款约定的真实意思表示。因此，该三份合同均不能作为工程价款结算的依据。一审法院为解决双方当事人的讼争，通过委托鉴定的方式，依据鉴定机构出具的鉴定结论对双方当事人争议的工程价款作出司法认定，并无不当。

第二，本案不应以定额价作为工程价款结算依据。一审法院委托造价公司进行鉴定时，先后要求造价公司通过定额价和市场价两种方式鉴定。2007年1月19日，造价公司出具的鲁实信基鉴字〔2006〕第006号鉴定报告载明，采用定额价结算方式认定无异议部分工程造价为15772204.01元，其中直接工程费和措施费合计12097423.01元，有异议部分工程造价为39922.82元。一、二审判决以直接工程费和措施费合计12097423.01元作为确定工程造价的依据；山东省高级法院再审判决则以无异议部分15772204.01元作为工程造价。首先，建设工程定额标准是各地建设主管部门根据本地建筑市场建筑成本的平均值确定的，是完成一定计量单位产品的人工、材料、机械和资金消费的规定额度，是政府指导价范畴，属于任意性规范而非强制性规范。在当事人之间没有作出以定额价作为工程价款的约定时，一般不宜以定额价确定工程价款。其次，以定额为基础确定工程造价没有考虑企业的技术专长、劳动生产力水平、材料采购渠道和管理能力，这种计价模式不能反映企业的施工、技术和管理水平。本案中，环某公司假冒中国某冶某建设公司第五工程公司的企业名称和施工资质承包涉案工程，如果采用定额取价，亦不符合公平原则。再次，定额标准往往跟不上市场价格的变化，而建设行政主管部门发布的市场价格信息，更贴近市场价格，更接近建筑工程的实际造价成本。此外，本案所涉钢结构工程与传统建筑工程相比属于较新型建设工程，工程定额与传统建筑工程定额相比还不够完备，按照钢结构工程造价鉴定的惯例，以市场价鉴定的结论更接近造价成本，更有利于保护当事人的利益。最后，根据《合同法》第六十二条第（二）项规定，当事人就合同价款或者报酬约定不明确，依照《合同法》第六十一条的规定仍不能确定的，按照订立合同时履行地的市场价格履行；依法应当执行政府定价或者政府指导价的，按照规定履行。本案所涉工程不属于政府定价，因此，以市场价作为合同履行的依据不仅更符合法律规定，而且对双方当事人更公平。

第二，以市场价进行鉴定的结论应当作为定案依据。造价公司根据一审法院的委托又以市场价进行了鉴定，并于2007年9月26日出具的造价鉴定补充说明（二）指出，涉案工程综合单价每平方米388.35元，工程总造价11355354元。一审法院认为，造价公司按市场价结算方式出具的鉴定结论主要是以山东鲍某永君翼板有限公司委托山东正某工程造价咨询有限公司所作的鲁正基审字（2004）第0180号《关于山东鲍某永君翼板有限公司钢结构厂房工程结算的审核报告》为鉴定依据，而该报告委托主体不是合同双方当事人，该报告所涉452万元的施工合同是无效合同，且该鉴定结论缺乏较充分的工程同期材料、人工、机械等工程造价主要构成要素的市场价格资料作依据。但是，造价公司于2007年8月10日出具的补充说明（一）已经明确载明，鲁正基审字（2004）第0180号造价咨询报告中的综合单价388.35元，比较符合当时的市场情况。对于这一鉴定结论，双方当事人均未提供充分证据予以反驳。《关于山东鲍某永君翼板有限公司钢结构厂房工程结算的审核报告》委托主体是否为本案合同双方当事人，以及该报告所涉452万元施工合同是否有效，均不影响对综合单价每平方米388.35元的认定。一、二审和原再审判决对以市场价出具的鉴定结论不予采信的做法不当，应予纠正。本案所涉工程总面积为29240平方米，故工程总造价按市场价应为11355354元。鉴于永某公司已经支付工程款11952835.52元，永某公司在一审判决后没有上诉；二审维持一审判决后，永某公司亦没有提出申请再审，因此，本案工程总造价可按一审确定的12097423.01元，作为永某公司应当支付的工程款项。

案件来源

齐河环某钢结构有限公司与济南永某物资有限责任公司建设工程施工合同纠纷案｜最高人民法院·（2011）民提字第104号·《最高人民法院公报》2012年第9期（总第191期）

延伸阅读

案例一：唐山德某房地产开发有限公司、何某军建设工程施工合同纠纷二审民事判决书｜最高人民法院·（2020）最高法民终566号

二审中，双方当事人上诉就排风道风帽等材料费、外墙刮瓷涂料价款等提出异议，对此，本院认定如下：关于排风道风帽、卫生间排风道、厨房排风道、内墙涂料、钢丝网等材料。根据《建设工程施工合同》第23.2（2）的约定："……材料按同期《唐山工程造价信息》上的信息价格调整，没有信息价格的材料和设备，按双方签证价格调整，周转材料不调整。"鉴定机构认为若按定额计算1517455.91元；若结合市场行情，费用为812588.1元。一审判决根据双方约定及鉴定机构的意见，认定上述材料按市场行情计价既符合本案实际情况，也较为公平合理，本院对此予以维持。

案例二：新疆生产建设兵团某建筑安装工程公司、张某治建设工程施工合同纠纷再审审查与审判监督民事裁定书｜最高人民法院·（2017）最高法民申4875号

关于一、二审判决采纳依据市场价格确定涉案工程价款的鉴定字【2014】0606-259（B）号鉴定意见书是否正确的问题。《合同法》第六十二条（二）规定："价款或报酬不明确的，按照订立合同时履行地的市场价格履行；依法应当执行政府定价或者政府指导价的，按照规定履行。"该条规定排除适用市场价格的情形是：合同标的依据法律规定必须执行政府定价或政府指导价确定工程价款。兵团某建公司申请再审认为，造价定额及调差文件是政府指导价格，故涉案工程应适用政府指导价，是对法律规定的曲解和误读。《最高人民法院关于审理建设工程施工合同纠纷案件适用法律问题的解释》第十六条第二款和《建设工程价款结算暂行办法》第十一条对参照行政主管部门发布的计价方法或者计价标准结算工程价款的情形有明确具体的规定，涉案工程并不符合相关法律规定的情形，故兵团某建公司关于一、二审判决采纳市场价格确定涉案工程价款适用法律错误的主张，没有法律依据，不能成立。兵团某建公司申请再审称，鉴定字【2014】0606-259（B）号鉴定意见书确定的市场价格，仅系咨询个别人的意见作出，故该价格不科学。经查，鉴定机构新疆方某建设工程项目管理有限公司在对涉案项目的计价选取作出的专业说明中指出："在鉴定过程中其机构深入市场调查，并咨询了政府相关机构（昌某造价站）、大型建筑公司、建筑劳务公司、清包工的个人以及其他工程造价咨询单位等"。故兵团某建公司认为鉴定机构作出的市场价格不可信的主张，没有事实依据，且其在本案一、二审过程中亦未提出过该项主张，故其该项再审申请理由，不能成立。

028 合同约定审计是付款的前提条件时，发包人不委托审计的，承包人就无法主张工程款吗？

阅读提示

在政府或国有企业建设工程施工合同中，施工合同往往会明确约定以审计结论为结算工程价款的依据。正常情况下，工程竣工验收合格后发包人会将承包人提交的结算资料送审计机关或自行委托的工程造价机构审核，双方确认无误的审核结果即为工程价款的依据。特殊情况下，发包人迟迟不将结算资料送审，造成承包人迟迟拿不到工程款。那么，发包人不送审，承包人一点办法都没有吗？

裁判要旨

承发包双方对于审计的结算约定，意义在于落实对政府投资和以政府投资为主的建设项目的预算执行情况和决算监督，维护国家财政经济秩序，提高财政资金使用效益，防止建设项目中出现违规行为。发包人拒不将结算资料送审的情况下，法院按照法定程序委托鉴定机构通过专业的审查方式确定工程价款，其真实性、合理性并不与审计的本质相悖，效果与审计基本等同，鉴定意见可以作为结算工程价款的依据。

案情简介

一、2013年9月14日，大某建设与中建某局签订《宝某新工厂建设工程（施工总承包）建设工程施工合同》补充协议，主要内容为：工程名称为宝某新工厂建设工程（基础及回填、试验田）；承包范围为工程灰土、碎石回填进行施工，按照发包人提供的经审核的施工图纸范围；承包内容为灰土取土场内的土方开挖、拌合、灰土场内运输及回填、碎石采购及回填、灰土及碎石夯实、土方外排、试验田；合同价款暂定130550019.81元。

二、中建某局签订上述合同后，将部分工程分包给祺某公司，双方签订了《宝某新工厂建设工程土方工程施工专业分包合同》，关于工程的支付约定：竣工结算且经发包人委托的最终审计合格后45天内支付到本分包工程竣工结算额的60%，竣工后第二年付至工程全部结算款的90%，剩余的竣工结算金额的10%为质量保修金，按照质量保修金的相应条款支付。如已完工程在发包人认可完成并提前审计结算付款，专业承包人可要求工程承包人按发包人支付比例进行进度款支付。

三、中建某局与祺某公司签订了《补充协议1》《补充协议2》《补充协议3》，增加了工程范围和工程量。但没有改变进度款支付方式，仍为"经发包人委托的最终审计合格后"分期支付。

四、祺某公司承建的涉案工程已于2014年12月16日完成并经竣工验收，宝某公司已经使用。经核对双方确认中建某局已付祺某公司款总计51530543.02元。

五、发包人大某建设因故未对包括涉案工程在内的中建某局承建工程送审计机构审核，工程价款总额未确定。

六、祺某公司因索要工程价款，将中建某局诉至一审法院。一审期间法院委托志某公司对涉案工程进行鉴定，该公司于2018年1月8日作出鉴定结论，工程造价鉴定金额为141698000元，争议金额为3003830元。

七、中建某局主张涉案工程尚未竣工，亦未结算、审计，支付工程款的条件尚不具备。一审法院未采纳中建某局上述观点，判决中建某局于判决生效之日起十日内给付祺某公司工程欠款89201637.58元及利息。

八、中建某局不服一审判决，向最高法院提起上诉。最高法院对其他部分予以改判，仍未采纳中建某局"工程款支付条件尚未成就"的上诉理由，改判中建某局于本判决生效之日起十日内给付祺某公司工程欠款 87701637.58 元及利息。

法律分析

本案的焦点问题是合同约定审计是付款的前提条件，但发包人不委托审计的，承包人能否主张工程款。云亭建工律师团队认为：合同约定工程价款结算以工程决算审计为依据，但发包人拒不提交审计的，承包人可以提起民事诉讼，申请法院委托鉴定机构进行工程造价鉴定，以鉴定价格作为工程总价款。

第一，工程结算是工程竣工验收合格后，承包人依据双方所签订的施工合同编制竣工结算书，提交发包人审核后支付工程款的过程，是承发包双方平等主体之间的民事法律行为，受《民法典》调整。

第二，工程决算审计是国家审计机关依据《审计法》《基本建设财务管理规定》，对国有资金投资的工程建设项目从立项到竣工验收、交付使用全过程中实际支付的全部建设费用进行审核，是行政行为，体现的是国家意志。工程决算的范围包括勘察费、设计费、监埋费、建筑工程费、安装工程费、设备器具购置费、建设单位管理费等工程项目全过程发生的全部费用。工程决算审计的目的是维护国家财政经济秩序，提高财政资金使用效益，防止建设项目中出现违规行为。

第三，鉴于二者之间的差异，未经承发包双方明确约定，工程决算审计不能作为工程价款结算的依据。但承发包双方在施工合同中明确约定了工程决算审计为双方结算工程价款依据的，只要体现的是双方真实意思表示，亦为法律所认可。

第四，合同约定工程价款结算以工程决算审计为依据，但发包人拒不提交审计的，根据《民法典》第一百五十九条"附条件的民事法律行为，当事人为自己的利益不正当地阻止条件成就的，视为条件已经成就"之规定，承包人可以提起民事诉讼，申请法院委托鉴定机构进行工程造价鉴定，以鉴定价格作为工程总价款。

实务经验

第一，基于《审计法》《审计法实施条例》的授权，审计机关对政府投资和以政府投资为主的建设项目的总预算或者概算的执行情况、年度预算的执行情况和年度决算、单项工程结算、项目竣工决算等履行审计监督职责。故，政府投资项目、国有企业投资项目，在与施工单位结算工程款之后，均需要将项目预决算情况报审计机关审计。据此，作为发包人的行政事业单位和国有企业"理直气壮"地抛开合同，要求承包人按照审计机关的决算为准结算工程款。但承包人不服起诉的，发包人又常常败诉。

第二，站在行政事业单位和国有企业的发包人角度，建议在建设工程施工合同中，明确约定审计机关的决算审计作为结算工程款的依据。这样可以避免同一个建设工程项目，承发包双方按照合同结算是一个价格，审计机关决算是另外一个价格，无端背负玩忽职守的嫌疑。

第三，站在承包人角度，建议合同中不要明确约定以审计结论为结算依据。因为实践中财政审计通常耗时较长，如果明确约定以审计结论为结算依据的话，可能会导致长期不能足额拿到工程款。笔者参与的一件财政资金付款的绿化工程案件，竣工验收后长达十年之久仍未审计完毕，发包人以此为由抗辩工程款支付责任，导致诉讼案件久拖未结。

法条链接

《中华人民共和国民法典》（2021年1月1日实施）

第一百五十八条　民事法律行为可以附条件，但是根据其性质不得附条件的除外。附生效条件的民事法律行为，自条件成就时生效。附解除条件的民事法律行为，自条件成就时失效。

第一百五十九条　附条件的民事法律行为，当事人为自己的利益不正当地阻止条件成就的，视为条件已经成就；不正当地促成条件成就的，视为条件不成就。

《最高人民法院关于建设工程承包合同案件中双方当事人已确认的工程决算价款与审计部门审计的工程决算价款与审计部门审计的工程决算价款不一致时如何适用法律问题的电话答复意见》（［2001］民一他字第2号）

河南省高级人民法院：

你院"关于建设工程承包合同案件中双方当事人已确认的工程决算价款与审计部门审计的工程决算价款不一致时如何适用法律问题的请示"收悉。经研究认为，审计是国家对建设单位的一种行政监督，不影响建设单位与承建单位的合同效力。建设工程承包合同案件应以当事人的约定作为法院判决的依据。只有在合同明确约定以审计结论作为结算依据或者合同约定不明确、合同约定无效的情况下，才能将审计结论作为判决的依据。

二〇〇一年四月二日

《最高人民法院关于人民法院在审理建设工程施工合同纠纷案件中如何认定财政评审中心出具的审核结论问题的答复》（[2008] 民一他字第 4 号）

福建省高级人民法院：

你院（2007）闽民他字第 12 号请示收悉。关于人民法院在审理建设工程施工合同纠纷案件中如何认定财政评审中心出具的审核结论问题，经研究，答复如下：

财政部门对财政投资的评定审核是国家对建设单位基本建设资金的监督管理，不影响建设单位与承建单位的合同效力及履行。但是，建设合同中明确约定以财政投资的审核结论作为结算依据的，审核结论应当作为结算的依据。

二〇〇八年五月十六日

法院判决

一审法院认为：关于涉案工程是否具备支付工程款的条件问题，中建某局主张涉案工程尚未竣工，亦未结算、审计，其也未从发包人大某建设处收到全部工程款，因而不应向祺某公司支付工程款。……涉案土方工程系宝某新工厂总包工程的一部分，现宝某工厂已经使用，大某建设根据祺某公司提供的工程资料进行了初步审核，确认暂定工程造价为 121828599 元。在原一审期间，该院委托鉴定机构对涉案工程的造价进行了司法鉴定，鉴定金额为 141698000 元，争议金额为 3003830 元。虽然《分包合同》第 9.1 条约定了"竣工结算且经发包人委托的最终审计合格后 45 天内支付到本分包工程竣工结算额的 60%"，但由于涉案《分包合同》中并未明确约定为政府审计，合同的双方亦为平等的民事法律关系主体，且涉案工程已于 2014 年 12 月 16 日竣工验收，并由宝某公司使用至今，其造价已由该院委托的专业鉴定机构作出造价鉴定结论，在此情况下，如再以未结算审计为由拒绝支付工程欠款，既不利于纠纷的解决，也有失公允。法律规定审计机关对政府投资和以政府投资为主的建设项目的预算执行情况和决算进行审计监督，目的在于维护国家财政经济秩序，提高财政资金使用效益，防止建设项目中出现违规行为，而涉案合同约定的上述内容实际上也是为了保证工程最终结算价须通过专业的审查途径或方式，以确定结算工程款的真实合理性，故鉴定机构的鉴定意见应当作为确定工程造价的依据。关于中建某局是否存在怠于结算情形，本次一审庭审之后，中建某局提交证据证明其已于2019年6月24日向辽宁省沈阳市中级人民法院起诉，要求大某建设向其支付欠付工程款，并主张其早在祺某公司在本案中提出鉴定申请后即要求大某建设出具审计结论。一审法院认为，无论是本次庭审结束后中建某局起诉大某建设，还是按其所称于第一次审理期间（2017年）要求大某建设出具审计报告，时间均远迟于涉案工程竣工时间即2014年12月16日，中建某局该项主张并不能证明其积极向发包人行使权利。结合证人房某出庭证实中建某局当时项目直属领导指示暂不结算的证言，对于中建某局否认其存在怠于结算情形的抗辩理由，该院不予以采信。中建某局虽未从发包人大某建设处收取工程款，但因其怠于向发包人主张权利，祺某公司向其主张相应的工程款，应予支持。

最高法院二审认为：本院认定涉案工程款已经具备支付条件，具体理由如下：……2. 关于中建某局主张的审计条件是否成就，本案中当事人对于审计的结算约定，意义在于落实对政府投资和以政府投资为主的建设项目的预算执行情况和决算进行监督，维护国家财政经济秩序，提高财政资金使用效益，防止建设项目中出现违规行为。一审法院按照法定程序委托鉴定机构，通过专业的审查方式，确定工程结算款，其真实性、合理性并不与前述关于审计的约定本质相悖，效果与审计基本等同，中建某局以未经审计主张未达到工程款支付条件，理由不能成立。3. 关于"背靠背"付款条件是否已经成就，中建某局提出双方约定了在大某建设未支付工程款情况下，中建某局不负有付款义务。但是，中建某局的该项免责事由应以其正常履行协助验收、协助结算、协助催款等义务为前提，作为大某建设工程款的催收义务人，中建某局并未提供有效证据证明其在盖章确认涉案工程竣工后至本案诉讼前，已积极履行以上义务，对大某建设予以催告验收、审计、结算、收款等。相反，中建某局工作人员房某的证言证实中建某局主观怠于履行职责，拒绝祺某公司要求，始终未积极向大某建设主张权利，该情形属于《合同法》第四十五条第二款规定附条件的合同中当事人为自己的利益不正当地阻止条件成就的，视为条件已成就的情形，故中建某局关于"背靠背"条件未成就、中建某局不负有支付义务的主张，理据不足。

案件来源

中国建筑某局（集团）有限公司、沈阳祺某市政工程有限公司建设工程施工合同纠纷二审民事判决书丨最高人民法院·（2020）最高法民终106号

延伸阅读

案例一：湖南紫某城镇建设开发有限公司、湖南业某建设有限公司建设工程施工合同纠纷再审民事判决书 | 最高人民法院·（2019）最高法民再 56 号

如何确定工程造价。紫某公司与业某公司在《道路工程施工承包合同》中约定工程结算按现行长沙市政定额标准计取，工程最终造价及支付以财政、审计部门最后审计结果为最终结算依据。虽然紫某公司及官某镇政府均主张工程造价应以财政、审计部门最后审计结果为最终结算依据，但在上述道路工程已使用近两年的情况下，紫某公司尚未向相关财政、审计部门提交工程建设资料，启动财政、审计部门审计。在本案审理过程中也无法提供审计结果，故一审法院根据业某公司的申请，依法委托湖南日某工程咨询有限公司对业某公司完成的工程进行造价鉴定，该鉴定机构作出湘日（2016）基鉴字 111 号《工程造价鉴定报告》，该鉴定报告可以作为认定涉案工程造价的依据。

案例二：深圳市奇某建设集团股份有限公司、绵阳市某医院建设工程施工合同纠纷再审民事判决书 | 最高人民法院·（2018）最高法民再 185 号

关于涉案工程款结算条件是否成就的问题。《合同法》第二百六十九条①规定，"建设工程合同是承包人进行工程建设，发包人支付价款的合同"。本案中，《建设工程施工合同》为双方当事人真实意思表示，不违反法律、行政法规的强制性规定，合法有效，对双方当事人均具有法律约束力。涉案工程已于 2011 年 9 月 13 日通过竣工验收，并交付绵阳市某医院使用，绵阳市某医院应当支付相应的工程价款。根据《审计法》的规定，审计机关的审计行为是对政府预算执行情况、决算和其他财政收支情况的审计监督。相关审计部门对发包人资金使用情况的审计与承包人和发包人之间对工程款的结算属不同法律关系，不能当然地以项目支出需要审计为由，否认承包人主张工程价款的合法权益。只有在合同明确约定以审计结论作为结算依据的情况下，才能将是否经过审计作为当事人工程款结算条件。根据本院再审查明的事实，双方在《建设工程施工合同》中并未约定工程结算以绵阳市审计局审计结果为准，在其后的往来函件中，奇某公司亦只是催促尽快支付工程款，其中两份函件中提及的系恒某达公司结算审计，而非绵阳市审计局的审计。在 2014 年 1 月 8 日的最后一份函件中，奇某公司虽认可"待绵阳市审计局复审后多退少补"，但并未认可以绵阳市审计局的审计结论作

---

① 编者按：《民法典》第 788 条。

为工程款结算及支付条件。二审判决以结算条件没有成就为由,对奇某公司支付工程价款的诉讼请求不予支持,适用法律错误,本院予以纠正。

案例三:太某洋建设集团有限公司、淮南市重某工程建设管理局建设工程施工合同纠纷二审民事判决书 | 最高人民法院·(2019)最高法民终1588号

应否以《审计报告》作为确定涉案工程施工图纸范围工程价款的依据问题。太某洋公司主张本案应当以淮南市审计局于2014年8月29日出具的《审计报告》审计的价款为依据确定涉案工程施工图纸范围内工程价款,但审计是国家对建设单位的一种行政监督,以审计机关作出的审计报告作为工程价款结算依据,应当以双方合同有明确约定为前提。本案中,《建设工程施工合同》并未明确约定以审计报告作为工程价款结算依据,况且该《审计报告》审计的42167.41万元并非仅针对涉案工程施工图纸范围内工程价款作出的审计,还包含除变更签证手续不全部分和部分钢材调差争议部分费用外的变更签证工程价款,且根据淮南市审计局于2015年10月27日向太某洋公司送达的审计报告征求意见书,太某洋公司亦就此提出针对性意见的事实来看,上述《审计报告》并非最终稿,相应的造价数额不能作为确定涉案工程最终造价的依据。因此太某洋公司主张以《审计报告》审计的42167.41万元作为涉案工程施工图纸范围内的造价,依据不足,本院不予支持。

案例四:北京住某集团有限责任公司、河北某职业学院建设工程施工合同纠纷二审民事判决书 | 最高人民法院·(2019)最高法民终922号

关于涉案工程价款应当如何结算问题。本案中,某职业学院与住某集团就涉案工程签订了两份《建设工程施工合同》并进行了备案,因两份施工合同关于合同价款调整方式的约定与招标文件不一致,一审法院认定两份施工合同无效,并无不妥。2007年7月2日,住某集团和某职业学院签订《补充协议》,对住某集团的承包范围及工程款支付作出重新约定,一审法院对《补充协议》的真实性、合法性予以确认,亦无不妥。关于住某集团上诉主张24号审计报告不应作为结算依据问题,本院认为,在《补充协议》中,双方对工程总造价约定以最终审计决算为准。住某集团认为这一表述并不表明双方已对工程款的结算以审计机关的审计为准达成了一致,但该表述亦未排除国家审计机关审计的方式,况且某职业学院作为事业单位法人,经费来源于财政拨款,其对涉案工程项目的建设须经过国家审计机关审计的政策,住某集团作为专门从事建筑施工的大型企业应当是明知的。因此,一审法院有关双方约定了以审计为工程价款结算依据的认定，具有事实依据。同时，住某集团与某职业学院对 24 号审计报告确定的工程量均无异议，关于取费标准和计价规则，从 24 号审计报告的内容可以看出，承德市审计局在审计过程中，充分听取了住某集团和某职业学院的意见，综合考虑了多方面因素，采取的审计方法和原则也兼顾到了双方的利益，一审法院将其认定为工程价款的结算依据，符合合同约定和法律规定，本院予以维持。关于某职业学院上诉主张应以招投标文件作为工程价款结算依据问题，因涉案工程在施工过程中图纸设计发生变化，工程量较招投标时明显增加，且 24 号审计报告中已对合同约定结算方式与招标文件不同的因素予以了合理考虑，故某职业学院上诉提出 24 号审计报告不能作为结算依据的理由，也不能成立。另，一审中，应住某集团申请，虽已启动了涉案工程价款的司法鉴定程序，但因住某集团未能在规定时间提交用于鉴定的全部材料，一审法院结合本案实际情况终结了鉴定程序，审理程序并无明显不当。二审中，住某集团又行提交司法鉴定申请，本院不予准许。

案例五：诚通凯某生态建设有限公司（原浙江凯某园林市政建设有限公司）、重庆长某林业投资有限公司建设工程施工合同纠纷再审民事判决书 | 最高人民法院·（2017）最高法民再 186 号

本院再审认为，长某林业与凯某公司 2010 年 3 月 31 日签订的《施工合同》中明确约定了需按照《重庆市长寿区政府投资项目管理办法》规定办理项目工程结算。按照《重庆市长寿区政府投资项目管理办法》的规定，项目预算核准在 100 万元以上的项目，项目单位在竣工验收合格后，应对施工单位编制的工程结算报告进行初步审核后报请区审计局进行预算执行情况审计（结算审计）并出具审计报告；审计报告经区政府批准后作为项目单位支付工程款和办理决算的依据。长某林业与凯某公司 2012 年 12 月 20 日签订的《综合竣工验收补充协议书》再次明确约定，要积极配合区审计局及区审计局委托的审计中介单位进行的审计工作，凯某公司同意按补充协议书进行综合竣工验收及审计结算。且本案审理过程中，双方当事人对于合同约定了涉案工程需以重庆市长寿区审计局出具的审计报告作为办理决算和支付工程款的依据，均不持异议，故审计报告作为结算的依据符合当事人的合同约定。由于重庆市长寿区审计局 2015 年 9 月 15 日作出的长审报［2015］79 号《审计报告》已为生效裁判撤销，二审判决系以该审计报告作为计付工程款的依据，故显属不当。长某林业再审审查期间的答辩中就已经提出重庆市长寿区审计局于 2017 年 1 月 6 日重新作出了长审报［2017］10 号

《审计报告》,凯某公司至迟在收到答辩时就应当知晓。且凯某公司本身即是重庆市沙坪坝区人民法院(2016)渝0106行初84号行政诉讼的原告,其对于生效判决责令重庆市长寿区审计局在判决生效后60日内重新作出审计报告也清楚知晓。现凯某公司对该新的审计报告的真实性不持异议,但坚持认为不清楚重庆市长寿区审计局是否作出了新的审计报告,该审计报告未向凯某公司送达,凯某公司对新的审计报告也不予认可。本院认为,审计报告并未载明须向各相关当事人送达方才生效,凯某公司不予认可该新的审计报告可另案诉请主张,不属于本案民事诉讼争议解决之范畴。重庆市长寿区审计局于2017年1月6日重新作出长审报〔2017〕10号《审计报告》系本案查明之事实,凯某公司未能提出相反的证据否定该事实,故对重庆市长寿区审计局已经作出了长审报〔2017〕10号《审计报告》应予确认。审计报告载明的审定金额为12709995.25元,二审中,双方当事人均认可工程已付款12672828.67元,故长某林业还应向凯某公司支付欠付的工程款37166.58元。本案再审,是因为作为合同约定结算依据的审计报告被生效裁判所撤销,该情况不能归咎于任何单独一方当事人,故再审案件受理费由双方共同分担。一审、二审案件受理费,由本院根据裁判结果按照比例重新分配各自承担的份额。

综上所述,凯某公司的再审申请部分成立,二审判决应予撤销,长某林业对凯某公司欠付的工程款应按照重新作出的审计报告计付。

029 房地产是合作开发的,承包人能否向发包人之外的其他合作方主张工程款?

阅读提示

合资、合作房地产开发的情形下,通常是由合作一方作为发包人对外签订建设工程施工合同。当发包人欠付工程款时,承包人能否突破合同相对性起诉所有合作方索要工程款呢?

裁判要旨

施工合同只对合同当事人产生约束力,对合同当事人以外的人不发生法律效力。虽然合作各方之间存在合作开发房地产合同关系，但并不是讼争施工合同的当事人，不应对施工合同承担合同义务。

案情简介

一、宝某集团与金某纪公司于2000年10月8日签订了《联合建房协议书》，约定：金某纪公司与宝某集团联合开发建设新某纪家园，由金某纪公司办理项目用地的相关手续，并承担全部费用；双方共同办理《施工许可证》及相关手续，宝某集团承担项目开工至竣工所需的全部费用；建成后，金某纪公司分取项目可销售面积的35%，宝某集团分取项目可销售面积的65%。2002年10月15日，双方又签订了《联合建房协议书之补充协议》。

二、2000年6月26日，金某纪公司取得了新某纪家园的《建设用地规划许可证》，2000年12月12日取得了《国有土地使用证》。金某纪公司在大某日报发表声明，新某纪家园的开发权及所有权属于金某纪公司，凡涉及该项目的任何交易（包括以该项目房屋抵顶工程款或债务等）均属非法。

三、2001年3月5日，渤某公司（承包人）与宝某集团（发包人）签订了《建设工程施工合同》，由渤某公司承建大连新某纪住宅小区2#、4#高层住宅，合同价款为4440万元（按实结算）。2004年5月8日，渤某公司施工的工程竣工。

四、2006年，渤某公司向辽宁高院提起诉讼，请求宝某公司支付欠付工程款，工程奖励款及利息并交付抵顶债务房屋；项目联建单位金某纪公司承担连带责任。

五、辽宁高院经审理认定，金某纪公司是涉案工程项目的联合开发方，对渤某公司已施工工程享有权利，且实际参与了施工合同的履行，基于联建协议，共同投资，共同获益，对债务也应当向渤某公司承担连带给付责任。

六、渤某公司认为一审判决在已认定金某纪公司与宝某集团为连带法律关系，而又没有任何其他相反理由的前提下，却判令承担"部分"连带责任，显为欠妥，故向最高院提起上诉。最高院认为本案诉争法律关系是施工合同纠纷，而非房地产开发合同纠纷，且金某纪公司不存在取代施工合同发包人或因加入债的履行而成为共同发包人的事实，金某纪公司就工程欠款承担连带责任，缺乏法律依据，撤销原判决。

法律分析

本案的焦点问题是房地产是合作开发的情形下，承包人能否向发包人之外的合作方主张工程款。

合资、合作房地产开发的情形下，往往由其中一个合作方作为发包人与承包人签订施工合同，当施工完毕承包人收不到工程款时，承包人能否要求全部合资、合作开发人承担付款责任？此问题存在很大争议。一种观点认为应该严守合同相对性，只能向签订合同的发包人索要；另一种观点认为全体合作人都是建设项目的受益人，都享受了承包人已完工程的成果，应当与发包人承担连带清偿责任。北京、江苏、广东等地高院以及深圳中院还以指导意见的方式，支持合作开发人与发包人承担连带责任。

云亭建工律师团队认为，对此问题不能一概而论，要根据合同签订、履行的实际情况，具体问题具体分析。当有证据证明施工合同签订时各方（包括发包人、承包人、其他合作人）均知道发包人是代表全体合作人与承包人签订施工合同时，可以适用《民法典》第九百二十五条的隐名代理制度要求全体合作人承担偿付工程款责任；当施工人签订合同时不知道发包人代表全体合作人签订施工合同，但纠纷发生后发包人向承包人披露其签订合同系代表全体合作人的，承包人可适用《民法典》第九百二十六条的第三人选择权制度要求全体合作人承担偿付工程款责任；在委托代建情形下，承包人亦可以适用《民法典》第九百二十五条的隐名代理制度突破合同相对性要求委托人承担偿付工程款责任。[①]

实务经验

第一，支付工程款的主体不同，往往决定了承包人最终能否实际拿到工程款。债权作为一种对人权，相对性是其最基本的特征。所以，云亭建工律师团队建议承包人签订合同时，要尽可能地要求所有合作人都作为发包人；确实无法做到全体合作人作为发包人签订合同时，尽可能在合同中写明发包人系代表全体合作人签订施工合同，且索要并留存全体合作人授权或委托发包人签订施工合同的会议纪要、授权书等文字资料。

第二，承包人在施工过程中要注意收集和留存其他合作人实际参与工程项目

---

① 注：以上是本文作者的观点，司法实践中存在巨大争议。

管理、付款等的会议记录、文件。

法条链接

《中华人民共和国民法典》（2021年1月1日实施）

第九百二十五条　受托人以自己的名义，在委托人的授权范围内与第三人订立的合同，第三人在订立合同时知道受托人与委托人之间的代理关系的，该合同直接约束委托人和第三人；但是，有确切证据证明该合同只约束受托人和第三人的除外。

第九百二十六条　受托人以自己的名义与第三人订立合同时，第三人不知道受托人与委托人之间的代理关系的，受托人因第三人的原因对委托人不履行义务，受托人应当向委托人披露第三人，委托人因此可以行使受托人对第三人的权利。但是，第三人与受托人订立合同时如果知道该委托人就不会订立合同的除外。

受托人因委托人的原因对第三人不履行义务，受托人应当向第三人披露委托人，第三人因此可以选择受托人或者委托人作为相对人主张其权利，但是第三人不得变更选定的相对人。

委托人行使受托人对第三人的权利的，第三人可以向委托人主张其对受托人的抗辩。第三人选定委托人作为其相对人的，委托人可以向第三人主张其对受托人的抗辩以及受托人对第三人的抗辩。

《北京市高级人民法院关于审理建设工程施工合同纠纷案件若干疑难问题的解答》（京高法发〔2012〕245号）

39. 合作开发房地产项目中，承包人主张欠付工程款的，如何处理？

两个以上的法人、其他组织或个人合作开发房地产项目，其中合作一方以自己名义与承包人签订建设工程施工合同，承包人要求其他合作方对欠付工程款承担连带责任的，应予支持。

承包人仅以建设工程施工合同发包人为被告追索工程款的，应依承包人的起诉确定被告。

《江苏省高级人民法院关于审理建设工程施工合同纠纷案件若干问题的解答》（2018年6月26日发布）

24. 合作开发房地产合同各方对承包人的责任如何承担？

合作开发房地产合同中的一方当事人作为发包人与承包人签订建设工程施工

合同，承包人要求合作各方当事人对欠付的工程款承担连带责任的，应根据合作开发协议等证据查明事实，依法作出裁判。

法院判决

金某纪公司不应当对宝某集团、宝某公司偿还施工人渤某公司工程欠款承担连带责任。

第一，金某纪公司对宝某集团、宝某公司向渤某公司清偿工程欠款不承担连带责任。首先，本案讼争的法律关系是施工合同纠纷，而不是合作开发房地产合同纠纷。本案施工合同的当事人为宝某集团、宝某公司与渤某公司，宝某集团、宝某公司为发包人，渤某公司为承包人。施工合同只对合同当事人产生约束力，即对宝某集团、宝某公司和渤某公司发生法律效力，对合同当事人以外的人不发生法律效力。金某纪公司与宝某集团之间存在合作开发房地产关系，不是施工合同当事人，不应对施工合同承担合同义务。其次，债权属于相对权，相对性是债权的基础。债是特定当事人之间的法律关系，债权人和债务人都是特定的。债权人只能向特定的债务人请求给付，债务人只能对特定的债权人负有给付义务。即使因第三人的行为致使债权不能实现，债权人也不能依据债权的效力向第三人请求排除妨害，债权在性质上属于对人权。最后，《民法通则》第八十四条第一款规定：债是按照合同的约定或者依照法律的规定，在当事人之间产生的特定的权利和义务关系。第二款规定：债权人有权要求债务人按照合同的约定或者依照法律的规定履行义务。"特定的"含义就是讲只有合同当事人才受合同权利义务内容的约束。债权人要求债务人履行义务的基础是合同约定或法律规定。本案渤某公司主张金某纪公司就宝某集团、宝某公司偿还工程欠款承担连带责任，因当事人之间不存在"特定的"债的关系，突破合同相对性也没有法律依据，渤某公司主张金某纪公司对还款承担连带责任的上诉请求，于法无据。

第二，金某纪公司不存在取代施工合同的发包人或因加入债的履行而与宝某集团、宝某公司成为共同发包人的事实。一审判决认定金某纪公司参与施工合同实际履行的行为包括：联建合同约定由宝某集团和金某纪公司共同选定施工队伍。施工人向建设方请款时，金某纪公司在《请款报告》上签字盖章。本院认为，合作开发合同中有关共同审定施工队伍的约定及以后认可施工合同的意思表示与"金某纪公司已实际参与了施工合同的履行"的证明目的之间没有关联性。金某纪公司对施工人《请款报告》的审核行为是为了保障施工款项专款专用，是履行合作开发合同的行为，亦不能因此认定金某纪公司参与了施工合同的履行。

第三，渤某公司主张金某纪公司对宝某集团、宝某公司偿还工程欠款承担连带责任，缺乏法律依据。最高人民法院《关于审理涉及国有土地使用权合同纠纷案件适用法律问题的解释》第十四条规定：本解释所称的合作开发房地产合同，是指当事人订立的以提供出让土地使用权、资金等作为共同投资，共享利润、共担风险合作开发房地产为基本内容的协议。合作开发合同各方是按照合同约定各自承担权利义务的，"共同投资，共享利润、共担风险"是指合作各方内部关系，而不是指对外关系。《民法通则》第五十二条规定：企业之间或者企业、事业单位之间联营，共同经营、不具备法人条件的，由联营各方按照出资比例或者协议的约定，以各自所有的或者经营管理的财产承担民事责任。依照法律的规定或者协议的约定负连带责任的，承担连带责任。第五十三条规定：企业之间或者企业、事业单位之间联营，按照合同的约定各自独立经营的，它的权利和义务由合同约定，各自承担民事责任。参照上述两条规定，本案当事人没有成立合作开发房地产的项目公司或成立不具备法人条件的其他组织，应属"独立经营"，应按照约定各自独立承担民事责任。退一步说，即使金某纪公司与宝某集团、宝某公司之间合作开发合同属于《民法通则》第五十二条规定的情形，联营各方也应当按照法律规定或者协议约定承担连带责任。金某纪公司与宝某集团、宝某公司之间合作开发合同，既不属于个人合伙，也没有成立合伙企业，不应当适用《民法通则》或《合伙企业法》有关个人合伙和普通合伙人承担连带责任的规定。

一审判决认为，联建利益尚未分割，讼争建设项目在金某纪公司名下，其享有了渤某公司已施工工程的权利，并从该合同中获取利益，据此应承担连带责任。应当看到，金某纪公司虽以取得讼争建设项目的部分房屋作为受益方式，但这是其以土地使用权作为出资应当获得的回报，属对价有偿的商业行为，并非无端受益。

综上，本院认为一审判决金某纪公司对宝某集团、宝某公司偿还施工人渤某公司部分工程欠款承担连带责任的判项，应予撤销。渤某公司主张金某纪公司应当对全部工程欠款承担连带责任的上诉请求，缺乏事实和法律依据，本院不予支持。金某纪公司主张对宝某集团、宝某公司偿还施工人渤某公司工程欠款不承担连带责任的上诉请求成立，本院予以支持。

案件来源

大连渤某建筑工程总公司与大连金某纪房屋开发有限公司、大连宝某房地产开发有限公司、大连宝某集团有限公司建设工程施工合同纠纷二审案民事判决书丨最高人民法院·（2007）民一终字第39号

延伸阅读

裁判观点一：按隐名代理规则，判决合作人承担付款责任。

案例一：上海市基某工程集团有限公司与某原市城某建设管理中心、某原市龙某发展投资有限公司建设工程合同纠纷一审民事判决书丨山西省高级人民法院·（2015）晋民初字第25号

关于某原市龙某发展投资有限公司应否共同承担还款责任的问题。某原市城某建设管理中心系施工合同中的发包人，但其并非建设工程项目的所有人。某原市城某建设发展公司与某原市财政局与签订的《某原市城市基础设施项目委托建设框架协议》中约定其可根据建设项目的需要自行从银行贷款取得项目建设所需资金，某原市财政局安排资金对项目进行回购。某原市城某建设发展公司与上海市基某工程集团公司虽没有形式上的合同权利义务关系，但就本案诉争工程施工合同的标的物实际权利分配来看，某原市城某建设发展公司系火某桥及两侧立交工程的用地单位、土地使用权人、建设单位并享有收益权，且在施工合同履行中也直接向上海市基某工程集团公司支付了部分工程款，因此某原市城某建设发展公司应视为施工合同的隐名发包人而与某原市城某建设管理中心共同成为合同的一方当事人享有权利并承担合同义务。上海市基某集团公司主张某原市城某建设发展公司承担欠付工程款及利息的付款责任，符合民事法律的诚信公平原则。某原市城某建设发展公司注销后，某原市龙某发展投资有限公司承继其权利和义务，上海市基某集团公司主张某原市龙某发展投资有限公司共同承担欠付工程款及利息的付款责任，符合法律规定，本院依法予以支持。

案例二：中建某局集团第六建筑有限公司与河北某业房地产开发有限公司及河北省某托房地产公司破产清算组建设工程施工合同纠纷上诉案丨最高人民法院·《民事审判指导与参考》第41辑第267页

本案所涉《建设工程施工合同》的签约主体及效力。认定《建设工程施工合同》的签约主体，首先需要认定某业公司与某托公司之间法律关系的性质。河

北省石家庄市中级人民法院已生效的（2006）石民破字第00017号——2号民事判决书认定，某业公司与某托公司签订的《合作合同书》《关于开发欧某园住宅小区合同书》《关于合作开发欧某园住宅小区的补充合同书》等合同，是名为合作开发实为土地使用权转让合同，某业公司交付了土地使用权，某托公司实际支付某业公司欧某园小区77.52亩土地转让费19370000元。双方之间的土地使用权转让合同已经得到实际履行。本案中，某业公司与某托公司对双方法律关系的主张，与上述生效判决的认定相符。从本案查明的事实看，某业公司与某托公司并未履行《关于开发欧某园住宅小区合同书》《关于合作开发欧某园住宅小区的补充合同书》有关合作建房的约定，而是履行了《合作合同书》中有关土地使用权转让的约定，并基本履行完毕。本案中并无证据否定上述生效判决对某业公司与某托公司之间法律关系的认定，依照生效裁判文书认定的事实在另案中的证明效力，本案可以认定某业公司与某托公司之间法律关系的性质为土地使用权转让。

土地使用权转让的基本法律特征是转让人交付土地使用权，受让人支付转让费。某业公司应将约定转让的土地使用权交付某托公司并办理土地使用权变更登记手续。但本案查明事实表明，双方在实际履行合同过程中，为规避国家有关土地使用权转让及相关税费缴纳的规定，并未办理转让的土地使用权变更登记手续。因土地使用权仍在某业公司名下，某托公司对欧某园小区的开发建设在办理相关审批过程中，以某业公司的名义进行申报，如以某业公司名义办理的欧某园住宅小区《建设用地规划许可证》《建设工程规划许可证》《商品房预售许可证》，签订本案所涉《建设工程施工合同》。依照土地使用权转让的法律特征，结合本案中某业公司与某托公司履行合同的实际情况，上述两公司对于以某业公司名义对外签署该小区工程招标、建设施工等合同，是某业公司协助某托公司作为欧某园小区房地产项目的实际开发商符合法律、法规规定的房地产应当办理的手续的主张，可予认定。某业公司签订本案所涉《建设工程施工合同》的真实意思表示是代替某托公司签订，且为某业公司与某托公司一致的意思表示，对双方依法产生法律约束力。该真实意思表示是否能对抗某局六公司，并对某局六公司产生法律拘束力，关键在于某局六公司对此是否明知并予以认可。从合同签订过程看，委托设某成套局对外招标的是某托公司，依照通常的认识，设某成套局在履行受托义务时，应当告知竞标人谁是委托方（建设方），某局六公司的《投标书》也是向某托公司和设某成套局报送，表明某局六公司已知道欧某园小区的建设方为某托公司。从合同履行看,某局六公司签订《建设工程施工合同》后,所有履约行为均在某局六公司与某托公司之间进行,双方针对工程建设签订了《补充合同》,有关的工程洽商、设计变更、工程结算、建设工程的交付、工程款的支付这些建设工程施工合同的主要内容,均体现的是某局六公司与某托公司之间的意思表示,某业公司并未介入合同的履行,某局六公司亦未向某业公司主张履行合同。某业公司接受某托公司的委托,支付某局六公司的部分工程款,某局六公司在收款发票中表明认可某业公司为代某托公司付款。上述事实表明,某局六公司与某托公司实际履行了本案所涉《建设工程施工合同》,并认可某业公司为代某托公司签订合同,某托公司为合同的实际签约主体。依照缔约时当事人的真实意思表示,可以认定《建设工程施工合同》的真正签约主体为某托公司与某局六公司,某业公司并非合同缔约人。上述合同约定内容未违反法律、行政法规的禁止性规定,应依法认定为有效。某业公司代为签约行为,规避了国家相关法律规定,但不因此影响实际缔约人为某托公司与某局六公司的《建设工程施工合同》的效力。

裁判观点二:合作方是受益人,判决承担连带责任。

案例三:从化国某天彤房地产开发有限公司、东莞市恒某桩基工程有限公司建设工程施工合同纠纷二审民事判决书 | 广东省广州市中级人民法院·(2017)粤01民终14499号

本案二审各方当事人争议的焦点为国某公司应否对濠某公司支付恒某公司工程款承担连带责任的问题。虽然《桩基础工程合同书》是濠某公司与恒某公司签订的,国某公司未与恒某公司签订合同,但国某公司作为该项目的合作方,对濠某公司与恒某公司签订了合同、恒某公司实际进行了施工的事实,是应当知道且未提出异议,根据国某公司与濠某公司双方的《房地产合作开发合同》及《解除合作关系协议书》,国某公司提供项目土地,濠某公司提供资金,双方合作开发涉案项目,并对收益分成进行了约定,国某公司享受了恒某公司已施工工程的权利。故国某公司是涉案工程的受益人,国某公司应就恒某公司已施工的工程的工程款承担连带责任,至于其内部责任如何分担、是否解除合作关系、是否支付补偿款的问题,应由国某公司与濠某公司另行解决。国某公司主张其并非合同相对方、其不应承担连带责任,理据不足,本院不予支持。一审对此处理并无不当,本院予以维持。

裁判观点三：严守合同相对性，不追加委托代建单位为建设工程施工合同纠纷案当事人。

案例四：重庆市圣某建设（集团）有限公司、贵州山某生态移民发展有限公司建设工程施工合同纠纷二审民事判决书丨最高人民法院·（2016）最高法民终675号

本院认为，涉案工程为市政工程，由某西县人民政府委托山某公司进行投资代建，后山某公司将工程发包给圣某公司，某西县人民政府与山某公司委托代建法律关系与山某公司、圣某公司建设工程施工合同法律关系，并非同一法律关系。一审法院未追加某西县人民政府并无不当。一审法院亦不存在其他违反法定程序事项。圣某公司该项主张事实依据和法律依据不足，本院不予支持。

裁判观点四：实质重于形式，非合同签订一方实际履行合同，且属于涉案工程实际权利人的，判决承担工程款支付责任。

案例五：盘某辽某湾新区管理委员会、沈阳北某建设股份有限公司建设工程施工合同纠纷二审民事判决书丨最高人民法院·（2018）最高法民终258号

二审中，辽某湾管委会针对其诉讼主体资格问题，于本案二审开庭后提交下列新证据：关于辽某湾分院可行性研究报告的批复、盘滨国用（2011）第0067号国有土地使用权证、建筑工程施工许可证（编号21112120111020119）、关于辽某湾分院环境影响报告书的批复、涉案工程招标文件、中标通知书各一份。以上证据拟证明涉案工程可行性研究、土地使用权证办理、施工许可证、环境影响报告、招投标等手续全部由辽某湾分院办理，辽某湾分院系涉案工程的建设单位，辽某湾管委会不是本案适格的民事诉讼主体。

……辽某湾管委会应否承担涉案工程价款的给付责任。《民法总则》第九十七条规定："有独立经费的机关和承担行政职能的法定机构从成立之日起，具有机关法人资格，可以从事为履行职能所需要的民事活动。"《民法总则》将承担行政职能的法定机构纳入机关法人，意味着承担行政职能的法定机构能够从事民事活动，成为民事活动中的平等民事主体。本案中，辽某湾管委会的组织机构代码证载明该单位系盘某市政府的派出机构，属于机关法人。根据盘某辽某湾新区门户网关于辽某湾管委会的介绍，其下设经济发展局、商务与科技局、财政金融局等多个职能部门，其中经济发展局的职责之一是负责沿海经济带开发建设工作。因此，辽某湾管委会可以从事为履行沿海经济带开发建设职责所需要的民事活动，成为民事主体。

涉案辽某湾分院建设项目系盘某市政府与盛某医院重点合作项目（辽某湾分院的医院简介），项目地点位于辽某沿海经济区。2011年4月12日辽某湾管委会作为发包人，与北某建设公司签订《投资建设合作框架协议》，双方对合作建设辽某湾分院的工程工期、项目造价、价款结算、支付保证以及甲乙双方权利义务等内容作了意向性约定，其中，辽某湾管委会作为发包人的权利义务主要为：负责项目前期工作，负责设计、监理、工程监管、组织工程验收、项目完工后的接管、结算和支付等工作，这体现了工程发包人的权利义务特征；而承包人北某建设公司的权利义务主要是组织施工、支付农民工工资等；合同还约定本协议为双方的合作意向，最终在签订正式合同时相关条款再细化等。因此，上述框架协议属于建设工程施工意向协议，性质上为民事合同，而非行政合同，辽某湾管委会在该意向协议中行使发包人的权利义务。

2011年10月27日正式签订的《施工合同》及2012年5月5日签订的《补充协议》，虽以辽某湾分院的名义发包，辽某湾管委会在二审庭审后提交的相关证据也显示工程的招投标、环评、土地使用权证等手续办理在辽某湾分院名下，但是，上述《施工合同》和《补充协议》均由辽某湾管委会经济发展部部长王某田代表辽某湾分院签订；涉案工程材料的品牌、数量、价格由辽某湾管委会确定；工程进度款来源于政府财政拨款，相当一部分款项由辽某湾管委会直接向北某建设公司支付；施工期间由辽某湾管委会派人负责施工现场；工程竣工后由辽某湾管委会接收工程及竣工结算资料。由此可见，无论是《施工合同》及其《补充协议》的签订还是履行，辽某湾管委会始终代表发包人行使权利义务，其履行的权利义务与《投资建设合作框架协议》所约定的发包人权利义务一致，故《施工合同》及其《补充协议》是《投资建设合作框架协议》的延续与细化，不能割裂开来。而且，辽某湾分院作为盘某市政府与盛某医院的合作项目，盛某医院事后已退出合作，工程项目由辽某湾管委会接收，辽某湾管委会与辽某湾分院具有利益上的一体性，故该管委会应与辽某湾分院共同承担涉案工程款的给付义务。据此，原审判决判令辽某湾管委会承担涉案工程款的给付义务，并无不当。辽某湾管委会上诉主张其不是《施工合同》的主体，不应承担工程款的给付义务，理据不足，本院不予支持。

030 发包人能否以承包人未开具发票为由拒付工程款？

阅读提示

笔者办理的建设工程施工合同纠纷案件中，鲜有承包人开具全额税务发票的，诉讼中发包人大多以承包人未开发票为由抗辩工程款支付义务。司法实践中，开具发票之请求属于人民法院受理范围吗？法院会支持发包人以未开具发票为由拒付工程款吗？

裁判要旨

一、开具工程款发票系承包人履行合同的附随义务，与发包人支付工程款的主要义务相比，二者不具有对等性，发包人以承包人未开具发票作为拒绝支付工程款的抗辩理由不能成立。

二、开具发票属于承包人应当履行的合同义务。有义务开具发票的当事人在遵守税收法律法规的前提下，可以自主作出向其他民事主体开具发票的意思表示，该行为属于民事法律行为；对于接受发票的一方当事人来说，是否可以取得发票将影响其民事权益，因此当事人之间一方自主申请开具发票与另一方取得发票的关系，属于民事法律关系范畴，人民法院应当依法审理。

案情简介

一、2012年8月11日，发包人世纪佳某公司和承包人中铁建某集团签订《建设工程施工合同》，合同约定：工程名称为"水某巷商务片区改造一期工程"；合同价款为"728254367.61元"。合同专用条款约定"26. 工程款（进度款）支付双方约定的工程款（进度款）支付的方式和时间：……26.6 当发包人在按合同支付工程款的同时，承包人必须提供与本合同形式和内容一致的符合税务部门要求的发票；当发包人按合同支付工程款达到总额95%的比例时，承包人必须提供包含但不限于质保金在内的全部工程款的发票"。

二、合同签订后承包人中铁建某集团进场施工。竣工后江苏某建设项目管理有限公司出具五份《工程造价咨询报告书》，得出的工程审定价共计

751597193.10元。

三、因工程款给付问题，承包人中铁建某集团提起诉讼。经一审庭后双方进行财务对账，共同签字确认发包人世纪佳某公司已支付工程款数额为539534448.10元，水电费数额4094072.16元，审计费数额275万元，已办理网签的房屋抵偿工程款无争议部分27213896.90元。

四、发包人世纪佳某公司抗辩理由之一为：承包人未按照《建设工程施工合同》专用条款第26.6条之约定提供发票，故拒付工程款。

五、一审法院未支持发包人世纪佳某公司上述控辩理由，判决发包人世纪佳某公司于判决生效后三十日内向承包人中铁建某集团给付工程款167214532.03元及其利息。

六、发包人世纪佳某公司不服一审判决，提起上诉。其中上诉理由之一为：承包人中铁建某集团没有提供工程款发票，发包人世纪佳某公司有权拒绝付款。

七、最高法院审理后未支持发包人世纪佳某公司上述上诉理由。

法律分析

本案的焦点问题是发包人能否以承包人未开具发票为由拒付工程款。云亭建工律师团队认为：建设工程施工合同纠纷案中，发包人按照约定时间支付工程款是主合同义务，承包人提供足额的税务发票是附随义务、从给付义务。当事人不能以对方未履行附随义务来对抗自己主合同义务的履行。

第一，《民法典》第五百零九条规定，"当事人应当按照约定全面履行自己的义务。当事人应当遵循诚信原则，根据合同的性质、目的和交易习惯履行通知、协助、保密等义务"。合同约定的义务为主合同义务，"通知、协助、保密等义务"为合同的附随义务。当事人不能以对方未履行附随义务来对抗自己主合同义务的履行。

第二，具体到建设工程施工合同纠纷案中，发包人按照约定时间支付工程款是主合同义务，承包人提供足额的税务发票是附随义务、从给付义务。未按时足额支付工程款可能导致合同解除，未按时足额提供税务发票不会产生导致合同解除的法律效果；未按时足额支付工程款时，承包人有权停工并索赔损失，未按时足额提供税务发票的，发包人无权拒付工程款。

实务经验

第一,建设工程施工合同纠纷案件中,发包人给付工程款是主给付义务,承包人交付工程款发票、交付竣工验收资料是附随义务。在没有明确约定的前提下,发包人以承包人没有交付发票为由拒付工程款,往往是得不到法院支持的。但是,云亭建工律师团队办理的很多案件中,发包人已经支付了数千万元、数亿元的工程款,付款比例甚至已经达到了结算款的95%,承包人竟然没有提供一分钱的发票。此时,发包人处于十分被动的地位。承包人宁可放弃不要质保金,也不愿意给发包人开具发票。而发包人呢?没有取得抵扣发票将会承担巨额的税款,而不交税款不仅面临税务机关的严厉处罚,而且影响到办理房产权证,可能会面临小业主的起诉或信访维权。

第二,为了避免上述情况的发生,云亭建工律师团队建议:

1. 在合同中明确约定承包人不提供发票的,发包人有权拒绝支付工程款。

2. 工程施工过程中,规范财务税务管理,出现承包人取走工程款未按约定提供发票情形时,应马上采取措施催要,不要等到承包人欠付发票所对应的税款额高于发包人欠付工程款(或质保金)数额时,承包人出于利益驱动避而不开。

3. 承包人经催告拒绝开具税务发票时,发包人可通过诉讼方式维权,也可通过向税务机关举报方式维权。

法条链接

《中华人民共和国民法典》(2021年1月1日实施)

第五百二十五条 当事人互负债务,没有先后履行顺序的,应当同时履行。一方在对方履行之前有权拒绝其履行请求。一方在对方履行债务不符合约定时,有权拒绝其相应的履行请求。

第五百二十六条 当事人互负债务,有先后履行顺序,应当先履行债务一方未履行的,后履行一方有权拒绝其履行请求。先履行一方履行债务不符合约定的,后履行一方有权拒绝其相应的履行请求。

《中华人民共和国发票管理办法》(国令〔2019〕709号 2019年修订)

第二十条 所有单位和从事生产、经营活动的个人在购买商品、接受服务以及从事其他经营活动支付款项,应当向收款方取得发票。取得发票时,不得要求变更品名和金额。

第三十五条 违反本办法的规定，有下列情形之一的，由税务机关责令改正，可以处1万元以下的罚款；有违法所得的予以没收：

（一）应当开具而未开具发票，或者未按照规定的时限、顺序、栏目，全部联次一次性开具发票，或者未加盖发票专用章的；

（二）使用税控装置开具发票，未按期向主管税务机关报送开具发票的数据的；

（三）使用非税控电子器具开具发票，未将非税控电子器具使用的软件程序说明资料报主管税务机关备案，或者未按照规定保存、报送开具发票的数据的；

（四）拆本使用发票的；

（五）扩大发票使用范围的；

（六）以其他凭证代替发票使用的；

（七）跨规定区域开具发票的；

（八）未按照规定缴销发票的；

（九）未按照规定存放和保管发票的。

法院判决

一审法院认为：双方在《建设工程施工合同》专用条款第26.6条仅约定承包人应在发包人支付工程款的同时提供相一致的税务发票，并未约定中铁建某集团不开具发票则世纪佳某公司有权拒绝支付工程款。建设工程施工合同作为一种双务合同，只有在合同一方不履行对价义务的，相对方才享有抗辩权。支付工程款与开具发票是两种不同性质的义务，前者是合同的主要义务，后者是附随义务，并非合同的主要义务，二者不具有对等关系，故世纪佳某公司以中铁建某集团未及时开具发票作为拒绝支付工程款的抗辩理由不能成立。

最高法院二审认为：关于世纪佳某公司主张中铁建某集团未开具发票，其有权拒付工程款的抗辩理由是否成立的问题。开具工程款发票系中铁建某集团履行本案合同的附随义务，与世纪佳某公司支付工程款的主要义务相比，二者不具有对等关系，而且开具工程款发票亦非双方当事人约定的支付工程款的前提条件。因此，一审法院认定世纪佳某公司以中铁建某集团未及时开具发票作为拒绝支付工程款的抗辩理由不能成立，并无不当。

案件来源

西宁世纪佳某房地产开发有限公司、中铁建某集团有限公司建设工程施工合同纠纷二审民事判决书 | 最高人民法院·（2020）最高法民终 158 号

延伸阅读

主流裁判观点与笔者观点一致，认为在没有明确约定前提下，不能以未开具发票为由拒付工程款。

案例一：西藏中某矿业发展有限责任公司、新疆聚某建设有限公司建设工程施工合同纠纷二审民事判决书 | 最高人民法院·（2020）最高法民终 341 号

关于中某公司针对聚某公司机械设备款给付的请求是否享有先履行抗辩权的问题。《合同法》第六十七条①规定："当事人互负债务，有先后履行顺序，先履行一方未履行的，后履行一方有权拒绝其履行要求。"本案中，《还款协议（二）》仅约定中某公司支付 600 万元机械设备款，聚某公司堆某德庆分公司提供 600 万元的成本票据，并未就上述义务的履行先后顺序予以明确。况且提供成本票据属于从给付义务，而给付机械设备款属于主给付义务，两者不构成对待给付。中某公司主张其享有先履行抗辩权缺乏事实与法律依据，本院不予支持。

案例二：安徽同某置业有限公司、江苏苏某建设集团有限公司建设工程施工合同纠纷二审民事判决书 | 最高人民法院·（2017）最高法民终 552 号

建设工程施工合同中，承包人的主要合同义务是完成施工，发包人的主要义务是给付工程款，承包人提供发票仅是发包人给付工程款后承包人应履行的附随义务。发包人不能以承包人未履行附随义务作为其不履行主要合同义务的理由，且一审判决并未严格以付款时间节点计算发包人迟延付款的利息。同某公司主张，差付的 746 万余元也仅为工程款的 3.4%，并称这种差距符合行业惯例（未达到 10% 的差距）。但其未提交证据证明存在该行业惯例。故本院对同某公司一审判决关于利息判项错误的上诉理由不予支持。

案例三：敦煌市清某能源开发有限责任公司、上海电某安装第二工程有限公司建设工程施工合同纠纷二审民事判决书 | 最高人民法院·（2018）最高法民终 1205 号

关于发票的问题。依据涉案《电气设备采购合同》第 4.3 项约定，合同价款

---

① 编者按：《民法典》第 526 条。

按下列方式支付：……2）货到后的货款支付为：供货方设备到达现场，承包人验收签字确认后，发包人经承包人背书后向供货方支付每笔款项。3）供货方根据发包人提供的开票信息开具增值税发票。根据上述约定，供货和开具增值税发票是南京自某公司向敦煌能某公司应履行的合同义务，但合同中未明确约定供货方须先交付增值税发票，发包人才支付设备价款。而且涉案工程已竣工验收，南京自某公司已经履行了供货主合同义务，敦煌能某公司应当依约向南京自某公司支付约定款项。

案例四：名某置业（沈阳）有限公司、江苏南某二建集团有限公司建设工程施工合同纠纷二审民事判决书｜最高人民法院·（2020）最高法民终602号

名某公司主张其未支付剩余工程款，系针对南某公司未按约定开具发票而行使抗辩权。《补充协议》专用条款第49.1.4条约定："承包人在收到发包人支付款项的同时，必须提供正式的建安发票。若承包人不提供发票，发包人有权拒绝支付该笔款项且不承担任何违约责任。同时，承包人不得因此而停止工作。"但是，名某公司主张的发票应开具时间均在2015年4月22日签订《复工协议》前，在双方就涉案工程款已经发生争议并达成协议时，名某公司并未在《复工协议》中予以主张，反而在该协议中认可由于己方欠付工程款导致工程停工，名某公司现以发票未开具为由进行抗辩，明显不合常理，对其该项主张，本院不予支持。

案例五：贵州好某佳房地产开发有限公司、福建省晓某建设工程有限公司建设工程施工合同纠纷二审民事判决书｜最高人民法院·（2019）最高法民终996号

关于晓某公司是否应承担开具工程款发票义务的问题。根据《建设工程施工合同》的约定，晓某公司作为工程款接受方应当开具对应金额的建安发票，开具发票是双方约定的晓某公司应承担的合同义务，晓某公司主张开具发票义务是基于税法规定中收款方的法定义务非平等主体之间的民事权利义务关系的主张不能成立，晓某公司应按合同约定履行开具发票义务。根据一、二审查明的事实，虽然现在工程款金额超过合同约定需要补办相应手续，但并无开具发票履行不能的情况，一审法院判决晓某公司履行开具发票的义务并无不当。除相关代扣代交费用外，好某佳公司已付工程进度款88233610.2元，晓某公司已开具发票68189248.6元，应当再开具20044361.6元。（2019）最高法民终995号案件认定，好某佳公司尚欠晓某公司工程款25750756.37元，并判决好某佳公司在该判决生效十日内支付,晓某公司基于合同约定应就该部分开具建安发票。综上,晓某公司还需开具发票总额为 20044361.6+25750756.37＝45795117.97 元。

案例六：青海临某房地产开发有限公司、浙江中某建设集团有限公司建设工程施工合同纠纷再审民事判决书｜最高人民法院·（2019）最高法民再 166 号

关于开具发票是否属于人民法院受案范围的问题。根据《税收征收管理法》第二十一条第一款、第二款"税务机关是发票的主管机关,负责发票印制、领购、开具、取得、保管、缴销的管理和监督。单位、个人在购销商品、提供或者接受经营服务以及从事其他经营活动中,应当按照规定开具、使用、取得发票"及《发票管理办法》第十九条"销售商品、提供服务以及从事其他经营活动的单位和个人,对外发生经营业务收取款项,收款方应当向付款方开具发票;特殊情况下,由付款方向收款方开具发票"的规定,收取工程款后开具工程款发票是承包人税法上的义务,承包人应当依据税法的相关规定向发包人开具发票。

本案中,开具发票、交付竣工资料等均属合同约定内容,属于民事合同义务范围。"开具发票"从文义解释看虽是由税务机关开具和履行,但合同文本中所约定的"开具发票"含义并非是指由税务机关开具发票,而是指在给付工程款时需由承包人向发包人给付税务机关开具的发票。该给付义务属承包人应当履行的合同义务。有义务开具发票的当事人在遵守税收法律法规的前提下,可以自主作出向其他民事主体开具发票的意思表示,该行为属于民事法律行为;对于接受发票的一方当事人来说,是否可以取得发票将影响其民事权益,因此当事人之间就一方自主申请开具发票与另一方取得发票的关系,属于民事法律关系范畴,人民法院应当依法审理。原判决以不属于人民法院民事受理范围未予支持临某公司的该项诉讼请求确有不当,予以纠正。

也有裁判观点认为发票属于行政范畴,不属于民事案件的审理范围。

案例七：内蒙古长某房地产开发有限公司、四某建设集团有限公司建设工程施工合同纠纷二审民事判决书｜最高人民法院·（2018）最高法民终 482 号

关于四某公司是否应当向长某房地产公司提供发票问题。本院认为,根据《发票管理办法》的规定,发票管理是税务主管部门的法定职责。原判决对于长某房地产公司主张的四某公司应当提供发票问题未予处理,并无不当。长某房地产公司就此问题可以另寻其他法律途径解决。

031 工程已完工多年，承包人依据"背靠背"条款拒绝向分包人支付工程款的，法院不予支持

阅读提示

分包合同中约定承包人收到业主工程款后再向分包人支付的条款，俗称"背靠背"条款。如果工程已完工多年，承包人能否以尚未收到业主工程款为由拒绝向分包人支付工程款？

裁判要旨

"背靠背"条款系附条件的工程款支付条款，鉴于涉案工程已完工多年，承包人仅支付了少部分工程款，且收到业主款项的时间存在诸多不确定性，由承包人给付工程欠款及利息较为公平合理。

案情简介

一、2013年7月31日，湖北宏某公司将其从发包人嘉某公司处承包的电解铝项目钢结构工程及土建工程项目整体转包给中某冶公司。

二、涉案项目于2013年8月1日开工，于2015年6月30日施工完毕。

三、2015年8月20日，某建湖北分公司与湖北宏某公司签订《吸收合并协议》，某建湖北分公司继续存续，湖北宏某公司注销。

四、2018年7月6日，中某建湖北电力分公司与中某冶公司就涉案工程签订了《结算协议》，约定结算款在中某建湖北电力分公司收到业主嘉某公司款项后一个月内支付。

五、因双方工程款纠纷，中某冶公司向一审法院起诉，请求法院判令某建湖北分公司、中某建湖北电力分公司支付工程款及利息。某建湖北分公司、中某建湖北电力分公司以业主嘉某公司尚未支付工程款、本案工程款的支付条件不成就为理由进行抗辩。

六、一、二审法院均认为，被告二公司以本案工程款支付条件不成就的抗辩不能成立。

七、某建湖北分公司不服，向最高人民法院提出再审申请，最高人民法院裁定驳回其再审申请。

法律分析

本案的焦点问题是某建湖北分公司能否依据"背靠背"条款拒绝支付工程款？云亭建工律师团队分析如下：

一、《民法典》第一百五十八条规定："民事法律行为可以附条件，但是根据其性质不得附条件的除外。附生效条件的民事法律行为，自条件成就时生效。附解除条件的民事法律行为，自条件成就时失效。"

本案中，中某建湖北电力分公司与中某冶公司在《结算协议》中约定的中某建湖北电力分公司向中某冶公司支付工程款的条件是收到业主嘉某公司款项，该约定属于附生效条件的条款。中某建湖北电力分公司属于某建湖北分公司的分支机构，从事民事活动产生的民事责任应由某建湖北分公司承担。

二、《民法典》第六条规定："民事主体从事民事活动，应当遵循公平原则，合理确定各方的权利和义务。"公平原则要求民事主体依据社会公认的公平观念从事民事活动，以维持当事人之间的利益均衡。

本案中，虽然双方约定了附承包人支付工程款条件的条款，但涉案工程已完工多年，中某建湖北电力分公司何时收到"业主款项"存在诸多不确定性，所以法院从公平原则的角度出发，认为某建湖北分公司以《结算协议》中约定的付款条件有效为由拒绝给付工程欠款及利息的主张不能成立。

实务经验

第一，承包人与分包人约定的"按照业主支付进度付款""以收到业主工程款为向分包人支付工程款的前提"等条款也称为"背靠背"条款，是指将发包人（业主）向承包人支付工程款作为承包人向分包人支付工程款的条件，形式上属于附条件的合同条款。

第二，通常情况下，"背靠背"条款约定在分包合同或转包合同中，可能因为分包合同或转包合同无效而无效，本文引用的案例中，"背靠背"条款是于施工完毕后在结算协议中约定的。

第三，关于"背靠背"条款的效力，司法实践中尚未形成统一观点。有的法院认为该约定符合当事人真实意思表示，不违反法律、行政法规的强制性规定，应为合法有效。而有的法院为了防止承包人滥用其优势地位，无限制地转移经济风险，对"背靠背"条款的认定和适用持审慎态度，认为其因明显违背合同相对性原则、显失公平等而无效。

第四，即使法院认为"背靠背"条款有效，也不代表承包人援引该条款作为拒绝付款的抗辩理由必然能得到法院的支持。在履行过程中，如果承包人因为自身的过错导致发包人拒付或延迟给付工程款，例如，因其自身原因导致工期延误或者工程质量未能符合要求等，则承包人不能援引"背靠背"条款对抗分包人的支付请求。

第五，承包人负有积极向发包人主张工程款的义务，不能怠于行使权利。如果承包人存在拖延结算、怠于向发包人主张工程款等情形，属于以不作为的形式阻止条件成就，应视为付款条件已成就。建议承包人及时向发包人主张权利，例如，提交付款申请、发送催款函或律师函、提起诉讼或仲裁，并保存相关证据。对于分包人来说，则应尽可能了解发包人支付工程款的情况，方便日后主张支付工程款。

第六，虽然以"背靠背"条款抗辩存在诸多限制，但对于承包人来说，约定"背靠背"条款并非毫无用处，仍存在依据此条款在合理期限内转移经济风险的可能性。所以，承包人在拟定"背靠背"条款时应当尽量明确具体，避免采用"双方结算期限和条件以总包方与业主约定为准"这种易被认定为约定不明的表述，也要防止"背靠背"条款与合同的其他特别约定存在矛盾。

第七，对于分包人来说，应当充分了解"背靠背"条款所带来的风险，如果基于其弱势地位不得不接受该条款，可尽量约定"背靠背"条款的适用期限，比如，约定超过某一期限则不再适用该条款，以减少对自身利益的影响。

法条链接

《中华人民共和国民法典》（2021年1月1日实施）

第六条　民事主体从事民事活动，应当遵循公平原则，合理确定各方的权利和义务。

第七十四条　法人可以依法设立分支机构。法律、行政法规规定分支机构应当登记的，依照其规定。

分支机构以自己的名义从事民事活动，产生的民事责任由法人承担；也可以先以该分支机构管理的财产承担,不足以承担的,由法人承担。

第一百五十八条 民事法律行为可以附条件,但是根据其性质不得附条件的除外。附生效条件的民事法律行为,自条件成就时生效。附解除条件的民事法律行为,自条件成就时失效。

第一百五十九条 附条件的民事法律行为,当事人为自己的利益不正当地阻止条件成就的,视为条件已经成就;不正当地促成条件成就的,视为条件不成就。

第四百六十五条 依法成立的合同,受法律保护。

依法成立的合同,仅对当事人具有法律约束力,但是法律另有规定的除外。

《北京市高级人民法院关于审理建设工程施工合同纠纷案件若干疑难问题的解答》(京高法发〔2012〕245号)

22. 分包合同中约定总包人收到发包人支付工程款后再向分包人支付的条款的效力如何认定?

分包合同中约定待总包人与发包人进行结算且发包人支付工程款后,总包人再向分包人支付工程款的,该约定有效。因总包人拖延结算或怠于行使其到期债权致使分包人不能及时取得工程款,分包人要求总包人支付欠付工程款的,应予支持。总包人对于其与发包人之间的结算情况以及发包人支付工程款的事实负有举证责任。

《安徽省高级人民法院关于审理建设工程施工合同纠纷案件适用法律问题的指导意见(二)》

第十一条 非法转包、违法分包建设工程,实际施工人与承包人约定以发包人与承包人的结算结果作为结算依据,承包人与发包人尚未结算,实际施工人向承包人主张工程价款的,分别下列情形处理:

(一)承包人与发包人未结算尚在合理期限内的,驳回实际施工人的诉讼请求。

(二)承包人已经开始与发包人结算、申请仲裁或者诉至人民法院的,中止审理。

(三)承包人怠于向发包人主张工程价款,实际施工人主张参照发包人与承包人签订的建设工程施工合同确定工程价款的,应予支持。

法院判决

最高人民法院在本案民事裁定书中就某建湖北分公司能否依据"背靠背"

条款拒绝支付工程款的问题论述如下：

涉案工程项目在 2015 年 6 月 30 日已施工完毕。2018 年 7 月 6 日，某建湖北分公司与十某冶公司对涉案工程价款，才达成《结算协议》，并对剩余 26687526.68 元的工程价款（总工程价款为 45133226.68 元），约定："结算款在下列条件全部满足后一个月内支付；十某冶公司将合同结算金额内剩余对开发票开齐交某建湖北分公司，且某建湖北分公司收到业主款项后支付。"该约定系附承包人支付工程款条件的条款。《结算协议》约定的某建湖北分公司支付工程款的条件之一，即在其收到业主款项一个月后支付。但是，某建湖北分公司何时收到"业主款项"存在诸多不确定性。鉴于十某冶公司工程已完工多年，某建湖北分公司仅支付了少部分工程款，而在发生法律效力的昌吉回族自治州中级人民法院（2019）新 23 民初 17 号民事判决中，已判令嘉某公司向某建湖北分公司支付工程欠款并自 2018 年 5 月 23 日起计算利息，本案二审法院判决某建湖北分公司自《结算协议》签订一个月后，即 2018 年 8 月 6 日承担欠付工程款利息，并未加重某建湖北分公司支付工程款的利息负担，结果比较公平合理。某建湖北分公司申请再审称《结算协议》中约定的付款条件有效，并以此拒绝承担给付工程欠款及利息的主张，理由不能成立。

案件来源

中国某建集团湖北工程有限公司、十某冶建设集团有限责任公司等建设工程施工合同纠纷其他民事民事裁定书｜最高人民法院·（2021）最高法民申 4924 号

延伸阅读

案例一： 安庆京某交通工程有限公司、中铁某局集团有限公司建设工程分包合同纠纷再审审查与审判监督民事裁定书｜最高人民法院·（2020）最高法民申 2918 号

一、关于二审判决对涉案工程款利息的起算时间的认定是否正确的问题

根据本案查明事实，涉案《合同文件》专用条款第 12.1 条约定："项目竣工验收后，甲方（中铁某局）按照业主付款比例对乙方（京某公司）进行工程价款的支付。"12.2 条约定："若业主不能及时或不能全额拨付工程款时，甲方对乙方的拨款亦相应顺延或按比例递减。"12.6 条约定："本合同乙方应出具税

务发票给甲方财务列入成本，在乙方提供税票前甲方有权拒绝付款。"综合双方合同约定的付款条件是公路项目竣工验收后按照业主付款比例向京某公司进行工程价款支付，京某公司需履行向中铁某局开具相应发票的义务及双方并未进行结算等相关履行事实，二审判决未采信《鉴定意见书》，认定涉案工程款利息自2018年7月1日起算，未支持京某公司自交工验收至2018年6月30日之间的利息，并无明显不当。京某公司相关申请理由不能成立。

案例二：中铁某局集团有限公司、北京安某水道自控工程技术有限公司建设工程施工合同纠纷再审审查与审判监督民事裁定书｜最高人民法院·（2020）最高法民申6167号

本院经审查认为，（一）关于中铁某局应否向北京安某公司支付欠付工程款及利息问题。给排水公司与中铁某局签订了《建设工程施工合同》约定了工程名称、地点、立项批准文号、资金来源、工程内容、工程承包方式、合同工期、签约合同价等相关内容，之后中铁某局又与北京安某公司签订《建设工程施工专业分包合同》，将涉案工程分包给北京安某公司。北京安某公司应收的工程款项虽给排水公司直接支付过部分工程款，但大多数工程款是经过中铁某局支付，给排水公司与北京安某公司之间无合同关系，根据合同相对性及工程款的实际给付履行情况，原判决认定中铁某局应承担给付北京安某公司工程款并无不当。中铁某局申请再审认为根据《建设工程施工专业分包合同》第七条约定，给排水公司支付相应工程项目的工程款才可转付北京安某公司。本院认为，在《建设工程施工专业分包合同》被确认无效，工程已经交付并结算情况下，中铁某局作为合同当事人应承担给付工程款义务。且一、二审判决给排水公司在欠付中铁某局工程款范围内承担给付责任，并未免除给排水公司未付工程款项的责任。北京安某公司已于2017年7月25日将工程交付使用并验收合格，利息从应付工程款之日计付，二审判决认定工程交付之日为应付工程款之日并起算利息，亦无不当。中铁某局申请再审认为其不应当承担给付北京安某公司剩余工程款及利息主体责任的理由，不能成立。

案例三：上海城某市政工程（集团）有限公司、武船某型工程股份有限公司建设工程分包合同纠纷二审民事判决书｜江西省高级人民法院·（2020）赣民终958号

本院认为，本案二审争议焦点为：1.诉争工程款的付款条件是否成就。2.如付款条件成就，逾期付款的利息应从何时开始计算。兹评述如下：

在建设工程分包合同中，承包人与分包人在合同中约定"按照业主支付进度付款""以收到建设单位工程款为向分包人支付工程款的前提"等条款，是指将建设单位（业主）向承包人支付工程款作为承包人向分包方支付工程款之条件，通常又称"背靠背"条款，系分包合同当事人之间对工程款附条件支付的有效约定，形式上属于附条件的合同条款，对合同各方当事人均具有约束力。本案中，上诉人上海城某公司承接南昌朝某大桥工程，其对部分施工任务采用公开招标的方式进行分包，招标文件的商务标条款中已经明确业主拨款作为工程款支付条件，被上诉人武船某工公司对于该条件所对应的风险，在投标时就早已知晓。在签订分包合同时，其作为长期从事建设工程领域的企业对于合同中约定的"背靠背"条款十分熟悉，武船某工公司可以根据自身风险承受能力对合同价款支付风险负担作出理性判断，有是否接受该条款的选择权，其签约行为就是接受风险的真实意思表示。因此，上诉人上海城某公司与被上诉人武船某工公司签订的《建设工程专业分包合同》第一部分协议书、第二部分通用条款、第三部分专用条款中关于合同价款支付的约定，是双方的真实意思表示，不违反法律、行政法规的强制性规定，应认定合法有效。上诉人上海城某公司主张工程款支付条款是附条件付款约定的理由成立，被上诉人武船某工公司关于分包合同中业主拨付工程款这一支付条件是与本案的 BT 合同及总承包合同相违背，该条款无效，应当视为当事人对付款时间没有约定的答辩意见与事实、法律不符，本院不予采纳。

双方争议的焦点在于，在涉案分包合同约定了付款条件的情况下，被上诉人武船某工公司主张上诉人上海城某公司支付剩余工程款，上诉人能否以付款条件未成就予以抗辩。

在分包合同中，承包人的主合同义务为给付工程款，分包方的主合同义务为工程施工，主合同权利为收取相应工程款。合同权利的实现有待于合同义务的履行，既然"背靠背"条款赋予承包人以发包人（业主）向其付款作为其向分包方付款的条件则承包人便负有积极向发包人（业主）主张工程款之义务，以确保分包方主合同权利得以实现。这也是诚实信用原则在分包合同"背靠背"支付条款中的具体体现，该支付条款的适用应以承包人履行了相应的义务为前提条件。《民法总则》第一百五十九条[1]规定："附条件的民事法律行为，当事人为自己的利益不正当地阻止条件成就的，视为条件已成就；不正当地促成条件成就的，视为条件不成就。"根据上述法律规定和诚实信用原则，上诉人上海城某公

---

[1] 编者按：

司负有积极向发包人（业主）主张工程款的义务，以确保其与被上诉人武船某工公司的"背靠背"支付条款得以履行，这也是对其行使抗辩权的法律限制。上海城某公司对于其与发包人之间的结算情况以及履行积极向发包人主张支付工程款义务的事实承担证明责任。如存在拖延结算、怠于向发包人主张工程款等情形，其怠于办理结算的行为应视为以不作为的形式阻止履行条件的成就，那么依法应视为付款条件已成就，不得对抗被上诉人武船某工公司的付款请求。

根据上诉人上海城某公司提交的送审资料、跟踪单位结算意见、承包人回复意见、财评会商意见、工程审价审定表等证据，可以证明上诉人自2015年11月至2019年采取分期分册上报结算送审材料，与审计单位反复审核结算，并进行五方会商审核，推进朝某大桥项目结算金额审核结算工作。2019年11月审计单位对包含涉案工程的主桥及主桥附属工程结算总造价已经审定，同年12月31日南昌市财政局也确定了朝某大桥工程项目结算评审金额。结合上诉人上海城某公司与发包人江西晟和建设发展有限公司签订的《南昌朝某大桥工程施工总承包合同》中"承包人提交竣工资料、工程竣工验收完成，且结算审定完成后的30个工作日内，发包人支付至该工程结算审定价的95%……"的约定，上诉人与发包人工程款结算支付的条件已经具备，但上诉人上海城某公司未能提供证据证明在工程项目结算金额已经确定的情况下，其采取积极的、必要的措施向发包人主张工程款的事实。因此，上诉人上海城某公司在工程审价审定后怠于主张工程款的行为实际阻碍给付被上诉人武船某工公司工程款条件的成就，现又以合同约定的付款条件未成就为由拒绝支付工程款，有违诚实信用原则，其关于付款条件不成就的上诉理由，本院不予支持，其应向被上诉人武船某工公司支付欠付的工程款并从项目结算工程款金额确定之日起即2019年12月31日起支付欠付工程款的利息。一审法院判决上诉人向被上诉人支付剩余工程款的处理正确，对利率计算标准的认定符合合同约定，但对利息起算时间认定错误，上诉人上海城某公司关于一审逾期付款利息起算时间的认定缺乏事实依据的上诉理由成立，本院予以支持。

案例四：广东康某物业服务有限公司、邹某红建设工程合同纠纷再审审查与审判监督民事裁定书｜广东省高级人民法院·（2020）粤民申10428号

本案中，涉案工程已经通过验收，安某公司应参照涉案合同的约定向邹某红支付相应的工程款。涉案合同约定："本工程工程款支付按照甲方与业主方签订的《工程施工合同》执行，以背靠背形式，甲方收到业主方支付工程款比例进行支付"，即邹某红与安某公司之间的工程款结算需以安某公司与筑某公司之间的工程款结算为依据，且按照安某公司收到的工程比例进行支付。作为实际施工人的邹某红在签约时清楚知悉安某公司向其支付工程款需以康某公司支付工程款为前提，因此，二审法院参照涉案合同关于"业主支付前提条款"之约定以及筑某公司仅向安某公司支付了工程款229417.02元的事实，判决安某公司向邹某红支付拖欠的工程款229417.02元，并无不当。

案例五：北京通达源吉某商贸有限责任公司、北京奇某良制冷设备有限公司承揽合同纠纷二审民事判决书｜北京市第三中级人民法院·（2021）京03民终7492号

三、涉案合同款项的付款条件是否已经成就？

通达源某公司上诉提出双方合同中明确约定背靠背付款，现甲方出具的证据证明因为质量原因未支付工程款；另通达源某公司提供的发票以及付款通知均需由厂家美某公司廖某景确认后才可以支付，这是双方约定，且前期付款都是由美某厂家负责人廖某景签字后才能支付。对此本院认为，首先，双方签订合同虽约定采用"背靠背"方式付款，但因该约定明显违反合同的相对性原则，且缺乏对"背靠背"方式的具体约定，故应当认定属于合同双方对于付款方式约定不明，在此情况下可以依照合同的上下文约定及法律的相关规定认定双方的合理履行方式；而因涉案项目在多年前已经验收合格投入使用，奇某良公司系在超过涉案工程质保期后才提出本案诉讼，鉴于通达源某公司未能提交充分证据证明其就涉案工程在质保期内向奇某良公司提出过质量问题，故根据相关司法解释的意见和精神，应视为奇某良公司安装的涉案工程质量合格，付款条件已经成就，通达源某公司应向奇某良公司支付相应合同款项。其次，通达源某公司虽主张依照双方的约定，结算合同款项须经美某厂家负责人廖某景签字后才能支付，但其并未提交充分证据证明双方对此存在约定，故其以此为由主张合同款项给付条件尚未成就，亦缺乏依据，本院不予采信

案例六：江苏展某建设有限公司与中某建筑安装工程集团有限公司、江苏金某房地产开发有限公司建设工程施工合同纠纷二审判决书｜江苏省徐州市中级人民法院（2021）苏03民终2110号

《合同法》第六十条[1]规定，当事人应当按照约定全面履行自己的义务。

展某公司与中某公司的合同约定的付款条件，载明：承包人向分包人支付工

---

[1] 编者按：《民法典》第509条。

程款（进度款）的时间和方式：合同款支付按照验工计价进度支付。进度的完成是指阶段工程量完成，验收质量满足要求并经有关部门签字认可。在建设单位已付此笔款项的情况下，承包人按对分包人结算金额的80%支付进度款（并按比例扣除管理费），当工程价款付到工程总价款80%时停止付款。施工完毕，经有关部门验收合格签字后，进行竣工结算（如发包人接受上级单位审计或发包人委托工程造价单位审计或发包人接受国家委托工程造价单位审计的，为审计完）和有关资料移交。当标的物移交给业主，承、分包双方签订有关移交手续56天内，付至分包人最终结算价的95%，余款（工程价款的5%）为质量保修金，工程竣工验收合格满两年后无息支付。

展某公司与中某公司在合同中明确约定"承包人给付分包人工程价款，以发包人给付承包人工程价款为前提，即发包人按照总包合同向承包人支付相应款项，承包人再向分包人支付相应款项。承包人收到业主方支付的关于上海大某能源股份有限公司行政研发中心综合管线工程款项后7个工作日内支付给分包方"。

转包合同、分包合同中约定以发包人给付承包人工程价款为前提，总承包人实际收取工程款后再向转承包人、分包人支付工程款的条款为"背靠背"结算条款，该条款不违反法律、行政法规的强制性规定，应属有效。"背靠背"条款属于附条件的条款，若转包人、分包人能够举证证明总承包人怠于行使权利，故意拖延与发包人进行工程款结算，则应视为发包人与总承包人、总承包人与转包人及分包人之间相互结算条件均成就。本案中，展某公司与中某公司关于付款的约定系"背靠背"条款，不违反法律、行政法规等强制性规定，且展某公司未举证足以证明中某公司怠于行使权利，故展某公司与中某公司应当按照双方约定的"背靠背"条款进行结算。

案例七：新疆兆某建筑工程有限责任公司、洪某兴等建设工程施工合同纠纷民事二审民事判决书｜新疆维吾尔自治区哈密市中级人民法院·（2021）新22民终706号

（一）关于兆某公司与洪某兴共同协商形成的证明中约定的付款条件，能否产生阻却付款效力的问题。实践中，一般将建设单位向承包人支付工程款作为承包人向分包方支付工程款之条件，称为"背靠背"条款。该约定不违反法律及行政法规的强制性、效力性规定，应当予以确认。但在履行过程中，承包人仍然负有积极向建设单位主张工程款的义务，以确保其余分包方约定的支付条件得以履行，承包人应就其已经积极向建设单位主张工程款承担证明责任。并且通过

"背靠背"条款获得的时间利益应当是合理的,而不是没有期限。本案中,兆某公司与洪某兴协商形成的结算证明中约定支付余款方式为:待哈某市某城乡人民政府付款后,按相应比例扣除保修金后给洪某兴付款,该约定即为"背靠背"条款。在涉案工程已经于 2020 年 7 月交付住户使用的情况下,兆某公司签订结算证明后仍然未积极向建设单位某城乡政府主张权利,将拖延结算或怠于行使权利导致不能及时获得相关款项的风险全部转嫁给洪某兴,该情形属于《合同法》第四十五条第二款规定附条件合同中当事人为自己的利益不正当地阻止条件成就的,视为条件已成就的情形。此时,兆某公司应当支付工程款。

032 工程款清偿期限届满前签订的以房抵工程款协议是否有效?

阅读提示

承发包双方约定以房屋抵顶工程款是建工领域常见的现象,在不同的施工阶段签订的抵款协议在效力、履行等方面有所不同,如果在工程款到期之前,双方约定发包人以房屋抵顶工程款,这样的协议是否有效?

裁判要旨

债务履行期限届满前达成以物抵债协议的,该协议无效。故,在工程款应付期限之前,双方签订的以房抵工程款协议无效。

案情简介

一、2011 年 12 月 15 日,华某公司与宿某公司签订《山某云房一期住宅楼施工合同》,约定宿某公司将其开发的山某云房一期住宅楼工程发包给华某公司承建。

二、2013 年 6 月 16 日,华某公司与宿某公司签订二期合同,约定宿某公司将其开发的山某云房住宅楼工程(二期三标段工程)发包给华某公司承建。

三、2015 年 8 月 19 日,华某公司与宿某公司、南某公司签订《商品房抵工程款协议书》一份,协议约定南某公司以山某云房第五期的商品房(期房)抵偿宿某公司应支付给华某公司的宿迁山某云房一期、二期工程剩余应付工程款。以房抵款协议还载明"因甲方南某公司的山某云房五期项目尚在建设中，具体的工程款抵房的内容尚无法最终明确，因此本协议各方仅就甲方南某公司的山某云房五期商品房的抵工程款的事项形成如下的原则性约定"，"在甲方南某公司开发的山某云房五期的商品房取得商品房预售许可证之日起，甲乙双方应立即就山某云房五期商品房协商确认具体的工程款抵房方案"。

四、2017 年 5 月 31 日，华某公司在山某云房一期工程结算审定单上签章，该审定总价金额为 142397918 元。

五、2017 年 12 月 4 日，造价公司受宿某公司委托出具二期工程竣工结算审核报告一份，审核结果为：本工程送审金额为 159863231 元，审定金额为 132377598 元，核减金额 27485633 元，核减率为 17.19%。

六、因双方对涉案工程造价及工程款支付发生争议，华某公司向一审法院起诉，请求判决宿某公司支付工程款，宿某公司主张应继续履行《商品房抵工程款协议书》第一条第三款以房抵工程款。

七、一审法院认为在债务履行期限届满前，华某公司即与宿某公司、南某公司签订以房抵款协议，鉴于以房抵付工程款系债务清偿的方式之一，应尊重当事人意思自治，但因双方并未能就以房抵工程款的时间、数额、房号、抵房价格等具体方案达成一致意见，判决宿某公司支付华某公司工程款。

八、二审法院认为由于该《商品房抵工程款协议书》签订时抵充的工程款尚未到期，该约定无效。宿某公司、南某公司不服，向最高院申请再审，最高院驳回其再审申请。

法律分析

本案的焦点问题是工程款债务未届清偿时签订的《商品房抵工程款协议书》是否有效。

第一，承发包双方在工程款清偿期届满前签订以房抵工程款的协议，由于工程款数额、房屋价值等尚不明确，一般应理解为发包人为了让承包人相信工程款到期后能够足额支付而向其提供的担保。在施工过程中，发包人为了担保工程款支付而签订的协议，主要功能是担保，承包人并无意获得这些房屋。2015 年《最高人民法院关于当前商事审判工作中的若干具体问题》第九条关于以物抵债的意见认为，应参照禁止流押、流质的规定，认定债务履行期届满前约定的以物抵债无效。（注：近几年司法实践中有不同观点。）

本案中，《商品房抵工程款协议书》约定的工程款尚未到期，工程款金额尚不确定，房屋还在建设之中，具体哪些房屋用于抵顶工程款也不确定，该约定可能导致双方利益显失公平，所以二审法院认定该约定系在债务履行期限届满前达成，应为无效。

第二，根据《九民纪要》第 44 条的规定，当事人在债务履行期届满后达成以物抵债协议的，除存在法律规定无效情形外，应为有效协议。根据《江苏省高级人民法院关于审理建设工程施工合同纠纷案件若干问题的解答》第 12 条规定，发包人与承包人在工程款已届清偿期，约定以房屋折抵工程价款的，除存在法律规定无效情形外，应为有效协议。但是，以上两条所规定情形，均不是指在债务履行期限届满前达成以物抵债协议的情形。《九民纪要》第 45 条虽是针对这种情形，却又没有明确有效还是无效。本案二审判决《商品房抵工程款协议书》第一条第三款无效。

实务经验

一、以房抵工程款协议签订的时间节点不同，该协议在效力、履行等方面有所不同，在工程款清偿期限届满后，承发包双方签订的以房抵工程款协议，一般不存在效力方面的争议。但是，类似本文引用的案例的情形，承发包双方在工程款清偿期限届满前达成了以房抵工程款协议，在司法实践中可能被认定为无效，也可能被认定为有效。云亭建工律师团队建议承发包双方在解决以房抵工程款问题时，在工程款清偿期限届满后签订协议最为稳妥。

二、对承包人来讲，若只能在施工阶段签订以房抵工程款的协议作为担保，可尽量将协议内容具体化，约定清楚抵顶工程款的金额、房屋的具体特征等，并根据工程进度签订补充协议，如在发包人获得商品房预售许可证后，可以签订商品房买卖合同，办理网签手续，在房屋可以交付时及时收房，对所抵顶工程款签订确认协议等。虽然在发生争议后，如此操作并不一定能够获得法院的支持，但相比于仅仅约定了"若发包人未按时支付工程款，则以所有房屋抵债"要更有保障。

法条链接

《中华人民共和国民法典》（2021年1月1日实施）

第三百八十八条 设立担保物权，应当依照本法和其他法律的规定订立担保合同。担保合同包括抵押合同、质押合同和其他具有担保功能的合同。担保合同是主债权债务合同的从合同。主债权债务合同无效的，担保合同无效，但是法律另有规定的除外。

担保合同被确认无效后，债务人、担保人、债权人有过错的，应当根据其过错各自承担相应的民事责任。

第四百零一条 抵押权人在债务履行期限届满前，与抵押人约定债务人不履行到期债务时抵押财产归债权人所有的，只能依法就抵押财产优先受偿。

第四百二十八条 质权人在债务履行期限届满前，与出质人约定债务人不履行到期债务时质押财产归债权人所有的，只能依法就质押财产优先受偿。

《全国法院民商事审判工作会议纪要》（法〔2019〕254号 2019年11月8日）

44.【履行期届满后达成的以物抵债协议】当事人在债务履行期限届满后达成以物抵债协议，抵债物尚未交付债权人，债权人请求债务人交付的，人民法院要着重审查以物抵债协议是否存在恶意损害第三人合法权益等情形，避免虚假诉讼的发生。经审查，不存在以上情况，且无其他无效事由的，人民法院依法予以支持。

当事人在一审程序中因达成以物抵债协议申请撤回起诉的，人民法院可予准许。当事人在二审程序中申请撤回上诉的，人民法院应当告知其申请撤回起诉。当事人申请撤回起诉，经审查不损害国家利益、社会公共利益、他人合法权益的，人民法院可予准许。当事人不申请撤回起诉，请求人民法院出具调解书对以物抵债协议予以确认的，因债务人完全可以立即履行该协议，没有必要由人民法院出具调解书，故人民法院不应准许，同时应当继续对原债权债务关系进行审理。

45.【履行期届满前达成的以物抵债协议】当事人在债务履行期届满前达成以物抵债协议，抵债物尚未交付债权人，债权人请求债务人交付的，因此种情况不同于本纪要第71条规定的让与担保，人民法院应当向其释明，其应当根据原债权债务关系提起诉讼。经释明后当事人仍拒绝变更诉讼请求的，应当驳回其诉讼请求，但不影响其根据原债权债务关系另行提起诉讼。

《江苏省高级人民法院关于审理建设工程施工合同纠纷案件若干问题的解答》（已失效）

12. 发包人与承包人在工程款已届清偿期，约定以房屋折抵工程价款的，对该抵债协议的效力如何认定？

发包人与承包人在工程款已届清偿期，约定以房屋折抵工程价款的，一方要求确认以房抵债协议无效或者变更、撤销，经审查抵债协议系当事人真实意思表示，且不存在《合同法》第52条、第54条规定情形的，对其主张不予支持。

法院判决

首先，涉案《商品房抵工程款协议书》属于在债务履行期限届满前达成的以物抵债协议，《全国法院民商事审判工作会议纪要》第44条适用对象为债务履行期限届满后达成的以物抵债协议，第45条并未对协议的效力作出规定，南某公司、宿某公司据此主张协议有效并无法律依据。原判决认定协议无效并无不当。其次，在涉案《商品房抵工程款协议书》无效的情况下，不存在新债消灭旧债和该协议能否实际履行的问题，原判决认定宿某公司应当继续履行支付工程款及延期付款利息的债务并无不当。最后，由二审判决可知，南某公司在上诉请求事实与理由中仅阐述了宿某公司不应当承担付款义务，而并未涉及若宿某公司应承担债务时南某公司是否构成债务加入、是否对该债务承担连带责任的问题，未对连带责任的认定提出异议。《民事诉讼法》第一百六十八条[1]规定："第二审人民法院应当对上诉请求的有关事实和适用法律进行审查。"故二审法院对此未予以审查，维持一审判决，并无不当。

案件来源

南京澳某地产有限公司、宿迁澳某置业有限公司建设工程施工合同纠纷再审审查与审判监督民事裁定书｜最高人民法院·（2020）最高法民申6153号

延伸阅读

案例一：中建某局第二建筑工程有限公司、泉州豪某发展有限公司合同纠纷再审审查与审判监督民事裁定书｜最高人民法院·（2019）最高法民申6801号

尽管《执行事宜协议书》约定了以房抵款事宜，且中建某局与豪某公司亦

---

[1] 编者按：《民事诉讼法》（2023年修正）第175条。

签订了《商品房买卖合同》，但从《执行事宜协议书》"鉴于：……4.甲方（豪某公司）现承诺自愿偿还所欠乙方（中建某局）债务，并以附条件的'以房抵款'及法院查封等方式保证兑现承诺"约定及豪某公司归还部分款项后，中建某局向泉州中院申请解除对相应价值抵债房产的查封，并与豪某公司解除相应金额抵债房产的《商品房买卖合同》的行为看，豪某公司签订《商品房买卖合同》的目的，是为其向中建某局履行涉案工程款付款义务提供担保，涉案《商品房买卖合同》并非当事人之间真实意思表示。二审判决据此认定双方在《执行事宜协议书》中预先约定若豪某公司未能如期还款则以相应价值的商品房直接抵付所欠中建某局的债务的条款因违反了《中华人民共和国物权法》《中华人民共和国担保法》相关规定，应属无效，并无不当。

案例二：奇某县蒙某房地产开发有限公司建设工程施工合同纠纷再审审查与审判监督民事裁定书|最高人民法院·（2019）最高法民申 5468 号

关于双方当事人对欠付工程款是否达成了以物抵债协议的问题。本案中，双方于 2011 年 9 月 18 日签订的《昌某商业广场建安工程建设工程施工合同补充协议》约定："本工程竣工后，结算审核完成后在合同约定的时间内，甲方（蒙某房产公司）不能按时按量地支付乙方（和某祥建筑公司）工程款时，甲方可以将已竣工的可以投入使用的成品（如商场以及产权式酒店）等，按欠付的乙方工程款等价转交于乙方名下，转交价格按当地市场行情下浮 15%，甲方无偿配合乙方营销，物业管理由甲方管理。"协议签订时，涉案工程刚开始施工，双方尚未形成债权债务关系，房屋亦未建成，以物抵债协议应当具备的基本内容均未确定。双方实际履行合同过程中，存在蒙某房产公司以建成后的商品房抵偿工程款的情况，但双方就此另行签订了商品房买卖合同，并对抵偿工程款的房屋的位置、面积及价格做出清楚明确的约定，确定了抵偿工程款的具体数额。据此，二审法院认定涉案《昌某商业广场建安工程建设工程施工合同补充协议》不具备以物抵债协议的基本内容，不能认为双方就涉案工程欠款达成了以商品房抵偿的合意，该认定并无不当，本院予以维持。

033 以房抵工程款但未办理登记过户的房屋，是否应计入已付工程款？

阅读提示

承发包双方达成以房屋抵顶工程款协议后，办理登记过户手续前，该抵顶房款是否应计入已付工程款？承包人能否反悔并要求发包人支付已抵顶的工程款？

裁判要旨

拟抵顶的房屋未办理过户登记，双方就该房屋达成的以房抵债协议并未得到实际履行，协议所抵工程款不应计入已付工程款，承包人可基于原有的建设工程施工合同关系向发包人主张相应的工程款。

案情简介

一、2011年12月28日、2012年3月21日、2012年9月17日，发包人瑞某华公司与承包人住某公司分别签订《世某嘉柏Ⅰ标段（一期）建安工程施工合同》《世某嘉柏Ⅱ标段（二期）建安工程施工合同》《世某嘉柏三期建安工程施工合同》，约定了违约金、工程款支付进度、质保金等内容。

二、合同签订后，住某公司进场施工。工程均已竣工验收合格。

三、2014年11月3日，瑞某华公司与住某公司签订《工程抵款协议书》，主要内容为：瑞某华公司以世某嘉柏项目的商品房作价抵偿应付给住某公司的部分工程款。

四、2015年2月10日，住某公司向瑞某华公司出具《委托付款函》，同意将其应收工程款中的11634740元用于代冯某某购买世某嘉柏7-2-2号房屋并同意此工程款在双方工程结算尾款中予以扣除；瑞某华公司与冯某某签订了《商品房买卖合同》。

五、2015年2月12日，瑞某华公司向冯某某开具世某嘉柏7-2-2号房屋、购房款金额为11634740元的《收据》。该《收据》载明的结算方式为工程抵房款，该房屋尚未办理过户登记。

六、由于双方就应付工程款的数额有争议等原因，住某公司向一审法院起诉。就 7-2-2 号房屋款项是否应计入已付工程款的问题，一审法院认为在商品房买卖合同尚未履行，一方当事人反悔的情况下，不应认定双方已经实际履行了以房抵工程款的协议。

七、二审法院认为由于商品房买卖合同未实际履行完毕并导致双方相应的工程款债务消灭，故在住某公司不同意继续履行该商品房买卖合同的情况下，其仍然有权基于双方之间的基础法律关系请求瑞某华公司支付工程价款。

八、瑞某华公司不服，向最高人民法院申请再审，最高人民法院认为诉争 7-2-2 号房屋未办理过户登记，双方就该房屋达成的以房抵债协议并未得到实际履行。

法律分析

本案的焦点问题是诉争 7-2-2 号房屋所抵的工程款是否应计入瑞某华公司的已付工程款。

第一，承发包双方约定以部分房屋抵顶部分工程款的方式清偿工程款，实质上是建设工程领域的以物抵债。当事人于债务清偿期届满后达成的以物抵债协议，可能构成债的更改，也可能构成新债清偿；若当事人明确约定旧债消灭，则为债的更改。

本案中，从住某公司向瑞某华公司出具的《委托付款函》等证据看，住某公司并未放弃对支付 7-2-2 号房屋抵顶的工程款请求权，双方也未就消灭旧债达成一致。所以，双方达成的以房抵工程款协议并不构成债的更改，而是新债清偿，以房抵工程款协议未履行完毕的情况下，住某公司有权基于建设工程施工合同要求瑞某华公司支付工程款。

第二，《民法典》第二百零九条第一款规定："不动产物权的设立、变更、转让和消灭，经依法登记，发生效力；未经登记，不发生效力，但是法律另有规定的除外。"不动产要依法登记，才能产生物权变动的效力。

本案中，住某公司和瑞某华公司约定以 7-2-2 号房屋抵顶 11634740 元工程款，虽然指定购买人与瑞某华公司签订了《商品房买卖合同》，瑞某华公司开具了《收据》，但是该房屋未办理过户登记，以房抵工程款协议未得到实际履行，相应款项不应计入已付工程款。

第三，根据《九民纪要》第 44 条、第 45 条之规定，以物抵债协议应为诺成性合同，承诺生效时合同成立。

本案中，一审法院认为：以房抵债协议属于实践性合同，除当事人之间达成合意外，合同还应当得到实际履行。这也反映出部分法院对此问题的观点。云亭建工律师团队发现，《九民纪要》之后，绝大部分案例中，法院不再认为以房抵工程款的协议是实践性合同。

实务经验

一、本文讨论的以房抵工程款协议是在履行期届满后达成的，即双方在建设工程竣工结算之后债权债务比较明确的情况下达成的协议。如果双方在施工过程中，甚至在进场施工之前就达成以房抵工程款协议，可能被法院认定为无效协议，甚至因缺少明确内容而被法院认定为不是以物抵债协议。建议施工企业把握签订以房抵工程款协议的时机。

二、当事人于债务清偿期届满后达成的以物抵债协议，只有当事人明确达成新债成立、旧债消灭的合意，才构成债的更改，否则应为新债清偿，新债和旧债同时存在。建议承包人在签订以房抵工程款协议时，不要约定旧债消灭，避免出现"不再要工程款只能要房屋"的意思，在确认对账单等文件时可对以房抵顶的工程款单独分类并进行特别说明，在房屋产权证未办理下来时，不要将以房抵顶的工程款计入已付工程款。

三、司法实践中，也有观点认为，双方已经对以房抵工程款进行确认，相应的工程款应计入已付工程款，至于房屋交付和过户，可另外解决。对此，云亭建工律师团队建议承包人在以房抵工程款协议中约定房屋办理过户手续后，才将所抵的工程款计入已付工程款，履行以房抵工程款协议时，在能够办理过户登记时及时办理。

四、司法实践中，承包人诉讼策略有以下几种选择：一是承包人请求确认房屋归其所有，因以房抵工程款的协议并不产生物权变动的效力，所以，该请求不会得到法院的支持，建议承包人选择其他诉讼策略。二是承包人请求发包人交付房屋并办理过户手续，法院查明房屋已经被发包人出售给他人，不具有可履行性时，承包人可及时变更诉讼请求或另行起诉，要求发包人支付工程款。三是承包人指定的买受人与发包人签订了《商品房买卖合同》，承包人主张办理过户手续，法院认为应由合同主体另行主张。建议承包人在诉讼之前，了解清楚发包人的经济实力,以及以房抵工程款协议履行的可能性,选择最有利的诉讼策略。

法条链接

《中华人民共和国民法典》(2021年1月1日实施)

第二百零九条 不动产物权的设立、变更、转让和消灭,经依法登记,发生效力;未经登记,不发生效力,但是法律另有规定的除外。

依法属于国家所有的自然资源,所有权可以不登记。

《全国法院民商事审判工作会议纪要》(法〔2019〕254号 2019年11月8日)

44.【履行期届满后达成的以物抵债协议】当事人在债务履行期限届满后达成以物抵债协议,抵债物尚未交付债权人,债权人请求债务人交付的,人民法院要着重审查以物抵债协议是否存在恶意损害第三人合法权益等情形,避免虚假诉讼的发生。经审查,不存在以上情况,且无其他无效事由的,人民法院依法予以支持。

当事人在一审程序中因达成以物抵债协议申请撤回起诉的,人民法院可予准许。当事人在二审程序中申请撤回上诉的,人民法院应当告知其申请撤回起诉。当事人申请撤回起诉,经审查不损害国家利益、社会公共利益、他人合法权益的,人民法院可予准许。当事人不申请撤回起诉,请求人民法院出具调解书对以物抵债协议予以确认的,因债务人完全可以立即履行该协议,没有必要由人民法院出具调解书,故人民法院不应准许,同时应当继续对原债权债务关系进行审理。

法院判决

关于诉争7-2-2号房屋涉及的以房抵债工程款是否应计入瑞某华公司的已付工程款的问题。本案中,诉争7-2-2号房屋未办理过户登记,双方就该房屋达成的以房抵债协议并未得到实际履行。住某公司基于原有的建设工程施工合同关系向瑞某华公司主张诉争房屋所涉11634740元欠付工程款于法有据,瑞某华公司主张该部分款项应计入已付工程款的理由不能成立,本院不予支持。

案件来源

成都市瑞某华实业有限公司、四川省住某建设有限公司建设工程施工合同纠

纷再审审查与审判监督民事裁定书 | 最高人民法院·（2020）最高法民申2381号

延伸阅读

在案例一、二、三中，法院认为，以房抵工程款的房屋未办理登记过户时抵顶房款不应计入已付工程款，在案例四、五、六中，法院则持相反观点。

案例一：库车中某房地产开发有限责任公司、焉耆县苏某建筑有限责任公司等建设工程施工合同纠纷民事申请再审审查民事裁定书 | 最高人民法院·（2021）最高法民申7856号

1. 关于苏某建筑公司未完成的工程量价款3102458.14元以及劳动保险统筹费用2272807.77元是否应从剩余工程款18428509.36元中扣除。首先，涉案第6、7、8号楼是否销售完毕，与未完成的工程量价款、劳动保险统筹费用应否扣除并无因果联系，仅对支付方式产生影响。根据本案查明的事实，涉案胜某城住宅小区项目558套住宅、16套商铺已经全部销售完毕，原判决认定"以房抵款的意思表示已经无法实现"有事实依据。其次，中某房产公司主张苏某建筑公司未完成协议约定的全部施工任务，但未提供证据予以证明，其关于应扣除苏某建筑公司未完成的工程量价款的理由不能成立。最后，中某房产公司仅主张涉案协议约定劳动保险统筹费用属于应在工程款中单独计取的费用，但未提供其已缴纳了劳动保险统筹费用的相关证据。原判决认定该笔费用未实际发生，不应从剩余工程款中扣减，并无不当。

案例二：陕西志某置业有限公司、江苏天某建设集团有限公司建设工程施工合同纠纷其他民事民事裁定书 | 最高人民法院·（2021）最高法民申1645号

关于已付工程款数额如何认定的问题。……2.以房抵款问题。根据一、二审查明事实，2019年6月12日双方签订的《以房抵款协议书》约定需将房屋过户合同才生效。因双方未办理过户手续，不符合合同约定的生效条件。故原审未将东大街26号商铺抵偿工程款6928200元，处理适当。

案例三：江西省上高县欣某房地产开发有限公司、江西欣某建筑工程有限公司等建设工程施工合同纠纷其他民事民事裁定书 | 最高人民法院·（2021）最高法民申2217号

关于焦点1.一审法院审理程序是否违反法律规定，虽然《民事诉讼法》第一百四十五条规定"法庭辩论终结，应当依法作出判决"，但在依法作出判决之前,法律及司法解释并未禁止"再次开庭""再次辩论"。人民法院在法庭辩论终结之后,根据案件审理实际需要"再次开庭",与民事诉讼法的基本原则和精神亦无冲突。本案中,鄢某牯最初诉请判令欣某房地产公司、欣某建筑公司按约定将35套抵付工程价款的房屋登记到其名下。一审法院于2020年5月20日开庭审理后,根据鄢某牯申请调取了该35套房屋销售情况的证据,发现房屋已部分售出,鄢某牯该项诉求客观上已无法实现,故依法向其释明。鄢某牯变更诉讼请求后,一审法院于同年6月30日再次开庭审理,并无不当。

案例四:新疆天某建设工程集团有限责任公司建设工程施工合同纠纷再审审查与审判监督民事裁定书 | 最高人民法院·(2021)最高法民申1337号

关于天某公司所称的原判决对未支付的工程款开具发票问题。……3.双方在对账明细表中均同意以房抵偿工程款1609063元,原判决按照双方的对账将此部分款项作为已付款扣除,并无不当。天某公司所称的房屋未交付、未办理过户登记,属于以物抵债的具体履行问题,天某公司可依法另行主张。

案例五:江苏南通某建集团股份有限公司、郑州卓某房地产开发有限公司建设工程施工合同纠纷二审民事判决书 | 最高人民法院·(2020)最高法民终197号

关于涉案以房抵工程款的金额能否认定为已付工程款的问题。从涉案《和解协议》《和解补充协议》的约定看,各方并未约定必须将抵账房屋办至南通某建公司或其指定受让人名下才能达到抵顶工程款的效果;从郑州卓某公司、长葛卓某公司一审提交的江苏南通某建集团有限公司《葛某华府住宅抵账明细表》《葛某华府商铺抵账明细表》《葛某御府住宅抵账明细表》的内容看,住宅房屋大部分已办证、少部分未办证,商铺均已签订合同、未办证;从东某祥2017年9月25日出具的《证明》看,其委托郑州卓某公司、长葛卓某公司将抵工程款的房屋、车位、储藏室办理给第三方,没有办理网签及房产登记手续的也全部签订了转让协议并转让给第三方使用。上述事实表明,郑州卓某公司、长葛卓某公司已实际履行了以房抵工程款的义务,以房抵工程款的目的已实现,未办理过户手续的应由相关权利人另行主张权利,南通某建公司不能以此为由否定以房抵工程款的效力。虽然大部分抵顶工程款的房屋、车位、储藏室是由东某祥与郑州卓某公司、长葛卓某公司商定,但是南通某建公司已经在《和解协议》《和解补充协议》中对郑州卓某公司、长葛卓某公司向东某祥支付345694099.52元(含房抵工程款)的行为表示了谅解,应当视为南通某建公司对东某祥经手的以房抵工程款已予以认可。故南通某建公司以涉案房屋未按照约定办理产权登记手续至南通某建公司或其指定受让人名下为由否认已抵工程款的效力，继而要求郑州卓某公司、长葛卓某公司仍应支付相应工程款的上诉请求缺乏事实依据，本院不予支持。

案例六：淮南市荣某昕安房地产开发有限公司、浙江元某建设有限公司建设工程施工合同纠纷二审民事判决书｜最高人民法院·（2018）最高法民终902号

荣某昕安房地产公司已就涉案17套商铺与元某公司以及元某公司指定的购房人一一签订《工程款相抵房屋确认书》和《商品房买卖合同》，并向指定购房人出具了购房款收据。元某公司与荣某昕安房地产公司关于涉案17套商铺抵计相应工程价款的合意已经形成，该房款应从荣某昕安房地产公司尚欠的工程款中予以扣除。在《工程款相抵房屋确认书》和《商品房买卖合同》成立生效的情况下，双方所约定抵顶的建设工程价款债权消灭，荣某昕安房地产公司负担向元某公司指定的购房人转移房屋所有权的债务。原审法院未将上述17套商铺房款所抵顶的建设工程价款从荣某昕安房地产公司尚欠的工程款中予以扣除不当，本院予以纠正。荣某昕安房地产公司关于涉案17套商铺房抵款13542789元应从欠付工程款中扣除的上诉理由成立，本院予以支持。

034 合同约定固定总价为"暂定价"，该"暂定价"金额是否可以作为结算依据？

阅读提示

EPC合同约定固定总价为"暂定价"7800万元，结算时应按此"暂定价"结算，还是据实结算？承包人以发包人在回函中未提出异议、实际成本远高于固定价、第三方造价报告等理由主张双方已经变更为据实结算，法院如何认定？

裁判要旨

EPC合同约定合同价款为固定总价，虽在合同价款后写有"暂定价"字样，但双方此后未协商调整合同价款，应认定合同约定价款并未发生变更或调整。

案情简介

一、2012年11月9日，北京蓝某公司与大黄山鸿某焦化公司签订了《新疆大黄山鸿某焦化有限责任公司煤气综合利用项目填平补齐技术改造工程总承包合同［EPC］》（以下简称《工程总承包合同［EPC］》），合同价款为固定合同总价，"合同价款（暂定价）7800万元"，合同同时约定了价款调整的情形。

二、大黄山鸿某焦化公司向北京蓝某公司支付了工程款71624151.67元。

三、北京蓝某公司诉至法院，诉讼请求：判令大黄山鸿某焦化公司支付所欠工程款95692934.33元及利息24302018元，合计：119994952元。

四、2019年12月13日，新疆高院认定结算价7800万元，一审判决：大黄山鸿某焦化公司支付工程款6375848.33（7800万-71624151.67）元及利息1596795.79元。

五、北京蓝某公司认为一审判决将合同专用条款中7800万元暂定价款与通用条款中的固定价联系，无任何依据，故向最高人民法院提起上诉。

六、2020年6月23日，最高人民法院二审判决：驳回上诉，维持原判。

法律分析

本案的争议焦点是：《工程总承包合同［EPC］》是不是固定总价合同？若是固定总价合同，有没有变更为据实结算？云亭建工律师团队认为一审法院严格按合同约定以"暂定价"作为结算依据，并无不当。

第一，固定总价合同约定了合同约定的工程量范围内的总价，同时合同也会约定固定总价所包含的风险范围和风险费用的计算方法，以及风险范围外合同价格的调整方法，所以固定总价合同的价款并非一定不可调整，只是在合同约定的工程量和风险范围内不作调整，如发生设计变更导致工程量发生变化等是可以调整的。

本案中，合同明确约定是固定总价合同，不得擅自调整。合同虽然还约定了价款调整的情形及变更价款的确定方式，但与固定总价并不矛盾，而且也是固定总价合同的必备条款，不能因此否认其固定总价合同的性质。双方签订合同时使用了"暂定价"一词，但签订合同之后，双方并未对此"暂定价"进行调整，也未出现合同约定的价款调整情形，故应以该"暂定价"为结算依据。

第二，司法实践中，低价中标的承包人常常主张双方在施工过程中已经通过补充协议、洽商文件等形式将结算方式由固定总价变更为据实结算。对此，法院一般会从严掌握，承包人若不能提交具有发包人明确意思表示的证据材料，且该意思表示不违背法律法规的强制性规定，法院不会支持。

本案中，承包人主张变更的理由均不能成立：

其一，承包人发给发包人的函件中包括据实结算，而发包人在回函中未提及据实结算，无法得出发包人同意据实结算的结论。

其二，第三方造价公司出具的《工程款支付证书》载明应当支付工程款共1.3240291亿元，因《工程款支付证书》是审核中的过程资料，并非最终的结算依据，且发包人支付的价款也未超过合同"暂定价"，所以这也不能证明发包人同意据实结算。

其三，承包人主张实际施工造价约1.4亿元，其已向第三方支付了款项，如果是按固定总价7800万元结算，其不可能在设备材料及土建已支出近9000万元的情形下进行后续施工。这一理由看似有些道理，但是相对性是合同的基本原则，承包人与第三方的合同、结算价款不能当然作为《工程总承包合同[EPC]》项下承发包双方的结算依据。

其四，实际工程量发生重大变更。合同中约定了价款调整的情形"由于业主变更引起的合同价款的增减（50万以内不调整）"，此时，承包人需要证明因业主所要求的变更导致工程量和工程价款超出了合同约定的范围。

综上，承包人未能提供足够的证据证明发包人同意将"固定总价"调整为"据实结算"，又未能提供足够证据证明出现了合同约定的价款调整情形，故一审法院严格按合同约定以"暂定价"作为结算依据，最高人民法院也支持此观点。

实务经验

第一，固定价包括固定单价和固定总价，固定单价合同通常也会列出暂定价，结算时以固定单价和实际工程量计算出总价，这里的暂定价一般不作为结算价。而固定总价合同的暂定价，就是指合同总价的暂定，如果施工中未出现合同约定的价款调整情形，暂定价就可以成为结算价，不能仅以"暂定价"这个词来否定按固定总价结算的约定。

第二，固定总价合同约定了价款调整的情形，与固定总价不矛盾，而应是固定总价合同的必备条款，当出现合同约定的价款调整情形时，总价应相应调整。

第三，承包人应对招标文件的要求进行深刻理解，在约定固定总价的同时，要深刻了解固定总价所包含的风险范围、调整因素、价款调整的计算方法等内容。

第四，在施工过程中，承包人要有足够的证据意识，即使施工过程中各方对有关事项进行了沟通、达成了共识，但是一旦发生争议，提供不出证据也是枉然。若施工过程中出现了合同约定的调整因素，一定要以签证、洽商、会议纪要等文字形式固定下来，并由各方签字确认，以免发生争议时处于被动局面。

法条链接

《最高人民法院关于审理建设工程施工合同纠纷案件适用法律问题的解释（一）》（法释〔2020〕25号 2021年1月1日实施）

第十九条 当事人对建设工程的计价标准或者计价方法有约定的，按照约定结算工程价款。

因设计变更导致建设工程的工程量或者质量标准发生变化，当事人对该部分工程价款不能协商一致的，可以参照签订建设工程施工合同时当地建设行政主管部门发布的计价方法或者计价标准结算工程价款。

建设工程施工合同有效，但建设工程经竣工验收不合格的，依照民法典第五百七十七条规定处理。

法院判决

一、工程价款的认定问题

涉案合同第一部分"协议书"约定"将本工程项目设计、采购、施工及开车任务，委托总承包商进行EPC工程总承包"。合同中对工程价款的约定有以下几部分：（一）涉案合同第二部分"通用条款"23条"合同价款及调整"23.1约定"协议书中表明的合同价款为固定合同总价，任何一方不得擅自改变。合同价款所包含的工程内容为初步方案设计范围所包含的工作范围"，该条同时约定了合同价款调整的情形及合同价款所包含的风险。该部分31条"变更价款的确定"约定了对合同价款做出调整的具体操作及遵循的原则。（二）涉案合同第三部分"合同专用条款"第7条"合同价款、支付及调整"7.1"合同价款"中约定，"本合同价款（暂定价）为人民币柒仟捌佰万元整（7800万元），其中包括建设工程设计费150万元。投资详见本项目的设计概算书"。

该合同"通用条款"23.1约定合同价款为固定合同总价，但合同第一部分"协议书"、第二部分"通用条款"中均没有约定具体的合同价款，第三部分"合同专用条款"7.1约定合同价款（暂定价）为7800万元。按照合同第三部分"合同专用条款"2.2"合同文件及解释优先顺序"中约定的合同条款解释顺序，合同价款应理解为固定总价（暂定价）7800万元。该合同附件十一"项目投资估算表"对该工程各项造价分项估算计算出的建设投资总计7808万元，与合同约定的价款7800万元相符。约定合同价款为固定总价并非不能变更，根据合同的约定，在符合"通用条款"23.1约定的情形时按照该部分第31条"变更价款的确定"的约定可对合同价款进行变更。北京蓝某公司上诉称涉案合同并非固定总价7800万元、合同价款为暂定价7800万元，与合同约定并不矛盾。

北京蓝某公司上诉称双方在合同履行过程中将合同价款变更为据实结算，与事实不符。

（一）北京蓝某公司与鸿某焦化公司的往来函件不能证明双方对工程价款进行了变更。1.鸿某焦化公司于2013年4月7日致北京蓝某公司的函中并未就合同约定的工程款进行变更，也未就进行变更达成一致，北京蓝某公司无证据证明双方完成了合同价格的调整。2.2016年4月19日北京蓝某公司致鸿某焦化公司《关于12万吨/年合成氨填平补齐项目决算及出具发票的函》中称"由于实际造价与合同暂定价差异较大，经双方协商同意按照实际工程量据实结算"，鸿某焦化公司在复函中并未提及据实结算，北京蓝某公司无证据证明鸿某焦化公司同意据实结算，仅以其在函件中单方所称、鸿某焦化公司未提异议为由认为鸿某焦化公司认可据实结算，缺乏事实依据。

（二）《工程款支付证书》系宝某公司出具报告的一部分，不能证明双方对工程价款进行了变更。北京蓝某公司以涉案工程2013年3至9月份《工程款支付证书》中鸿某焦化公司审核的应付款总额远超合同所约定的7800万元为由，认为双方对合同价款变更为据实结算。对此本院认为，涉案六本《报告书》系鸿某焦化公司委托宝某公司出具，是为了对工程进度款的支付进行审核，《工程款支付证书》是审核中的过程资料，并非最终的支付依据，而且《工程款支付证书》中记载最终以宝某公司审核为准，宝某公司审核的应付款金额并未超过合同约定价款，鸿某焦化公司已支付的工程款也未超出合同约定的价款，因此《工程款支付证书》不能证明双方是据实结算。综上，北京蓝某公司上诉主张双方对合同约定的价款变更为据实结算的上诉理由不能成立。

涉案合同中并未约定以北京蓝某公司向第三方支付的款项作为涉案合同价款的结算依据，北京蓝某公司因涉案工程向第三方支付的价款与涉案工程款的认定无关。

合同"通用条款"23.1约定合同价款所包含的工程内容为初步方案设计范围所包含的工作范围，涉案工程设计由北京蓝某公司设计，设计费包含在合同价款内，合同"通用条款"29条"工程变更"约定"对初步设计方案性的变更甲乙双方原则上不得随意变更"。对于双方是否对初步设计方案进行变更问题，北京蓝某公司称签订涉案合同时没有初步设计方案，工程是边设计边施工的；鸿某焦化公司称没有变更，涉案合同是EPC合同，设计是由北京蓝某公司负责。北京蓝某公司所称与合同约定不符，不予采信，按照北京蓝某公司所称也就不存在超出初步方案设计范围的内容。

北京蓝某公司二审庭审中称，实际工程量发生重大变更，应当据实结算。合同中约定了工程款暂定价，同时约定了对于价款调整的情况及变更价款的确定，北京蓝某公司未提供证据证明出现了合同"通用条款"部分23.1中约定的价款调整的情况，即"由于业主变更引起的合同价款的增减（变更引起的工程建设费用累计增减额50万元以内的变更不予调整）；合同约定的其他价款增减或调整"。北京蓝某公司以实际工程量发生变更认为应当据实结算的理由不能成立。

综上，北京蓝某公司没有证据证明双方已经对合同价款进行了调整，在合同无效的情况下，一审判决参照合同约定的7800万元认定工程价款正确。对于一审判决认定的已付工程款71624151.67元双方均无异议，因此鸿某焦化公司剩余未付工程款数额为6375848.33元，一审对此认定正确。

案件来源

北京蓝某工程设计有限公司、新疆大黄山鸿某焦化有限责任公司建设工程施工合同纠纷二审民事判决书｜最高人民法院·（2020）最高法民终481号

北京蓝某工程设计有限公司与新疆大黄山鸿某焦化有限责任公司、新疆大黄山鸿某焦化有限责任公司阜康焦化分公司建设工程施工合同纠纷一审民事判决书｜新疆维吾尔自治区高级人民法院·（2019）新民初16号

延伸阅读

案例一：江苏润某建筑安装有限公司、徐某杰建设工程施工合同纠纷再审审查与审判监督民事裁定书丨最高人民法院·（2019）最高法民申6923号

（三）关于涉案工程造价鉴定意见应否采信的问题

基于前述分析，2010年8月16日合同和2010年8月18日补充协议1为双方实际履行的合同。在合同无效情况下，涉案工程可参照该两份合同结算建设工程价款。2010年8月16日合同专用条款部分第23.2条明确约定"本合同价款采用固定价格合同"；2010年8月18日补充协议1第十条第二项约定"本工程因甲方（万某公司）和设计变更等原因引起工程量发生增减变化的，增减工程量在0.8%以内的，工程价款不作增减调整。超出0.8%（不含）的部分工程量按《江苏省建筑与装饰工程计价表》（04定额）计算的直接费部分进行调整，其他费用项目不作调整"。尽管润某公司、徐某杰主张涉案工程存在工程量的变更，但在无证据证明变更部分已超出0.8%的情况下，二审判决据此认定双方实际履行的合同为固定价格合同，并无不当。《最高人民法院关于审理建设工程施工合同纠纷案件适用法律问题的解释》第二十二条规定："当事人约定按照固定价结算工程价款，一方当事人请求对建设工程造价进行鉴定的，不予支持。"据此，二审判决认定一审法院委托鉴定于法无据，有相应的法律依据；且天某公司出具的鉴定意见书系基于2010年8月18日补充协议2确定的工程造价，而补充协议2并非双方实际履行的合同。故二审判决未采信天某公司出具的鉴定意见书，未将其作为确定涉案工程价款的依据，而是根据双方一致的意思表示认定工程结算价款为6950万元，并无不当。根据一、二审认定的事实，万某公司直接支付给润某公司及徐某杰的工程款数额为69035991元，该数额并未超过工程价款6950万元，且系分60余次支付。此外，另有代付款数额711900元，虽付款总额超过了6950万元，但鉴于付款并非一次性支付，且存在代付款情况，超付的比例亦较小，故尚不足以据此推翻二审判决关于涉案工程价款系固定总价的事实认定。

案例二：武某鼎昆管业有限公司建设工程施工合同纠纷再审审查与审判监督民事裁定书再审审查与审判监督民事裁定书丨最高人民法院·（2019）最高法民申2098号

本院经审查认为，关于原审法院根据第019号鉴定意见认定本案已完工的工程款问题，虽然在双方合同中约定了单价固定价格，但约定的工程价为暂定价，并非依据实际工程量所计算的最终价格,原审法院根据第 019 号鉴定意见核实工程量后,认定本案已完工的工程价款为 12495014.4 元,并无不当。申请人关于原审法院核实工程量错误的主张,应不予采信。

035 施工合同为固定总价,施工过程中,发包人同意"据实结算",是否有效?

阅读提示

中标合同约定按固定总价结算,承包人在施工过程中以实际施工成本远远高于合同约定的总价为由停工并要求据实结算,发包人答复同意变更。这样的变更是否有效呢?

裁判要旨

承包人在施工过程中提出将固定总价变更为据实结算,发包人回复同意,因该调整是对中标合同计价方式的变更,与中标合同的实质性内容不一致,仍应当以中标合同约定的固定总价作为结算工程价款的依据。

案情简介

一、2005 年,山西某建公司中标河某市体育发展中心体育馆工程和钢结构工程,并签署两份《建设工程施工合同》,合同价款分别为 1839.88 万元、895.39 万元。

二、合同约定了固定价格、风险范围以外合同价款调整方法以及合同价款的其他调整因素。

三、2006 年 5 月 19 日,山西某建公司提交停工报告称工程复杂,预算不足,实际施工成本将远高于合同价格,请求对该工程据实结算。

四、2006 年 5 月 22 日,河某体育活动中心指挥部书面通知同意据实结算。

五、2013 年,山西某建公司提起诉讼,诉讼请求:判决河某市政府支付工程款欠款 3792.21 万元及利息。

六、诉讼期间,一审法院委托山西家豪司法鉴定中心进行鉴定。

七、山西省运城市中级人民法院一审判决：河某市政府支付工程欠款25235272.16元及利息。

八、河某市政府认为原判决认定"本案两份建设工程施工合同中，合同价款计价是采取固定价格为基础，经当事人约定可调整的计价方式"错误，向山西省高级人民法院提起上诉。山西省高级人民法院二审判决：河某市政府支付工程款7762347.941元及利息。

九、山西某建公司认为二审法院认定"否定固定价款的约定，显然不利于防止和限制不正当竞争……不利于建立和发展健康的建筑市场秩序"的理由不成立，向最高人民法院申请再审。

十、2020年6月12日，最高人民法院裁定：驳回再审申请。

法律分析

本案的焦点问题是发包人同意"据实结算"，是否有效。云亭建工律师团队认为：发包人同意"据实结算"无效，因其同意"据实结算"实际上是对中标合同的实质性变更。

第一，本案中，招标文件、投标文件、中标通知书都能反映出双方采用固定总价的意思，中标合同也约定采用固定总价结算，虽然中标合同还约定了风险范围外的价格调整方法，但与固定总价结算并不冲突。因此，固定总价应该是双方结算的基础性约定。

第二，承包人在施工过程中所提变更理由与招投标文件及中标合同不符，发包人同意据实结算相当于双方将原中标合同约定的结算方式由固定总价变更为可调价格，属于对中标合同的实质性变更，根据《建设工程施工合同解释（一）》第二十三条之规定，应以中标合同约定的固定总价为结算依据。

实务经验

第一，招投标文件、中标通知书、中标合同均采用固定总价结算的，在约定的风险范围内合同价款是不可调整的，承发包双方若采用这种计价方式，说明双方已经对风险有充分的考虑，特别是对专业承包人来讲，投标之前应该对施工成本有较为精准的测算，对人工费、材料费、设备费上涨风险有较为精确的预判。

第二，按固定总价中标签订合同后，承包人再以成本上涨之类的理由要求变更计价方式，发包人受制于合同约束以及本身管理制度甚至招标投标法的约束，也难以同意作出变更，即使出于各种考虑勉强同意，也会因违反法律规定而被认定为无效。因此，云亭建工律师团队建议承包人投标固定价工程项目时应精准测算成本并预判全部风险，先低价中标再高价索赔的方法在此种情况下行不通。

法条链接

《最高人民法院关于审理建设工程施工合同纠纷案件适用法律问题的解释（一）》（法释〔2020〕25号 2021年1月1日实施）

第二十三条 发包人将依法不属于必须招标的建设工程进行招标后，与承包人另行订立的建设工程施工合同背离中标合同的实质性内容，当事人请求以中标合同作为结算建设工程价款依据的，人民法院应予支持，但发包人与承包人因客观情况发生了在招标投标时难以预见的变化而另行订立建设工程施工合同的除外。

法院判决

本院经审查认为：本案焦点问题有两个，一是二审法院认定合同内工程款应采用固定价格计算是否有误的问题；二是二审法院关于合同外工程与钢结构签证变更部分的应付工程款认定是否有误的问题。

关于第一个焦点问题，本院认为二审法院认定合同内工程款应采用固定价格计算，并无不当。理由如下：

第一，涉案工程的施工招标文件中均约定工程报价采用固定投标报价。《河某市体育发展中心体育馆工程施工招标文件》与《河某市体育活动中心钢结构工程施工招标文件》中第一章第三部分投标报价第七条第2项投标报价方式为两种方式：1.固定投标报价。2.可变价格报价。本工程报价采用第1种方式，即固定投标报价。同时载明：投标单位应充分考虑施工期间各类建材的市场风险和国家政策性调整确定风险系数计入总报价。今后不作调整。但甲方指定的价格结算时以实调整。

第二，双方签订的关于河某市体育发展中心体育馆工程《建设工程施工合同》的专用条款中约定合同价款采用固定价格合同方式确定，双方签订的关于河某市体育馆钢结构工程《建设工程施工合同》的专用条款中约定合同价款采用固定价格加签证变更方式确定。

关于河某市体育发展中心体育馆工程的地基处理、土建工程及安装工程价款。2005年8月30日山西某建集团有限公司向河某市体育活动中心建设指挥部（河某市体育活动中心建设指挥部系河某市人民政府为建设河某市体育发展中心体育馆工程成立的临时性机构）发出投标书及投标函附录，表明：经考察现场和研究招标文件后，愿以1839.88万元总价承包本期招标范围内的全部工程；中标通知书和本投标文件构成约束双方的合同。2005年9月3日山西某建集团有限公司提交了《报价汇总表》。2005年9月8日河某市体育活动中心建设指挥部与运城市建设工程招投标办向山西某建集团有限公司送达了《中标通知书》，载明：确定你单位为中标单位，中标价为1839.88万元。2005年9月23日河某市体育活动中心建设指挥部与山西某建集团有限公司签订《建设工程施工合同》，约定：工程承包范围为地基处理、土建工程及安装工程，合同价款为1839.88万元；第三部分专用条款第六条合同价款与支付第23.2项约定，本合同价款采用固定价格合同方式确定；风险范围以外合同价款调整方法按照招标文件规定，依据2000年《山西省建筑工程预算定额》《山西省建筑装饰工程预算定额》《全国统一安装工程预算定额》山西价目表一类工程丙上类取费，同期当地材差调整；第23.3项双方约定合同价款的其他调整因素为：1.法律、行政法规和国家有关政策变化影响合同价款；2.经批准的设计变更；3.发包人更改经审定批准的施工组织设计造成费用增加；4.双方约定的其他因素。

关于河某市体育馆钢结构工程价款。2005年11月8日山西某建集团有限公司向河某市体育活动中心建设指挥部发出投标书及投标函附录，表明：经考察现场和研究招标文件后，愿以895.39万元总价承包本期招标范围内的全部工程。2005年11月8日山西某建集团有限公司提交了《报价汇总表》。2005年11月14日河某市体育活动中心建设指挥部与运城市建设工程招投标办向山西某建集团有限公司送达了《中标通知书》，载明：确定你单位为中标单位，中标价为895.39万元。2006年3月25日河某市体育活动中心建设指挥部与山西某建集团有限公司签订《建设工程施工合同》，约定：工程承包范围为钢结构及屋面防水保温工程（包工包料），合同价款为895.39万元；第三部分专用条款第六条合同价款与支付第23.2项约定，本合同价款采用固定价格加签证变更方式确定。风险范围以外合同价款调整方法：变更部按2000年《山西省建筑工程预算定额》《山西省建设工程费用定额》及运城市2005.4材差文件一类工程丙上类取费；第23.3项双方约定合同价款的其他调整因素为：1.经批准的设计变更；2.发包人更改经审定批准的施工组织设计造成费用增加；3. 法律、行政法规和国家有关政策性变化。

上述两份《建设工程施工合同》的专用条款第六条第 23.3 项是对合同价款采用固定价格合同方式的补充，是双方关于如果发生第 23.3 项约定的其他因素时，合同价款可以调整的约定，但该约定并未改变涉案工程的合同价款应采用固定价格方式确定的基础性约定。

第二，山西某建集团有限公司主张双方已按前述《建设工程施工合同》第 23.3 条对合同价款的更改达成合意，合同价款计算应执行 2005 年《山西省建设工程预算定额》的理由不能成立。

山西某建集团有限公司主张双方已就合同价款的更改达成合意的主要理由是：涉案施工合同履行过程中，山西某建河某市体育馆项目部于 2006 年 5 月 19 日给河某市体育活动中心建设指挥部提交《停工报告》，主要内容为：套用 2000 年预算定额无论是人工费、材料费、机械费均严重超支，而市场人工费的增加、材料费的涨价更是雪上加霜，工程实际施工成本将会远远高于合同价格；恳请领导予以追加落实预算，以实结算，并给予合理的工期顺延，否则我部只能被迫停工。2006 年 5 月 22 日河某市体育活动中心建设指挥部向山西某建河某市体育馆项目部出具《通知》，内容为：关于你方《停工报告》所提预算问题，已紧急请示刘市长。同意本着实事求是的原则，按省造价管理相关文件规定，执行 2005 年山西省建设工程预算定额及取费标准，对工程项目以实结算。你方必须抓紧时间施工，确保工程顺利进行。

从前述《停工报告》《通知》的内容看，山西某建集团有限公司主张调整合同价款计算方式的理由是：套用 2000 年预算定额无论是人工费、材料费、机械费均严重超支，市场人工费的增加、材料费的涨价更是雪上加霜，工程实际施工成本将会远远高于合同价格，恳请领导予以追加落实预算，以实结算。该主张与涉案工程施工招标文件中"投标单位应充分考虑施工期间各类建材的市场风险和国家政策性调整确定风险系数计入总报价"要求相违背；也与山西某建集团有限公司向河某市体育活动中心建设指挥部发出的投标书中表明"经考察现场和研究招标文件后，愿以固定总价承包本期招标范围内的全部工程，中标通知书和本投标文件构成约束双方的合同"的承诺，以及涉案工程《中标通知书》的中标价为固定总价的事实相违背。根据《最高人民法院关于审理建设工程施工合同纠纷案件适用法律问题的解释》第二十一条"当事人就同一建设工程另行订立的建设工程施工合同与经过备案的中标合同实质性内容不一致的,应当以备案的中标合同作为结算工程价款的根据"的规定,因前述《停工报告》《通知》中关于合同价款计价方式的调整实质是将涉案工程合同价款计价方式由固定价格变更为可调价格,与经过备案的中标合同实质性内容不一致,应当以备案的中标合同作为结算工程价款的根据。二审法院认定涉案工程合同内工程价款应采用固定价格,并无不当。

案件来源

山西某建集团有限公司、河某市人民政府建设工程合同纠纷再审审查与审判监督民事裁定书 | 最高人民法院·(2019)最高法民申4879号

河某市人民政府与山西某建集团有限公司建设工程合同纠纷二审民事判决书 | 山西省高级人民法院·(2019)晋民终64号

延伸阅读

案例一:芜湖宜某投资(集团)有限公司、江苏南通某建建设集团有限公司建设工程施工合同纠纷再审审查与审判监督民事裁定书 | 最高人民法院·(2020)最高法民申4370号

本院经审查认为,涉案《建设工程施工合同》专用条款第23.2(1)条约定,固定总价在合同履行期间不因劳务、材料、机械等成本的价格变动而作调增(工程所在地政府政策性调价的除外)。涉案《补充条款》第14.1条约定,项目承包人应充分考虑投标风险,发包人不因人工、材料市场价格波动(主要材料价格增幅±8%以上除外)等因素而调整投标价格(芜湖市政府文件除外)。据此,应当认为人工费可以根据芜湖市政府政策性调价调增。芜湖市住建委发布的芜市建通知〔2013〕234号文件规定,凡是在该市从事建筑、安装等,定额人工费均按照《安徽省住房城乡建设厅关于调整建设工程定额人工费的通知》(建标〔2013〕155号)以及安徽省建设工程造价管理总站《关于调整执行建设工程定额人工费的实施意见》(造计〔2013〕16号)文件对于人工工资计费作相应调整。芜湖市住建委作为芜湖市政府下设机构,其发布的上述通知应属于芜湖市就建设工程类的政策性文件。涉案《建设工程施工合同》专用条款第23.3(3)条及《补充条款》第3.4.1(8)条均约定,因特殊原因不能完成的施工内容,经征得发包人书面同意后,不论承包人报价多少,发包人均按下列标准予以扣除:

定额执行安徽省 2000 年预算定额……人工费按施工期芜湖市造价管理部门发布执行的定额人工费标准……以上条款表明，在南通某建公司未能完成项目的情况下需以定额标准扣除费用，这也表明涉案工程仍适用安徽省定额标准，属于芜市建通知〔2013〕234 号文件的适用对象。北京华某行公司是以芜市建通知〔2013〕234 号文件为依据计算出争议的人工费，其鉴定意见可以作为人工费调增的依据。人工费调整发生在工程建设过程中，属于工程款的组成部分，芜湖宜某公司应承担该部分费用的逾期付款利息。芜湖宜某公司已在 438 号民事判决的案件中主张了借款利息，法院也判决南通某建公司在该判决生效后给付利息。因此，借款利息问题在上述案件中已解决。因借款利息与工程款支付属于不同的法律关系，所以上述案件中利息的处理不影响本案工程款的支付及相应利息计算。南通某建公司补充的上诉请求是要求芜湖宜某公司支付人工费调增工程款 15593168.26 元及星某路项目工程款 4655233.19 元所产生的逾期利息。该上诉请求并未超出南通某建公司一审诉讼请求中要求芜湖宜某公司给付南通某建公司工程总价款及逾期利息的诉讼请求。

案例二：广东新某成建筑工程有限公司、梁某卿建设工程施工合同纠纷再审审查与审判监督民事裁定书｜最高人民法院·（2020）最高法民申 4885 号

本院经审查认为，本案的审查重点是新某成公司主张二审判决认定基本事实及适用法律错误的再审理由是否成立。

第一，关于新某成公司主张的工期延误损失。涉案《总承包合同》约定合同计价方式采用固定总价合同，投标时的人工、材料、机械单价、费率和综合单价固定不变，固定单价为完成招标范围内相关工作的所有费用，除合同另行约定的调整范围外，不会有任何调整。关于工期延误造成的损失，原审法院根据合同约定以及双方的履行情况，已酌情认定新某成公司停工、暂缓施工、停工待料损失等共计 10422778.63 元，该处理并无不妥。至于钢材价差调整的问题，因新某成公司未在一审提出该项主张，二审法院认定该项请求是在二审期间提出且缺乏计算依据，属二审期间新增的诉讼请求，新某成公司应当另行主张权利，二审法院对此处理并无错误。新某成公司主张原审判决未对合同造价进行调整，属认定基本事实错误的理由不能成立，本院不予采纳。

036 固定总价合同下，存在与固定总价相冲突的结算条款，应怎样确定结算依据？

阅读提示

施工合同约定采用固定总价结算方式，但合同中还存在与固定总价相冲突的结算条款，人民法院会如何认定？

裁判要旨

虽然双方对工程价款的描述为固定总价，但投标文件、中标通知书、施工合同均有与固定总价不一致的具体工程价款计算方式，不应直接按合同描述的固定总价作为结算依据。

案情简介

一、2012年11月21日，湖南建某公司分包中某新疆公司的多功能实训厂房、油气储运实训厂房工程。合同约定：暂定合同价款为56610000元，合同结算价＝业主与总承包商签订的总承包合同结算价款中对应承包人工作范围内相应价款部分的造价×中标的下浮（6.4%）后比例作为工程的全费用固定总价，采用固定总价合同。

二、涉案工程于2014年12月10日竣工验收合格，中某新疆公司已付工程款38357000元，湖南建某公司要求按56610000元结算，诉至新疆维吾尔自治区克拉玛依市中级人民法院。

三、中某新疆公司主张：56610000元不是准确金额，应以其与业主结算价下浮6.4%计算。

四、一审法院认为双方约定的合同价款系固定价合同，一审判决：中某新疆公司向湖南建某公司支付工程款13984033.30元及利息1602337.15元。

五、中某新疆公司认为应最优先适用《建设工程施工合同》合同专用条款关于结算价计算方式的约定，湖南建某公司依据《建设工程施工合同》第一部分协议书中第五条约定的暂定合同金额主张权利，不符合合同约定，向新疆维吾尔自治区高级人民法院提起上诉。

六、二审法院认为，双方对工程价款的描述为固定总价，实际仅固定了下浮比例，应按约定的结算价计算方式结算，改判撤销一审判决。

七、湖南建某公司向最高人民法院申请再审。2019 年 3 月 25 日，最高人民法院裁定：驳回再审申请。

法律分析

本案的焦点问题是是否以合同约定的"暂定合同价款为 56610000 元"为结算依据？云亭建工律师团队认为：应以双方的真实意思表示进行判断。

建设工程施工合同约定按固定价结算的，一般以约定为准，不再进行司法鉴定。本案中，双方约定采用固定总价作为计价方式，也约定了合同价款不再调整，所以承包人主张直接按合同约定的总价结算。但是，本案的投标文件、中标通知书、施工合同均有与固定总价不一致的具体工程价款计算方式。所以，虽然双方合同中使用了"固定总价"的词语，但并不是真正的固定总价的意思，根据双方的真实意思表示判断，涉案合同并非固定总价合同，应以双方约定的计算方式作为结算依据。

实务经验

第一，建设工程施工合同的固定价是指双方当事人约定，在工程量不变的前提下，约定的风险范围内工程价款不因任何原因而发生变动。固定价包括固定总价和固定单价两种形式。在一些案件中，合同虽约定了固定总价，但同时还约定了其他与固定总价相冲突的结算条款，被法院认定为只是名为固定总价合同，实际不是固定总价合同。对此，云亭建工律师团队建议，承包人在签订固定总价合同时，注意合同条款中不能再有与固定总价相矛盾的地方，在合同中不要另行约定其他的计算方式。

第二，如果合同中与固定总价冲突的结算条款是清楚明确的，法院将直接以该条款作为结算依据，如果合同中与固定总价冲突的结算条款虽然足以否定固定总价的结算方式，但是该条款本身也不够明确，无法直接作为结算依据，当事人可申请按照同期定额对工程造价进行鉴定。在有选择的情况下，双方应对实际造价做到心中有数，做出最有利的选择。

法条链接

《最高人民法院关于审理建设工程施工合同纠纷案件适用法律问题的解释（一）》（法释〔2020〕25 号　2021 年 1 月 1 日实施）

第二十八条　当事人约定按照固定价结算工程价款，一方当事人请求对建设工程造价进行鉴定的，人民法院不予支持。

法院判决

本院经审查认为：根据湖南建某公司于 2012 年 10 月 17 日出具的《油气集输实训基地五标段》投标文件，中某集团工程设计有限责任公司招标中心于 2012 年 10 月 22 日出具的工程教育基地实训基地工程 EPC 项目部《工程教育基地实训基地工程施工中标通知书》，湖南建某公司与中某新疆公司于 2012 年 11 月 21 日签订的工程教育基地油气集输实训基地工程（多功能实训厂房、油气储运实训厂房工程）《建设工程施工合同》等载明的内容，湖南建某公司、中某新疆公司对工程价款均作出了相互一致的约定，即根据业主与总承包商签订的总承包合同（结算）价款中对应的湖南建某公司的工作范围相应的部分下浮 6.4%。二审判决结合上述证据，认定虽然双方对该工程价款描述为固定总价，实际仅固定了下浮的比例，具体工程总造价取决于业主与总承包人中某新疆公司的结算价款，本案根据双方约定对工程总造价按照业主与总承包商签订的总承包合同（结算）价款中对应承包人工作范围内相应部分造价乘以中标的下浮（6.4%）后比例作为工程总造价，依据充分，并无不当。湖南建某公司于申请再审时提交的证据并不能证明双方当事人对涉案工程价款的约定为固定价，不足以推翻原审判决认定的事实。

案件来源

湖南建某集团有限公司、中某（新疆）石油工程有限公司建设工程合同纠纷再审审查与审判监督民事裁定书 | 最高人民法院·（2019）最高法民申 1336 号

新疆石某工程有限公司、湖南建某集团有限公司建设工程合同纠纷二审民事判决书 | 新疆维吾尔自治区高级人民法院·（2018）新民终 116 号

延伸阅读

案例一:澄迈恩某置业有限公司建设工程施工合同纠纷再审审查与审判监督民事裁定书丨最高人民法院·(2019)最高法民申 5195 号

本院经审查认为,(一)恩某公司申请再审称,根据《补充协议书》的约定,涉案项目高层部分的工程款结算方式固定且明确。并且,恩某公司与桐某公司双方已就涉案项目酒店及别墅部分进行结算确认,故原审法院就涉案项目高层部分、酒店以及别墅工程造价进行司法鉴定,并以此作为认定涉案工程价款的依据,属适用法律错误。对此,本院认为,第一,根据《建设工程施工合同解释》第二十二条关于"当事人约定按照固定价结算工程价款,一方当事人请求对建设工程造价进行鉴定的,不予支持"的规定,固定价系指建设工程施工合同双方当事人约定,工程价款在施工合同履行期间不因市场变化、气候条件、地质条件及其他意外等因素而发生变动,即合同履行期间内价格不允许调整,固定价包括固定总价和固定单价。本案中,虽然《补充协议书》第七条、第八条约定,合同价款高层实行预算包干价下浮7%,决算时只调整钢材、水泥(包括混凝土)、暂定价格部分材料的材差(只取税金)以及增减变更,并具体约定了2、3、4、5、6、9、10 号楼的暂定价金额,但是,《补充协议书》第八条合同价款的末尾,双方进一步明确约定,高层部分合同价款最终以双方核算认可的价格为准。因此,《补充协议书》中关于高层2、3、4、5、6、9、10号楼的合同价款虽名为暂定价,实行预算包干价,但因最终的工程价款须待双方核算认可后才能作为结算依据,即高层部分工程价款并非固定不变,故《补充协议书》中关于高层部分工程的合同价款的约定并非《建设工程施工合同解释》第二十二条规定的固定价。第二,虽然恩某公司与桐某公司双方已就碧某蒙苑一期酒店、别墅工程签订《单位工程(预)决算表》,对前述部分工程的工程量及工程价格进行核对。但是,恩某公司认可桐某公司于 2015 年 7 月 28 日送交恩某公司《碧某蒙苑(一期)工程酒店、别墅建安工程结算书》的真实性及合法性,并认为该结算书中采用的工程款计算方式及结果错误。该结算书中载明的酒店、别墅工程结算款为 21369083.11 元,而恩某公司根据《单位工程(预)决算表》汇总的酒店、别墅工程结算款为 11977454.15 元。由此可知,恩某公司与桐某公司双方之间实际上对酒店、别墅工程的结算款存有争议。故原审法院根据《建设工程施工合同解释》第二十三条规定对酒店、别墅工程造价进行司法鉴定,并无不当。综上,在恩某公司与桐某公司双方对涉案工程造价分歧较大且无法达成一致的情形下，原审法院根据桐某公司的申请委托海南汇某咨询有限公司（以下简称汇某公司）对涉案整体工程进行工程造价司法鉴定，符合本案实际情况，处理结果并无不当。综上，恩某公司关于原判决适用法律错误的申请再审理由，缺乏事实根据和法律依据，不能成立。

案例二：平某神马建某集团有限公司新疆分公司、大某工程开发（集团）有限公司天津分公司建设工程施工合同纠纷再审审查与审判监督民事裁定书丨最高人民法院·（2019）最高法民申5173号

本院认为，《合同协议书》、《哈某项目工程施工合同补充协议》（以下简称《补充协议》）系双方自愿达成，且不违反法律、行政法规效力性强制性规定，系有效合同。《合同协议书》约定合同为固定总价合同，除工程量一览表中工程量及内容变化造成工程总造价变化超过±3%，则超出部分予以价格调整外，其他因素均不作价格调整。《最高人民法院关于审理建设工程施工合同纠纷案件适用法律问题的解释》第二十二条规定，当事人约定按照固定价结算工程价款，一方当事人请求对建设工程造价进行鉴定的，不予支持。《结算申请书》《2015年7月度形象进度》系本案合同履行期间平某新疆分公司制作，为平某新疆分公司的真实意思表示，大某天津分公司予以确认。平某新疆分公司现予以否认，但并未提交证据推翻该两份材料。原审结合《合同协议书》《补充协议》《结算申请书》《2015年7月度形象进度》的内容，对平某新疆分公司申请鉴定的请求未予准许，认定其应得工程款金额不缺乏事实和法律依据。

037 固定价合同解除后，未完工程如何结算？

阅读提示

固定总价、固定平方米单价合同，在建设工程领域较为常见。固定价合同中如果约定了明确的风险范围和工程量变更计价方式，竣工结算时能减轻很多工作量。但工程尚未竣工合同就提前解除了，应如何结算？

裁判要旨

固定平方米单价针对的是已经完工的工程，承包人退场时涉案工程尚未完工

情形下工程款应如何计算，现行法律、法规、司法解释没有明确规定。先以固定平方米单价乘以双方约定的面积计算出约定的工程总价款，再通过造价鉴定计算出承包人已完成的部分占整个工程的比例，再用计算出的比例乘以约定的工程总价款确定承包人应得的工程价款，此种计算方法，能够兼顾合同约定与工程实际完成情况，并无不当。

案情简介

一、2007年12月18日，凤某公司（发包人）与赤峰某建设公司（承包人）签订了《建设工程施工合同》，约定：赤峰某建设公司承包施工涉案城中村改造工程1-11#至16#住宅楼、1-d#至f#商业楼及一区人防库工程。采用可调价格合同，合同价款调整方法按补充条款第47.1条工程价款的确定方法进行调整。第47.1条相关约定为：工程竣工验收合格后，发承包双方按照竣工图纸、竣工资料计算工程量，套用2003年《河北省建设工程计价依据》计价。合同签订后，赤峰某建设公司于2007年12月下旬进场施工。

二、2010年7月10日，凤某公司与赤峰某建设公司签订了《补充协议书》，约定双方同意采用固定单价的方式进行结算。

三、2013年7月26日，凤某公司认为赤峰某建设公司违约，向赤峰某建设公司发出《解除建设工程施工合同通知》，通知解除双方的施工合同。2013年7月28日，赤峰某建设公司回函不同意解除合同，并向河南高院提起诉讼。

四、截止到诉讼时，就涉案项目工程，赤峰某建设公司已施工完成相应的主体工程，对部分装修工程进行了施工，整体工程未施工完毕。

五、经赤峰某建设公司申请，一审法院确定由工程造价公司进行鉴定，并按《补充协议书》约定固定单价结算工程款。但因本案为未完工程，故为确定已施工部分的工程价款，在于确定已施工部分占全部工程的比例，确定比例后，乘上按每平方米计算的工程总价款，即为已施工部分的工程总价款。一审法院最终认定，赤峰某建设公司已施工的工程价款为：163103211元×80.05%=130564120元。

六、凤某公司认为一审判决依据2011年12月15日《补充协议书》的约定认定停工损失数额于法无据，应对此协议的效力、是否履行、履行进度、违约情况等进行全面审查，故以此为理由之一向最高院提起诉讼。最高院认为该工程款计算方法，能够兼顾合同约定与工程实际完成情况，并无不当，判决驳回上诉，维持原判。

法律分析

本案的焦点问题是固定价合同解除后，未完工程如何结算。云亭建工律师团队认为：应该采用最接近双方当事人真实意思表示的办法进行结算。

固定价合同项下未完工程结算问题，法律、法规、司法解释均无明确规定，如果按照定额结算，既不能反映双方当事人的真实意思，一方当事人也一定会坚决反对。合同是当事人意思自治的产物，所以在不违反法律法规强制性规定、不违背公序良俗的情况下，还是应该采用最接近双方当事人真实意思表示的办法进行结算。通常情况下，先计算出已完工程占固定价合同项下全部工程的比例，再乘以固定价，这种鉴定方法最接近双方当事人的真实意思。

实务经验

以云亭建工律师团队办理过的一个固定平方米单价合同案件为例，施工过程中双方因故解除了合同，承包人起诉至法院索要工程款，同时申请工程造价鉴定。鉴定过程中询问笔录显示，承包人要求鉴定机构选择公平公正的方法鉴定，发包人要求按照合同约定的计价方法鉴定。鉴定机构对固定价未完工程造价鉴定没有经验，未经委托法院同意就直接采用定额进行了鉴定。鉴定意见做出后发包人发现鉴定结果数额过高，提出异议，鉴定机构做了书面回复，一审法院依据该鉴定意见进行了判决。二审中发包人委托笔者帮助处理，笔者认为鉴定机构采用的鉴定方法错误，且多处严重违反鉴定程序，向二审法院申请重新鉴定。重新鉴定中采用了比例法进行了鉴定，最终案件得到了圆满的解决。

需要注意的是，鉴于建设工程的特殊性，比例法并非在任何情况下都最公平。例如，地基和基础部分、结构部分资金占用成本高、施工薄利或者亏本，而安装、装修施工是在结构工程已完工之后进行，风险和成本相对较低，安装、装修工程大多可以获取相对较高的利润，如果解除合同发生在地基和基础部分、结构部分施工完毕后，采用比例法无疑对承包人不公平，可能导致双方利益严重失衡。

法院判决

根据已查明事实，赤峰某建设公司退场时，本案所涉工程尚未完工。对于其所完成的工程部分的价款如何计算,双方存在以下几方面的争议:1. 结算方式如何认定。凤某公司主张应按照2007年12月18日的《建设工程施工合同》约定的可调价方式进行结算;赤峰某建设公司主张应按照2010年7月10日的《补充协议书》约定的固定单价方式进行结算。本院认为,上述两协议均为双方当事人真实意思表示,内容不违反法律、法规的强制性规定,应为合法有效,双方应依约履行。因《补充协议书》签订在后,且对《建设工程施工合同》的约定进行了变更,双方应按照《补充协议书》约定的固定单价方式进行结算。凤某公司虽称《补充协议书》是迫于政府部门、施工进度、工期、返迁等各种压力签订,但并没有否认此协议书的真实性,也没有主张撤销,所以《补充协议书》对其仍有拘束力。最高人民法院《关于审理建设工程施工合同纠纷案件适用法律问题的解释》第二十一条关于"当事人就同一建设工程另行订立的建设工程施工合同与经过备案的中标合同实质性内容不一致的,应当以备案的中标合同作为结算工程价款的依据"之规定针对的是当事人在中标合同之外另行签订建设工程施工合同,以架空中标合同、规避中标行为和行政部门监管的情形,而《补充协议书》是在双方履行《建设工程施工合同》过程中,为了解决因工程多次停工给赤峰某建设公司造成的损失而签订,只是变更了结算方式,《建设工程施工合同》其他条款仍然有效,并且双方在2012年11月22日的《会议纪要》上对此结算方式再次确认,当地住建局工作人员也在《会议纪要》上签字认可。因此,《补充协议书》属于双方当事人在合同履行过程中经协商一致的合同变更,不属于最高人民法院《关于审理建设工程施工合同纠纷案件适用法律问题的解释》第二十一条规定的情形。……2. 采用固定单价如何计算工程款。《补充协议书》约定的固定单价,指的是每平方米均价,针对的是已经完工的工程。根据已查明事实,赤峰某建设公司退场时,涉案工程尚未完工。此种情形下工程款如何计算,现行法律、法规、司法解释没有作出规定。一审判决先以固定单价乘以双方约定的面积计算出约定的工程总价款,再通过造价鉴定计算出赤峰某建设公司完成的部分占整个工程的比例,再用计算出的比例乘以约定的工程总价款确定赤峰某建设公司应得的工程价款,此种计算方法,能够兼顾合同约定与工程实际完成情况,并无不当。3. 关于造价鉴定问题。《最高人民法院关于民事诉讼证据的若干规定》第二十七条规定,"当事人对人民法院委托的鉴定部门作出的鉴定结论有异议申请重新鉴定,提出证据证明存在下列情形之一的,人民法院应予准许:(一)鉴定机构或者鉴定人员不具备相关的鉴定资格的;(二)鉴定程序严重违法的；（三）鉴定结论明显依据不足的；（四）经过质证认定不能作为证据使用的其他情形。对有缺陷的鉴定结论，可以通过补充鉴定、重新质证或者补充质证等方法解决的，不予重新鉴定。"本案一审审理过程中，鉴定机构的选定经过了法定程序，其在鉴定过程中听取了双方当事人的意见，最终做出的鉴定意见经过了庭审质证，鉴定人员也出庭接受了质询，凤某公司上诉申请重新鉴定，但没有提交证据证明存在上述情形，故对其重新鉴定的申请不予准许。一审法院委托鉴定机构按照定额进行鉴定，是为了确定赤峰某建设公司完成的部分占整个工程的比例，而不是直接采用鉴定意见作为工程款数额，并不违背《最高人民法院关于审理建设工程施工合同纠纷案件适用法律问题的解释》第二十二条规定，不存在适用法律错误的问题。4. 工程面积如何确定。凤某公司上诉主张《会议纪要》不具有法律效力，主张11号、12号、13号、14号楼这四栋楼地下室面积不应算作商业建筑面积以及对13号楼地下室面积记载错误。对此，本院认为，第一，《会议纪要》由双方的工作人员参加，其中凤某公司的参会人员为张某、赵某锁，凤某公司虽然在二审庭审中称此二人没有得到其授权，但一审时经过双方质证、凤某公司认可真实性的2010年7月14日《凤某和赤峰对账情况表》上也有赵某锁的签字，因此，在凤某公司对《会议纪要》的形成以及所记载内容的真实性均予以认可的情形下，应认为张某、赵某锁的参会行为是职务行为，应由凤某公司承担相应法律后果。即《会议纪要》的内容由凤某公司和赤峰某建设公司讨论议定，是双方当事人的真实意思表示，应具有协议的法律效力，在双方没有形成新的协议推翻其所记载的内容之前，对双方应具有拘束力。第二，按照《会议纪要》第（一）条第2项记载，11号、12号、13号、14号这四栋楼的地下室面积列在"商业建筑面积"中，此为双方自愿达成的合意，按照诚实信用原则，凤某公司应对自己做出的民事行为承担相应的法律后果，故其关于该点的上诉理由不成立。第三，对于13号楼地下室的建筑面积问题，《会议纪要》并未单独列明，只是计算了四栋楼的地下室总面积。并且凤某公司在一审时就此问题并未提出异议，应视为认可，其在二审庭审中陈述的"在一审时没有发现，所以没有提"的理由不能成立，依据《最高人民法院关于适用〈中华人民共和国民事诉讼法〉的解释》第三百四十二条"当事人在第一审程序中实施的诉讼行为，在第二审程序中对该当事人仍具有拘束力。当事人推翻其在第一审程序中实施的诉讼行为时，人民法院应当责令其说明理由。理由不成立的，不予支持"之规定，凤某公司关于13号楼地下室面积计算错误的上诉理由不成立。第四，按照

《会议纪要》记载,《会议纪要》所载的工程量建筑面积是以当地住建局房产部门测算为依据。凤某公司虽不认可该面积,但也没有提出有充分证据证明的新的数据。5. 应否扣除因质量问题造成的返工、返修费用。凤某公司虽然在一审答辩时提出涉案工程存在质量问题,但并未就质量问题的存在以及因此发生的返工、返修费用提交相应证据证明,因此其关于此点的上诉理由不成立。其就质量问题可另行起诉。综上,一审判决对赤峰某建设公司工程款的认定并无不当,凤某公司关于工程款的上诉理由均不成立。

案件来源

唐山凤某房地产开发有限公司、赤峰某建筑(集团)有限责任公司建设工程施工合同纠纷上诉案 | 最高人民法院·(2015)民一终字第309号

延伸阅读

云亭建工律师团队检索发现,固定价合同竣工前解除后的结算问题,比例法在某些情况下并非最公平的解决方法。现将相关案例分享如下,供读者学习参考:

案例:青海方某建筑安装工程有限责任公司、青海隆某置业有限公司建设工程施工合同纠纷案 | 最高人民法院·(2014)民一终字第69号

关于涉案合同工程价款应当如何确定的问题。

第一,就本案应当采取的计价方法而言。

本院认为,首先,根据双方签订的《建设工程施工合同》约定,合同价款采用按约定建筑面积量价合一计取固定总价,即,以一次性包死的承包单价1860元/m^2乘以建筑面积作为固定合同价,合同约定总价款约68345700元。作为承包人的方某公司,其实现合同目的、获取利益的前提是完成全部工程。因此,本案的计价方式,贯彻了工程地下部分、结构施工和安装装修三个阶段,即三个形象进度的综合平衡的报价原则。其次,我国当前建筑市场行业普通存在着地下部分和结构施工薄利或者亏本的现实,这是由于钢筋、水泥、混凝土等主要建筑材料价格相对较高且大多包死,施工风险和难度较高,承包人需配以技术、安全措施费用才能保质保量完成等所致;而安装、装修施工是在结构工程已完工之后进行,风险和成本相对较低,因此,安装、装修工程大多可以获取相对较高的利润。本案中,方某公司将包括地下部分、结构施工和安装装修在内的土建+

安装工程全部承揽，其一次性包死的承包单价是针对整个工程作出的。如果方某公司单独承包土建工程，其报价一般要高于整体报价中所包含的土建报价。作为发包人的隆某公司单方违约解除了合同，如果仍以合同约定的 1860 元/m² 作为已完工程价款的计价单价，则对方某公司明显不公平。再次，合同解除时，方某公司施工面积已经达到了双方审定的图纸设计的结构工程面积，但整个工程的安装、装修工程尚未施工，方某公司无法完成与施工面积相对应的全部工程量。此时，如果仍以合同约定的总价款约 68345700 元确定本案工程价款，则对隆某公司明显不公平，这也印证了双方当事人约定的工程价款计价方法已无法适用。最后，根据本案的实际，确定涉案工程价款，只能通过工程造价鉴定部门进行鉴定的方式进行。通过鉴定方式确定工程价款，司法实践中大致有三种方法：一是以合同约定总价与全部工程预算总价的比值作为下浮比例，再以该比例乘以已完工程预算价格进行计价；二是已完施工工期与全部应完施工工期的比值作为计价系数，再以该系数乘以合同约定总价进行计价；三是依据政府部门发布的定额进行计价。

第二，就鉴定意见书能否作为定案依据而言。

本院认为，首先，一审法院根据方某公司的申请，委托了规划研究院咨询部就涉案工程方某公司已施工和未施工部分的工程价款进行了鉴定，鉴定机构分别就相应的鉴定内容出具了鉴定意见书。在委托鉴定程序上并不存在违法环节。其次，方某公司提出上诉主张，鉴定意见书中署名人员为注册造价员，违反了《建设工程造价鉴定规程》。然而，方某公司依据的《建设工程造价规程》（cecca/gc8-2012）只是行业自律性规范，其对鉴定人员资质要求并不具有强制执行效力，并且该规程在青海省并未施行。再次，《青海省建设工程造价管理办法》第二十三条规定："建设工程造价执业人员应当依法取得相应的造价工程师或造价员资格，注册登记后，方可在其资格范围内按照相关职业准则和规范，从事建设工程造价计价活动。建设工程造价文件应由具备相应资格的注册造价工程师、造价员编制。"对于这一问题，在一审审理期间，鉴定机构已向一审法院作出专门说明，此情形符合青海省的实际。虽然鉴定意见书署名人员为注册造价员，但在无证据证明鉴定人员存在违反法律法规的情形下，应当认定该鉴定意见书署名人员具备工程造价编制资质。最后，尽管鉴定意见属于证据，是具备资格的鉴定人对民事案件中出现的专门性问题，运用专业知识作出的鉴别和判断，但是，鉴定意见只是诸多证据中的一种，其结果并不当然成为人民法院定案的唯一依据。在认定案件事实上，尤其涉及法律适用时，尚需要结合案件的其他证据加以综合审查判断。

第三，就已完工程价款如何确定而言。

本院认为，首先，前述第一种方法的应用，是在当事人缔约时，依据定额预算价下浮了一定比例形成的合同约定价，只要计算出合同约定价与定额预算价的下浮比例，据此就能计算出已完工程的合同约定价。鉴定意见书即采用了该种方法，一审判决也是采纳了该鉴定意见。遵循这一思路，本案已完工程的价款应为：68246673.60元（鉴定的合同总价款）÷89098947.93元（鉴定的全部工程预算价）×40652058.17元（鉴定的已完工程预算价）= 31139476.56元。然而，无论是鉴定意见书还是一审判决，采用这一方法计价存在着明显不合理之处：一是现无证据证明鉴定的全部工程预算价89098947.93元是当事人缔约时依据的预算价，何况合同总价款68246673.60元也是通过鉴定得出的，并非当事人缔约时约定的合同总价款。二是用鉴定出的两个价款进行比对得出的下浮比例，与当事人的意思表示没有任何关联，如此计算出来的价款当然不可能是合同约定的价格。三是如采用这一种方法，隆某公司应支付的全部工程价款大致为：31139476.56元+13500000元（被隆某公司分包出去的屋面工程价款）+14600000元（剩余工程价款）= 59239476.56元。由此，隆某公司应支付的全部工程价款将明显低于合同约定的总价68345700元，两者相差910余万元。显然，如采用此种计算方法，将会导致隆某公司虽然违反约定解除合同，却能额外获取910余万元利益的现象。这种做法无疑会助长因违约获得不利益的社会效应，因而该方法在本案中不应被适用。四是虽然一审判决试图以这一种计算方法还原合同约定价，但却忽略了当事人双方的利益平衡以及司法判决的价值取向。至隆某公司解除合同时，方某公司承包的土建工程已全部完工，隆某公司解除合同的行为破坏了双方的交易背景，此时如再还原合同约定的土建工程价款，既脱离实际情况，违背交易习惯，又会产生对守约一方明显不公平的后果。其次，如果采用第二种方法计算本案工程的工程价款，本案已完工程价款应为：408天（2011年5月15日至2012年6月25日）÷506天（2011年5月15日至2012年10月1日）×68246673.60元（鉴定的合同总价款）= 55028938.40元。采用这一种方法，与建设工程中发包人与承包人多以单位时间内完成工程量考核进度的交易习惯相符。隆某公司应支付的全部工程价款为：55028938.40元+13500000元（被隆某公司分包出去的屋面工程价款）+14600000元（剩余工程的工程价款）=

83128938.40元。隆某公司应支付的全部工程价款明显高于合同约定的总价68345700元,两者相差14783238.40元,此时虽然符合隆某公司中途解除合同必然导致增加交易成本的实际情况,但该计算结果明显高于已完工工程相对应的定额预算价40652058.17元,对隆某公司明显不公,因而也不应采用。再次,如采用第三种方法即依据政府部门发布的定额计算已完工工程价款,则已完工工程价款应是40652058.17元。隆某公司应支付的全部工程价款为:40652058.17元+13500000元(被隆某公司分包出去的屋面工程)+14600000元(剩余工程的工程价款)=68752058.17元,比合同约定的总价68345700元仅高出36万余元。此种处理方法既不明显低于合同约定总价,也不过分高于合同约定总价,与当事人预期的价款较为接近,因而比上述两种计算结果更趋合理。另外,政府部门发布的定额属于政府指导价,依据政府部门发布的定额计算已完工程价款亦符合《合同法》第六十二条第二项"价款或者报酬不明确的,按照订立合同时履行地的市场价格履行;依法应当执行政府定价或者政府指导价的,按照规定履行"以及《民法通则》第八十八条第四项"价格约定不明确,按照国家规定的价格履行;没有国家规定价格的,参照市场价格或者同类物品的价格或者同类劳务的报酬标准履行"等相关规定①,审理此类案件,除应当综合考虑案件实际履行情况外,还特别应当注重双方当事人的过错和司法判决的价值取向等因素,以此确定已完工程的价款。一审判决没有分清哪一方违约,仅仅依据合同与预算相比下浮的76.6%确定本案工程价款,然而,该比例既非定额规定的比例,也不是当事人约定的比例,一审判决以此种方法确定工程价款不当,应予纠正;方某公司提出的以政府部门发布的预算定额价结算本案已完工工程价款的上诉理由成立,应予支持。最后,经一审法院委托的有关鉴定机构作出的鉴定意见,双方无争议的工程变更、签证项目(廊桥)价格为83361.1元,增加的加气砼墙面抹灰费用50000元,上述两笔费用均已实际发生,因此应当由发包人隆某公司支付。双方有争议的工程变更、签证项目均由监理单位指派的监理人中冯某贵签字确认,该部分鉴定价格为1451136.16元。根据方某公司提交的《藏文化产业创意园项目监理部拟进场人员名单》,冯某贵系监理单位指派的总监代表,双方有争议的工程鉴证单均系冯某贵签署。根据《最高人民法院关于审理建设工程施工合同纠纷案件适用法律若干问题的解释》第十九条"当事人对工程量有争议的,按照施工过程中形成的签证等书面文件确认。承包人能够证明发包人同意其施工,但未

---

① 编者按:《民法典》第511条第2项。

能提供签证文件证明工程量发生的,可以按照当事人提供的其他证据确认实际发生的工程量"的规定,冯某贵作为总监代表,又是现场唯一监理,其在工程签证单上的签字,是对本案建设工程现场施工情况的真实反映。因此,其签署的工程签证单能够证明变更、签证项目的实际发生,变更、签证的工作量应当予以认定。一审判决以签证单上无监理单位签章,隆某公司不予认可,总监理工程师不知情为由,认定上述签证单是冯某贵超越权限的个人行为,不能作为结算工程款,于事实不符,于法律无据,予以纠正;方某公司提出的变更、签证的工程量应当予以认定的上诉理由成立,予以支持。

综上,本案应当根据实际完成的工程量,以建设行政管理部门颁发的定额取费核定工程价款为依据,计算已完工程价款为:40652058.17 元+83361.1 元+50000 元+1451136.16 元=42236555.43 元。

038 项目经理私刻公章与发包人签订结算协议,效力如何认定?

阅读提示

建设工程施工合同案情复杂,情节跌宕,因转包、挂靠或公章管理不完善等原因,"假人真章""真人假章",甚至"假人假章"现象层出不穷,诉讼中承包人往往以项目经理私刻或伪造公章为由,辩称所签协议并非其真实意思表示,进而主张项目经理之行为不对其产生法律效力。此种情形,法院会如何认定?

裁判要旨

项目经理自施工以来一直作为承包人的代表与发包人进行业务往来,承包人中途撤换项目经理后未明确告知发包人,发包人有理由相信该项目经理仍然有权代表承包人。即使该项目经理私刻承包人公章与发包人签订结算协议属实,亦无证据证明发包人对此知情。故应认定项目经理的行为对承包人发生法律效力。

案情简介

一、2011 年 9 月 2 日,正某公司与桔某公司签订《施工总承包合同》,约定正某公司将涉案的攸某一品8#、9#、10#楼等施工项目发包给桔某公司施工。2011年11月29日，双方补办了招投标手续，另行签订了用于备案的《湖南省建设工程施工合同》。

二、《施工总承包合同》签订后，桔某公司将涉案工程交由公司时任总经理兼股东周某进负责，并任命其为攸某一品项目经理。2011年9月周某进作为项目经理组织攸某一品8#楼开始施工；2013年11月10日，周某进代表桔某公司与正某公司就8#楼进行了结算，签订了《攸某一品结算初审金额定案表》（以下简称结算书），确定8#楼土建、装修部分的结算造价为11737435.01元，周某进在施工单位栏签字并加盖了其伪造的桔某公司印章；2014年1月10日，8#楼经五方验收合格并签字盖章。

三、为了追索工程款，2016年4月5日周某进代表原告桔某公司将正某公司诉至法院，并代表桔某公司与正某公司达成调解协议，正某公司按调解协议向周某进指定的案外人叶某、庄某等人账户汇入210万元。

四、桔某公司得知后，以周某进私刻桔某公司公章、周某进与正某公司串通签订调解协议、串通付款等损害公司利益为由，对周某进出具的桔某公司授权委托书、周某进代表桔某公司与正某公司签署的结算书，以及诉讼中的周某进以桔某公司名义委托正某公司向案外人账户付款等行为和上述调解协议的签订均予以否认，并要求一审法院继续审理本案。

五、一审法院以周某进系职务行为，其外部效力及于桔某公司为由，判决周某进对8#楼的结算行为、指定正某公司向案外人付款行为，均代表桔某公司。

六、桔某公司认为8#楼应当按鉴定意见结算，一审按正某公司与周某进恶意串通的结算单结算错误，故向湖南省高级人民法院提起上诉。二审法院查明周某进在结算书上所盖桔某公司公章确为伪造，但仍认为正某公司有理由相信周某进有代理权，确认8#楼结算书的法律效力及正某公司向案外人付款210万元系代表桔某公司。

七、桔某公司认为二审法院认定周某进在羁押期间有代理权，缺乏法律依据，故向最高人民法院申请再审。最高院确认正某公司有理由相信周某进有权代表桔某公司，故其行为对桔某公司发生法律效力，驳回桔某公司的再审申请。

法律分析

本案的焦点问题是项目经理私刻公章与发包人签订结算协议，效力如何认定。

第一，被代理人的意思自治及相对人的信赖利益都应加以保护。当两种利益发生冲突时，立法者需要在两种价值之间进行合理权衡。在商事交易活动中，交易的安全和效率无疑是首先需要保护的，此时如果给交易相对人施加过多的注意义务和审查负担将不利于交易的正常进行。

第二，在建设工程施工领域，只要行为人具有承包人项目经理的外观，相对方对其身份及授权书尽到基本的审查义务，即可认定相对方善意且无过失地相信行为人具有代理权。行为人即使在后续业务过程中丧失了代理权，只要承包人未明确通知交易相对方已经解除对该行为人的授权，或未明确表示对该项目经理行为的效力不予认可，那么相对方就有理由相信该行为人仍有代理权。除非明知公章系伪造，或与此前所盖公章明显不同，否则其所盖公章的真伪并非相对人实质审查的范围。公章仅仅代表承包人对已经做出的意思表示进行加强确认，并非承包人意思表示的必要构成要件。当相对方已经确有理由相信行为人有权代表承包人作出行为时，不论行为人是否真正取得相应授权，亦不论行为人所加盖公章是否为真，基于保护善意相对人合理信赖利益和维护市场交易安全的考量，该行为均对被代理人发生法律效力。

实务经验

第一，《建筑施工企业项目经理资质管理办法》第 2 条规定"本办法所称建筑施工企业项目经理（以下简称项目经理），是指受企业法定代表人委托对工程项目施工过程全面负责的项目管理者，是建筑施工企业法定代表人在工程项目上的代表人。"可见，如无承发包双方特殊约定，项目经理就是施工企业在施工现场的全权代表。云亭建工律师团队建议，承包人如有对项目经理的权限限制需求，应在《建设工程施工合同》中明确约定，这样就可以最大可能地降低项目经理和发包人互相串通损害承包人利益的事件发生。

第二，项目经理的工作对象不仅仅是发包人，还有供应商、分包商等，针对不特定的人群，云亭建工律师团队建议，除了在书面合同中明确约定项目经理的权限外，还应在施工现场醒目位置竖立公示牌，告知交易对象项目经理的姓名、照片、职责、权限，最大可能地降低项目经理越权谋私的可能性，降低承包人的风险。

第三，承包人因故撤换项目经理时，应当第一时间书面告知发包人和其他交易对象，及时更换公示牌。同时要及时与发包人、其他交易对象签署工作交接的备忘录，明确记载被撤换的项目经理已经进行了哪些工作、签署了哪些商务文件等，避免被撤换的项目经理与交易对象倒签合同损害承包人利益的事件发生。

法条链接

《中华人民共和国民法典》（2021年1月1日实施）

第一百六十二条　代理人在代理权限内，以被代理人名义实施的民事法律行为，对被代理人发生效力。

第一百七十二条　行为人没有代理权、超越代理权或者代理权终止后，仍然实施代理行为，相对人有理由相信行为人有代理权的，代理行为有效。（该条文系对〈合同法〉第四十九条及〈民法总则〉第一百七十二条的原文继承）

《关于当前形势下审理民商事合同纠纷案件若干问题的指导意见》（法发〔2009〕40号）

13. 合同法第四十九条①规定的表见代理制度不仅要求代理人的无权代理行为在客观上形成具有代理权的表象，而且要求相对人在主观上善意且无过失地相信行为人有代理权。合同相对人主张构成表见代理的，应当承担举证责任，不仅应当举证证明代理行为存在诸如合同书、公章、印鉴等有权代理的客观表象形式要素，而且应当证明其善意且无过失地相信行为人具有代理权。

14. 人民法院在判断合同相对人主观上是否属于善意且无过失时，应当结合合同缔结与履行过程中的各种因素综合判断合同相对人是否尽到合理注意义务，此外还要考虑合同的缔结时间、以谁的名义签字、是否盖有相关印章及印章真伪、标的物的交付方式与地点、购买的材料、租赁的器材、所借款项的用途、建筑单位是否知道项目经理的行为、是否参与合同履行等各种因素，作出综合分析判断。

法院判决

原告桔某公司和被告正某公司就涉案攸某一品8#楼于2013年11月10日进行了结算，并签订了《攸某一品结算初审金额定案表》（以下简称结算书），确定涉案8#楼结算金额为11737435.01元，第三人周某进代表原告桔某公司进行了签字盖章，被告正某公司亦进行了签字盖章。原、被告及第三人均无证据否认该

---

① 《民法典》第172条。

结算书的真实性，结算书的签订亦不违反法律强制性、禁止性规定，且依照《最高人民法院关于审理建设工程合同纠纷案件适用法律问题的解释》第二十四条规定"建设工程施工合同无效，但建设工程竣工验收合格，承包人请求参照合同约定支付工程价款的，应予支持"，因此即使涉案两份施工合同均无效，也不影响原、被告签订的攸某一品8#楼结算结算书的效力认定，因此一审法院认为攸某一品8#楼的结算应依据《攸某一品结算初审金额定案表》记载的结算金额11737435.01元予以确认。二审中桔某公司提供的长沙市岳麓区人民法院（2018）湘0104刑初55号刑事判决书表明，周某进于2013年11月期间私自伪造了1枚"湖南桔某建设集团有限公司"印章，结合周某进的陈述，足以认定8#楼由周某进使用了伪造的桔某公司印章与正某公司结算。然而，正某公司作为相对人，基于周某进为桔某公司的总经理及项目负责人，有理由相信周某进有代理权，能代表桔某公司对外从事民事法律行为。本院认为，在没有证据证明周某进与正某公司存在恶意串通的情况下，周某进的行为对桔某公司发生法律效力。一审判决认定8#楼按《攸某一品结算初审金额定案表》结算符合法律规定。

周某进委托正某公司分别于2017年1月25日和6月21日向指定的案外人叶某、庄某等人账户汇入210万元。《合同法》第四十九条[1]规定："行为人没有代理权、超越代理权或者代理权终止后以被代理人名义订立合同，相对人有理由相信行为人有代理权的，该代理行为有效。"虽然周某进存在私刻桔某公司公章的行为，但无证据证明正某公司对此知情。即使周某进当时已不再具有相应的代理权，鉴于当时桔某公司尚未向正某公司明确告知撤销周某进在桔某公司所任的总经理兼涉案项目经理职务，且周某进作为桔某公司代表自工程施工以来一直与正某公司开展业务往来，正某公司有理由相信周某进有权代表桔某公司从事上述行为，故应认定该行为对桔某公司发生法律效力。因此，该210万元应当计入正某公司的已付工程款。

案件来源

湖南桔某建设集团有限公司、周某进建设工程施工合同纠纷再审审查与审判监督民事裁定书｜最高人民法院·（2019）最高法民申288号

湖南桔某建设集团有限公司、攸县正某房地产开发有限公司建设工程施工合同纠纷二审民事判决书｜湖南省高级人民法院·（2018）湘民终108号

---

[1] 编者按：已失效，被《民法典》吸收。

延伸阅读

案例：江苏大某建设工程有限公司、江苏大某建设工程有限公司靖江分公司建设工程施工合同纠纷再审审查与审判监督民事裁定书 | 最高人民法院·（2019）最高法民申 1614 号

沙某博构成表见代理。沙某博系借用大某公司施工资质承揽涉案工程的转包业务，其委托授权书和所持大某公司施工资质证书、营业执照、组织机构代码证等文件（复印件）均来源于大某靖江公司，并非其本人伪造或私刻印章形成。双方最初签订的联合施工协议上加盖了大某靖江公司印章，该印章没有证据证明系伪造。在中某建长沙公司要求加盖大某公司印章的情况下，大某靖江公司的负责人吴某在联合施工协议上加盖"大某公司"印章。停工事件发生后，朱某持加盖了大某公司真实印章的介绍信以"副总经理"身份到施工现场协调处理。大某公司诉讼中主张系空白介绍信，但没有证据证明。沙某博有理由相信其授权是正当的。同理，中某建长沙公司基于以上种种表象，也有理由信赖沙某博的授权。大某公司主张中某建集团在审查沙某博的授权上有过错，不构成表见代理。经审查，虽然沙某博在协议签订前就进场施工，联合施工协议的签订时间实际上是 2011 年 6 月底以后，协议上所署时间"2011 年 2 月 1 日"系倒签形成，但并不构成签订合同时对判断授权正当性的过失，判断表见代理制度的"有理由相信"应当以"签订合同时"为时间节点，中某建集团在签订合同前允许沙某博进场施工或签订合同后不当履行，均不能成为其表见代理制度意义上的过失。现实中，一个企业有多枚印章的情况并不鲜见。本案中，除联合施工协议、授权委托书外，大某公司与靖江市容环境卫生管理处、靖江市华某投资发展有限公司、江苏皓某汽车锁股份有限公司的建设工程施工合同等上的印章都不是同一印章，除联合施工协议上的"大某公司"印章系经刑事判决确认为私刻伪造的之外，其他文书上的印章均没有证据证明是伪造的，且其中在靖江市签订的三份合同都经过建设主管部门备案，而大某公司没有提供充分证据证明其已否定靖江市备案的三份施工合同。因此，对民事交易中要求一方审查对方公章与备案公章的同一性过于严苛。尤其是代理人持施工企业资质证书、营业执照、组织机构代码证等证明其所代理的法人身份证明的情况下，要求中某建长沙公司对合同的公章承担审查不严的责任，有失公允，严重损害民事交易的效率，更会纵容大某公司对其分支机构的管理不严，对非备案公章使用的泛滥，对施工资质证书、营业执照和组织机构代码证等法人证件违法出借等扰乱市场行为，危害民事交易安全。

首先，根据原审法院查明，在本案合同缔约过程中，沙某博提供了大某公司的资质证书、营业执照、组织机构代码证、授权委托书等加盖大某公司印章的文件。在施工过程中，亦存在其他加盖大某公司印章的文件，如《关于成立大某公司长沙工程处的通知》《关于设立长沙恒某雅苑54#-60#项目经理部的通知》《内部承包经营合同书》《安全生产协议》以及认可恒某雅苑54#-60#项目部公章的授权书、朱某所持的介绍信、在开立银行账户过程中留存的大某公司的开户资料等。双方最初签订的《联合施工协议》中也加盖了大某靖江分公司的印章。原审法院对双方存有争议的相关文件中的印章真实性问题进行了鉴定，形成[2011] 28号、[2011] 78号、[2012] 1号、[2017] 1717号鉴定文书。综合鉴定情况和全案所存的印章情况，虽然沙某博提供的资质文件、授权委托书中加盖的印章为吴某私刻形成，但授权委托书中加盖的大某公司法定代表人签章未被鉴伪，上述其他多份从大某靖江分公司获得的资料中的大某公司印章未被证实为私刻。同时，吴某私刻的印章还被大某公司用在其他对外合同中，且效力未被否定。现大某公司以部分文件印章不真实为由主张其对涉案工程不知情、不应承担责任，理据不足，本院不予支持。其次，判断表见代理的过失，应以合同签订时为时间节点。沙某博在签订协议前先进场施工以及将合同签订时间倒签至2011年2月1日，并不构成中某建集团对判断授权正当性的过失。现实中，一个企业可能存在多枚印章，在民事交易中要求合同当事人审查对方公章与备案公章的一致性，过于严苛。本案中，在代理人持有资质文件及授权文书等法人身份证明文件的情况下，要求中某建集团承担公章审查不严的责任，有失公允。最后，协议形成行为与印章加盖行为在性质上具有相对独立性。协议内容是双方合意行为的表现形式，而印章加盖行为是各方确认双方合意内容的方式，二者相互关联又相对独立。即印章在证明真实性上尚属初步证据，合同是否成立取决于双方当事人意思表示是否真实。故依据上述沙某博所持的授权文件和大某公司资质文件，足以形成沙某博具有大某公司代理权的外观表象。在合同履行过程中，2011年6月8日大某公司出具授权书承诺其认可"恒某雅苑54#-60#幢工程项目部公章"，2011年10月大某公司向中铁建长沙分公司出具介绍信，介绍其副总朱某前往处理长沙恒某雅苑工程的相关事宜。上述行为亦足以证明大某公司参与涉案《联合施工协议》确系其真实意思表示，其对本案所涉项目经过亦知情并认可。

039 固定价合同履行过程中，材料价格大幅度上涨，承包人有何救济途径？

阅读提示

固定价合同一般都会约定合同价在一定风险范围内不调整，或者干脆约定合同价包死不变。正常履行期间，如遇材料价格大幅上涨，继续履行合同将对承包人明显不公平，承包人有无救济途径？

裁判要旨

涉案建设工程施工合同系固定总价合同，在正常的市场价格风险情况下，对于建筑材料价格变化不应予以调整合同价格。但合同正常履行期间钢材价格上涨达35%以上，且涉案工程系钢结构工程，钢材占工程造价比例在70%以上。钢材价格变化已显然超出市场价格的正常波动，极有可能导致合同约定价格低于承包人的实际施工成本，在这种情况下如苛求承包人按照原固定价格合同履行，极有可能导致承包人的亏损，亦极有可能带来建筑质量隐患。如强求承包人按照原合同价格履行，其后果与承包人低于成本中标并无差别，将严重影响承发包双方对施工合同的正常履行，亦给工程施工带来潜在的质量安全隐患。故在主要材料价格大幅上涨的情形下，应基于公平、诚信原则对于原合同价格予以合理调整，以平衡发包人和承包人的利益。

案情简介

一、2016年，发包人鑫某公司就"再造梗丝验证生产线配套工程建设项目生产工房钢格栅工程"对外招标。2016年8月29日，承包人辰某公司投标并中标，中标价格为1414378.71元。同年9月22日，双方签订《建设工程施工合同》，合同价为1414378.71元，计划开工时间为2017年4月1日，并约定了合同总价10%的履约保证金。

二、上述合同专用条款第11.1条约定："市场价格波动是否调整合同价格的约定：合同价中包括了施工期间的政策性调整、建材市场风险、合同责任、人工单价、施工质量及安全的风险等，市场价格波动不予调整合同价格。"第 12.1 条合同价格形式约定："综合单价包含的风险范围：施工期间的政策性调整、建材市场风险、人工单价、材料检测费、复检费、合同责任、施工质量及安全的风险等。"

三、《淮安工程造价管理》杂志载明，涉案合同所需材料 I25-45 工字钢材料指导价（含税价）为：2016 年 9 月 3030 元/吨，2016 年 10 月 3230 元/吨，2016 年 11 月 3610 元/吨，2016 年 12 月 4000 元/吨，2017 年 1 月 3960 元/吨，2017 年 2 月 4310 元/吨，2017 年 3 月 4240 元/吨。钢材价格六个月涨幅高达 35%。

四、2017 年 3 月 19 日，承包人辰某公司向鑫某公司发函，称钢材市场价格较签订合同时上涨了两倍多，要求调整合同约定价款；3 月 21 日再次发函，称因市场钢材市场价格发生较大变动，无法履行合同，通知鑫某公司解除合同并退还保证金。

五、2017 年 3 月 22 日，发包人鑫某公司向辰某公司发函，称双方签订的合同约定工程计价方式为固定单价，材料价格上涨是承包人应承担的风险，要求辰某公司确保 2017 年 4 月 1 日进场施工。

六、因承包人辰某公司未能履行合同，2017 年 5 月鑫某公司就涉案工程再次招标，涿州蓝某网架有限公司中标，中标价为 3105698.34 元。

七、2017 年 8 月 31 日，发包人鑫某公司将承包人辰某公司诉至法院，诉请解除合同并要求辰某公司赔偿损失 1850038.63 元。

八、一审法院综合考虑涉案工程所需主要材料为钢材、至双方约定的开工日期钢材价格上涨了两倍的客观事实、未有证据证明辰某公司存在故意不履行合同义务的情形，判决承包人辰某公司向鑫某公司赔偿 142000 元。

九、二审法院综合衡量合同未履行的原因、当事人的过错、当事人缔约地位强弱、损失后果等因素，改判承包人辰某公司向鑫某公司赔偿 100 万元。

十、再审法院综合考量本案合同解除的原因、辰某公司的具体违约情形和过错、损失后果、合同中关于履约保证金的约定及双方当事人对于履约保证金作用的陈述，改判撤销二审判决，维持一审判决。

法律分析

本案的焦点问题是，固定价合同履行过程中，建筑材料价格大幅度上涨的，能否适用《民法典》的情势变更原则，请求对合同价进行调整？

在全球经济危机大背景下，2009 年 4 月发布了《最高人民法院关于适用

《中华人民共和国合同法》若干问题的解释（二）》（法释〔2009〕5号）（以下简称《合同法解释二》），该解释第二十六条规定"合同成立以后客观情况发生了当事人在订立合同时无法预见的、非不可抗力造成的不属于商业风险的重大变化，继续履行合同对于一方当事人明显不公平或者不能实现合同目的，当事人请求人民法院变更或者解除合同的，人民法院应当根据公平原则，并结合案件的实际情况确定是否变更或者解除"。

为了避免情势变更原则的滥用，同月最高法院在《关于正确适用《中华人民共和国合同法》若干问题的解释（二）服务党和国家的工作大局的通知》（法〔2009〕165号）中，要求"严格适用《中华人民共和国合同法》若干问题的解释（二）第二十六条。为了因应经济形势的发展变化，使审判工作达到法律效果与社会效果的统一，根据民法通则、合同法规定的原则和精神，解释第二十六条规定：合同成立以后客观情况发生了当事人在订立合同时无法预见的、非不可抗力造成的不属于商业风险的重大变化，继续履行合同对于一方当事人明显不公平或者不能实现合同目的，当事人请求人民法院变更或者解除合同的，人民法院应当根据公平原则，并结合案件的实际情况确定是否变更或解除。对于上述解释条文，各级人民法院务必正确理解、慎重适用。如果根据案件的特殊情况，确需在个案中适用的，应当由高级人民法院审核。必要时应报请最高人民法院审核。"

此后十余年间的司法实践中，适用《合同法解释二》第二十六条以情势变更为由判决变更或解除合同者寥寥。

《民法典》以法律的形式，在第五百三十三条中将情势变更原则确立下来，将"合同成立后，合同的基础条件发生了当事人在订立合同时无法预见的、不属于商业风险的重大变化，继续履行合同对于当事人一方明显不公平的"情形下重新协商的权利授予了受不利影响的当事人，并且明确协商不成的，可以请求人民法院或者仲裁机构变更或者解除合同。在最高人民法院民法典贯彻实施工作领导小组主编的《中华人民共和国民法典合同编理解与适用》中，不再要求法院适用情势变更原则前报高级人民法院或最高人民法院审核。

据此，云亭建工律师团队认为，如建设工程施工合同订立后，确实发生了签订合同时无法预见、不属于商业风险的原材料价格大幅上涨，继续按原合同履行对承包人明显不公平的，可依据《民法典》第五百三十三条与发包人协商调整合同价，协商不成的可提起诉讼或仲裁，请求判决（裁决）变更或解除合同。

但"签订合同时无法预见、不属于商业风险的原材料价格大幅上涨，继续按原合同履行对承包人明显不公平的"有严格的适用条件。首先，要求原材料价格大幅上涨是订立合同时无法预见的，例如，冬季有采暖需求，会导致煤炭使用量大增，进而导致煤炭价格上涨，在此情况下煤炭价格的冬季上涨就是订立合同时应该预见到的，就不能适用情势变更原则。其次，上涨要达到一定幅度，例如，本文案例中，钢材价格上涨超过了35%。再次，因为原材料的上涨，导致继续履行合同显失公平，如本文案例中，涉案工程系钢结构工程，钢材总价达到全部工程价款的75%以上，如果继续履行合同的话，承包人将大幅亏损。最后，使用情势变更原则重新协商合同价款，或请求变更、解除合同，均需在合同履行期内提出，如合同已经履行完毕，自无情势变更的适用基础。

实务经验

第一，情势变更原则自2009年出台至今已十二年之久，司法实践中适用该原则变更、解除合同者寥寥无几。虽然《民法典》将其上升到法律的地位，且适用该原则也不须以请示高级人民法院或最高人民法院同意为前提，但因"签订合同时无法预见、不属于商业风险的变化"十分难以证明，在进一步的司法解释出台前，可以预见，各级法院、各仲裁机构仍会对适用该原则采取谨慎态度。为此，云亭建工律师团队提醒承包人，在招投标或签订合同时，应审慎研究人机材价格走势，请勿过于盲目自信遭受不必要的经济损失。还可以在合同中约定明确具体的风险范围，将风险控制在可承受范围之内。

第二，如合同履行过程中确实出现了《民法典》第五百三十三条规定的情势变更情形，应及时收集相关证据材料，并及时以洽商等形式向发包人提出调整合同价格的请求。协商未果的，应以诉讼或仲裁的方式提出变更请求。因《民法典》第五百三十三条规定的情势变更情形下的解除必须以诉讼或仲裁的方式提出，故云亭建工律师团队提醒承包人切勿以通知的方式解除合同，否则将会像本文案例一样，被判决承担违约责任。

第三，情势变更原则适用的前提是，合同正常履行期内发生了签订合同时无法预见、不属于商业风险的原材料价格大幅上涨。合同逾期后发生的原材料上涨，无论是否属于订立合同时能否预见、是否属于商业风险，均无情势变更的适用空间。云亭建工律师团队提醒承包人，应严格按照合同约定工期履行合同，否则逾期后原材料价格上涨导致的损失，只能自行承担。

法条链接

《中华人民共和国民法典》（2021年1月1日实施）

第五百三十三条 合同成立后，合同的基础条件发生了当事人在订立合同时无法预见的、不属于商业风险的重大变化，继续履行合同对于当事人一方明显不公平，受不利影响的当事人可以与对方重新协商；在合理期限内协商不成的，当事人可以请求人民法院或者仲裁机构变更或者解除合同。

人民法院或者仲裁机构应当结合案件的实际情况，根据公平原则变更或者解除合同。

法院判决

涉案建设工程施工合同约定采用固定价格的计价方法，在正常的市场价格风险情况下，对于建筑材料价格变化不应予以调整合同价格。但是，本案中从辰某公司中标时的2016年8月至开工时的2017年4月间，工字钢价格从2016年8月的3130元/吨大幅上涨至2017年3月份的4240元/吨，涨幅达35%以上。涉案工程总价为1414378.71元，材料费即占1069875.7元。而涉案工程系钢结构工程，钢材为主要材料，双方当事人也均认可钢材占工程造价比例在70%以上。建筑行业系微利行业，承包人利润有限。上述钢材价格变化已显然超出市场价格的正常波动，极有可能导致合同约定价格低于承包人的实际施工成本，在这种情况下如苛求承包人按照原固定价格合同履行，极有可能导致承包人的亏损，亦极有可能带来建筑质量隐患。《中华人民共和国招标投标法》第三十三条规定，投标人不得以低于成本的报价竞价。《建设工程质量管理条例》第十条也规定建设工程发包单位不得迫使承包人以低于成本的价格竞标。而如强求承包人按照原合同价格履行，其后果与承包人低于成本中标并无差别，将严重影响发包承包双方对施工合同的正常履行，亦给工程施工带来潜在的质量安全隐患。

《中华人民共和国合同法》第五条[1]规定，当事人应当遵循公平原则确定各方的权利和义务；《中华人民共和国合同法》第六条[2]规定，当事人行使权利、履行义务应当遵循诚实信用原则。故在本案工程主要材料价格大幅上涨的情形下，应基于公平、诚信原则对于原合同价格予以合理调整，以平衡发包人和承包

---

[1] 编者按：已失效，相关规定见《民法典》第6条。
[2] 编者按：已失效，相关规定见《民法典》第7条。

人的利益。建设主管部门对建材价格市场风险控制亦出台了相应指导性意见,江苏省建设厅《关于加强建筑材料价格风险控制的指导意见》(苏建价〔2008〕67号)规定,承包人的投标价格中包含的材料价格风险的幅度(一般风险包干幅度不应大于10%);采用固定价格合同形式的:当工程施工期间非主要建筑材料价格上涨或下降的,其差价均由承包人承担或收益;当工程施工期间第二类主要建筑材料(材料费占单位工程费10%以上的各类材料)价格上涨或下降幅度在5%以内的,其差价由承包人承担或受益,超过5%的部分由发包人承担或受益。

本案中,因第二类主要材料钢材价格出现大幅上涨,超出建材市场的正常价格波动水平,造成辰某公司按照原固定价格合同履行确实难以为继。在此情形下,辰某公司于2017年3月19日向鑫某公司发函,要求将合同价格调整为2957394.99元,其主张是合理的,该价格亦低于鑫某公司后来与涿州蓝某网架有限公司签订的合同价格3105698.34元。双方本应依照公平和诚实信用的原则充分协商,以期达成补充协议,共同分担非正常市场风险,使合同得以妥善履行。然而鑫某公司以合同约定的工程计价方式为固定单价,材料价格上涨是辰某公司应承担的合同项下的风险为由拒绝调整价格。辰某公司也未尽最大努力继续进行沟通协商,而于2017年3月21日即向鑫某公司发函解除合同,其行为构成违约,应承担相应的违约责任。鑫某公司在收到解除合同函后重新进行招标,亦在本案中要求解除涉案建设工程施工合同,故一、二审法院认定双方间建设工程施工合同已实际解除正确。

因辰某公司构成违约,应承担相应的违约责任。《中华人民共和国合同法》第一百一十三条[①]规定,当事人一方不履行合同义务或者履行合同义务不符合约定,给对方造成损失的,损失赔偿额应当相当于因违约所造成的损失,包括合同履行后可以获得的利益,但不得超过违反合同一方订立合同时预见到或者应当预见到的因违反合同可能造成的损失。鑫某公司提起本案诉讼要求辰某公司赔偿其先后两次招标的合同差价及其他损失。但鑫某公司重新招标的合同价款与涉案合同的差价系建材价格剧烈变动的非正常风险,并非因辰某公司违约行为而直接造成的损失,且超出了辰某公司在订立合同时的合理预见,故该主张不能成立。二审判决在认定从双方签订合同之日至约定的开工日期,钢材价格上涨了近两倍,该变动程度已远超出正常的合理预期,辰某公司缔约时对此亦难以预见,如仍按合同原定价款继续履行显然难以承受,故其提出解除合同实属无奈之举的同时,

---

[①] 编者按:已失效,相关规定见《民法典》第584条。

在合同总标的仅为 141 万余元的情况下,酌定由辰某公司向鑫某公司赔偿 100 万元缺乏充分依据。涉案合同第 3.7 条约定,承包人提供履约担保,提供履约担保的形式、金额及期限为提交合同总价 10% 的履约保证金,辰某公司也已向鑫某公司交纳了 142000 元的履约保证金。根据公平原则和诚实信用原则,综合考量本案合同解除的原因、鑫某公司的具体违约情形和过错、损失后果、合同中关于履约保证金的约定及双方当事人对于履约保证金作用的陈述,一审判决酌定辰某公司向鑫某公司赔偿损失 142000 元(用辰某公司已经支付的履约保证金予以冲抵)的处理意见较为恰当,本院依法予以维持。

案件来源

江苏辰某建设工程有限公司、江苏鑫某烟草薄片有限公司建设工程施工合同纠纷再审民事判决书 | 江苏省高级人民法院·(2020)苏民再 8 号

延伸阅读

云亭建工律师团队就本文相关问题,检索了最高法院和部分高级法院的裁判文书,裁判结果几乎"一边倒"地以不满足情势变更原则适用条件为由不支持价格调整。

案例一:成都市浩某劳务有限公司、四川川某路桥有限责任公司建设工程施工合同纠纷再审审查与审判监督民事裁定书 | 最高人民法院·(2020)最高法民申 5763 号

《最高人民法院关于适用〈中华人民共和国合同法〉若干问题的解释(二)》第二十六条规定,合同成立以后客观情况发生了当事人在订立合同时无法预见的、非不可抗力造成的不属于商业风险的重大变化,继续履行合同对于一方当事人明显不公平或者不能实现合同目的,当事人请求人民法院变更,人民法院应当根据公平原则,并结合案件的实际情况确定是否变更。据原审查明,涉案合同于 2010 年底已履行完毕,且浩某公司未提供证据证明在涉案工程施工合同履行期间,因发生"5.12 大地震"导致人工和材料价格大幅上涨,继续履行合同会产生显失公平的结果,亦未向人民法院起诉请求变更合同。故浩某公司关于本案应适用情势变更原则调增工程款的主张,不符合上述司法解释的规定。该项申请再审理由亦不能成立,不予支持。

案例二：重庆建某集团股份有限公司、重庆市荣昌区荣某环保产业发展有限公司建设工程施工合同纠纷再审审查与审判监督民事裁定书丨最高人民法院·（2019）最高法民申 5829 号

关于《建设工程施工合同》专用条款第 11.1 条是否应当予以变更的问题。重庆建某集团认为，本案应根据情势变更原则和主管部门的相关规定，就价格涨幅超过 5% 的部分应据实调整为由荣某环保公司自行承担。本院认为，涉案《建设工程施工合同》专用条款第 11.1 条约定，市场价格波动不调整合同价格，即市场价格上涨的风险由重庆建某集团承担。合同签订后，市场价格确实因政策或市场环境的变化存在上涨的情况，但重庆建某集团作为专业、理性的建筑工程施工企业是在仔细研究了招标文件的全部内容并综合考虑相应的商业风险和成本变动后才向荣某环保公司投标，其在明知涉案工程限定造价 1.5 亿元的前提下理应将建筑材料的市场环境以及价格变化纳为其是否投标以及如何投标应考虑的商业风险因素中。《最高人民法院关于适用〈中华人民共和国合同法〉若干问题的解释（二）》第二十六条系对合同法上情势变更原则所做的规定，该条强调的客观情况是当事人在订立合同时无法预见的、非不可抗力造成的非商业风险，继续履行将会对一方明显不公平或不能实现合同目的，本案中建筑材料价格上涨应属于重庆建某集团在投标和签订合同时应合理预见的商业风险，且上涨幅度并未超过市场价峰值，因此不应适用《最高人民法院关于适用〈中华人民共和国合同法〉若干问题的解释（二）》第二十六条的规定，原审法院适用法律并无不当，重庆建某集团的该项申请再审理由不能成立。

案例三：中国第某冶某建设有限公司、陕西黄某高速公路有限责任公司建设工程施工合同纠纷二审民事判决书丨最高人民法院·（2018）最高法民终 380 号

关于第某冶金公司提出材料及运费调差 4154868 元的诉讼请求是否应该支持的问题。对于鉴定意见中关于材料及运费调差损失金额为 4154868 元的部分，第某冶金公司主张其施工期间材料及运费价格上涨，属于法律规定的情势变更情形，应当进行调整。本案中，相对于双方当事人在合同中约定的工程款总额，尚无充分证据证明施工期间自购钢材、燃油、自购材料运费价格变化的幅度，已经达到了当事人订立合同时无法预见的程度，不构成《最高人民法院关于适用〈中华人民共和国合同法〉若干问题的解释（二）》第二十六条"合同成立以后客观情况发生了当事人在订立合同时无法预见的、非不可抗力造成的不属于商业风险的重大变化，继续履行合同对于一方当事人明显不公平或者不能实现合同目的，当事人请求人民法院变更或者解除合同的，人民法院应当根据公平原则，并结合案件的实际情况确定是否变更或者解除"规定的情势变更情形。黄某公司与第某冶金公司签订的《合同协议书》通用条款70.1约定，该合同执行期间不考虑人工、机械施工和材料价格的涨落因素，即在施工期间对合同价格不予调整。在本工程施工过程中，因国家宏观政策调整造成的钢材价格上涨，陕西省交通厅通知要求对于2003年5月底前签订施工合同的在建工程可依据合同工程单价和合同执行实际，参考招标时的市场价格与合同结算时的价格情况，可给施工企业予以适当补偿。2010年1月23日，黄某公司依据陕西省交通厅的通知精神，经黄某公司专题会议研究决定，补偿HY-8合同段自购型钢差价款1415287.55元。一审判决认定第某冶金公司不能以该通知为依据突破合同约定要求黄某公司承担材料涨价的损失并无不妥。故第某冶金公司主张的要求黄某公司支付材料及运费调差4154868元的上诉请求不能成立，本院不予支持。

案例四：大庆油田有限责任公司某分公司、通州建某集团有限公司建设工程施工合同纠纷再审审查与审判监督民事裁定书丨最高人民法院·（2017）最高法民申4128号

本院经审查认为，根据《最高人民法院关于适用〈中华人民共和国合同法〉若干问题的解释（二）》第二十六条规定，"合同成立以后客观情况发生了当事人在订立合同时无法预见的、非不可抗力造成的不属于商业风险的重大变化，继续履行合同对于一方当事人明显不公平或者不能实现合同目的，当事人请求人民法院变更或者解除合同的，人民法院应当根据公平原则，并结合案件的实际情况确定是否变更或者解除"。双方协议约定大庆分公司是提供外墙保温材料的义务主体，在合同履行过程中，其在A级和B1级之间选择了符合当时防火要求的较低等级的B1级材料，后因政策调整，只能改用A级材料，大庆分公司负有及时采购更换相关材料的义务，否则对停工损失应承担相应的责任。大庆分公司虽主张情势变更，但其未提供证据证明更换材料客观上遇有障碍或者更换材料需要停工265天，也未提供证据证明继续履行合同对于一方当事人明显不公平或者不能实现合同目的，其关于停工原因属法定情势变更的申请再审理由，缺乏事实和法律依据。

案例五：中铁某局建设有限公司、厦门滕某阁房地产开发有限公司股东出资纠纷二审民事判决书丨最高人民法院·（2020）最高法民终629号

关于本案是否构成情势变更并足以导致合同解除的问题。《中华人民共和国民法典》第五百三十三条规定："合同成立后，合同的基础条件发生了当事人在订立合同时无法预见的、不属于商业风险的重大变化，继续履行合同对于当事人一方明显不公平的，受不利影响的当事人可以与对方重新协商；在合理期限内协商不成的，当事人可以请求人民法院或者仲裁机构变更或者解除合同。人民法院或者仲裁机构应当结合案件的实际情况，根据公平原则变更或者解除合同。"《最高人民法院关于适用〈中华人民共和国合同法〉若干问题的解释（二）》第二十六条规定："合同成立以后客观情况发生了当事人在订立合同时无法预见的、非不可抗力造成的不属于商业风险的重大变化，继续履行合同对于一方当事人明显不公平或者不能实现合同目的，当事人请求人民法院变更或者解除合同的，人民法院应当根据公平原则，并结合案件的实际情况确定是否变更或者解除。"此为情势变更制度的法律依据。该制度的适用目的是在合同订立后因客观情势发生重大变化、导致当事人之间权利义务严重失衡的情形下，通过变更或者解除合同，以消弥合同因情势变更所产生的不公平后果。本案中，首先，关于当事人订立合同时是否无法预见中铁某局主张的涉铁优惠政策调整问题。中铁某局、滕某阁公司均认可约定的涉案拆迁安置成本1400万元/亩中包括45万元/亩的土地出让金。《合作协议》第三条第3项约定，因政策变动导致拆迁安置成本增加的，超过部分由中铁某局自行承担，且不得就此向滕某阁公司、龙某公司及同某公司寻求补偿。《合作协议》第四条第3项、第八条第1项及《增资扩股协议》第6.2条约定，中铁某局负有将涉案土地使用权过户登记至同某公司名下、协调政府争取优惠政策等合同义务，并无条件保证办妥涉案土地变更登记手续，自行承担须补缴的土地出让金和其他税费。双方目前虽对《合作协议》中约定的"政策变动"存在不同理解，但根据上述约定内容，中铁某局系协调政府办理补缴土地出让金、办理土地使用权变更登记的合同义务主体，在签订涉案合同时，应对于政策变动导致土地出让金增加的风险具有一定预见性，并已通过合同约定，自愿承担由此所产生的交易成本的增加。其次，适用情势变更的另一重要构成要件系对一方当事人明显不公平。根据查明的事实，成都市政府会议纪要成府阁[2008]235号文及成都市国土资源局成国土资函[2012]66号报告给予中铁某局下属子公司45万元/亩的涉铁优惠政策，成都北改办（2014）10号文建议旧城改造项目实施主体为中铁某局或其全资子公司，成都市规划和自然资源局2020年7月7日出具的《关于中铁某局旧城改造相关事宜的回函》明确中铁某局以非全资子公司办理涉铁旧城改造项目，不再适用成国土资函[2012]66号文相关政策规定。根据上述文件和回函内容，现行政策及主管部门意见对涉铁旧城改造实施主体进一步收紧，按照同某公司股权结构现状，目前不符合享受涉铁优惠政策的主体条件。中铁某局主张，因无法享受涉铁优惠政策，需补交最少7亿元的土地出让金，且按照合同约定全部由中铁某局承担，造成各方权利义务的失衡，对其一方明显不公平。本院认为，构成情势变更的"对于当事人一方明显不公平的"，应是指继续履行合同会造成一方当事人履约能力严重不足、履约特别困难、继续履约无利益并对其利益造成重大损害、明显违反公平、等价有偿原则等情形。根据中铁某局提交的一系列证据，《土地估价报告》系其单方委托出具，不足以证明继续履行合同实际须补缴的土地出让金是否确为7亿元以上。更为重要的是，涉案合同涉及的大部分合作开发房地产内容因双方产生纠纷多年来未能实际履行，其间，涉案土地价值及周边房价价格均大幅上涨，在此情况下，即使确如中铁某局主张的须补缴7亿元以上的土地出让金，中铁某局提交的证据不足以证明继续履行合同会造成其一方产生亏损、无履行利益，不符合"对于当事人一方明显不公平"的法定情形。退一步而言，依照适用情势变更制度的相关法律规定，符合情势变更法定情形的，人民法院应结合案件的实际情况，根据公平原则变更或者解除合同。若中铁某局能够提交证据证明订立合同时确实无法预见政策调整、继续履行对其一方明显不公平，按照合同严守原则，人民法院应先予考虑变更合同，调整双方权利义务，非达到必要程度，应慎重对待解除合同。综上，在滕某阁公司不存在重大违约的实际情况下，解除涉案合同不符合公平原则和情势变更的适用原则，中铁某局以情势变更为由主张解除合同，本院不予支持。

第四部分 鉴定

040 当事人约定按固定价结算工程款时，法院为何不准许工程造价司法鉴定？

阅读提示

依据最高人民法院相关司法解释之规定，当事人如果约定按照固定价结算工程款，一方当事人申请对建设工程造价进行鉴定的，法院不予准许。该规定是否属于"一刀切"的规定？有无例外情形？

裁判要旨

承包人与发包人在建设工程施工合同中约定采用固定价结算的形式通常有两种，一是总价固定，二是平方米单价固定。这意味着在约定的风险范围内合同价款不再调整，除非发生合同修改或者工程设计变更等情况导致工程量发生变化。无论是固定总价还是固定单价，工程款都可以通过当事人双方举证、质证、认证等过程计算出来，因此依据最高人民法院审理建设工程施工合同纠纷案件司法解释的相关规定，法院不需要专门委托工程造价鉴定机构来确定应结算的工程款。

案情简介

一、2017年，承包人陕西某公司因与发包人西部某矿业锡铁山分公司、西部某矿业公司发生建设工程施工合同纠纷，将其起诉至青海省海西蒙古族藏族自治州中级人民法院，索要相关工程款及损失。

二、本案争议的施工合同系陕西某公司与西部某矿业锡铁山分公司于2013年7月5日签订的《工程施工合同》。合同第5条约定：合同价款及确定：本工程按工程量清单方式计价，本工程合同定价为中标价：2359.032万元。第15.2条约定：本合同价款采用固定单价合同方式确定。承包人需对投标单价合理性负责，承包人提出调整要求的，需经发包人认可；发包人提出调整要求的，承包人不得拒绝。第17.1条约定：工程变更承包人在工程变更14天内，提出变更工程价款的报告，经工程师确认后调整合同价款。

三、在施工合同履行过程中，陕西某公司向西部某矿业锡铁山分公司、监理公司发出工作联系单，内容为"由于现场施工中，原招标文件中指定取料场未见碎石。后经甲方开会商定重新指定料场。原招标文件中透水层19.5万方碎石由库区400米料场改为10公里外炸山爆破取料，运距增加，爆破碎石费用增加，望业主及监理现场核实"。西部某矿业锡铁山分公司对该工作联系单未签字确认。监理公司在该工程联系单中签署内容为"所用碎石均由业主选定的采石场开采后运到尾矿库工地使用"。

四、一审中，陕西某公司就上述工作联系单所述的19.5万方碎石增加运距的造价及爆破费用造价申请司法鉴定，但未获一审法院准许。该公司对此不服，向青海省高级人民法院上诉，被驳回后又向最高人民法院申请再审。

五、最高人民法院审理认为，一审法院不准许陕西某公司的鉴定申请合法。最高人民法院裁定驳回陕西某公司的再审申请。

法律分析

本案的焦点问题是一审法院不准许陕西某公司提出的工程造价司法鉴定申请，是否符合法律规定。

第一，从上述案情可知，本案双方签订的《工程施工合同》属于按照固定单价结算工程款的合同。那么，依据本案审理时施行的《最高人民法院关于审理建设工程施工合同纠纷案件适用法律问题的解释》第二十二条的规定："当事人约定按照固定价结算工程价款，一方当事人请求对建设工程造价进行鉴定的，不予支持。"通常情况下，一审法院可以据此不准许陕西某公司的工程造价鉴定申请。除非该公司争议的上述19.5万方碎石增加运距的运费及爆破费用超出了施工合同约定的调整范围。

第二，陕西某公司索要的上述19.5万方碎石增加运距的运费及爆破费用也不符合《工程施工合同》的约定。从该合同第15.2条和第17.1条的约定可知，即使该笔费用不属于固定单价涵盖的范围，陕西某公司也应提交证据证明发包人或监理公司认可了上述费用。但是，其在本案中提交的工程联系单等证据既没有发包人签字认可，也没有监理公司签字承认该部分工程量的意思表示。因此，一审法院不准许其鉴定申请具有合同依据和事实依据。

正是基于上述事实及法律依据，本案二审法院和再审法院才会均认可一审法院的上述做法，没有采纳陕西某公司的上诉理由。

实务经验

第一，当事人签订的施工合同约定了按照固定总价或固定单价结算工程款，在诉讼中如果申请工程造价司法鉴定，法院在能够根据在案证据查明涉案工程量、工程款的情形下，通常不会准许鉴定申请。因此，在涉案工程造价不能鉴定的情形下，承包人在诉讼中的重点工作应转移到举证方面。应举证证明自己依约完成了施工内容，尤其要举证证明自己超出施工合同约定范围的工程量是否真实存在。

第二，除了本案外，我们也检索到了最高人民法院审理的与本案裁判观点一致的类案。但是，在司法实践中，并非所有约定了按照固定价结算工程款的施工合同纠纷诉讼案都不会被法院准许工程造价鉴定。如果当事人争议的工程量超出了施工合同约定的范围或者工程设计发生变更等特殊情形，法院为了查明案件的基本事实，也会准许当事人的工程造价鉴定申请。不过这类司法实践的做法目前还没有明确的法律规定，最高人民法院也没有对《最高人民法院关于审理建设工程施工合同纠纷案件适用法律问题的解释（一）》第二十八条的适用前提或者例外情形作出进一步解释。因此，我们目前只能通过司法案例来总结裁判规则。

法条链接

《最高人民法院关于审理建设工程施工合同纠纷案件适用法律问题的解释（一）》（法释〔2020〕25号　2021年1月1日实施）

第二十八条　当事人约定按照固定价结算工程价款，一方当事人请求对建设工程造价进行鉴定的，人民法院不予支持。

第三十一条　当事人对部分案件事实有争议的，仅对有争议的事实进行鉴定，但争议事实范围不能确定，或者双方当事人请求对全部事实鉴定的除外。

法院判决

涉案《工程施工合同》第15.2约定，合同价款采用固定单价合同方式确定。原判决据此认定涉案合同系固定单价合同，各方当事人对此并无异议。承包人与发包人在合同中约定采用固定价结算的形式一般有两种，一是价格固定，二是面积固定单价包干。这意味着在约定的风险范围和风险费用内合同价款不再调整，除非发生合同修改或者变更等情况导致工程量发生变化。无论是固定总价还是固定单价，工程款都是可以通过当事人双方举证、质证、认证等过程计算出来，不需要专门委托中介机构鉴定来确定应结算的工程款。基于此，《最高人民法院关于审理建设工程施工合同纠纷案件适用法律问题的解释》第二十二条规定，"当事人约定按照固定价结算工程价款，一方当事人请求对工程造价进行鉴定的，不予准许"。具体到本案，首先，上述司法解释规定中的"固定价"既包括"固定总价"，也包括本案情形的"固定单价"。而对于涉案工程量，各方当事人均认为没有变化。因此，原判决据此不准许陕西某公司的鉴定申请适用法律并无不当。其次，《工程施工合同》第15"合同价款确定及调整"条款约定，"承包人需对投标单价合理性负责，承包人提出调整要求的，需经发包人认可"，但陕西某公司并没有证据证明西部某矿业锡铁山分公司认可了其调整单价的要求，而2013年8月2日的工作联系单由于没有发包人的签证，故并不产生发包人的认可效果；《工程施工合同》第17.1"工程变更"条款则约定，"承包人在工程变更14天内，提出变更工程价款的报告，经工程师确认后调整合同价款"，但根据原审查明的事实，陕西某公司并未在合同约定的限期内提出变更工程价款的报告。因此，即使《工程施工合同》中约定了单价和工程价款可以调整，但陕西某公司并无证据证明工程价款已经按照合同的约定进行了调整。最后，关于《工程施工合同》工程价款的问题。本案当事人确认涉案合同系固定单价合同，但在该合同第六条"合同价款与支付"条款中，又约定"本工程合定价为中标价2359.032万元"。在工程量没有变化时，以固定单价计算的工程价款与以中标价确定的工程价款具有一致性。陕西某公司向甘肃蓝某公司提交的《竣工报验申请表》以及《工程竣工报告》中载明"工程造价2359.032万元"，亦从侧面证明涉案工程价款并未因碎石运距增加而经当事人协商一致进行调整。

案件来源

陕西省某交通能源建设控股集团股份有限公司、西部某业股份有限公司建设

工程施工合同纠纷再审审查与审判监督民事裁定书丨最高人民法院·（2019）最高法民申2248号

延伸阅读

案例一：平煤神某建某集团有限公司新疆分公司、大某工程开发（集团）有限公司天津分公司建设工程施工合同纠纷再审审查与审判监督民事裁定书丨最高人民法院·（2019）最高法民申5173号

本院认为，《合同协议书》《哈某项目工程施工合同补充协议》（以下简称《补充协议》）系双方自愿达成，且不违反法律、行政法规效力性强制性规定，系有效合同。《合同协议书》约定合同为固定总价合同，除工程量一览表中工程量及内容变化造成工程总造价变化超过±3%，则超出部分予以价格调整外，其他因素均不作价格调整。《最高人民法院关于审理建设工程施工合同纠纷案件适用法律问题的解释》第二十二条规定，当事人约定按照固定价结算工程价款，一方当事人请求对建设工程造价进行鉴定的，不予支持。《结算申请书》《2015年7月度形象进度》系本案合同履行期间平某新疆分公司制作，为平某新疆分公司的真实意思表示，大某天津分公司予以确认。平某新疆分公司现予以否认，但并未提交证据推翻该两份材料。原审结合《合同协议书》《补充协议》《结算申请书》《2015年7月度形象进度》的内容，对平某新疆分公司申请鉴定的请求未予准许，认定其应得工程款金额不缺乏事实和法律依据。

案例二：陈某洪、张某新建设工程施工合同纠纷再审审查与审判监督民事裁定书丨最高人民法院·（2018）最高法民申6062号

涉案建设工程施工合同的结算条款对再审申请人是否具有约束力。《合同法》第五十六条规定：无效的合同或者被撤销的合同自始没有法律约束力。《建设工程解释》第二条规定："建设工程施工合同无效，但建设工程经竣工验收合格，承包人请求参照合同约定支付工程价款的，应予支持。"第十六条第一款规定："当事人对建设工程的计价标准或者计价方法有约定的，按照约定结算工程价款。"本案中，《610元/m² 合同》因符合《建设工程解释》第一条规定的情形而无效，但《610元/m² 合同》中关于结算单价的约定，依然对本案当事人具有约束力。《建设工程解释》第二十二条规定："当事人约定按照固定价结算工程价款，一方当事人请求对建设工程造价进行鉴定的，不予支持。"本案中，虽涉案建设工程施工合同无效，但均约定了固定单价，原审根据本案案件基本事实进行综合评判，参照合同约定结算条款确定工程价款，而不以鉴定结论作为工程造价结算依据并无明显不当。再审申请人关于二审适用《建设工程解释》错误的再审申请理由不能成立。

案例三：王某成、许昌市腾某房地产开发有限公司建设工程施工合同纠纷再审审查与审判监督民事裁定书 | 最高人民法院·（2018）最高法民申4513号

二、原判决未准许王某成提出的工程司法鉴定是否程序违法。《建工合同司法解释》第二十二条的规定，"当事人约定按照固定价结算工程价款，一方当事人请求对建设工程造价进行鉴定的，不予支持。"由于《建筑工程施工内部承包合同》为固定价合同，双方约定对签订合同时施工范围内的工程量采取固定价结算工程价款，因此原判决对王某成提出对涉案工程进行鉴定的请求不予准许，适用法律正确，程序合法。

案例四：中某建设有限公司、青海三某机械有限公司建设工程施工合同纠纷再审审查与审判监督民事裁定书 | 最高人民法院·（2018）最高法民申3443号

本院经审查认为：三某公司与中某公司签订《青海三某公司生产维修中心工程施工合同》《青海三某公司生产维修中心工程施工合同补充协议》及《协议》，对涉案工程价款的结算进行了约定。双方在涉案工程施工过程中形成了42份《经济签证单》，原审判决根据《经济签证单》上记载的签证事项、签证原因、工程量变化、价格计算和增减数额等内容，对其中31份《经济签证单》的价款予以认定、对另外11份《经济签证单》的价款不予认定不缺乏证据证明。原审法院依据上述证据认为无须再次对工程价款金额进行结算并对三某公司的工程造价申请鉴定不予批准并无不当。中某公司的11份签证单在原审审理过程中已经提交，不属于新证据；三某公司提交的武汉健某工程咨询有限公司出具的《青海三某公司生产维修中心项目31份签证单工程造价咨询（结算审核）报告》系三某公司单方委托，并于本案申请再审期间形成，中某公司并未参与，依法不能采信。

案例五：刘某华、吕某等建设工程施工合同纠纷再审审查与审判监督民事裁定书 | 最高人民法院·（2017）最高法民申3155号

第二，原审判决关于工程欠款数额的认定具有事实依据。

首先，原审判决对于涉案工程造价的认定具有证据支持。涉案《轻钢彩板施工合同书》约定，刘某华将2万平方米钢结构承包给吕某施工。单价600元/平方米，总造价500万元（按实际发生量计算）。该条对工程价款按照固定单价计算明确具体，原审判决根据当事人认可的吕某施工面积乘以合同约定单价计算涉案工程造价具有事实依据。最高人民法院《关于审理建设工程施工合同纠纷案件适用法律问题的解释》第二十二条规定，当事人约定按照固定价结算工程价款，一方当事人请求对建设工程造价进行鉴定的，不予支持。根据该规定，在当事人已明确约定固定单价计算的情况下，刘某华提出的工程造价鉴定申请没有事实依据，依法不应予以准许。

案例六：吴某孝、宁夏金某建筑有限公司建设工程施工合同纠纷再审审查与审判监督民事裁定书｜最高人民法院·（2017）最高法民申 126 号

本院经审查认为，第一，本案应当依据《工程承包合同》结算工程价款。其一，吴某孝和富龙平某分公司签订的合同为《工程承包合同》，而《建设工程施工合同》系由金某公司与富龙平某分公司签订，吴某孝并非《建设工程施工合同》签约人。其二，《建设工程施工合同》和《工程承包合同》约定的施工范围、合同价款均有所不同，吴某孝实际履行的是《工程承包合同》。其三，根据《最高人民法院关于审理建设工程施工合同纠纷案件适用法律问题的解释》第一条、第二条的规定，吴某孝没有施工资质，借用金某公司名义施工，故其与富龙平某分公司签订的《工程承包合同》应当认定无效。但涉案工程已经竣工验收并交付使用，可以参照合同约定结算工程价款。吴某孝关于依照《建设工程施工合同》结算工程价款的主张不能成立。

涉案工程无须进行造价鉴定。《工程承包合同》明确约定固定单价，该约定系吴某孝与富龙平某分公司真实意思表示。吴某孝认可富龙平某分公司提交的三份测量报告所确定的房屋面积，并同意在此基础上按照《工程承包合同》约定的单价确定工程量。二审判决依照《工程承包合同》和测量报告确定富龙平某分公司应当支付吴某孝工程款 25760213 元，并无不当。

041 需要司法鉴定才能确定欠付工程款数额时，当事人未申请鉴定，法院能否直接驳回当事人的诉讼请求？

> **阅读提示**

承包人起诉发包人索要工程款及损失，却不申请工程造价司法鉴定，一审、二审法院均以其举证不能为由判其败诉。承包人先后两次向最高法院申请再审。最高法院第一次支持了其再审申请，第二次却不支持。原因何在？

裁判要旨

在建设工程施工合同纠纷案中，承包人对有争议的已完工程量及应得工程款负有举证义务。当其向法院提供的证据不足以证明上述事实时，应申请工程造价司法鉴定。当其没有申请司法鉴定时，法院未就申请司法鉴定进行释明，不能仅以承包人不申请司法鉴定为由驳回其诉讼请求。

法院向负有举证义务的承包人释明诉争工程量和应得工程款需要司法鉴定才能查明，但承包人拒绝申请鉴定，且法院仅凭现有证据无法作出准确认定的，承包人应承担举证不能的法律责任，法院驳回其诉讼请求并无不当。

案情简介

一、2010年5月28日，实际施工人郭某杰与锦某公司的项目负责人张某桐签订《协议书》，约定由郭某杰承建远某置业工程东某明珠住宅楼工程，承包方式是包工包料，工程价款为大包干每平方米1000元。

二、2010年7月1日，锦某公司作为施工总承包人与发包人远某公司签订了《建设工程施工合同》，承建远某公司开发的东某明珠国际社区（一期工程）。锦某公司委派张某桐为该工程项目负责人进行施工。

三、上述合同签订后，涉案工程大部分实际由郭某杰承包完成，但其并未完成合同约定的全部工程量。2015年，郭某杰因施工合同纠纷，将锦某公司、张某桐起诉至呼伦贝尔市中级人民法院，索要剩余工程款及损失。

四、在一审诉讼中，郭某杰虽然提供了相关证据证明其完成的工程量，但不申请、不同意对其完成的工程造价进行司法鉴定。因此，一审法院在未根据证据审核认定郭某杰已完工程量及应得工程款的情况下，认为其应承担举证不能的法律责任，判决驳回其全部诉讼请求。

五、郭某杰认为一审法院仅以其不对其完成的工程量申请司法鉴定为由就认定其没有证据证明应付工程款数额是错误的，故向内蒙古自治区高级人民法院提起上诉。二审法院支持了一审法院的判决理由，维持原判。

六、郭某杰认为二审判决维持一审判决的理由只有一个，即仍然认为郭某杰索要全部剩余工程款没有事实及法律依据，认为郭某杰有少许工程没有干完就无权索要工程款，这是错误的，故向最高人民法院申请再审。最高人民法院审查认为，一审、二审法院应根据郭某杰提供的证据对其完成的工程量进行审核与认定，或依职权对相关事实进行调查。仅以郭某杰不同意司法鉴定为由驳回其诉讼请求不当。因此于 2016 年 9 月 30 日作出（2016）最高法民申 2667 号《民事裁定书》，指令二审法院再审本案。

七、其后，本案历经再审、重审，审理过程中，经法院释明郭某杰仍不申请司法鉴定，认为涉案工程无法鉴定也无须鉴定，而且未能提供充分证据证明其完成的工程量。一审法院和二审法院认为其依法应承担举证不能的法律责任，判决驳回其全部诉讼请求。郭某杰对此不服，再次向最高人民法院申请再审。

八、最高人民法院审查认为，一审法院和二审法院的重审判决理由合法，于 2019 年 9 月 10 日作出（2019）最高法民申 3325 号《民事裁定书》，驳回郭某杰的再审申请。

法律分析

本案的焦点问题是实际施工人郭某杰在同样是不申请工程造价司法鉴定的情形下，为什么最高法院第一次支持了其再审申请，而第二次却驳回其再审申请？

第一，为什么最高法院第一次支持了郭某杰的再审申请？

众所周知，谁主张谁举证是民事诉讼的一般原则。作为施工人的郭某杰对其实际完成的工程量及应得工程款依法负有举证义务。其或者向法院提供充分有效的证据证明，或者向法院申请工程造价司法鉴定，以完成该举证义务，否则将承担举证不能的法律后果。

在第一次审理中，郭某杰向法院提供证据欲证明其已完工程量及应得工程款（暂且不论是否充分、有效），但没有向原审法院申请工程造价司法鉴定。在此情形下，法院应当根据当事人双方提交的证据认定郭某杰的已完工程量及应得工程款，如证据不足以证明上述事实的，应向郭某杰释明进行工程造价司法鉴定。经释明，郭某杰既无法提供充分证据，也不申请司法鉴定时，法院方可以举证不能为由驳回郭某杰的诉讼请求。

但遗憾的是，原审法院没有这么做，而是直接仅以郭某杰不申请司法鉴定为由判决其败诉。正因如此，最高人民法院才会支持郭某杰的再审申请，指令二审法院再审。

第二，同样是不申请司法鉴定，最高法院为什么第二次却驳回了郭某杰的再审申请呢？

郭某杰申请再审成功后，其在提供的证据无法证明自己主张的情况下，经法院释明仍不申请司法鉴定。法院以举证不能为由再次驳回了其诉讼请求。郭某杰再一次申请再审，最高法院认为这次原审法院审理程序没有问题，故驳回了郭某杰的再审申请。

实务经验

第一，对于承包人而言，务必要吸取本案实际施工人的败诉教训。如果承包人向法院提供的证据不能充分证明自己实际完成的工程量以及应得的工程款，那么依法应当向法院申请工程造价司法鉴定。否则将因举证不能承担败诉后果。

此外，经我们检索得知，在当前的司法实践中，类似于本案最高人民法院第一次支持实际施工人再审申请的案例非常少，而更多的案例是驳回再审申请。因此，负有法定举证义务的承包人更应该主动向法院申请工程造价司法鉴定，切忌抱有侥幸心理。

第二，在当事人不申请工程造价司法鉴定时，法院应对当事人提供的证据进行审查，在当事人提供的证据确实不足以证明已完工程量和应得工程价款时，应向负有举证责任的当事人释明申请司法鉴定，而非不经释明就判其败诉。

况且，我国《民事诉讼法》并没有规定司法鉴定只能由当事人申请启动。法院在某些特殊情形下有权依职权启动司法鉴定。此立法目的不外乎是希望法院能够尽可能查明案件事实，维护当事人的合法权益，真正实现案结事了。

法条链接

《中华人民共和国民事诉讼法》（2023年修正）

第六十七条 当事人对自己提出的主张，有责任提供证据。

当事人及其诉讼代理人因客观原因不能自行收集的证据，或者人民法院认为审理案件需要的证据，人民法院应当调查收集。

人民法院应当按照法定程序，全面地、客观地审查核实证据。

第七十九条 当事人可以就查明事实的专门性问题向人民法院申请鉴定。当事人申请鉴定的，由双方当事人协商确定具备资格的鉴定人；协商不成的，由人民法院指定。

当事人未申请鉴定，人民法院对专门性问题认为需要鉴定的，应当委托具备资格的鉴定人进行鉴定。

《最高人民法院关于适用〈中华人民共和国民事诉讼法〉的解释》（2022修正）（法释〔2022〕11号）

第九十六条　民事诉讼法第六十七条第二款规定的人民法院认为审理案件需要的证据包括：

（一）涉及可能损害国家利益、社会公共利益的；

（二）涉及身份关系的；

（三）涉及民事诉讼法第五十八条规定诉讼的；

（四）当事人有恶意串通损害他人合法权益可能的；

（五）涉及依职权追加当事人、中止诉讼、终结诉讼、回避等程序性事项的。

除前款规定外，人民法院调查收集证据，应当依照当事人的申请进行。

《最高人民法院关于民事诉讼证据的若干规定》（2019修正）（法释〔2019〕19号）

第三十条　人民法院在审理案件过程中认为待证事实需要通过鉴定意见证明的，应当向当事人释明，并指定提出鉴定申请的期间。

符合《最高人民法院关于适用〈中华人民共和国民事诉讼法〉的解释》第九十六条第一款规定情形的，人民法院应当依职权委托鉴定。

第三十一条　当事人申请鉴定，应当在人民法院指定期间内提出，并预交鉴定费用。逾期不提出申请或者不预交鉴定费用的，视为放弃申请。

对需要鉴定的待证事实负有举证责任的当事人，在人民法院指定期间内无正当理由不提出鉴定申请或者不预交鉴定费用，或者拒不提供相关材料，致使待证事实无法查明的，应当承担举证不能的法律后果。

《最高人民法院关于审理建设工程施工合同纠纷案件适用法律问题的解释（一）》（法释〔2020〕25号　2021年1月1日实施）

第三十二条　当事人对工程造价、质量、修复费用等专门性问题有争议，人民法院认为需要鉴定的，应当向负有举证责任的当事人释明。当事人经释明未申请鉴定，虽申请鉴定但未支付鉴定费用或者拒不提供相关材料的，应当承担举证不能的法律后果。

一审诉讼中负有举证责任的当事人未申请鉴定，虽申请鉴定但未支付鉴定费用或者拒不提供相关材料，二审诉讼中申请鉴定，人民法院认为确有必要的，应当依照民事诉讼法第一百七十条第一款第三项的规定处理。

法院判决

本案双方当事人对于涉案建设工程施工合同无效均不持异议。虽然建设工程施工合同无效，但郭某杰作为实际施工人有权请求锦某公司对其实际施工的工程支付工程价款。从本案一审查明的情况看，郭某杰已完成涉案大部分工程，锦某公司应当向郭某杰就其完成的工程量支付相应的工程价款。一、二审判决应就郭某杰提供的证据就其完成的工程量进行审核与认定，或依职权对相关事实进行调查。现一、二审判决仅以郭某杰不同意鉴定为由驳回其诉讼请求不当。

……

第一，根据《最高人民法院关于审理建设工程施工合同纠纷案件适用法律问题的解释》第一条规定，郭某杰与张某桐签订的《协议书》为无效合同，对此各方当事人均无异议。郭某杰作为实际施工人，根据《协议书》约定进行了施工，锦某公司及张某桐对郭某杰的施工行为均予以认可，涉案工程已经竣工验收并已投入使用。虽然《协议书》无效，但郭某杰对其已施工完成部分的工程量，可以根据《最高人民法院关于审理建设工程施工合同纠纷案件适用法律问题的解释》第二条规定，请求锦某公司支付工程款。

第二，郭某杰认可并未完成《协议书》约定的全部施工内容，对于其实际完成的工程量到底是多少的问题，其在一审法院第一次审理期间，历次庭审中的陈述均不一致，且锦某公司和张某桐对其陈述不予认可。

在本院以（2016）最高法民申2667号民事裁定将本案指令内蒙古自治区高级人民法院再审后，一审、二审法院多次向郭某杰释明需进行鉴定才能查明其实际施工的工程量，但郭某杰均以无须鉴定、无法鉴定等理由拒绝申请鉴定，使得法院凭现有证据无法对其实际施工量及施工比例作出准确认定。因此，原审法院认定郭某杰应承担举证不能的不利后果，驳回其诉讼请求并无不当。

第三，再审申请期间，郭某杰称因张某桐将其强行赶离现场，未做其施工量的证据保全，未履行交接手续，本案没必要鉴定工程量，但其仍未提供充分证据证明已完成的工程量到底是多少。另外，郭某杰关于其具有大包法律地位，所有的涉案工程都是其承包范围，所有工程量均应当认定为由其实际完成，所有工程款应当向郭某杰结算的再审申请主张没有事实和法律依据，不予支持。

案件来源

郭某杰、南通锦某建设有限公司与张某桐建设工程施工合同纠纷申请再审民事裁定书 | 最高人民法院·（2016）最高法民申 2667 号

郭某杰、南通锦某建设有限公司建设工程施工合同纠纷再审民事判决书 | 内蒙古自治区高级人民法院·（2018）内民再 177 号

郭某杰、南通锦某建设有限公司建设工程施工合同纠纷再审审查与审判监督民事裁定书 | 最高人民法院·（2019）最高法民申 3325 号

042 一审放弃鉴定申请，二审又申请司法鉴定的，法院会准许吗？

阅读提示

一审程序中因种种原因未申请鉴定，或申请鉴定后未交纳鉴定费，二审程序中能否再申请司法鉴定？

裁判要旨

鉴于建设工程的特殊性及工程鉴定的重要性，人民法院应当对是否确有必要进行鉴定予以审查，而不能以一审时未申请鉴定为由一概不予准许。如果相关鉴定事项与案件基本事实有关，不鉴定不能查清案件基本事实的，应对鉴定申请予以准许。

案情简介

一、2010 年 8 月 27 日，河南某建公司与洛阳某能公司签订《建设工程施工合同》一份，约定河南某建公司承包洛阳某能公司的煤塔工程（包含煤塔 15.5 米以下的工程量），合同价款为 916 万元（煤塔的整体价款）。

二、2011 年 2 月 20 日，双方签订《关于修正龙某焦化煤塔工程施工组织和付款方式的协议》，约定：对 15.5 米以上工程按实际工程量执行 2002 定额版及三类取费办法，据实结算。

三、2011年10月2日，河南某建公司将三份工程决算书交给洛阳某能公司，洛阳某能公司项目负责人张某臣在三份决算书上签字，内容包括"请公司对工程项目进行造价核定"。

四、一审法院查明，涉案项目煤塔15.5米以下工程由中某天工公司施工，工程款总计3039926元，洛阳某能公司已向中某天工公司支付该工程款。

五、本案在第一次重审期间，洛阳某能公司申请对河南某建公司完成的工程量及工程造价进行司法鉴定，但因河南某建公司的原因致使鉴定未能进行。第二次重审期间，法院告知河南某建公司因合同约定的工程量与实际工程量发生较大变化，为查明涉案项目的工程量，其有权申请对涉案工程进行鉴定，河南某建公司认为其提交的工程结算书可以证明施工工程量，坚持不申请鉴定；洛阳某能公司答复不再申请鉴定，请求法院根据现有证据进行判决。

六、一审法院认为河南某建公司有义务提供洛阳某能公司拖欠工程款的事实和工程量的证据，其提交的工程决算书不能证明洛阳某能公司认可该决算意见。另根据协议约定，对15.5米以上工程按实际工程量据实决算，在双方产生争议的情况下，应进行鉴定；一审法院在向河南某建公司释明后，其坚持不申请鉴定，故应承担举证不能的不利后果。

七、河南某建公司在二审中申请对煤塔工程造价进行鉴定，二审法院驳回了河南某建公司的鉴定申请，判决维持原判。

八、河南某建公司不服，向最高院申请再审。最高院认为应当准许鉴定，指令河南省高级人民法院再审。

法律分析

本案的焦点问题是一审经释明拒不申请鉴定，二审中又提出鉴定申请，法庭不准许其鉴定是否有法律依据。

《最高人民法院关于审理建设工程施工合同纠纷案件适用法律问题的解释（一）》（法释〔2020〕25号）第三十二条第一款规定"当事人对工程造价、质量、修复费用等专门性问题有争议，人民法院认为需要鉴定的，应当向负有举证责任的当事人释明。当事人经释明未申请鉴定，虽申请鉴定但未支付鉴定费用或者拒不提供相关材料的，应当承担举证不能的法律后果"，第二款规定"一审诉讼中负有举证责任的当事人未申请鉴定，虽申请鉴定但未支付鉴定费用或者拒不提供相关材料，二审诉讼中申请鉴定，人民法院认为确有必要的，应当依照民事诉讼法第一百七十条第一款第三项的规定处理"。第一款是原则，第二款是例外。

判断适用《最高人民法院关于审理建设工程施工合同纠纷案件适用法律问题的解释（一）》（法释〔2020〕25号）第三十二条第一款还是第二款，应以"人民法院认为确有必要"为标准。人民法院认为确有必要的，应予准许；认为没有必要的，不予准许。

这里的"确有必要"应当如何理解呢？云亭建工律师团队认为，"确有必要"是指司法鉴定对查明案件基本事实（工程量、工程造价等）是必要的。如果结合全案证据可以查明案件的基本事实，司法鉴定就是不必要，否则就是确有必要。

实务经验

第一，司法鉴定本质上是一方当事人为了证明自己的主张，向法院申请借助专业机构的力量完成自己的举证责任。比如，在不能完成结算的情况下，施工方向法院提起诉讼索要工程款，但因为没有与发包人就工程结算达成一致，所以要申请法院委托工程造价鉴定机构对其已完工程量和工程价款进行鉴定。发包人抗辩施工方的工程质量存在问题，需要申请法院委托工程质量鉴定机构鉴定工程质量是否存在问题以及问题大小，需要申请法院委托设计和工程造价鉴定机构对工程质量问题的修复方案和修复费用进行鉴定。当施工方无法证明发包人应付其多少工程款而又不申请鉴定、发包人无法证明工程质量是否存在问题和需要多少修复费用而又不申请鉴定时，法院需要向其释明，经释明后仍不申请鉴定的，由其承担举证不能的法律后果。故，云亭建工律师团队提醒读者，当法院向你释明鉴定时，应及时提出鉴定申请，否则将承担不利后果。

第二，一审程序中经释明未申请鉴定被判决承担不利后果后，有没有救济途径呢？有。如果鉴定事项确实对查清案件事实有决定性作用，二审程序中仍然可以提出鉴定申请，但必然会造成司法资源的浪费、诉讼程序的拖沓。云亭建工律师团队提醒读者，非万不得已，司法鉴定还是要在一审程序中及时提出，不要在诉讼程序上浪费过多宝贵的时间。

第三，司法鉴定并非当事人一方申请即可启动，司法鉴定的决定权在人民法院。法院认为通过现有证据可以查明案件事实的，可以不准许鉴定申请。

法条链接

《最高人民法院关于审理建设工程施工合同纠纷案件适用法律问题的解释（一）》（法释〔2020〕25号 2021年1月1日实施）

第三十二条 当事人对工程造价、质量、修复费用等专门性问题有争议，人民法院认为需要鉴定的，应当向负有举证责任的当事人释明。当事人经释明未申请鉴定，虽申请鉴定但未支付鉴定费用或者拒不提供相关材料的，应当承担举证不能的法律后果。

一审诉讼中负有举证责任的当事人未申请鉴定，虽申请鉴定但未支付鉴定费用或者拒不提供相关材料，二审诉讼中申请鉴定，人民法院认为确有必要的，应当依照民事诉讼法第一百七十条第一款第三项的规定处理。

法院判决

关于二审中河南某建公司申请鉴定应否允许的问题。《最高人民法院关于审理建设工程施工合同纠纷案件适用法律问题的解释（二）》第十四条第二款规定，"一审诉讼中负有举证责任的当事人未申请鉴定，虽申请鉴定但未支付鉴定费用或者拒不提供相关材料，二审诉讼中申请鉴定，人民法院认为确有必要的，应当依照民事诉讼法第一百七十条第一款第三项的规定处理"。《民事诉讼法》第一百七十条第一款第三项规定，"原判决认定基本事实不清的，裁定撤销原判决，发回原审人民法院重审，或者查清事实后改判"。鉴于建设工程的特殊性及工程鉴定的重要性，人民法院应当对是否确有必要进行鉴定予以审查，而不能以一审时未申请鉴定为由一概不予准许。如果相关鉴定事项与案件基本事实有关，不鉴定不能查清案件基本事实的，应对鉴定申请予以准许。本案中，工程造价鉴定意见属于案件的基本事实证据，河南某建公司经一审法院释明其具有举证责任，但其仍拒绝申请鉴定，其应对不能查清案件基本事实负主要责任。但考虑到本案通过其他证据仍不能确定工程造价的情况下，在二审程序中准许其鉴定申请，并按照《民事诉讼法》第六十五条、第一百七十条第一款第三项的规定进行处理更为妥当。

案件来源

河南某筑工程有限公司建设工程施工合同纠纷再审审查与审判监督民事裁定

书｜最高人民法院·（2020）最高法民申318号

> **延伸阅读**

二审是否允许鉴定，以司法鉴定是否对查明案件事实"确有必要"为前提，确有必要的应当允许。以下案例中，第一、二个案例中，最高法院认为司法鉴定对查明案件事实确有必要，故裁定发回重审。第三、四个案例，最高法院认为案件事实结合其他证据可以证明，司法鉴定并非必要，故裁定驳回再审申请。

案例一：新疆百某房地产开发有限责任公司、郭某建设工程施工合同纠纷二审民事裁定书｜最高人民法院·（2019）最高法民终1743号

本院认为，本案中，百某公司提交30号楼的鉴定报告及公证书、照片证明涉案工程存在质量问题，而郭某只提交了包括30号楼在内8栋楼房的外墙保温工程检测报告，其他楼房没有检测报告。涉案工程质量是否合格属于基本事实，确有必要予以查清。二审中，百某公司申请对涉案工程质量问题进行鉴定。《最高人民法院关于审理建设工程施工合同纠纷案件适用法律问题的解释（二）》第十四条规定："当事人对工程造价、质量、修复费用等专门性问题有争议，人民法院认为需要鉴定的，应当向负有举证责任的当事人释明。当事人经释明未申请鉴定，虽申请鉴定但未支付鉴定费用或者拒不提供相关材料的，应当承担举证不能的法律后果。一审诉讼中负有举证责任的当事人未申请鉴定，虽申请鉴定但未支付鉴定费用或者拒不提供相关材料，二审诉讼中申请鉴定，人民法院认为确有必要的，应当依照民事诉讼法第一百七十条第一款第三项的规定处理。"根据上述规定，本案应当依照《民事诉讼法》第一百七十条第一款第三项的规定处理。

案例二：湖南某建某集团有限公司、湖南精某置业有限公司建设工程施工合同纠纷再审民事裁定书｜最高人民法院·（2020）最高法民再319号

本院再审认为，本案系建设工程施工合同纠纷。本案再审需要审理的问题是一、二审法院认定建某集团未在指定期限内提交鉴定申请从而驳回建某集团诉讼请求是否具有事实和法律依据。根据一审法院查明的事实，建某集团与精某公司于2015年7月1日签订《工程决算付款补充协议》，对建某集团在施工图纸范围内已经完成的全部工程量、工程价款进行了结算，并约定该价款不含工程签证变更、停工损失、违约赔偿及其他争议部分，双方当事人对该事实均无异议。建某集团多次向一审法院提交鉴定申请，申请对涉案工程施工项目已完工程、工程变更及现场签证等工程量及其计价进行鉴定,对施工现场移交材料费用及涉案工程停工损失金额进行鉴定。因精某公司与建某集团于 2015 年 7 月 1 日签订《工程决算付款补充协议》,对建某集团在施工图纸范围内已经完成的工程量、工程价款进行了结算,一审法院不同意对全部工程量进行鉴定,于 2017 年 12 月 8 日向建某集团释明其应在 3 日内重新提交鉴定申请。建某集团称其在一审法院指定的期限内重新提交了申请,且在一审卷宗中有落款日期为 2017 年 12 月 11 日的鉴定申请,该申请内容仍然罗列三项。建某集团虽然没有按照一审法院释明的要求提交鉴定申请,但是如果法院认为已结算工程量因已达成结算协议不符合允许鉴定的要求,可以仅就其允许的事项同意鉴定。建某集团虽然没有按照一审法院的释明要求提交鉴定申请,但是不能认定为未提交鉴定申请。因此,一、二审法院认定建某集团未在一审法院释明后的指定期限内提交鉴定申请,应视为建某集团未申请鉴定,该认定与事实不符,应予纠正。本案建某集团主张的工程变更及现场签证等工程量、停工损失费用等事实涉及专门性、技术性问题,需要通过司法鉴定予以确定,因此,本案应发回重审,通过鉴定认定相关事实。

案例三:昆明某职业艺术学院、昆明瑶某科技有限公司合同纠纷再审审查与审判监督民事裁定书 | 最高人民法院 · (2020) 最高法民申 4738 号

本院经审查认为,本案的审查重点是原审判决认定瑶某公司投资款为 6875816 元是否缺乏事实依据。艺术学院与瑶某公司签订《昆明某职业艺术学院一卡通(水系统)投资合同》后,瑶某公司依约完成了涉案项目并已由艺术学院投入使用,艺术学院未依约按月与瑶某公司进行营业利润分配结算,已构成违约。双方签订的《昆明某职业艺术学院一卡通(水系统)投资合同》已于 2017 年 10 月 24 日解除,瑶某公司有权依据《合同法》第九十七条的规定,要求艺术学院赔偿其为履行合同所投入的款项。原审中,瑶某公司为证明自己的投资损失主张提交了造价明细表,该造价明细表中的设备、设施数量已经艺术学院在 2017 年 7 月 24 日签章确认,价格也有相应的采购合同、收据等证据印证,瑶某公司已经完成了自己的举证责任。艺术学院对瑶某公司主张的投入损失不予认可,并称造价明细表中部分设备的单价、数量与事实不符,但未能提供有效证据证明,其一审中提出工程造价鉴定未能依法进行系其未按期交纳鉴定费用所致,在瑶某公司的投入损失能够依据证据规则确定、艺术学院又无有效证据反驳的情况下,其在二审中又申请鉴定二审法院不予准许,并无不当。

案例四：中某油某（日照）天然气输配有限公司、中某化胜某油建工程有限公司建设工程合同纠纷再审审查与审判监督民事裁定书丨最高人民法院·（2020）最高法民申 1954 号

关于原判决适用法律是否确有错误问题。第一，根据 2011 年 2 月 21 日《会议纪要》记载，临某-日某输气管道项目的工程付款按照工程进度款的方式予以支付，但至油建公司撤场、涉案工程另行发包时，天然气输配公司并未按照约定支付任何工程款项。天然气输配公司认可，在湖南安某公司对涉案工程进行后续部分施工后，其已就包括油建公司已施工部分与湖南安某公司进行了结算，故在未有相反证据证明油建公司施工质量不合格的情况下，原判决认定油建公司有权根据《建设工程司法解释（一）》第十条的规定请求天然气输配公司支付工程款，并无不当。第二，综合本案证据材料，原判决认定本案现有证据材料可以证明油建公司施工的工程量及造价，并无再次鉴定的必要，并无不当。天然气输配公司主张应根据《最高人民法院关于审理建设工程施工合同纠纷案件适用法律问题的解释（二）》第十四条规定，对涉案工程造价予以鉴定，本院不予采纳。第三，根据前述理由，原判决依据结算报告计算工程价款，并无不当。天然气输配公司主张应根据《合同法》第六十二条规定，按照订立合同时履行地的市场价格或湖南安某公司最终中标价计算工程价款，本院不予采纳。

043 当事人提出各自认可的结算依据，工程造价鉴定机构应如何处理？

阅读提示

在建设工程施工合同纠纷诉讼中，当事人经常要求造价鉴定机构按照己方认可的结算依据鉴定，而不认可对方提供的结算依据。鉴定机构面对此种僵局，应该怎么处理？

裁判要旨

在工程造价司法鉴定过程中，当事人各方对涉案工程款的结算依据存在重大分歧，并向鉴定机构提供了各自认可的结算依据的情形下，鉴定机构无权自行选择任何一方提供的结算依据作为鉴定依据,要么将当事人争议的两种结算依据提交委托鉴定的法院依法确定,要么按照当事人各自提供的结算依据分别作出鉴定,供法院裁判参考。

案情简介

一、2015年,施工承包人昆某公司因与发包人联某利丰公司发生建设工程施工合同纠纷,将其起诉至新疆维吾尔自治区高级人民法院,索要相关工程款及损失。联某利丰公司则提出反诉。

二、一审法院根据昆某公司的申请,委托驰某公司对涉案已完工程进行工程造价鉴定。

三、在鉴定过程中,当事人对本案桩基基础工程款的结算依据产生重大争议。昆某公司认为应当以其与分包人山西某勘察总公司签订的《联某国际大厦地基处理及桩基工程施工承包合同》作为结算依据;联某利丰公司认为应当以其与昆某公司签订的《联某国际大厦建设工程施工补充协议》作为结算依据。但驰某公司仅依据昆某公司主张的结算依据鉴定桩基工程造价,且被一审法院采信。联某利丰公司对此不服,遂以此为主要理由之一,向最高人民法院上诉。

四、最高人民法院经审理,认为驰某公司在本案中可按照当事双方主张的结算依据分别鉴定工程造价,作为法院参考的裁判依据,因此联某利丰公司的上诉理由成立,遂将本案发回一审法院重审。

五、2020年12月,本案双方在一审法院重审中达成和解协议。

法律分析

本案的焦点问题是在本案当事双方对涉案工程款的结算依据产生重大分歧且提出了各自结算依据的情况下,鉴定机构驰某公司仅根据昆某公司主张的结算依据进行鉴定,是否符合法律规定。云亭建工律师团队认为:驰某公司的上述做法明显不当,既不符合法院主导审判的诉讼原则,也不符合工程造价鉴定的相关规范。

第一,鉴定机构的做法不符合法院主导审判的诉讼原则。

司法鉴定机构在诉讼中是为当事人和法院提供专业意见的机构,在鉴定过程中绝不能越俎代庖、以鉴代审。当本案当事人对涉案工程款的结算依据提出异议,且提出了各自的结算依据时,驰某公司作为司法鉴定机构无权自行决定采信哪一方提供的结算依据作为鉴定依据。因为该事项涉及案件法律事实的认定，属于法院的审判职权，鉴定机构无权代替法院甚至逾越法院自行决定。

第二，鉴定机构的做法也不符合工程造价鉴定的相关规范。

《建设工程造价鉴定规范》（GB/T51262-2017）第5.3.6条的规定："当事人分别提出不同的合同签约文本的，鉴定人应提请委托人决定适用的合同文本，委托人暂不明确的，鉴定人可按不同的合同文本分别作出鉴定意见，供委托人判断使用。"驰某公司正确的做法应该是将当事人争议适用哪一种结算依据的问题交由一审法院判断和决定，或者可以分别根据当事人提供的两种结算依据分别鉴定，供一审法院审判时参考。遗憾的是，驰某公司并没有按照上述规范执行。

正是基于上述事实及理由，最高人民法院才会裁定将本案发回一审法院重审。

实务经验

第一，工程造价鉴定机构在司法鉴定中务必要厘清当事人提出的争议事项，哪些是鉴定机构的职权，哪些属于人民法院的职权。凡是自己拿捏不准的争议事项，首先应提交委托鉴定的法院决定，然后根据法院的指示开展鉴定工作，否则极易触碰越俎代庖、以鉴代审的"红线"。

第二，经云亭建工律师团队检索，尚未发现在国家的立法层面、司法解释层面对本案类似的问题作出明确规定。但是已有部分省市的高级人民法院发现了这个问题，从地方司法文件的角度为法院和工程造价鉴定机构指明了解决办法。例如，《北京市高级人民法院关于审理建设工程施工合同纠纷案件若干疑难问题的解答》就作出了明确规定。因此，云亭建工律师团队建议相关立法部门能从立法和司法解释层面完善这方面的法律规定，为并不精通法律的广大司法鉴定机构和当事人提供行动指引。

法条链接

《最高人民法院关于人民法院民事诉讼中委托鉴定审查工作若干问题的规定》（法〔2020〕202号 2020年9月1日施行）

二、对鉴定材料的审查

3. 严格审查鉴定材料是否符合鉴定要求，人民法院应当告知当事人不提供符合要求鉴定材料的法律后果。

4. 未经法庭质证的材料（包括补充材料），不得作为鉴定材料。

当事人无法联系、公告送达或当事人放弃质证的，鉴定材料应当经合议庭确认。

5. 对当事人有争议的材料，应当由人民法院予以认定，不得直接交由鉴定机构、鉴定人选用。

《建设工程造价鉴定规范》（GB/T 51262-2017）

5.3.6 当事人分别提出不同的合同签约文本的，鉴定人应提请委托人决定适用的合同文本，委托人暂不明确的，鉴定人可按不同的合同文本分别作出鉴定意见，供委托人判断使用。

《北京市高级人民法院关于审理建设工程施工合同纠纷案件若干疑难问题的解答》（京高法发〔2012〕245号）

34. 工程造价鉴定中法院依职权判定的事项包括哪些？

当事人对施工合同效力、结算依据、签证文件的真实性及效力等问题存在争议的，应由法院进行审查并做出认定。法院在委托鉴定时可要求鉴定机构根据当事人所主张的不同结算依据分别作出鉴定结论，或者对存疑部分的工程量及价款鉴定后单独列项，供审判时审核认定使用，也可就争议问题先做出明确结论后再启动鉴定程序。

法院判决

另外，双方当事人对涉案桩基基础工程款结算依据存在争议，昆某公司认为应当以其与山西某勘察总公司签订的《联某国际大厦地基处理及桩基工程施工承包合同》作为结算依据；联某利丰公司认为应当以其与昆某公司签订的《联某国际大厦建设工程施工补充协议》作为结算依据。在双方对结算依据存在重大争议的情况下，鉴定机构可按照双方主张的结算依据分别作出造价鉴定作为法院裁判依据。本案中鉴定机构仅依据昆某公司主张的结算依据作出该部分工程造价，重审时可依据联某利丰公司主张的结算依据作出补充鉴定意见。

案件来源

新疆昆某工程建设有限责任公司、新疆联某利丰房地产开发有限责任公司建设工程施工合同纠纷二审民事裁定书丨最高人民法院·（2019）最高法民终

1863 号

新疆昆某工程建设有限责任公司、新疆联某利丰房地产开发有限责任公司建设工程施工合同纠纷一审民事判决书｜新疆维吾尔自治区高级人民法院·(2018) 新民初 91 号

044 司法鉴定机构认为现有检材不具备鉴定条件的，法院能否另行委托鉴定机构？

阅读提示

在建设工程诉讼案中，当法院委托的鉴定机构认为现有检材不具备鉴定条件的要求而终止委托时，法院是依据鉴定机构终止的委托理由，认定负有举证责任的当事人举证不能呢，还是可另行委托其他鉴定机构鉴定？

裁判要旨

建设工程施工合同纠纷涉及的工程造价事实问题专业性较强，需要委托具备工程造价资质的鉴定机构作出鉴定意见。选定的鉴定机构认为现有检材无法鉴定的情况下，如当事人对鉴定机构无法鉴定的理由持有异议，为充分保障当事人的举证权利，法院可另行委托具备资质的鉴定机构，或者依据举证责任的分配原则和双方当事人的过错程度对全案证据进行分析，进而对案件事实作出认定。而不应以涉案工程造价无法鉴定为由，认定申请鉴定的当事人承担举证不能的法律责任。

案情简介

一、2015 年，承包人中某宁夏分公司因与发包人亘某房地产公司发生建设工程施工合同纠纷，将其起诉至宁夏回族自治区银川市中级人民法院，索要相关工程款及损失。

二、一审法院根据中某宁夏分公司的申请，委托某农科所对该公司承建本案施工的实际工程量和工程造价进行鉴定。2017 年 1 月 4 日，某农科所出具《关于终止鉴定委托的决定》，认为本案鉴定标的物中工程施工方较多，鉴定范围无

法明确，提供的检材缺乏有利依据支持鉴定，因此终止鉴定委托。

三、一审法院和二审法院宁夏回族自治区高级人民法院均认可某农科所终止鉴定委托的理由，认为本案无法进行司法鉴定，且中某宁夏分公司没有举证证明自己实际完成的工程量及工程款，依法应承担举证不能的法律责任。因此分别作出一审判决和二审判决，驳回该公司的诉讼请求。

四、中某宁夏分公司不服上述判决，向最高人民法院申请再审。其根据本案一审、二审的相关证据，证明自己在本案的已完工程量和工程款可以被区分并进行司法鉴定，认为某农科所终止委托的理由不符合事实，原审法院应该再次委托其他鉴定机构鉴定。

五、最高人民法院经审查，认为中某宁夏分公司的上述申请理由成立。遂于2019年8月14日作出（2019）最高法民再167号《民事裁定书》，撤销本案一审判决和二审判决，发回一审法院重审。

法律分析

本案的焦点问题是中某宁夏分公司不认可鉴定机构某农科所提出的终止鉴定委托的理由，且能举证反驳，原审法院应否再次委托其他具备鉴定能力的鉴定机构鉴定？云亭建工律师团队认为：结合本案案情，法院应该另行委托其他鉴定机构鉴定。

第一，从法律依据看。当前，没有法律明确规定当事人只能有一次机会向法院申请司法鉴定。尤其是当法院首次委托的鉴定机构因种种原因终止委托后，没有法律规定当事人因此丧失了再次申请司法鉴定的权利和机会，更没有法律规定法院有权拒绝再次委托鉴定。因为法律要保障当事人基本、必要的举证权利。否则，就会助长有的法院动辄以当事人举证不能为由判决其败诉，矛盾纠纷得不到解决。因此，原审法院没有再次委托其他能够胜任本案鉴定的鉴定机构，没有法律依据。

第二，从案件事实看。尽管鉴定机构某农科所提出了终止委托的书面理由，但是这些理由是否成立，法院应该独立审查，而不应照单全收，并将其作为认定中某宁夏分公司举证不能的理由。事实上，中某宁夏分公司在一审和二审中提供了大量证据，能够证明某农科所终止鉴定的理由难以成立。那么在此情形下，原审法院为了保障当事人的举证权利，为了尽可能地借助鉴定机构查明案件基本事实，理应给中某宁夏分公司至少一次机会，另行委托其他具备能力的鉴定机构鉴定。当然，如果原审法院能够根据全案证据查明本案基本事实，也可以不再委托鉴定。

实务经验

第一，当事人应分析司法鉴定机构终止鉴定的理由，采取不同的应对措施。

司法实践中，法院委托的司法鉴定机构作出的终止委托的理由并非都完全符合法律法规。云亭建工律师团队检索案例发现，鉴定机构终止委托的理由大致有以下三类：第一类是因为鉴定机构自身的原因。例如，自己的鉴定能力不足；委托事项超过自己的鉴定范围；自己依法应当回避等。第二类是因为自身之外的客观原因导致的。例如，鉴定材料极度缺失；接收委托后发生了导致鉴定无法完成的不可抗力情形；法院解除了委托等。第三类是因为某些不可明示的原因导致的。例如，鉴定机构遭遇他人非法干扰、阻挠等，此时鉴定机构一般会找其他理由和借口要求终止委托。

针对第一类理由，申请鉴定的一方当事人无须举证反驳，可以直接申请法院另行委托有能力的鉴定机构鉴定，法院不应拒绝。

针对第二类理由，如果的确符合事实，申请鉴定的一方当事人可以申请法院再次委托鉴定，但应着重收集足以满足鉴定要求的材料。

针对第三类理由，申请鉴定的一方当事人应该坚持申请法院另行委托其他有担当、有能力的鉴定机构鉴定。

第二，法院应该对鉴定机构终止委托的理由进行公正的甄别，不应盲目采信。

法院应站在保障当事人的举证权利、竭尽可能查明案件基本事实的角度，结合全案证据，审查首次委托的鉴定机构终止委托的理由是否成立。尤其要甄别这些理由是否属于第三类理由。

在绝大多数建设工程诉讼中，无法鉴定承包人已完工程量和工程造价的可能性很小，因为只要承包人施工了，就会有痕迹、成品、人工、材料、机械等证据和线索，这些证据和线索或多或少都能通过鉴定计算出承包人实际完成的工程量和应得工程款。

除了本案外，云亭建工律师团队还检索到一件最高人民法院审理的与本案裁判观点基本一致但却非常独特的案件。该案件的原审法院为了查明案件的基本事实,在法律允许的限度内,尽力给予施工人完成举证义务的机会,先后多次委托不同的鉴定机构鉴定,甚至是寻找专家论证,但均因受限于客观条件,最终无法鉴定。虽然结果很遗憾,但该法院司法为民、公正司法的行为非常值得广大法院学习。

法条链接

《司法鉴定程序通则》(2016 年修订)

第十四条 司法鉴定机构应当对委托鉴定事项、鉴定材料等进行审查。对属于本机构司法鉴定业务范围,鉴定用途合法,提供的鉴定材料能够满足鉴定需要的,应当受理。

对于鉴定材料不完整、不充分,不能满足鉴定需要的,司法鉴定机构可以要求委托人补充;经补充后能够满足鉴定需要的,应当受理。

第十五条 具有下列情形之一的鉴定委托,司法鉴定机构不得受理:

(一)委托鉴定事项超出本机构司法鉴定业务范围的;

(二)发现鉴定材料不真实、不完整、不充分或者取得方式不合法的;

(三)鉴定用途不合法或者违背社会公德的;

(四)鉴定要求不符合司法鉴定执业规则或者相关鉴定技术规范的;

(五)鉴定要求超出本机构技术条件或者鉴定能力的;

(六)委托人就同一鉴定事项同时委托其他司法鉴定机构进行鉴定的;

(七)其他不符合法律、法规、规章规定的情形。

《建设工程造价鉴定规范》(GB/T 51262-2017)

3.3.4 有下列情形之一的,鉴定机构应当自行回避,向委托人说明,不予接受委托:

①担任过鉴定项目咨询人的;

②与鉴定项目有利害关系的。

3.3.5 有下列情形之一的,鉴定机构不予接受委托:

①委托事项超出本机构业务经营范围的;

②鉴定要求不符合本行业执业规则或相关技术规范的;

③委托事项超出本机构专业能力和技术条件的;

④其他不符合法律、法规规定情形的。

不接受委托的,鉴定机构应在本规范第 3.3.1 条规定期限内通知委托人并说明理由，退还其提供的鉴定材料。

3.3.6 鉴定过程中遇有下列情形之一的，鉴定机构可终止鉴定：

①委托人提供的证据材料未达到鉴定的最低要求，导致鉴定无法进行的；

②因不可抗力致使鉴定无法进行的；

③委托人撤销鉴定委托或要求终止鉴定的；

④委托人或申请鉴定当事人拒绝按约定支付鉴定费用的；

⑤约定的其他终止鉴定的情形。

终止鉴定的，鉴定机构应当通知委托人（格式参见本规范附录B），说明理由，并退还其提供的鉴定材料。

法院判决

一般来讲，建设工程施工合同纠纷涉及的事实问题专业性较强，需要由鉴定机构就相关问题提出意见。经当事人申请鉴定后，在选定的鉴定机构无法鉴定的情况下，若当事人对鉴定机构无法鉴定持有异议，为充分保障当事人权利，人民法院可另行委托具备资质的鉴定机构，或者依据举证责任的分配原则和双方当事人的过错程度对全案证据进行分析，进而对案件事实作出认定。

具体到本案，第一，虽然亘某房地产公司主张涉案工程由国某嘉宁夏分公司完成施工，但国某嘉宁夏分公司在本案一审时提交证明并当庭陈述：其进场施工时，涉案工程已完成施工，该公司仅是在无施工图纸的情况下对相关设施进行了修整养护。若结合本案其他证据能够证实国某嘉宁夏分公司所述属实且亘某房地产公司无其他证据予以反驳，依照《最高人民法院关于适用〈中华人民共和国民事诉讼法〉的解释》第一百零八条和《最高人民法院关于民事诉讼证据的若干规定》第二条、第五条第二款有关举证责任的规定，可以对涉案工程是否已经中某宁夏分公司施工完毕进行认定。第二，一审法院依据中某宁夏分公司申请委托某夏农林科学院某研究所对中某宁夏分公司实际完成的工程量和工程造价进行鉴定，后某夏农林科学院某研究所于2016年12月23日以"鉴定标的物中工程施工方较多，鉴定范围无法明确；提供检材中缺乏有力依据支持实际发生工程量和工程造价的评估的进行"为由，依据《司法鉴定程序通则》（已于2016年5月1日废止）第二十七条第一款第三项、第四项的规定终止鉴定。在某夏农林科学院某研究所明确表示完成鉴定所需的技术要求超出其技术条件和鉴定能力的情况下，一审法院可再行委托具有相应技术条件和鉴定能力的鉴定机构对本案相关专业性问题进行鉴定。或者在认为不需要再次鉴定的情况下，按照举证责任分配，结合涉案证据，作出事实认定。据此，原判决以无法鉴定为由认定中某宁夏分公司承担举证不能的法律责任并判决驳回其诉讼请求，属认定基本事实不清。

案件来源

深圳市中某南方建设集团有限公司宁夏分公司、宁夏亘某房地产开发有限公司建设工程施工合同纠纷再审民事裁定书｜最高人民法院·（2019）最高法民再167号

深圳市中某南方建设集团有限公司宁夏分公司、宁夏亘某房地产开发有限公司建设工程施工合同纠纷二审民事判决书｜宁夏回族自治区高级人民法院·（2017）宁民终134号

延伸阅读

案例：李某民、平顶山市某假日大酒店有限公司装饰装修合同纠纷再审审查与审判监督民事裁定书｜最高人民法院·（2019）最高法民申3015号

本院认为，关于原审法院是否应当委托鉴定的问题。经查，一审法院根据李某民的申请委托平顶山市睿某建设工程咨询有限公司进行鉴定，该公司于2014年12月8日出具《关于平顶山市某假日大酒店新视听四楼、地下浴区装修工程造价鉴定退回说明》，将该鉴定退回一审法院，理由为：（一）施工范围不明确，缺少双方认可的施工图纸。（二）材料价格没有约定，无法鉴定。后一审法院根据李某民的申请委托北京思某工程造价咨询有限公司进行鉴定，该公司先后于2015年1月8日、2015年4月15日分别出具《平顶山市司法鉴定退档函》《司法鉴定委托退回说明》，将该鉴定两次退回一审法院，理由分别为：（一）因涉案工程计算工程量及造价所需的基础资料欠缺，对委托事项无法作出合理的鉴定结论。（二）因李某民提供的竣工图纸虽经质证但某假日大酒店、丁某洪、芦某不认可，暂无法鉴定。一审法院另聘请李某斌、廖某芳、程某政就涉案工程是否符合鉴定条件召开专家讨论会，该三位专家均认为现有证据不具备鉴定条件，无法进行鉴定。一审法院还根据李某民在庭审中的申请，委托驰某工程管理有限公司进行工程造价鉴定，该公司先后于2017年12月11日、2017年12月21日分别出具《关于某假日大酒店四楼、地下洗浴区装修装饰项目鉴定资料存在的有关问题》《司法鉴定委托退回说明》，将该鉴定退回一审法院，理由为：（一）建议

双方对施工合同、施工范围、工程结算资料（竣工图、变更签证等）等达成一致意见。（二）双方对鉴定材料相关内容争议较大，无法进行鉴定。二审法院为确定工程量和工程范围至某假日大酒店查看工程现场，后又咨询鉴定和评估机构专家，亦认为本案不能通过鉴定和评估来认定工程价款。一、二审法院多次委托鉴定机构或咨询专家意见，均因李某民未能提供充分证据致使涉案装修工程不具备鉴定条件被退回或认为不宜进行鉴定，二审法院据此根据《民事诉讼法》第六十四条"当事人对自己提出的主张，有责任提供证据"的规定，认定李某民应承担举证不能的法律后果，并无不当。

045 受单方委托作出的审计报告或鉴定意见一定不能作为定案证据吗？

阅读提示

在建设工程纠纷案中，常常遇到当事人单方委托工程造价鉴定机构作出审计报告或鉴定意见，并将其作为证据向法院提交的情况。不少人一定想当然地认为这类证据因不符合司法鉴定规则，而不会被法院作为定案证据。果真如此吗？其实未必。

裁判要旨

在建设工程纠纷案中，当事人单方委托工程造价鉴定机构作出的审计报告或鉴定意见，并非均不能作为定案证据。如果另一方当事人认可该审计报告或鉴定意见的真实性，或者认可其审计结果、鉴定意见，法院可以认定当事人就工程款结算达成了协议，可以将该审计报告或鉴定意见作为定案证据。

案情简介

一、2017年12月，承包人德某公司因与发包人金某菱公司发生建设工程施工合同纠纷，将其诉至山东省青岛市中级人民法院，索要相关工程款及损失。

二、一审诉讼中，当事人提交了由金某菱公司单方委托的誉某公司出具的《工程结算审计报告》（以下简称《审计报告》），德某公司认可该《审计报告》

的审计结果。

三、其后，金某菱公司向一审法院提交了誉某公司另行出具的《关于一某瑞昌馨苑项目结算造价审核报告问题来函的核查说明》，证明《审计报告》的审计结果错误，多计算了740余万元的工程款。但德某公司不予认可。金某菱公司因此向一审法院申请对本案全部工程造价做司法鉴定。

四、一审法院经审理后并未准许金某菱公司的鉴定申请，而最终以《审计报告》作为本案工程款的结算依据和定案证据，判决金某菱公司支付德某公司相关工程款及利息损失。

五、其后，双方均不服一审判决，相继向山东省高级人民法院提起上诉，向最高人民法院申请再审。金某菱公司提起上诉的理由之一是一审法院依据存在错误的审计报告无法认定准确的工程造价，其得出的金某菱公司应付款（包括工程款、利息、劳保费差额）也必然存在错误。其申请再审的理由之一是认为原判决系将审计单位出具的审计报告作为认定工程价款依据之一，后审计单位出具复核说明，对审计报告工程价款予以核减，证明审计报告存在错误，但原判决未予认定，亦未准许金某菱公司关于审计单位工作人员出庭作证和对涉案工程造价进行鉴定的申请。该两级法院经审理后均认为一审法院将《审计报告》作为定案证据有法可依，双方的上诉理由、申请再审理由均不成立。

法律分析

本案的焦点问题是一审法院将金某菱公司单方委托誉某公司作出的《审计报告》作为定案证据，并不准许金某菱公司的司法鉴定申请，是否违反法律规定。云亭建工律师团队认为：一审法院的上述做法符合法律规定。在某些特殊情形下，当事人单方委托作出的审计报告或鉴定意见可以被法院作为定案证据。

第一，本案发包人金某菱公司单方委托誉某公司作出的《审计报告》虽然在审计（鉴定）机构的选择、审计（鉴定）材料的质证、审计（鉴定）过程的参与等方面均没有事先取得承包人德某公司的参与和认可，依据司法鉴定以及民事诉讼证据的相关法律规定，该《审计报告》在司法实践中通常不会被法院作为定案证据，除非另一方当事人认可该证据的真实性或者认可其审计结果。

第二，本案中，恰恰德某公司事后认可了《审计报告》的审计结果。尽管诉讼中誉某公司又出具了《关于一某瑞昌馨苑项目结算造价审核报告问题来函的核查说明》，试图推翻自己此前作出的《审计报告》，但由于德某公司不认可该

《核查说明》,所以一审法院才将双方认可的《审计报告》作为工程款结算依据和定案证据。

第三,正因为一审法院将《审计报告》作为定案证据,所以其才不准许金某菱公司提出对本案全部工程造价进行司法鉴定的申请,其法律依据是《最高人民法院关于审理建设工程施工合同纠纷案件适用法律问题的解释(二)》(法释〔2018〕20号)第十二条"当事人在诉讼前已经对建设工程价款结算达成协议,诉讼中一方当事人申请对工程造价进行鉴定的,人民法院不予准许"。综上,一审法院的上述做法符合法律规定,也经受住了最高法院再审申请审查的考验。

实务经验

第一,在建设工程纠纷诉讼案中,当事人单方委托作出的审计报告或鉴定意见,因不符合司法鉴定规则,通常情况下不会被法院作为定案证据,只有在特殊情况下(例如,另一方当事人认可该证据的真实性或者认可审计结果、鉴定意见等)才会将其作为定案证据。因此,云亭建工律师团队建议当事人除非在别无他法的情况下,不要单方委托鉴定机构作出审计报告、鉴定意见,避免增加不必要的费用和诉累。

第二,对于另一方当事人而言,只有在己方认可对方单方委托作出的审计报告或鉴定意见的真实性或者认可其审计结果、鉴定意见等情形下,该审计报告或鉴定意见才会被法院作为定案证据。关于当事人在诉讼中是否愿意认可这类证据,则需根据个案决断。

第三,需要注意的是,在民事诉讼中,当事人单方委托司法鉴定机构作出的审计报告或鉴定意见在证据种类上不属于《民事诉讼法》规定的"鉴定意见"类证据。只有法院在民事诉讼中依法委托司法鉴定机构作出的"鉴定意见"才属于法定的"鉴定意见"类证据。该观点详见《最高人民法院新民事诉讼证据规定理解与适用》(人民法院出版社2020年版)一书。之所以要区分它们的证据类别属性,主要是需要当事人和法院在诉讼中以不同的证据规则去质证和审查采信它们。

法条链接

《中华人民共和国民事诉讼法》（2023年修正）

第七十九条 当事人可以就查明事实的专门性问题向人民法院申请鉴定。当事人申请鉴定的，由双方当事人协商确定具备资格的鉴定人；协商不成的，由人民法院指定。

当事人未申请鉴定，人民法院对专门性问题认为需要鉴定的，应当委托具备资格的鉴定人进行鉴定。

第八十条 鉴定人有权了解进行鉴定所需要的案件材料，必要时可以询问当事人、证人。

鉴定人应当提出书面鉴定意见，在鉴定书上签名或者盖章。

《最高人民法院关于民事诉讼证据的若干规定》（法释〔2019〕19号）

第三十四条 人民法院应当组织当事人对鉴定材料进行质证。未经质证的材料，不得作为鉴定的根据。

经人民法院准许，鉴定人可以调取证据、勘验物证和现场、询问当事人或者证人。

第四十一条 对于一方当事人就专门性问题自行委托有关机构或者人员出具的意见，另一方当事人有证据或者理由足以反驳并申请鉴定的，人民法院应予准许。

《最高人民法院关于审理建设工程施工合同纠纷案件适用法律问题的解释（一）》（法释〔2020〕25号　2021年1月1日实施）

第二十九条 当事人在诉讼前已经对建设工程价款结算达成协议，诉讼中一方当事人申请对工程造价进行鉴定的，人民法院不予准许。

法院判决

关于涉案工程造价及部分利息计算。审计单位系受金某菱公司委托对涉案工程出具审计报告，德某公司对该审计报告予以认可，审计报告中所附的各工程预（结）算审计核定总表中亦加盖了德某公司、金某菱公司、审计单位及其工作人员的公章，应视为发包人与承包人就涉案工程价款结算达成协议。后审计单位虽又出具说明，对审计报告工程价款予以核减，但该说明系金某菱公司单方委托审计单位出具的，未得到德某公司的认可，不能推翻由各方盖章签字确认的原审报告的真实性，金某菱公司主张涉案工程审计报告存在错误不能成立。根据《最高人民法院关于审理建设工程施工合同纠纷案件适用法律问题的解释》第十二条"当事人在诉讼前已经对建设工程价款结算达成协议，诉讼中一方当事人申请对工程造价进行鉴定的，人民法院不予准许"的规定，原判决认定原审计报告及双方就合同外工程进行的结算为双方结算工程价款的依据，对金某菱公司申请审计单位工作人员出庭及涉案工程造价鉴定未予准许，并无不当。根据《建设工程施工合同》补充条款第4条约定，"……以后施工期间每月25日，承包人将当月实际完成进度报发包人，发包人审核后于次月5日前确保支付至承包人已完工程进度款的75%以上"，即德某公司每月向金某菱公司据实报送施工进度，金某菱公司据此支付工程进度款，故金某菱公司主张2017年11月10日前无法知悉涉案工程各付款节点的应付款数额，依据不足，本院不予采纳。

案件来源

南通德某建筑工程有限公司、青岛金某菱房地产开发有限公司建设工程施工合同纠纷再审审查与审判监督民事裁定书 | 最高人民法院·（2020）最高法民申2264号

延伸阅读

案例一：荆州市藻某房地产开发有限公司、某韬建设集团有限公司建设工程施工合同纠纷再审审查与审判监督民事裁定书 | 最高人民法院·（2020）最高法民申311号

三、关于原审法院未同意藻某公司的鉴定申请是否有误的问题。湖北中某工程咨询有限责任公司（以下简称中某咨询公司）系受藻某公司的委托，对涉案工程进行结算审核并出具造价审计报告，确定某韬公司承建的"尚某名筑"项目基坑支护工程造价为17775644.75元。2016年12月4日，藻某公司、某韬公司及中某咨询公司三方形成《建设工程造价审计确认表》，确认涉案工程造价金额为17775644.75元；该确认表上加盖了藻某公司单位印章并有时任法定代表人费某作的签名；同时，某韬公司办加盖单位公章、谭某祥以代表身份签名；中某咨询公司加盖公章并由丁某革以代表身份签名。某韬公司、藻某公司在该《建设工程造价审计确认表》上加盖单位印章以及代表人签名的行为，应视为某韬公司、藻某公司对中某咨询公司出具的涉案工程造价金额的认可，原审法院以该工

程造价审计金额作为藻某公司支付涉案工程款的依据，并未不当。原审法院对藻某公司请求对涉案工程重新鉴定的申请，未予准许，并无不妥。至于藻某公司提出的审计资料问题。在该审计报告的第二条审核责任中载明：相关资料的提供及资料的真实性和完整性由委托单位负责。因此，藻某公司作为委托单位应对其所提供的相关资料的真实性和完整性负责。另，至于藻某公司再审申请期间提交的其单方委托湖北楚某工程造价咨询有限公司作出的工程造价审计报告，因该审计报告未经某韬公司确认，不足以否定2016年12月4日，藻某公司、某韬公司及中某咨询公司三方形成的《建设工程造价审计确认表》所确认的涉案工程造价金额。

案例二：林州某建集团建设有限公司建设工程施工合同纠纷再审审查与审判监督民事裁定书 | 最高人民法院·（2020）最高法民申3122号

本院经审查认为，本案的主要争议问题是原审法院计算未付工程款的方式及就未完成工程造价的认定是否存在错误。

本案中，林州某建在施工过程中与鸿某房地产公司发生争执，于2015年12月30日撤场，并将在建工程交付鸿某房地产公司，双方并未就林州某建已施工工程进行结算。林州某建依据其制作的《工程造价预算书》提起诉讼，请求鸿某房地产公司给付其剩余工程款。诉讼过程中，鸿某房地产公司与林州某建对已施工工程量，未施工工程量以及是否存在增加工程量的问题争议较大，经一审法院释明后，林州某建明确表示对本案所涉建设工程造价不申请鉴定。二审法院依据建设单位、勘察单位、设计单位、施工单位和监理单位签字盖章的《单位（子单位）工程质量竣工验收记录》、双方合同约定以及施工图纸载明的施工建筑面积73440平方米，并结合监理单位出具的《说明》等，认定林州某建存在未完成工程并无不当。鸿某房地产公司对林州某建未施工部分虽单方委托进行工程造价鉴定，但涉案鉴定意见经过监理单位的确认，且林州某建未提供证据证明该鉴定意见存在错误之处，原审法院对涉案鉴定意见予以采信并无不当。根据林州某建与鸿某房地产公司签订的《建设工程施工合同》第四条关于"鸿某房地产公司按照建筑面积每平方米1220元付给林州某建工程款（本合同价格为固定价格，与投标预算书价格无关，鸿某房地产公司在竣工结算时按照上述单平方价格乘以实际建筑面积结算）"的约定，双方约定按1220元/m^2乘以实际建筑面积的计算方式是林州某建就涉案工程全部施工完毕后计算工程价款的方式。在林州某建没有完成全部工程内容，二审法院采用合同约定的包干价1220元/m^2×建面积-实际施工与图纸不符或未做部分造价的方式,以此来计算鸿某房地产公司是否拖欠林州某建工程款并无不当。林州某建再审申请以有新证据证明监理公司出具的《说明》中记载有林州某建未施工部分实际已由其施工完毕为由,主张《说明》系伪造的。但其并未向本院提交有关证据材料,故对其该项再审申请主张,不予支持。

案例三: 李某金与江苏某建设工程有限公司、江苏新某建设工程有限公司新某二期住宅楼工程项目部等建设工程施工合同纠纷申诉、申请民事裁定书|最高人民法院·(2016)最高法民申612号

六、李某金诉前单方委托山东某工程造价咨询有限公司作出的评估报告以李某金和新某项目部双方确认的工程预算表认定的工程量为依据,依照国家定额制定标准作出的《工程结算书》可以作为涉案工程价款的依据。

……

十、并非当事人一方委托鉴定机构作出的鉴定意见均不能作为定案依据,法院根据案件的具体情况可以作出对其是否采信的决定。

案例四: 成都燕某投资实业发展有限公司、中建某局某公司建设工程施工合同纠纷申请再审民事裁定书|最高人民法院·(2014)民申字第1459号

二、关于燕某公司单方委托的鉴定报告能否作为认定中建某局某公司施工部分工程价款的问题。

本院认为,本案作为建设工程施工合同纠纷,其特殊性在于发包人燕某公司作为原告请求施工人中建某局某公司返还多支付的工程价款。《最高人民法院关于民事诉讼证据的若干规定》第二条第一款规定:"当事人对自己提出的诉讼请求所依据的事实或者反驳对方诉讼请求所依据的事实有责任提供证据加以证明",因此,燕某公司应当举证证明其已实际支付的工程价款。根据已经查明的事实,燕某公司向中建某局某公司支付工程款42286420.06元,税款2148645.40元,中建某局某公司确认施工用电金额285079.53元,借支工程款14210436.70元,以上总计58930581.69元。在此情况下,中建某局某公司应当说明其施工部分的工程价款,并有义务提供相应证据予以证实,以此从已付工程价款58930581.69元中扣除。否则,中建某局某公司应当承担没有证据或者证据不足所产生的法律后果。原审诉讼中,燕某公司委托具有司法鉴定资质的四川恒某建筑工程造价司法鉴定所对中建某局某公司施工部分工程的造价进行了鉴定,鉴定机构根据司法鉴定规范,就全部送检资料所反映的工程情况进行鉴定,并对鉴定情况出具了详

细说明。原审法院书面通知中建某局某公司对鉴定报告原件及《鉴定资料清单》进行质证，中建某局某公司并未对其真实性提出异议。根据《最高人民法院关于民事诉讼证据的若干规定》第二十八条的规定："当事人自行委托鉴定部门作出的鉴定，另一方当事人有足以反驳的证据证明其鉴定确有错误，申请重新鉴定的，人民法院应当准许。"但中建某局某公司亦不申请重新鉴定，故原审法院依据燕某公司提交的鉴定报告确定的数额认定中建某局某公司施工部分造价并无不妥，其关于举证责任的分配合法妥当，本院予以维持。中建某局某公司的此项再审理由不能成立，本院不予支持。

案例五：马鞍山市煜某丰房地产开发有限公司、江苏中某建设集团有限公司建设工程施工合同纠纷二审民事判决书｜最高人民法院·（2020）最高法民终771号

一、关于涉案工程造价是多少的问题

煜某丰房产公司委托审核作出的审计意见系其单方委托有关机构作出，不能仅依据该意见认定涉案工程造价。经一审法院释明，双方当事人均表示对涉案工程价款不申请鉴定，故一审法院对双方所提交的工程价款结算依据进行了比对，依据本案相关证据对建设工程价款进行了认定。煜某丰房产公司关于应当以其单方提交的工程造价审核报告作为认定涉案工程造价的依据的上诉主张不能成立，本院不予支持。

案例六：台前县某管理局、河南永某路桥发展有限公司建设工程施工合同纠纷再审审查与审判监督民事裁定书｜最高人民法院·（2020）最高法民申3214号

本院经审查认为，泾某项目管理有限公司出具的《审核报告》系台前县某局单方委托作出，永某公司对该报告不予认可，不属于足以推翻原审判决的新的证据。

案例七：广西防城港市腾某龙房地产开发有限公司、中某海峡建设发展有限公司建设工程施工合同纠纷再审审查与审判监督民事裁定书｜最高人民法院·（2020）最高法民申3368号

一、关于原审法院未准许腾某龙公司提出对涉案工程的鉴定申请是否正确的问题

根据《最高人民法院关于审理建设工程施工合同纠纷案件适用法律问题的解释（二）》第十二条"当事人在诉讼前已经对建设工程价款结算达成协议，诉

讼中一方当事人申请对工程造价进行鉴定的，人民法院不予准许"的规定，腾某龙公司不能否定涉案编号ZJHX-TFL20161219的《协议书》以及三份新增工程量补充协议的签订系其真实意思表示，其应当受到上述协议的约束。原审法院未准许腾某龙公司提出对涉案工程的鉴定申请，并无不当。另外，腾某龙公司单方委托鉴定机构出具的鉴定意见，中某海峡公司不予认可，该意见亦不能代替上述双方所达成的结算协议而作为认定工程总造价的依据。至于腾某龙公司主张中某海峡公司对三份新增工程量补充协议中的工程未实际施工，但又未能举出反证反驳中某海峡公司已提交证据证明的事实，本院不予采纳。

案例八：西安城某房地产实业有限公司、中某建设集团有限公司建设工程施工合同纠纷二审民事判决书｜最高人民法院·（2020）最高法民终846号

（二）一审判决城某公司承担的工程款及各项利息是否正确的问题

2018年11月16日，城某公司与中某公司就涉案工程进行了结算，并形成了工程结算核对说明，该说明载明涉案工程结算审定金额为133732164.22元。城某公司主张该工程结算核对说明并非其真实意思表示，系其为缓解群访事件，被迫在中某公司事先准备好的核对说明上盖章，其亦未见到工程结算的任何资料。本院认为，城某公司系具有民事行为能力的公司法人，其应能意识到签署工程结算核对说明所应承担的法律后果。城某公司虽在本案中主张工程结算核对说明不是其真实意思表示，但并未提供充分的证据予以证明。城某公司主张其未曾见到工程结算资料，但工程结算核对说明中已载明"核对期间，双方就施工合同、工程结算书、技术规范等有关资料基础上，对现场进行了勘察，对工程量进行全面核对，对结算书所报工程量、工程造价进行了核对、核实"。故城某公司的上述主张亦不能成立。一审判决依据双方共同签署的核对说明，认定涉案工程款为133732164.22元，依据充分。一审诉讼期间，城某公司向一审法院申请对涉案工程造价进行鉴定，一审法院根据《建设工程司法解释（二）》第十二条的规定，对城某公司的鉴定申请不予准许，适用法律正确。城某公司二审诉讼期间提交的工程造价报告系其单方委托，中某公司不予认可，且如上所述，本案应以双方共同签署的工程结算核对说明作为认定涉案工程款的依据。对城某公司二审提交的工程造价报告，本院不予采信。

案例九：云南省某联合社建设工程施工合同纠纷再审审查与审判监督民事裁定书｜最高人民法院·（2020）最高法民申2383号

本院经审查认为，金某公司中标云南某联合社涉案工程，双方于2013年7

月19日签订《云南省农村信用社滇池源某科技经营业务大楼内部装饰装修工程（第一标段）建设工程施工合同》。因云南某联合社工作人员在招投标过程中存在违法行为，二审判决认定金某公司中标无效，涉案施工合同无效。但金某公司承包的工程于2014年12月9日竣工验收合格并已交付使用，金某公司有权要求云南某联合社参照施工合同约定支付工程价款。双方施工合同第33.1条约定："工程竣工验收合格后，承包人应在工程接收证书颁发后28天内报送竣工结算交付监理工程师、发包人、跟踪审核单位审核。竣工结算以最终审计单位的审定结果为准。"第47.9条约定："本工程实行全过程跟踪审核，承包人应配合跟踪审核项目部及工程竣工结算的相关审核工作。"华某公司是云南某联合社经过招投标方式确定的跟踪审核单位，具有工程造价甲级资质，其审核贯穿涉案工程施工全过程，其造价审核工作经过了发包人、承包人、监理方三方认可。华某公司对金某公司报送的竣工结算材料进行审核后，于2016年1月8日出具《工程结算书》，载明金某公司送审金额为16311601.42元，造价单位审核金额为13100118.01元。一审、二审判决根据该《工程结算书》认定涉案工程价款为13100118.01元，结合双方无争议的已付款8608821.59元及涉案工程质保期已届满的事实，认定云南某联合社尚需支付金某公司工程欠款3836290.52元和质保金655005.90元，具有事实和法律依据。亚某公司于2017年9月12日出具的《审核报告》系云南某联合社在本案诉讼中单方委托作出，审核过程无金某公司的参与，报告中对单价及工程量的调整均无相应证据支撑。云南某联合社根据该《审核报告》主张涉案工程价款为7882987.69元，认为超额支付的工程款725833.90元应由金某公司返还，事实和法律依据不足，一审、二审判决未予支持并无不当。一审法院已组织对云南某联合社补充提交的证据进行质证，云南某联合社关于涉案施工合同无效的主张已得到二审判决支持，其权利已得到依法保护。云南某联合社在一审中明确表示不申请对工程造价进行鉴定，二审中其申请司法鉴定，二审法院以根据《工程结算书》已可依法确定涉案工程造价，无鉴定必要为由，对其鉴定申请未予准许，并无不当。

案例十：白山市某发硅藻土科技有限公司、吉林省新某山建筑工程有限公司建设工程施工合同纠纷再审审查与审判监督民事裁定书｜最高人民法院·(2019)最高法民申835号

本院认为，佳某公司作出的检测报告系诉前新某山公司单方委托鉴定。鉴定意见因欠缺民事诉讼程序保障，影响鉴定结论的证明力。《民事诉讼法》第六十八条、《民事诉讼法司法解释》第一百零三条、第一百零四条、第一百零五条等法律、司法解释规定，应当按照法定证据运用规则，对证据进行分析判断。未经当事人质证的证据，不得作为认定案件事实的根据。根据《民事诉讼法》第七十六条第一款及《最高人民法院关于民事诉讼证据的若干规定》有关委托鉴定的规定，当事人申请鉴定，由双方当事人协商确定具备资格的鉴定人；协商不成的，由人民法院指定。实务中，委托鉴定一般采取当事人协商确定一家有资质的鉴定机构或者法院从当事人协商确定的几家鉴定机构中择一选定，法院指定鉴定机构一般采取摇号等随机抽取方式确定；在法院主持下，经双方当事人当庭质证后确定哪些材料送鉴；鉴定机构及其鉴定人员有义务就鉴定使用的方法或标准向双方作出说明，有义务为当事人答疑，有义务出庭参与庭审质证；允许双方当事人申请法院通知具有专门知识的人出庭，就鉴定意见或者专业问题，形成技术抗辩。《民事诉讼法》第七十八条规定，鉴定人拒不出庭作证的，鉴定意见不得作为认定事实的根据。在本案中，佳某公司受新某山公司单方委托作出的鉴定结论，因未纳入民事诉讼程序，保障当事人充分行使诉权，不具有鉴定意见的证据效力。原审根据佳某公司出具的检测报告，认定涉案工程已经检验为合格，证据不充分。

046 刑事案件的鉴定意见可否作为民事案件的定案证据？

阅读提示

在司法实践中，一些复杂的施工合同纠纷会同时引发民事和刑事纠纷，成为刑民交叉案件。在这类纠纷引发的刑事案件中，侦查机关有时会根据侦查需要委托工程造价鉴定机构作出鉴定意见。那么刑事诉讼程序中委托作出的鉴定意见可否在民事诉讼中作为定案证据呢？

裁判要旨

在建设工程施工合同纠纷引起的民事诉讼案中，一方当事人将相关刑事诉讼案件中公安机关出于侦查目的委托鉴定机构作出的鉴定意见提交法院作为民事诉讼证据。该鉴定意见依据的鉴定材料未经过民事诉讼当事人质证，且当事人也没有参与鉴定过程，因此不符合《民事诉讼法》的相关规定，不能作为民事诉讼的定案证据。

案情简介

一、2015年4月22日，施工单位中某村公司因建设工程施工合同纠纷，将建设单位潭某公司以及第三人高管局起诉至湖南省高级人民法院，索要相关工程款及赔偿损失。

二、在一审诉讼中，中某村公司申请对本案工程造价进行司法鉴定，一审法院遂委托建某公司进行鉴定。但潭某公司却向一审法院提交了公安机关在刑事案件中委托的信某鉴定所作出的工程造价司法鉴定意见，请求法院作为定案证据。一审法院依法不予采信，最终采信建某公司作出的部分鉴定意见，并作出（2015）湘高法民一初字第7号《民事判决书》。

三、当事双方均不服一审判决，上诉至最高人民法院。其中，潭某公司上诉的主要理由之一是：一审法院应该采信信某鉴定所作出的鉴定意见确定本案工程造价。因为该鉴定中使用的鉴定资料系公安机关直接调取，其内容最为全面和真实，且中某村公司在本案造价鉴定中提交了大量伪造证据。

四、最高人民法院经审理，认为潭某公司的上述上诉理由依法不成立，但认定一审判决存在其他错误。遂于2020年2月17日作出（2019）最高法民终1401号《民事判决书》，对一审判决改判。

法律分析

本案的焦点问题是两审法院不采信信某鉴定所作出的鉴定意见是否合法及刑事案件的鉴定意见可否作为民事案件的定案证据。云亭建工律师团队认为：本案两审法院不予采信该鉴定意见符合法律规定。刑事和民事诉讼程序中委托鉴定机构作出的鉴定意见，两者不能混同使用、相互代替，刑事案件的鉴定意见依法不应当作为民事案件的定案证据。

第一，刑事案件和民事案件的司法鉴定意见各自适用的法律体系不同。

刑事案件中司法鉴定意见的产生适用我国刑事诉讼法的相关规定，而民事案件中司法鉴定意见的产生适用我国民事诉讼法的相关规定，两者适用的法律体系不同，不能相互代替。

本案属于民事诉讼案件，但信某鉴定所作出的鉴定意见是在刑事案件中产生的，其适用的是刑事诉讼法的相关规定而非民事诉讼法的相关规定，因此其依法不能直接作为本案的定案证据。

第二，刑事案件和民事案件的司法鉴定意见存在诸多区别。

刑事案件和民事案件中产生的司法鉴定意见存在以下主要法律区别：

1. 委托主体不同：民事诉讼中委托司法鉴定的主体是法院；而刑事诉讼委托司法鉴定的主体是侦查机关，即公安机关或检察院。

2. 启动主体不同：民事诉讼案件中的司法鉴定大部分系由负有举证义务的当事人一方向法院申请而启动，极少部分由法院依职权启动；而刑事诉讼案件中的司法鉴定则由侦查机关根据办案需要依职权启动，并非依据当事人申请而启动。

3. 鉴定所需的鉴定材料（检材）的确认主体不同：民事诉讼中司法鉴定需要的鉴定材料（检材）必须经当事人质证、确认；而刑事诉讼中司法鉴定需要的鉴定材料（检材）由侦查机关按照法定程序审查确认，不需经当事人质证、确认。但侦查机关必须确保检材的来源、取得、保管、送检符合法律及有关规定，并与相关提取笔录、扣押物品清单等记载的内容相符，检材充足、可靠。

从上述区别可知，刑事案件和民事案件中形成的司法鉴定意见不可相互代替使用。因此信某鉴定所作出的鉴定意见不能作为本案的定案证据。

实务经验

第一，施工合同当事人在民事案件中应该如何使用刑事案件中的鉴定意见。

一般情况下，在民事诉讼案中负有举证义务的当事人首先应该向法院申请司法鉴定，法院委托鉴定机构作出的鉴定意见经各方当事人质证，符合法律规定的可以作为定案证据。负有举证义务的当事人不应当将刑事案件中产生的鉴定意见作为本方完成举证义务的证据提交法院。

当然，司法实践中也有罕见的相反判例。民事案件的当事人各方一致认可刑事案件产生的鉴定意见，民事案件的审理法院可以将该证据作为民事案件的定案证据。

第二，施工合同当事人在刑事案件中应该如何使用民事案件中的鉴定意见。

如果当事人因施工合同纠纷同时涉及民事、刑事案件，民事案件先于刑事案件产生了经法院认定合法的鉴定意见，该鉴定意见可以用作刑事案件的参考证据。虽然该鉴定意见不符合刑事诉讼法的相关规定，但是其鉴定材料（检材）毕竟在民事诉讼程序中依法经过当事人质证和确认，其证明力实质上高于刑事案件中产生的鉴定意见的证据证明力。

法条链接

《中华人民共和国民事诉讼法》（2023年修正）

第七十九条　当事人可以就查明事实的专门性问题向人民法院申请鉴定。当事人申请鉴定的，由双方当事人协商确定具备资格的鉴定人；协商不成的，由人民法院指定。

当事人未申请鉴定，人民法院对专门性问题认为需要鉴定的，应当委托具备资格的鉴定人进行鉴定。

《最高人民法院关于民事诉讼证据的若干规定》（法释〔2019〕19号　2019年修正）

第三十四条　人民法院应当组织当事人对鉴定材料进行质证。未经质证的材料，不得作为鉴定的根据。

经人民法院准许，鉴定人可以调取证据、勘验物证和现场、询问当事人或者证人。

《中华人民共和国刑事诉讼法》（2018年修正）

第一百四十六条　为了查明案情，需要解决案件中某些专门性问题的时候，应当指派、聘请有专门知识的人进行鉴定。

《公安机关办理刑事案件程序规定》（公安部令第59号　2020年修正）

第二百四十九条　公安机关应当为鉴定人进行鉴定提供必要的条件，及时向鉴定人送交有关检材和对比样本等原始材料，介绍与鉴定有关的情况，并且明确提出要求鉴定解决的问题。

禁止暗示或者强迫鉴定人作出某种鉴定意见。

第二百五十条　侦查人员应当做好检材的保管和送检工作，并注明检材送检环节的责任人，确保检材在流转环节中的同一性和不被污染。

法院判决

……是否应采信信某鉴定所的鉴定意见的问题。信某鉴定所鉴定意见系公安机关出于刑事侦查目的而委托，鉴定依据的基础材料未经过双方质证，鉴定过程中某村公司未参与，不符合《民事诉讼法》的规定，不能直接用于本案中。原审法院未采用信某鉴定所的鉴定意见，并无不当，本院予以维持。潭某公司的该项主张与法律规定不符，本院不予支持。

案件来源

北京中某村开发建设股份有限公司、湖南潭某高速公路开发有限公司建设工程施工合同纠纷二审民事判决书丨最高人民法院·（2019）最高法民终 1401 号

延伸阅读

案例：湖南省某工程有限公司、株洲市汇某房地产开发有限公司建设工程施工合同纠纷案丨最高人民法院·（2013）民一终字第 68 号

（一）关于如何认定涉案工程款数额。本焦点问题涉及建某公司的鉴定意见能否采信、《补充协议》关于工程造价下浮 10% 如何理解、六公司关于违约金以及停工损失的请求应否支持等。

首先，关于鉴定问题。因新某公司和本案部分利害关系人涉嫌刑事犯罪，公安机关根据侦查需要委托建某公司对涉案工程造价进行鉴定。该鉴定非依民事案件当事人申请或人民法院依职权启动，无法纳入民事诉讼程序保证当事人行使诉权；但在一审法院征询本案当事人意见时，双方一致认可以该鉴定结论作为定案依据，一审法院从节约成本、尊重当事人意见角度出发，同意采信建某公司的鉴定结论，并无不妥。后因案件需要，一审法院还根据当事人的申请，委托建某公司就涉案项目进行了补充鉴定。在整个鉴定过程中，一审法院对建某公司出具的鉴定报告，多次组织双方当事人质证并通知建某公司的相关鉴定人员出庭接受质询。建某公司具有从事本案工程造价鉴定的相应资质，其对双方当事人特别是六公司所提的各项异议，有的予以采纳并体现在其修改后出具的补充鉴定意见中，对未能采纳的部分，也分别进行了解释和答疑。综上，一审关于鉴定工作的启动及鉴定过程，并无不当之处。六公司上诉要求重新鉴定，缺乏事实和法律依据，本院不予支持。一审法院在建某公司鉴定结论基础上，对双方存在争议的款项经过认真审查后，调增了部分工程款，得出涉案工程土建部分工程款总计 137051597.52 元的结论，符合本案实际情况。

047 鉴定意见与施工合同的计价约定相矛盾的，能否作为定案证据？

阅读提示

建设工程施工合同纠纷案中，当事人签订的固定价合同并非都一定能被法院识别。本案中，一审法院没有认定施工合同属于固定价合同，根据当事人的申请委托司法鉴定机构按照实际工程量和定额鉴定工程造价，上诉后，二审法院却认为涉案施工合同是固定价合同，那么一审法院委托作出的与合同约定计价方式相矛盾的鉴定意见能否作为定案证据？

裁判要旨

一审法院在审理建设工程施工合同纠纷案中，未能识别涉案施工合同属于固定价合同，因此委托鉴定机构采用据实结算的方式作出了鉴定意见。该鉴定意见因与涉案施工合同约定的固定价款结算方式不符，不应被采信为定案证据。

案情简介

一、2012年7月，专业工程承包人德某公司因与发包人中某无锡分公司、中某公司发生施工合同纠纷，将其起诉至江苏省南京市中级人民法院，索要相关工程款及损失。

二、本案诉争施工合同为德某公司与中某无锡分公司签订的《建设工程施工专业分包合同》（以下简称《分包合同》）。该合同约定将盘某亚泰广场的改造装修工程中机电安装工程分包给德某公司，合同总额3100万元，此部分为暂定价。其通用条款第19条约定：本合同为固定总价合同，分包为业主［山某机电（南京）商贸有限公司，以下简称山某公司］指定分包，故本总价以业主最终确认为准，变更为业主认可的对原有总价范围的调整。其专用条款第10条约定：本合同为固定总价合同，变更为业主认可的对原有合同总价的调整，分包人（德某公司）完成合同价的变更和调整，承包人（中某公司）没有理由阻止经业主确认的分包人的合同变更和调整。

三、因双方对涉案工程造价未能协商一致，一审法院根据中某公司的申请，委托建某公司采取据实结算的方法对涉案工程造价及施工水电费进行鉴定。其后，建某公司作出鉴定意见，鉴定工程造价为 20561169.92 元，其中水电费用为 25630.57 元。德某公司对该鉴定意见不予质证，认为应按合同约定的固定价格进行结算。中某无锡分公司、中某公司对鉴定意见无异议。

四、一审法院综合本案证据，认为《分包合同》不是固定总价合同，因此采信建某公司的鉴定意见。德某公司对此不服，上诉至江苏省高级人民法院。

五、二审法院经审理，认为《分包合同》应属于固定总价合同，本案工程款总额依约应按 3100 万元结算。因此，不予采信建某公司的鉴定意见。中某公司、中某无锡分公司对此不服，遂向最高人民法院申请再审。

六、最高人民法院经审查，认为二审法院裁判理由合法。遂于 2015 年 6 月 15 日作出（2015）民申字第 437 号《民事裁定书》，驳回中某公司、中某无锡分公司的再审申请。

法律分析

本案的焦点问题是本案中的《分包合同》是否属于固定总价合同？鉴定机构建某公司作出的鉴定意见是否符合该合同的计价约定？能否作为定案证据？云亭建工律师团队认为：综合本案其他证据分析，《分包合同》应属于固定总价合同，鉴定意见不符合合同的计价约定，不能作为定案证据。

第一，本案最大的争议焦点是当事双方签订的《分包合同》是否属于固定总价合同。该合同有多个不同条款涉及工程价款计价约定，而且这些条款晦涩难懂，极易混淆，所以导致一审法院和二审法院作出了不同的认定。

第二，具体而言，《分包合同》通用条款第 19 条约定：本合同为固定总价合同，分包为业主山某公司指定分包，故本总价以业主最终确认为准，变更为业主认可的对原有总价范围的调整。其专用条款第 10 条约定：本合同为固定总价合同，变更为业主认可的对原有合同总价的调整，分包人（德某公司）完成合同价的变更和调整，承包人（中某公司）没有理由阻止经业主确认的分包人的合同变更和调整。对于上述条款，不同的人如果站在不同的立场，极易产生不同的解读，必须结合在案的其他证据综合认定。

本案二审法院及再审法院正是结合其他证据，最终认定《分包合同》属于固定总价合同。依据本案审理时施行的《最高人民法院〈关于审理建设工程施工合同纠纷案件适用法律问题的解释〉》第二十二条的规定："当事人约定按照固定价结算工程价款，一方当事人请求对建设工程造价进行鉴定的，不予支持。"本案无须委托工程造价鉴定，而且建某公司按照据实结算的方法作出的鉴定意见明显不符合《分包合同》的计价约定，因此二审法院依法不予采信，没有将其作为定案证据。

实务经验

第一，对于建设工程的当事人而言，在起草、签订施工合同时，相关约定务必要精准、明确，避免使用容易令人混淆的词句。

第二，除了本案之外，我们检索到最高人民法院近年来也审理过部分类案（详见本节"延伸阅读"），可见本案所涉法律问题在司法实践中并不少见，值得大家重视和思考。

法条链接

《最高人民法院关于审理建设工程施工合同纠纷案件适用法律问题的解释（一）》（法释〔2020〕25号　2021年1月1日实施）

第十九条　当事人对建设工程的计价标准或者计价方法有约定的，按照约定结算工程价款。

因设计变更导致建设工程的工程量或者质量标准发生变化，当事人对该部分工程价款不能协商一致的，可以参照签订建设工程施工合同时当地建设行政主管部门发布的计价方法或者计价标准结算工程价款。

建设工程施工合同有效，但建设工程经竣工验收不合格的，依照民法典第五百七十七条规定处理。

第二十八条　当事人约定按照固定价结算工程价款，一方当事人请求对建设工程造价进行鉴定的，人民法院不予支持。

法院判决

根据中某公司、中某无锡分公司提出的再审申请请求及所依据的事实理由，本案应对以下问题进行审查。

（一）二审判决对涉案工程价款结算方式的认定是否正确

探究双方当事人对工程价款结算方式的合意，需要解释德某公司与中某无锡分公司签订的《分包合同》中有关工程价款结算方式的约定内容。中某无锡分公司提供的《分包合同》通用条款第2.1条约定，合同文件应能互相解释，互为说明。除本合同专用条款另有约定外，组成本合同的文件及优先解释顺序如下：本合同协议书、中标通知书（如有）、分包人的投标函及报价书、除总包合同工程价款之外的总包合同文件、本合同专用条款、本合同通用条款、本合同建设标准及图纸、合同履行过程中，承包人和分包人协商一致的其他书面文件。专用条款第2条合同文件及解释顺序约定，执行通用条款第2.1条，以本合同协议书、分包人的投标函及报价书中标通知书（如有）、除总包合同工程价款之外的总包合同文件、本合同专用条款、本合同通用条款、本合同建设标准及图纸、合同履行过程中，承包人和分包人协商一致的其他书面文件为解释顺序。依照上述合同约定，对工程价款结算方式的解释，应当优先采信专用条款部分有关工程价款结算方式的特别约定，没有特别约定的，采信解释顺序在前的文件约定。涉案《分包合同》专用条款约定，本合同为固定总价合同，变更为业主认可的对原有总价的调整，分包人完成合同价的变更和调整，承包人没有理由阻止经业主确认的分包人的合同变更和调整。协议书部分约定，合同总额为暂定价3100万元；通用条款部分合同价款及调整19.2约定，本合同为固定总价合同，分包为业主指定分包，故本总价以业主最终确认为准变更为业主认可的对原有总价范围的调整；中某公司与山某公司签订的《施工合同》约定，合同总价6510万元，本合同价款采用固定价款，施工设计完成后，双方将就合同金额再次协商，决定最终合同价。中某公司与山某公司签订的《补充协议》约定，确认在原工程总价款6510万元的基础上，因工程量增加而协商增加工程款2100万元。上述约定的文义为，德某公司与中某无锡分公司就工程价款结算方式约定为相对固定总价，即在3100万元基础上，德某公司应当按照业主山某公司指令调整和变更合同履行，进而完成合同价的变更与调整。再审申请人未提交证据证明德某公司经山某公司确认工程量具有增或减情形下，二审判决认定涉案工程造价按照《分包合同》约定的3100万元原价计算，适用法律并无不妥。

中某公司、中某无锡分公司有关《分包合同》约定的工程造价3100万元为暂定价，在德某公司与中某无锡分公司并未就价款结算达成协议情形下，工程结算造价应当采用据实结算方式的理由，缺乏合同依据，理由不成立。山某公司与中某公司签订的《建筑装饰工程施工合同》约定，"本合同金额为暂定金额"

"双方商定本合同价款采用固定价格""施工设计完成后，乙方立即对此进行报价并提供给甲方，双方将就合同金额再次协商，决定最终合同价"，总包合同约定的工程结算方式为固定总价。《分包合同》通用条款第19.2条约定，固定价格。在约定的风险范围内合同价款不再调整。风险范围以外的合同价款调整方法，应当在专用条款内约定。综上，总包合同、分包合同均约定工程结算方式为固定总价；"暂定金额"是指按固定价结算中，调价风险出现前暂定工程总价，而不是将固定总价结算方式变更为可调价结算方式。建某公司出具的苏建威鉴（2013）010号工程造价鉴定报告书采用据实结算方式结算工程造价，与合同约定的结算方式不符，不应予以采信。中某公司、中某无锡分公司认为应采信上述鉴定报告作为认定涉案工程价款依据的理由，亦不成立。

案件来源

中国江某国际经济技术合作集团有限公司、中国江某国际经济技术合作集团有限公司无锡工程分公司等装饰装修合同纠纷申请再审民事裁定书｜最高人民法院·（2015）民申字第437号

延伸阅读

案例一：黑河市第某中学、李某青建设工程施工合同纠纷再审民事判决书｜最高人民法院·（2017）最高法民再141号

本院再审认为，本案的争议焦点是：1. 涉案《工程造价咨询报告书》及《找补说明》应否作为认定涉案工程欠款的依据；2. 涉案工程欠款利息的起算时间应如何确定。根据案件事实及法律规定，黑河某中的再审请求成立，李某青的再审请求不成立，理由如下：

第一，原审判决依据《工程造价咨询报告书》《找补说明》确定涉案工程价款违背了李某青与黑河某中之间的工程结算约定。

首先，《合同法》第八条[1]规定，依法成立的合同，对当事人具有法律约束力。当事人应当按照约定履行自己的义务，不得擅自变更或者解除合同。依法成立的合同，受法律保护。由于涉案工程使用财政资金，工程竣工后，黑河市财政投资评审中心于2009年4月20日出具了《工程结算审查结论通知书》，载明涉案工程送审造价4595.942066万元，审定造价3671.463442万元，核减924.478624

---

[1] 编者按：《民法典》第119条。

万元。该通知还载明在接到通知后如有不同意见应于收到之日起五日内提出书面意见，送交审查部门，逾期未复则视同认可。黑河某中、李某青在收到该通知书后未提出异议，并于2009年4月30日在该通知书上签字盖章确认。可见，李某青与黑河某中关于涉案工程价款数额事实上已经形成了明确的结算协议，该《工程结算审查结论通知书》对双方当事人均具有约束力。其后，黑河某中按照该通知书支付李某青工程款3671.463442万元，双方关于涉案工程价款已经结算并履行完毕。现李某青提起诉讼要求黑河某中再支付工程款1415.677731万元，违背了双方结算协议的约定，不应支持。

其次，2010年9月13日，黑河某中向黑河市人民政府报送了《找补说明》，载明因哈尔滨某建公司低价中标，工程存在掉项、漏项，建材价格涨幅较大等，工程亏损严重。经李某青、黑河某中协商，共同委托锦某公司对涉案工程进行了造价分析，申请为李某青增加工程款1415.677731万元。但《找补说明》是黑河某中向黑河市人民政府提交的申请，并非是向李某青出具的内容明确具体的承诺，《找补说明》不能证明黑河某中同意按照《工程造价咨询报告书》支付李某青工程款，更不能证明李某青与黑河某中已经形成了以《工程造价咨询报告书》认定涉案工程价款的合意。原审判决仅根据《找补说明》即推定李某青与黑河某中关于增加涉案工程价款已经形成合意，没有证据支持。

案例二：福建省某电力建设公司、中国某冶某建设集团有限公司建设工程施工合同纠纷申请再审民事裁定书 | 最高人民法院·（2014）民申字第2031号

第三、双方当事人之间通过招投标文件成立合法有效的建设工程施工合同法律关系，合同文件中对于某冶施工的工程量和工程单价有明确的约定。闽某公司《鉴定报告》没有按合同文件中约定的工程量和工程单价来计算工程价款，也没有对工程量、工程单价的变化以及变化的原因作出明确而有说服力的说明，而是直接采用国家定额单价来计算工程价款，双方当事人对此始终存有较大争议。建设施工问题具有较强的专业性，鉴定结论对于法院审理案件具有重要作用，但闽某公司的鉴定报告并未对双方存在争议的问题给出确定的结论，不能作为定案依据。

048 无管辖权法院委托作出的鉴定意见，有管辖权法院可否作为定案证据？

阅读提示

承包人起诉要求发包人支付工程款，法院受理后根据当事人的申请委托鉴定机构作出了鉴定意见。后承包人发现受诉法院无管辖权，于是撤回起诉，向有管辖权的法院重新起诉。那么，此前无管辖权的法院委托作出的鉴定意见，可否被其后有管辖权的法院采信作为定案证据？

裁判要旨

同一施工合同纠纷案的当事人在无管辖权的法院受理案件后，申请该法院委托司法鉴定机构作出的鉴定意见，如果该鉴定意见在鉴定程序、鉴定内容、质证程序等方面均符合法律规定，那么其后对本案有管辖权的法院可以将它采信为定案证据。

案情简介

一、承包人中油某建因与发包人某修造厂发生建设工程施工合同纠纷，遂将其起诉至甘肃省兰州市七里河区人民法院，索要相关工程款。

二、七里河法院根据中油某建的申请，委托司法鉴定机构作出了工程造价鉴定意见。双方当事人均对该鉴定意见提交了异议，鉴定机构则作出了相应的答复和调整。

三、其后，当事人发现本案依法应由甘肃省兰州市中级人民法院管辖。于是中油某建撤诉，重新起诉。本案一审法院和二审法院甘肃省高级人民法院经审理后，均直接将七里河法院委托司法鉴定机构作出的鉴定意见作为定案证据，没有另行委托重新鉴定。

四、二审法院审理后判决某修造厂支付中油某建相关工程款。某修造厂不服该判决，遂向最高人民法院申请再审。其主要申请理由之一是：本案一审、二审法院直接将无管辖权的七里河法院委托作出的鉴定意见作为定案证据不合法。

五、最高人民法院经审查，认为某修造厂上述申请理由及其他申请理由均不成立，裁定驳回其再审申请。

法律分析

本案的焦点问题是无管辖权的法院受理案件后依法委托鉴定机构作出的鉴定意见，可否被其后有管辖权的法院采信作为定案证据。

第一，本案除了管辖法院不同外，本质上仍属于同一诉讼案件。即当事人相同、纠纷相同、案由相同、诉求相同。因此，有管辖权的法院出于诉讼经济的角度，认为可以直接采信当事人在此前无管辖权法院的诉讼行为（包括当事人同意法院委托司法鉴定机构所作出的鉴定意见）。当然，前提是这些诉讼行为及产生的证据没有违法。

第二，只要七里河法院委托司法鉴定机构所作出的鉴定意见在鉴定的申请主体、鉴定机构的选择、鉴定机构的资质、鉴定材料的审查、鉴定意见的质证等程序和实体上均符合法律的规定，且某修造厂又没有充分证据证明该鉴定意见违法，那么有管辖权的法院才会采信该证据，以避免不必要的诉累。

正是基于上述事实及理由，最高人民法院认可了原审法院的上述裁判理由。

实务经验

第一，当事人如果遇到与本案类似的情况，希望有管辖权的法院能直接采信无管辖权法院委托作出的鉴定意见时，应注意至少要满足以下两个条件：

1. 除了管辖法院不同外，应当当事人相同、纠纷相同、案由相同、诉求相同，即本质上仍属于同一件诉讼案件。

2. 该鉴定意见从法院的委托程序到鉴定过程均不违法，且鉴定意见不能被另一方当事人推翻。

第二，其他法院应谨慎借鉴本案法院的裁判观点。虽然本案比较特殊，在实体上似乎没有违法之处，但是如果从诉讼程序上看，还是有值得商榷之处。因为我国《民事诉讼法》明确规定了法院的诉讼管辖制度，任何法院原则上不能审判自己没有管辖权的案件。更为关键的是，无管辖权的法院对同一案件作出的所有诉讼行为尤其是涉及实体的行为，从根源上应定性为无效，除非当事人一致认可、同意其中的部分诉讼行为和结果。因此，有管辖权的法院不宜仅仅从诉讼经济的角度轻易采信无管辖权法院作出的诉讼行为和结果。

第三，本案虽然是2012年的案件，但至今仍有参考价值，因为其后类似的案例在国内并不少见。云亭建工律师团队检索发现广东省广州市中级人民法院在2020年就审理了一件类案，其裁判观点与本案非常相似，笔者认为其理由更值得借鉴参考。但是，我们也检索发现最高人民法院在部分类案中作出了相反的裁判。

法条链接

《中华人民共和国民事诉讼法》（2023年修正）

第七十九条　当事人可以就查明事实的专门性问题向人民法院申请鉴定。当事人申请鉴定的，由双方当事人协商确定具备资格的鉴定人；协商不成的，由人民法院指定。

当事人未申请鉴定，人民法院对专门性问题认为需要鉴定的，应当委托具备资格的鉴定人进行鉴定。

第一百二十二条　起诉必须符合下列条件：

（一）原告是与本案有直接利害关系的公民、法人和其他组织；

（二）有明确的被告；

（三）有具体的诉讼请求和事实、理由；

（四）属于人民法院受理民事诉讼的范围和受诉人民法院管辖。

《最高人民法院关于民事诉讼证据的若干规定》（法释〔2019〕19号　2019年修正）

第三十六条　人民法院对鉴定人出具的鉴定书，应当审查是否具有下列内容：

（一）委托法院的名称；

（二）委托鉴定的内容、要求；

（三）鉴定材料；

（四）鉴定所依据的原理、方法；

（五）对鉴定过程的说明；

（六）鉴定意见；

（七）承诺书。

鉴定书应当由鉴定人签名或者盖章，并附鉴定人的相应资格证明。委托机构鉴定的，鉴定书应当由鉴定机构盖章，并由从事鉴定的人员签名。

法院判决

本案最初由兰州市七里河区人民法院受理，审理中，根据中油某建的申请，受理法院委托具有相关资质的鉴定机构进行鉴定，鉴定结论作出后，双方当事人提交了异议，鉴定机构做了相应答复和调整。虽然当事人在兰州市七里河区人民法院审理中撤诉，重新向兰州市中级人民法院起诉，但因该鉴定结论系兰州市七里河区人民法院受理期间依法对外委托，程序合法。某修造厂主张鉴定不能依据中油某建单方编制的《工程结算书》作为依据。经查，《工程结算书》作出后，经双方核对确认，形成《工程结算审核报告》，并经双方签字，且《鉴定书》"鉴定依据部分"包括施工图纸、施工安装合同、工程签证单、工程审核结算报告等资料，并非仅仅依据《工程结算书》。

案件来源

兰州电力某造厂、中油某建公司建设工程施工合同纠纷申请再审民事裁定书｜最高人民法院·（2012）民申字第1168号

延伸阅读

案例一：广州市景某房地产开发有限公司、黄某建设工程施工合同纠纷二审民事裁定书｜广东省广州市中级人民法院·（2020）粤01民终16744号

关于他案中形成的司法鉴定意见能否作为本案证据及认定涉案工程造价事实的依据的争议问题。黄某在提起本案诉讼前曾提起相同的诉讼，即一审法院（2015）穗云法民四初字第1582号案，在该案诉讼中，一审法院根据黄某的申请依法委托具备资格的鉴定机构对涉案工程造价进行评估鉴定，并形成鉴定意见。虽然该鉴定意见因黄某撤回该案起诉，一审法院予以准许而没有进行质证，也未被一审法院在该案中认定及采纳，但该鉴定意见系按照法定程序作出，且与本案讼争事实有关联性，故该鉴定意见可作为黄某在本案中提供的证据进行审查。对于该鉴定意见，一审法院在本案中已组织当事人进行了质证，鉴定机构就景某公司对该鉴定意见提出的异议及一审法院对该鉴定意见提出的问题已经出庭作证及作出书面回复意见，并根据当事人的约定调整了原鉴定结论。经审查，鉴定机构的出庭作证及书面回复意见，并无不当，故一审法院将该鉴定意见作为认定涉案

工程造价事实的依据，符合法律规定，本院予以支持。景某公司认为该鉴定意见存在程序和实体违法问题的上诉理由不能成立；景某公司认为鉴定机构对其提出的异议没有作针对性回复或没有回应的上诉理由，与事实不符；景某公司主张黄某存在工程质量问题及黄某施工范围没有完成而造成其损失，因景某公司在一审诉讼中并无对此提出反诉，故景某公司认为一审法院对其上述主张未作查明及判决的上诉理由不能成立，本院均不予采纳。因此，景某公司认为上述鉴定意见不能作为涉案工程造价事实认定依据的上诉理由，依据不足，本院不予采纳。据此，景某公司提出重新对涉案工程造价进行评估鉴定或者对上述鉴定意见进行复核的申请不能成立，本院不予准许。

案例二：内蒙古昌某石业有限公司、陈某浴合同纠纷申请再审民事判决书｜最高人民法院·（2014）民提字第178号

关于《鉴证报告》的采信及认定问题。根据再审期间本院查明的事实，原审法院采信呼市中院审理陈某浴诉昌某公司合作经营合同纠纷一案中委托兴某会计师事务所出具的《鉴证报告》作为认定陈某浴实际损失的证据，存在如下问题：第一，《鉴证报告》是陈某浴申请呼市中院委托兴某会计师事务所所作鉴证，因陈某浴申请撤诉，呼市中院已对该案作出撤诉处理。本案原审期间，陈某浴并未向原审人民法院提出有关损失鉴定申请，原审法院将陈某浴提供的该《鉴证报告》作为鉴定意见予以质证和认定，违反《民事诉讼法》第七十六条第一款之规定，属适用法律错误。同时，依据《民事诉讼法》第七十八条之规定，鉴定意见即使为原审法院依法委托，该鉴定意见在当事人提出异议的情况下，原审法院亦应通知鉴定人出庭作证，否则不能采信为认定案件事实的证据。……综上，本院认为，原审根据上述《鉴证报告》认定陈某浴的投资损失，认定事实和适用法律均有错误，本院予以纠正。

案例三：靖边县顺某土石方工程有限公司、湖南华某建设集团有限公司等建设工程分包合同纠纷再审审查民事裁定书｜最高人民法院·（2013）民申字第1880号

陕西中某司法鉴定中心2009年3月19日作出《司法鉴定报告》，系因顺某公司于2008年9月1日向陕西省靖边县人民法院提起诉讼，请求判令华某公司清偿拖欠工程款，由该院经陕西省榆林市中级人民法院委托而致。但该案因管辖权争议未依法解决前，陕西省靖边县人民法院即依据该份《司法鉴定报告》于2009年8月4日作出（2008）靖民初字第1363号民事判决，审判程序违法，已被撤销而移送至一审法院审理。由此可见，该份《司法鉴定报告》并非一审法院委托，且原委托法院审判程序违法，二审判决未采纳该份《司法鉴定报告》作为认定本案工程价款结算的依据，并无不当。

049 当事人不服工程造价司法鉴定意见，可否起诉鉴定机构？

阅读提示

在司法和仲裁实践中，不少当事人因为法院（或仲裁委员会）采信了诉讼（或仲裁）中委托的鉴定机构出具的鉴定意见而败诉，败诉方认为鉴定意见不客观公正，继而向法院另案起诉鉴定机构，要求其承担赔偿责任。那么，这类案件属于法院的受理范围吗？

裁判要旨

法院或仲裁庭依法委托工程造价鉴定机构作出鉴定意见的行为，属于司法行为或准司法行为。鉴定意见的性质属于证据，采纳与否取决于法院或仲裁庭的判断，而法院或仲裁庭采信证据的行为不具有可诉性。在此情况下，当事人如果认为鉴定意见错误而起诉鉴定机构的，该类案件依法不属于法院的受理范围，法院依法应当裁定驳回当事人的起诉。

案情简介

一、2013年6月25日，某建公司因与某矿公司发生建设工程施工劳务分包协议纠纷，向邯郸仲裁委员会申请仲裁，索要相关工程款及损失。

二、仲裁过程中，邯郸仲裁委员会委托正某会计师事务所对涉案工程进行工程造价鉴定，正某会计师事务所作出了鉴定意见，仲裁委采信鉴定意见作为定案证据，于2014年9月30日裁决某矿公司给付某建公司相关工程款及利息损失。某建公司不服仲裁裁决，向法院申请撤销裁决，但未成功。

三、2017年5月12日，某建公司因认为正某会计师事务所作出的工程造价鉴定意见存在重大错误，导致自己在上述仲裁案中遭受了严重损失，遂将其起诉至河北省邯郸市丛台区人民法院，诉请索赔损失3934146元。

四、一审法院认为某建公司的起诉属于法院的受理范围，但诉求依据不足，因此判决驳回其诉讼请求。某建公司认为在一审中依法已经提出鉴定申请，一审法院不允许鉴定，而简单地认为损失依据不足，驳回诉求不能成立，故上诉至河北省邯郸市中级人民法院。二审法院经审查，认为某建公司以正某会计师事务所作出的鉴定意见错误而起诉鉴定机构，不属于法院的受理范围，一审法院适用法律有误，应予纠正。因此裁定撤销一审判决，驳回某建公司的起诉。

五、某建公司认为被申请人的鉴定意见存在鉴定程序严重违法的情形，是虚假鉴定，具有可诉性，故向河北省高级人民法院申请再审。再审法院认同二审法院的裁定理由，于 2018 年 11 月 7 日作出（2018）冀民申 8170 号《民事裁定书》，驳回某建公司的再审申请。

法律分析

本案的焦点问题是当事人不服工程造价司法鉴定意见，可否起诉鉴定机构。

第一，某建公司在本案起诉争议的对象不属于民事法律行为，而是准司法行为。

从上述案情中可知，某建公司主要是针对正某会计师事务所在仲裁案作出的鉴定意见而起诉该鉴定机构。其认为该鉴定意见存在重大错误，却被邯郸仲裁委员会采信作为定案证据，直接导致己方遭受了严重损失。

云亭建工律师团队认为，即使某建公司有充分证据证明正某会计师事务所作出的鉴定意见存在重大错误，也不能以民事诉讼的救济途径向法院起诉该鉴定机构。因为该鉴定意见系仲裁委员会依法委托正某会计师事务所作出，且被仲裁委员会最终采信作为定案证据，那么该鉴定意见本质上属于仲裁委员会的准司法行为认定的证据，具备准司法行为的属性，因此依法不能被作为民事法律行为起诉。某建公司只能依据我国《仲裁法》《民事诉讼法》的相关规定，采取对鉴定意见提出质证意见、申请补充鉴定或重新鉴定、申请撤销仲裁裁决等法定救济途径。

第二，某建公司与鉴定机构正某会计师事务所在本案中不存在民事法律关系。

依据《民事诉讼法》第三条的规定："人民法院受理公民之间、法人之间、其他组织之间以及他们相互之间因财产关系和人身关系提起的民事诉讼，适用本法的规定。"本案中，某建公司与正某会计师事务所之间并没有直接建立委托关系，委托人是邯郸仲裁委员会。而且，即使从侵权法律关系来分析，某建公司与正某会计师事务所之间是在仲裁过程中通过邯郸仲裁委员会才建立了准司法程序上的联系，而非通过双方民事主体在司法程序或准司法程序之外直接建立了民事法律关系。因此，双方在本案中也不存在民事法律关系，某建公司仍然无权以民事诉讼的途径起诉正某会计师事务所。

正是基于上述事实及法律依据，本案二审法院和再审法院均认定某建公司的起诉依法不属于法院的受理范围，而一审法院认为本案属于法院的受理范围，确属适用法律错误。

实务经验

第一，对于包括建设工程当事人在内的所有当事人而言，无论是在法院诉讼的过程中，还是在仲裁委员会仲裁的过程中，无论是否被法院或仲裁委员会采信作为定案证据，法院或仲裁委员会依法委托鉴定机构作出的鉴定意见依法都不具有可诉性。因为其本质上属于司法行为或准司法行为认定的证据，具备司法行为或准司法行为的属性，不属于法院受理民事案件的范围。因此，当事人不能以此为由起诉鉴定机构要求其承担民事责任，否则法院会驳回起诉。

第二，当事人在诉讼或仲裁过程中如果不服法院或仲裁委员会委托的鉴定机构作出的鉴定意见，只能依法提出质证意见，申请补充鉴定或重新鉴定，对原审判决提起上诉或申请再审，申请撤销仲裁裁决等，而无权以民事诉讼的途径另案起诉鉴定机构。

第三，根据云亭建工律师团队的研究，近年来包括建设工程当事人在内的当事人直接起诉鉴定机构的诉讼案件日益增多，其中大多数案件与本案存在类似情况，均被法院驳回起诉。这说明至今仍有不少当事人对其中涉及的法律知识、法理知识存在混淆，值得后来者重视和思考。

法条链接

《中华人民共和国民法典》（2021年1月1日实施）

第一百三十三条 民事法律行为是民事主体通过意思表示设立、变更、终止民事法律关系的行为。

第一百三十四条 民事法律行为可以基于双方或者多方的意思表示一致成

立，也可以基于单方的意思表示成立。

法人、非法人组织依照法律或者章程规定的议事方式和表决程序作出决议的，该决议行为成立。

第一百三十五条 民事法律行为可以采用书面形式、口头形式或者其他形式；法律、行政法规规定或者当事人约定采用特定形式的，应当采用特定形式。

《中华人民共和国民事诉讼法》（2023年修正）

第三条 人民法院受理公民之间、法人之间、其他组织之间以及他们相互之间因财产关系和人身关系提起的民事诉讼，适用本法的规定。

第一百二十二条 起诉必须符合下列条件：

（一）原告是与本案有直接利害关系的公民、法人和其他组织；

（二）有明确的被告；

（三）有具体的诉讼请求和事实、理由；

（四）属于人民法院受理民事诉讼的范围和受诉人民法院管辖。

法院判决

鉴定人在仲裁中是仲裁庭查明案件事实的辅助人，具有独立性和中立性。本案中的鉴定机构是仲裁庭委托的，是仲裁庭调查取证的行为。鉴定意见属于证据，其采纳与否取决于仲裁庭的判断，而仲裁庭采信证据的行为不具有可诉性。在此情况下，申请人因认为鉴定意见错误而起诉鉴定机构的，不属于人民法院受理民事诉讼案件的范围。据此，原审法院裁定驳回申请人的起诉并无不当。综上，某建公司的再审申请不符合《民事诉讼法》第二百条规定的再审事由。

案件来源

邯郸市某建筑安装有限公司、河北正某会计师事务所侵权责任纠纷再审审查与审判监督民事裁定书|河北省高级人民法院·（2018）冀民申8170号

延伸阅读

案例一：李某焜侵权责任纠纷再审审查与审判监督民事裁定书|江西省高级人民法院·（2018）赣民申1449号

本案的主要争议焦点是李某焜诉江西齐某建筑工程质量安全司法鉴定所案法

院应否受理的问题。《民事诉讼法》第一百一十九条①规定，起诉必须符合下列条件：（一）原告是与本案有直接利害关系的公民、法人和其他组织；（二）有明确的被告；（三）有具体的诉讼请求和事实、理由；（四）属于人民法院受理民事诉讼的范围和受诉人民法院管辖。经审查，一、二审裁定均认为，李某焜并非所诉案件的当事人，不具有起诉主体资格，且其所诉的司法鉴定行为系诉讼证据之一，不具有可诉性，故李某焜的起诉不符合上述法律规定的第一个和第四个条件，裁定不予受理。现李某焜以有新的证据足以推翻原判决认定的事实及原判决认定事实的主要证据是伪造的二项理由申请再审，但经查，此二项申请理由，李某焜都是针对（2008）洪民一终字第164号案而提出，非对本案一、二审裁定而主张，故李某焜的这二项申请再审理由不在本案审查范围，其可通过其他法律途径解决。针对一、二审裁定，本院审查认为，江西齐某建筑工程质量安全司法鉴定所作出的司法鉴定行为系受法院委托而作出，（2008）洪民一终字第164号案中的当事人李某焜配偶施某仙及张某与江西齐某建筑工程质量安全司法鉴定所之间未建立直接的民事法律关系。江西齐某建筑工程质量安全司法鉴定所作出的鉴定意见是鉴定人就案件中的事实问题提供的意见，不是法律判断，不能直接对当事人的民事权利义务关系进行调整，其只是法定证据的一种，是否采纳需由人民法院进行审查判断。如对鉴定意见不服，施某仙及张某可依法申请重新鉴定或申请再审等途径救济，故本案的司法鉴定行为具有不可诉性，一、二审裁定对此的认定正确，且李某焜非（2008）洪民一终字第164号案的当事人，其与采信鉴定结论的相关案件无直接关联，非提出相关诉请内容的适格诉讼主体，一、二审裁定的处理并无不当。综上，李某焜的再审申请不符合《民事诉讼法》第二百条第一项、第三项规定的情形。

案例二：丁某章、四川恒某建设工程检测有限公司合同纠纷再审审查与审判监督民事裁定书｜四川省高级人民法院·（2020）川民申1186号

本院经审查认为，恒某检测公司接受法院委托并出具鉴定意见的行为属于人民法院调查收集证据的行为，该行为及所作司法鉴定意见不具有可诉性，且办理过相关案件并非法律规定的审判人员回避事由，原审程序合法，故原审裁定并无不当，丁某章、何某珍申请再审的理由不能成立。

案例三：白某等与司法鉴定科学研究院财产损害赔偿纠纷审判监督民事裁定书｜上海市高级人民法院·（2020）沪民申700号

---

① 编者按：《民事诉讼法》（2023年修正）第122条。

本院经审查认为，司鉴院受法院委托作出司法鉴定的行为非民事行为，不属于人民法院民事诉讼受案范围。原审法院认定白某等 3 人对司鉴院提出的起诉不属于人民法院民事诉讼受案范围，裁定驳回其起诉，并无不当，且审理程序符合法律规定。白某等 3 人的再审申请不符合《民事诉讼法》第二百条第一项、第二项、第四项、第六项、第九项、第十三项规定的情形。

案例四：杜某平侵权责任纠纷申诉、申请民事裁定书丨江苏省高级人民法院（2019）苏民申 675 号

本院认为，《民事诉讼法》第一百一十九条第四项规定，起诉应当属于人民法院受理民事诉讼的范围。本案中，东南司鉴中心受河南省郑州市中级人民法院的委托，作出涉案司法鉴定意见，该行为属于诉讼活动的组成部分，并非民事行为，故不具有可诉性。因此，杜某平针对该鉴定行为提起本案侵权之诉，不属于人民法院受理民事诉讼的范围，依法应当不予受理。一、二审裁定并无不当，杜某平的申请再审理由不符合《民事诉讼法》第二百条规定的情形，本院不予支持。

案例五：付某国再审审查与审判监督民事裁定书丨河南省高级人民法院（2020）豫民申 3870 号

本院经审查认为：本案中付某国所诉的洛鑫正司鉴所【2017】临鉴字第 606 号遗漏缺陷鉴定司法鉴定意见书，系洛阳市瀍河回族区人民法院在案件审理过程中委托洛阳鑫某法医临床司法鉴定所作出，此鉴定行为属于法院查明案件事实的辅助行为，鉴定意见属于诉讼证据种类之一，应由人民法院综合全案证据决定是否采纳；证据是证明案件事实的材料，不是案件标的，不具有可诉性，当事人可以对证据是否应予采纳发表意见，若对鉴定意见不服可以通过重新鉴定或者补充鉴定来保护自身权益，但鉴定过程中的程序问题，不属于人民法院民事案件的受案范围。原审法院对付某国的起诉裁定不予受理并无不当，付某国的再审申请理由不能成立，本院不予支持。

案例六：孙某彬合同纠纷再审审查与审判监督民事裁定书丨浙江省高级人民法院·（2020）浙民申 2143 号

本院经审查认为，浙江省医学会作为人民法院在案件审理过程中委托的鉴定机构，其作出的鉴定意见属于诉讼证据之一，不具有可诉性，再审申请人提起本案诉讼不属于人民法院受理民事诉讼的受案范围。原一审、二审裁定不予受理并无不当。再审申请人的再审申请不符合《民事诉讼法》第二百条规定的情形。

案例七：宁夏隆某建材有限公司与宁夏斯某建设工程造价咨询有限公司、石嘴山市某区人民法院侵权责任纠纷二审民事裁定书丨石嘴山市中级人民法院·（2018）宁02民终1123号

本院认为，石嘴山市某区人民法院受理王某某诉宁夏某房地产开发有限公司、石嘴山市某建筑工程有限公司、宁夏隆某建材有限公司、郑某梅建设工程施工合同纠纷一案中，依王某某申请由石嘴山市某区人民法院委托宁夏斯某建设工程造价咨询有限公司对工程造价作出《工程造价鉴定报告书》。宁夏隆某建材有限公司对该鉴定意见有异议的，可以根据《最高人民法院关于民事诉讼证据的若干规定》第二十七条的规定，向石嘴山市某区人民法院申请重新鉴定。鉴定意见属于诉讼证据种类之一，是用以证明案件事实的材料，鉴定意见是否采信，属于审理法院认证范畴，不是人民法院审理和裁判的对象，即鉴定意见不属于诉讼标的范围，当事人对鉴定意见不服而起诉鉴定机构和受案法院的，不属于人民法院民事诉讼受案范围。故一审法院裁定驳回宁夏隆某建材有限公司的起诉符合法律规定。

案例八：甘肃金某寺建设工程有限公司合同纠纷一案二审民事裁定书丨甘肃省嘉峪关中级人民法院·（2017）甘02民终184号

本院认为，某司法鉴定所是经法院委托出具的鉴定意见书，甘肃金某寺建设工程有限公司并未与鉴定机构直接建立民事法律关系。某司法鉴定所出具的该案鉴定意见，属于民事证据的一种，不具有可诉性。不属于人民法院受理民事诉讼的范围。对于已经终结的民事诉讼，当事人若认为判决依据的鉴定意见确有错误，可以有新证据为由向人民法院申请再审。

050 鉴定材料未经当事人质证，司法鉴定意见一定不能作为定案证据吗？

阅读提示

众所周知，如果鉴定意见依据的鉴定材料未经当事人质证，通常情形下不会被法院采信为定案证据。那么，有无鉴定材料虽没有被当事人质证，但据此作出的鉴定意见仍被法院采信的例外情况呢？

裁判要旨

一方当事人在法院委托的工程造价司法鉴定过程中未提交本方的鉴定材料，对另一方当事人提交的鉴定材料也拒绝质证，其后也未提出鉴定材料未经其质证的异议，其行为属于消极对待自己的法定权利，应承担不利后果。涉案鉴定意见在无其他违反法律强制性规定的情形下，可以被法院采信为定案证据。

案情简介

一、2015 年，劳务作业承包人秦某公司因与发包人临某公司发生建设工程劳务合同纠纷，将该公司及建设单位一并起诉至新疆乌鲁木齐市中级人民法院，索要相关工程款及损失。

二、一审法院根据秦某公司的申请和同意，委托与本案关联的另案中的司法鉴定机构建某公司对本案劳务费用进行鉴定。

三、在鉴定过程中，建某公司要求各方当事人提交资料并参与现场勘察工作，临某公司既未提交资料，也未积极配合鉴定机构对秦某公司提交的资料进行确认。在建某公司作出鉴定意见后，临某公司仅对鉴定结论提出异议，从未对鉴定材料未经其质证的问题提出异议。

四、一审法院经审理，采信了建某公司作出的鉴定意见，判决临某公司应当支付秦某公司相关工程款及损失。临某公司因此不服，遂向新疆维吾尔自治区高级人民法院上诉。其上诉的主要理由之一是：本案鉴定意见依据的鉴定材料未经其质证，依法不应作为定案证据。

五、二审法院经审理，认为临某公司在一审中并未对鉴定材料未经其质证提出过异议，直到二审时才提出，因此不采纳该上诉理由。临某公司仍然坚持该理由，其后向最高人民法院申请再审。

六、最高人民法院经审查，认为原审法院的裁判理由合法，裁定驳回临某公司的再审申请。

法律分析

本案的焦点问题是鉴定意见所依据的主要鉴定材料未经临某公司质证，为何仍被法院采信为定案证据。云亭建工律师团队认为：临某公司放弃了己方的法定质证权利，因此应承担相应不利法律后果。

依据我国《民事诉讼法》等法律的相关规定，司法鉴定意见所依据的鉴定材料必须经过当事人质证。但是，如果当事人怠于行使法定的质证权利，故意不提交自己持有的鉴定材料，应承担不利后果。本案中，临某公司在一审鉴定过程中的上述行为，恰恰属于怠于行使法定的质证权利的情形，因此法院认为其应该承担不利后果并无不当。

实务经验

与本案类似的特例虽然并不常见，但应引起当事人的重视。这类特殊案例表明法院在面对当事人拒绝提交己方持有的鉴定材料、拒绝对对方提交的鉴定材料进行质证时，不会简单机械地理解法律规定，而是结合民事诉讼证据规则，依法采信该等证据，进而依法采信据此作出的鉴定意见。因此，当事人不要抱有侥幸心理，一定要对对方提交的鉴定材料认真质证。

法条链接

《最高人民法院关于民事诉讼证据的若干规定》（法释〔2019〕19号 2019年修正）

第三十四条 人民法院应当组织当事人对鉴定材料进行质证。未经质证的材料，不得作为鉴定的根据。

经人民法院准许，鉴定人可以调取证据、勘验物证和现场、询问当事人或者证人。

《最高人民法院印发〈关于人民法院民事诉讼中委托鉴定审查工作若干问题的规定〉的通知》（法〔2020〕202号）

二、对鉴定材料的审查

3. 严格审查鉴定材料是否符合鉴定要求，人民法院应当告知当事人不提供符合要求鉴定材料的法律后果。

4. 未经法庭质证的材料（包括补充材料），不得作为鉴定材料。

当事人无法联系、公告送达或当事人放弃质证的，鉴定材料应当经合议庭确认。

5. 对当事人有争议的材料，应当由人民法院予以认定，不得直接交由鉴定机构、鉴定人选用。

《中华人民共和国民事诉讼法》（2023年修正）

第二百一十一条　当事人的申请符合下列情形之一的，人民法院应当再审：

（一）有新的证据，足以推翻原判决、裁定的；

（二）原判决、裁定认定的基本事实缺乏证据证明的；

（三）原判决、裁定认定事实的主要证据是伪造的；

（四）原判决、裁定认定事实的主要证据未经质证的；

（五）对审理案件需要的主要证据，当事人因客观原因不能自行收集，书面申请人民法院调查收集，人民法院未调查收集的；

（六）原判决、裁定适用法律确有错误的；

（七）审判组织的组成不合法或者依法应当回避的审判人员没有回避的；

（八）无诉讼行为能力人未经法定代理人代为诉讼或者应当参加诉讼的当事人，因不能归责于本人或者其诉讼代理人的事由，未参加诉讼的；

（九）违反法律规定，剥夺当事人辩论权利的；

（十）未经传票传唤，缺席判决的；

（十一）原判决、裁定遗漏或者超出诉讼请求的；

（十二）据以作出原判决、裁定的法律文书被撤销或者变更的；

（十三）审判人员审理该案件时有贪污受贿，徇私舞弊，枉法裁判行为的。

《最高人民法院关于适用〈中华人民共和国民事诉讼法〉的解释》（法释〔2022〕11号　2022年修正）

第三百八十七条　当事人对原判决、裁定认定事实的主要证据在原审中拒绝发表质证意见或者质证中未对证据发表质证意见的，不属于民事诉讼法第二百零七条[1]第四项规定的未经质证的情形。

法院判决

经审查，一审法院在确定委托鉴定机构后，将鉴定材料交予鉴定机构，由鉴定机构组织当事人审核确认图纸、提交证据。鉴定机构接受委托后即要求各方当事人提交资料并参与现场勘察工作，临某公司未在鉴定过程中提交资料，也未积极配合鉴定机构对秦某公司提交的资料进行确认，消极对待自己的权利，应承担不利后果。鉴定意见作出后，一审法院组织各方当事人对鉴定意见进行了质证，并通知鉴定人员到庭接受质询。临某公司参与了质证和对鉴定人员的质询，有充

---

[1]　编者按：《民事诉讼法》（2023年修正）第211条。

分的机会发表对鉴定材料的意见，该公司提交的异议书只对鉴定结论表达了异议，对鉴定材料未提出异议，现该公司以鉴定材料未经质证为由申请再审，本院不予支持。

案件来源

江西临某建设集团有限公司、安康市秦某劳务分包有限公司新疆分公司劳务合同纠纷再审审查与审判监督民事裁定书｜最高人民法院·（2019）最高法民申3800号

延伸阅读

案例一：四平市幸某之家房地产开发有限公司建设工程施工合同纠纷再审审查与审判监督民事裁定书｜最高人民法院·（2020）最高法民申213号

《最高人民法院关于审理建设工程施工合同纠纷案件适用法律问题的解释》第二十三条规定："当事人对部分案件事实有争议的，但对有争议的事实进行鉴定，但争议事实范围不能确定，或者双方当事人请求对全部事实鉴定的除外。"本案中，怡某公司和幸某之家公司对未完成的地下一层车库工程造价存在争议，怡某公司向一审法院申请鉴定，幸某之家公司作为发包人，有义务提供地下车库施工标准等鉴定材料，但幸某之家公司未能提供地下车库施工标准，也未提供其他能够确定地下车库工程量的鉴定依据，在此情况下，一审法院委托鉴定机构依据施工图纸、现场勘测记录等材料，按照吉林省建筑装饰工程预算定额、吉林省安装工程预算定额以及市场情况进行鉴定计算工程造价并无不当。虽然鉴定材料中的装修及计算说明和上海市徐汇公证处出具的公证书未经质证，但上述说明和公证书系确定施工标准的证据材料，幸某之家公司应予以提供而没有提供，且其针对鉴定结论进行质证时亦未提出其他反驳证据，二审法院在此情况下采信有关鉴定结论并无不当。

案例二：中国水利水电某工程有限公司、大某甘肃祁连水电有限公司建设工程施工合同纠纷二审民事裁定书｜最高人民法院·（2020）最高法民终852号

本院认为，一审判决存在以下事实认定和法律适用方面的问题：

将未经质证的证据作为鉴定及认定事实的依据。《民事诉讼法》第七十一条规定："证据应当在法庭上出示，并由当事人互相质证。"只有在组织双方当事人对证据进行质证的基础上，一审法院才能够对违约事实的存否及违约责任的大

小、比例作出正确的判断。本院公开开庭审理本案，并要求水电某局、大某公司围绕案件争议焦点展开辩论。但是本院在二审中的努力，仍不能弥补一审在质证程序上的以下缺陷。1. 作为认定违约责任依据的《三某湾水电工程 2009 年下半年工程建设协调会会议纪要》未经质证。一审法院直接采信大某公司组织三某湾水电工程的各标段施工单位召开协调会并形成的《三某湾水电工程 2009 年下半年工程建设协调会会议纪要》作为认定涉案工程工期延误的原因以及涉案合同违约责任的依据之一，但该证据未经当庭出示及双方当事人质证。2. 作为鉴定及认定事实依据的监理日志未经质证。《最高人民法院关于审理建设工程施工合同纠纷案件适用法律问题的解释（二）》第十六条规定："人民法院应当组织当事人对鉴定意见进行质证。鉴定人将当事人有争议且未经质证的材料作为鉴定依据的，人民法院应当组织当事人就该部分材料进行质证。经质证认为不能作为鉴定依据的，根据该材料作出的鉴定意见不得作为认定案件事实的依据。"本案中，依据鉴定需要，大某公司从涉案工程的监理单位借调并提供了完整的监理日志等材料用于鉴定，但鉴定前均未经一审法院组织双方当事人质证。本院认为，鉴定机构依据未经双方当事人质证的证据材料所作出的鉴定报告，人民法院不能直接作为认定本案事实的依据。一审法院直接根据鉴定报告认定相关事实，属认定事实不清。此外，一审法院在认定相关事实过程中，亦以未经质证的上述监理日志作为依据之一，亦属认定事实不清。

案例三：某冶集团天津建设有限公司、秦皇岛市某建筑工程公司建设工程施工合同纠纷再审审查与审判监督民事裁定书｜最高人民法院·（2019）最高法民申 1737 号

本院经审查认为：涉案工程发包人委托审计机构审计的造价与诉讼中一审法院委托司法鉴定机构鉴定的造价差距巨大，应当查明该差距的原因。工程造价司法鉴定依据的材料应当由人民法院组织当事人进行质证，经质证不能作为鉴定依据的，不能移交司法鉴定机构作为鉴定依据。涉案合同系分包合同，双方明确约定以发包人委托审计的工程造价作为合同双方结算依据，故秦皇岛某建公司制作的关于工程造价的签证，经由转包人某冶天津公司签署盖章报至发包人，发包人未予确认的，不能视为某冶天津公司已认可了秦皇岛某建公司报送的签证，作为双方之间结算的直接依据，也不能作为司法鉴定的直接依据。

案例四：威海市鲸某建筑有限公司与威海市福某企业服务公司、威海市盛某贸易有限公司拖欠建筑工程款纠纷案 | 最高人民法院·（2010）民提字第210号

关于山东高院二审准许某福利公司的鉴定申请并委托鉴定单位进行鉴定，适用法律是否正确，鉴定报告是否可以作为证据予以采信问题。

本案中，鲸某公司主张某福利公司欠付工程款数额的依据是山东汇某会计师事务所有限公司威海分公司出具的《工程结算审核报告》，该报告系由盛某公司委托出具，而盛某公司并非本案所涉《建设工程施工合同》的缔约人，其委托结算行为亦未经上述合同缔约双方认可。且上述报告审核的依据是鲸某公司单方提供的涉案工程决算书，该决算书亦未经发包人旅游基地认可。在山东高院二审期间，某福利公司提供了威海市环翠区人民检察院的侦查笔录，该笔录中涉案工程监理人员称质监站验收涉案工程时，该工程尚未完工，而上述结算审核报告及鲸某公司提供的结算书均是在完工基础上对工程款进行的结算审核，依照上述事实可以认定山东汇某会计师事务所有限公司威海分公司出具的《工程结算审核报告》，对工程款结算数额的审核不准确，不能作为证据予以采信。二审法院综合上述情况，准许某福利公司重新鉴定的申请，适用法律并无不当。鲸某公司认为二审法院准许某福利公司重新鉴定的申请适用法律错误，本院不予支持。

051 司法鉴定意见没有鉴定人签章，能否作为定案证据？

阅读提示

一份合法的工程造价司法鉴定意见在形式要件上至少应具备注册造价工程师的签字及其执业印章，否则依法不应被法院采信作为定案证据。但在司法实践中，一些缺少鉴定人签章的工程造价司法鉴定意见依然会被法院采信作为定案证据。原因何在？

裁判要旨

法院委托的工程造价司法鉴定机构根据当事人的多次异议，先后出具了多份经修正的鉴定意见，其中一份鉴定意见加盖有注册造价工程师的签章，但在此基础上修正的最后一份鉴定意见（定稿）没有加盖注册造价工程师的签章。当事

人在对上述多份鉴定意见的质证过程中并未对鉴定人的资质或者身份提出过异议。据此，最后一份鉴定意见（定稿）虽然没有鉴定人的签章，形式上存在瑕疵，但这并不足以影响该鉴定意见的可采性，法院可以作为定案证据。

案情简介

一、2017年，承包人金某公司因与发包人慕某格公司发生建设工程施工合同纠纷，将其起诉至贵州省高级人民法院，索要相关工程款及损失。

二、一审法院根据金某公司的申请，委托正某公司鉴定本案工程造价。正某公司根据当事人的多次异议，先后作出五稿鉴定意见，其中2018年6月19日作出的《司法鉴定意见书》有鉴定人的签章，2019年2月25日作出的最终版《鉴定意见定稿》没有鉴定人的签章。但一审法院将《鉴定意见定稿》作为定案证据。

三、其后，一审法院作出一审判决。金某公司不服该判决，遂向最高人民法院申请再审，其申请再审的主要理由之一是：《鉴定意见定稿》没有鉴定人的签章，不应作为定案证据。

四、最高人民法院经审查，虽然查明《鉴定意见定稿》的确没有鉴定人的签章，但认为该证据仍然可以被一审法院采信作为定案证据，金某公司的全部申请理由不成立。

法律分析

本案的焦点问题是本案《鉴定意见定稿》没有鉴定人的签章，能否被一审法院采信作为定案证据。云亭建工律师团队认为：综合本案具体案情，一审法院可以将《鉴定意见定稿》作为定案证据。

第一，如果仅仅从形式要件审查《鉴定意见定稿》的合法性，该鉴定意见没有鉴定人的签章，显然违反了我国《民事诉讼法》《最高人民法院关于民事诉讼证据的若干规定》《工程造价咨询企业管理办法》的相关规定。

第二，本案的特殊之处在于：《鉴定意见定稿》是在2018年6月19日有鉴定人签章的《司法鉴定意见书》的基础上作出的，而且当事人在对该证据的质证过程中并没有对该欠缺签章的瑕疵提出异议，那么法院可以视为当事人对该瑕疵问题予以认可。因此，一审法院和再审法院认为该鉴定意见可以作为定案证据。

实务经验

第一,对于本案类似的问题,当事人切不可盲目以为这类证据明显违反法律法规和司法解释的明确规定,一定不会被法院采信作为定案证据。因为从本案法院的裁判理由可见,法院最终是否采信在形式要件上存在法律瑕疵的司法鉴定意见,是结合当事人对该鉴定意见的全部质证过程进行综合认定的。更何况对于这些形式要件上的瑕疵问题,鉴定机构在其后的诉讼程序中仍然可以弥补。

第二,建设工程诉讼案的当事人如果遇到与本案类似的法律问题时,务必在对鉴定意见的质证阶段及时提出其形式要件合法与否的异议,否则法院有可能视为当事人认可了该瑕疵问题。当然,在司法实践中,并非所有的这类瑕疵问题都会被法院忽略,云亭建工律师团队也检索到最高法院对类似法律问题作出了一些截然相反的裁判,值得我们关注和重视。

法条链接

《中华人民共和国民事诉讼法》(2023年修正)

第八十条 鉴定人有权了解进行鉴定所需要的案件材料,必要时可以询问当事人、证人。

鉴定人应当提出书面鉴定意见,在鉴定书上签名或者盖章。

《最高人民法院关于民事诉讼证据的若干规定》(法释〔2019〕19号 2019年修正)

第三十六条 人民法院对鉴定人出具的鉴定书,应当审查是否具有下列内容:

(一)委托法院的名称;

(二)委托鉴定的内容、要求;

(三)鉴定材料;

(四)鉴定所依据的原理、方法;

(五)对鉴定过程的说明;

(六)鉴定意见;

(七)承诺书。

鉴定书应当由鉴定人签名或者盖章,并附鉴定人的相应资格证明。委托机构鉴定的，鉴定书应当由鉴定机构盖章，并由从事鉴定的人员签名。

《工程造价咨询企业管理办法》（2020年修正）

第二十条 工程造价咨询业务范围包括：

（一）建设项目建议书及可行性研究投资估算、项目经济评价报告的编制和审核；

（二）建设项目概预算的编制与审核，并配合设计方案比选、优化设计、限额设计等工作进行工程造价分析与控制；

（三）建设项目合同价款的确定（包括招标工程工程量清单和标底、投标报价的编制和审核）；合同价款的签订与调整（包括工程变更、工程洽商和索赔费用的计算）及工程款支付，工程结算及竣工结（决）算报告的编制与审核等；

（四）工程造价经济纠纷的鉴定和仲裁的咨询；

（五）提供工程造价信息服务等。

工程造价咨询企业可以对建设项目的组织实施进行全过程或者若干阶段的管理和服务。

第二十二条 工程造价咨询企业从事工程造价咨询业务，应当按照有关规定的要求出具工程造价成果文件。

工程造价成果文件应当由工程造价咨询企业加盖有企业名称、资质等级及证书编号的执业印章，并由执行咨询业务的注册造价工程师签字、加盖执业印章。

法院判决

经审查，鉴定机构于2019年2月25日作出《鉴定意见书》（定稿）上没有鉴定人签章。在鉴定意见定稿作出前，鉴定机构曾先后出具了五稿《鉴定意见书》，其中征求意见稿之后的第一稿，即2018年6月19日的《司法鉴定意见书》（第二稿）上加盖了两名注册造价工程师的印章，该鉴定意见系有资质的鉴定人作出。从《鉴定意见书》（定稿）的作出过程及其内容看，《鉴定意见书》（定稿）是鉴定机构在2018年6月19日《司法鉴定意见书》（第二稿）基础上，结合金某公司与慕某格公司历次提出的修改意见进行修正后作出的。而且，原审法院曾在庭前质证和庭审中均通知鉴定人出庭，金某公司并未对鉴定人资质或者身份提出过异议。据此，《鉴定意见书》（定稿）上虽没有鉴定人签章，形式上存在瑕疵，但这并不足以影响鉴定意见的可采性。

案件来源

四川金某建设有限公司、贵州省慕某格房地产开发有限公司建设工程施工合同纠纷再审审查与审判监督民事裁定书丨最高人民法院·（2019）最高法民申6023 号

四川金某建设有限公司、贵州省慕某格房地产开发有限公司建设工程施工合同纠纷一审民事判决书丨贵州省高级人民法院·（2017）黔民初 27 号

延伸阅读

案例：四川川北某港建筑股份有限公司华盛分公司与某县公路段建设工程施工合同纠纷申请再审民事裁定书丨最高人民法院·（2014）民申字第 924 号

四川建某工程咨询有限公司所出具的工程造价鉴定意见，因补充鉴定意见书没有鉴定人的签字盖章，且变更了鉴定意见书的鉴定意见，违反程序，故二审判决未采信该鉴定意见并无不妥。而《中间计量支付汇总表》虽经双方签字确认，但该汇总表系双方对阶段性工程量的确认，不能反映川北华某分公司所施工的全部工程，更不是双方对所完成工程价款的最终结算文件，故不宜作为认定全部工程款的依据。因此，二审法院在未组织双方对工程造价予以质证的情况下，直接以《中间计量支付汇总表》为计算工程价款的事实依据不当。

052 工程造价司法鉴定意见违反推荐性技术规范，是否因此无效？

阅读提示

近年来，国家有关部委、行业协会为规范建设工程司法鉴定执业行为，相继颁布了《建设工程司法鉴定程序规范》《建设工程造价鉴定规程》。如果法院委托的司法鉴定机构没有依据这些文件或者违反了这些文件的规定作出鉴定意见，那么该鉴定意见是否因此无效？其可否作为定案证据？

裁判要旨

在建设工程相关诉讼案中，如果司法鉴定机构作出的鉴定意见没有适用或者

违反了《建设工程司法鉴定程序规范》《建设工程造价鉴定规程》的相关规定，那么该鉴定意见并不因此必然无效。因为上述文件属于"推荐性"技术规范，并非法律和行政法规，不具有强制性法律效力。

案情简介

一、2017 年，建设工程承包人中某公司、中某分公司因与实际施工人郭某龙发生施工合同纠纷，不服河北省高级人民法院作出的（2017）冀民终 764 号民事判决书，向最高人民法院申请再审。

二、中某公司申请再审的主要理由之一是：二审判决作为定案证据的工程造价鉴定意见的鉴定程序违法，违反了《建设工程司法鉴定程序规范》《建设工程造价鉴定规程》的相关规定。该鉴定意见由原审法院委托建某咨询公司作出。

三、最高人民法院认为《建设工程司法鉴定程序规范》《建设工程造价鉴定规程》并非法律、行政法规，违反其并非等于违反法律、行政法规的强制性规范。中某公司、中某分公司申请再审的理由均不成立，因此驳回其再审申请。

法律分析

本案的焦点问题是本案中的鉴定意见如果违反了"推荐性"技术规范（如《建设工程司法鉴定程序规范》《建设工程造价鉴定规程》），是否必然无效，其可否作为定案证据。云亭建工律师团队认为：该司法鉴定意见并不因此无效，如果其不存在违反法律、行政法规的强制性规定的情形，可以作为本案定案证据。

第一，本案当事人所引用的《建设工程司法鉴定程序规范》（SF/Z JD0500001-2014，被司办通［2018］第 139 号文件废止）和《建设工程造价鉴定规程》（CECA/GC 8-2012）均非法律和行政法规，而属于"推荐性"技术规范。

第二，根据《司法部办公厅关于推荐适用〈周围神经损伤鉴定实施规范〉等 13 项司法鉴定技术规范的通知》（司办通［2014］15 号）可知，《建设工程司法鉴定程序规范》是司法部制定的"推荐性"技术规范，并非强制性标准。而《建设工程造价鉴定规程》是中国建设工程造价管理协会制定的行业规范文件，既非"国家标准"，更非法律和行政法规。因此，这两个文件对司法鉴定机构均没有法律上的强制力，即司法鉴定机构在编制鉴定意见时有权自主选择是否适用。

第三，即使本案鉴定机构作出的鉴定意见没有适用上述文件，或者违反了它们的某些规定，只要鉴定意见没有违反法律、行政法规的强制性规定，法院依法不能因此认定其非法无效，仍然可以将其作为定案证据。

实务经验

第一，建设工程案件的当事人应依据强制性法律文件来审查司法鉴定意见的合法性，不宜依据类似本案的"推荐性"技术规范、行业规范文件审查，除非鉴定机构明示自己将这些文件作为鉴定依据。

第二，本文所称的强制性法律文件主要是指对司法鉴定的程序、内容等事项作出了强制性规定的相关法律、行政法规、司法解释以及强制性"国家标准"。例如，我国的《民事诉讼法》《全国人大常委会关于司法鉴定管理问题的决定》《最高人民法院关于民事诉讼证据的若干规定》《最高人民法院关于审理建设工程施工合同纠纷案件适用法律问题的解释（一）》等法律及司法解释均可以作为当事人审查司法鉴定意见合法性的主要法律依据。

第二，除了本案外，云亭建工律师团队检索到最高人民法院有部分裁判文书表达了与本案相反的裁判观点，其中暗含司法鉴定机构"应当"适用《建设工程造价鉴定规程》，需要引起大家关注。

法条链接

《最高人民法院关于民事诉讼证据的若干规定》（法释〔2019〕19号 2019年修正）

第三十六条 人民法院对鉴定人出具的鉴定书，应当审查是否具有下列内容：

（一）委托法院的名称；

（二）委托鉴定的内容、要求；

（三）鉴定材料；

（四）鉴定所依据的原理、方法；

（五）对鉴定过程的说明；

（六）鉴定意见；

（七）承诺书。

鉴定书应当由鉴定人签名或者盖章，并附鉴定人的相应资格证明。委托机构鉴定的，鉴定书应当由鉴定机构盖章，并由从事鉴定的人员签名。

《最高人民法院印发〈关于人民法院民事诉讼中委托鉴定审查工作若干问题的规定〉的通知》（法〔2020〕202号）

三、对鉴定机构的审查

6. 人民法院选择鉴定机构，应当根据法律、司法解释等规定，审查鉴定机构的资质、执业范围等事项。

7. 当事人协商一致选择鉴定机构的，人民法院应当审查协商选择的鉴定机构是否具备鉴定资质及符合法律、司法解释等规定。发现双方当事人的选择有可能损害国家利益、集体利益或第三方利益的，应当终止协商选择程序，采用随机方式选择。

五、对鉴定意见书的审查

10. 人民法院应当审查鉴定意见书是否具备《最高人民法院关于民事诉讼证据的若干规定》第三十六条规定的内容。

《司法部办公厅关于推荐适用〈周围神经损伤鉴定实施规范〉等13项司法鉴定技术规范的通知》（司办通〔2014〕15号）

为进一步规范司法鉴定执业活动，推进司法鉴定标准化建设，保障司法鉴定质量，司法部司法鉴定管理局组织制定了《周围神经损伤鉴定实施规范》等13项司法鉴定技术规范，现予印发，推荐适用。

中国建设工程造价管理协会关于发布《建设工程造价鉴定规程》的通知（中价协〔2012〕020号）

各省、自治区、直辖市造价管理协会及中价协各专业委员会：

为规范工程造价咨询企业开展工程造价鉴定业务活动，提高鉴定程序管理质量和业务成果质量，我协会组织有关单位编制了《建设工程造价鉴定规程》，编号为CECA/GC 8-2012，现予以发布，自2012年12月1日起试行。

本规程由中国计划出版社出版发行。

法院判决

本院经审查认为，中某公司、中某分公司的再审申请不能成立：

（一）中某公司、中某分公司关于涉案鉴定意见书鉴定程序违法以及将未经质证的证据作为鉴定依据的申请再审事由，不能成立。第一，《建设工程司法鉴定程序规范》《建设工程造价鉴定规程》并非法律、行政法规。《司法部办公厅关于推荐适用〈周围神经损伤鉴定实施规范〉等13项司法鉴定技术规范的通知》（司办通［2014］15号）中已载明《建设工程司法鉴定程序规范》由司法部司法鉴定管理局组织制定，且仅为推荐适用。故建某咨询公司未按该规范要求对涉案疑问进行答复，并不违反强制性法律规范。事实上，建某咨询公司已在涉案鉴定意见书中记载"我司根据异议书内容，对鉴定征询意见进行了复核调整，最终形成本鉴定结论意见"。可见，该鉴定意见书已对中某公司、中某分公司的异议作出了相应答复。《建设工程造价鉴定规程》也非法律、行政法规，违反其并非等于违反法律、行政法规的强制性规范。至于中某公司、中某分公司在再审申请书中所谓"存在未经质证的证据作为鉴定依据的情况"（鉴定意见书第16页至第19页），经查，涉案鉴定意见书本身共计6页，只在其提交材料的目录显示第16页至第19页分别为《承德市中级人民法院答复函》《郭某龙对需明确问题的答复函》《承钢150T转炉5月1日前、后工程量划分》。其中《承德市中级人民法院答复函》明确记载"关于你公司2016年7月26日的函，请按郭某龙答复办理。现将原、被告双方意见转印你公司"。可见，针对建某咨询公司2016年7月26日的函，双方都发表了意见。一审法院在此基础上采信郭某龙答复内容，要求建某咨询公司以其答复为鉴定材料，并无不当。至于郭某龙提交的2008年5月1日前后工程量的划分依据，根据原判决记载，一审质证笔录已经载明，除了20号证据之外，中某公司、中某分公司并无异议。这说明上述证据均已经过法庭质证。至于鉴定意见书第3、4页的工程造价计算说明提及的"若当事人有异议，待进一步提供证据，并经法庭质证认证后，我司再根据法庭要求进行调整"的表述从文义解释而言，是指如果有异议，中某公司应进一步提供证据，并经质证认证后才能据以调整现有鉴定意见，而非对已有未经质证的证据予以认可。

案件来源

中某天工集团有限公司、中某天工集团有限公司机电安装分公司建设工程施工合同纠纷再审审查与审判监督民事裁定书｜最高人民法院·（2018）最高法民申703号

延伸阅读

案例一：富平朱某二骨伤医院建设工程施工合同纠纷再审审查与审判监督民事裁定书｜最高人民法院·（2019）最高法民申2174号

《建设工程司法鉴定程序规范》系司法部推荐适用的规范，并非强制性法律

规定。二审法院认定鉴定单位在本案鉴定中未适用该规范，不构成程序违法，依据充分。

案例二：中国水利水电某工程局有限公司、大某甘肃祁连水电有限公司建设工程施工合同纠纷二审民事裁定书丨最高人民法院·（2020）最高法民终852号

二、鉴定依据不合理，鉴定程序不规范。1. 涉案鉴定人未适用2018年3月1日起实施的住房和城乡建设部颁布的《建设工程造价鉴定规范》，而是适用中国建设工程造价管理协会制定的《建设工程造价鉴定规程》。前者系新制定的国家标准，其效力高于作为协会标准的后者，其内容更加详细、程序更加规范。在鉴定机构出具鉴定意见之前，前述国家标准已经发布，应当以此为据进行鉴定，更有利于查清本案事实，解决本案争议。2. 即使依据《建设工程造价鉴定规程》，该规程第六章第一条第一款（6.1.1）规定，"鉴定项目部（组）由三人以上组成"，而涉案《工程造价鉴定意见书》中执业人员签章处显示仅由两位工程师签字，违反了该程序规定。因此，一审鉴定程序存在不规范的情形。

案例三：高平市恒某房地产开发有限公司、山西某建集团有限公司建设工程施工合同纠纷再审审查与审判监督民事裁定书丨最高人民法院·（2019）最高法民申1823号

一、关于涉案鉴定书是否可以作为结算依据的问题。首先，《建设工程造价鉴定规范》5.2.5条规定："鉴定机构在出具正式鉴定意见书之前，应提请委托人向各方当事人发出鉴定意见书征求意见稿和征求意见函，征求意见函应明确当事人的答复期限及其不答复行为承担的法律后果，即视为对鉴定意见书无意见。"鉴定机构未按《建设工程造价鉴定规范》规定向双方当事人送达鉴定意见书征求意见稿和征求意见函，存在鉴定程序瑕疵，但一审法院通过在一审开庭审理时，组织双方当事人对鉴定书进行质证，鉴定人员出庭接受质询并对有异议的方面进行当庭回复和庭审后书面回复，已对该瑕疵予以弥补。其次，针对恒某公司提出的六点意见，涌某公司出具书面的《关于对高平市恒某房地产开发有限公司所提意见书的回复》，一一进行了回复，回复的内容有简有繁。恒某公司以涌某公司仅回复"经复核，无误"为由主张鉴定机构未按规定回复的再审申请理由与事实不符，不能成立。

053 当事人对鉴定意见提出异议，法庭未通知鉴定人出庭作证，是否属于程序违法？

阅读提示

民事诉讼中，鉴定机构出庭作证的比例较低。即使在当事人对鉴定意见提出实质性异议时，鉴定机构一般也仅是给予书面答复，而非出庭接受当事人的质证。法院也不管当事人对鉴定机构的书面答复是否仍存异议，往往以鉴定机构已书面答复为由，直接采信鉴定意见。那么，在当事人对鉴定意见提出实质性异议、鉴定机构仅作书面答复而没有出庭作证的情形下，法院是否可以不通知鉴定机构出庭而直接采信鉴定意见呢？

裁判要旨

根据《民事诉讼法》第八十一条的规定，当事人对鉴定意见有异议或者人民法院认为鉴定人有必要出庭的，鉴定人应当出庭作证。双方当事人在原审期间对鉴定意见均提出异议，但原审法院未通知鉴定人出庭作证，违反法定程序，未充分保障当事人质证及辩论的权利，再审申请符合《民事诉讼法》第二百零七条第九项之规定，应再审。

案情简介

一、2012年5月，庄某医院（发包人）与豪某公司（承包人）通过招投标方式签订了《建筑装饰工程施工合同》。合同约定，工程总价款为37997118元。2014年10月28日，《建筑装饰工程施工合同》经备案机关备案。

二、合同签订后，豪某公司依约进行了施工；施工过程中，豪某公司、监理单位及庄某市城乡局共同确认了101份签证。庄某医院对101份签证的真实性均无异议。2014年6月26日，豪某公司、庄某医院及监理单位共同签署了工程竣工验收报告，涉案工程全部验收合格。

三、2016年，豪某公司向大连中院起诉，请求庄某医院支付欠付工程款26265448.63元，并支付违约金160万元，赔偿实际损失162万元。

四、一审期间，豪某公司申请对工程签证及签证补充部分的工程造价进行司法鉴定。东某造价公司于 2017 年 7 月 26 日作出辽东鉴字（2017）第 24 号鉴定意见。2017 年 9 月 9 日，东某造价公司针对双方就鉴定报告的异议分别作出回复，其中针对庄某医院的异议，东某造价回复，在原鉴定意见基础上减少了相应工程款。大连中院认为，双方当事人对司法鉴定意见虽有异议，但均未能提供充分证据足以推翻，故对该鉴定报告和异议回复予以确认。一审判决庄某医院败诉。

五、庄某医院上诉至辽宁高院，理由包括：鉴定报告出具后，庄某医院提出书面异议，鉴定机构给予书面回复，但鉴定人未出庭接受质询，就鉴定意见进行质证，一审程序严重违法。辽宁高院判决驳回上诉，维持原判。

六、庄某医院认为一审法院违反法定程序，违法剥夺庄某医院的辩论等诉讼权利，二审法院未予纠正，导致本案裁判结果错误，故向最高院申请再审。最高院裁定原审法院程序违法，指令辽宁高院再审。

法律分析

本案的焦点问题是当事人对鉴定意见提出异议，法庭未通知鉴定人出庭作证，是否属于程序违法。

第一，《民事诉讼法》第八十一条规定"当事人对鉴定意见有异议或者人民法院认为鉴定人有必要出庭的，鉴定人应当出庭作证"，明确了鉴定人在必要情形下，应当履行出庭作证的义务。本案中，造价公司于 2017 年 7 月 26 日出具鉴定意见后，法院分别向双方当事人送达了鉴定意见，双方当事人亦向法庭提交了书面异议。法院于 2017 年 8 月 31 日庭审过程中组织双方当事人对鉴定意见进行了质证，但法院未通知造价公司出庭作证，导致双方当事人在鉴定人未出庭陈述并接受当事人质询和询问的情况下，难以对鉴定意见进行充分质证。故，人民法院未履行通知鉴定人出庭作证的义务，违反了法定程序，在一定程度上剥夺了当事人的辩论权。

第二，本案中，造价公司于 2017 年 7 月 26 日出具的鉴定意见经过双方当事人质证，但 2017 年 9 月 9 日针对当事人异议的回复意见未经过质证，回复意见通常是鉴定人就当事人提出异议进行审核，并对鉴定意见进行修改和完善形成的意见，本身就是鉴定意见的组成部分。法院应当组织双方当事人对鉴定异议回复意见进行质证而未进行质证，并依据该意见作出判决，符合《民事诉讼法》第二百零七条第四项"原判决、裁定认定事实的主要证据未经质证的"情形。

主要证据未经质证，实质上亦属于剥夺当事人辩论权的情形。当事人的法庭辩论主要围绕案件的实质性问题，即围绕本案争议的诉讼标的进行辩论，包括案件事实的认定和法律的适用问题。如：原告提出诉讼请求所依据的事实是否真实，根据已经认定的事实应该如何适用法律以确定当事人之间的权利义务，等等。判断诉讼请求所依据的事实是否真实需要对当事人所提交的证据进行审查和认定，这个过程需要双方在法院的主持下对法庭上出示的证据进行质证，原告会根据证据证明自己的主张，被告举证进行抗辩。即当事人辩论权的内容不仅包括对案件事实陈述、对对方观点的反驳，也包括对证据的质证，对证据的质证自然包括对鉴定意见的质证。因此，主要证据未经质证实质上亦是剥夺了当事人的辩论权。

根据《民事诉讼法解释》（2022年修正）第三百八十九条规定，辩论原则所规定的辩论权贯穿于民事诉讼全过程，法律条文不可能罗列所有剥夺当事人辩论权利的情形。本案虽不符合上述司法解释前三项的规定，但亦属于该条解释第四项即"违法剥夺当事人辩论权利的其他情形"，故本案符合《民事诉讼法解释》第三百八十九条的规定。

实务经验

第一，民事司法鉴定意见应在法庭出示，由当事人进行质证。

民事司法鉴定意见是指鉴定人利用科学技术或专门知识对诉讼涉及的专门性问题进行鉴别和判断后作出的判断意见，属于民事诉讼法定的证据种类之一。根据《民事诉讼法解释》第一百零三条第一款"证据应当在法庭上出示，由当事人互相质证。未经当事人质证的证据，不得作为认定案件事实的根据"之规定，鉴定意见应在法庭出示，并由双方当事人互相质证。

第二，当事人对鉴定意见有异议，法庭应通知鉴定人出庭作证。

根据《民事诉讼法》第八十一条之规定，鉴定人出庭作证有两种情形：一种情形是当事人对鉴定意见有异议；另一种情形是法院认为鉴定人有必要出庭，如双方当事人均未提出异议，但鉴定所涉事项涉及公共利益或者第三人合法权益等特殊情况，或者法官根据案件审理的需要认为鉴定人应当出庭对鉴定意见进行说明，可以依职权要求鉴定人出庭作证。

若鉴定意见作出后，双方当事人对鉴定意见均无异议，开庭时可以不再就鉴定意见进行质证，鉴定人也无须出庭作证。但如果一方或者双方当事人对鉴定意见提出异议，则需要在开庭时对鉴定意见进行质证，法庭应当通知鉴定人出庭作证，接受当事人的质询。

第三，鉴定人出庭作证包含两方面内容，一是出庭陈述，二是接受询问。

鉴定人应当在法庭的主持下就鉴定意见的形成过程和内容进行陈述。具体而言，包括鉴定人的名称，相关技术职称和资质，鉴定的委托单位、启动原因，鉴定材料的提取、收集过程，鉴定依据、标准、意见等。鉴定人对当事人异议的回复也属于鉴定意见的一部分，亦应当进行陈述。

鉴定人应接受当事人和法官的询问。包括鉴定材料是否经过质证，鉴定人是否具备相应的专业技术水平，鉴定方法及鉴定依据是否科学，鉴定意见所涉专门性问题与待证事实之间的关联程度、关联形式，鉴定程序是否合法，鉴定人是否存在应当回避而未回避的情形，是否存在违反职业道德和执业纪律的情形等内容。

鉴定人出庭作证，对鉴定意见进行说明，是将鉴定意见从证据材料转化为证据的必要程序，有利于获得当事人的信服，减少当事人对鉴定意见的质疑。同时，通过对鉴定人询问，可以使审判人员真正了解鉴定意见的形成过程、依据和最后结论，并对鉴定意见是否具有证明力做出审查和判断。

第四，鉴定人拒不出庭的后果。

根据《民事诉讼法》第八十一条"经人民法院通知，鉴定人拒不出庭作证的，鉴定意见不得作为认定事实的根据；支付鉴定费用的当事人可以要求返还鉴定费用"之规定，鉴定人拒不出庭作证的后果为：一方面，鉴定意见不得作为认定事实的根据；另一方面，当事人有权要求鉴定人返还鉴定费用。

鉴定意见不同于证人证言，仅仅是专业人员利用专业知识和科学方法就专门问题作出的判断意见，不具有唯一性。鉴定人员拒不出庭，鉴定意见不得作为证据使用，法院可另行委托鉴定人进行重新鉴定。

法条链接

《中华人民共和国民事诉讼法》（2023年修正）

第八十一条 当事人对鉴定意见有异议或者人民法院认为鉴定人有必要出庭的，鉴定人应当出庭作证。经人民法院通知，鉴定人拒不出庭作证的，鉴定意见不得作为认定事实的根据；支付鉴定费用的当事人可以要求返还鉴定费用。

第一百四十二条 当事人在法庭上可以提出新的证据。

当事人经法庭许可，可以向证人、鉴定人、勘验人发问。

当事人要求重新进行调查、鉴定或者勘验的，是否准许，由人民法院决定。

第二百一十一条 当事人的申请符合下列情形之一的，人民法院应当再审：

……

（四）原判决、裁定认定事实的主要证据未经质证的；

……

（九）违反法律规定，剥夺当事人辩论权利的；

……

《最高人民法院关于适用〈中华人民共和国民事诉讼法〉的解释》（法释〔2022〕11号 2022年修正）

第一百零三条 证据应当在法庭上出示，由当事人互相质证。未经当事人质证的证据，不得作为认定案件事实的根据。

当事人在审理前的准备阶段认可的证据，经审判人员在庭审中说明后，视为质证过的证据。

涉及国家秘密、商业秘密、个人隐私或者法律规定应当保密的证据，不得公开质证。

第三百八十九条 原审开庭过程中有下列情形之一的，应当认定为民事诉讼法第二百零七条第九项规定的剥夺当事人辩论权利：

（一）不允许当事人发表辩论意见的；

（二）应当开庭审理而未开庭审理的；

（三）违反法律规定送达起诉状副本或者上诉状副本，致使当事人无法行使辩论权利的；

（四）违法剥夺当事人辩论权利的其他情形。

《最高人民法院关于民事诉讼证据的若干规定》（法释〔2019〕19号 2019年修正）

第三十七条 人民法院收到鉴定书后，应当及时将副本送交当事人。

当事人对鉴定书的内容有异议的，应当在人民法院指定期间内以书面方式提出。

对于当事人的异议，人民法院应当要求鉴定人作出解释、说明或者补充。人民法院认为有必要的，可以要求鉴定人对当事人未提出异议的内容进行解释、说明或者补充。

第三十八条　当事人在收到鉴定人的书面答复后仍有异议的，人民法院应当根据《诉讼费用交纳办法》第十一条的规定，通知有异议的当事人预交鉴定人出庭费用，并通知鉴定人出庭。有异议的当事人不预交鉴定人出庭费用的，视为放弃异议。

双方当事人对鉴定意见均有异议的，分摊预交鉴定人出庭费用。

第八十条　鉴定人应当就鉴定事项如实答复当事人的异议和审判人员的询问。当庭答复确有困难的，经人民法院准许，可以在庭审结束后书面答复。

人民法院应当及时将书面答复送交当事人，并听取当事人的意见。必要时，可以再次组织质证。

《全国人民代表大会常务委员会关于司法鉴定管理问题的决定》（2015年修正）

十一、在诉讼中，当事人对鉴定意见有异议的，经人民法院依法通知，鉴定人应当出庭作证。

法院判决

本院经审查认为，根据《民事诉讼法》第八十一条的规定，当事人对鉴定意见有异议或者人民法院认定鉴定人有必要出庭的，鉴定人应当出庭作证。本案中，双方当事人在原审期间对于鉴定意见均提出异议，但原审法院未通知鉴定人出庭作证，违反法定程序，未充分保障当事人质证及辩论的权利。庄某医院的再审申请符合《民事诉讼法》第二百条第九项规定的情形。依照《民事诉讼法》第二百零四条、第二百零六条，《最高人民法院关于适用〈中华人民共和国民事诉讼法〉的解释》第三百九十五条第一款规定，裁定如下：一、指令辽宁省高级人民法院再审本案；二、再审期间，中止原判决的执行。

案件来源

庄某市中心医院建设工程施工合同纠纷再审审查与审判监督民事裁定书｜最高人民法院·（2019）最高法民申1225号

054 工程造价鉴定意见遗漏工程量，法院可否要求当事人就遗漏部分另案诉讼？

阅读提示

承包人申请法院委托工程造价鉴定机构对自己完成的全部工程量及工程价款进行鉴定，鉴定机构作出的鉴定意见遗漏了承包人部分已完工程量及相应工程价款，法院应如何处理？是要求鉴定机构补充鉴定，还是要求承包人另案诉讼？

裁判要旨

建设工程施工合同明确约定承包人完成的全部工程量及工程价款以第三方审计机构审核意见为准。诉讼过程中，如若当事人申请法院委托的鉴定机构作出的鉴定意见不完整，遗漏了部分已完工程量和相应工程价款，而原审法院在未要求鉴定机构作出补充鉴定的情形下，直接要求当事人对于遗漏鉴定的已完工程量和工程价款另案诉讼，没有法律依据和事实依据，应予再审。

案情简介

一、2009年9月5日，承包人山西某建与发包人泰某春公司签订《建设工程施工合同》，约定由山西某建承建泰某春公司开发的云某大厦基坑支护及土石方工程、A区（兴某商贸大厦及其住宅）、C区（酒店式办公楼）工程，最终工程造价以有资质的第三方审定的工程造价为准。2013年5月30日，双方签订《施工补充合同》，延长了相关单项工程的竣工时间。

二、2015年，双方在工程未完工的情况下发生施工合同纠纷，山西某建将泰某春公司起诉至山西省大同市中级人民法院，索要剩余工程款及相关损失。泰某春公司提起反诉。

三、一审法院根据山西某建的申请，委托鉴定机构山西众某公司对本案已完工程量及工程款进行鉴定。但该公司出具的鉴定意见书遗漏多项施工内容，山西某建测算该部分未鉴定的工程款约1400万元，遂向一审法院和二审法院山西省高级人民法院提出异议及证明材料。

四、一审法院和二审法院经审理，没有要求山西众某公司对遗漏的已完工程量和工程款补充鉴定，却要求当事人另行起诉主张。山西某建向最高人民法院申请再审。其主要申请理由之一即上述鉴定意见遗漏其已完工程款约1400万元，原审法院要求其另案起诉主张没有法律依据。

五、最高人民法院经审查，认为山西某建提出的上述申请理由及其他多项申请理由成立，遂于2019年6月25日作出（2018）最高法民申5998号《民事裁定书》，指令二审法院再审本案。

法律分析

本案的焦点问题是本案中鉴定意见的确遗漏了承包人已完工程量和工程价款，一审、二审法院可否要求承包人就遗漏部分另案诉讼。云亭建工律师团队认为：本案两审法院的做法没有法律依据和事实依据。

第一，从不告不理的民事诉讼原则分析。根据本案事实可知，承包人山西某建在其诉讼请求里明确要求发包人泰某春公司支付的是全部剩余工程款，而不是鉴定机构鉴定出的部分工程款。那么，两审法院在明知本案鉴定意见遗漏了已完工程量和工程款的情形下，应依法要求鉴定机构对该部分遗漏的内容补充鉴定，并根据最终完整的鉴定意见对原告的诉讼请求作出完整的裁判。但是，两审法院均没有依照法定程序进行，反而要求当事人另行起诉。此种行为属于变相遗漏原告的诉讼请求。

第二，从本案事实分析。本案双方2009年9月5日签订的《建设工程施工合同》明确约定山西某建承建的全部工程的最终工程造价以有资质的第三方审定的工程造价为准。那么，本案鉴定机构山西众某公司应该依据该合同的计价约定，对山西某建全部已完工程量及工程款进行鉴定，但是其却遗漏了不少已完工程量及工程款，此时两审法院就不能直接将该不完整的鉴定意见采信作为定案证据，否则极易导致法院难以查明承包人山西某建实际已完工程量及工程款总额的数量、发包人泰某春公司是否依约支付了全部工程款、违约方是哪一方等基本事实，极易导致裁判结果错误。

实务经验

第一，对于工程造价鉴定机构而言，应当确保避免鉴定过程中出现遗漏鉴定事项，尤其是遗漏承包人已完工程量、工程价款的"硬伤"。如果出现了这样的"硬伤"，当事人在质证中提出后，鉴定机构应及时对遗漏部分补充鉴定，而不应不了了之，或者推给法院。

第二，对于当事人而言，如果遇到本案类似问题，云亭建工律师团队建议学习本案承包人山西某建屡败屡战的坚韧精神。该公司的诉求虽然均遭一审、二审法院否决，但其依然锲而不舍，坚持向最高人民法院申请再审。

第三，对于法院而言，应避免本案两审法院的做法。在当事人的诉讼请求、合同依据非常明确且工程造价鉴定不存在无法鉴定的情形下，法院应该秉承案结事了、避免诉累的原则，要求鉴定机构补充鉴定，一次性解决当事人的工程款纠纷。

法条链接

《最高人民法院关于民事诉讼证据的若干规定》（法释〔2019〕19号 2019年修正）

第三十七条 人民法院收到鉴定书后，应当及时将副本送交当事人。

当事人对鉴定书的内容有异议的，应当在人民法院指定期间内以书面方式提出。

对于当事人的异议，人民法院应当要求鉴定人作出解释、说明或者补充。人民法院认为有必要的，可以要求鉴定人对当事人未提出异议的内容进行解释、说明或者补充。

《最高人民法院印发〈关于人民法院民事诉讼中委托鉴定审查工作若干问题的规定〉的通知》（法〔2020〕202号）

11. 鉴定意见书有下列情形之一的，视为未完成委托鉴定事项，人民法院应当要求鉴定人补充鉴定或重新鉴定：

（1）鉴定意见和鉴定意见书的其他部分相互矛盾的；

（2）同一认定意见使用不确定性表述的；

（3）鉴定意见书有其他明显瑕疵的。

补充鉴定或重新鉴定仍不能完成委托鉴定事项的，人民法院应当责令鉴定人退回已经收取的鉴定费用。

《中华人民共和国民事诉讼法》（2023年修正）

第二百一十一条 当事人的申请符合下列情形之一的，人民法院应当再审：

（一）有新的证据，足以推翻原判决、裁定的；

（二）原判决、裁定认定的基本事实缺乏证据证明的；

（三）原判决、裁定认定事实的主要证据是伪造的；

（四）原判决、裁定认定事实的主要证据未经质证的；

（五）对审理案件需要的主要证据，当事人因客观原因不能自行收集，书面申请人民法院调查收集，人民法院未调查收集的；

（六）原判决、裁定适用法律确有错误的；

（七）审判组织的组成不合法或者依法应当回避的审判人员没有回避的；

（八）无诉讼行为能力人未经法定代理人代为诉讼或者应当参加诉讼的当事人，因不能归责于本人或者其诉讼代理人的事由，未参加诉讼的；

（九）违反法律规定，剥夺当事人辩论权利的；

（十）未经传票传唤，缺席判决的；

（十一）原判决、裁定遗漏或者超出诉讼请求的；

（十二）据以作出原判决、裁定的法律文书被撤销或者变更的；

（十三）审判人员审理该案件时有贪污受贿，徇私舞弊，枉法裁判行为的。

《最高人民法院关于适用〈中华人民共和国民事诉讼法〉的解释》（法释〔2022〕11号 2022年修正）

第三百九十条 民事诉讼法第二百零七条[①]第十一项规定的诉讼请求，包括一审诉讼请求、二审上诉请求，但当事人未对一审判决、裁定遗漏或者超出诉讼请求提起上诉的除外。

法院判决

关于工程造价鉴定意见书中未包含的工程施工内容及费用的处理问题。按照涉案《建设工程施工合同》约定，山西某建已完工的总工程量及总工程款须以相关鉴定意见为准，但涉案工程却有部分工程款和工程量未能鉴定。如果本案的总工程款不能查明，根据双方合同约定，则不足以判断发包人泰某春公司是否按时足额支付了承建方山西某建的工程进度款。同时，原审法院根据司法鉴定作出的大部分工程款来对比发包人已付承建方的工程进度款，从而得出发包人泰某春公司不违约，缺乏充分证据证明，可能与实际情况不符。故原审判决关于"对于工程造价鉴定意见书中未包含的工程施工内容及费用，双方当事人可另行主张"

[①] 编者按：《民事诉讼法》（2023年修正）第211条。

的判定不当，影响到本案的最后裁判结果。山西某建的该项再审申请理由成立。

案件来源

山西某建集团有限公司、大同市泰某春房地产开发有限公司建设工程施工合同纠纷再审审查与审判监督民事裁定书｜最高人民法院·（2018）最高法民申5998号

山西某建集团有限公司、大同市泰某春房地产开发有限公司建设工程施工合同纠纷二审民事判决书｜山西省高级人民法院·（2018）晋民终298号

055 工程造价鉴定费应由败诉当事人承担吗？

阅读提示

大多数建设工程施工合同纠纷案会涉及工程造价鉴定，有的案件还不止一次鉴定，鉴定费动辄几十万元、数百万元。如此高额的鉴定费应由谁承担，是建工案件的争议焦点之一，各级各地法院判法各异。有判决按诉讼请求实现比例分担的，也有判决由申请鉴定一方承担的，还有判决按造成工程价款未结算的过错程度分担的。那么，鉴定费的法律性质是什么，法院应该基于当事人的请求判决，还是有权不经请求直接决定哪方承担？

裁判要旨

合同约定发包人在一定期限内对承包人提交的竣工结算资料进行审查并出具书面意见，但直至承包人一审起诉时止，发包人并未出具书面审查意见。诉讼过程中，发包人申请对工程造价进行鉴定，是其举证责任应有之义，因此鉴定费用应由发包人自行承担。

案情简介

一、2010年11月3日，发包人京某公司与承包人海某公司签订《建设工程施工合同》，内容为：发包人为京某公司，承包人为海某公司；工程建设规模为一期地上建筑面积105000平方米、地下室建筑面积30900平方米；工程范围和

内容以发包人提供的工程量清单为准；工程竣工验收报告经发包人认可后28天内，承包人向发包人递交竣工结算报告及完整的结算资料，双方按照合同进行工程竣工结算；发包人应当自收到结算资料之日起7天内对资料的完整性进行审查，并将审查结果书面告知承包人；发包人未在7天内将审查结果告知承包人的，视为结算资料已完整；发包人应从收到完整结算资料之日起，在合同约定时限内向承包人出具书面审查意见，予以核减的，应在审查意见中逐项明确理由和依据，发包人未在合同约定时限内出具书面审查意见的，视同认可承包人的竣工结算报告。

二、2013年9月17日，涉案工程通过竣工验收并交付使用。海某公司于2014年1月22日向京某公司提交了《工程竣工结算报告》，并于2014年7月15日向京某公司提交了完整的结算资料，报送造价总额306591837.9元。

三、2014年9月22日，京某公司与海某公司就涉案工程后期事宜召开协调会，达成意向：海某公司请求京某公司加快进度审结造价，对海某公司已经报送的结算资料京某公司将于2014年10月份提出初审意见，双方就初审意见尽快落实相关的其他事宜。截至2015年4月海某公司起诉前，京某公司仍未就海某公司报送的结算资料提出初审意见。

四、海某公司以京某公司"未在合同约定时限内对结算资料出具书面审查意见，即视同认可"为依据，向一审法院提起诉讼，要求判令京某公司支付工程欠款76146445.76元及逾期利息。

五、一审诉讼过程中，京某公司向法院提出工程造价鉴定申请，法院委托建某工程咨询公司就涉案工程进行造价结算鉴定，京某公司交纳鉴定费1070000元。

六、一审法院按照鉴定意见，判决京某公司向海某公司支付工程款44625679.46元及利息；工程造价鉴定费1070000元，由京某公司负担627020元、海某公司负担442980元。

七、京某公司、海某公司均不服一审判决，提起上诉。其中海某公司的上诉请求之一为：改判京某公司承担全部鉴定费。

八、二审判决认为：鉴定费用的负担不能适用国务院《诉讼费用交纳办法》第二十九条关于诉讼费用由败诉方负担的规定，人民法院根据"谁主张、谁负担"的原则，决定由当事人直接支付给有关机构或者单位，人民法院不得代收代付。本案系京某公司申请鉴定，应当由京某公司负担鉴定费用。

九、京某公司认为二审判决以本案没有必要委托司法鉴定为由，推翻一审判决，客观上造成京某公司要多支付 4047 万余元工程款，故向最高人民法院申请再审。

十、最高人民法院再审判决认为：合同要求京某公司在一定期限内对海某公司提交的竣工结算资料出具书面审查意见，以供海某公司核对。但至海某公司一审起诉时，京某公司并未出具书面审查意见，京某公司申请对工程造价进行鉴定，是其举证责任应有之义，因此本案鉴定费用应由京某公司自行承担。

法律分析

本案的焦点问题是工程造价鉴定费应否由败诉当事人承担。云亭建工律师团队认为：应根据申请鉴定的目的区分判断。

第一，工程造价鉴定费不是诉讼费。

国务院《诉讼费用交纳办法》第六条规定，"当事人应当向人民法院交纳的诉讼费用包括：（一）案件受理费；（二）申请费；（三）证人、鉴定人、翻译人员、理算人员在人民法院指定日期出庭发生的交通费、住宿费、生活费和误工补贴"。显然工程造价鉴定费不属于诉讼费的范畴，不适用《诉讼费用交纳办法》第二十九条"诉讼费用由败诉方负担，胜诉方自愿承担的除外"之规定。

第二，工程造价鉴定费是当事人为了证明自己的主张而支出的费用。

《诉讼费用交纳办法》第十二条规定，"诉讼过程中因鉴定、公告、勘验、翻译、评估、拍卖、变卖、仓储、保管、运输、船舶监管等发生的依法应当由当事人负担的费用，人民法院根据谁主张、谁负担的原则，决定由当事人直接支付给有关机构或者单位，人民法院不得代收代付"。民事诉讼证据规则的一般原则是谁主张谁举证，当原告请求判令被告支付其工程款而无证据证明具体数额时，申请法庭委托对工程造价进行鉴定，是为了完成其举证责任，费用自然应由原告承担；反之，被告为了证明原告诉请的工程款金额背离合同约定，也可申请法庭委托工程造价鉴定，也是为了完成其举证责任，费用应当由被告承担。

实务经验

第一，最高人民法院 1989 年 7 月 12 日颁布的《人民法院诉讼收费办法》第二条将鉴定费与"勘验、公告、翻译（当地通用的民族语言、文字除外）费"

一并列入其他诉讼费用范畴,"由人民法院根据具体情况,决定当事人双方应负担的金额"。此后十数年间鉴定费由谁负担,一直是由人民法院据此办法直接决定,无须当事人提出请求。

第二,2007年4月1日国务院颁布《诉讼费用交纳办法》,改变了诉讼活动中鉴定费用承担的相关规则。此后,鉴定费不再属于诉讼费(或其他诉讼费用)范畴,适用"谁主张、谁负担"的原则。通常情况下应当由申请鉴定的一方当事人负担。

第三,既然鉴定费属于当事人一方为了证明自己诉讼请求而支出的成本,能否请求法院判令对方当事人承担呢?当然可以。例如:承包人将工程竣工且验收合格,按照合同约定向发包人提交了竣工结算报告,但发包人拒不进行审核和答复,拖延结算,因合同没有"收到结算报告超期拒不答复视为认可"的明确约定,承包人按照单方结算金额提起诉讼,并申请法院委托鉴定单位对工程造价进行鉴定,根据《诉讼费用交纳办法》第十二条之规定交纳了鉴定费。此种情形下,鉴定费属于因发包人违约给承包人造成的损失,承包人可以追加诉讼请求,请求法院判令发包人承担鉴定费。

第四,法院能否在没有请求的情况下,判令非申请鉴定的一方当事人承担鉴定费呢?笔者认为不可以。按照上文所述,鉴定费不属于诉讼费范畴,以"谁主张、谁负担"为原则,在没有明确诉讼请求的情况下,法院无权超越诉讼请求进行判决。

第五,在建工案件工程造价鉴定比例居高不下的情况下,建议申请工程造价的一方当事人在交纳鉴定费后,尽快追加诉讼请求,请求法院判令对方当事人承担或分担鉴定费用。

法条链接

《诉讼费用交纳办法》(国令〔2006〕第481号)

第六条 当事人应当向人民法院交纳的诉讼费用包括:

(一)案件受理费;

(二)申请费;

(三)证人、鉴定人、翻译人员、理算人员在人民法院指定日期出庭发生的交通费、住宿费、生活费和误工补贴。

第十二条 诉讼过程中因鉴定、公告、勘验、翻译、评估、拍卖、变卖、仓储、保管、运输、船舶监管等发生的依法应当由当事人负担的费用，人民法院根据谁主张、谁负担的原则，决定由当事人直接支付给有关机构或者单位，人民法院不得代收代付。

人民法院依照民事诉讼法第十一条第三款规定提供当地民族通用语言、文字翻译的，不收取费用。

第二十九条 诉讼费用由败诉方负担，胜诉方自愿承担的除外。

部分胜诉、部分败诉的，人民法院根据案件的具体情况决定当事人各自负担的诉讼费用数额。

共同诉讼当事人败诉的，人民法院根据其对诉讼标的的利害关系，决定当事人各自负担的诉讼费用数额。

法院判决

本院认为，国务院《诉讼费用交纳办法》第六条规定：当事人应当向人民法院交纳的诉讼费用包括：（一）案件受理费；（二）申请费；（三）证人、鉴定人、翻译人员、理算人员在人民法院指定日期出庭发生的交通费、住宿费、生活费和误工补贴。这一规定说明，鉴定费用不在诉讼费用之列，仅属于诉讼中发生的费用，故鉴定费用的负担不能适用国务院《诉讼费用交纳办法》第二十九条关于诉讼费用由败诉方负担，部分胜诉、部分败诉的，由人民法院根据案件的具体情况决定当事人各自负担的诉讼费用数额的规定。国务院《诉讼费用交纳办法》第十二条规定：诉讼过程中因鉴定、公告、勘验、翻译、评估、拍卖、变卖、仓储、保管、运输、船舶监管等发生的依法应当由当事人负担的费用，人民法院根据"谁主张、谁负担"的原则，决定由当事人直接支付给有关机构或者单位，人民法院不得代收代付。本案系京某公司申请鉴定，应当由京某公司负担鉴定费用。

……本案中双方签订的多份协议均要求京某公司在一定期限内对海某公司提交的竣工结算资料出具书面审查意见，以供海某公司核对。但至海某公司一审起诉时止，京某公司并未出具书面审查意见，京某公司申请对工程造价进行鉴定，是其举证责任应有之义，因此本案鉴定费用1070000元应由京某公司自行承担。

案件来源

福安市京某房地产有限公司、中建海某建设发展有限公司建设工程施工合同

纠纷再审民事判决书 | 最高人民法院 · （2019）最高法民再 110 号

延伸阅读

云亭建工律师团队检索发现，最高法院（或各地法院）就本文类似问题，有不同的裁判观点，现分享如下，供读者学习参考：

一、判决申请鉴定一方当事人负担鉴定费

案例一： 中某建设有限公司、新疆秀某房地产开发有限责任公司建设工程施工合同纠纷二审民事判决书 | 最高人民法院 · （2020）最高法民终 547 号

中某公司未将涉案工程施工完毕即起诉请求解除施工合同，秀某公司同意解除，双方未对工程造价进行结算，中某公司为证明其诉讼请求，向一审法院申请通过鉴定方式确定涉案工程造价，且中某公司不能证明涉案合同系因秀某公司违约而解除，故鉴定费系中某公司应自行负担的诉讼成本，一审判决未判令双方分担并无不当。

案例二： 西安龙某酒店管理有限责任公司、陕西椰某建筑装饰设计工程有限责任公司建设工程施工合同纠纷再审审查与审判监督民事裁定书 | 最高人民法院 · （2018）最高法民申 5117 号

在本案第一审程序中，龙某公司因对椰某公司的决算报告有异议，向原一审法院申请鉴定，预交了鉴定费。根据《诉讼费用交纳办法》第十二条规定，原审法院判决鉴定费 98 万元由龙某公司负担，并无不当。

案例三： 来安县金某置业有限公司建设工程施工合同纠纷再审审查与审判监督民事裁定书 | 最高人民法院 · （2019）最高法民申 4742 号

《诉讼费用交纳办法》第十二条第一款规定："诉讼过程中因鉴定、公告、勘验、翻译、评估、拍卖、变卖、仓储、保管、运输、船舶监管等发生的依法应当由当事人负担的费用，人民法院根据谁主张、谁负担的原则，决定由当事人直接支付给有关机构或者单位，人民法院不得代收代付。"本案存在工程质量鉴定及工程价款鉴定，相应鉴定费用已分别由来安金某公司、合肥建某集团在鉴定过程中缴纳，一二审法院综合考虑本案实际，认定由来安金某公司、合肥建某集团分别承担各自已缴纳的鉴定费用，并无不妥，亦不违反上述规定。来安金某公司此项再审申请理由不能成立，本院不予支持。

案例四：包头市锦某房地产开发有限公司与冯某荣、内蒙古新某跃建筑安装有限责任公司建设工程施工合同纠纷申诉、申请民事裁定书丨最高人民法院·（2016）最高法民申 1296 号

关于锦某公司主张工程造价鉴定费用由其一方承担是否符合法律规定的问题。根据《诉讼费用交纳办法》第十二条关于"诉讼过程中因鉴定、公告、勘验、翻译、评估、拍卖、变卖、仓储、保管、运输、船舶监管等发生的依法应当由当事人负担的费用，人民法院根据谁主张、谁负担的原则，决定由当事人直接支付给有关机构或者单位，人民法院不得代收代付"的规定，鉴定申请人锦某公司应当承担全部鉴定费，原审判决对涉案鉴定费的负担虽有遗漏，但对锦某公司的实体权益没有实质影响。锦某公司主张工程造价鉴定费用认定有误的第五点再审申请事由不能成立，本院不予支持。

案例五：中某二局某建筑工程有限公司、黑龙江省日某康城房地产开发有限公司建设工程施工合同纠纷二审民事判决书丨最高人民法院·（2018）最高法民终 922 号

关于诉讼费用和工程造价鉴定费用的问题，《诉讼费用交纳办法》第十二条规定："诉讼过程中因鉴定、公告、勘验、翻译、评估、拍卖、变卖、仓储、保管、运输、船舶监管等发生的依法应当由当事人负担的费用，人民法院根据谁主张、谁负担的原则，决定由当事人直接支付给有关机构或者单位，人民法院不得代收代付。人民法院依照民事诉讼法第十一条第三款规定提供当地民族通用语言、文字翻译的，不收取费用。"本案中，中某二局某公司与日某康城公司就各自的主张分别进行了司法鉴定，一审法院认定双方各自承担其申请鉴定项目的费用，符合法律规定，该认定并无不当，本院予以维持。

案例六：许某平、陈某云与大理通某建筑装饰安装工程有限公司、云南大某大理房地产开发有限公司建设工程施工合同纠纷申请再审民事裁定书丨最高人民法院·（2015）最高法民申字第 1219 号

关于鉴定费的负担是否正确问题。《诉讼费用交纳办法》第十二条第一款规定："诉讼过程中因鉴定、公告、勘验、翻译、评估、拍卖、变卖、仓储、保管、运输、船舶监管等发生的依法应当由当事人负担的费用，人民法院根据谁主张、谁负担的原则，决定由当事人直接支付给有关机构或者单位，人民法院不得代收代付。"二审法院基于上述规定的鉴定费负担原则，并根据本案许某平、陈某云与通某公司共同申请涉案工程造价鉴定的客观事实，确定由许某平、陈某云与通某公司平均负担鉴定费，并无不当，本院予以确认。

二、判决按胜败诉比例分担鉴定费

案例七：江西省亿某建筑装饰工程有限公司、江西桑某投资开发有限公司建设工程施工合同纠纷二审民事判决书 | 最高人民法院·（2018）最高法民终557号

关于涉案鉴定、评估费385000元承担的问题。《诉讼费用交纳办法》第十二条规定，诉讼过程中因鉴定、评估等发生的依法应当由当事人负担的费用，人民法院根据谁主张、谁负担的原则，决定由当事人直接支付给有关机构或者单位，人民法院不得代收代付。该条内容解决的是在鉴定、评估程序启动时，由申请鉴定、评估的当事人直接将相关费用交给鉴定、评估机构，禁止人民法院代收代付，而不是解决鉴定、评估费在当事人之间的最终分担问题。《诉讼费用交纳办法》第二十九条第二款规定，部分胜诉、部分败诉的，人民法院根据案件的具体情况决定当事人各自负担的诉讼费用数额。本案一审判决结果属于当事人部分胜诉、部分败诉的情况，一审法院判决桑某公司负担60%的鉴定、评估费，符合上述规定。桑某公司关于应当由亿某公司全部承担本案鉴定、评估费的上诉请求，并无相应的事实和法律依据，本院不予支持。

案例八：孝义市乾某房地产开发有限公司、山西恒某建设集团有限公司（原山西恒某建筑安装有限公司）建设工程施工合同纠纷再审审查与审判监督民事裁定书 | 最高人民法院·（2020）最高法民申2532号

对于鉴定费的分担，原审法院根据《诉讼费用交纳办法》和案件基本事实决定各方当事人的分担比例，适用法律亦无不当。

案例九：北京崇某工程有限公司、唐山昆某房地产开发有限公司建设工程施工合同纠纷再审审查与审判监督民事裁定书 | 最高人民法院·（2020）最高法民申638号

关于鉴定费承担问题。原审判决根据案件的具体情况，确定鉴定费205万元由当事人双方各自负担102.5万元，并无不当。崇某公司主张应全部由昆某公司承担，理由不能成立。

三、认为鉴定费属于诉讼费范畴，当事人不得单独就鉴定费提起上诉

案例十：刘某智、长春建某集团股份有限公司建设工程合同纠纷再审审查与审判监督民事裁定书 | 最高人民法院·（2019）最高法民申6433号

关于审计费15万元的问题。《诉讼费用交纳办法》第十二条第一款规定："诉讼过程中因鉴定、公告、勘验、翻译、评估、拍卖、变卖、仓储、保管、运输、船舶监管等发生的依法应当由当事人负担的费用，人民法院根据谁主张、谁

负担的原则,决定由当事人直接支付给有关机构或者单位,人民法院不得代收代付。"第四十三条规定:"当事人不得单独对人民法院关于诉讼费用的决定提起上诉。当事人单独对人民法院关于诉讼费用的决定有异议的,可以向作出决定的人民法院院长申请复核。复核决定应当自收到当事人申请之日起15日内作出。当事人对人民法院决定诉讼费用的计算有异议的,可以向作出决定的人民法院请求复核。计算确有错误的,作出决定的人民法院应当予以更正。"关于该笔审计费如有异议,刘某智可向原审法院请求复核。

第五部分　优先受偿权

056 工程款利息、停工损失是否属于建设工程价款优先受偿权的范围？

阅读提示

建设工程价款优先受偿权是发包人不按照合同约定支付工程款时，承包人享有就该建设工程折价或拍卖的价款优先受偿的权利，该权利优先于抵押权和其他金钱债权。因此，承包人享有的建设工程优先受偿权的范围直接影响到承包人、发包人及其他债权人的切身利益。那么，实践中建设工程价款优先受偿权的范围有多大？工程款利息及停工损失是否属于优先受偿范围呢？

裁判要旨

《最高人民法院关于审理建设工程施工合同纠纷案件适用法律问题的解释（一）》第四十条规定："承包人建设工程价款优先受偿的范围依照国务院有关行政主管部门关于建设工程价款范围的规定确定。承包人就逾期支付建设工程价款的利息、违约金、损害赔偿金等主张优先受偿的，人民法院不予支持。"故工程款利息、停工损失、违约赔偿金不属于优先受偿的范围。

案情简介

一、2015年6月12日，仟某公司（发包人）与弘某公司（承包人）签订《施工合同》，由弘某公司承包建设仟某尚城项目。

二、合同签订后，弘某公司于2015年6月15日向仟某公司支付履约保证金200万元。2015年6月21日，弘某公司进场施工。

三、合同履行过程中，工程于2016年1月20日停工，2016年4月26日经双方当事人和监理单位共同申请同意后复工；2016年7月16日再次停工后，弘某公司施工人员退出工地，仅派遣工作人员留守施工现场，并于2016年12月完全退场。

四、2016年11月8日，弘某公司向一审法院起诉请求解除《施工合同》，仟某公司向其支付工程款及利息，并主张在仟某公司支付的工程款、停工损失及利息的范围内对其承建的工程折价或者拍卖所得价款享有优先受偿权。一审法院判决弘某公司对工程款利息及停工损失的优先受偿请求不予支持。

五、弘某公司以确认其在仟某公司应支付工程款、停工损失及利息的范围内，对其承建工程折价或者拍卖所得价款享有优先受偿权作为请求之一，向最高院上诉。最高院认为优先受偿权的范围应限于建设工程的价款，不包括工程款利息，故仅支持弘某公司在工程款范围内享有优先受偿权。

法律分析

本案的焦点问题是工程款利息及停工损失是否属于优先受偿范围。

2021年1月1日起实施的《最高人民法院关于审理建设工程施工合同纠纷案件适用法律问题的解释（一）》第四十条明确规定：承包人建设工程价款优先受偿的范围依照国务院有关行政主管部门关于建设工程价款范围的规定确定。承包人就逾期支付建设工程价款的利息、违约金、损害赔偿金等主张优先受偿权的，人民法院不予支持。

那么，国务院有关行政主管部门关于建设工程价款范围的规定有哪些呢？

《住房城乡建设部、财政部关于印发〈建筑安装工程费用项目组成〉的通知》（建标〔2013〕44号）规定："建筑安装工程费用项目按费用构成要素组成划分为人工费、材料费、施工机具使用费、企业管理费、利润、规费和税金。"《建设部关于印发〈建设工程施工发包与承包价格管理暂行规定〉的通知》（建标〔1999〕1号）第五条规定："工程价格由成本（直接成本、间接成本）、利润（酬金）和税金构成。工程价格包括：合同价款、追加合同价款和其他款项。合同价款系指按合同条款约定的完成全部工程内容的价款。追加合同价款系指在施工过程因设计变更、索赔等增加的合同价款以及按合同条款约定的计算方法计算的材料价差。其他款项系指在合同价款之外甲方应支付的款项。"可见，根据国务院有关行政主管部门的规定，工程价款范围包括人力物料成本、利润和税费，并不包括利息、违约金、损害赔偿金等。

违约金、赔偿金、利息等不属于承包人通过努力直接将劳务、材料等物化到施工项目中的工程价款范围。因此，从既保护承包人、建筑工人的利益，又不损害发包人及其他债权人利益的角度考虑，不应将优先受偿权的范围规定得过于宽泛，利息、违约金、赔偿金等项目不应列入承包人优先受偿权的范围。

实务经验

第一，在前些年的最高院判决中，曾有支持工程款利息属于优先受偿权范围的判例，近年来司法实践基本都倾向于不支持利息和停工损失、违约金、赔偿金等属于优先受偿权的范围。

第二，地方高院与最高院观点基本一致。例如，江苏省高院在《关于审理建设工程施工合同纠纷案件若干问题的意见》（已失效，见《江苏省高级人民法院关于废止部分办案指导文件的通知》）第二十一条规定："承包人的优先受偿权范围限于建设工程合同约定的工程价款，包括承包人应当支付的工作人员报酬、材料款、用于建设工程的垫资等实际支出的费用。未用于建设工程的借款以及发包人应当支付的违约金或者因为发包人违约所造成的损失不属于建设工程价款优先受偿权的受偿范围。"浙江省高院则在《执行中处理建设工程价款优先受偿权有关问题的解答》第三条规定："建设工程价款优先受偿权的范围为建设工程的工程价款，包括承包人应当支付的工作人员报酬、材料款和用于建设工程的垫资款等。工程价款的利息不在优先受偿范围内。发包人应当支付的违约金或者因为发包人违约所造成的损失，不属于建设工程价款优先受偿权的受偿范围。"

法条链接

《中华人民共和国民法典》（2021年1月1日实施）

第八百零七条 发包人未按照约定支付价款的，承包人可以催告发包人在合理期限内支付价款。发包人逾期不支付的，除根据建设工程的性质不宜折价、拍卖外，承包人可以与发包人协议将该工程折价，也可以请求人民法院将该工程依法拍卖。建设工程的价款就该工程折价或者拍卖的价款优先受偿。

《最高人民法院关于审理建设工程施工合同纠纷案件适用法律问题的解释（一）》（法释〔2020〕25号 2021年1月1日实施）

第二十七条 利息从应付工程价款之日开始计付。当事人对付款时间没有约定或者约定不明的，下列时间视为应付款时间：

（一）建设工程已实际交付的，为交付之日；

（二）建设工程没有交付的，为提交竣工结算文件之日；

（三）建设工程未交付，工程价款也未结算的，为当事人起诉之日。

第三十五条 与发包人订立建设工程施工合同的承包人，依据民法典第八百零七条的规定请求其承建工程的价款就工程折价或者拍卖的价款优先受偿的，人民法院应予支持。

第四十条 承包人建设工程价款优先受偿的范围依照国务院有关行政主管部门关于建设工程价款范围的规定确定。

承包人就逾期支付建设工程价款的利息、违约金、损害赔偿金等主张优先受偿的，人民法院不予支持。

第四十一条 承包人应当在合理期限内行使建设工程价款优先受偿权，但最长不得超过十八个月，自发包人应当给付建设工程价款之日起算。

法院判决

《合同法》第二百八十六条①规定：发包人未按照约定支付价款的，承包人可以催告发包人在合理期限内支付价款。发包人逾期不支付的，除按照建设工程的性质不宜折价、拍卖的以外，承包人可以与发包人协议将该工程折价，也可以申请人民法院将该工程依法拍卖。建设工程的价款就该工程折价或者拍卖的价款优先受偿。《最高人民法院关于审理建设工程施工合同纠纷案件适用法律问题的解释（二）》第二十一条规定：承包人建设工程价款优先受偿的范围依照国务院有关行政主管部门关于建设工程价款范围的规定确定。承包人就逾期支付建设工程价款的利息、违约金、损害赔偿金等主张优先受偿的，人民法院不予支持。第二十二条规定：承包人行使建设工程价款优先受偿权的期限为六个月，自发包人应当给付建设工程价款之日起算。本案中，弘某公司于2016年11月8日向一审法院起诉时一并主张优先受偿权，未超过六个月的期限，故弘某公司对其施工的仟某尚城项目工程折价或者拍卖的价款享有优先受偿权。关于优先受偿权的范

---

① 编者按：《民法典》第807条。

围，应限于建设工程的价款，不包括工程款利息。

案件来源

江苏弘某建设工程集团有限公司、云南仟某房地产开发有限公司建设工程施工合同纠纷二审民事判决书｜最高人民法院·（2019）最高法民终 272 号

延伸阅读

案例一：中建某局集团有限公司、宁夏北某置业开发有限公司建设工程施工合同纠纷二审民事判决书｜最高人民法院·（2017）最高法民终 611 号

关于中建某局对工程价款享有优先受偿权的范围是否包括北某置业公司欠付的所有工程款及利息的问题。……根据《最高人民法院关于建设工程价款优先受偿权问题的批复》第三条的规定："建筑工程价款包括承包人为建设工程应当支付的工作人员报酬、材料款等实际支出的费用，不包括承包人因发包人违约所造成的损失。"故中建某局请求应在北某置业公司欠付工程款 26328787.50 元的范围内对涉案工程折价或者拍卖的价款享有优先受偿权的主张成立，应予支持。至于中建某局对工程价款享有优先受偿权的范围是否包括北某置业公司欠付工程款的利息的问题，根据《最高人民法院关于建设工程价款优先受偿权问题的批复》第三条的规定，可以享受建设工程优先受偿权的工程款范围是承包人为建设工程实际支出的费用，包括应当支付的工作人员报酬、材料款等，不包括承包人因发包人违约所造成的损失。

但工程款利息属于法定孳息，是基于承包人实际支出的费用而产生的孳息，与工程款本为一体，理应属于优先权的受偿范围。中建某局上诉主张，其优先受偿权的范围包括欠付工程款及利息，具有相应的事实和法律依据，本院予以支持。

案例二：山东中某防科技发展有限公司、江苏省建某集团有限公司建设工程合同纠纷二审民事判决书｜最高人民法院·（2019）最高法民终 990 号

关于诚某顶峰提出的串标问题，根据《建设工程司法解释（二）》第十九条的规定，建设工程质量合格，承包人请求其承建工程的价款就工程折价或者拍卖的价款优先受偿的，人民法院应予支持。故一审法院认定江苏建某享有工程价款优先受偿权，并无不当。对诚某顶峰上述主张及提交相关材料的待证目的，不予支持。

关于一审判决江苏建某享有工程价款优先受偿权的范围包括独立费是否正确。2014年2月18日《补充协议》第六条付款方式（单体结算付款）第8款约定的"因发包人不按合同约定付款，造成承包人在外高息借款、项目误工、租赁费、管理费等损失，工程预结算定额外建筑面积每平方米另增加500元"，系《工程造价鉴定报告》中"独立费"的计算依据。根据本案实际情况，独立费系因中某防公司未按合同约定付款造成相关施工费用支出增加而约定的对工程价款的补充，属于双方对施工过程增加的施工成本所做的约定。中某防公司主张独立费系双方自行约定的逾期支付工程款的违约损失，不应纳入优先受偿权范围，不能成立。一审法院对江苏建某享有工程价款优先受偿权的范围的认定，并无不当。

案例三：江苏广某建设集团有限公司、江苏汇银典某有限公司建设工程施工合同纠纷再审民事判决书｜最高人民法院·（2017）最高法民再246号

关于涉案工程款利息是否也应享有优先受偿权的问题，依照《最高人民法院关于建设工程价款优先受偿权问题的批复》第三条的规定，建设工程价款包括承包人为建设工程应当支付的工作人员报酬、材料款等实际支出的费用，不包括因发包人违约所造成的损失。欠付工程款利息属于因发包人违约所造成的损失，不属于建设工程价款的范畴，不应当享有优先受偿权。

关于涉案建设工程价款优先受偿权范围是否应限定于为建设该工程而应当支付的工作人员报酬、材料款等实际支出费用的问题。根据《最高人民法院关于建设工程价款优先受偿权问题的批复》第三条的规定，工作人员报酬、材料款等实际支出的费用属于建设工程价款的范畴，但并不仅限于该两项费用，故认为涉案建设工程价款应当仅限于工作人员报酬、材料款等实际支出费用的上诉意见缺乏依据，不能成立，不予支持。

057 工程质量保证金是否属于优先受偿权的范围？

阅读提示

工程质量保证金（以下简称质保金）通常是指发包人与承包人在建设工程承包合同中约定的，从应付的工程款中预留，用以保证承包人在缺陷责任期内对建设工程出现的缺陷进行维修的资金。那么，质保金是否属于建设工程优先受偿权的范围？

裁判要旨

质保金是发包人从应付工程款中预留的资金，发包人在缺陷责任期届满后应将质保金返还给承包人，质保金属于工程价款的一部分，因此符合退还条件的质保金属于建设工程价款优先受偿权的范围。

案情简介

一、2012年11月15日，凯某公司作为发包人就陈某新界项目与某建公司重新签订了《建筑工程施工合同》，约定主楼18栋、地下室一层等总建筑面积约40万平方米项目由某建公司施工。合同价款暂定6亿元。

二、2013年2月19日，某建公司向凯某公司发送《因延期付款造成的工期及费用索赔报告》，要求支付进度款及因延期造成的索赔费用。2013年3月12日，凯某公司回函表示：就欠付工程款同意与某建公司协商，达成延期付款协议，但不认可索赔费用。

三、2015年4月7日，某建公司离场，涉案工程共有9栋楼已经交付使用。其余8栋楼及地下车库、幼儿园主体已完工，施工了部分安装工程。

四、某建公司起诉要求凯某公司支付工程款（包括质保金），并对工程款享有优先受偿权，凯某公司抗辩应扣除质保金。

五、一审法院以质保金是发包人从应付工程款中预留的资金，属于工程款的一部分为由，支持了某建公司对包括质保金在内的工程款1.3亿元就承建工程部分折价或者拍卖的价款享有优先受偿权。

六、凯某公司以原审法院不应支持建设工程价款优先权为理由之一，向最高院提起上诉。最高院认为截至一审判决作出时间2019年12月27日，本案各项工程均已过保修期，已扣留的质保金应予退还。某建公司提起本案诉讼主张建设工程价款优先受偿权的时间是2015年7月27日，未超过法律规定的期限，一审判决某建公司在1.3亿元范围内享有优先受偿权，符合法律规定，驳回上诉。

法律分析

本案的焦点问题是质保金是否属于优先受偿权的范围。

第一，质保金是为确保工程保修所需资金的及时到位，约束承包人在缺陷责任期内履行保修义务的一项保证措施。在缺陷责任期届满后，承包人依约履行保修、维修义务的，发包人应将暂扣的质保金全部退还给承包人。质保金属于附期限的工程价款，缺陷责任期届满后发包人应当支付给承包人。质保金来源于工程款，故属于工程价款的范畴，理应属于工程价款优先受偿的范围。

第二，本案中，虽然承包人某建公司起诉时，缺陷责任期未满，不符合质保金退还条件，但是在一审判决时，各项工程均已过缺陷责任期，已扣留的质保金应予退还，承包人主张享有工程价款优先受偿权的价款部分中包括质保金，因此，符合退还条件的质保金，属于工程价款优先受偿权的范围。

实务经验

第一，在司法实践中，缺陷责任期是否届满、质保金是否满足退还条件，可以作为质保金是否属于工程价款优先受偿权范围的判断标准：符合退还条件的质保金属于建设工程价款优先受偿权范围；若质保金尚未到付款期，优先受偿的范围则不包含质保金。

第二，由于建设工程案件标的大、周期长，有的案件诉讼过程可能会历经数年之久。在立案时，虽工程缺陷责任期未届满，但在最终法院判决时可能就符合质保金退还条件了。因此，云亭建工律师团队建议，在涉及建设工程价款优先受偿权以及工程质保金返还的问题时，即使缺陷责任期未届满，承包人也可以将质保金优先受偿权一并主张，既能避免再次起诉返还质保金的诉累，也能更充分保障承包人工程价款债权的实现。

法条链接

《中华人民共和国民法典》（2021年1月1日实施）

第八百零七条 发包人未按照约定支付价款的，承包人可以催告发包人在合理期限内支付价款。发包人逾期不支付的，除根据建设工程的性质不宜折价、拍卖外，承包人可以与发包人协议将该工程折价，也可以请求人民法院将该工程依法拍卖。建设工程的价款就该工程折价或者拍卖的价款优先受偿。

《最高人民法院关于审理建设工程施工合同纠纷案件适用法律问题的解释（一）》（法释〔2020〕25号 2021年1月1日实施）

第十七条 有下列情形之一，承包人请求发包人返还工程质量保证金的，人民法院应予支持：

（一）当事人约定的工程质量保证金返还期限届满；

（二）当事人未约定工程质量保证金返还期限的，自建设工程通过竣工验收之日起满二年；

（三）因发包人原因建设工程未按约定期限进行竣工验收的，自承包人提交工程竣工验收报告九十日后当事人约定的工程质量保证金返还期限届满；当事人未约定工程质量保证金返还期限的，自承包人提交工程竣工验收报告九十日后起满二年。

发包人返还工程质量保证金后，不影响承包人根据合同约定或者法律规定履行工程保修义务。

法院判决

关于质量保证金。凯某公司主张从工程造价中扣减4%的质量保证金，一审法院未支持，凯某公司提起上诉。本院认为，《建设工程司法解释二》第八条第一款第一项规定，当事人约定的工程质量保证金返还期限届满，承包人请求发包人返还工程质量保证金的，人民法院应予支持。《建设工程质量保证金管理办法》第二条第三款规定，缺陷责任期一般为1年，最长不超过2年，由发、承包双方在合同中约定。本案中，双方约定了各项工程的质量保修期，并约定质量保证金为合同造价的4%，在工程竣工结算时预留，土建、安装、防水工程各自保修期限到期后，按造价比例自保修期满后14天内分别无息退还承包人。其他保修项目由承包人负责直至保修期满后无息退还，地下车库工程预留质量保证金待质保期满后30日内，一次性付清。2015年4月7日，凯某公司收回工程，质量缺陷责任期应自此日起计算。按照《建设工程质量保证金管理办法》的规定，以及双方的约定，截至一审判决作出时间2019年12月27日，本案各项工程均已过保修期，已扣留的质量保证金应予退还，并支付保修金利息。一审对质量保证金的处理正确，凯某公司此项上诉请求缺乏事实和法律依据，本院不予支持。

关于建设工程价款优先受偿权。凯某公司上诉称一审判决对建设工程价款优先受偿权的认定适用法律错误。本院认为，根据《建设工程司法解释二》第十七条、第二十条的规定，某建公司享有建设工程价款优先受偿权。根据该司法解释第二十二条的规定，承包人行使建设工程价款优先受偿权的期限为六个月，自发包人应当给付建设工程价款之日起算。凯某公司收回涉案工程的时间是2015年4月7日，应自当日起给付建设工程价款。某建公司提起本案诉讼主张建设工程价款优先受偿权的时间是2015年7月27日，未超过法律规定的期限。已查明凯某公司欠付工程款为132801068.44元，一审判决认定某建公司在132801068.44元范围内享有优先受偿权，符合法律规定。

案件来源

浙江省某建建设集团有限公司、咸阳凯某置业有限责任公司建设工程施工合同纠纷二审民事判决书 | 最高人民法院·（2020）最高法民终483号

延伸阅读

一、合同解除情形下，质保金条款终止履行，工程价款优先受偿的范围包含质保金。

案例一：浙江中某建某集团有限公司、天津万某电子产业投资有限公司建设工程施工合同纠纷二审民事判决书 | 最高人民法院·（2018）最高法民终638号

关于万某公司应付中某公司工程款中应否扣除质保金以及中某公司享有工程价款优先受偿权应否包含质保金问题。《合同法》第九十七条[①]规定，合同解除后，尚未履行的，终止履行；已经履行的，根据履约情况和合同性质，当事人可以要求恢复原状或者采取其他补救措施，并有权要求赔偿损失。涉案《备案合同》解除后，尚未履行的条款应终止履行。根据《建设工程质量保证金管理办法》第二条第一款规定："本办法所称建设工程质量保证金（以下简称保证金）是指发包人与承包人在建设工程承包合同中约定，从应付的工程款中预留，用以保证承包人在缺陷责任期内对建设工程出现的缺陷进行维修的资金。"涉案《备案合同》第26条约定"余款5%作为工程保修款，待工程竣工满1年后7天内支付保修款总价的50%，待工程竣工满2年后7天内支付保修款总价的70%"。该条款系当事人就质量保证金的支付比例及返还时间所作约定。涉案工程至今未完工，缺陷责任期尚未起算，上述质保金条款尚未履行，自《备案合同》解除之时，该条款应终止履行。一审判决仍然依据该条款扣除质保金，依据不足。对于

---

① 编者按：《民法典》第566条。

中某公司已完工部分，万某公司并未主张该部分工程存在质量问题需要维修，且承包人的保修义务是法定义务，即便质保金条款终止履行，中某公司仍然应对已完工程的质量问题在保修期内承担保修责任。万某公司主张扣留质保金，依据不足。

二、尚不符合退还条件的工程质保金，不属于建设工程价款优先受偿权范围。

案例二：会昌县富某房地产开发有限公司、江西省祥某建设工程有限责任公司建设工程施工合同纠纷二审民事判决书丨江西省高级人民法院·（2019）赣民终23号

本院认为，工程质量保证金虽是从工程价款中按比例提取的，但其功能在于担保施工方履行工程质量维修义务，如果产生质量问题，施工方不履行维修义务，可以从工程质量保证金中扣除维修费用。故其虽然来源于工程价款，但性质已经转化为工程质量保证金。尚不符合退还条件的工程质量保证金，不属于建设工程价款优先受偿权范围。而祥某公司提供的证据不能证明本案工程质量保证金已满足退还条件。因此，对祥某公司主张工程质量保证金属于建设工程价款优先受偿权范围，不予支持。

058 建设工程优先受偿权的起算时间应如何认定？

阅读提示

司法实践中，建设工程价款优先受偿权是否在法律规定的期限内行使，是争议最大的焦点之一。《民法典》施行前，法律规定优先受偿权的行使期限是六个月。《民法典》施行后，《最高人民法院关于审理建设工程施工合同纠纷案件适用法律问题的解释（一）》将优先受偿权行使期限改为十八个月，更有利于保护承包人的权益。优先受偿权从何时起算，对承包人影响重大，在实践中存在不同观点。

裁判要旨

建设工程价款优先受偿权行使期限应从发包人应当给付工程款之日起算。建设工程施工合同纠纷案件情况复杂，每个案例都有其特殊性，"应给付价款之日"根据个案情况不同，也存在不同。

案情简介

一、2012年1月9日，凯某公司与中某公司签订《帝某国际花园工程施工合同》，约定由中某公司承包帝某国际花园工程，合同价款约6亿元，工期1095天。

二、2013年3月5日，双方签订《补充协议》，约定如因欠付工程款引发纠纷，由武汉仲裁委员会仲裁解决。合同签订后，中某公司对项目进行了施工建设。

三、2015年8月17日，武汉仲裁委员会受理了中某公司与凯某公司建设工程施工合同纠纷案。2017年6月16日，武汉仲裁委员会根据双方的调解意见制作了调解书，主要内容如下：1. 解除《帝某国际花园工程施工合同》及《补充协议》；2. 中某公司已完成的工程结算价款为3.59亿元；3. 截至2016年12月31日，凯某公司欠付工程款122268501.8元，欠付中某公司停窝工期间所产生的工人工资、设备租赁和安全防护等费用支出49436498.2元。

四、2015年9月16日，利盛某公司向河源市中级人民法院起诉，要求确认中某公司对凯某公司的债权不属于优先债权。

五、一审法院判决：驳回利盛某公司的诉讼请求。利盛某公司不服上诉，理由之一是即使中某公司享有优先权，但是中某公司行使优先权已过法定期限。广东省高级人民法院二审判决：驳回上诉，维持原判。

六、利盛某公司向最高人民法院申请再审。2019年8月23日，最高人民法院裁定驳回利盛某公司的再审申请。

法律分析

本案的焦点问题是建设工程价款优先受偿权的起算时间应如何认定。

第一，优先受偿权实际上是对承包人行使期限的限制，是为了督促承包人及时行使权利，避免其他债权人的权利长期处于不确定状态。优先受偿权的行使期限为除斥期间，不适用中止、中断和延长，因此，优先受偿权的起算点就十分关键。

第二，《最高人民法院关于建设工程价款优先受偿权问题的批复》（已失效）曾规定优先受偿权的起算点为建设工程竣工之日或合同约定的竣工之日。然而在实践中，很多工程纠纷的工程结算周期长，导致很多承包人在竣工之日起六个月内主张优先受偿权不现实，不利于承包人的权利保护。为此，2019年2月1日起施行的《最高人民法院关于审理建设工程施工合同纠纷案件适用法律问题的解释（二）》（以下简称原司法解释二）第二十二条的规定："承包人行使建设工程价款优先受偿权的期限为六个月，自发包人应当给付建设工程价款之日起算。"原司法解释二将起算点改为"自发包人应当给付建设工程价款之日起算"。

第三，2021年1月1日起施行的《最高人民法院关于审理建设工程施工合同纠纷案件适用法律问题的解释（一）》（以下简称新司法解释一）沿用原司法解释二关于优先受偿权起算点的规定。该解释虽然明确了优先受偿权自发包人应当给付建设工程价款之日起算，但对"应当给付建设工程价款之日"的认定并未予以明确。建设工程施工合同纠纷案件情况复杂，每个案例都有其特殊性，"应给付价款之日"根据个案情况不同，也存在不同。

第四，本案中，2017年6月16日的仲裁调解书对双方的结算协议予以确认。发包人应当给付工程价款的日期可认定为2017年6月17日，优先受偿权的期间应为自此开始计算的六个月内。

实务经验

第一，合同有约定的，依据发包人与承包人约定的应付工程款之日为优先受偿权的起算之日。建设工程施工合同是平等主体之间签订的合同，应该尊重当事人意思自治，合同约定有付款日期，或者双方协商变更付款日期的，都应该以双方约定的应付款日期为优先受偿权起算日期。

第二，建设工程实际交付的，以建设工程交付之日为优先受偿权的起算之日。《民法典》建设工程合同章第八百零八条规定："本章没有规定的，适用承揽合同的有关规定"。承揽合同章第七百八十二条规定："定作人应当按照约定的期限支付报酬。对支付报酬的期限没有约定或者约定不明确，依据本法第五百一十条的规定仍不能确定的，定作人应当在承揽人交付工作成果时支付；工作成果部分交付的，定作人应当相应支付。"根据法律规定，发包人与承包人对于工程价款支付时间没有约定，但建设工程实际交付给发包人的，交付之日即为应付款之日，亦为优先受偿权起算之日。

第三，建设工程没有交付的，以提交结算文件之日为优先受偿权起算之日。

承包人完成建设工程施工并提交结算文件后，发包人若不能在约定期限内予以答复或者恶意不予结算，将损害承包人的利益。在这种情况下，以发包人提交结算文件之日作为应付工程价款的日期和优先受偿权起算日期。

第四，建设工程未交付，工程价款未结算的，优先受偿权起算之日为当事人起诉之日。建设工程未交付，工程价款也未结算，往往是发包人与承包人对工程价款存在争议，这时具体的结算价款不确定，需要通过法院审理认定或者鉴定机构鉴定后确认工程价款数额，因此司法实践中往往以起诉之日作为优先受偿权起算之日。

第五，工程尚未竣工而合同解除、终止履行的，以合同实际解除、终止之日作为优先受偿权起算之日。发包人与承包人在合同履行过程中解除或者终止履行合同，如果双方约定了工程款支付日期，应当以协议约定的支付日期为优先受偿权起算日期，如果没有约定的，按照2011年10月9日《全国民事审判工作会议纪要》规定："如果建设工程合同由于发包人的原因解除或终止履行，承包人行使建设工程价款优先受偿权的期限自合同解除或终止履行之日起计算。"

第六，分期施工、分期付款情形下优先受偿权自最后一期付款到期之日起算。在付款日之前或之后双方达成分期付款协议的，协议约定的付款日即为发包人应当给付工程款之日，因为新的协议约定已经变更原合同约定或者法律规定的发包人应付款日，此时承包人的优先受偿权应当自双方约定的最后一期工程款应付之日起计算。

在司法实践中，我们要根据建设工程纠纷案件不同情况，区别对待，合理掌握优先受偿权的起算时间，千万不要因为超过优先受偿权的行使期限而丧失工程价款优先受偿的权利。如果不确定是否超出优先受偿权的行使期限，在起诉时，不妨一并提出，由法院进行裁判。

同时需要指出的是，承包人未在法律规定的优先受偿权的期限内起诉，丧失的仅仅是优先权，并未丧失工程价款债权，此时，承包人享有的债权是与其他债权人一样的普通债权。

法条链接

《中华人民共和国民法典》（2021年1月1日实施）

第八百零七条 发包人未按照约定支付价款的，承包人可以催告发包人在合理期限内支付价款。发包人逾期不支付的，除根据建设工程的性质不宜折价、拍卖外，承包人可以与发包人协议将该工程折价，也可以请求人民法院将该工程依法拍卖。建设工程的价款就该工程折价或者拍卖的价款优先受偿。

《最高人民法院关于审理建设工程施工合同纠纷案件适用法律问题的解释（一）》（法释〔2020〕25号 2021年1月1日实施）

第二十七条 利息从应付工程价款之日开始计付。当事人对付款时间没有约定或者约定不明的，下列时间视为应付款时间：

（一）建设工程已实际交付的，为交付之日；

（二）建设工程没有交付的，为提交竣工结算文件之日；

（三）建设工程未交付，工程价款也未结算的，为当事人起诉之日。

第三十五条 与发包人订立建设工程施工合同的承包人，依据民法典第八百零七条的规定请求其承建工程的价款就工程折价或者拍卖的价款优先受偿的，人民法院应予支持。

第四十一条 承包人应当在合理期限内行使建设工程价款优先受偿权，但最长不得超过十八个月，自发包人应当给付建设工程价款之日起算。

法院判决

根据《最高人民法院关于建设工程价款优先受偿权问题的批复》，建设工程价款优先受偿权的期限的起算点为建设工程竣工之日或合同约定的竣工之日起六个月。然而，如若合同约定发包人支付工程款日期在工程竣工之日六个月之后，或者因建设工程施工合同解除，承包人主张工程款时工程尚未竣工的，优先受偿权何时起算，当时的法律或者司法解释并无明确规定。参照2019年2月1日起施行的《最高人民法院关于审理建设工程施工合同纠纷案件适用法律问题的解释（二）》第二十二条的规定："承包人行使建设工程价款优先受偿权的期限为六个月，自发包人应当给付建设工程价款之日起算。"本案的工程价款优先受偿权应从发包人应当给付工程款之日起算。根据本案查明的事实，涉案的122268501.8元工程价款，系经中某公司、凯某公司2017年4月30日达成的《结算协议书》对已建工程结算的结果，2017年6月16日的仲裁调解书予以确认。因此，发包人应当给付工程价款的日期可认定为2017年6月17日，优先受偿权的期限应为自此开始计算的六个月内。原审法院认定中某公司向凯某公司管理人申报优先债权时未超过该期限，并无不当。

案件来源

深圳市利盛某实业有限公司、中铁某局集团建筑安装工程有限公司普通破产债权确认纠纷再审审查与审判监督民事裁定书 | 最高人民法院·（2019）最高法民申 2565 号

延伸阅读

案例一：唐某华、桂林金某投资有限公司破产债权确认纠纷再审审查与审判监督民事裁定书 | 最高人民法院·（2020）最高法民申 3302 号

本院经审查认为，《最高人民法院关于审理建设工程施工合同纠纷案件适用法律问题的解释（二）》第二十二条规定，承包人行使建设工程价款优先受偿权的期限为六个月，自发包人应当给付建设工程价款之日起算。对于该条规定的"发包人应当给付建设工程价款之日"，因建设工程施工合同履行过程的复杂性特点，应当根据具体案件中的具体情况加以确定。本案中，原审已查明，2014年 11 月 17 日，金某公司、周某付、唐某华签订涉案《补充协议》，《补充协议》约定金某公司应于 2015 年 1 月 30 日之前将周某付对唐某华拖欠的 298 万元民工工资支付给唐某华，金某公司支付的上述工资，从应付周某付工程款中扣除。之后，经对账确认，其中 183 万元已支付，尚有 115 万元未支付。金某公司支付唐某华民工工资的时间已经双方通过签订《补充协议》的方式予以确认且部分履行。

本院认为，《最高人民法院关于审理建设工程施工合同纠纷案件适用法律问题的解释（二）》第二十二条规定已将承包人行使建设工程价款优先受偿权的起算时间明确为发包人应当给付建设工程价款之日，并非实际竣工之日。原判决结合涉案工程早已停工等事实，认定涉案建设工程价款优先受偿权起算点为《补充协议》约定的应付款之日即 2015 年 1 月 30 日，唐某华主张建设工程价款优先受偿权已超过六个月期限，并无不当。唐某华的再审申请事由不能成立。

案例二：福建中某建设有限公司、湖北徐某（集团）股份有限公司建设工程施工合同纠纷二审民事判决书 | 最高人民法院·（2020）最高法民终 781 号

（三）福建中某公司对涉案工程是否享有建设工程价款优先受偿权以及优先受偿权的范围。

本院认为，福建中某公司对涉案工程不享有建设工程价款优先受偿权。理由

是：福建中某公司在涉案工程中于 2014 年 4 月底退场。武汉中某公司于 2014 年 4 月 28 日又与和某公司、湖北世纪兴某公司签订《协议书》约定由和某公司继续施工。因此应当认定涉案工程于 2014 年 4 月底已交付给武汉中某公司。在双方对最终付款时间没有明确约定的情况下，福建中某公司应于 2014 年 4 月底工程交付时起的六个月内即 2014 年 10 月底之前主张行使建设工程价款优先受偿权。退一步讲，即使按照福建中某公司所称的 2016 年 3 月 28 日涉案工程安排拆迁户入住，故以该日作为工程交付时间，那么福建中某公司也应于 2016 年 9 月底之前主张行使建设工程价款优先受偿权。本案中，福建中某公司是在 2019 年 3 月 18 日提交的本案一审起诉状中主张优先受偿权，这已超出了六个月的法定期限。所以，福建中某公司主张行使涉案工程价款优先受偿权的主张，不应支持。据此，涉案工程安置房的范围和面积问题也不再影响建设工程价款优先受偿权问题，故对涉案工程安置房的范围和面积问题本院不再考虑。

案例三：北京城某集团有限责任公司、沈阳首开国某投资有限公司建设工程施工合同纠纷二审民事判决书｜最高人民法院·（2020）最高法民终 1042 号

（三）关于优先受偿权是否超过行使期限问题

涉案工程已完工部分经验收质量合格，根据《最高人民法院关于审理建设工程施工合同纠纷案件适用法律问题的解释（二）》（法释〔2018〕20 号）第十九条的规定，城某公司有权主张就工程折价或者拍卖的价款优先受偿。根据前述司法解释第二十二条的规定，承包人行使建设工程价款优先受偿权的期限为六个月，自发包人应当给付建设工程价款之日起算。本案中，首某公司应付工程款之日为城某公司提交工程结算文件之日即 2013 年 10 月 18 日，而城某公司一审期间于 2019 年 12 月 16 日增加诉讼请求，主张工程价款优先受偿权，已超过法律规定的六个月的行使期限。一审法院认为城某公司的建设工程优先受偿权从涉案工程价款确定之日起算，缺乏依据，本院予以纠正。首某公司关于工程价款优先受偿权超过行使期限的主张成立，本院予以支持。

案例四：陕西航某建设集团有限公司、甘肃昊某市场开发有限公司建设工程施工合同纠纷二审民事判决书｜最高人民法院·（2020）最高法民终 496 号

关于陕西某建公司是否享有涉案工程价款优先权的问题。《最高人民法院关于审理建设工程施工合同纠纷案件适用法律问题的解释》第十八条规定："利息从应付工程价款之日计付。当事人对付款时间没有约定或者约定不明的，下列时间视为应付款时间：（一）建设工程已实际交付的，为交付之日；（二）建设工程没有交付的，为提交竣工结算文件之日；（三）建设工程未交付，工程价款也未结算的，为当事人起诉之日。"《建设工程合同司法解释二》第二十二条规定："承包人行使建设工程价款优先受偿权的期限为六个月，自发包人应当给付建设工程价款之日起算。"第二十六条第二款规定："本解释施行后尚未审结的一审、二审案件，适用本解释。"根据前述法律规定，建设工程未交付，工程价款未结算的，应付工程款的时间为当事人起诉之日，承包人行使建设工程价款优先受偿权的期限六个月自当事人起诉之日开始计算。本案中，涉案工程未实际交付，工程价款未结算，应付款时间应为陕西某建公司起诉之日。陕西某建公司2015年11月12日提起本案诉讼，主张对涉案工程价款享有优先受偿权，并未超过法定期间。一审以双方合同约定的竣工之日2013年10月31日作为优先受偿权的起算时间，认定陕西某建公司已超过法律规定的承包人行使优先权的六个月法定期限，认定事实错误，适用法律错误，本院予以纠正。

案例五：丹东日月某置业有限公司、浙江新东某建设集团有限公司建设工程施工合同纠纷二审民事判决书｜最高人民法院·（2020）最高法民终903号

（五）关于新东某公司主张的工程价款优先受偿权问题

根据《合同法》第二百八十六条①及《最高人民法院关于审理建设工程施工合同纠纷案件适用法律问题的解释（二）》第二十条的规定，新东某公司对承建的涉案工程享有工程价款优先受偿权。虽然日月某公司对新东某公司施工部分的工程质量提出异议并提出司法鉴定申请，但日月某公司已撤回其鉴定申请，本案并无证据证明新东某公司承建的涉案工程存在质量问题。以2018年8月30日涉案施工合同解除之日作为起算点计算，新东某公司行使建设工程优先受偿权未超过《最高人民法院关于审理建设工程施工合同纠纷案件适用法律问题的解释（二）》第二十二条规定的六个月期限。根据《最高人民法院关于审理建设工程施工合同纠纷案件适用法律问题的解释（二）》第二十一条的规定，新东某公司依法享有工程价款优先受偿权的范围仅限于日月某公司欠付的工程价款本金49240573.7元，一审法院对于新东某公司主张对工程价款违约金、停工损失享有优先受偿权的请求不予支持。

案例六：宁波建某股份有限公司、兰溪市喜某地产发展有限公司等建设工程施工合同纠纷再审民事判决书｜最高人民法院·（2019）最高法民再105号

关于涉案工程不能以工程竣工之日作为优先受偿权行使期限起算点的依据。

---

① 编者按：《民法典》第807条。

本案中，根据涉案《建设工程施工合同》的约定，世某大饭店和世某151公馆的付款均是分期付款，在竣工之前按工程量付款，工程竣工之后分三期付款，具体为：单体工程经四方竣工验收合格后按预算价支付至85%的工程款，房建工程竣工验收合格且备案通过后按预算价支付至92%的工程款，其余部分工程款待工程决算审核完毕留足审核造价的3%工程保修金后一次性付清；关于工程决算，房建工程竣工验收合格，承包人向发包人提供完整、清晰的工程竣工结算报告和竣工结算资料后，发包人在五个半月内提交审核报告并经双方确认后作为最终结算依据。结合上述约定可知，合同约定的付款方式为分期付款，后三期付款期限均在竣工验收之后，其中最后一笔款项在双方决算之后。因此，在当事人明确约定的工程款支付时间晚于工程竣工之日的情况下，承包人根据《合同法》第二百八十六条①享有的建设工程价款优先受偿权行使的前提条件尚不具备，也就不存在自工程竣工之日起算六个月行使期限的问题，本案中应当以工程款应支付时间作为建设工程优先受偿权的起算点。一、二审判决以工程竣工之日作为建设工程优先受偿权六个月行使期限的起算点，适用法律错误，应予纠正。

案例七：中建某局第四建筑有限公司、宁港城某建设发展有限公司建设工程施工合同纠纷二审民事判决书丨最高人民法院·（2019）最高法民终1801号

中建某公司与宁港某公司就涉案工程款（进度款）的支付时间，已在双方当事人的《建设工程施工合同》中明确约定。《会议纪要》中约定的欠款计息日亦为2015年1月20日开始，中建某公司于2018年10月30日向一审法院提起本案诉讼请求确认建设工程价款优先受偿权。依据《最高人民法院关于审理建设工程施工合同纠纷案件适用法律问题的解释（二）》第二十二条关于"承包人行使建设工程价款优先受偿权的期限为六个月，自发包人应当给付建设工程价款之日起算"的规定，原审判决认定中建某公司行使建设工程价款优先受偿权已超过六个月期限并无不当，本院对此不持异议。

此外，虽然中建某公司于2018年7月2日向宁港某公司所发律师函中对欠付工程款的支付期限提出要求，但宁港某公司回函并未认可支付期限变更及确认上述建设工程价款优先受偿权，故中建某公司关于应当以其发出该律师函的日期为起算工程价款优先受偿权日期的主张，缺乏事实和法律依据，本院不予支持。

---

① 编者按：《民法典》第807条。

案例八：华北建某集团有限公司、大理洱海金某旅游度假置业有限公司建设工程施工合同纠纷二审民事判决书丨最高人民法院·（2019）最高法民终 845 号

《合同法》第二百八十六条①规定："发包人未按照约定支付价款的，承包人可以催告发包人在合理期限内支付价款。发包人逾期不支付的，除按照建设工程的性质不宜折价、拍卖的以外，承包人可以与发包人协议将该工程折价，也可以申请人民法院将该工程依法拍卖。建设工程的价款就该工程折价或者拍卖的价款优先受偿。"《建设工程司法解释（二）》第二十二条规定："承包人行使建设工程价款优先受偿权的期限为六个月，自发包人应当给付建设工程价款之日起算。"因涉案工程价款系在本案审理中通过鉴定方式确定，故应付工程价款时间应为起诉之日，华北建设某公司在金某置业公司欠付工程款范围内享有建设工程价款优先受偿权。

案例九：福建九某建设集团有限公司、云南佳鸿宇某实业有限公司建设工程施工合同纠纷二审民事判决书丨最高人民法院·（2020）最高法民终 337 号

（五）关于福建九某是否享有工程价款优先受偿权的问题：佳某公司主张，福建九某公司自认的停工时间距离起诉时已超过六个月，超过了优先受偿权的行使期限，且会影响到涉案工程后续承包人的优先权。本院认为，《最高人民法院关于审理建设工程施工合同纠纷案件适用法律问题的解释（二）》第二十二条规定："承包人行使建设工程价款优先受偿权的期限为六个月，自发包人应当给付建设工程价款之日起算。"本案中，建设工程施工合同解除时工程尚未完工，且双方对于已完工程价款尚存争议，后经司法鉴定得以明确涉案工程价款的具体数额。故一审法院以福建九某公司起诉之日确定佳某公司应当给付建设工程价款的时间，于法有据。

案例十：宁夏东某实业有限公司、南通金某装饰工程有限公司装饰装修合同纠纷二审民事判决书丨最高人民法院·（2019）最高法民终 1861 号

关于金某公司主张优先受偿权的期限是否符合法律规定的问题。根据《最高人民法院关于审理建设工程施工合同纠纷案件适用法律问题的解释（二）》第二十二条关于"承包人行使建设工程价款优先受偿权的期限为六个月，自发包人应当给付建设工程价款之日起算"及《最高人民法院关于审理建设工程施工合同纠纷案件适用法律问题的解释》第十八条关于"当事人对付款时间没有约定或者约定不明的，下列时间视为应付款时间……（二）建设工程没有交付的，

---

① 编者按：《民法典》第 807 条。

为提交竣工结算文件之日"的规定，经查明，涉案《施工合同》第 5.6 条约定"工程竣工后，金某公司应通知东某公司验收，东某公司自接到验收通知 10 日内组织验收，并办理验收、移交手续。如东某公司在规定时间内未能组织验收，需及时通知金某公司，另定验收日期。但东某公司应承认竣工日期，并承担金某公司的看管费用和相关费用"，金某公司于 2016 年 1 月 16 日向东某公司送达竣工申请单，2016 年 1 月 25 日送达交工通知，东某公司均签收确认，故涉案工程的竣工日期应确定为 2016 年 1 月 16 日。金某公司向宁夏高院提起诉讼的时间是 2016 年 5 月 26 日，未超过六个月期限。故金某公司在东某公司欠付工程款的范围内，对涉案装饰装修工程折价或者拍卖的价款享有优先受偿权。

059 双方就结算不能达成一致，诉讼中通过司法鉴定才确定工程价款的，优先受偿权从何时起算？

阅读提示

建设工程价款优先受偿权是否在法定期限内行使，对承发包双方影响重大，是司法实践中最大的争议焦点之一。而判断是否在法定期限内行使，首先要解决的就是法定期限从何时起算问题。

裁判要旨

承发包双方诉讼前对工程价款结算无法达成一致，债权数额尚不确定，诉讼过程中经司法鉴定程序才确定涉案工程价款的，建设工程价款优先权行使期限的起算点为起诉之日。

案情简介

一、2015 年 1 月，福建某鼎公司与佳某宇合公司签订《建设工程施工合同》，约定：福建某鼎公司自承包佳某宇合公司位于晋某县米钢结构厂房工程施工。

二、2015 年 8 月涉案工程停工，至诉讼前一直未恢复。

三、双方对已完工程款结算问题无法达成一致，发生诉讼。

四、案件审理中，经福建某鼎公司申请，法院依法组织双方当事人通过随机抽取方式确定官某造价为涉案工程的工程造价鉴定机构。后官某造价向一审法院出具《工程造价鉴定意见书》，鉴定意见总额为 51231029.41 元。

五、福建某鼎公司一审诉讼请求中包含"请求确认福建某鼎公司对涉案项目折价或者拍卖的价款享有优先受偿权"。佳某宇合公司答辩称：福建某鼎公司自认的停工时间距离起诉时已超过六个月，超过了优先受偿权的行使期限。

六、一审法院判决福建某鼎公司主张优先受偿权未超过法定期限。佳某宇合公司对此不服，提出上诉，最高法院予以维持。

法律分析

设置建设工程价款优先受偿权（以下简称优先受偿权），是为了保护承包人及其背后的农民工等弱势群体的合法权益，避免出现开发商卖房后一走了之，承包人物化到房屋中的人工、机械、材料成本无法收回，继而导致农民工等弱势群体拿不到赖以生存的劳动报酬。优先受偿权期限的设置目的，在于督促承包人尽快行使权利，防止承包人"躺在权利上睡觉"，致使抵押权人、房屋买受人、发包人其他债权人等利益相关方的权利长期处于不确定状态，不利于维护正常的交易秩序。优先受偿权的行使期限为不变期间，不适用中止、中断和延长的规定。

关于优先受偿权起算点，2002 年 6 月 27 日颁布实施的《最高人民法院关于建设工程价款优先受偿权问题的批复》（已失效）规定优先受偿权从建设工程竣工之日或合同约定的竣工之日起算。2019 年 2 月 1 日起施行的《最高人民法院关于审理建设工程施工合同纠纷案件适用法律问题的解释（二）》（以下简称原司法解释二）调整为从发包人应当给付建设工程价款之日起算。2021 年 1 月 1 日起施行的《最高人民法院关于审理建设工程施工合同纠纷案件适用法律问题的解释（一）》（以下简称新司法解释一）沿用了原司法解释二"应当给付建设工程价款之日起算"的规定。

"应给付价款之日"因个案情况不同而异。例如：

1. 承发包双方约定了"应给付价款之日"的，为约定付款之日。

2. 合同解除或终止的，为合同解除或终止之日。

3. 承发包双方没有约定"应给付价款之日"的，参照《最高人民法院关于审理建设工程施工合同纠纷案件适用法律问题的解释（一）》（法释〔2020〕25 号）第二十七条之规定，"（一）建设工程已实际交付的，为交付之日；（二）建设工程没有交付的,为提交竣工结算文件之日;(三)建设工程未交付,工程价款也未结算的,为当事人起诉之日"。

实务经验

第一,原则上承发包双方可以对工程款支付时间进行变更,但是,如果变更的目的在于规避发包人其他债权人的强制执行,则属于《民法典》第一百五十四条规定的"行为人与相对人恶意串通,损害他人合法权益的民事法律行为无效",重新约定的付款时间无效,优先受偿权不应从该约定的时间起算。

但是,实践中很难证明承包人与发包人对付款时间的变更构成恶意串通。《最高人民法院关于适用〈中华人民共和国民事诉讼法〉的解释》(2022年修正)第一百零九条和《最高人民法院关于民事诉讼证据的若干规定》(2019年修正)第八十六条,将恶意串通的证明标准规定为"人民法院确信该待证事实存在的可能性能够排除合理怀疑的,应当认定该事实存在"。有律师同仁选取了2001年至2017年1000份中级以上人民法院审理的原告以恶意串通为由请求确认合同无效案件的判决书进行研究,发现只有152件判决构成恶意串通、合同无效;多达848件未支持原告该项诉讼请求,大多数裁判理由是:原告证据不足以证明恶意串通。

第二,建议承包人在提起诉讼时将优先受偿权列入诉讼请求,增加该项请求并不会导致诉讼费用增加,但是遗漏该项请求将可能导致"赢了官司拿不到钱"。

第三,优先受偿权的诉讼请求一定要明确具体,比如"请求确认原告在……万元工程款范围内对拍卖……建筑物所得价款享有优先受偿权"。不要笼统地"请求判令原告享有建设工程价款优先受偿权""请求判令原告从拍卖被告建筑物所得价款中优先受偿",以免进入强制执行程序后,被以执行内容不明确不具体为由不予执行。

法条链接

《中华人民共和国民法典》(2021年1月1日实施)

第八百零七条 发包人未按照约定支付价款的,承包人可以催告发包人在合理期限内支付价款。发包人逾期不支付的,除根据建设工程的性质不宜折价、拍卖外,承包人可以与发包人协议将该工程折价,也可以请求人民法院将该工程依法拍卖。建设工程的价款就该工程折价或者拍卖的价款优先受偿。

《最高人民法院关于审理建设工程施工合同纠纷案件适用法律问题的解释（一）》（法释〔2020〕25号 2021年1月1日实施）

第二十七条 利息从应付工程价款之日开始计付。当事人对付款时间没有约定或者约定不明的，下列时间视为应付款时间：

（一）建设工程已实际交付的，为交付之日；

（二）建设工程没有交付的，为提交竣工结算文件之日；

（三）建设工程未交付，工程价款也未结算的，为当事人起诉之日。

第三十五条 与发包人订立建设工程施工合同的承包人，依据民法典第八百零七条的规定请求其承建工程的价款就工程折价或者拍卖的价款优先受偿的，人民法院应予支持。

第四十一条 承包人应当在合理期限内行使建设工程价款优先受偿权，但最长不得超过十八个月，自发包人应当给付建设工程价款之日起算。

法院判决

一审判决：福建某鼎公司就涉案工程是否享有优先受偿权。根据《最高人民法院关于审理建设工程施工合同纠纷案件适用法律问题的解释（二）》第二十二条"承包人行使建设工程价款优先受偿权的期限为六个月，自发包人应当给付建设工程价款之日起算"的规定，本案中，涉案工程双方未进行结算，建设工程亦未交付，佳某宇合公司就涉案项目应支付的工程款金额，直至一审方才确定，故以福建某鼎公司起诉之日确定佳某宇合公司应当给付建设工程价款的时间。福建某鼎公司主张其就涉案项目折价或者拍卖的价款享有优先受偿权的请求，有事实和法律依据，一审法院予以支持。

最高法院终审判决：关于福建某鼎公司是否享有工程价款优先受偿权的问题。佳某宇合公司主张，福建某鼎公司自认的停工时间距离起诉时已超过六个月，超过了优先受偿权的行使期限，且会影响到涉案工程后续承包人的优先权。本院认为，《最高人民法院关于审理建设工程施工合同纠纷案件适用法律问题的解释（二）》第二十二条规定："承包人行使建设工程价款优先受偿权的期限为六个月，自发包人应当给付建设工程价款之日起算。"本案中，建设工程施工合同解除时工程尚未完工，且双方对于已完工程价款尚存争议，后经司法鉴定得以明确涉案工程价款的具体数额。故一审法院以福建某鼎公司起诉之日确定佳某宇合公司应当给付建设工程价款的时间，于法有据。

案件来源

福建某鼎公司建设集团有限公司、云南佳某宇合公司实业有限公司建设工程施工合同纠纷一审民事判决书丨云南省高级人民法院·（2018）云民初 180 号

福建某鼎公司建设集团有限公司、云南佳某宇合公司实业有限公司建设工程施工合同纠纷二审民事判决书丨最高人民法院·（2020）最高法民终 337 号

延伸阅读

云亭建工团队通过对最高人民法院裁判观点的分析，对于各种情况下优先受偿权的起算点进行了梳理：

一、合同有约定的，依据发包人与承包人约定的应付工程款之日为优先受偿权的起算之日。

案例一： 唐某华、桂林金某投资有限公司破产债权确认纠纷再审审查与审判监督民事裁定书丨最高人民法院·（2020）最高法民申 3302 号

本院经审查认为，《最高人民法院关于审理建设工程施工合同纠纷案件适用法律问题的解释（二）》第二十二条规定，承包人行使建设工程价款优先受偿权的期限为六个月，自发包人应当给付建设工程价款之日起算。对于该条规定的"发包人应当给付建设工程价款之日"，因建设工程施工合同履行过程的复杂性特点，应当根据具体案件中的具体情况加以确定。本案中，原审已查明，2014 年 11 月 17 日，金某公司、周某付、唐某华签订涉案《补充协议》，《补充协议》约定金某公司应于 2015 年 1 月 30 日之前将周某付对唐某华拖欠的 298 万元民工工资支付给唐某华，金某公司支付的上述工资，从应付周某付工程款中扣除。之后，经对账确认，其中 183 万元已支付，尚有 115 万元未支付。金某公司支付唐某华民工工资的时间已经双方通过签订《补充协议》的方式予以确认且部分履行。

本院认为，《最高人民法院关于审理建设工程施工合同纠纷案件适用法律问题的解释（二）》第二十二条规定已将承包人行使建设工程价款优先受偿权的起算时间明确为发包人应当给付建设工程价款之日，并非实际竣工之日。原判决结合涉案工程早已停工等事实，认定涉案建设工程价款优先受偿权起算点为《补充协议》约定的应付款之日即 2015 年 1 月 30 日，唐某华主张建设工程价款优先

受偿权已超过六个月期限，并无不当。唐某华的再审申请事由不能成立。

二、建设工程实际交付的，以建设工程交付之日为优先受偿权的起算之日。

案例二：福建某森建设有限公司、湖北徐某（集团）股份有限公司建设工程施工合同纠纷二审民事判决书｜最高人民法院·（2020）最高法民终781号

关于福建某森公司对涉案工程是否享有建设工程价款优先受偿权以及优先受偿权的范围。本院认为，福建某森公司对涉案工程不享有建设工程价款优先受偿权。理由是：福建某森公司在涉案工程中于2014年4月底退场。武汉中某华公司于2014年4月28日又与和某公司、湖北世纪某泰公司签订《协议书》约定由和某公司继续施工。因此应当认定涉案工程于2014年4月底时已交付给武汉中某华公司。在双方对最终付款时间没有明确约定的情况下，福建某森公司应于2014年4月底工程交付时起的六个月内即2014年10月底之前主张行使建设工程价款优先受偿权。退一步讲，即使按照福建某森公司所称的2016年3月28日涉案工程安排拆迁户入住，故以该日作为工程交付时间，那么福建某森公司也应于2016年9月底之前主张行使建设工程价款优先受偿权。本案中，福建某森公司是在2019年3月18日提交的本案一审起诉状中主张优先受偿权，这已超出了六个月的法定期间。所以，福建某森公司主张行使涉案工程价款优先受偿权的主张，不应支持。据此，涉案工程安置房的范围和面积问题也不再影响建设工程价款优先受偿权问题，故对涉案工程安置房的范围和面积问题本院不再考虑。

三、建设工程没有交付的，以提交结算文件之日为优先受偿权起算之日。

案例三：北京某建集团有限责任公司、沈阳首开某盛投资有限公司建设工程施工合同纠纷二审民事判决书｜最高人民法院·（2020）最高法民终1042号

关于优先受偿权是否超过行使期限问题。涉案工程已完工部分经验收质量合格，根据《最高人民法院关于审理建设工程施工合同纠纷案件适用法律问题的解释（二）》（法释〔2018〕20号）第十九条的规定，北京某建公司有权主张就工程折价或者拍卖的价款优先受偿。根据前述司法解释第二十二条的规定，承包人行使建设工程价款优先受偿权的期限为六个月，自发包人应当给付建设工程价款之日起算。本案中，首开某盛公司应付工程款之日为北京某建公司提交工程结算文件之日即2013年10月18日，而北京某建公司一审期间于2019年12月16日增加诉讼请求，主张工程价款优先受偿权，已超过法律规定的六个月的行使期限。一审法院认为北京某建公司的建设工程优先受偿权从涉案工程价款确定之日起算，缺乏依据，本院予以纠正。首开某盛公司关于工程价款优先受偿权超过行使期限的主张成立，本院予以支持。

四、建设工程未交付，工程价款未结算的，优先受偿权起算之日为当事人起诉之日。

案例四：陕西航某建设集团有限公司（原陕西航某建筑工程有限公司）、甘肃昊某市场开发有限公司建设工程施工合同纠纷二审民事判决书｜最高人民法院·（2020）最高法民终496号

关于陕西某建公司是否享有涉案工程价款优先权的问题。《最高人民法院关于审理建设工程施工合同纠纷案件适用法律问题的解释》第十八条规定："利息从应付工程价款之日计付。当事人对付款时间没有约定或者约定不明的，下列时间视为应付款时间：（一）建设工程已实际交付的，为交付之日；（二）建设工程没有交付的，为提交竣工结算文件之日；（三）建设工程未交付，工程价款也未结算的，为当事人起诉之日。"《建设工程合同司法解释二》第二十二条规定："承包人行使建设工程价款优先受偿权的期限为六个月，自发包人应当给付建设工程价款之日起算。"第二十六条第二款规定："本解释施行后尚未审结的一审、二审案件，适用本解释。"根据前述法律规定，建设工程未交付，工程价款未结算的，应付工程款的时间为当事人起诉之日，承包人行使建设工程价款优先受偿权的期限六个月自当事人起诉之日开始计算。本案中，涉案工程未实际交付，工程价款未结算，应付款时间应为陕西某建公司起诉之日。陕西某建公司2015年11月12日提起本案诉讼，主张对涉案工程价款享有优先受偿权，并未超过法定期间。一审以双方合同约定的竣工之日2013年10月31日作为优先受偿权的起算时间，认定陕西某建公司已超过法律规定的承包人行使优先权的六个月法定期限，认定事实错误，适用法律错误，本院予以纠正。

五、工程尚未竣工而合同解除、终止履行的，以合同实际解除、终止之日作为优先受偿权起算之日。（注：本案例与本文主案例裁判观点存在差异，供读者参阅）

案例五：丹东日某鑫置业有限公司、浙江新某阳建设集团有限公司建设工程施工合同纠纷二审民事判决书｜最高人民法院·（2020）最高法民终903号

关于新某阳公司主张的工程价款优先受偿权问题。根据《合同法》第二百八十六条[1]及《最高人民法院关于审理建设工程施工合同纠纷案件适用法律问题的解释（二）》第二十条的规定，新某阳公司对承建的涉案工程享有工程价款

---

[1] 编者按：《民法典》第807条。

优先受偿权。虽然日某鑫公司对新某阳公司施工部分的工程质量提出异议并提出司法鉴定申请，但日某鑫公司已撤回其鉴定申请，本案并无证据证明新某阳公司承建的涉案工程存在质量问题。以2018年8月30日涉案施工合同解除之日作为起算点计算，新某阳公司行使建设工程优先受偿权未超过《最高人民法院关于审理建设工程施工合同纠纷案件适用法律问题的解释（二）》第二十二条规定的六个月期限。根据《最高人民法院关于审理建设工程施工合同纠纷案件适用法律问题的解释（二）》第二十一条的规定，新某阳公司依法享有工程价款优先受偿权的范围仅限于日某鑫公司欠付的工程价款本金49240573.7元，一审法院对于新某阳公司主张对工程价款违约金、停工损失享有优先受偿权的请求不予支持。

六、分期施工、分期付款情形下优先受偿权自最后一期付款到期之日起算。

案例六：宁波建某股份有限公司、兰溪市喜某地产发展有限公司等建设工程施工合同纠纷再审民事判决书｜最高人民法院·（2019）最高法民再105号

关于涉案工程不能以工程竣工之日作为优先受偿权行使期限起算点的依据。本案中，根据涉案《建设工程施工合同》的约定，世某大饭店和世某151公馆的付款均是分期付款，在竣工之前按工程量付款，工程竣工之后分三期付款，具体为：单体工程经四方竣工验收合格后按预算价支付至85%的工程款，房建工程竣工验收合格且备案通过后按预算价支付至92%的工程款，其余部分工程款待工程决算审核完毕留足审核造价的3%工程保修金后一次性付清；关于工程决算，房建工程竣工验收合格，承包人向发包人提供完整、清晰的工程竣工结算报告和竣工结算资料后，发包人在五个半月内提交审核报告并经双方确认后作为最终结算依据。结合上述约定可知，合同约定的付款方式为分期付款，后三期付款期限均在竣工验收之后，其中最后一笔款项在双方决算之后。因此，在当事人明确约定的工程款支付时间晚于工程竣工之日的情况下，承包人根据《合同法》第二百八十六条[1]享有的建设工程价款优先受偿权行使的前提条件尚不具备，也就不存在自工程竣工之日起算六个月行使期限的问题，本案中应当以工程款应支付时间作为建设工程优先受偿权的起算点。一、二审判决以工程竣工之日作为建设工程优先受偿权六个月行使期限的起算点，适用法律错误，应予纠正。

七、与本文主案例观点相反的判例：承发包双方未就工程款结算达成一致，诉讼过程中通过司法鉴定确认工程款的，优先受偿权从鉴定作出之日起算。

---

[1] 编者按：《民法典》第807条。

案例七：福建省某建建设集团有限公司、广西金某浆纸业有限公司建设工程施工合同纠纷二审民事判决书丨最高人民法院·（2019）最高法民终754号

一审判决：关于建某公司对本案工程是否享有工程价款优先受偿权的问题。建某公司承包建设金某公司的工程项目均达到质量合格，根据《合同法》第二百八十六条①的规定，建某公司作为工程承包人依法享有建设工程价款优先受偿权。建某公司虽未在《最高人民法院关于建设工程价款优先受偿权问题的批复》第四条规定的，自建设工程竣工之日起六个月内提出优先权，但该建设工程双方结算周期长，流程较为复杂，且双方在工程竣工之后六个月内亦未能结算完毕，建某公司主张的债权尚未确定，因此，本案主张工程价款优先受偿权六个月的期间，应自工程价款结算后债务人应付工程款之日起算。本案双方诉讼后方委托鉴定机构结算工程造价，故建某公司起诉主张工程价款优先权的期限尚未起算，远未超过六个月的除斥期间，因此，建某公司享有优先受偿权。

终审判决：建某公司对涉案工程款是否享有优先受偿权的问题。《合同法》第二百八十六条②规定，发包人未按约定支付价款的，承包人可在建设工程价款范围内就该工程折价或者拍卖的价款优先受偿。《最高人民法院关于审理建设工程施工合同纠纷案件适用法律问题的解释（二）》第二十二条规定，承包人行使建设工程优先受偿权的期限为六个月，自发包人应当给付建设工程价款之日起算。本案中，涉案整体工程于2014年4月1日竣工，但双方当事人一直未就整体工程款的结算达成一致意见。在建某公司主张的工程款债权尚未确定的情况下，金某公司应当给付的工程款数额亦无法确定。本案中，建某公司并无超过法定期限主张工程价款优先受偿权的情形。此外，《广西壮族自治区建筑安装工程劳动保险费管理办法》第九条规定，建安劳保费应计入工程总造价。而该费用系用于支付建筑业职工劳动保险或社会保险，因此，建某公司作为涉案工程实际施工人，可在342928187.11元工程款以及建安劳保费23604666.34元范围内对涉案工程拍卖或者变卖所得价款享有优先受偿的权利。一审法院认为建某公司仅在工程款（未包含建安劳保费）的范围内享有优先受偿权不当，本院予以纠正。

---

①② 编者按：《民法典》第807条。

060 借用资质的实际施工人是否享有工程价款优先受偿权？

阅读提示

没有资质的实际施工人借用有资质的施工企业名义签订合同并施工的，合同无效，但只要所施工程质量合格，实际施工人仍可以参照合同关于工程价款的约定获得折价补偿。那么，借用资质的实际施工人能否像承包人一样，可以向发包人主张建设工程价款优先受偿权呢？

裁判要旨

在发包人同意或者认可实际施工人借用资质施工的情形下，借用资质的实际施工人（挂靠人）是实际承包人，出借资质的施工企业（被挂靠人）是名义承包人，实际施工人与发包人之间构成了事实合同关系，为建设工程施工合同的双方当事人。认定实际施工人享有优先受偿权更符合设立建设工程优先受偿权的立法目的。

案情简介

一、2013年，安徽某建与蓝某公司签订《协议书》，约定：蓝某公司将涉案工程项目承包给安徽某建，安徽某建向蓝某公司支付300万元履约保证金。

二、2013年11月10日，蓝某公司出具收到钰某公司保证金300万元的收据一张；2013年11月11日，钰某公司法定代表人蒋某珍向安徽某建支付100万元，并委托案外人向安徽某建支付200万元。

三、2014年3月21日，安徽某建与钰某公司签订《承包合同》，约定：由钰某公司全额承包涉案工程，并接受安徽某建对工程各方面的管理；管理费按工程款1.2%收取。

四、蓝某公司未按约支付工程款，钰某公司向法院起诉蓝某公司、安徽某建要求支付工程款，并主张对涉案建设工程价款享有优先受偿权。（2019）最高法民终15号判决：钰某公司作为涉案工程的实际施工人，主张建设工程价款的优先受偿权缺乏法律依据，不予支持。

五、钰某公司以其可以对工程款就涉案工程行使优先受偿权作为理由之一，向最高人民法院申请再审。(2019) 最高法民申 6085 号裁定：钰某公司作为实际承包人，享有优先受偿权，但因其提出优先受偿权主张时超过了法律规定的六个月期限，没有支持钰某公司的再审请求。

法律分析

本案的焦点问题是钰某公司是否可以对工程款就涉案工程行使优先受偿权，云亭建工律师团队认为：钰某公司属于与发包人订立建设工程施工合同的承包人，享有建设工程价款优先受偿权，但应在法定期限内行使权利。

第一，在发包人同意或者认可挂靠存在的情形下，挂靠人作为没有资质的实际施工人借用有资质的施工企业（被挂靠人）的名义，与发包人订立了建设工程施工合同。挂靠人是实际承包人，被挂靠人是名义承包人，两者与发包人属于同一建设工程施工合同的双方当事人。但是名义承包人没有施工，仅仅是从挂靠人处获得管理费。而挂靠人实际组织员工进行了建设活动，履行了合同中约定的承包人义务。所以，挂靠人因实际施工行为而比被挂靠人更应当从发包人处得到工程款。

第二，本案中，蓝某公司从签订合同开始到实际履行合同过程中，知道并认可钰某公司借用安徽某某资质进行实际施工的事实，还接受了钰某公司直接支付给自己的保证金，并向钰某公司直接支付过工程价款，更进一步证明蓝某公司认可了钰某公司系工程实际承包人的事实。双方之间构成了事实合同关系。因此，钰某公司属于"与发包人订立建设工程施工合同的承包人"，享有建设工程价款优先受偿权。

第三，建设工程价款优先受偿权的行使期限为六个月（新司法解释一规定为十八个月），钰某公司直到 2018 年提起诉讼时才提出优先受偿权的主张，已经超过了法律规定的行使期限。因此，再审裁定以钰某公司超过优先受偿权行使期限为由，不支持钰某公司相应的诉讼请求。

实务经验

第一，建设工程价款优先受偿权，是我国法律赋予与发包人签订施工合同的承包人的一项法定优先权，享有优先权的主体受合同相对性的限制。挂靠人是否享有优先受偿权,要看挂靠人实际上是否为合同的当事人。分析本案可知,具备条件的挂靠人享有优先受偿权,即在发包人同意并认可挂靠人身份的情况下,挂靠人替代了承包人的地位,双方形成事实合同关系,支持挂靠人享有优先受偿权不违反法律规定。

第二,挂靠人实际组织施工,将劳动和建筑材料物化到了工程项目中,使得工程项目产生了增值。当工程款无法顺利支付时,如果挂靠人不能就工程折价或者拍卖款优先受偿,债权顺位不能优先于抵押权和普通金钱债权,无异于用挂靠人劳动成果替发包人偿还其他债务,显然是不公平且是不利于保护农民工权益的,与优先受偿权的立法目的相悖。

第三,通过分析最高院裁判案例可知,挂靠施工人享有优先受偿权的前提是发包人对挂靠的事实知情并同意。最高院及地方高院对此裁判思路比较一致(如(2020)最高法民申 1548 号、(2020)浙民再 324 号、(2020)皖民终 1110 号)。如果发包人对于挂靠的事实不知情,发包人在主观上只认可与承包人之间的合同关系,则挂靠人不享有优先受偿权。因此,云亭建工律师团队提醒挂靠人,为了获得优先受偿权,应保留好发包人知情的证据,如合同签订前磋商的相关文字和影像记录、发包人向挂靠人直接支付工程款的记录、挂靠人签字的工程结算单、洽商记录等相关证据。

第四,挂靠人主张建设工程价款优先受偿权,要注意行使期限。本案中,法院虽然认为挂靠人享有优先受偿权,但因为超过了原法律规定的六个月行使期限,法院未予支持。可喜的是,《民法典》生效后建设工程价款优先受偿权行使期限延长到了十八个月,这一修改将更有利于保护施工人利益,也更有利于保护农民工合法权益。

法条链接

《中华人民共和国民法典》(2021 年 1 月 1 日实施)

第八百零七条 发包人未按照约定支付价款的,承包人可以催告发包人在合理期限内支付价款。发包人逾期不支付的,除根据建设工程的性质不宜折价、拍卖外,承包人可以与发包人协议将该工程折价,也可以请求人民法院将该工程依法拍卖。建设工程的价款就该工程折价或者拍卖的价款优先受偿。

《最高人民法院关于审理建设工程施工合同纠纷案件适用法律问题的解释（一）》（法释〔2020〕25号 2021年1月1日实施）

第三十五条 与发包人订立建设工程施工合同的承包人，依据民法典第八百零七条的规定请求其承建工程的价款就工程折价或者拍卖的价款优先受偿的，人民法院应予支持。

第三十六条 承包人根据民法典第八百零七条规定享有的建设工程价款优先受偿权优于抵押权和其他债权。

第四十一条 承包人应当在合理期限内行使建设工程价款优先受偿权，但最长不得超过十八个月，自发包人应当给付建设工程价款之日起算。

法院判决

依照《合同法》第二百六十九条①"建设工程合同是承包人进行工程建设，发包人支付价款的合同。建设工程合同包括工程勘察、设计、施工合同"的规定，建设工程施工合同的当事人包括承包人和发包人，承包人是按约定进行工程施工建设的人，发包人是按约定支付工程价款的人。承包人按照合同约定的标准进行了施工建设，发包人接受了承包人交付的工程项目，承包人即有权请求发包人按照合同约定支付工程款。依照《合同法》第二百八十六条②"发包人未按照约定支付价款的，承包人可以催告发包人在合理期限内支付价款。发包人逾期不支付的，除按照建设工程的性质不宜折价、拍卖的以外，承包人可以与发包人协议将该工程折价，也可以申请人民法院将该工程依法拍卖。建设工程的价款就该工程折价或者拍卖的价款优先受偿"的规定，承包人对工程款还享有就该工程折价或拍卖价款优先受偿的权利。法律就工程项目设立优先受偿权的目的，是保障承包人对发包人主张工程款的请求权优先于一般债权得以实现。保障该请求权优先得以实现的原因在于，建设工程系承包人组织员工通过劳动建设而成的，工程价款请求权的实现意味着员工劳动收入有所保障。无论合同是否有效，只要承包人组织员工按照合同约定建设了工程项目，交付给了发包人，发包人就没有理由无偿取得该工程建设成果。因此，虽然在《最高人民法院关于审理建设工程施工合同纠纷案件适用法律问题的解释》第一条"建设工程施工合同具有下列情形之一的，应当根据民法典第一百五十三条第一款的规定，认定无效：（一）承包

---

① 编者按：《民法典》第788条。
② 编者按：《民法典》第807条。

人未取得建筑施工企业资质或者超越资质等级的；（二）没有资质的实际施工人借用有资质的建筑施工企业名义的；（三）建设工程必须进行招标而未招标或者中标无效的"规定的情形下，建设工程施工合同应当认定为无效，但该解释第二条规定："建设工程施工合同无效，但建设工程经竣工验收合格，承包人请求参照合同约定支付工程价款的，应予支持。"据此，合同虽然无效，但承包人仍然享有向发包人主张工程价款的请求权。而且，承包人组织员工施工建设工程项目，同样需要向员工支付劳动报酬，与合同有效时限相同。因此，在合同无效的情况下，承包人的工程价款请求权同样需要优先于一般债权得以实现，故应当认定承包人享有优先受偿权。在第一条第二项"没有资质的实际施工人借用有资质的建筑施工企业名义的"情况下，实际施工人和建筑施工企业谁是承包人，谁就享有工程价款请求权和优先受偿权。在合同书上所列的"承包人"是具有相应资质的建筑施工企业，即被挂靠人；而实际履行合同书上所列承包人义务的实际施工人，是挂靠人。关系到发包人实际利益的是建设工程是否按照合同约定的标准和时间完成并交付到其手中，只要按约交付了建设工程，就不损害发包人的实际利益。但是否享有工程价款请求权和优先受偿权，直接关系到对方当事人的实际利益。事实上，是挂靠人实际组织员工进行了建设活动，完成了合同中约定的承包人义务。所以，挂靠人因为实际施工行为而比被挂靠人更应当从发包人处得到工程款，被挂靠人实际上只是最终从挂靠人处获得管理费。因此，挂靠人比被挂靠人更符合法律关于承包人的规定，比被挂靠人更应当享有工程价款请求权和优先受偿权。挂靠人既是实际施工人，也是实际承包人，而被挂靠人只是名义承包人，认定挂靠人享有主张工程价款请求权和优先受偿权，更符合法律保护工程价款请求权和设立优先受偿权的目的。

在建设工程施工合同关系中，优先受偿权是为了保障工程价款请求权得以实现而设立的，而工程价款请求权又是基于合同关系产生的，所以，应受合同相对性的限制。《最高人民法院关于审理建设工程施工合同纠纷案件适用法律问题的解释（二）》第十七条"与发包人订立建设工程施工合同的承包人，根据合同法第二百八十六条规定请求其承建工程的价款就工程折价或者拍卖的价款优先受偿的，人民法院应予支持"的规定，即体现了此种精神。在发包人同意或者认可挂靠存在的情形下，挂靠人作为没有资质的实际施工人借用有资质的建筑施工企业（被挂靠人）的名义，与发包人订立了建设工程施工合同。挂靠人是实际承包人，被挂靠人是名义承包人，两者与发包人属于同一建设工程施工合同的双方当事人。因此，认定挂靠人享有优先受偿权，并不违反该条的规定。

在本案中，钰某公司借用安徽某建的资质，以挂靠方式对发包人蓝某公司发包的1、4、5号楼进行了实际施工，属于实际施工人；同时，钰某公司与蓝某公司之间已经履行了发包人与承包人之间的义务，双方在事实上形成了建设工程施工合同关系，钰某公司是涉案工程的实际承包人。而且，蓝某公司从签订合同开始到实际履行合同过程中，知道并认可钰某公司是借用安徽某建资质进行实际施工的事实，还接受了钰某公司直接支付给自己的保证金，并向钰某公司直接支付过工程价款，更进一步证明蓝某公司认可了钰某公司系工程实际承包人的事实。所以，一审判决认为钰某公司享有优先受偿权是正确的。原判决认为："现行法律及司法解释并未赋予实际施工人享有建设工程价款优先受偿的权利。因此，钰某公司作为涉案工程的实际施工人主张建设工程价款的优先受偿权，缺乏法律依据，不予支持。"将《最高人民法院关于审理建设工程施工合同纠纷案件适用法律问题的解释（二）》第十七条解释为只要是实际施工人，便缺乏行使优先受偿权的法律依据，排除了挂靠关系中的实际施工人作为实际承包人应该享有优先受偿权的情形，适用法律确有错误。但是，《最高人民法院关于审理建设工程施工合同纠纷案件适用法律问题的解释（二）》第二十二条规定："承包人行使建设工程价款优先受偿权的期限为六个月，自发包人应当给付建设工程价款之日起算。"在本案中，钰某公司主张的是1、4、5号楼的工程价款，而该部分工程价款双方在2016年3月31日就进行了结算，签订了《工程款结算单》，确定涉案工程价款为122458278.48元。此时蓝某公司就应当向钰某公司给付此部分建设工程价款。原判决和一审判决亦以该时间点为应付工程价款时间并作为利息起算点，钰某公司对此并未提出异议。但此后钰某公司直到2018年本案诉讼时才提出优先受偿权的主张，早已经超过了法律规定的六个月期限。因此，一审判决认定钰某公司已经丧失了优先受偿权并驳回钰某公司相应的诉讼请求，原判决认为一审判决驳回钰某公司主张优先受偿权的裁判结果正确，都是正确的。

案件来源

宁夏钰某工程有限公司、安徽某建工程有限公司等建设工程施工合同纠纷再审审查与审判监督民事裁定书丨最高人民法院·（2019）最高法民申6085号

延伸阅读

案例一：宿州嘉某置业有限公司、安徽华某建筑劳务有限责任公司建设工程施工合同纠纷再审审查与审判监督民事裁定书|最高人民法院·（2020）最高法民申 1548 号

关于华某公司是否享有建设工程价款优先受偿权的问题。与发包人签订施工合同的承包人有权享有工程价款优先受偿权。本案中华某公司虽然不是与发包人订立建设工程施工合同的承包人，但确与发包人、承包人三方共同签订合同，其与发包人嘉某公司具有直接合同关系。一、二审法院对华某公司该项诉求予以支持并无不当，嘉某公司认为华某公司系实际施工人不享有建设工程价款优先受偿权的再审申请理由亦不能成立。

案例二：蚌埠银某置业有限公司、李某记建设工程施工合同纠纷二审民事判决书|安徽省高级人民法院·（2020）皖民终 1110 号

在发包人同意或者认可挂靠存在的情形下，挂靠人作为没有资质的实际施工人借用有资质的建筑施工企业（被挂靠人）的名义，与发包人订立了建设工程施工合同。所以，挂靠人因为实际施工行为而应当享有工程价款请求权和优先受偿权。本案中，李某记等人借用华某公司的资质与银某公司签订《建设工程施工合同》，以挂靠方式对涉案工程进行了实际施工，银某公司对此亦是明知或认可的。银某公司与李某记等人已经履行了发包人与承包人之间的义务，双方在事实上形成了建设工程施工合同关系，李某记等人是涉案工程的实际承包人。因此，银某公司以李某记、卢某、骆某、张某梅、骆某祥、杨某友、骆某芬是实际施工人为由，认为其不享有建设工程价款优先受偿权的上诉主张，不能成立，本院不予支持。

061 转包、违法分包情形下，实际施工人是否享有建设工程价款优先受偿权？

阅读提示

建设工程价款优先受偿权，是我国法律赋予承包人的一项债权法定优先权，是指发包人在不履行支付工程价款的义务时，承包人有权对工程折价、拍卖的价款优先受偿。该制度设计的目的是保护处于弱势地位的承包人及农民工的权益。在建筑施工领域，工程转包和违法分包的现象十分普遍，那么在转包、违法分包的情形下，实际施工人能否像承包人一样享有工程价款优先受偿权呢？

裁判要旨

实际施工人并非是与发包人签订合同的承包人，根据《民法典》及《建设工程施工合同司法解释（一）》第三十五条之规定，只有与发包人签订合同的承包人才享有优先受偿权，转包和违法分包实际施工人无权请求就工程折价或者拍卖的价款优先受偿。

案情简介

一、2015年1月28日，盛某环保公司与盛某建安公司签订《发电厂建筑工程施工承包合同》，盛某环保公司将发电厂的主厂房及附属配套工程发包给盛某建安公司施工。盛某建安公司未自行施工，将上述工程内容转包给山西安某公司进行施工。

二、2015年4月12日，山西安某公司与盛某建安公司签订《施工合同》，约定由山西安某公司承包发电厂项目施工。

三、合同签订后，山西安某公司进行施工并完工。2017年11月25日，该工程经验收合格。2018年1月25日，各方审定该工程的结算金额为1.1亿元。

四、2018年，山西安某公司向一审法院起诉请求法院判决盛某建安公司支付工程款350万元及利息，并判决山西安某公司在盛某建安公司欠付工程款350万元范围内对本案工程享有建设工程价款优先受偿权。一审法院支持了山西安某公司要求支付工程款和利息以及就建设工程价款优先受偿的诉求。

五、盛某建安公司不服一审判决，于2019年5月28日上诉到贵州高院，认为山西安某公司仅为涉案工程的分包单位，不属于享有建设工程价款优先受偿权的适格主体，对在建工程不享有优先受偿权。二审贵州高院支持了盛某建安公司关于优先受偿权的诉求，撤销了一审法院关于山西安某公司具有优先受偿权的判决项。

六、山西安某公司认为涉案工程由山西安某公司独立完成，盛某建安公司无权获得工程款，也不享有建设工程价款优先受偿权，故向最高人民法院申请再审。最高人民法院经审查裁定驳回山西安某公司的再审申请。

法律分析

本案的焦点问题是转包、违法分包实际施工人是否享有建设工程价款优先受偿权。云亭建工律师团队认为：转包和违法分包实际施工人不属于建设工程价款优先受偿保护的对象。

第一，建设工程价款优先受偿权系法定优先权，优先于普通债权和抵押权，法律、司法解释对其权利的享有和行使有明确规定。

《民法典》第八百零七条规定：发包人未按照约定支付价款的，承包人可以催告发包人在合理期限内支付价款，并且可以与发包人协议将该工程折价，也可以申请人民法院将该工程依法拍卖，建设工程的价款就该工程折价或者拍卖的价款优先受偿。《建设工程施工合同司法解释（一）》第三十五条规定：与发包人订立建设工程施工合同的承包人，请求其承建工程的价款就工程折价或者拍卖的价款优先受偿的，人民法院应予支持。

第二，可以行使建设工程价款优先受偿权的主体仅限于与发包人存在施工合同关系的承包人，转包和违法分包情形下的实际施工人显然不属于建设工程价款优先受偿保护的对象。

第三，本案中，山西安某公司并没有直接与发包人签署施工合同，而是与承包人盛某建安公司签订了《施工合同》，山西安某公司属于转包情形下的实际施工人，不享有建设工程价款的优先受偿权。

实务经验

第一，结合最新的最高院判例可知，审判实践倾向于认定转包和违法分包实际施工人不享有优先受偿权，可以主张建设工程优先受偿权的主体只能是与发包人签订施工合同的承包人。

第二，**转包、违法分包情形下的实际施工人对应的合同相对方为承包人，而不是发包人**，虽然法律规定了实际施工人可以突破合同相对性向发包人主张工程价款，发包人要在欠付工程价款范围内对实际施工人承担责任，但是并未规定转包和违法分包实际施工人享有工程价款的优先受偿权。

第三，虽然最高院的判例不支持实际施工人享有优先受偿权，但是在司法实践中，对于实际施工人优先受偿权问题是存在争议的，甚至有的地方高院有专门的审理指南或者问题解答，明确支持实际施工人享有优先受偿权。例如：江苏省高级人民法院《关于审理建设工程施工合同纠纷案件若干问题的解答》第十六条规定："实际施工人在总承包人或者转包人不主张或者怠于行使工程价款优先受偿权时，就其承建的工程在发包人欠付工程价款范围内可以主张优先受偿权。"四川省高级人民法院《关于审理建设工程施工合同纠纷案件若干疑难问题的解答》第三十七条规定："建设工程施工合同无效，但建设工程经竣工验收合格，或者未经竣工验收但已经实际使用，实际施工人请求其工程价款就承建的建设工程折价或拍卖的价款优先受偿的，应予支持。"河北高院、浙江高院也有类似支持实际施工人优先受偿权的审理指南或解答。云亭建工律师团队认为，上述高院的指导意见因与《最高人民法院关于审理建设工程施工合同纠纷案件适用法律问题的解释（一）》（法释〔2020〕25号）存在冲突，根据《最高人民法院关于完善统一法律适用标准工作机制的意见》（法发〔2020〕35号）之规定，应以司法解释为准。

法条链接

《中华人民共和国民法典》（2021年1月1日实施）

第八百零七条 发包人未按照约定支付价款的，承包人可以催告发包人在合理期限内支付价款。发包人逾期不支付的，除根据建设工程的性质不宜折价、拍卖外，承包人可以与发包人协议将该工程折价，也可以请求人民法院将该工程依法拍卖。建设工程的价款就该工程折价或者拍卖的价款优先受偿。

《最高人民法院关于审理建设工程施工合同纠纷案件适用法律问题的解释（一）》（法释〔2020〕25号 2021年1月1日实施）

第三十五条 与发包人订立建设工程施工合同的承包人，依据民法典第八百零七条的规定请求其承建工程的价款就工程折价或者拍卖的价款优先受偿的，人民法院应予支持。

第三十六条 承包人根据民法典第八百零七条规定享有的建设工程价款优先受偿权优于抵押权和其他债权。

法院判决

《最高人民法院关于审理建设工程施工合同纠纷案件适用法律问题的解释（二）》第十七条规定："与发包人订立建设工程施工合同的承包人，根据合同法第二百八十六条规定请求其承建工程的价款就工程折价或者拍卖的价款优先受偿的，人民法院应予支持。"山西安某公司作为违法转包合同的承包人，二审判决认定其不享有建设工程价款优先受偿权，在法律适用上并无不当。

案件来源

山西省工某设备安某集团有限公司、安徽盛某建筑安装工程有限公司建设工程施工合同纠纷再审审查与审判监督民事裁定书｜最高人民法院·（2020）最高法民申1872号

延伸阅读

案例一：重庆市渝北区诚某建筑劳务有限公司、大连仕某房地产开发有限公司建设工程施工合同纠纷再审审查与审判监督民事裁定书｜最高人民法院·（2020）最高法民申2306号

诚某公司与嘉某公司签订的合同为无效劳务分包合同，故其为涉案工程的实际施工人，并非与发包人仕某公司订立建设工程施工合同的承包人。根据《最高人民法院关于审理建设工程施工合同纠纷案件适用法律问题的解释（二）》第十七条的规定，诚某公司无权请求就工程折价或者拍卖的价款优先受偿。

案例二：吴某全、重庆市丰都县某建筑工程公司建设工程施工合同纠纷再审民事判决书｜最高人民法院·（2019）最高法民再258号

关于吴某全是否享有工程价款优先受偿权的问题。吴某全主张依据《最高人民法院关于审理建设工程施工合同纠纷案件适用法律问题的解释》第二十六条第二款，其应享有工程价款优先受偿权。本案中，吴某全与丰都某建公司签订的《建设工程内部承包合同》为无效合同，吴某全并非承包人而是实际施工人。《最高人民法院关于审理建设工程施工合同纠纷案件适用法律问题的解释》第二十六条第二款规定的是发包人只在欠付工程价款范围内对实际施工人承担责任，即实际施工人有条件向发包人主张工程价款，但并未规定实际施工人享有工程价款的优先受偿权。《合同法》第二百八十六条①仅规定承包人享有工程价款优先受偿权，亦未规定实际施工人也享有该项权利。因此，吴某全主张其享有工程价款优先受偿权并无事实和法律依据，二审不予支持并无不当。

---

① 编者按：《民法典》第807条。

062 施工合同解除后，承包人是否享有工程价款优先受偿权？

阅读提示

在建设工程施工合同案件中，承包人中途解约退场情况时有发生。那么，施工合同在工程完工前解除的，承包人是否享有建设工程价款优先受偿权呢？

裁判要旨

涉案建设工程施工合同已经解除，但承包人的劳动与建筑材料已物化于涉案工程中，承包人主张享有建设工程价款优先受偿权，法院予以支持。

案情简介

一、2012年5月9日，华某房地产公司（发包人）与某大桥工程公司（承包人）签订《建设工程施工合同》，约定承包人进行合作区蓝领公寓项目建设施工。

二、上述合同履行过程中，华某房地产公司陆续向某大桥工程公司支付工程价款。

三、2013年5、6、7、8、9月份华某房地产公司与某大桥工程公司及监理单位、设计单位等对涉案工程进行验收，验收意见均为合格。

四、涉案工程于2014年11月停工，华某房地产公司拖欠的工程款一直未支付。

五、后某大桥工程公司向一审法院起诉，诉讼请求为：解除双方签订的《建设工程施工合同》，华某房地产公司支付工程款，某大桥工程公司就工程价款享有优先受偿权。

六、一审法院判决：《建设工程施工合同》自2017年5月15日起解除，华某房地产公司向某大桥工程公司支付工程款，某大桥工程公司对工程价款享有优先受偿权。

七、华某房地产公司认为因合同无效的处理方式与合同有效的处理方式截然不同，一审法院认定《建筑施工合作框架协议书》及《建设工程施工合同》有效，据此对案件进行的处理存在错误，故向最高院提起上诉，请求将本案发回重审。最高院判决驳回上诉，维持原判。

法律分析

本案的焦点问题是施工合同解除后，承包人是否享有工程价款优先受偿权。云亭建工律师团队认为：合同解除后，承包人对于涉案工程仍应享有优先受偿权。

第一，《民法典》第八百零七条规定：当发包人不能按照约定支付工程款时，承包人可以起诉要求发包人支付工程价款，并对建设工程折价或者拍卖款享有优先受偿权。建设工程价款优先受偿权的基础权利来源于承包人所享有的工程款债权，法律规定并没有要求承包人的优先受偿权必须以工程完工为条件。因此，即使施工合同解除时工程未完工，承包人依然对已完成部分的工程价款享有优先受偿权。

第二，建设工程施工合同具有一定的特殊性，设置建设工程价款优先受偿权是考虑到承包人的劳动与建筑材料的价值已经物化到建筑物之中。当发包人不能按照约定支付工程款时，赋予承包人对工程价款优先受偿的权利，是对工程价款债权进行的特殊保护，进而保护建筑工人的合法权益。因此，从优先受偿权保护建筑工人利益的立法本意出发，合同解除后，承包人对于涉案工程仍应享有优先受偿权。

实务经验

第一，在建设工程施工过程中，如果因为发包人拖欠工程进度款等原因，导致合同无法继续履行，达到了合同约定的解除条件，承包人为了避免损失，可以与发包人协商解除合同或者向人民法院起诉解除合同，并且保留好双方的签证材料、洽商记录、往来函件、补充协议等证据。

第二，同时需要注意，司法实践中工程施工合同的解除，通常以合同实际解除之日作为优先受偿权起算之日，承包人在起诉请求解除合同并要求支付工程款的同时，要一并主张享有建设工程价款优先受偿权，避免因超过法定期限而丧失优先受偿权。

法条链接

《中华人民共和国民法典》（2021年1月1日实施）

第八百零七条 发包人未按照约定支付价款的，承包人可以催告发包人在合理期限内支付价款。发包人逾期不支付的，除根据建设工程的性质不宜折价、拍卖外，承包人可以与发包人协议将该工程折价，也可以请求人民法院将该工程依法拍卖。建设工程的价款就该工程折价或者拍卖的价款优先受偿。

《最高人民法院关于审理建设工程施工合同纠纷案件适用法律问题的解释（一）》（法释〔2020〕25号 2021年1月1日实施）

第三十八条 建设工程质量合格，承包人请求其承建工程的价款就工程折价或者拍卖的价款优先受偿的，人民法院应予支持。

法院判决

一审法院：《合同法》第二百八十六条①规定：发包人未按照约定支付价款的，承包人可以催告发包人在合理期限内支付价款。发包人逾期不支付的，除按照建设工程的性质不宜折价、拍卖的以外，承包人可以与发包人协议将该工程折价，也可以申请人民法院将该工程依法拍卖。建设工程的价款就该工程折价或者拍卖的价款优先受偿。从该条文表述分析，规定承包人就未付工程款对所承建工程享有优先受偿权，系为保护承包人对工程价款的实际受偿；规定没有要求承包人优先受偿工程款以工程完工并经竣工验收为先决条件。因此，在合同解除的情形下，承包人也对未完工程享有优先受偿的权利。对于优先受偿权行使期限的认定，应当遵循案件的客观事实，优先受偿权行使期限的起算点，应当尊重当事人之间关于支付工程价款期限的约定，不应早于当事人之间约定的工程价款支付期限，以保证实现该优先权权能。因此，建设工程价款优先受偿权的起算点最早应当从债权应受清偿时起算，从此时起算建设工程优先受偿权的行使期间。

本案中，华某房地产公司未按约支付工程款，并导致涉案《建设工程施工合同》予以解除，双方当事人在一审诉讼之前就涉案工程款未进行过结算，涉案工程价款及欠付工程款的数额系通过一审诉讼予以确定，某大桥工程局在主张解除合同的同时主张就涉案建设工程价款行使优先权，因此，本案未过工程价款优先权六个月的行使期限。故对华某房地产公司已经超过六个月的抗辩理由，该院不

---

① 编者按：《民法典》第807条。

予采纳。一审法院对某大桥工程局的该项诉讼请求予以支持，某大桥工程局涉案工程折价或者拍卖的价款依法享有优先受偿权。另外，《最高人民法院关于建设工程价款优先受偿权问题的批复》第三条规定：建筑工程价款包括承包人为建设工程应当支付的工作人员报酬、材料款等实际支出的费用，不包括承包人因发包人违约所造成的损失。因此，某大桥工程局享有建设工程价款优先受偿权的范围，应限定在欠付建设工程价款范围内，利息及履约保证金等属当事人违约造成的损失，不应计入优先受偿权的范围。

二审法院支持一审法院判决，判决"驳回上诉，维持原判"。

案件来源

新疆华某安居房地产开发有限公司、中国某建大桥工程局集团有限公司建设工程施工合同纠纷二审民事判决书｜最高人民法院·（2019）最高法民终347号

延伸阅读

案例：中国某冶集团有限公司、济宁如意四某花城房地产有限公司建设工程施工合同纠纷二审民事判决书｜最高人民法院·（2020）最高法民终1287号

（二）关于工程欠款。涉案合同虽已解除，但对于已完工程量，某冶集团公司仍有权要求支付工程价款。根据某冶集团公司申请，经一审法院委托鉴定，涉案工程的总造价为173418748.86元，减去已付工程款数额122315400元（不包括四某公司已支付的停工窝工损失448万元），工程欠款数额为51103348.86元，四某公司应予给付，并应自某冶集团公司起诉之日支付相应的利息。同时，某冶集团公司就上述工程欠款对济宁如意四某花城北区1#-14#楼及地下车库已完主体结构部分的建设工程依法享有优先受偿权。

063 哪些装饰装修工程承包人享有建设工程价款优先受偿权？

阅读提示

司法实践中存在大量的装饰装修工程，装饰装修工程是否属于建设工程的范围？装饰装修工程的承包人是否可以依照《民法典》第八百零七条享有建设工

程价款优先受偿权？

裁判要旨

装饰装修工程属于建设工程范畴，依据《最高人民法院关于审理建设工程施工合同纠纷案件适用法律问题的解释（一）》第三十七条规定，装饰装修工程具备折价或拍卖条件的，承包人享有优先受偿权。

案情简介

一、2014年9月17日，幸某之家公司与怡某公司签订《总承包合同》，该合同约定，幸某之家公司将四平红某美凯龙家居生活广场项目的电工程系统、幕墙、高档装修、广场等工程交怡某公司承建。

二、2015年5月22日，双方又签订《补充协议》约定：将广场工程从《总承包合同》施工范围中扣除，从《总承包合同》约定的总价6048万元中扣除室外广场工程450万元，合同总价调整为5598万元。

三、2015年12月31日，根据上述2份合同，为保证商场早日开业，双方又签订《补充协议二》，约定了工程款支付节点和剩余工程完成节点。

四、后幸某之家公司未按时支付工程价款，怡某公司向一审法院提出诉讼请求：判令幸某之家公司支付怡某公司工程价款并就工程享有优先受偿权。

五、一审法院认为无法确认涉案标的物因装饰装修而增加了多少价值，无法确认怡某公司应在多少价值范围内享有优先受偿权，故对怡某公司优先受偿权请求不予支持。

六、怡某公司对此不服，提起上诉，二审法院判决怡某公司就幸某之家公司欠付的工程款对涉案装饰装修工程折价或者拍卖的价款享有优先受偿权。

七、幸某之家公司不服，向最高院申请再审，最高院认为二审判决认定怡某公司享有装饰装修工程优先受偿权并无不当，驳回幸某之家公司的再审申请。

法律分析

本案的焦点问题是装饰装修工程是否属于建设工程的范围及装饰装修工程的承包人是否可以依照《民法典》第八百零七条享有建设工程价款优先受偿权。云亭建工律师团队认为：装饰装修本质上属于建设工程，无论装修装饰工程的发包人是该建筑物的所有权人，还是以租赁、联营等方式实际占有和使用该建筑物的占有人，只要装饰装修工程具备折价或者拍卖条件，承包人都有权就装饰装修工程行使优先受偿权。

装饰装修本质上属于建设工程。《国民经济行业分类》中将建筑业分为房屋建筑业、土木工程建筑业、建筑安装业和建筑装饰、装修和其他建筑业。因此，装饰装修是属于建设工程的一种。工程价款优先受偿权制度的创立目的是保护建筑工人的利益，在发包人拖欠的装饰装修工程价款中，除装饰装修所需要的材料费外，相当一部分是承包人应当支付的工人工资和其他劳务费用。从这一角度来说，装饰装修工程的优先受偿权所保护的法益与建设工程优先受偿权是一致的。但需注意的是，家庭居室装饰装修工程即通常所说的"家装"，并非《建筑法》上的装饰装修工程，其不属于《建筑法》规范的范围。装饰装修工程的承包人须具备相应的资质，而家庭居室装饰装修工程的承包人无此要求，《住宅室内装饰装修管理办法》并不禁止个人承揽家庭居室装饰装修工程。司法实践中，家庭居室装饰装修工程一般应适用合同法关于承揽合同的规定。因此，家装工程的承包人不享有工程价款优先受偿权。

本案中，一审法院以无法确认装饰装修增加了多少价值及怡某公司应在多少价值范围内享有优先受偿权为由，不支持其享有优先受偿权，二审法院则直接认定装饰装修工程折价或者拍卖优先受偿，一二审法院判决所依据的法律有所不同。

2004年《最高人民法院关于装修装饰工程款是否享有合同法第二百八十六条规定的优先受偿权的函复》（以下简称函复）："装修装饰工程属于建设工程，可以适用《中华人民共和国合同法》第二百八十六条关于优先受偿权的规定，但装修装饰工程的发包人不是该建筑的所有权人或者承包人与该建筑物的所有权人之间没有合同关系的除外。享有优先权的承包人只能在建筑物因装修装饰而增加价值的范围内优先受偿。"根据该函复享有优先权的承包人只能在建筑物因装修装饰而增加价值的范围内优先受偿。

2019年《最高人民法院关于审理建设工程施工合同纠纷案件适用法律问题的解释（二）》（以下简称原解释二）第十八条规定："装饰装修工程的承包人，请求装饰装修工程价款就该装饰装修工程折价或者拍卖的价款优先受偿的，人民法院应予支持，但装饰装修工程的发包人不是该建筑物的所有权人的除外。"原解释二删除了只在装饰装修增加价值范围内优先受偿的规定，因为增值在实践中很难确定，却保留了回函中"装饰装修工程的发包人不是该建筑物的所有权人的除外"的限制规定。司法实践中,很多装饰装修工程的承包人因为发包人不是建筑物所有权人而无法享有优先受偿权,显然对于获得工程价款,保障工人工资权益是不利的。

2021年实施的《最高人民法院关于审理建设工程施工合同纠纷案件适用法律问题的解释(一)》(以下简称新司法解释)删除了原解释二中的"装饰装修工程的发包人不是该建筑物的所有权人的除外"限制,统一规定:"装饰装修工程具备折价或者拍卖条件,装饰装修工程的承包人请求工程价款就该装饰装修工程折价或者拍卖的价款优先受偿的,人民法院应予支持"。虽新司法解释取消了装饰装修工程的发包人是建筑物的所有权人的限制,却增加了装饰装修工程具备折价或者拍卖条件的限制,但是对于发包人不是建筑物所有权人,装修装饰工程是否符合折价或拍卖条件,法律没有明确规定。云亭建工律师团队认为,既然新司法解释删除了发包人是建筑物所有权人规定,就意味着,无论装修装饰工程的发包人是该建筑物的所有权人,还是以租赁、联营等方式实际占有和使用该建筑物的占有人,只要装饰装修工程具备折价或者拍卖条件,承包人都有权就装饰装修工程行使优先受偿权。本条如何适用,还有待以后司法实践的验证。

实务经验

第一,装饰装修工程的承包人可以就工程折价或者拍卖的价款优先受偿,但分析新司法解释之前的判例可知,承包人享有优先受偿权仅限于发包人为建筑物所有权人的情况,对于不是建筑物所有人的情况下,法院是不支持优先受偿权的。但新司法解释对装饰装修工程优先受偿的该限制规定进行了修改,就为承包人寻求优先受偿权提供了更大的空间。

第二,云亭建工律师团队建议,根据最新规定,无论发包人是否为建筑物的所有权人,承包人在主张工程款时,都要一并提起装饰装修工程价款优先受偿的诉求,以最大限度保护自己权益。

法条链接

《最高人民法院关于审理建设工程施工合同纠纷案件适用法律问题的解释(一)》(法释〔2020〕25号 2021年1月1日实施)

第三十七条 装饰装修工程具备折价或者拍卖条件,装饰装修工程的承包人请求工程价款就该装饰装修工程折价或者拍卖的价款优先受偿的，人民法院应予支持。

法院判决

《最高人民法院关于审理建设工程施工合同纠纷案件适用法律问题的解释（二）》第十八条规定："装饰装修工程的承包人，请求装饰装修工程价款就该装饰装修工程折价或者拍卖的价款优先受偿的，人民法院应予支持，但装饰装修工程的发包人不是该建筑物的所有权人的除外。"本案中，怡某公司在一审中提供证据证明其曾就涉案工程优先受偿权事宜致函幸某之家公司，幸某之家公司并未提供证据对上述事实予以反驳，也未在一审答辩时对怡某公司主张的优先权提出异议，二审判决认定怡某公司享有装饰装修工程优先受偿权并无不当。

案件来源

四平市幸某之家房地产开发有限公司建设工程施工合同纠纷再审审查与审判监督民事裁定书｜最高人民法院·（2020）最高法民申213号

延伸阅读

案例一：中国光某银行股份有限公司呼和浩特分行、内蒙古苏某格路桥建设有限公司申请执行人执行异议之诉再审民事判决书｜最高人民法院·（2019）最高法民再359号

关于某路桥公司与金某泰公司签订《房屋抵顶协议书》应否视为某路桥公司行使建设工程价款优先受偿权的行为问题，根据某路桥公司与金某泰公司签订的《建设工程施工合同》，某路桥公司的施工范围为海某大酒店、海某工业大厦的附属设施工程（装修工程、管道工程、电气工程），某路桥公司与金某泰公司签订的《房屋顶账协议书》中约定的103、107号房屋及地下一层库房并非某路桥公司承建。即便某路桥公司施工范围包括涉案争议房产的附属工程，依照最高人民法院《关于装修装饰工程款是否享有合同法第二百八十六条规定的优先受偿权的函复》，装饰装修工程承包人的优先权只能在建筑物因装修装饰而增加价值的范围内优先受偿。因此，某路桥公司并不能对《房屋顶账协议书》中约定的103、107号房屋及地下一层库房行使建设工程价款优先受偿权。

案例二：北京万某建筑集团有限公司、北京中某辉煌房地产开发有限公司建设工程施工合同纠纷二审民事判决书 | 最高人民法院·（2019）最高法民终1800号

本院认为，关于优先受偿权问题。万某建筑公司作为装饰装修工程的承包人，根据《最高人民法院关于审理建设工程施工合同纠纷案件适用法律问题的解释（二）》第十八条规定，依法对工程价款就该工程享有优先受偿权，但应限定在中某辉煌公司为建筑物所有权人范围内。因涉案工程中7#、8#、9#、10#楼所有权及其土地使用权并非中某辉煌公司所有，7#、8#、9#、10#楼不存在因本案诉讼拍卖变卖所得款项优先受偿情形，故上述楼栋在本案所涉欠付工程款不应享有优先受偿权。具体计算如下：（扣除质保金的欠付工程款数额345497674.02元÷扣除质保金的工程款总额502187812.72元）×7#、8#、9#、10#楼扣除质保金的工程款总额78165872.89元＝本案中不应享有优先受偿权的7#、8#、9#、10#楼工程款53776946.77元。故本案可享受优先受偿权的工程款为345497674.02元－53776946.77元＝291720727.25元。

案例三：李某平、金湖县业某峰装饰中心合同纠纷二审民事判决书 | 江苏省淮安市中级人民法院（原江苏省淮阴市中级人民法院）·（2018）苏08民终1362号

关于涉案家庭居室装修装饰合同是否应当适用《最高人民法院关于审理建设工程施工合同纠纷案件适用法律问题的解释》，一审法院认为装修装饰工程应根据实际情况具体分析是家庭设计装修装饰工程还是工业设计装修装饰工程，简称"家装"和"工装"，主要从如下四点进行甄别：1. 指向的对象不同，前者仅为家庭装修，后者对象一般是公共场合的装饰装修工程，如商场、写字楼、楼盘的整体精装修等；2. 规模不同，相比之下"工装"的规模远大于"家装"规模；3. 设计角度不同，"工装"针对多数人来设计，偏向理性，局限性大，"家装"偏向于个性化，灵活性高；4. 严谨性不同，"工装"的严谨性远高于"家装"，各种证照应一应俱全，如营业执照、资格证、施工证、合同书等，"家装"比较随意，故家庭设计装修装饰工程不宜机械地适用《最高人民法院关于审理建设工程施工合同纠纷案件适用法律问题的解释》，而更多应依照《合同法》关于承揽合同的相关法律规定去规制合同双方的权利义务关系。众所周知，在我国的三、四线城市，大量的家庭装修装饰工程均由无资质的个体包工头进行承包，如果上述家庭设计装修装饰工程严格按照《最高人民法院关于审理建设工程施工合同纠纷案件适用法律问题的解释》的相关法律规定进行适用，则必将出现大量无效的家庭设计装修装饰合同，势必对公众日常生活和家庭设计装饰装修市场造成影响，也不符合立法原意。而工业设计装饰装修工程依据最高人民法院《关于装修装饰工程款是否享有合同法第二百八十六条规定的优先受偿权的函复》内容，毫无异议地属于建设工程范畴，应依法适用《最高人民法院关于审理建设工程施工合同纠纷案件适用法律问题的解释》。

二审法院认为，装潢工程属于物上附着物，不因上诉人不交付验收而影响物权人对物的权力的行使，而家庭装饰通常意义理解是对住宅室内空间及相关环境进行的装饰、装修设计、施工及室内用品配套供应、陈设布置达到一定技术、艺术效果的服务体系，法律对于家庭装饰活动并没有明确规定将其纳入建筑工程合同法律调整范围。根据双方当事人合同约定，涉案工程主要是对被上诉人105平方米生活空间的装饰，成果期待达到被上诉人的装潢理念、视觉效果、质量标准，其技术含量较低，且不涉及对建筑物主体和承重结构的变更，一审判决将其定位为承揽加工，更符合《合同法》第二百五十一条："承揽人按照定作人的要求完成工作，交付工作成果，定作人给付报酬"的承揽合同的特征，故不应以被上诉人未经验收使用装潢成果，作为其对质量异议权利放弃的事实加以认定。

案例四：朱某坤、睢宁尚某装饰工程有限公司装饰装修合同纠纷二审民事判决书 | 江苏省徐州市中级人民法院·（2018）苏03民终6698号

一审法院认为：尚某公司系一家依法成立并登记领取营业执照的公司，营业执照载明的经营范围包含了室内外装饰工程设计、施工、水电安装等项目。涉案工程系商品房竣工验收并交付业主后，朱某坤为实现经营美容养发店的特定用途及美化店内环境的需要，委托尚某公司对涉案门面房的墙面、地面及室内布局、卫浴洁具等设施，进行设计并进行装饰、装修、安装。该工程并不涉及房屋主体结构或承重结构的变动，不属于《建筑法》第二条规定的建筑活动，也不属于《建设工程质量管理条例》规定的建设工程范畴，不应适用建设工程或建设工程领域对于建筑企业装饰装修工程承包资质等级的相关要求。其性质应当认定为承揽合同，受合同法调整。

二审法院认为：朱某坤主张涉案装修工程属于建设工程范围，尚某公司不具备涉案装修工程所需要的资质，涉案装饰装修合同无效。对此，"装饰装修"并非法律概念，并无严格的定义。判断涉案装修工程是否属于建设工程范围，应根据双方合同约定的施工内容进行判断。涉案装修合同约定尚某公司的施工内容是对涉案门面房的墙面、地面及室内布局、卫浴洁具等设施，进行设计并进行装饰、装修、安装。工程内容不涉及房屋主体结构或承重结构的变动，因此涉案装修工程不属于《建筑法》第二条规定的建筑活动。故一审法院认定涉案合同性质为承揽合同，受合同法调整，并无不当。

064 承包人对违章建筑是否享有工程价款优先受偿权？

阅读提示

建设工程价款优先受偿权是承包人对发包人享有的就建设工程折价或拍卖所得价款优先受偿的权利。如果承包人承建的建筑是违章建筑，承包人是否还享有工程价款优先受偿权呢？

裁判要旨

涉案工程未取得建设用地规划许可证、建设工程规划许可证等行政审批手续，属于违章建筑，无法实现折价、拍卖，不具备行使建设工程价款优先受偿权的基础。承包人主张享有建设工程价款优先受偿权，法院不予支持。

案情简介

一、2011年12月6日，发包人新某业公司与承包人中某公司签订《建筑工程施工总承包协议》，协议载明：在本工程建设规划许可证正式批复下达后，甲乙双方在本协议基础上正式签署《建筑工程施工总承包协议》。

二、2011年12月19日，合同签订后，中某公司正式进场施工，2013年5月27日，由于新某业公司未能按合同约定支付工程进度款，中某公司向新某业公司发出暂停施工的通知，并于2013年6月15日全面停工。

三、自2012年1月11日至2012年12月25日，中某公司、新某业公司双方每月办理工程过程结算，2014年1月21日以后新某业公司未再支付任何款项。

四、中某公司向一审法院起诉，诉讼请求为：要求新某业公司支付工程款，并就完工工程享有优先受偿权。

五、一审法院支持了工程款诉求，但认为涉案工程属于违章建筑，对中某公司主张的优先受偿权不予支持。

六、中某公司对一审驳回其优先受偿权不服，向最高院提起上诉，最高院驳回上诉，维持原判。

法律分析

本案的焦点问题是承包人对违章建筑是否享有工程价款优先受偿权。

《民法典》第八百零七条规定："发包人未按照约定支付价款的，承包人可以催告发包人在合理期限内支付价款。发包人逾期不支付的，除根据建设工程的性质不宜折价、拍卖外，承包人可以与发包人协议将该工程折价，也可以请求人民法院将该工程依法拍卖。建设工程的价款就该工程折价或者拍卖的价款优先受偿。"《民法典》明确规定除"根据建设工程的性质不宜折价、拍卖外"承包人享有优先受偿权，即优先受偿的工程应该具备可折价、拍卖的条件。

本案中，涉案工程因未取得建设用地规划许可证、建设工程规划许可证等行政审批手续，导致双方签订的《建筑工程施工总承包协议》无效。在此情况下，涉案工程属于违章建筑，无法实现折价、拍卖，不具备行使建设工程价款优先受偿权的基础。因此，对于违章建筑，承包人不享有建设工程价款优先受偿权。

实务经验

实践中，以下几种情况常被法院认定为"不宜折价、拍卖"：

第一，未取得建设用地规划许可证、建设工程规划许可证等行政审批手续的违章建筑。

所谓违章建筑，是指违反国家法律、行政法规关于建筑行为的相关规定所建造的各种建筑物及构筑物，如未取得建设用地规划许可证、建设工程规划许可证等行政审批手续的工程属于违章建筑。

《最高人民法院关于审理建设工程施工合同纠纷案件适用法律问题的解释（一）》第二条规定："当事人以发包人未取得建设工程规划许可证等规划审批手续为由，请求确认建设工程施工合同无效的，人民法院应予支持，但发包人在起诉前取得建设工程规划许可证等规划审批手续的除外。"可见，违章建筑工程涉及的施工合同无效，同时，违章建筑未取得审批手续，不能登记为发包人的合法财产，无法进行市场拍卖、转让，当然承包人也就无法享有优先受偿权。

第二，直接关系到国家利益和社会公共利益的工程。

《民法典》第三百九十九条规定，学校、幼儿园、医疗机构等为公益目的成立的非营利法人的教育设施、医疗卫生设施和其他公益设施不得抵押。举轻以明重，这些公益设施如果属于建设工程，涉及了社会公共利益，当然也不宜折价、拍卖用于偿还建设工程价款。

社会公共道路、公园、广场等社会公益性工程，以及非营利学校的教育设施、非营利医疗机构的医疗设施，同样是涉及国家利益和社会公共利益的工程，也不宜折价、拍卖。

第三，建设工程质量不合格且无法修复的工程。

《最高人民法院关于审理建设工程施工合同纠纷案件适用法律问题的解释（一）》第三十八条规定："建设工程质量合格，承包人请求其承建工程的价款就工程折价或者拍卖的价款优先受偿的，人民法院应予支持。"可见，支持优先受偿权的前提是建设工程质量合格。若建设工程质量不合格，也无法修复，则没有利用价值，根据《民法典》第七百九十三条规定，承包人没有请求支付工程价款的权利，当然也无权享有工程价款优先受偿权。

法条链接

《中华人民共和国民法典》（2021年1月1日实施）

第三百九十九条 下列财产不得抵押：

（一）土地所有权；

（二）宅基地、自留地、自留山等集体所有土地的使用权，但是法律规定可以抵押的除外；

（三）学校、幼儿园、医疗机构等为公益目的成立的非营利法人的教育设施、医疗卫生设施和其他公益设施；

（四）所有权、使用权不明或者有争议的财产；

（五）依法被查封、扣押、监管的财产；

（六）法律、行政法规规定不得抵押的其他财产。

第七百九十三条 建设工程施工合同无效，但是建设工程经验收合格的，可以参照合同关于工程价款的约定折价补偿承包人。

建设工程施工合同无效，且建设工程经验收不合格的，按照以下情形处理：

（一）修复后的建设工程经验收合格的，发包人可以请求承包人承担修复费用；

（二）修复后的建设工程经验收不合格的，承包人无权请求参照合同关于工程价款的约定折价补偿。

发包人对因建设工程不合格造成的损失有过错的，应当承担相应的责任。

第八百零七条 发包人未按照约定支付价款的，承包人可以催告发包人在合理期限内支付价款。发包人逾期不支付的，除根据建设工程的性质不宜折价、拍卖外，承包人可以与发包人协议将该工程折价，也可以请求人民法院将该工程依法拍卖。建设工程的价款就该工程折价或者拍卖的价款优先受偿。

《最高人民法院关于审理建设工程施工合同纠纷案件适用法律问题的解释（一）》（法释〔2020〕25号 2021年1月1日实施）

第三十八条 建设工程质量合格，承包人请求其承建工程的价款就工程折价或者拍卖的价款优先受偿的，人民法院应予支持。

法院判决

关于中某公司对涉案工程是否享有建设工程价款优先受偿权的问题。一审法院未予支持中某公司该项诉请的理由主要是，涉案工程因未取得建设用地规划许可证、建设工程规划许可证等行政审批手续，施工协议无效，且涉案工程属于违章建筑，无法实现折价、拍卖，不具备行使建设工程价款优先受偿权的基础。而中某公司上诉主张其享有该项权利，核心理由认为违章建筑在尚有价值的情况下，承包人享有的该项权利不以工程是否为违章建筑、是否能够折价、拍卖为前提条件。但是，本案中双方均认可涉案建筑现无合法手续，仅有主体框架，未装修使用亦不具备出租、租赁等使用收益的合法、现实条件，中某公司未能证明其该项主张符合法律及司法解释规定的该项权利行使的各项基础条件，其该项上诉理由，本院不予支持。

案件来源

中某建设集团有限公司、锦州新某业房屋开发有限公司建设工程施工合同纠纷二审民事判决书丨最高人民法院·（2020）最高法民终905号

延伸阅读

案例一：新郑市某人民医院、海南中某建设集团有限公司建设工程施工合同纠纷二审民事判决书丨最高人民法院·（2019）最高法民终254号

四、对于中某建设公司主张的对建设工程的价款就工程折价或者拍卖的价款能否优先受偿的问题。一审法院认为，虽然《合同法》第二百八十六条①规定，承包人对建设工程价款就该工程折价或者拍卖的价款优先受偿，但该条同时也规定按照建设工程的性质不宜折价、拍卖的除外。新郑市某医院为事业单位法人，本案工程内容具有一定社会公益性，并不适宜折价、拍卖。而中某建设公司中途退出施工现场，是因其在施工过程中，施工人员少、管理混乱、资金不到位、原材料经常供应不及时、拖欠工人工资等自身原因造成，故中某建设公司主张的对建设工程的价款在工程折价或者拍卖的价款优先受偿的理由，一审法院不予支持。

案例二：中某集团有限公司、石狮市环某投资建设有限公司建设工程施工合同纠纷二审民事判决书丨最高人民法院·（2020）最高法民终165号

（四）关于中某公司对涉案工程是否有权行使优先受偿权

《合同法》第二百八十六条②虽赋予承包人在发包人未按照约定支付工程款的情况下，可就建设工程折价或拍卖的价款享有优先受偿权，但该条同时规定了除外情形，即建设工程的性质不宜折价、拍卖的以外。由于本案中中某公司承包的环某大道、水某外线工程属市政基础设施工程，事关社会公共利益，依法不宜进行折价或拍卖，因此，中某公司要求对该工程折价、拍卖所得价款享有优先受偿权，不符合法律规定，应不予支持。

065 承包人预先放弃建设工程价款优先受偿权，是否有效？

阅读提示

因为建设工程价款能够优先于抵押权受偿，所以在实践中，发包人将在建工程抵押给银行进行贷款时，银行为了实现抵押权，往往会要求发包人出示承包人

---

①② 编者按：《民法典》第807条。

放弃建设工程价款优先受偿权的承诺，而承包人为了承接工程，亦会做出放弃优先受偿权的让步。那么，承包人做出放弃优先受偿权的承诺是否有效？

裁判要旨

承包人放弃建设工程价款优先受偿权，必然使其整体清偿能力恶化，影响正常支付建筑工人工资，从而侵犯建筑工人利益。因此放弃优先受偿权的相关内容因损害建筑工人利益而无效。

案情简介

一、2013年2月27日，金某公司与浦某银行福州分行签订《房地产开发项目贷款合同》，约定金某公司就其房地产开发项目金某商业广场向浦某银行福州分行贷款38000万元。

二、同日，抵押权人浦某银行福州分行与抵押人金某公司签订《抵押合同》，约定金某公司以土地使用权和在建工程为贷款合同项下全部债务提供抵押担保。

三、同日，苏州凤某公司向浦某银行福州分行出具了《承诺书》：放弃金某购物广场工程的优先受偿权，以使银行享有对抵押物完整的优先权。

四、2014年7月16日，因金某公司拖欠工程款，苏州凤某公司向人民法院提起诉讼，双方达成调解协议：金某公司向苏州凤某公司支付工程进度款1.2亿元，并且该账款在苏州凤某公司施工的金某购物广场工程项目范畴内优先受偿。

五、2015年12月2日，浦某银行福州分行与华某福建省分公司签订债权转让协议，将对金某公司贷款债权转让给了华某福建省分公司。

六、2018年7月27日，宁德市中院作出（2016）闽09执507号执行财产分配方案：苏州凤某公司优先受偿6千多万元。

七、后华某福建省分公司起诉，以凤某公司作出了放弃优先受偿的承诺为由，要求苏州凤某公司将其通过行使优先受偿权所得价款向华某福建省分公司清偿金某公司所欠贷款本息。

八、一审法院驳回了华某福建省分公司的诉求。华某福建省分公司向最高院提起上诉。最高院认为凤某公司放弃优先受偿权的相关条款因损害建筑工人利益而无效，维持一审判决。

法律分析

本案的焦点问题是承包人作出放弃优先受偿权的承诺是否有效。

优先受偿权制度的创立目的不仅在于保护施工企业的权益，更在于解决拖欠工程款的问题，进而有效保障建筑工人工资发放，保障弱势群体的基本生存权。一旦允许承包人放弃优先受偿权，工程价款将沦为普通债权，很可能因为无法执行到位而最终损害建筑工人的利益。

本案中，承包人已进入破产清算程序，若允许苏州凤某公司根据意思自治放弃建设工程价款优先受偿权，必定使其整体偿债能力恶化，影响建筑工人工资的正常支付，进而侵害弱势群体权益，还可能会引发集体上访、集体讨债甚至更加恶性事件的发生，严重影响社会稳定。因此，放弃优先受偿权的相关条款因损害建筑工人利益而无效。

实务经验

第一，我国法律并未禁止承包人放弃建设工程价款优先受偿权，如果承包人放弃工程价款优先受偿权不损害国家利益、公共利益和农民工的合法权益，只涉及承包人自身的利益，承包人自愿放弃建设工程价款优先受偿权有效。

第二，如果承包人放弃建设工程价款优先受偿权损害了建筑工人利益，导致工人工资无法得到支付，则放弃行为无效。那么在实践中如何认定是否损害工人的利益呢？云亭建工律师团队建议可以参考施工合同和承包人与建筑工人之间签订的合同，考察发包人的工程款是否及时支付给了承包人，承包人是否向建筑工人支付了工资报酬。如果承包人在没有获得应得的工程款，也没给工人发放工资的情形下，还放弃优先受偿权，明显侵害了建筑工人利益，放弃行为无效。

第三，实践中，发包人要求承包人放弃工程款优先受偿权，承包人为了承接工程不得不放弃优先受偿权时，为了保障自身权益，可以考虑为放弃优先受偿权设置前提条件，比如"发包人按时支付工程价款"或者"发包人或第三人提供担保"，也可以明确放弃优先受偿权的范围，比如，仅仅针对某个银行的某笔贷款本息放弃优先受偿。总之，在承发包双方市场地位不平等的现状下，承包人应尽量争取限定放弃优先受偿权的条件和范围，维护自己的合法权益。

法条链接

《中华人民共和国民法典》（2021年1月1日实施）

第八百零七条　发包人未按照约定支付价款的，承包人可以催告发包人在合理期限内支付价款。发包人逾期不支付的，除根据建设工程的性质不宜折价、拍卖外，承包人可以与发包人协议将该工程折价，也可以请求人民法院将该工程依法拍卖。建设工程的价款就该工程折价或者拍卖的价款优先受偿。

《最高人民法院关于审理建设工程施工合同纠纷案件适用法律问题的解释（一）》（法释〔2020〕25号　2021年1月1日实施）

第四十二条　发包人与承包人约定放弃或者限制建设工程价款优先受偿权，损害建筑工人利益，发包人根据该约定主张承包人不享有建设工程价款优先受偿权的，人民法院不予支持。

法院判决

《合同法》第二百八十六条[①]赋予承包人建设工程价款优先受偿权，重要目的在于保护建筑工人的利益。建设工程价款优先受偿权虽作为一种法定的优先权，但现行法律并未禁止放弃或限制该项优先权，且基于私法自治之原则，民事主体可依法对其享有的民事权利进行处分。《最高人民法院关于审理建设工程施工合同纠纷案件适用法律问题的解释（二）》第二十三条规定"发包人与承包人约定放弃或者限制建设工程价款优先受偿权，损害建筑工人利益，发包人根据该约定主张承包人不享有建设工程价款优先受偿权的，人民法院不予支持"。该条款包含两层意思，一是承包人与发包人有权约定放弃或者限制建设工程价款优先受偿权，二是约定放弃或者限制建设工程价款优先受偿权不得损害建筑工人利益。涉案《承诺书》虽系作为承包人的苏州凤某公司向作为发包人债权人的浦某银行福州分行作出，而非直接向发包人金某公司作出，但《承诺书》的核心内容是苏州凤某公司处分了己方的建设工程价款优先受偿权，且《承诺书》以浦某银行福州分行依约发放贷款给作为发包人的金某公司用于金某商业广场项目建设为所附条件，则判断苏州凤某公司该意思表示、处分行为的效力必然仍要遵循《最高人民法院关于审理建设工程施工合同纠纷案件适用法律问题的解释（二）》第二十三条的立法精神，即建设工程价款优先受偿权的放弃或者限制，

[①] 编者按：《民法典》第807条。

不得损害建筑工人利益。本案中，尚无证据显示苏州凤某公司出具的《承诺书》存在《合同法》第五十二条①规定的合同无效的法定情形，但以上事实足以说明，在本案中，若还允许苏州凤某公司基于意思自治放弃建设工程价款优先受偿权，必然使其整体清偿能力恶化影响正常支付建筑工人工资，从而导致侵犯建筑工人利益。一审法院认定《承诺书》中苏州凤某公司放弃优先受偿权的相关条款因损害建筑工人利益而无效，并无错误。

案件来源

中国华某资产管理股份有限公司福建省分公司、苏州市凤某建筑安装工程有限公司合同纠纷二审民事判决书丨最高人民法院·（2019）最高法民终1951号

延伸阅读

案例一：广东旺某建设集团有限公司、江门市中某建筑装修工程有限公司第三人撤销之诉二审民事判决书丨最高人民法院·（2019）最高法民终588号

法院裁判认为建设工程价款优先受偿权是法律赋予建设工程施工人的法定权利，属于具有担保性质的民事财产权利。无论是《最高人民法院关于审理建设工程施工合同纠纷案件适用法律问题的解释（二）》第二十三条的相关规定，还是一贯的司法实践，对于建设工程价款优先受偿权的处分问题，均秉持权利人可以自由选择是否行使或放弃，但是不能损害建筑工人利益，否则应为无效的原则。本案中，《放弃优先受偿权声明书》是旺某公司真实意思表示，且不违反法律法规强制性规定。旺某公司上诉称对远某公司的财产进行拍卖并已分配，农民工的工资已进行发放，因此建筑工人的利益已经得到保障。旺某公司再以损害建筑工人利益为由主张《放弃优先受偿权声明书》无效，没有事实、法律依据，本院不予采信。

案例二：安阳中某发汇成置业有限公司、杭州建某集团有限责任公司建设工程施工合同纠纷二审民事判决书丨最高人民法院·（2020）最高法民终1113号

中某发公司主张杭州某建工公司已放弃优先受偿权，其主张的依据为杭州某建工公司向中原银行安阳邺城支行出具的《放弃优先受偿权承诺书》，承诺书中杭州某建工公司保证在中某发公司未结清银行贷款前，放弃对该工程的优先受偿权。但杭州某建工公司出具的承诺函具有相对性，有特定的对象、特定的前提，

---

① 编者按：已失效，被《民法典》吸收。

该承诺函的效力仅涉及中原银行安阳邺城支行的1.2亿元贷款本息,不能据此认定杭州某建工公司绝对的放弃优先受偿权。中某发公司当庭明确认可《放弃优先受偿权承诺书》所涉及的贷款已经清偿完毕,依据《中华人民共和国合同法》第二百八十六条的规定,杭州某建工公司可就其承建工程的折价款、拍卖价款优先受偿,故中某发公司的上述抗辩主张无事实依据,一审法院不予支持。

066 施工合同无效,是否影响承包人建设工程价款优先受偿权?

阅读提示

施工合同可能因各种原因被认定无效,如果施工合同无效,承包人是否还享有建设工程价款优先受偿权?

裁判要旨

建设施工合同的效力并非决定承包人是否享有建设工程价款优先受偿权的前提条件,即使建设工程施工合同无效,在工程质量合格的情况下,承包人也享有建设工程价款优先受偿权,但应在合理期限内行使。

案情简介

一、胡某礼在不具备建筑企业施工资质的情况下与双某公司口头协商承建双某熟食加工厂、办公楼、宿舍楼、大门等工程。

二、2015年,因双某公司未支付工程款,胡某礼起诉至夏邑县人民法院,夏邑县人民法院经审理后作出民事调解书,调解书确认了工程款数额及支付时间,但胡某礼放弃了建设工程价款优先受偿权。

三、2018年,夏邑县某信用社因金融借款案件申请对双某公司名下抵押房地产进行执行,胡某礼提出执行异议,要求确认其对该房产享有建设工程价款优先受偿权。

四、一审法院认为,胡某礼提出执行异议主张行使建设工程价款优先受偿权时已远超过六个月的除斥期间,判决驳回其诉讼请求。

五、二审法院认为,由于建设工程施工合同无效,胡某礼不享有建设工程价款优先受偿权,判决驳回上诉。

六、最高人民法院认为,建设工程施工合同的效力并非决定承包人是否享有建设工程价款优先受偿权的前提条件,但胡某礼在调解中放弃了建设工程价款优先受偿权,再次申请时明显超出了法定的期间,裁定驳回其再审申请。

法律分析

本案的焦点问题是胡某礼是否享有建设工程价款优先受偿权,如果享有建设工程价款优先受偿权,其行使权利是否超过法定期限?

第一,根据《最高人民法院关于审理建设工程施工合同纠纷案件适用法律问题的解释(一)》第一条第一款第一项的规定,承包人未取得建筑业企业资质的,建设工程施工合同无效。

本案中,胡某礼不具备建筑企业施工资质,以个人名义与双某公司口头协商,承建涉案工程,双方形成的建设工程施工合同应为无效合同。

第二,根据《最高人民法院关于审理建设工程施工合同纠纷案件适用法律问题的解释(一)》第三十八条的规定,建设工程质量合格是承包人享有建设工程价款优先受偿权的前提,但该条并未规定建设工程施工合同必须为有效合同。

本案中,虽然建设工程施工合同为无效合同,但胡某礼不因此而丧失建设工程价款优先受偿权,二审判决认定不正确。

第三,承包人应在合理期限内行使建设工程价款优先受偿权,自发包人应当给付建设工程价款之日起算,最长不得超过十八个月,若超出期限再行使,则不会被支持。

本案中,胡某礼在其索要工程款的案件中提出了确认其享有建设工程价款优先受偿权的诉讼请求,但是在该案调解时又放弃了建设工程价款优先受偿权。直至多年以后,涉案工程被发包人的其他债权人强制执行时胡某礼才又提出其享有建设工程价款优先受偿权,此时已经超越法定期限。

实务经验

第一,建设工程质量合格是承包人享有建设工程价款优先受偿权的前提条件。建设工程质量事关人民群众生命财产安全,《建筑法》第六十一条规定,承包人交付的建筑工程必须符合规定的建筑工程质量标准，不合格的不得交付使用。虽然法律规定建设工程价款优先受偿的目的是保护建筑工人的合法权益，但前提条件是建设工程质量合格，《最高人民法院关于审理建设工程施工合同纠纷案件适用法律问题的解释（一）》第三十八条、第三十九条均对此作了规定。建议承包人：严格按工程质量标准施工，交付合格工程。

第二，建设工程施工合同的效力不影响承包人工程价款优先受偿权。承包人可对建设工程价款优先受偿，是因为承包人的人力、物力、财力已经物化于建筑工程中，即使建设工程施工合同无效，承包人也已经事实上进行了施工，支出了相应的成本，在工程质量合格的情况下，承包人应享有建设工程价款优先受偿权。上述建设工程司法解释未将建设工程施工合同有效规定为承包人行使建设工程价款优先受偿权的前提条件。在发包人逾期支付工程款时，建议承包人：不管是协议解决还是诉讼解决，都提出对建设工程价款享有优先受偿权的主张。

第三，除合同效力外，合同解除、工程未竣工、建筑物已出售等情况一般也不影响承包人享有建设工程价款优先受偿权，法院主要考虑工程质量是否合格及承包人是否在合理期限内行使这两个因素。

第四，若建设工程施工合同无效的原因是发包人未取得规划审批手续，则承包人可能不享有工程价款优先受偿权。发包人无法取得建设工程规划审批手续，则所建工程为违法建筑，可能无法折价或拍卖，承包人自然无法就折价或者拍卖的价款优先受偿。对此，司法实践中也有不同观点。

第五，实际施工人不享有建设工程价款优先受偿权。《最高人民法院关于审理建设工程施工合同纠纷案件适用法律问题的解释（一）》第三十五条规定，"与发包人订立建设工程施工合同的承包人，依据民法典第八百零七条的规定请求其承建工程的价款就工程折价或者拍卖的价款优先受偿的，人民法院应予支持。"转包和违法分包等情形下，实际施工人并非与发包人订立合同的承包人，故其不享有建设工程价款优先受偿权。对此问题，2022年4月8日，最高人民法院民一庭官方微信公众号发布了如下内容：最高人民法院民一庭2021年第21次法官会议讨论认为：实际施工人不享有建设工程价款优先受偿权。

法条链接

《中华人民共和国民法典》（2021年1月1日实施）

第一百五十三条　违反法律、行政法规的强制性规定的民事法律行为无效。

但是，该强制性规定不导致该民事法律行为无效的除外。

违背公序良俗的民事法律行为无效。

第八百零七条 发包人未按照约定支付价款的，承包人可以催告发包人在合理期限内支付价款。发包人逾期不支付的，除根据建设工程的性质不宜折价、拍卖外，承包人可以与发包人协议将该工程折价，也可以请求人民法院将该工程依法拍卖。建设工程的价款就该工程折价或者拍卖的价款优先受偿。

《中华人民共和国建筑法》（2019年修正）

第六十一条 交付竣工验收的建筑工程，必须符合规定的建筑工程质量标准，有完整的工程技术经济资料和经签署的工程保修书，并具备国家规定的其他竣工条件。

建筑工程竣工经验收合格后，方可交付使用；未经验收或者验收不合格的，不得交付使用。

《最高人民法院关于审理建设工程施工合同纠纷案件适用法律问题的解释（一）》（法释〔2020〕25号 2021年1月1日实施）

第一条 建设工程施工合同具有下列情形之一的，应当依据民法典第一百五十三条第一款的规定，认定无效：

（一）承包人未取得建筑业企业资质或者超越资质等级的；

（二）没有资质的实际施工人借用有资质的建筑施工企业名义的；

（三）建设工程必须进行招标而未招标或者中标无效的。

承包人因转包、违法分包建设工程与他人签订的建设工程施工合同，应当依据民法典第一百五十三条第一款及第七百九十一条第二款、第三款的规定，认定无效。

第三条 当事人以发包人未取得建设工程规划许可证等规划审批手续为由，请求确认建设工程施工合同无效的，人民法院应予支持，但发包人在起诉前取得建设工程规划许可证等规划审批手续的除外。

发包人能够办理审批手续而未办理，并以未办理审批手续为由请求确认建设工程施工合同无效的，人民法院不予支持。

第三十五条 与发包人订立建设工程施工合同的承包人，依据民法典第八百零七条的规定请求其承建工程的价款就工程折价或者拍卖的价款优先受偿的，人民法院应予支持。

第三十八条 建设工程质量合格，承包人请求其承建工程的价款就工程折价或者拍卖的价款优先受偿的，人民法院应予支持。

第三十九条 未竣工的建设工程质量合格，承包人请求其承建工程的价款就其承建工程部分折价或者拍卖的价款优先受偿的，人民法院应予支持。

第四十一条 承包人应当在合理期限内行使建设工程价款优先受偿权，但最长不得超过十八个月，自发包人应当给付建设工程价款之日起算。

法院判决

胡某礼自认其在不具备建筑企业施工资质的情况下与双某公司口头协商承建了双某熟食加工厂、办公楼、宿舍楼、大门，依据《最高人民法院关于审理建设工程施工合同纠纷案件适用法律问题的解释（一）》第一条之规定，该建设工程合同应属无效。《最高人民法院关于审理建设工程施工合同纠纷案件适用法律问题的解释（一）》第三十八条规定："建设工程质量合格，承包人请求其承建工程的价款就工程折价或者拍卖的价款优先受偿的，人民法院应予支持。"因此，建设施工合同的效力并非决定承包人是否享有建设工程价款优先受偿权的前提条件。胡某礼申请再审主张二审判决以合同无效为由而认定其不享有工程价款优先受偿权有误，本院予以支持。

虽然胡某礼享有建设工程价款优先受偿权，但亦应在合理期限内行使。原审查明，胡某礼与双某公司法定代表人牛某武于2015年4月28日签订建筑工程结算单，确认尚欠胡某礼工程款2687252元。2002年起施行的《最高人民法院关于建设工程价款优先受偿权问题的批复》第四条规定："建设工程承包人行使优先权的期限为六个月，自建设工程竣工之日或者建设工程合同约定的竣工之日起计算。"2019年2月1日起施行的《最高人民法院关于审理建设工程施工合同纠纷案件适用法律问题的解释（二）》第二十二条规定："承包人行使建设工程价款优先受偿权的期限为六个月，自发包人应当给付建设工程价款之日起算。"2021年1月1日起施行的《最高人民法院关于审理建设工程施工合同纠纷案件适用法律问题的解释（一）》第四十一条规定："承包人应当在合理期限内行使建设工程价款优先受偿权，但最长不得超过十八个月，自发包人应当给付建设工程价款之日起算。"上述司法解释对优先受偿权的起算时间规定不同，但一审中《最高人民法院关于审理建设工程施工合同纠纷案件适用法律问题的解释（二）》已生效，按照新法优于旧法原则，一审判决以发包人应当给付建设工程价款之日即2015年4月28日双方结算的日期作为建设工程价款优先受偿权的起算时间，并无不当。后因双某公司未付款，胡某礼诉至河南省夏邑县人民法院，并于2015年8月6日提出了建设工程价款优先受偿权的诉请。河南省夏邑县人民法院经审理，根据当事人自愿达成的调解协议作出（2015）夏民初字第02607号民事调解书，但其中并未涉及建设工程价款优先受偿权的内容。因此，胡某礼虽在该案中提出了行使建设工程价款优先受偿权的诉请，但在调解中又放弃了建设工程价款优先受偿权。2020年6月3日，胡某礼提起本案诉讼再次主张行使建设工程价款优先受偿权，距2015年4月28日的起算时间已达五年多，明显超出了法定的期间。胡某礼以原判决认定其行使建设工程价款优先受偿权超越法定期限适用法律错误为由申请再审，本院不予支持。

案件来源

胡某礼、夏邑县某信用合作联社等建设工程施工合同纠纷民事申请再审审查民事裁定书｜最高人民法院·（2021）最高法民申7425号

延伸阅读

案例一：兰州新区嘉某文化发展有限责任公司、中某建某集团有限公司等建设工程施工合同纠纷其他民事民事裁定书｜最高人民法院·（2021）最高法民申2944号

关于合同效力的法律适用问题。本案双方当事人经协商解除建设工程施工合同，原判决认定建设工程施工合同有效，并援引了《合同法》中关于合同解除以及工程施工合同的相关规定，其并未援引合同无效的规定，嘉某文化公司关于原判决错误援引合同无效、撤销相关规定的再审申请事由不能成立，本院不予支持。

关于建设工程优先受偿权的法律适用问题。涉案工程未经竣工验收即停工，双方当事人于2018年12月经协商解除建设工程施工合同。从合同解除之日至中某建工公司起诉之日，并未超过六个月期限，原判决对优先受偿权行使期限的认定并无不当。

案例二：万某建设有限公司、商丘华某房地产开发有限公司建设工程施工合同纠纷二审民事判决书｜最高人民法院·（2020）最高法民终774号

关于万某公司应否在欠付工程价款范围内对尚某华城一期工程项目1#-3#、5#-13#楼折价或拍卖价款享有优先受偿权问题

建设工程价款由成本（直接成本、间接成本）、利润（酬金）、税金构成。根据《合同法》第二百八十六条①规定，承包人就发包人欠付的工程价款对该工程折价或者拍卖的价款享有优先受偿权。本案中，发包人华某公司尚欠付承包人万某公司5457425.23元的工程款，万某公司在欠付的5457425.23元工程价款范围内对尚某华城一期工程项目1#-3#、5#-13#楼折价或拍卖价款享有优先受偿权符合法律规定。此外，建设工程施工合同无效并不意味着债权消灭，建设工程施工合同的效力亦不影响承包人行使优先受偿权。

案例三：浙江国某建设集团有限公司、泰州开某汽车城发展有限公司建设工程施工合同纠纷二审民事判决书｜最高人民法院·（2019）最高法民终314号

关于工程价款优先受偿权问题，开某公司、欣某公司上诉主张，只有施工合同有效才能适用法定优先受偿权，涉案工程施工合同无效，故国某公司对涉案工程价款不享有优先受偿权。

《合同法》第二百八十六条②规定，"发包人未按照约定支付价款的，承包人可以催告发包人在合理期限内支付价款。发包人逾期不支付的，除按照建设工程的性质不宜折价、拍卖的以外，承包人可以与发包人协议将该工程折价，也可以申请人民法院将该工程依法拍卖。建设工程的价款就该工程折价或者拍卖的价款优先受偿"。该条和相关司法解释均未明确规定施工合同有效才能主张工程价款优先权，而且，如上所述涉案927合同应认定有效，涉案工程亦竣工验收合格。开某公司、欣某公司的此项上诉理由缺乏法律依据，本院不予支持。

《最高人民法院关于审理建设工程施工合同纠纷案件适用法律问题的解释（二）》（法释〔2018〕20号）第二十二条规定，"承包人行使建设工程价款优先受偿权的期限为六个月，自发包人应当给付建设工程价款之日起算"。涉案工程于2015年12月18日竣工验收合格，开某公司应于2016年4月18日支付工程款，国某公司于2016年4月1日起诉主张工程款优先权符合法律、司法解释规定，一审判决支持国某公司的该项诉讼请求正确，本院予以维持。

案例四：佛山市南海圣某仓储有限公司、甘某辉建设工程施工合同纠纷再审审查与审判监督民事裁定书｜最高人民法院·（2019）最高法民申2351号

关于甘某辉对涉案工程款是否享有优先受偿权的问题。《合同法》第二百八十六条③规定："发包人未按照约定支付价款的，承包人可以催告发包人在合理期限内支付价款。发包人逾期不支付的，除按照建设工程的性质不宜折价、拍卖

---

①②③ 编者按：《民法典》第807条。

的以外,承包人可以与发包人协议将该工程折价,也可以申请人民法院将该工程依法拍卖。建设工程的价款就该工程折价或者拍卖的价款优先受偿。"《最高人民法院关于审理建设工程施工合同纠纷案件适用法律问题的解释》第二条规定:"建设工程施工合同无效,但建设工程经竣工验收合格,承包人请求参照合同约定支付工程价款的,应予支持。"承包人可对建设工程价款优先受偿,主要是因为承包人的人力、物力、财力已经物化于建筑工程中。当发包人不能如约支付工程款时,赋予承包人优先受偿权,有利于保护农民工的合法权益。而当建设工程施工合同无效时,只要工程竣工验收合格,承包人的实际付出与涉案合同合法有效,并无不同,此时,肯定承包人对涉案工程价款享有优先受偿权,较为公允。本案中,甘某辉从智某公司处受让涉案债权,系对涉案债权的概括承受,因此,原审法院判令甘某辉对涉案工程价款享有优先受偿权,并无不当;圣某公司以甘某辉并非涉案工程实际承包人为由主张其不享有优先受偿权,理据不足,本院不予支持。此外,《最高人民法院关于建设工程价款优先受偿权问题的批复》第四条规定:"建设工程承包人行使优先权的期限为六个月,自建设工程竣工之日或者建设工程合同约定的竣工之日起计算。"在当事人约定的工程款付款期限届满日晚于竣工日的情况下,如严格适用前述规定,自竣工日开始计算承包人行使优先权的期限,那么根据《合同法》第二百八十六条[2],将导致优先受偿权行使条件尚未具备,行使期限已经开始起算,甚至届满的情形发生,这不利于对承包人合法权益的保护。因此,在合同约定付款时间晚于竣工时间时,应作对承包人有利解释,行使优先受偿权的时间应从合同约定的付款日期届满之日起计算。本案中,圣某公司于 2016 年 6 月 28 日出具《承诺书》,承诺于 2016 年 8 月 30 日之前付清工程款;智某公司于 2016 年 9 月 5 日提起诉讼,优先受偿权的行使并未超过 6 个月的期间。原审法院关于涉案优先受偿权的行使并未超过 6 个月期限的处理意见,符合本案客观情况,亦较为公平,本院予以认可。

案例五:中国新某建设开发有限责任公司、海上嘉某华(青岛)置业有限公司建设工程施工合同纠纷二审民事判决书|最高人民法院·(2018)最高法民终 556 号

关于新某公司应否在欠付工程款范围内享有建设工程价款优先受偿权问题,《合同法》第二百八十六条[1]规定:"发包人未按照约定支付价款的,承包人可以催告发包人在合理期限内支付价款。发包人逾期不支付的,除按照建设工程的性

---

[1] 编者按:《民法典》第 807 条。

质不宜折价、拍卖的以外，承包人可以与发包人协议将该工程折价，也可以申请人民法院将该工程依法拍卖。建设工程的价款就该工程折价或者拍卖的价款优先受偿。"建设工程价款优先受偿权是法律赋予承包人的法定优先权，目的是保障承包人对自己的劳动成果获得报酬。即便建设工程施工合同无效，嘉某华公司承担折价补偿责任，根据《建设工程施工合同司法解释》第二条规定，建设工程施工合同无效，可以参照施工合同计算工程价款。即折价补偿责任参照工程价款计算，计算基础仍然是承包人付出的人力、材料和管理成本等，属于建设工程价款优先受偿权的保护范围。赋予新某公司工程价款优先受偿权，符合《合同法》第二百八十六条①规定的立法目的。

《最高人民法院关于建设工程价款优先受偿权问题的批复》规定，建设工程优先受偿权自建设工程竣工之日或者建设工程合同约定的竣工之日起计算，本案新某公司中途退场，优先受偿权不宜自工程竣工之日起算。根据《合同法》第二百八十六条②的规定，优先受偿权的适用以发包人逾期不支付价款为前提。新某公司与嘉某华公司签订的《支付协议》约定的最后一期工程款支付时间为2015年12月31日，优先受偿权起算时间不宜早于该日。新某公司于2015年11月13日提起诉讼，未超过6个月法定期限。新某公司退场之时以及《支付协议》签订之时，工程款的支付时间未确定或者尚未届满，不能作为优先受偿权的起算时间。嘉某华公司主张住宅工程于2015年2月12日竣工，至新某公司起诉主张优先受偿权已经超过6个月期限。本院认为，新某公司与嘉某华公司签订一份建设工程施工合同，《结算协议》《支付协议》将住宅、酒店等工程作为一个整体予以结算，嘉某华公司向新某公司支付工程款时亦未予以区分各项工程，故不应对住宅单独计算优先受偿权的行使期限。综上，一审判决认定新某公司对其已施工项目建设工程享有优先受偿权并无不当。一审判决认定新某公司在嘉某华公司欠付工程款450559214.01元范围内享有优先受偿权，新某公司未对该项判决提出上诉，系其对自身权利的处分，本院对该判项予以维持。

---

① 编者按：《民法典》第807条。

067 承包人能否在另案执行程序中主张建设工程价款优先受偿权？

阅读提示

在建工法律领域，"建设工程价款优先受偿权"的概念已深入人心，无论合同有效与否，施工方总会以工程款债权为由，请求法院给予优先保护。建设工程价款优先受偿权的行权方式有哪些？是否必须以诉讼或仲裁的方式提出？

裁判要旨

在执行法院根据发包人其他债权人的申请对建设工程采取强制执行措施时，承包人向执行法院主张其对建设工程享有优先受偿权的，属于承包人行使建设工程价款优先受偿权的合理方式。

案情简介

一、2013年6月26日，发包人恒某置业和承包人中某建设签订《建设工程施工合同》。施工期间，因恒某置业拖欠工程款，中某建设于2013年11月12日、2013年11月26日、2014年12月23日多次向恒某置业送达联系函，请求其立即支付拖欠的工程款，按合同约定支付违约金并承担相应损失。

二、2014年4月，恒某置业委托德某工程管理公司对涉案工程进行结算审核，同年11月3日德某工程管理公司出具了涉案工程《结算审核报告》。

三、2014年11月24日，中某建设收到通知，河南省焦作市中院依据恒某置业其他债权人的申请将要对涉案工程进行拍卖。

四、2014年12月1日，中某建设向焦作市中院提交《关于涉案工程拍卖联系函》，载明其为涉案工程承包人，自项目开工其已完成产值2.87亿元工程，请求依法确认优先受偿权并参与整个拍卖过程。后，涉案工程于2015年2月5日停工。

五、2018年1月31日，中某建设将恒某置业诉至河南省高院，请求解除双方签订的《建设工程施工合同》以及确认恒某置业欠付中某建设工程款及优先受偿权。

六、河南省高院一审确认了恒某置业欠付工程款288428047.89元及相应利息，并确认了中某建设在工程款288428047.89元范围内对其施工的涉案工程折价或者拍卖的价款享有优先受偿权。最高院二审维持该判决。

法律分析

本案的焦点问题是中某建设通过向执行法院提出其具有建设工程价款优先受偿权并参与分配，是不是符合法律规定的优先受偿权行权方式。

《民法典》第八百零七条规定"发包人未按照约定支付价款的，承包人可以催告发包人在合理期限内支付价款。发包人逾期不支付的，除根据建设工程的性质不宜折价、拍卖外，承包人可以与发包人协议将该工程折价，也可以请求人民法院将该工程依法拍卖。建设工程的价款就该工程折价或者拍卖的价款优先受偿"。《民诉法解释》第五百零六条第二款规定"对人民法院查封、扣押、冻结的财产有优先权、担保物权的债权人，可以直接申请参与分配，主张优先受偿权"。

从上述规定可以看出，建设工程优先受偿权的行权方式，至少包括（1）与发包人协商折价，（2）通过诉讼（仲裁）方式主张，（3）向执行法院主张。也就是说，承包人主张建设工程优先受偿权，诉讼并非唯一方式。

本案中，工程尚未竣工验收，承包人得知执行法院因另案强制执行建设工程，遂按照《民诉法解释》第五百零六条第二款之规定向执行法院主张建设工程价款优先受偿权。因涉案工程尚未竣工验收，应付款之日尚未届期，未超过建设工程价款优先受偿权的行权期限。承包人中某建设直接向执行法院主张优先权，不违反《民法典》第八百零七条，且符合《民诉法解释》第五百零六条第二款之规定。故，承包人中某建设的建设工程价款优先受偿权应予保护。

实务经验

现行法律法规和司法解释并未限制建设工程价款优先受偿权的行权方式。司法实践中，大部分承包人会在追索工程价款的诉讼中一并提出确认优先权的请求，但并不意味着诉讼是建设工程价款优先受偿权的唯一行权途径。

笔者办理的案件中，曾有承包人发现发包人资不抵债，为了避免日后在发包人破产程序中丧失建设工程价款优先受偿权，工程完工后长达数年时间不向发包人提交竣工验收资料、不申请竣工验收，静等发包人破产。没想到发包人"缓过来"了，不但没有破产，而且经营得还不错。后来承包人起诉索要工程款，发包人反诉其巨额逾期竣工赔偿金。这个案子中，就是承包人对建设工程价款优先权行权方式的理解发生了错误，以为只有诉讼或者在破产程序中才可以行权。其实，《民法典》第八百零七条规定了多种行权途径，比如，与发包人协商折价，向发包人发函，都是主张建设工程价款优先权的正确方式，只要没有超过法律和司法解释规定的行权期限，都可以得到保护。

在执行法院因另案对发包人的建设工程采取强制执行措施中，只要没有超过建设工程价款优先权行权期限，承包人可以直接向执行法院主张。至于执行法院是在执行分配中直接给予解决，还是告知承包人就"建设工程价款优先受偿权的有无、金额是多少、在哪部分工程范围内享有优先权"另案诉讼，则是另外一个法律问题，但是，只要在规定期限内向执行法院主张了优先权，就不会失权。

法条链接

《中华人民共和国民法典》（2021年1月1日实施）

第八百零七条　发包人未按照约定支付价款的，承包人可以催告发包人在合理期限内支付价款。发包人逾期不支付的，除根据建设工程的性质不宜折价、拍卖外，承包人可以与发包人协议将该工程折价，也可以请求人民法院将该工程依法拍卖。建设工程的价款就该工程折价或者拍卖的价款优先受偿。

《最高人民法院关于适用〈中华人民共和国民事诉讼法〉的解释》（2022年修正）

第五百零六条　被执行人为公民或者其他组织，在执行程序开始后，被执行人的其他已经取得执行依据的债权人发现被执行人的财产不能清偿所有债权的，可以向人民法院申请参与分配。

对人民法院查封、扣押、冻结的财产有优先权、担保物权的债权人，可以直接申请参与分配，主张优先受偿权。

法院判决

关于中某建设行使涉案建设工程价款优先受偿权是否超过法律规定的期限、其享有涉案建设工程价款优先受偿权的范围的问题。《最高人民法院关于审理建设工程施工合同纠纷案件适用法律问题的解释（二）》第二十二条规定："承包人行使建设工程价款优先受偿权的期限为六个月，自发包人应当给付建设工程价款之日起算。"2014 年 11 月 3 日，德某公司对涉案工程价款出具《审核报告》。2014 年 12 月 1 日，中某建设第九建设公司向焦作中院提交《关于恒某国际商务会展中心在建工程拍卖联系函》，请求依法确认对涉案建设工程的优先受偿权。2015 年 2 月 5 日，中某建设对涉案工程停止施工。2015 年 8 月 4 日，中某建设向恒某置业发送《关于主张恒某国际商务会展中心工程价款优先受偿权的工作联系单》，要求对涉案工程价款享有优先受偿权。2016 年 5 月 5 日，中某建设第九建设公司又向河南省洛阳市中级人民法院提交《优先受偿权参与分配申请书》请求参与分配，依法确认并保障其对涉案建设工程价款享有的优先受偿权。故中某建设行使建设工程价款优先受偿权未超过法定期限。恒某置业关于中某建设未在 6 个月除斥期间内以诉讼方式主张优先受偿权，其优先受偿权主张不应得到支持的上诉理由不能成立。

案件来源

河南恒某置业有限公司、中某建设集团有限公司建设工程施工合同纠纷二审民事判决书｜最高人民法院·（2019）最高法民终 255 号

延伸阅读

一、建设工程价款优先受偿权并非必须通过诉讼程序确认才能成立，优先受偿权人可以直接向法院执行部门提出主张。

案例一：河南省建某安装工程有限公司、河南福某置业有限公司建设工程价款优先受偿权纠纷再审审查与审判监督民事裁定书｜最高人民法院·（2019）最高法民申 5070 号

本院认为，本案再审审查的焦点问题是：河南建某公司起诉主张涉案建设工程价款优先受偿权是否超过法定六个月的期限。《合同法》第二百八十六条①规定："发包人未按照约定支付价款的，承包人可以催告发包人在合理期限内支付价款。发包人逾期不支付的，除按照建设工程的性质不宜折价、拍卖的以外，承包人可以与发包人协议将该工程折价，也可以申请人民法院将该工程依法拍卖。建设工程的价款就该工程折价或者拍卖的价款优先受偿。"根据该规定，建设工

---

① 编者按：《民法典》第 807 条。

程价款优先受偿权是一种法定优先权，自其符合相应法定条件时设立。承包人可以与发包人协议就工程折价或申请法院拍卖工程的方式行使其权利。根据《最高人民法院关于适用〈中华人民共和国民事诉讼法〉的解释》第五百零八条第二款"对人民法院查封、扣押、冻结的财产有优先权、担保物权的债权人，可以直接申请参与分配，主张优先受偿权"的规定，建设工程价款优先受偿权并非必须通过诉讼程序确认才能成立，优先受偿权人可以直接向法院执行部门提出主张。本案中，河南建某公司主张其在二审判决所认定的六个月法定期间内，向新乡中院、郑州中院执行局分别提出过主张建设工程价款优先受偿权的申请。但经本院组织双方当事人询问，河南建某公司既未提供证据证明其在法定期限内向新乡中院执行部门主张过优先受偿权，也未提供充分证据证明其曾向郑州中院执行部门主张过优先受偿权，故现有证据无法认定河南建某公司曾在法定期限内以向执行部门申请的方式对涉案工程主张过优先受偿权。因此，虽然二审判决就建设工程价款优先受偿权须先经审判程序确认后方可申请执行的认定不符合法律规定，但处理结果并无不当。河南建某公司的再审申请理由不能成立，本院不予支持。

二、承包人向发包人发出主张行使建设工程价款优先受偿权内容的催款函，属于建设工程价款优先受偿权的有效行权方式。

案例二：山西龙某恒泰能源焦化有限公司、中某天工集团有限公司再审审查与审判监督民事裁定书｜最高人民法院·（2021）最高法民申 2026 号

本院经审查认为，本案再审审查的焦点问题是原判决认定中某天工就其为龙某能源所施工工程折价或拍卖的价款享有建设工程价款优先受偿权是否有误。《最高人民法院关于建设工程价款优先受偿权问题的批复》第四条规定："建设工程承包人行使优先权的期限为六个月，自建设工程竣工之日或者建设工程合同约定的竣工之日起计算。"根据已查明的事实，在涉案建设工程施工合同履行过程中，因项目停止建设，合同双方委托山西临汾正某零造价咨询有限公司对已完工的工程进行了审核。2008 年 7 月 15 日，双方在《关于认定山西龙某能源焦化工程结算的报告》中确认该工程已完工，对工程结算款进行了认定，并于 2008 年 7 月 16 日最终盖章确认，故原审判决认定该日期视为双方约定的工程竣工日期，自 2008 年 7 月 16 日起计算中某天工行使优先权的期限，并无不当。在案证据证明，2008 年 1 月 8 日、2008 年 11 月 1 日、2010 年 8 月 30 日、2010 年 10 月 26 日、2012 年 10 月 24 日、2014 年 10 月 23 日、2016 年 10 月 20 日中某天工先后向龙某能源发出工程催款函，并在催款函中主张了该项优先受偿权。因此，原审法院认定中某天工在法定期限内行使了优先权,并无不当。龙某能源虽对中某天工向其发出的工程催款函不予认可,但其提交的证据不足以推翻在案证据已证明的事实,故对龙某能源的该再审申请理由,本院不予采纳。另,原《合同法》第二百八十六条①规定:"发包人未按照约定支付价款的,承包人可以催告发包人在合理期限内支付价款。发包人逾期不支付的,除按照建设工程的性质不宜折价、拍卖的以外,承包人可以与发包人协议将该工程折价,也可以申请人民法院将该工程依法拍卖。建设工程的价款就该工程折价或者拍卖的价款优先受偿。"从该法条规定内容看,并未规定建设工程价款优先受偿权必须以何种方式行使,因此只要中某天工在法定期间内向龙某能源主张过优先受偿的权利,即可认定其已经行使了优先权。龙某能源称中某天工仅在"催款函"中宣示优先受偿的权利,不属于建设工程价款优先受偿权的行使方式,没有法律依据。至于龙某能源所称涉案建筑物的后续处置问题属于执行中解决的问题,不影响涉案建设工程价款优先受偿权的认定。

案例三:兴某银行股份有限公司上海长某支行、浙江国某建设集团有限公司第三人撤销之诉再审审查与审判监督民事裁定书丨最高人民法院·(2020)最高法民申 5386 号

关于涉案《函件》能否作为国某公司行使优先受偿权依据的问题。《合同法》第二百八十六条②规定:"发包人未按照约定支付价款的,承包人可以催告发包人在合理期限内支付价款。发包人逾期不支付的,除按照建设工程的性质不宜折价、拍卖的以外,承包人可以与发包人协议将该工程折价,也可以申请人民法院将该工程依法拍卖。建设工程的价款就该工程折价或者拍卖的价款优先受偿。"承包人享有的工程价款优先受偿权系法定权利,该条规定承包人可以通过协议折价或者申请拍卖的方式主张优先受偿权,并未限定承包人必须通过诉讼的方式主张。本案中,国某公司以发函的方式向世某公司主张工程价款优先受偿权,并不违反法律规定。根据《最高人民法院关于建设工程价款优先受偿权问题的批复》第四条规定"建设工程承包人行使优先受偿权的期限为六个月,自建设工程竣工之日或者建设工程合同约定的竣工之日起计算"。上述司法解释规定了承包人行使优先受偿权的除斥期间为六个月,本案所涉工程的竣工日期为2014年12月16日,国某公司于2015年1月21日向世某公司发送《函件》,世某公司于同月23日签收,国某公司在除斥期间内向世某公司发出主张工程款优先权

---

①② 编者按:《民法典》第807条。

的催款函，世某公司对此无异议，故原审认定国某公司以发函的形式行使工程款优先受偿权，亦无不当。因此，国某公司对涉案房产依法享有工程款优先受偿权，该权利优先于兴某银行的抵押债权，并不存在国某公司与世某公司虚构建设工程款优先受偿权损害兴某银行利益的情形，兴某银行亦未提交证据证明国某公司与世某公司系恶意串通达成调解，故兴某银行要求撤销479号案件调解书的相关内容，缺乏事实和法律依据，本院不予支持。

068 诉讼请求包含了建设工程价款优先权，但结案调解书没有涉及，该优先权还受保护吗？

阅读提示

承包人起诉发包人索要工程款，并主张了工程款优先受偿权，后案件调解结案，调解书确认了工程款，但没有涉及优先受偿权。发包人没有按照调解书约定时间付款，承包人申请强制执行，这时候承包人是否还享有建设工程价款优先受偿权呢？

裁判要旨

建设工程价款优先受偿权是法定优先权，并不因调解书未涉及而失权。只要承包人在除斥期间内主张过该项权利，在执行财产分配中就享有优先受偿权。

案情简介

一、2014年3月15日，兴某磊公司与富某达公司签订《建设工程施工劳务合同》，约定兴某磊公司承包富某达公司商务综合楼项目施工。

二、因富某达公司未按约付款，兴某磊公司将其诉至法院，请求判令其支付工程款，并对涉案工程拍卖、折价所得款项享有优先受偿权。后双方调解结案，但在调解协议中未提及优先受偿权。

三、执行程序中，富某达公司的其他债权人也申请参与执行分配。2018年11月5日宁夏高院作出《执行财产分配方案》，方案中确认了兴某磊公司在其工程款范围内优先受偿。

四、部分未获清偿债权人对上述方案不服，提起诉讼请求撤销该方案，并请求确认兴某磊公司不具有优先受偿权。

五、一审法院确认兴某磊公司具有优先受偿权，最高院二审予以维持。

法律分析

建设工程价款优先受偿权是一种法定优先权，《民法典》第八百零七条对行权方式并无明确的限制性规定，理论上向诉讼法院主张、向执行法院主张、向发包人发函主张，均是合理的主张方式，只要没有超过法律和司法解释规定的除斥期间，其优先权均应得到保护。

本案中，兴某磊公司提起的工程款诉讼将工程价款优先权作为一项诉讼请求，无疑是最常见的优先权行权方式，且起诉时间并未超出除斥期间，故其优先权应得到保护。

虽然在调解结案时，调解书并未涉及工程款优先受偿权，但工程款优先权属于法定优先权，一经主张即处于优先权保护范围内，除非承包人明确放弃。调解书没有涉及该项优先权，不构成承包人对优先权的明确放弃，承包人的工程价款仍处于优先权保护范围之内。

实务经验

1999年《合同法》创设建设工程价款优先权，对承包人是一项重大利好。但实践中，很多承包人并未在法律和司法解释规定的期间内提出主张，导致赢了官司却拿不到钱。笔者办理的一宗房地产公司破产清算案中，两家建筑公司因房地产公司欠其数千万工程款，分别提起了诉讼，并且其诉讼请求都得到了法院的支持，可以说官司赢得很漂亮。没想到后来开发商还不了钱，申请破产了。两家建筑公司申报债权时，才突然意识到起诉时忘了主张工程款优先受偿权。管理人只能依法审查认定其债权为普通债权。两家建筑公司都提起了别除权诉讼，请求确认其工程款享有优先权。但此时距应付工程款之日已经过去好多年了，早就过了除斥期间，承包人自然最后以失败收场，十分可惜。

建设工程价款优先受偿权作为一种法定优先权，只要在除斥期间内向发包人提出过，工程款即处于优先权保护之下。实践中操作起来并不复杂，或者向发包人发个含有主张优先权的催款函，或者起诉时将优先权列入诉讼请求，或者向执行法院提出请求，均属于合理的行使权利方式。这种权利只要在除斥期间内提出主张即受保护，除非承包人事后明确放弃。即使像本案一样，起诉时主张了优先权，调解时没有涉及，也不属于失权。

法条链接

《中华人民共和国民法典》（2021年1月1日实施）

第八百零七条　发包人未按照约定支付价款的，承包人可以催告发包人在合理期限内支付价款。发包人逾期不支付的，除根据建设工程的性质不宜折价、拍卖外，承包人可以与发包人协议将该工程折价，也可以请求人民法院将该工程依法拍卖。建设工程的价款就该工程折价或者拍卖的价款优先受偿。

《最高人民法院关于建设工程价款优先受偿权问题的批复》（法释〔2002〕16号　已失效）

四、建设工程承包人行使优先权的期限为六个月，自建设工程竣工之日或者建设工程合同约定的竣工之日起计算。

法院判决

兴某磊公司、南通金某公司、千某公司是否享有工程款优先受偿权。

工程款优先受偿权属于他物权范畴，工程款债权与工程款优先受偿权是两种不同性质的权利。《合同法》第二百八十六条①确立了建设工程款的优先受偿制度。《最高人民法院关于审理建设工程施工合同纠纷案件适用法律问题的解释（二）》第二十二条对承包人行使建设工程价款优先受偿权的期限及起算时间进行了规定，该司法解释自2019年2月1日起施行。在本案的相关案件执行中该司法解释并未施行，因此执行案件中对于优先受偿权的审查应当适用《最高人民法院关于建设工程价款优先受偿权问题的批复》。该批复第四条规定"建设工程承包人行使优先权的期限为六个月，自建设工程竣工之日或者建设工程合同约定的竣工之日起计算"，该规定明确了工程款优先受偿权行使期限为六个月，该期间为除斥期间，当事人逾期行使该权利导致权利消灭。该批复第一条规定"人民法院在审理房地产纠纷案件和办理执行案件中，应当依照《中华人民共和国合同法》第二百八十六条的规定，认定建筑工程的承包人的优先受偿权优于抵押权和其他债权"，故承包人有权在取得执行依据的情况下，在执行程序中申请执行财

---

① 编者按：《民法典》第807条。

产分配，主张优先受偿权。但承包人是否享有优先受偿权，需要依法对权利主张的期限等进行审查，并非只要是工程款债权就当然享有工程款优先受偿权。一审判决未对三公司工程款优先受偿权的行使是否超出六个月的行使期间进行审查，直接认定三公司享有工程款优先受偿权，适用法律错误，本院予以纠正。本院对三公司是否享有工程款优先受偿权，逐一认定如下：

兴某磊公司于2015年3月向富某达公司请求工程款时主张了工程款优先受偿权，该案经调解结案，调解书确认了工程款债权，并未涉及优先受偿权。兴某磊公司与富某达公司签订的《建筑工程施工劳务合同》约定的工程竣工时间为2014年11月15日，工程于2014年12月28日停工，兴某磊公司在2015年3月起诉主张优先受偿权未超过该权利的行使期限。虽调解书中并未确认工程款优先受偿权，但建设工程价款优先受偿权是一种法定优先权，兴某磊公司的工程款优先受偿权不因调解书未涉及而丧失，兴某磊公司于2017年1月12日向法院提交了优先受偿申请书，申请对涉案工程的拍卖价款等享有优先受偿权，其在涉案执行财产分配中享有工程款优先受偿权。

南通金某公司起诉主张工程款时未请求工程款的优先受偿权。南通金某公司与富某达公司签订的《建筑工程装修施工合同》约定的竣工日期为2015年1月5日，该工程于2015年3月15日验收合格。宁夏回族自治区银川市兴庆区人民法院（2015）兴民初字第3400号民事调解书确认富某达公司于2015年7月19日前一次性支付南通金某公司工程款，南通金某公司依法应当在2016年1月18日之前主张优先受偿权。南通金某公司在申请执行过程中于2017年1月10日提出优先受偿权申请，已经超过优先受偿权的行使期间，因此南通金某公司不享有工程款优先受偿权。

千某公司与富某达公司签订的《预应力空心板施工合同》中约定工程的竣工日期为2014年8月15日，并约定2014年10月6日结清总工程款的95%，剩余5%按质保金预留。该合同约定竣工日期的同时又约定了工程款的支付时间，优先受偿权的起算点不应早于合同约定的工程款的支付时间。千某公司向富某达公司主张工程款时未主张工程款的优先受偿权，2015年10月9日银川市兴庆区人民法院作出（2015）兴民初字第2657号民事判决，判决富某达公司于判决生效之日起三日内向千某公司支付工程款。千某公司于2017年1月20日向宁夏回族自治区高级人民法院申请对富某达综合楼拍卖价款享有优先受偿权。即使按照生效判决作出的日期2015年10月9日开始计算优先受偿权的行使期限，千某公司于 2017 年 1 月 20 日申请优先受偿权也已经超过了该权利的行使期间，故千某公司不享有工程款优先受偿权。

综上，被上诉人兴某磊公司享有工程款优先受偿权，南通金某公司、千某公司不享有工程款优先受偿权。涉案执行财产分配方案认为南通金某公司、千某公司享有工程价款优先受偿权错误。上诉人翟某伟关于南通金某公司、千某公司不享有工程款优先受偿权的上诉理由成立，本院予以支持。

案件来源

翟某伟、山西兴某磊建筑劳务有限公司二审民事判决书 | 最高人民法院·（2020）最高法民终 491 号

延伸阅读

案例：临沂鲁某化工集团有限公司、天某建设集团有限公司建设工程价款优先受偿权纠纷二审民事 |（2020）鲁民终 425 号

一审法院认定天某集团享有建设工程价款优先受偿权是否正确。

由于建设工程价款优先受偿权是一项法定的权利，涉案民事调解书中未明确建设工程价款优先受偿权，并不妨碍权利人依法享有该权利。鲁某集团提交的证据《竣工验收报告表》和《竣工验收备案表》证明，涉案工程已经于 2015 年 9 月 18 日经本案双方当事人及有关单位盖章竣工验收。从天某集团提交的证据《报告》可以看出，2016 年 2 月 27 日天某集团向鲁某集团出具该《报告》，载明天某集团已实际完成工程量和欠款数额，同时有"我单位享有对以上工程折价拍卖优先受偿工程款的权利"内容。鲁某集团对该证据不予认可，主张系后补的，但未提交反驳证据证明其主张。本院认为，一审法院对该证据予以采信是正确的。由该《报告》内容可见，天某集团 2016 年 2 月 27 日即主张建设工程价款优先受偿权。鉴于涉案的《建设工程施工合同》未全部履行完毕，涉案工程仅是其中已完工部分，后续工程仍需继续施工，因此，天某集团未能实现折价拍卖以偿还工程款的权利，并非是由于天某集团单方原因所造成。最高人民法院司法解释关于建设工程价款优先受偿权行使期限的规定，目的是督促承包人积极行使该权利，以保护其对工程价款的实际受偿。而能否最终将工程通过协议折价、依法拍卖的方式获取工程价款，并不完全取决于天某集团。所以，本院认为，一审法院认定天某集团已在法律规定的期限内行使了建设工程价款优先受偿权，是正确

的。天某集团在向破产管理人申报债权时，鲁某集团破产管理人对优先受偿权不予确认，天某集团在法律规定的诉讼时效期间内及时提起诉讼，所以，一审法院认定其主张权利并未超过诉讼时效期间，本院认为亦无不当。

069 承包人与发包人签订以房抵工程款协议，是否构成建设工程价款优先受偿权的行使？能否排除强制执行？

阅读提示

承包人与发包人达成以房抵工程款协议后，若抵偿房产未办理过户登记，又被发包人其他债权人申请强制执行，承包人依据建设工程价款优先受偿权提出执行异议之诉，能否得到支持呢？

裁判要旨

在发包人逾期不支付工程价款的情形下，双方约定以房屋抵顶工程款，其实质是通过以房抵工程款的方式实现承包人就涉案房屋所享有的建设工程价款优先受偿权，即通过折价方式行使了建设工程价款优先受偿权，承包人就抵偿房屋享有的权利足以排除强制执行。

案情简介

一、2009年5月6日，华某公司与菩某崖公司签订《建设施工合同》。施工期间，因菩某崖公司资金链断裂，华某公司停工。

二、2013年5月27日，华某公司与菩某崖公司签订《结算单》，确认菩某崖公司尚欠华某公司工程款1930.65万元。

三、2013年8月8日，华某公司与菩某崖公司签订《房屋抵债协议》，约定以某县小区第1栋，一层底商全部建筑面积1718.4平方米、二层全部建筑面积1641.8平方米、三层全部建筑面积1641.8平方米，共计5002平方米建筑抵顶1930.65万元工程款。

四、2013年12月11日，山西省阳泉市中级人民法院作出（2013）阳商初字第42号民事调解书对华某公司与菩某崖公司签订的《房屋抵债协议》的上述内容予以确认。

五、王某某因与菩某崖公司的民间借贷纠纷向法院提出强制执行菩某崖公司财产的申请。

六、华某公司提起执行异议，但被裁定驳回；华某公司以享有并行使了建设工程价款优先受偿权为由提起诉讼，主张排除王某某的强制执行，一审、二审法院判决驳回华某公司的诉讼请求。

七、华某公司向最高院申请再审，最高人民法院认为其对涉案抵债房屋所享有的权利足以排除强制执行，裁定指令山西省高级人民法院再审本案，中止原判决的执行。

法律分析

本案的焦点问题是华某公司对涉案抵债房屋所享有的权利是否足以排除强制执行？

第一，承包人享有的建设工程价款优先受偿权系法定权利，承包人行使优先受偿权的形式不限于提起诉讼或申请仲裁等，在发包人逾期不支付工程价款的情形下，承包人可以通过与发包人协商的方式将建设工程折价抵偿，建设工程的价款就该工程折价的价款优先受偿。本案中，双方约定以房屋抵顶工程款，其实质是通过以房抵工程款的方式实现承包人就涉案项目房屋所享有的建设工程价款优先受偿权，符合《民法典》第八百零七条规定的建设工程价款优先受偿权实现方式。

第二，承包人应当在合理期限内行使建设工程价款优先受偿权，从本案工程款应付之日及双方签订《以房抵债协议》的日期看，华某公司未超过建设工程价款优先受偿权行使的期限。

第三，《最高人民法院关于审理建设工程施工合同纠纷案件适用法律问题的解释（一）》第三十九条规定："未竣工的建设工程质量合格，承包人请求其承建工程的价款就其承建工程部分折价或者拍卖的价款优先受偿的，人民法院应予支持。"本案中，涉案工程虽未竣工，但双方无工程质量争议，华某公司对其承建工程享有建设工程价款优先受偿权。

综上，华某公司通过折价方式行使了建设工程价款优先受偿权，建设工程价款优先受偿权优于抵押权和其他债权，王某某对菩某崖公司享有的债权为普通债权，承包人就涉案房屋享有的权利足以排除强制执行。

华某公司排除执行的理由是：其享有并行使了建设工程价款优先受偿权，而不是其为房屋买受人，所以不应以《最高人民法院关于人民法院办理执行异议和复议案件若干问题的规定》第二十八条规定的条件考察其是否有权排除执行。

实务经验

第一，在发包人逾期不支付工程价款的情形下，承包人可以通过与发包人协商的方式将建设工程折价抵偿。如果以此种方式行使建设工程价款优先受偿权，则签订以房抵工程款协议的时间应当在工程价款优先受偿权的行使期限内，如果以房抵债协议签订在自发包人应当给付建设工程价款之日起十八个月之后，则承包人不能享有优先受偿权。最好在以房抵债协议中约定该协议系行使建设工程优先受偿权。

第二，司法实践中，一些法院认为只有承包人才享有建设工程价款优先受偿权，实际施工人并不具有行使优先受偿权的主体资格，但这并不意味着实际施工人签订的以房抵债协议必然不具备排除强制执行的效力。实际施工人如果不能以享有工程价款优先受偿权排除执行，仍可以适用《最高人民法院关于人民法院办理执行异议和复议案件若干问题的规定》的第二十八条、第二十九条。第二十八条系普适性的条款，对于所有类型的被执行人均可适用，第二十九条是专门针对房地产开发企业系被执行人而规定的特别条款。房地产开发企业作为被执行人的案件中，既可以适用特别条款也可以适用普通条款，所以需要根据己方所掌握的证据情况来选择合理的诉讼方案。

第三，以房抵工程款的一般方案是，由承包人指定房屋买受人与发包人签订商品房买卖合同，购房款从工程款中抵扣，房屋的买受人往往不是承包人。如果买受人依据上述第二十八条提出排除强制执行的主张，首先，买受人需要证明在人民法院查封之前双方已签订合法有效的书面买卖合同，如果只有资金往来票据，即使其已经载明了以房抵债的房屋面积、价款等，可能会被法院认定为不满足这一条件；其次，需要证明己方在人民法院查封之前已合法占有了该不动产，可以向法院提供入住通知单、水电费缴费凭证、物业费缴费凭证等加以证明；再次，需要证明己方已支付全部价款，或者已按照合同约定支付部分价款且将剩余价款按照人民法院的要求交付执行；最后，需要证明未办理过户登记的原因不在己方，如证明房屋还没有办理不动产首次登记等。建议承包人与指定买受人约定出现这种情况时风险如何承担,并督促、协助买受人及时签订商品房买卖合同、收房、过户等手续。

第四,如果买受人依据《最高人民法院关于人民法院办理执行异议和复议案件若干问题的规定》的第二十九条提出排除强制执行的主张,除需要证明在人民法院查封之前双方已签订合法有效的书面买卖合同以外,还需要证明所购商品房系用于居住且买受人名下无其他用于居住的房屋,已支付的价款超过合同约定总价款的百分之五十。

法条链接

《中华人民共和国民法典》(2021年1月1日实施)

第八百零七条　发包人未按照约定支付价款的,承包人可以催告发包人在合理期限内支付价款。发包人逾期不支付的,除根据建设工程的性质不宜折价、拍卖外,承包人可以与发包人协议将该工程折价,也可以请求人民法院将该工程依法拍卖。建设工程的价款就该工程折价或者拍卖的价款优先受偿。

《最高人民法院关于审理建设工程施工合同纠纷案件适用法律问题的解释(一)》(法释〔2020〕25号　2021年1月1日实施)

第三十五条　与发包人订立建设工程施工合同的承包人,依据民法典第八百零七条的规定请求其承建工程的价款就工程折价或者拍卖的价款优先受偿的,人民法院应予支持。

第三十六条　承包人根据民法典第八百零七条规定享有的建设工程价款优先受偿权优于抵押权和其他债权。

第三十九条　未竣工的建设工程质量合格,承包人请求其承建工程的价款就其承建工程部分折价或者拍卖的价款优先受偿的,人民法院应予支持。

第四十一条　承包人应当在合理期限内行使建设工程价款优先受偿权,但最长不得超过十八个月,自发包人应当给付建设工程价款之日起算。

《最高人民法院关于适用〈中华人民共和国民事诉讼法〉的解释》(法释〔2020〕20号　2022年修正)

第三百零九条　案外人或者申请执行人提起执行异议之诉的,案外人应当就其对执行标的享有足以排除强制执行的民事权益承担举证证明责任。

第三百一十条　对案外人提起的执行异议之诉,人民法院经审理,按照下列情形分别处理:

（一）案外人就执行标的享有足以排除强制执行的民事权益的，判决不得执行该执行标的；

（二）案外人就执行标的不享有足以排除强制执行的民事权益的，判决驳回诉讼请求。

案外人同时提出确认其权利的诉讼请求的，人民法院可以在判决中一并作出裁判。

《最高人民法院关于人民法院办理执行异议和复议案件若干问题的规定》（法释〔2020〕21号　2020年修正）

第二十八条　金钱债权执行中，买受人对登记在被执行人名下的不动产提出异议，符合下列情形且其权利能够排除执行的，人民法院应予支持：

（一）在人民法院查封之前已签订合法有效的书面买卖合同；

（二）在人民法院查封之前已合法占有该不动产；

（三）已支付全部价款，或者已按照合同约定支付部分价款且将剩余价款按照人民法院的要求交付执行；

（四）非因买受人自身原因未办理过户登记。

第二十九条　金钱债权执行中，买受人对登记在被执行的房地产开发企业名下的商品房提出异议，符合下列情形且其权利能够排除执行的，人民法院应予支持：

（一）在人民法院查封之前已签订合法有效的书面买卖合同；

（二）所购商品房系用于居住且买受人名下无其他用于居住的房屋；

（三）已支付的价款超过合同约定总价款的百分之五十。

法院判决

（二）华某公司享有并以折价方式行使了建设工程价款优先受偿权

建设工程价款优先受偿权作为承包人的法定权利，在发包人逾期不支付工程价款的情形下，承包人可以通过与发包人协商的方式将建设工程折价抵偿。本案中，华某公司与菩某崖公司在政府的协调下签订《房屋抵债协议》以涉案5002平方米房屋抵顶1930.65万元工程款符合法律规定的建设工程价款优先受偿权的行使方式。

2002年6月27日起施行的《最高人民法院关于建设工程价款优先受偿权问题的批复》第四条规定："建设工程承包人行使优先权的期限为六个月，自建设工程竣工之日或者建设工程合同约定的竣工之日起计算。"2019年2月1日起施行的《最高人民法院关于审理建设工程施工合同纠纷案件适用法律问题的解释（二）》（以下简称《建工司法解释二》）第二十二条规定："承包人行使建设工程价款优先受偿权的期限为六个月，自发包人应当给付建设工程价款之日起算。"上述司法解释对优先受偿权起算时间的规定不尽相同。依照新法优于旧法的适用规则，本案应从发包人应当给付建设工程价款之日计算工程价款优先受偿权。本案中，因菩某崖公司资金链断裂，华某公司于2011年11月停工。虽然双方签订的建设工程合同约定的竣工日期为2011年5月30日，但双方于2013年5月27日签订《结算单》确认尚欠工程款1930.65万元，实际系以协议的方式确定了应付工程价款。因此，应以2013年5月27日作为应当给付工程款日期。2013年8月8日，双方签订《以房抵债协议》未超过法律规定的建设工程价款优先受偿权行使期限。《建工司法解释二》第二十条规定："未竣工的建设工程质量合格，承包人请求其承建工程的价款就其承建工程部分折价或者拍卖的价款优先受偿的，人民法院应予支持。"涉案工程虽未竣工验收，但菩某崖公司与华某公司签订《结算单》确认工程价款结算，未就工程质量提出异议。本案审查期间，经询问华某公司与王某某，双方均认可涉案工程已实际入住，未就工程质量产生争议。因此，应认定华某公司享有并通过折价方式行使了建设工程价款优先受偿权。

（三）（2016）最高法民申3122号民事裁定书不能作为本案裁判的直接依据

2013年12月11日，山西省阳泉市中级人民法院作出（2013）阳商初字第42号民事调解书对华某公司与菩某崖公司签订的《房屋抵债协议》中以涉案5002平方米房屋抵偿工程款的内容予以确认。王某某提起对该调解书的第三人撤销之诉，在一二审均驳回其诉讼请求的情况下，其向本院申请再审。本院作出（2016）最高法民申3122号民事裁定书认定（2013）阳商初字第42号民事调解书仅系就双方之间以房抵工程款的确认，并非房屋权属变更的确认，不具有物权效力。但华某公司主张排除王某某的强制执行系基于享有并行使了建设工程价款优先受偿权，即便华某公司未取得物权，亦不能当然否定其在具备法定条件时仍可以依据其他权利而主张排除执行。原一审判决以（2016）最高法民申3122号民事裁定书认定华某公司不享有物权为由即判定其不足以排除强制执行不当，二审予以维持，结果有误。

（四）华某公司主张排除强制执行具有事实和法律依据

根据《合同法》第二百八十六条①规定，建设工程价款优先受偿权应优先于普通债权，这也是优先权的应有之意。

2013年8月8日，华某公司与菩某崖公司签订《以房抵债协议》，通过以房折价方式行使了建设工程价款优先受偿权，而王某某与菩某崖公司系民间借贷关系，王某某为实现借款债权在2018年申请对涉案房屋强制执行时，华某公司已经就涉案房屋折价行使了建设工程价款优先受偿权，其对涉案抵债房屋所享有的权利足以排除强制执行。

案件来源

河北华某建筑工程有限公司直属六分公司、王某某案外人执行异议之诉民事申请再审审查民事裁定书｜最高人民法院·（2021）最高法民申4574号

延伸阅读

下列案例中，案例一至案例四主要涉及依据建设工程优先受偿权排除强制执行的问题，案例五至案例九则涉及依据《最高人民法院关于人民法院办理执行异议和复议案件若干问题的规定》第二十八条、第二十九条排除强制执行。

案例一：中国华某资产管理股份有限公司重庆市分公司、李某案外人执行异议之诉再审审查与审判监督民事裁定书｜最高人民法院·（2020）最高法民申3527号

依据《合同法》第二百八十六条②规定，在发包人逾期不支付工程价款的情形下，承包人既可以通过法院拍卖程序就建设工程拍卖价款优先受偿，也可以通过与发包人协商的方式将建设工程折价抵偿。本案中，由于盛某公司欠付富某电梯公司工程款，双方协议将涉案房屋抵偿盛某公司欠付工程款，李某作为富某电梯公司的负责人与盛某公司就涉案房屋签订商品房买卖合同，其真实意思是通过协商实现富某电梯公司就涉案房屋所享有的建设工程款优先受偿权。依据本院《关于建设工程价款优先受偿权问题的批复》（法释〔2002〕16号）第一条规定，李某对涉案房屋享有工程款优先受偿权，该优先受偿权优于华某重庆分公司对涉案房屋享有的抵押权，李某享有足以排除华某重庆分公司对涉案房屋强制执行的民事权利。原审判决适用法律虽有不当，但处理结果正确。

---

①② 编者按：《民法典》第807条。

案例二：山东黄某工程集团有限公司、梁某等案外人执行异议之诉民事裁定书｜最高人民法院·（2021）最高法民申187号

本案再审审查的焦点问题是梁某是否享有排除执行的民事权益。首先，山东省昌乐县人民法院2012年2月24日作出（2012）乐城民初字第403、404号民事调解书，确认宝某公司对承建盛某公司的爱某堡小区工程价款享有优先受偿权，而一审法院查封涉案房产的时间为2012年5月，即在涉案房产被查封前宝某公司的优先受偿权已得到确认，该项权利属于法定优先权，优先于普通债权。其次，原审查明，在涉案房产被查封之前，宝某公司与盛某公司签订了以房抵顶工程款的协议，该协议已实际履行。因梁某的母亲肖某彩负责涉案小区商品房的内墙抹灰施工，宝某公司以涉案房屋抵顶了其欠付肖某彩的工程款，并以肖某彩之子梁某的名义办理房屋交接手续，梁某从宝某公司处合法取得涉案房产并居住多年。原审综合考量宝某公司对涉案工程享有优先受偿权，肖某彩系内墙抹灰施工人且以梁某的名义从宝某公司受让涉案房产并实际居住多年，以及黄某公司对盛某公司的债权为普通债权等具体情况，认定梁某对涉案房屋享有排除强制执行的民事权益，并无不当。此外，黄某公司再审申请主张梁某出具的宝某公司提供的一系列证据，存在诸多不合理之处，存在伪造嫌疑，但未能提交有效证据证明，不能否定案外人梁某对执行标的享有民事权益，其再审申请理由不能成立。

案例三：杨某因、甘肃某建设集团公司案外人执行异议之诉再审审查与审判监督民事裁定书｜最高人民法院·（2020）最高法民申3889号

关于杨某申请再审主张其对涉案房屋享有建设工程价款优先受偿权的问题。经审查，杨某在二审中提出建设工程价款优先受偿权，其提交的证据不充分，故该项申请再审理由没有事实和法律依据，本院不予采信。

案例四：四川建某机械化工程有限公司、成都紫某投资管理有限公司申请执行人执行异议之诉再审民事判决书｜最高人民法院·（2020）最高法民再352号

本院认为，承包人享有的建设工程价款优先受偿权系法定权利，承包人行使优先受偿权的形式包括且不限于通知、协商、诉讼、仲裁等方式，承包人在除斥期间内以上述形式主张过建设工程价款优先受偿权的，应当认定其主张未超过优先受偿权行使的法定期限。建某工程公司再审中举示的《关于我司向大邑银某房地产开发有限公司交付工程有关情况的说明》明确载明涉案工程竣工验收并交付的时间分别为2009年4月25日、2011年1月8日、2011年2月28日。而建某工程公司再审中提交的大邑银某公司与建某工程公司分别签订结算书的时间为

2009年9月29日、2011年3月28日。大邑银某公司出具的《关于我司为四川省建某机械化工程有限公司抵偿房屋办理过户登记有关情况的说明》载明："鉴于我司因位于大邑县大邑大道××#邑某上城项目欠付省建某公司工程款6830778元，且省建某公司享有该工程价款优先受偿权，经多次磋商，我司于2013年7月11日与省建某公司签订《协议书》，约定将我司房源中价值7330778元的15套房屋用以抵扣欠付建某公司的工程款6830778元……"原审中建某工程公司已将该份说明作为证据提交，大邑银某公司原审代理人对该份说明的真实性无异议，故该份说明可以证明建某工程公司在涉案工程价款优先受偿权行使的六个月法定期限内通过磋商的方式向大邑银某公司主张过工程价款优先受偿权，故建某工程公司与大邑银某公司于2013年7月11日签订涉案《协议书》时并未超过建设工程价款优先受偿权行使的法定期限。

二、建某工程公司以与大邑银某公司签订的以房抵债《协议书》方式行使建设工程价款优先受偿权。根据《合同法》第二百八十六条①规定，在发包人逾期不支付工程价款的情形下，承包人既可以通过法院拍卖程序就建设工程拍卖价款优先受偿，也可以通过与发包人协商的方式将建设工程折价抵偿。建某工程公司承建了大邑银某公司开发的"邑某上城"项目土建、水电安装工程。大邑银某公司欠付建某工程公司该工程项目的工程款6830778元。双方于2013年7月11日签订《协议书》，约定以涉案位于"邑某上城"项目的13套房屋在内的共15套房屋作价7330778元抵偿大邑银某公司欠付建某工程公司的工程款，后建某工程公司与大邑银某公司就涉案房屋签订《商品房买卖合同》，建某工程公司以冲抵工程款的方式购买涉案房屋，其实质是通过协商折价抵偿实现建某工程公司就涉案项目房屋所享有的建设工程价款优先受偿权，建某工程公司与大邑银某公司以涉案房屋折价抵偿欠付工程款，符合《合同法》第二百八十六条②规定的工程价款优先受偿权实现方式。

三、建某工程公司享有的工程价款优先受偿权足以排除紫某投资公司的强制执行。本院《关于建设工程价款优先受偿权问题的批复》第一条规定："人民法院在审理房地产纠纷案件和办理执行案件中，应当依照《中华人民共和国合同法》第二百八十六条的规定，认定建筑工程的承包人的优先受偿权优于抵押权和其他债权。"紫某投资公司对大邑银某公司享有的是普通借贷债权，而建某工程公司作为涉案工程项目的承包人对涉案房屋享有建设工程价款优先受偿权，建某

---

①② 编者按：《民法典》第807条。

工程公司工程款债权优先于紫某投资公司的普通债权得到受偿，涉案房屋系工程款债权的物化载体，本案不适用执行异议和复议规定第二十八条，建某工程公司就涉案房屋享有的权利足以排除紫某投资公司的强制执行。

案例五：张某彰、西某信托有限公司二审民事判决书｜最高人民法院·（2019）最高法民终1271号

本院认为，本案争议焦点为张某彰对涉案房屋是否享有足以排除强制执行的民事权益。《最高人民法院关于人民法院办理执行异议和复议案件若干问题的规定》（以下简称《异议复议规定》）第二十八条规定："金钱债权执行中，买受人对登记在被执行人名下的不动产提出异议，符合下列情形且其权利能够排除执行的，人民法院应予支持：（一）在人民法院查封之前已签订合法有效的书面买卖合同；（二）在人民法院查封之前已合法占有该不动产；（三）已支付全部价款，或者已按照合同约定支付部分价款且将剩余价款按照人民法院的要求交付执行；（四）非因买受人自身原因未办理过户登记。"本案中，1. 涉案房屋于2016年1月4日被人民法院查封，张某彰于2012年7月12日与龙某公司签订《商品房买卖合同》，该合同系当事人真实意思表示，未违反法律、行政法规的强制性规定，合法有效，故能够认定张某彰在人民法院查封之前已签订合法有效的书面买卖合同。2. 张某彰提供的关于西某湾小区二期A区13某-1-102号房屋的入住通知单、物业费等收据能够证明其在人民法院查封之前已合法占有该房屋。3. 龙某公司于2012年9月19日将案房屋抵顶了欠张某彰之父张某堂的钢材款，张某彰与龙某公司签订了房屋买卖合同。结合本案相应的记账凭证、收据、收款收据、审计报告及以房抵销张某堂钢材款情况说明等证据可以认定，张某彰已用龙某公司欠张某堂的钢材款抵顶涉案房屋的全部购房款。4. 龙某公司未办理不动产首次登记，故涉案房屋未办理过户登记非因张某彰自身原因。张某彰对涉案西某湾小区二期A区13某-1-102号房屋提出的异议符合《异议复议规定》第二十八条的规定，其对该房屋享有足以排除强制执行的民事权益。

案例六：李某文、西某信托有限公司二审民事判决书｜最高人民法院·（2019）最高法民终914号

《执行异议和复议规定》第二十八条规定："金钱债权执行中，买受人对登记在被执行人名下的不动产提出异议，符合下列情形且其权利能够排除执行的，人民法院应予支持：（一）在人民法院查封之前已签订合法有效的书面买卖合同；（二）在人民法院查封之前已合法占有该不动产；（三）已支付全部价款，或者已按照合同约定支付部分价款且将剩余价款按照人民法院的要求交付执行；（四）非因买受人自身原因未办理过户登记"。本案中，1. 涉案房屋于2016年1月4日被人民法院查封，李某文于2012年12月10日与龙某公司签订《商品房买卖合同》，该合同系当事人真实意思表示，未违反法律、行政法规的强制性规定，合法有效，故能够认定李某文在人民法院查封前已签订合法有效的书面买卖合同。2. 李某文提供的入住通知单、物业费、电梯费、取暖费、燃气费、水费等收据以及盘锦继某物业管理有限公司出具的《统计表》能够证明其在人民法院查封前已合法占有该房屋。3. 2012年6月15日唐某库与李某文签订《内墙施工抹灰合同书》，该协议中约定唐某库将西某湾二期工程A10某楼内墙抹灰工程交由李某文施工。后李某文进场施工。从李某文提交的《枫某白露A区10某决算单》内容看，龙某公司与唐某库已对枫某白露A区10某工程进行了决算（包括李某文所施工部分）。《施工结算以房抵账确认书》对该结算事实以及龙某公司以涉案房屋抵顶工程款的事实进行了确认，对唐某库以涉案房屋抵顶李某文工程款的事实也进行了确认。从《审计报告》所记载内容看，龙某公司会计账目也能反映龙某公司以涉案房屋抵顶工程款的事实。以上可以认定李某文已用工程款抵顶了涉案房屋的购房款。4. 龙某公司与长某信托公司签订的信托合同、抵押合同、西某湾二期项目收益权财产信托委托合同，以及盘某市不动产登记中心出具的情况说明证明龙某公司有权出售涉案房屋，涉案房屋未办理不动产首次登记，故涉案房屋未办理过户登记非因买受人李某文自身原因。因此，李某文对涉案房屋提出的异议符合《最高人民法院关于人民法院办理执行异议和复议案件若干问题的规定》第二十八条规定，其对涉案房屋享有足以排除强制执行的民事权益。

案例七：于某发、北京某富投资基金申请执行人执行异议之诉二审民事判决书｜最高人民法院·（2018）最高法民终1083号

关于本案应当适用《执行异议和复议规定》第二十八条还是第二十九条的问题。本院认为，在金钱债权执行中，《执行异议和复议规定》第二十八条适用于买受人对登记在被执行人名下的不动产提出异议的情形，系普适性的条款，对于所有类型的被执行人和不动产均可适用。而第二十九条则适用于买受人对登记在被执行的房地产开发企业名下的商品房提出异议的情形，是专门针对被执行人为房地产开发企业和商品房而规定的特别条款。第二十八条与第二十九条在适用情形上存在交叉，即只要符合其中一条的规定，买受人即享有足以排除强制执行的民事权益。

关于于某发是否在查封之前合法占有涉案房屋的问题。《执行异议和复议规定》第二十八条规定："金钱债权执行中，买受人对登记在被执行人名下的不动产提出异议，符合下列情形且其权利能够排除执行的，人民法院应予支持：（一）在人民法院查封之前已签订合法有效的书面买卖合同；（二）在人民法院查封之前已合法占有该不动产；（三）已支付全部价款，或者已按照合同约定支付部分价款且将剩余价款按照人民法院的要求交付执行；（四）非因买受人自身原因未办理过户登记。"本案中，一审法院认定于某发在一审法院查封后方占有涉案房屋，二审中，于某发虽提供了《会议纪要》及《入户通知单》回执单等证据用于证明占有时间在查封前，但由于上述证据在真实性、关联性方面均存在欠缺，不足以推翻一审认定事实。根据以上事实和法律规定，一审法院认定于某发在查封之前未合法占有涉案房屋并无不当，本院予以维持。

关于涉案房屋是否为于某发唯一住房的问题。《执行异议和复议规定》第二十九条规定："金钱债权执行中，买受人对登记在被执行的房地产开发企业名下的商品房提出异议，符合下列情形且其权利能够排除执行的，人民法院应予支持：（一）在人民法院查封之前已签订合法有效的书面买卖合同；（二）所购商品房系用于居住且买受人名下无其他用于居住的房屋；（三）已支付的价款超过合同约定总价款的百分之五十。"本案中，涉案房屋为商服性质，不符合上述"所购商品房系用于居住"的条件。虽然于某发自认其购房用于开超市且商住两用，但某富基金对于居住用途不予认可，于某发提供证据证明力不足，本院不予认可。根据以上事实和法律规定，一审法院认定于某发享有的民事权益不能阻却某富基金对涉案房屋的执行并无不当，本院予以维持。

案例八：国家开某银行、张某等案外人执行异议之诉民事二审民事判决书 | 最高人民法院·（2021）最高法民终 1221 号

本院经审理认为，本案的焦点问题是：张某能否依据《执行异议和复议规定》第二十九条之规定，排除人民法院的强制执行。本院对此分析认定如下：

根据《执行异议和复议规定》第二十九条之规定，张某对涉案房屋的权利能够排除强制执行，应当同时符合在人民法院查封之前已签订合法有效的书面买卖合同、所购商品房系用于居住且买受人名下无其他用于居住的房屋、已支付的价款超过合同约定总价款的百分之五十等条件。对于合法有效书面买卖合同的认定，《中华人民共和国城市房地产管理法》第四十一条及《城市房地产转让管理规定》第七条、第八条明确规定，房地产转让应当签订书面转让合同，转让合同还应载明房地产权属证书名称和编号、房地产四至界限、土地宗地号、土地使用权取得的方式及年限、违约责任等事项。据此，房地产转让作为法定要式法律行为，应当签订具备物权变动内容或合意的书面合同，一般应当具有房产管理部门发放的制式商品房买卖合同。或是签订商品房认购、订购、预订等协议且符合《最高人民法院关于审理商品房买卖合同纠纷案件适用法律若干问题的解释》（法释〔2003〕7号）第五条规定的情形。现张某提供的《预收款专用票据》虽载明涉案房屋坐落位置、建筑面积、价款等内容，但作为一般财务信息载体尚不具备前述书面合同法定要件。一审法院仅凭《预收款专用票据》认定张某符合查封前签订合法有效的书面买卖合同于法无据，本院予以纠正。故此，张某的请求不符合《执行异议和复议规定》第二十九条第（一）项规定的情形，其对涉案房屋不享有足以排除强制执行的民事权益。

案例九：中国长某资产管理股份有限公司贵州省分公司、蔡某美二审民事判决书｜最高人民法院·（2020）最高法民终1171号

本院认为，本案二审争议焦点为：蔡某美对涉案房屋是否享有排除强制执行的民事权益。《执行异议和复议规定》第二十九条规定："金钱债权执行中，买受人对登记在被执行的房地产开发企业名下的商品房提出异议，符合下列情形且其权利能够排除执行的，人民法院应予支持：（一）在人民法院查封之前已签订合法有效的书面买卖合同；（二）所购商品房系用于居住且买受人名下无其他用于居住的房屋；（三）已支付的价款超过合同约定总价款的百分之五十。"

本案中，首先，关于蔡某美与今某房开是否签订了合法有效的书面买卖合同。据原审查明，2015年1月13日，蔡某美与今某房开签订涉案《商品房买卖合同》载明，涉案房屋为预售商品房。预售商品房批准机关为安顺市住房和城乡建设局，预售许可证号为（2013）商房预字第××号。涉案房屋占用范围内的土地使用权已经设定抵押。原审另查明，贵州省高级人民法院于2016年5月5日查封涉案房屋。据此，虽然蔡某美在签订房屋买卖合同时知晓涉案房屋所占用的土地使用权已设定抵押，但在今某房开已对涉案房屋取得预售许可证的情况下，蔡某美有理由相信抵押权人同意转让抵押物且相信其所交付的购房款将会按物权法规定用于提前清偿抵押权所担保的债务。此外，根据《中华人民共和国担保法》第四十九条及《最高人民法院关于适用〈中华人民共和国担保法〉若干问题的解释》第六十七条之规定，抵押人转让行为无效并非当然无效。据此，涉案

《商品房买卖合同》合法有效，且签订时间在人民法院查封之前。长某公司称涉案《商品房购买合同》未经抵押权人同意，损害长某公司权益应认定无效的上诉理由不能成立，不予支持。

其次，关于蔡某美是否支付的房屋价款。据原审查明，蔡某美提交了《施工合同》《建设工程结算书》及发票、银行流水等证据，可以证明今某房开因欠付蔡某美之夫焦某刚 1158305.24 元工程款，其与实际施工人焦某刚达成以房抵工程款合意，蔡某美据此与今某房开签订《商品房购买合同》，以房屋抵偿部分工程款。该行为不违反法律规定，应认定蔡某美已支付了全部购房款。长某公司称蔡某美提供的证据不能证明其已支付购房款的上诉理由亦不成立，不予支持。

此外，据原审查明，除涉案房屋外，在贵州省安顺市西秀区、开发区区域范围内，蔡某美名下无不动产。综上，本案符合《执行异议和复议规定》第二十九条规定的情形，蔡某美对涉案房屋享有排出强制执行的民事权益。长某公司的上诉请求不能成立，不予支持。

070 承包人依据建设工程价款优先受偿权对涉案房屋申请强制执行，房屋买受人能否排除执行？

阅读提示

发包人欠付工程款，承包人主张建设工程价款优先受偿权并就其承建工程申请强制执行，如果承包人所承建的房屋已经出卖，满足《执行异议和复议规定》第二十八条的买受人能否排除执行？

裁判要旨

建设工程价款优先受偿权优先于抵押权和其他债权，承包人有权对其承建工程折价或拍卖的价款优先受偿。建设工程价款优先受偿权不能对抗已经交付全部或者大部分购房款的消费者，但可以对抗《执行异议和复议规定》第二十八条规定的一般买受人。

案情简介

一、2014 年 12 月 26 日，广电章某分公司与章丘立天唐某公司签订《章丘立天唐某中心有线电视双向布线系统合同书》，约定由广电章某分公司承包章丘立天唐某中心双向布线系统安装工程。

二、2015年7月27日，广电章某分公司与立天唐某公司签订《房屋抵款协议》，约定以项目内的D4-105室抵付原合同项下2922451元工程款，该房屋用途为商铺。

三、同日，双方签订了《商品房认购协议》。

四、2018年11月27日，法院作出（2018）鲁民初6号民事判决书，判决立天唐某公司支付中建某局工程款及利息，并确认中建某局对章丘唐某中心项目工程折价或者拍卖的价款在欠付工程款及利息的范围内享有优先受偿权。

五、该判决生效后，中建某局向法院申请强制执行。在执行期间，广电章某分公司提出执行异议，法院作出（2020）鲁执异46号执行裁定书，裁定中止对涉案房产的执行，中建某局不服该裁定，遂提起诉讼。

六、一审法院认为广电章某分公司对涉案房产享有足以排除强制执行的民事权益，驳回中建某局的诉讼请求。

七、后中建某局上诉，二审法院判决准许执行涉案房产。

法律分析

本案的焦点问题是广电章某分公司就涉案房产是否享有足以排除强制执行的民事权益，云亭建工律师团队分析如下：

第一，《执行异议和复议规定》第二十七条规定："申请执行人对执行标的依法享有对抗案外人的担保物权等优先受偿权，人民法院对案外人提出的排除执行异议不予支持，但法律、司法解释另有规定的除外。"也就是说，在申请执行人享有优先受偿权的情形下，案外人不能排除执行属一般原则，但也存在例外情形，即"法律、司法解释另有规定的除外"。本案中，中建某局对涉案房产享有建设工程价款优先受偿权，广电章某分公司如果主张排除执行，则必须依据法律、司法解释的明确规定。

第二，虽然《执行异议和复议规定》第二十八条规定了"金钱债权执行中，买受人对登记在被执行人名下的不动产提出异议，符合下列情形且其权利能够排除执行的，人民法院应予支持"，但该条适用的前提是"金钱债权执行中"，也即符合条件的买受人的债权能够排除执行的对象限于金钱债权的执行，而不能排除担保物权等优先受偿权的执行。故在本案中，即使广电章某分公司满足第二十八条的规定，也不能排除强制执行。

第三，基于维护社会公共利益及建筑工人权利的需要，法律赋予承包人以建设工程价款优先受偿权，优先于抵押权和其他债权。但建设工程优先受偿权的行使也有所限制，在建设工程企业利益和消费者权益冲突时，法律更倾向于优先保护普通消费者的权益。当消费者交付购买商品房的全部或者大部分款项后，承包人就该商品房享有的工程价款优先受偿权不得对抗买受人。这一规定是为保护消费者生存权而作出的例外规定，一般买受人不适用该处理规则。本案中，广电章某分公司并不属于消费者范畴，故法院最后判决准许执行涉案房产。

实务经验

第一，对于承包人来说，建设工程价款优先受偿权无异于解决欠付工程款问题的一剂良方，承包人应当在合理期限内及时行使，防止丧失主张优先受偿的权利，最好在与发包人的协议或者诉讼中明确承包人享有工程价款优先受偿权，在执行程序中，一般买受人不能依据《执行异议和复议规定》第二十八条对抗承包人，但满足《执行异议和复议规定》第二十九条的商品房消费者可以对抗承包人。

第二，基于对于商品房消费者的生存权益的特别考量，司法实践中普遍认为应当对商品房消费者享有的物权期待权进行特别保护，形成了商品房消费者物权期待权、建设工程价款优先受偿权、一般不动产买受人物权期待权的权利保护顺位。法院在审理认定商品房消费者是否具有物权期待权时，一般会参照《执行异议和复议规定》第二十九条。当前并没有法律明确规定何为"商品房消费者"，在实务当中，一般只有为满足生活居住需要的购房者才能被认定为商品房消费者，以投资经营为目的的购房者则不在消费者的范畴之内。

第三，在认定买受人是否符合第二十九条所规定的"所购商品房系用于居住且买受人名下无其他用于居住的房屋"时，法院一般会审查在涉案房屋同一设区的市或者县级市范围内，商品房消费者名下是否有用于居住的房屋。即使商品房消费者名下已有房屋，但房屋在面积上仍然属于满足基本居住需要的，法院也很有可能认定其符合第二十九条的规定。在认定是否符合"已支付的价款超过合同约定总价款的百分之五十"这一条件时，法院的标准也并不严苛，一般来说，如果商品房消费者支付的价款接近百分之五十，且已按照合同约定将剩余价款支付给申请执行人或者按照人民法院的要求交付执行，则很有可能被认为符合规定，消费者应当注意留存相关付款凭证，防止自己所购买的房产因开发商欠款而被法院强制执行。

法条链接

《中华人民共和国民法典》（2021年1月1日实施）

第八百零七条　发包人未按照约定支付价款的，承包人可以催告发包人在合理期限内支付价款。发包人逾期不支付的，除根据建设工程的性质不宜折价、拍卖外，承包人可以与发包人协议将该工程折价，也可以请求人民法院将该工程依法拍卖。建设工程的价款就该工程折价或者拍卖的价款优先受偿。

《最高人民法院关于审理建设工程施工合同纠纷案件适用法律问题的解释（一）》（法释〔2020〕25号　2021年1月1日实施）

第三十五条　与发包人订立建设工程施工合同的承包人，依据民法典第八百零七条的规定请求其承建工程的价款就工程折价或者拍卖的价款优先受偿的，人民法院应予支持。

第三十六条　承包人根据民法典第八百零七条规定享有的建设工程价款优先受偿权优于抵押权和其他债权。

《最高人民法院关于人民法院办理执行异议和复议案件若干问题的规定》（法释〔2020〕21号　2020年修正）

第二十七条　申请执行人对执行标的依法享有对抗案外人的担保物权等优先受偿权，人民法院对案外人提出的排除执行异议不予支持，但法律、司法解释另有规定的除外。

第二十八条　金钱债权执行中，买受人对登记在被执行人名下的不动产提出异议，符合下列情形且其权利能够排除执行的，人民法院应予支持：

（一）在人民法院查封之前已签订合法有效的书面买卖合同；

（二）在人民法院查封之前已合法占有该不动产；

（三）已支付全部价款，或者已按照合同约定支付部分价款且将剩余价款按照人民法院的要求交付执行；

（四）非因买受人自身原因未办理过户登记。

第二十九条　金钱债权执行中，买受人对登记在被执行的房地产开发企业名下的商品房提出异议，符合下列情形且其权利能够排除执行的，人民法院应予支持：

（一）在人民法院查封之前已签订合法有效的书面买卖合同；

（二）所购商品房系用于居住且买受人名下无其他用于居住的房屋；

（三）已支付的价款超过合同约定总价款的百分之五十。

《最高人民法院关于建设工程价款优先受偿权问题的批复》（法释〔2002〕16号　已失效）

第二条　消费者交付购买商品房的全部或者大部分款项后，承包人就该商品房享有的工程价款优先受偿权不得对抗买受人。

《全国法院民商事审判工作会议纪要》（法〔2019〕254号　2019年11月8日实施）

125.【案外人系商品房消费者】实践中，商品房消费者向房地产开发企业购买商品房，往往没有及时办理房地产过户手续。房地产开发企业因欠债而被强制执行，人民法院在对尚登记在房地产开发企业名下但已出卖给消费者的商品房采取执行措施时，商品房消费者往往会提出执行异议，以排除强制执行。对此，《最高人民法院关于人民法院办理执行异议和复议案件若干问题的规定》第29条规定，符合下列情形的，应当支持商品房消费者的诉讼请求：一是在人民法院查封之前已签订合法有效的书面买卖合同；二是所购商品房系用于居住且买受人名下无其他用于居住的房屋；三是已支付的价款超过合同约定总价款的百分之五十。人民法院在审理执行异议之诉案件时，可参照适用此条款。

问题是，对于其中"所购商品房系用于居住且买受人名下无其他用于居住的房屋"如何理解，审判实践中掌握的标准不一。"买受人名下无其他用于居住的房屋"，可以理解为在涉案房屋同一设区的市或者县级市范围内商品房消费者名下没有用于居住的房屋。商品房消费者名下虽然已有1套房屋，但购买的房屋在面积上仍然属于满足基本居住需要的，可以理解为符合该规定的精神。

对于其中"已支付的价款超过合同约定总价款的百分之五十"如何理解，审判实践中掌握的标准也不一致。如果商品房消费者支付的价款接近于百分之五十，且已按照合同约定将剩余价款支付给申请执行人或者按照人民法院的要求交付执行的，可以理解为符合该规定的精神。

法院判决

《执行异议和复议规定》第二十七条规定："申请执行人对执行标的依法享

有对抗案外人的担保物权等优先受偿权，人民法院对案外人提出的排除执行异议不予支持，但法律、司法解释另有规定的除外。"根据物权优先于债权的一般原则，除非法律、司法解释有明确规定，债权不能优先于物权获得保护。《执行异议和复议规定》第二十八条规定适用的前提是金钱债权执行中，也即符合条件的买受人的债权能够排除执行的对象限于金钱债权的执行，而不能排除担保物权等优先受偿权的执行。（2018）鲁民初6号生效判决已经确定中建某局对涉案房产享有优先受偿权，根据《最高人民法院关于建设工程价款优先受偿权问题的批复》（以下简称《批复》），建设工程价款优先受偿权优先于抵押权和其他债权，中建某局有权对该房产折价或拍卖的价款优先受偿。虽然《批复》同时规定建筑工程价款优先受偿权不能对抗已经交付全部或者大部分所购商品房价款的消费者，但这一规定是为保护消费者生存权而作出的例外规定，一般买受人不适用该处理规则。本案中，广电章某分公司显然不属于消费者范畴，其享有的以物抵债的债权不足以对抗中建某局的建设工程价款优先受偿权。

案件来源

中国建筑第某工程局有限公司、山东广某网络有限公司章某分公司等申请执行人执行异议之诉民事二审民事判决书｜最高人民法院·（2020）最高法民终1223号

延伸阅读

以下案例中，案例一至案例七中的案外人由于不符合《执行异议和复议规定》第二十九条的规定，法院认为其不享有足以排除强制执行的民事权益。案例八、案例九则相反。

案例一：辽宁北某建设（集团）有限公司、赵某朴等案外人执行异议之诉民事二审民事判决书｜最高人民法院·（2021）最高法民终988号

根据一审查明的事实，2014年10月23日，一审法院作出（2014）辽民二初字第54号民事裁定，预查封了包括涉案房产在内的多套房产。经本院查询，涉案房产在沈阳市房产局预查封日期为2014年10月29日，应以该日期作为人民法院查封涉案房产的日期。虽然北某建设公司对涉案房产轮候查封的时间为2017年3月10日，晚于赵某朴与宏某公司签订《商品房买卖合同》的日期，但北某建设公司享有的建设工程价款优先受偿权属于法定优先权的范畴，其本质是

以建设工程的交换价值担保工程款债权的实现,该权利优于农某行大东支行对涉案房产享有的抵押权和其他债权。并且,由于本案一审法院已先行于2014年10月29日预查封涉案房产,2017年5月16日一审法院已依法同意沈阳中院对北某建设公司享有优先受偿权部分的房产予以处分,北某建设公司可以在本案中主张以2014年10月29日为涉案房产首次查封时间。而赵某朴与宏某公司签订《商品房买卖合同》的日期为2014年10月31日,晚于人民法院对涉案房产的查封时间,故赵某朴不符合《执行异议和复议规定》第二十九条规定第一项情形,就本案执行标的不享有足以排除强制执行的民事权益。

案例二:四川纳某建设工程有限公司、宜宾鼎某置地有限责任公司案外人执行异议之诉再审民事判决书 | 最高人民法院·(2020)最高法民再122号

本院再审认为,《合同法》第二百八十六条①规定"发包人未按照约定支付价款的,承包人可以催告发包人在合理期限内支付价款。发包人逾期不支付的,除按照建设工程的性质不宜折价、拍卖的以外,承包人可以与发包人协议将该工程折价,也可以申请人民法院将该工程拍卖。建设工程的价款就该工程折价或者拍卖的价款优先受偿",《最高人民法院关于建设工程价款优先受偿权问题的批复》第一条规定"人民法院在审理房地产纠纷案件和办理执行案件中,应当依照《中华人民共和国合同法》第二百八十六条的规定,认定建筑工程的承包人的优先受偿权优于抵押权和其他债权"。建设工程价款优先受偿权类似于留置权人的优先受偿权,基于承包人是工程的实际施工人,其对发包人享有的工程价款已物化到了工程本身,故对于工程享有的优先权优于抵押权和其他债权。纳某公司是因工程款纠纷提起诉讼,在诉讼中申请对涉案商铺进行查封才导致的本案执行异议之诉,原审中纳某公司已在工程价款优先受偿权的有效请求期限内提起诉讼,并经生效判决确认对涉案商铺折价或拍卖价款享有优先受偿权。原判未注意到该事实将纳某公司申请执行的债权作为普通的金钱债权予以审查,错误适用《执行异议和复议规定》第二十八条。

《最高人民法院关于建设工程价款优先受偿权问题的批复》(法释〔2002〕16号)第二条关于已交付购买商品房的全部或者大部分价款的消费者应优先保护的规定,是为了保护个人消费者的居住权而设置的。根据《消费者权益保护法》第二条的规定,消费者为生活消费需要购买、使用商品或者接受服务,其权益受到本法保护;本法未作规定的,受其他有关法律、法规保护。消费者购房应

---

① 编者按:《民法典》第807条。

是直接用于满足其生活居住需要,才能称为上述批复中的消费者,才享有比建设工程价款优先受偿权更优的权利。徐某购买的是商铺,目的是投资,并非用于居住,其享有的权利并不足以对抗纳某公司享有的建设工程价款优先受偿权,因此,本案也不能适用《执行异议和复议规定》第二十九条。

案例三:胡某红、河南中某安建设工程有限公司等申请执行人执行异议之诉民事申请再审审查民事裁定书|最高人民法院·(2021)最高法民申7098号

本院经审查认为,本案争议焦点是胡某红对执行标的即长葛市汇某公司开发的汇某伊顿公馆第19幢×层×号房屋是否享有足以排除强制执行的民事权益。河南中某安公司申请执行的依据是已生效的河南省高级人民法院(2020)豫民终1000号民事判决,该判决确认河南中某安公司对长葛市××小区××期项目的工程享有建设工程价款优先受偿权。

《执行异议和复议规定》第二十七条规定:"申请执行人对执行标的依法享有对抗案外人的担保物权等优先受偿权,人民法院对案外人提出的排除执行异议不予支持,但法律、司法解释另有规定的除外。"对于前述第二十七条"除外"所指之情形,需要比较执行标的物上存在的不同类型权利的效力顺位。就实体权利优先顺位而言,商品房消费者的权利优于建设工程价款优先受偿权。而《执行异议和复议规定》第二十八条系对"一般的房屋买卖合同的买受人"权利的规定;《执行异议和复议规定》第二十九条系对"商品房消费者"权利的规定。因此,《执行异议和复议规定》第二十七条规定的"除外"之情形包括第二十九条,但不包括第二十八条。本案中,胡某红所购涉案房屋的性质为商铺,不符合《执行异议和复议规定》第二十九条规定的情形,胡某红所享有的权利不能对抗河南中某安公司的建设工程价款优先受偿权。二审法院改判准许执行涉案商铺并无不当,胡某红的再审申请不能成立,本院不予支持。

案例四:周某、北京华某建设发展有限公司等案外人执行异议之诉民事申请再审审查民事裁定书|最高人民法院·(2021)最高法民申7061号

本院经审查认为,本案系案外人执行异议之诉,争议焦点是周某对执行标的即太某湖置业公司的涉案D区3A-1层101号房屋是否享有足以排除强制执行的民事权益。北京华某公司申请执行的依据是已生效的湖北省十堰市中级人民法院(2019)鄂03民初194号民事判决,该判决确认北京华某公司对武当山太某湖新区7-4#地住宅楼工程在太某湖置业公司所欠工程价款范围内享有优先受偿权。

《执行异议和复议规定》第二十七条规定:"申请执行人对执行标的依法享

有对抗案外人的担保物权等优先受偿权，人民法院对案外人提出的排除执行异议不予支持，但法律、司法解释另有规定的除外。"对于前述第二十七条"除外"所指之情形，需要比较执行标的物上存在的不同类型权利的效力顺位。就实体权利优先顺位而言，商品房消费者的权利优于建设工程价款优先受偿权。而《执行异议和复议规定》第二十八条系对"一般的房屋买卖合同的买受人"权利的规定；《执行异议和复议规定》第二十九条系对"商品房消费者"权利的规定。因此，《执行异议和复议规定》第二十七条规定的"除外"之情形包括第二十九条，但不包括第二十八条。本案中，周某所购涉案房屋的性质为商业用房，不符合《执行异议和复议规定》第二十九条规定的情形，周某所享有的权利不能对抗北京华某公司的建设工程价款优先受偿权。周某申请再审称本案可适用《执行异议和复议规定》第二十八条排除执行，缺乏法律依据，周某的再审申请不能成立，本院不予支持。

案例五：薛某、北京华某建设发展有限公司等案外人执行异议之诉民事申请再审审查民事裁定书｜最高人民法院·（2021）最高法民申 7059 号

本院经审查认为，本案系案外人执行异议之诉，争议焦点是薛某对执行标的即太某湖置业公司的涉案 D 区 3A 栋 102 号房屋是否享有足以排除强制执行的民事权益。北京华某公司申请执行的依据是已生效的湖北省十堰市中级人民法院（2019）鄂 03 民初 194 号民事判决，该判决对北京华某公司对武当山太某湖新区 7-4# 地住宅楼工程在太某湖置业公司所欠工程价款范围内享有优先受偿权予以确认。

《执行异议和复议规定》第二十七条规定："申请执行人对执行标的依法享有对抗案外人的担保物权等优先受偿权，人民法院对案外人提出的排除执行异议不予支持，但法律、司法解释另有规定的除外"。对于前述第二十七条"除外"所指之情形，需要比较执行标的物上存在的不同类型权利的效力顺位。就实体权利优先顺位而言，商品房消费者的权利优于建设工程价款优先受偿权。而《执行异议和复议规定》第二十八条系对"一般的房屋买卖合同的买受人"权利的规定；《执行异议和复议规定》第二十九条系对"商品房消费者"权利的规定。因此，《执行异议和复议规定》第二十七条规定的"除外"之情形包括第二十九条，但不包括第二十八条。本案中，薛某所购涉案房屋的性质为商业用房，不符合《执行异议和复议规定》第二十九条规定的情形，薛某所享有的权利不能对抗北京华某公司的建设工程价款优先受偿权。薛某申请再审称本案可适用《执行异议和复议规定》第二十八条排除执行,缺乏法律依据,薛某的再审申请不能成立,本院不予支持。

案例六:程某伦、沈阳某村商业银行股份有限公司大某支行二审民事判决书|最高人民法院·(2021)最高法民终 550 号

本院认为,本案为案外人执行异议之诉,二审争议的焦点为程某伦对涉案房屋是否享有足以排除强制执行的民事权益。

《执行异议和复议规定》第二十九条规定:"金钱债权执行中,买受人对登记在被执行的房地产开发企业名下的商品房提出异议,符合下列情形且其权利能够排除执行的,人民法院应予支持:(一)在人民法院查封之前已签订合法有效的书面买卖合同;(二)所购商品房系用于居住且买受人名下无其他用于居住的房屋;(三)已支付的价款超过合同约定总价款的百分之五十。"经查,人民法院对涉案房屋的首次查封时间为 2014 年 10 月 23 日,程某伦主张涉案房屋的查封时间应为 2016 年 11 月 15 日无事实和法律依据,而程某伦与宏某公司签订《商品房买卖合同》的时间为 2014 年 10 月 31 日,晚于涉案房屋的首次查封时间,故程某伦的主张不符合在人民法院查封之前已签订合法有效的书面买卖合同的规定。另根据一审法院查明事实,在人民法院针对程某伦主张排除执行的涉案房屋的执行中,程某伦名下另有一处可用于居住的房屋(沈阳市皇姑区,面积 116.10 平方米),虽然该房屋于 2016 年 6 月 1 日购买但不能改变在涉案房屋执行中程某伦名下确有其他可用于居住的房屋的基本事实。故程某伦的主张不符合《执行异议和复议规定》第二十九条规定的情形,一审法院对程某伦关于其享有排除强制执行民事权益的主张不予支持,并无不当。

案例七:红某创投电子商务股份有限公司等申请执行人执行异议之诉民事民事判决书|最高人民法院·(2021)最高法民再 189 号

本院再审认为,本案系申请执行人执行异议之诉再审案件,审理重点是吴某莲、邝某才对涉案房屋享有的民事权益能否排除强制执行。

《执行异议和复议规定》第二十七条确立了享有担保物权的申请执行人的优先受偿地位,同时基于对一些特定权益优先保护的必要,通过"但书"予以排除。根据原《最高人民法院关于建设工程价款优先受偿权问题的批复》第一条、第二条的规定,交付全部或者大部分款项的商品房消费者的权利优先于抵押权人优先受偿权,此即属于"但书"条款所言的例外规定,该规定是基于生存权至上的考虑,突破合同相对性和债权平等而设置的特别规定,实践中需要严格审查和把握，以免动摇抵押权的优先性基础。《执行异议和复议规定》第二十九条规定正体现了对商品房消费者物权期待权的优先保护。

本案中，吴某莲、邝某才所购标的物为永某国际小区 A 栋一层 01 商铺，具有鲜明的投资属性，不属于消费者生存权的保护范畴，不能参照适用《执行异议和复议规定》第二十九条之规定。

抵押权人放弃抵押权必须有具体明确的意思表示。本案中，虽然红某公司两次向房产管理部门出具同意为涉案商品房办理预售许可证延期手续，但是，这并不意味着红某公司放弃就涉案商品房设定的抵押权。在涉案商品房抵押登记尚未涂消的情况下，红某公司就涉案商品房设定的抵押权应当依法受到保护。原审法院认定吴某莲、邝某才购买涉案商品房不违反《中华人民共和国物权法》第一百九十一条第二款的规定，属于适用法律错误，应当予以纠正。

《执行异议和复议规定》第二十八条规定了一般房屋买受人可以对抗执行的情形，但该类情形并不具有优先于抵押权的生存权至上的价值基础。一般不动产买受人即便符合《执行异议和复议规定》第二十八条的规定，也不能对抗抵押权人，其只能对抗普通债权人。根据查明的事实，平某银行是执行标的物的登记抵押权人，红某公司是实际抵押权人，涉案定安县他项（2014）第 105 号土地他项权利证明书、房建定城镇字第××号在建工程抵押登记证仍然有效，吴某莲、邝某才作为一般购房人，其取得的不是物权期待权，本质是债权，并不优先于抵押权。故吴某莲、邝某才对涉案房屋不享有足以排除强制执行的民事权益，应当准许对永某国际小区 A 栋一层 01 商铺采取查封、评估、拍卖或变卖等强制执行措施。

案例八：中建某局第四建筑工程有限公司、陈某琴等申请执行人执行异议之诉民事二审民事判决书｜最高人民法院·（2021）最高法民终 936 号

根据当事人的上诉及答辩情况，本案二审的焦点问题是：陈某琴对涉案房屋是否享有足以排除强制执行的民事权益。

对中建某局四公司的上诉请求，应当根据《执行异议和复议规定》第二十九条"金钱债权执行中，买受人对登记在被执行的房地产开发企业名下的商品房提出异议，符合下列情形且其权利能够排除执行的，人民法院应予支持：（一）在人民法院查封之前已签订合法有效的书面买卖合同；（二）所购商品房系用于居住且买受人名下无其他用于居住的房屋；（三）已支付的价款超过合同约定总价款的百分之五十"之规定，对案外人陈某琴是否享有足以排除强制执行的民事权益进行审查认定。

第一，关于陈某琴与日某城公司在人民法院查封之前是否签订合法有效的书面买卖合同的问题。一审中，陈某琴提交了与日某城公司于 2014 年 9 月 15 日签订的《天某国际项目商品房认购书》，早于涉案房屋被查封的日期。虽然双方直到 2016 年 6 月 20 日才就涉案房屋签订《哈尔滨市商品房买卖合同书》，但《天某国际项目商品房认购书》具备商品房买卖合同关于房屋位置、面积、价款等主要内容，且日某城公司为陈某琴开具了购房款收据。根据《最高人民法院关于审理商品房买卖合同纠纷案件适用法律若干问题的解释》第五条"商品房的认购、订购、预订等协议具备《商品房销售管理办法》第十六条规定的商品房买卖合同的主要内容，并且出卖人已经按照约定收受购房款的，该协议应当认定为商品房买卖合同"的规定，应认定陈某琴与日某城公司在人民法院查封之前签订了合法有效的书面买卖合同。

第二，关于陈某琴所购商品房是否用于居住且其名下无其他用于居住的房屋的问题。陈某琴自述除涉案房屋之外，其名下没有其他房屋。一审中陈某琴提交的证据能够证明所购房屋系用于生活居住。且一审法院已查明，陈某琴在黑龙江省哈尔滨市本级行政区域内没有用于居住的房屋。本案可以认定陈某琴所购商品房用于居住且其名下无其他用于居住的房屋。

第三，关于陈某琴支付的价款是否超过合同约定总价款的百分之五十的问题。《天某国际项目商品房认购书》签订后，陈某琴已向日某城公司交付全部购房款，日某城公司为其开具了收据和发票。

案例九：长某建设集团有限公司、余某群等申请执行人执行异议之诉民事二审民事判决书｜最高人民法院·（2021）最高法民终 630 号

本院认为，本案的争议焦点为，余某群对于涉案房屋是否享有排除强制执行的民事权益。

本案中，余某群于 2012 年 6 月 29 日向润某公司法定代表人倪某东账户转款 50000 元、于 2015 年 11 月 26 日向润某公司威信分公司法定代表人李某华账户转款 252438 元，共计 302438 元，与《商品房购销合同》约定房款总价相符；润某公司扎某尚城项目部出具《收据》，载明收到购房款 302438 元，表明润某公司认可收到购房款。因此，长某公司关于余某群支付购房款的真实性存疑的主张不能成立。一审法院适用《执行异议和复议规定》第二十九条规定认定余某群对于涉案房屋有足以排除执行的物权期待权、可以排除强制执行并无不妥。

长某公司上诉主张，其对涉案房屋享有建设工程价款优先受偿权，本案应当适用《执行异议和复议规定》第二十七条规定。对此，本院认为，相对于抵押权和金钱债权等权利，工程价款优先受偿权处于优先顺位，但劣后于商品房消费者生存权。《最高人民法院关于建设工程价款优先受偿权问题的批复》第一条规定，"人民法院在审理房地产纠纷案件和办理执行案件中，应当依照《中华人民共和国合同法》第二百八十六条的规定，认定建筑工程的承包人的优先受偿权优于抵押权和其他债权"。第二条规定，"消费者交付购买商品房的全部或者大部分款项后，承包人就该商品房享有的工程价款优先受偿权不得对抗买受人"。上述规定体现了商品房消费者的生存权优先保护原则。《执行异议和复议规定》第二十九条对于商品房买受人物权期待权的保护是对消费者生存权优先保护的进一步细化。《执行异议和复议规定》第二十七条规定，"申请执行人对执行标的依法享有对抗案外人的担保物权等优先受偿权，人民法院对案外人提出的排除执行异议不予支持，但法律、司法解释另有规定的除外"。因此，《执行异议和复议规定》第二十九条本身也属于第二十七条规定的除外规定。根据上述规定，在已经支付全部或者大部分购房款的商品房消费者的生存权与建设工程价款优先受偿权发生冲突时，应优先保护商品房消费者的生存权。本案中，涉案房屋用途为住宅，余某群购买涉案房屋系用于个人居住，属于上述规定中的商品房消费者，其对涉案房屋所享有的民事权益能够对抗长某公司基于建设工程价款优先受偿权而对涉案房屋的强制执行。长某公司的相应上诉理由，不能成立。

071 承包人工程价款优先受偿权能否对抗商品房消费者的权利？

阅读提示

建设工程优先受偿权与已支付全部或大部分购房款的商品房消费者的权利发生冲突时，是否应当优先保护商品房消费者的权利？

裁判要旨

承包人享有的建设工程价款优先受偿权优先于抵押权和其他债权，但该优先受偿权不得对抗支付全部或者大部分购房款的商品房消费者。

案情简介

一、2017年5月10日，刘某美与盛某公司签订商品房买卖合同，约定刘某美购买盛某公司开发的房屋。刘某美以支付部分首付及贷款的方式支付了全部房款。

二、2017年7月20日，法院对万某公司与盛某公司建设工程施工合同纠纷一案作出民事裁定书，保全查封了盛某公司名下239套商品住宅楼房和4号楼一、二层商铺，其中包括刘某美购买的房屋。

三、2018年6月27日，最高人民法院（2018）最高法民终397号民事判决书判定由盛某公司向万某公司支付工程款，并确认万某公司对盛某公司所欠付工程款在施工范围内享有优先受偿权。

四、兰州铁路运输中级法院对已查封房产执行拍卖，刘某美向法院提出执行异议，要求立即终止对涉案房屋的拍卖，该院于2019年8月1日作出执行裁定书，裁定中止对刘某美房屋的执行。

五、万某公司不服，向一审法院提起执行异议之诉，一审法院认为万某公司要求继续对涉案房产执行的请求不能成立，该院不予支持。

六、万某公司认为原审法院认定相关事实不清，刘某美不符合排除执行的相关规定，向最高院上诉。最高院认为原审判决认定事实清楚，适用法律正确，判决驳回上诉，维持原判。

法律分析

本案争议焦点是刘某美对涉案房屋是否享有足以排除强制执行的民事权益。

第一，万某公司申请对涉案房屋强制执行，系因生效判决确认其对盛某公司所欠付的工程款享有优先受偿权。刘某美提出执行异议，系认为其为购买房屋用于居住的消费者，且涉案房屋的用途是住宅，刘某美名下无其他用于居住的房屋。

第二，虽生效判决确认万某公司享有工程价款优先受偿权。但是根据原《最高人民法院关于建设工程价款优先受偿权问题的批复》（法释〔2002〕16号 以下简称《批复》）第二条规定："消费者交付购买商品房的全部或者大部分款项后，承包人就该商品房享有的工程价款优先受偿权不得对抗买受人"，刘某美购买商品房交付全部款项即可对抗优先受偿权，同时刘某美符合《执行异议和复议规定》第二十九条规定，其作为房屋消费者的物权期待权应予保护，可以阻却人民法院对涉案房屋的强制执行。

第三，从权利保护顺位考虑，消费者购买商品房是一种生存权利，而承包人的权利主要是经营权，生存权应当优先于经营权受到法律保护。如果允许承包人行使优先权，相当于用消费者的资金清偿开发商债务，即开发商将自身债务转移给消费者，这样的做法违背优先保护生存权的基本原则，也有失公允。因此，消费者如果支付了大部分或者全部的购房款，则消费者的权利优先于承包人的工程价款优先受偿权。

实务经验

第一，关于消费者权利保护，最高院认为在消费者交付购买商品房的全部或者大部分款项后，承包人就该商品房享有的工程价款优先受偿权不得对抗买受人。承包人的工程价款不仅包含劳动者的工资，还包括材料费、管理费等其他费用。因此，承包人的经营利益与劳动者利益是不完全对等的，不能凌驾于消费者生存权利之上。

第二，根据《批复》第二条规定，消费者交付购买商品房的全部或者大部分款项后，承包人就该商品房享有的工程价款优先受偿权不得对抗买受人。故在已经支付全部或大部分购房款的商品房消费者的权利与建设工程价款优先受偿权产生冲突时，应优先保护商品房消费者的权利。但《批复》在2021年1月1日已经被废止。

第三，《最高人民法院关于审理建设工程施工合同纠纷案件适用法律问题的解释》（一）》（法释〔2020〕25号）规定"承包人根据民法典第八百零七条规定享有的建设工程价款优先受偿权优于抵押权和其他债权"。这里并没有明确规定承包人的工程价款优先受偿权不得对抗买受人，那么商品房消费者能否对抗建设工程价款优先受偿权也将成为争议焦点。云亭建工律师团队认为，此种情形下，虽然《新建工司法解释一》没有规定商品房消费者的权利是否优先于承包人的工程价款优先受偿权。但是《执行异议和复议规定》第二十九条规定："金钱债权执行中，买受人对登记在被执行的房地产开发企业名下的商品房提出异议，符合下列情形且其权利能够排除执行的，人民法院应予支持：（一）在人民法院查封之前已签订合法有效的书面买卖合同；（二）所购商品房系用于居住且买受人名下无其他用于居住的房屋；（三）已支付的价款超过合同约定总价款的百分之五十。"依据该规定，支付了大部分（百分之五十以上）或者全部房款的消费者依然享有排除承包人工程价款优先权执行的权利。从此角度来讲，商品房消费者的权利是优先于工程价款优先受偿权的。

第四，从消费者基本生存权利的角度考虑，如果消费者已经支付了大部分房款，对于登记在发包人名下的房产具有排除承包人工程价款优先受偿权执行的权利；如果消费者要求返还购房款，开发商对于消费者房款的返还也应优先于支付承包人的工程价款。

法条链接

《中华人民共和国民法典》（2021年1月1日实施）

第八百零七条　发包人未按照约定支付价款的，承包人可以催告发包人在合理期限内支付价款。发包人逾期不支付的，除根据建设工程的性质不宜折价、拍卖外，承包人可以与发包人协议将该工程折价，也可以请求人民法院将该工程依法拍卖。建设工程的价款就该工程折价或者拍卖的价款优先受偿。

《最高人民法院关于审理建设工程施工合同纠纷案件适用法律问题的解释（一）》（法释〔2020〕25号　2021年1月1日实施）

第三十五条　与发包人订立建设工程施工合同的承包人，依据民法典第八百零七条的规定请求其承建工程的价款就工程折价或者拍卖的价款优先受偿的，人民法院应予支持。

第三十六条　承包人根据民法典第八百零七条规定享有的建设工程价款优先受偿权优于抵押权和其他债权。

《最高人民法院关于人民法院办理执行异议和复议案件若干问题的规定》（法释〔2020〕21号　2020年修正）

第二十九条　金钱债权执行中，买受人对登记在被执行的房地产开发企业名下的商品房提出异议，符合下列情形且其权利能够排除执行的，人民法院应予支持：

（一）在人民法院查封之前已签订合法有效的书面买卖合同；

（二）所购商品房系用于居住且买受人名下无其他用于居住的房屋；

（三）已支付的价款超过合同约定总价款的百分之五十。

法院判决

根据已查明的事实,在万某公司与盛某公司建设工程施工合同纠纷一案中,万某公司申请查封了盛某公司的涉案房屋。在该案二审判决生效后,万某公司申请强制执行,在执行过程中,刘某美以案外人身份提出异议,法院裁定中止执行。万某公司遂提起本案执行异议之诉。本院认为根据《合同法》第二百八十六条[①]及《最高人民法院关于建设工程价款优先受偿权问题的批复》(法释〔2002〕16号)第一条之规定,万某公司享有的工程款优先受偿权优先于抵押权和其他债权,但该优先受偿权不得对抗消费者权利。该规定是对购买商品房消费者的特殊保护。涉案执行的工程价款优先权,本质上属金钱债权,《执行异议和复议规定》第二十九条是关于金钱债权执行中,消费者主张排除执行的规定,故原审法院适用《执行异议和复议规定》第二十九条审理本案,并无不当。万某公司认为,涉案房屋并未登记在房地产开发企业盛某公司名下,不适用《执行异议和复议规定》第二十九条之规定。因涉案项目未完成竣工验收等,仍属于在建工程项目,至今未能完成房产的初始登记,但盛某公司已经取得了国有土地使用权证、建设用地规划许可证、商品房预售许可证等相关开发、销售的许可,根据《中华人民共和国物权法》第一百四十二条关于"建设用地使用权人建造的建筑物、构筑物及其附属设施的所有权属于建设用地使用权人"的规定,涉案房产项目在办理房地产的首次登记时,在没有相反证据的情况下,应登记在盛某公司名下,归盛某公司所有。万某公司关于涉案房屋不属于登记在开发企业名下房产而不适用《执行异议和复议规定》第二十九条之规定的主张,本院依法不予采信。

案件来源

甘肃万某建筑工程有限责任公司、甘肃盛某豪龙房地产开发有限公司申请执行人执行异议之诉二审民事判决书 | 最高人民法院·(2020)最高法民终316号

延伸阅读

案例一:广西恒某建设集团有限公司、兰某絮等申请执行人执行异议之诉再审案 | 最高人民法院·(2018)最高法民申1997号

涉案房屋已经设立在建工程抵押,但就已设立抵押的房产订立的买卖合同并

[①] 编者按:《民法典》第807条。

不当然无效，买房人亦有可能获得房屋的所有权，这取决于抵押权人最终是否行使抵押权，而恒某公司只是建设工程价款优先受偿权人，不是涉案房屋的抵押权人，其不能依据他人的抵押权否定兰某絮的权益。

根据《批复》的规定，消费者的生存居住权应受法律的优先保护；《执行异议和复议规定》第二十九条亦系为了保护消费者的生存居住权，两者的目的与宗旨相同，并无新旧规范适用的冲突。因此，在适用《批复》时，亦可以参照《执行异议和复议规定》第二十九条规定的具体情形。兰某絮除涉案房屋外，名下无其他用于居住的房屋，符合《批复》第二条消费者的定义，广西高院适用《批复》支持兰某絮的执行异议，并无不当。

案例二：中国华某资产管理股份有限公司贵州省分公司、贵州睿某房地产开发有限公司金融不良债权转让合同纠纷二审民事判决书｜最高人民法院·（2017）最高法民终959号

从工程优先权优先于抵押权、工程优先权不得对抗购房消费者的权利，不能得出购房消费者权利优先于抵押权的结论。房产商以被抵押房屋已出售且已收取大部分房款为由主张抵押权无法实现的，不予支持。

案例三：陈某某、上海市住某建设发展股份有限公司再审民事判决书｜最高人民法院·（2019）最高法民再49号

物权期待权与债权的保护顺位：

期待权与既得权相对，是一项仍处于发展过程中的权利。人们称期待权是未来要取得的权利的"预先效力"，是权利内容在原权利人和期待人之间的一种分配。在执行程序中对不动产受让人进行优先保护的理论基础是买受人物权期待权保护。买受人物权期待权滥觞于德国，经德国帝国法院1920年判决确认并逐渐被其他大陆法系国家所接受；对于签订买卖合同的买受人，在已经履行合同部分义务的情况下，虽然尚未取得合同标的物的所有权，但赋予其类似所有权人的地位，其物权的期待权具有排除执行等物权效力。虽然我国现行立法未就物权期待权作出明确规定，但作为一种从债权过渡而来、处于物权取得预备阶段的权利状态，此种权利具有与债权相区别、与物权相类似的效力特征。最高法院《关于建设工程价款优先受偿权问题的批复》第二条、最高法院《关于人民法院民事执行中查封、扣押、冻结财产的规定》第十七条、最高法院《关于审理建筑物区分所有权纠纷案件具体应用法律若干问题的解释》第一条，以及《执行异议和复议规定》第二十八条、第二十九条中均不同程度包含了对买受人物权期待权的保护。就本案而言，涉案商品房买卖合同的成立和生效意味着买受人陈某某有权请求时某公司依约交付所购商品房，该请求权作为一般合同债权与住某公司同样基于合同享有的普通金钱债权并无二致，没有优先保护的权利基础。但陈某某在依约支付了全部购房款并实际合法占有所购房屋的情况下，其基于合同享有的一般债权就转化为对该房屋享有的物权期待权。该物权期待权虽然仍属于债权的范畴，但已不同于一般债权。时某公司作为出卖人，因买受人陈某某依约履行了付款义务而让渡了其对所售房屋享有的占有、使用、收益及部分处分的物权权能，买受人也因实际占有该房屋获得了一定的对外公示效力，尽管该效力尚不能与不动产物权登记的法定效力相等同。据此，陈某某对涉案房屋所享有的权利尽管尚不属于物权法意义上的物权（所有权），但已具备了物权的实质性要素，陈某某可以合理预期通过办理不动产登记将该物权期待权转化为物权法意义上的物权（所有权）。陈某某所享有的权利在内容和效力上已经超过了住某公司享有的普通金钱债权，在没有证据证明陈某某物权期待权的取得有瑕疵或存在适法性问题的情况下，应优先于住某公司的普通金钱债权予以保护，而无须特别考虑未办理过户登记的过错责任。

居住与生存权益的保障：

居住权属于最基本的物质生活保障性权利，是生存权内涵的应有之义。"生存权是最基本的人权，不能因为实现债权而不考虑被执行人的基本生存利益"。对于案外人享有权利的财产的执行存在同样的问题。消费者购房的目的多用来居住，房屋是否具有居住功能，与房屋系商业房还是住宅的属性并无直接对应关系，商业房被用于自住，而住宅被用于投资炒卖的现象在现实中均不鲜见。本案中，虽然涉案诉争房屋系酒店式公寓，可归于商业房范畴，但酒店式公寓的设计仍可用于居住，且不排除自住。在没有证据证明陈某某尚有其他可供居住房屋、且涉案房屋已被实际用于自住的情况下，涉案房屋对陈某某夫妇即具有了居住保障功能，具有一定的生存利益。故，相对于住某公司享有的普通金钱债权，陈某某及其配偶的居住、生存权益就有了优先保护的价值和意义。

综上，在执行异议之诉中，案外人若能证明执行标的已经脱离被执行人而成为其责任财产，其对执行标的享有物权期待权、具有居住与生存利益，则法院可认定案外人的民事权益足以排除强制执行。当然，在前述三方面情形不能同时具备的情况下，案外人的民事权益是否能够排除强制执行，需要根据个案具体情况，参照前述一般审查判断标准综合予以认定。

案例四：中某信托有限责任公司、昆山红某房地产有限公司、金某平案外人执行异议之诉二审民事判决书 | 最高人民法院·（2016）最高法民终 692 号

上述事实和证据可以相互印证，证明红某公司与朱某平通过预售网签方式向金某平借款，款项支付给朱某平。红某公司另以公寓房折价向金某平支付利息。红某公司与金某平签订《商品房购销合同》和《补充协议二》是为保障金某平的融资债权实现。金某平不属于查扣冻规定第十七条规定的无过错的购房者，不享有优先其他债权的权利。金某平主张排除法院的强制执行，无事实和法律依据。

案例五：金某丹、南通某建某集团股份有限公司二审民事裁定书 | 最高人民法院·（2017）最高法民终 509 号

海南省高级人民法院一审认为：关于金某丹对所购房产享有的权益能否对抗南某公司对涉案项目享有的工程价款优先受偿权。2014 年 11 月 24 日，一审法院作出（2014）琼环民初字第 2 号民事调解书，该调解书的内容为："天某公司应在协议期限内支付南某公司涉案工程价款共计 54155753.32 元；如天某公司未按协议规定的时间和数额向南某公司支付工程价款，南某公司对天某公司建设的位于海南省澄迈县某城开发区之涉案建设工程即某城商业广场项目享有建设工程价款优先受偿权"。依据该已发生法律效力的调解书，因天某公司未按约定履行支付工程款义务，南某公司对海南省澄迈县某城开发区某城商业广场项目的涉案房产享有工程价款优先受偿权。金某丹虽全款支付了购房款，但至今未实际占有涉案房产，亦未办理房产过户手续，故金某丹对所购房产不享有所有权。金某丹诉请确认所购房产的所有权归其所有，于法无据。根据 2002 年 6 月 20 日最高人民法院发布的《最高人民法院关于建设工程价款优先受偿权问题的批复》第二条："消费者交付购买商品房的全部或者大部分款项后，承包人就该商品房享有的工程价款优先受偿权不得对抗买受人"之规定，金某丹支付全额购房款后对所购房产享有的权益能否对抗南某公司享有的工程价款优先受偿权取决于金某丹作为涉案房产的买受人是否符合《中华人民共和国消费者权益保护法》规定的"消费者"身份。根据《中华人民共和国消费者权益保护法》第二条："消费者为生活消费需要购买、使用商品或者接受服务，其权益受本法保护；本法未作规定的，受其他有关法律、法规保护"之规定，结合本案购房情况，"消费者"应理解为：为了单纯用于消费居住而购买房屋的房屋买受人。在执行程序中，金某丹已明确表示其购买涉案房产的用途系为了投资，故本案中金某丹作为房屋买受者不符合《中华人民共和国消费者权益保护法》规定的"消费者"身份,其对涉案房产享有的权益不能对抗南某公司对涉案项目享有的工程价款优先受偿权。

最高人民法院二审以本案应通过再审程序,而不应通过执行异议之诉解决为由,撤销原判,裁定驳回起诉。

案例六:天津津铁路某运输服务有限责任公司、河某信投集团资产管理有限公司再审审查与审判监督民事裁定书 | 最高人民法院·(2017)最高法民申1660号

根据《中华人民共和国物权法》第九条①之规定,不动产物权的设立、变更、转让和消灭,经依法登记,发生效力。路某公司虽然与鸿某公司签订了商品房买卖合同、支付了大部分购房款并实际办理了入住手续,但双方并未完成涉案房屋的过户登记手续,路某公司尚未成为该房屋登记权利人。信投公司向鸿某公司主张的债权及为担保该债权实现所设立的抵押权,均成立于路某公司与鸿某公司签订商品房买卖合同之前,该抵押权经依法登记,并经生效判决确认为合法有效。根据《中华人民共和国物权法》第一百九十一条之规定,鸿某公司作为抵押人,未经抵押权人同意转让抵押财产,该转让行为不能发生物权变动的法律效果。信投公司作为抵押权人,依据生效判决主张实现抵押权,具有事实和法律依据,路某公司以其购买该房屋,支付了大部分房款、实际占有使用为由,要求阻却对该房屋的强制执行,缺乏法律依据。

《最高人民法院关于建设工程价款优先受偿权问题的批复》系针对建筑工程承包人优先受偿权行使问题的规定,本案路某公司与鸿某公司之间法律关系的性质为商品房买卖合同关系,信投公司与鸿某公司之间法律关系的性质为借款合同关系,路某公司依据上述司法解释主张本案当事人之间的权利顺位,缺乏法律依据。且路某公司作为经营性企业,其购买涉案房屋后实际用于注册公司、生产经营,亦不属于上述司法解释规定的"消费者",路某公司依据上述司法解释规定,主张其享有的债权可以对抗信投公司抵押权行使的申请再审理由不成立。

---

① 编者按:《民法典》第209条。

第六部分 实际施工人

072 建工合同纠纷中如何区分"挂靠"与"内部承包"？

阅读提示

"挂靠"与"内部承包"是建设工程合同纠纷中比较常见的现象。依据有关法律规定，"挂靠"通常情况下会导致合同无效，而"内部承包"则一般不影响合同的效力。"挂靠"与"内部承包"在表现形式上存在一定的相似性，那么法院一般如何区分"挂靠"和"内部承包"呢？

裁判要旨

建设工程领域的"内部承包"，是指承包人签订建设工程施工合同后，由其下属分支机构或项目经理承包全部或部分工程，承包人对其下属分支机构或项目经理的工程施工过程及质量等进行监督管理，对外承担施工合同的权利义务，是建筑企业的一种内部经营方式。"挂靠"（借用资质）是指实际施工人借用其他建筑企业的名义承揽工程的行为，借用双方不存在隶属关系，被借用的建筑企业不对借用人的工程施工过程及质量等进行监督管理。因此，是"内部承包"关系还是"挂靠"（借用资质）关系，应当从《挂靠协议》的内容、工程施工过程及质量监督管理关系等方面进行判断。

案情简介

一、涉案工程发包人系乌兰县某资源局，工程名称为乌兰县柯某镇托海村土地开发（占补平衡）项目，中某公司系承包人。

二、中某公司与朱某军于2015年8月26日签订《挂靠协议》，挂靠期间为二年，即 2015 年 8 月 26 日至 2017 年 8 月 25 日。

三、乌兰县某资源局与中某公司于 2016 年 11 月 2 日签订《合同协议书》，有乌兰县某资源局委托代理人刁某林签字，并有中某公司孙某刚及双方盖章。该涉案项目计划于 2016 年 10 月 23 日开工，实际开工日期为 2016 年 11 月 2 日，完工日期为 2016 年 12 月 10 日，竣工验收日期为 2017 年 2 月 23 日。

四、中某公司 2018 年 3 月 12 日向乌兰县某资源局出具的《工作联系函》载明："我公司中标的由贵单位 2016 年发包的'乌兰县柯某镇托海村土地开发（占补平衡）项目'工程，一直由挂靠在我单位的朱某军先生与贵局实际联系并承包本项目，……"并盖有中某公司公章。

五、朱某军向一审法院起诉请求：判令中某公司支付其工程款 4058300 元，乌兰县某资源局在未付款范围内承担连带责任。

六、一审法院认为中某公司系转包人，判决：中某公司向朱某军支付拖欠的工程款 4058300 元，乌兰县某资源局在未付清中某公司工程款范围内承担连带责任。中某公司不服上诉，二审法院判决：驳回上诉，维持原判。

七、中某公司认为判决认定中某公司与朱某军之间系挂靠关系，而非转包、违法分包关系。即使朱某军为挂靠关系下的实际施工人，其也并不具备原告主体资格，原判决适用《建筑法》第二十六条错误，故向最高人民法院申请再审。

八、最高人民法院认为，本案中，朱某军作为涉案工程的实际施工人与发包人乌兰县某资源局在订立和履行施工合同的过程中，形成事实上的法律关系，朱某军有权向乌兰县某资源局主张工程款。判决：撤销一二审判决，乌兰县某资源局向朱某军支付工程款 4058300 元。

法律分析

本案的焦点问题是在建工合同纠纷中如何区分"挂靠"与"内部承包"。云亭建工律师团队认为：应当从《挂靠协议》的内容及工程施工过程及质量监督管理关系等相关方面进行判断。

第一，从《挂靠协议》内容看，该协议第一条"朱某军挂靠中某公司之下，挂靠期间以中某公司项目经理部名义自主经营、独立核算、自负盈亏。工程任务自行承揽"，第三条"挂靠期间朱某军实行大包干施工，包质量，包工期，包安全，包材料采购，包人员与施工组织。施工期间朱某军必须自觉维护中某公司的企业信誉，严格按照国家现行的施工技术规范和验收标准以及施工图纸进行施工，确保工程质量"，第四条"中某公司向朱某军提供承接工程任务的公司资质，向朱某军提供工程报建所需要的有关资料，协助朱某军办理工程协议签订和办理工程开发，凡须由施工单位负责交缴的费用和资料等有关费用均由朱某军负责。中某公司同时协助朱某军办理收付工程款和协助协调与工程管理部门以及建设方的关系"等内容，表明朱某军借用中某公司资质承揽工程，并自行组织施工，自筹资金、自主经营、自负盈亏，中某公司并不承担技术、质量、经济责任；且朱某军先与中某公司签订《挂靠协议》，后以中某公司委托代理人身份与乌兰县某资源局签订涉案合同，并非是中某公司将先行取得的工程承包施工权发包给朱某军，中某公司也未提交证据证明朱某军与其存在隶属关系，中某公司主张其与朱某军系内部承包关系的证据不足。

第二，从工程施工过程及质量等监督管理关系看，庭审中，中某公司认为其对涉案工程进行了施工管理，但承认不能提供参与工程施工管理的证据，本案中也并未有体现中某公司对朱某军所承包施工的工程过程及质量进行监督管理的其他证据，不符合内部承包的基本特征。

第三，从实际履行行为看，《建筑法》第二十六条第二款规定：禁止建筑施工企业超越本企业资质等级许可的业务范围或者以任何形式用其他建筑施工企业的名义承揽工程，禁止建筑施工企业以任何形式允许其他单位或者个人使用本企业的资质证书、营业执照，以本企业的名义承揽工程。涉案工程履行期内，中某公司向乌兰县某资源局出具的《工作联系函》中认可涉案工程一直由挂靠在中某公司的朱某军与乌兰县某资源局实际联系并承包本项目；乌兰县某资源局认可朱某军负责涉案工程施工事宜，包括工程的招投标、合同的签订、工程的施工以及工程的结算，并向其多次主张工程款，而中某公司从未向其主张过工程款。据此，可判断本案实际存在违反《建筑法》第二十六条第二款规定的情形。

实务经验

第一，"挂靠"与"内部承包"的区分，关键在于"被挂靠人"是否实际参与施工，是否与发包人有订立和履行施工合同的真实意思表示，是否系施工合同的权利义务主体。"内部承包"系承包人将其在施工合同项下的权利义务在企业内部进行再次分配，该种分配并不影响承包人对外行使权利、承担责任。由于"被挂靠人"在挂靠关系中并非施工合同的实际权利人也非最终义务承担者，故实际施工人无权向"被挂靠人"主张工程价款("被挂靠人"扣留实际施工人工程款的情况除外)。

第二,本案中,中某公司主张其与朱某军系"内部承包"关系,但既未举证证明采取措施、分派人员直接参与工程施工,也未举证证明直接向乌兰县某资源局承担合同上的权利和义务,故不符合内部承包的基本特征。

第三,云亭建工律师团队建议在实际业务活动中务必要注意"过程留痕",即做好相关证据留存工作,以便能通过举证反映业务活动的真实原貌。

法条链接

《中华人民共和国建筑法》(2019年修正)

第二十六条 承包建筑工程的单位应当持有依法取得的资质证书,并在其资质等级许可的业务范围内承揽工程。

禁止建筑施工企业超越本企业资质等级许可的业务范围或者以任何形式用其他建筑施工企业的名义承揽工程。禁止建筑施工企业以任何形式允许其他单位或者个人使用本企业的资质证书、营业执照,以本企业的名义承揽工程。

《最高人民法院关于审理建设工程施工合同纠纷案件适用法律问题的解释(一)》(法释〔2020〕25号 2021年1月1日实施)

第四十三条 实际施工人以转包人、违法分包人为被告起诉的,人民法院应当依法受理。

实际施工人以发包人为被告主张权利的,人民法院应当追加转包人或者违法分包人为本案第三人,在查明发包人欠付转包人或者违法分包人建设工程价款的数额后,判决发包人在欠付建设工程价款范围内对实际施工人承担责任。

法院判决

中某公司认为2015年8月26日与朱某军签订的《挂靠协议》上没有中某公司印章,但在《挂靠协议》中某公司法定代表人签字处有孙某刚的签名,孙某刚作为中某公司的法定代表人能够代表中某公司签订协议,朱某军与中某公司签订的《挂靠协议》成立。该协议第四条约定"中某公司同时协助朱某军办理收付工程款……",并未有中某公司向朱某军支付工程款的约定,乌兰县某资源局未向中某公司支付涉案工程款,朱某军也未提供其他证据证明中某公司应向其支付工程款。朱某军主张中某公司支付欠付工程款及利息没有事实依据。

2018年3月12日中某公司向乌兰县某资源局出具的《工作联系函》记载，"涉案工程一直由挂靠在我单位的朱某军先生与贵局联系并承包本项目"。乌兰县某资源局对《工作联系函》的内容认可，称朱某军是涉案工程的实际施工人。中某公司对此函的真实性认可，但认为涉案工程实际施工人并非朱某军，并提供了相关证据。《工作联系函》中明确记载涉案工程由朱某军承包，施工过程中实际由朱某军与乌兰县某资源局联系。中某公司提供的证据不能否定其所出具的《工作联系函》的内容，亦不能否定朱某军是涉案工程实际施工人的事实。并且，乌兰县某资源局作为发包人认可朱某军为涉案工程的实际施工人。故原审认定朱某军为涉案工程的实际施工人正确。

依据《最高人民法院关于审理建设工程施工合同纠纷案件适用法律问题的解释》第二十六条"实际施工人以转包人、违法分包人为被告起诉的，人民法院应当依法受理。实际施工人以发包人为被告主张权利的，人民法院可以追加转包人或者违法分包人为本案当事人。发包人只在欠付工程价款范围内对实际施工人承担责任"的规定，实际施工人可向发包人、转包人、违法分包人主张权利。但中某公司系被挂靠方，不属于发包人、转包人、违法分包人，原判决以上述规定为法律依据判决中某公司承担给付工程款的责任，适用法律错误，本院予以纠正。因此，中某公司再审主张其不承担涉案工程款及利息的给付责任成立，对中某公司请求驳回朱某军对其的诉讼请求，予以支持。

朱某军借用中某公司的资质与乌兰县某资源局签订涉案施工合同，中某公司作为被借用资质方，欠缺与发包人乌兰县某资源局订立施工合同的真实意思表示，中某公司与乌兰县某资源局不存在实质性的法律关系。本案中，朱某军作为涉案工程的实际施工人与发包人乌兰县某资源局在订立和履行施工合同的过程中，形成事实上的法律关系，朱某军有权向乌兰县某资源局主张工程款。乌兰县某资源局对原判决认定的工程款数额无异议，再审中乌兰县某资源局称其已经给付朱某军工程款4058300元，朱某军对此认可。

案件来源

四川中某建设工程有限公司、朱某军建设工程施工合同纠纷再审民事判决书｜最高人民法院·（2019）最高法民再329号

延伸阅读

案例一：河南东某建设集团发展有限公司、黄某国建设工程施工合同纠纷二审民事判决书丨最高人民法院·（2020）最高法民终 576 号

关于东某公司与黄某国之间是借用资质关系还是内部承包关系的问题。二审中，东某公司虽提交了《河南省城镇职工企业养老保险在职职工信息查询单》，但黄某国否认与东某公司之间存在劳动合同关系，且在二审庭审中称不知道东某公司为其购买养老保险的事实，主张其已经在天津购买了社会保险。东某公司一审中认可其与黄某国之间是借用资质关系，二审中亦未提交证据证明其与黄某国之间签订过劳动合同或者向黄某国发放过工资。故一审判决认定本案实质上是没有资质的实际施工人黄某国借用有资质的东某公司名义施工建设工程，并无不当。东某公司关于其与黄某国之间系内部承包关系、涉案《工程施工内部承包协议书》有效的上诉理由不能成立。

案例二：宁夏浩某房地产开发集团有限公司吴忠分公司、马某贵建设工程施工合同纠纷再审审查与审判监督民事裁定书丨最高人民法院·（2020）最高法民申 126 号

作为涉案项目承包人的新某建兴分公司已经确认马某贵实际负责涉案项目施工，并主张向马某贵收取管理费。原审判决据此认定马某贵为涉案项目的实际施工人符合《最高人民法院关于审理建设工程施工合同纠纷案件适用法律问题的解释》第二十六条第二款中所述的实际施工人的规定。浩某吴忠分公司与新某建兴分公司之间的《建设工程施工安装合同书》是否合法有效，并不影响马某贵与新某建兴分公司之间存在违法转包、分包关系的事实，也不影响马某贵实际负责涉案项目施工的事实。因此并不能用以否定原审判决对于马某贵作为涉案项目的实际施工人的认定。

案例三：王某美、白某政建设工程施工合同纠纷再审审查与审判监督民事裁定书丨最高人民法院·（2019）最高法民申 1434 号

关于本案各方当事人之间法律关系问题。白某政与宏某公司签订的《内部承包协议》约定，宏某公司将承建的涉案工程交白某政施工，由白某政独立核算，自负盈亏，宏某公司收取工程项目管理费 836372.69 元。白某政与宏某公司虽然签订劳动合同，但该事实明显与宏某公司向白某政支付工程款并收取管理费的事实相矛盾。白某政承建涉案工程且收受工程款，足以说明白某政系借用宏某公司资质并以其名义承建涉案工程,王某美主张宏某公司与白某政间系劳动关系不能成立。

案例四:洛阳市天某科技发展有限公司、河南国某建设集团有限公司建设工程施工合同纠纷再审审查与审判监督民事裁定书|最高人民法院·(2019)最高法民申963号

关于天某公司与国某公司、荣某公司之间的法律关系问题。国某公司再审主张荣某公司与其系借用资质的挂靠而非转包的法律关系,应当由天某公司承担向荣某公司支付涉案工程款的义务。违法分包是指施工单位承包工程后违反法律法规规定或者施工合同关于工程分包的约定,把单位工程或分部分项工程分包给其他单位或个人施工的行为。根据《建筑工程施工转包违法分包等违法行为认定查处管理办法(试行)》第九条规定,"存在下列情形之一的,属于违法分包:……(二)施工单位将工程分包给不具备相应资质或安全生产许可的单位的;(三)施工合同中没有约定,又未经建设单位认可,施工单位将其承包的部分工程交由其他单位施工的;……"。根据本案查明事实可以认定,国某公司在与天某公司签订建设工程施工合同后,将其承包的天某绿色花城1#、3#、5#、6#楼及地下车库土建、安装工程中的1#、3#、5#楼的部分分包给荣某公司施工,荣某公司实际承包的工程是国某公司从天某公司所承包工程的组成部分。国某公司提交证据不能证明荣某公司实际参与或主导涉案建设工程施工合同及补充协议的签订,本案涉案工程款支付系天某公司直接向国某公司支付,涉案1#、3#、5#住宅楼验收意见书显示参加验收的施工单位处加盖国某公司印章并有该公司项目经理王某涛签字。据此可以认定国某公司实际参与了涉案工程的管理、验收等活动。国某公司在一审期间提交的其与案外人之间的有关诉讼案件生效法律文书显示,在该几起诉讼中案外人均未将荣某公司作为被告;国某公司与案外人通过调解方式解决了上述纠纷;国某公司自认其将涉案工程以劳务形式分包给荣某公司。综合以上案件事实,本院认定签订涉案建设工程施工合同的主体应当为天某公司与国某公司,国某公司与荣某公司应认定为违法分包的法律关系。

案例五:安丘市华某建筑有限责任公司、××建设工程施工合同纠纷再审审查与审判监督民事裁定书|最高人民法院·(2019)最高法民申126号

根据《合同法》第二百七十二条的规定,承包人禁止将工程分包给不具备相应资质条件的单位。根据《最高人民法院关于审理建设工程施工合同纠纷案件适用法律问题的解释》第一条第(二)项的规定,没有资质的实际施工人借用有资质的建筑施工企业名义进行施工，建设工程施工合同应认定为无效。而"实际施工人"是指违法的专业工程分包或劳务作业分包合同的承包人、转承包人、借用资质的施工人或挂靠施工人；如果建设工程经数次转包的，实际施工人应当是最终实际投入资金、材料和劳力进行工程施工的法人、非法人企业、个人合伙、包工头等民事主体。本案中，王某与华某公司虽未签订书面的挂靠协议或借用资质协议，且华某公司主张其三分公司参与了施工管理，但未否认王某对涉案工程实际投入了资金、材料和劳力。因王某不具备建设工程施工资质，即使存在华某公司主张的几方以合伙、合作等方式进行施工的情形，也属于华某公司变相允许没有资质的人员以本企业的名义承揽工程进行施工的情形，此种情形仍应认定为建设工程施工合同中违法分包的挂靠关系。

案例六：成都市裕某丝绸有限责任公司、四川蓉某建筑工程有限公司建设工程施工合同纠纷再审审查与审判监督民事裁定书 | 最高人民法院·（2018）最高法民申3111号

在挂靠施工情形中，存在两个不同性质、不同内容的法律关系，一为建设工程法律关系，二为挂靠法律关系，根据合同相对性原则，各方的权利义务应当按照各自的法律关系分别处理。涉案建设工程承包合同载明的承包人均为蓉某公司，××系以蓉某公司"委托代理人"身份签字，裕某公司亦未提供充分证据证明其与××形成了事实上的建设工程施工合同关系，涉案建设工程施工合同的主体应当认定为是裕某公司与蓉某公司。即便认定××为涉案工程的实际施工人，亦无法否认蓉某公司的承包人地位，不影响本案裕某公司和蓉某公司之间建设工程合同纠纷的处理。当然，基于本案实际情况，将××作为第三人更有助于查清案件事实，一、二审存在不当之处，但该程序瑕疵不属于《中华人民共和国民事诉讼法》第二百条规定的应当再审之情形。本案中，裕某公司申请二审法院调取大邑县安仁派出所2017年9月19日的出警记录仪视频资料，以证明××系涉案工程的实际施工人。由上所述，××是否为涉案工程实际施工人，不影响本案纠纷的处理，二审法院对裕某公司的调查取证申请未予准许，并无不当。

案例七：张某昌、中石某建设青岛有限公司建设工程施工合同纠纷二审民事判决书 | 山东省青岛市中级人民法院·（2020）鲁02民终12148号

一、关于张某昌是否本涉案案工程的实际施工人问题。首先，从天某公司与张某昌签订的涉案《工程经营承包合同》的内容看，该合同明确约定张某昌按照有关法律、法规及天某公司2011年度经营管理办法及公司有关规定承包涉案项目工程，该合同在承包经营方式、收取承包费等条款中也均明确载明应依据经营管理办法，并约定了天某公司对张某昌违反经营管理办法的行为有权依据公司有关规定进行处罚，合同还约定张某昌享有公司赋予的相应权利等。该经营管理办法系天某公司的内部规章制度，在组成合同文件中的优先顺序仅次于合同条款，因此，张某昌系遵照天某公司的内部规章制度及相应法律、法规履行涉案合同，服从天某公司管理，接受天某公司的奖惩，故天某公司与张某昌之间系管理与被管理关系。

其次，从本案事实看，张某昌系天某公司股东、经理；涉案工程施工期间进度款的拨付是由张某昌向天某公司提交申请经天某公司审批后拨付，工程施工过程中天某公司也以自己的名义采购了涉案工程部分材料，涉案工程竣工验收报告系天某公司作为施工单位予以签署，上述事实可以证实天某公司对涉案工程进行了必要管理；淄博仲裁委（2017）淄仲裁字第3号仲裁裁决中石某建向天某公司支付欠付工程款，在该仲裁裁决过程中，本案张某昌的委托诉讼代理人张志某也系以天某公司员工的身份作为天某公司的委托代理人之一参与仲裁审理活动，张某昌也未主张其实际施工人身份及相应权利。该事实可以证实涉案工程由天某公司对外承担相应责任。张某昌虽在施工过程中以自己名义购买相应材料并发放工人工资等，但其系根据双方签订的合同行使天某公司赋予的相应权利，并未超出双方合同的约定范围，此并不足以证实张某昌的实际施工人身份。

因此，结合合同内容及本案相关事实，本院认为天某公司与张某昌签订的涉案《工程经营承包合同》系双方真实意思表示，相应条款清楚、明确，内容不违反法律、行政法规的强制性规定，也不存在合同无效的其他情形，其效力应予确认。虽然天某公司与张某昌之间未签订劳动合同，但张某昌系服从天某公司内部规章制度的约束、接受天某公司的管理承包涉案工程进行施工，并依据合同获得相应报酬，二者之间应系内部承包关系，张某昌认为二者系非法转包关系的主张与合同约定的内容矛盾，其该主张不能成立。张某昌并非涉案工程的实际施工人，其以实际施工人身份要求中石某建向其支付欠付工程款的请求不能得到支持，一审法院对张某昌的该项诉讼请求予以驳回并无不当，本院对此予以维持。

073 涉及工程款结算等重大问题，双方各执一词时，司法实践中应如何区分认定转包和挂靠？

阅读提示

建设工程案件中，阴阳合同、黑白合同大量存在，案情往往扑朔迷离。司法解释规定，合同有效则按照合同约定进行结算，合同无效则参照实际履行合同关于价款的约定折价补偿；司法解释还规定，挂靠通常会导致承发包合同无效，转包则不影响承发包合同效力，属于可解除合同的法定事由。转包和挂靠涉及工程价款结算问题，还涉及能否突破合同相对性向发包人主张工程款问题，牵涉巨大的经济利益。那么，实践中转包和挂靠应当如何区分认定呢？

裁判要旨

承包人中标在前，实际施工人与承包人签订内部承包合同在后，实际施工人并未以承包人的委托代理人身份签订合同，也没有与发包人就合同事宜进行磋商，故认定承包人与实际施工人为挂靠关系，没有事实依据。

案情简介

一、2011年2月17日，晟某公司向瑞某公司出具一份《投标报价书》，载明根据瑞某公司中某滨江1号地块1#、2#、3#、5#、6#、13#楼及车库工程的招标文件，晟某公司完全接受招标文件的要求，愿以固定总价90550000元中标，合同价款包括基础工程、土建、安装工程、项目红线范围内的挡墙及综合管网、车行道、给排水、电气工程。

二、2011年3月21日，瑞某公司向晟某公司发出《中标通知书》，确定晟某公司为中标人。

三、2011年4月1日，晟某公司与白某强签订《内部承包合同》，约定由白某强以晟某公司名义承揽该工程，由白某强向晟某公司上缴管理费，负责上缴税费，自行负责材料采购、设备租赁，对项目的施工全过程负责，并对施工期间发生的一切事故负有独立责任和义务。

四、2011年5月13日，瑞某公司与晟某公司签订《建设工程施工合同》，计价方式为固定总价，合同价款90550000元。

五、瑞某公司与晟某公司一致确认：涉案工程于2013年11月21日竣工验收，瑞某公司已向晟某公司支付工程款67643407.74元。

六、白某强以实际施工人身份向一审法院起诉，请求判令晟某公司支付其工程款24025329.46元以及自2013年11月30日起至判决给付之日的利息，瑞某公司在欠付晟某公司工程款部分及应承担逾期付款利息部分承担连带责任。瑞某公司辩称白某强不是实际施工人，请求法院判令驳回其诉讼请求。

七、一审法院认定白某强是借用晟某公司资质承揽工程的实际施工人，涉案工程的权利义务应由白某强享有并承担。判令晟某公司支付白某强工程款24025329.46元及同期利息；驳回白某强的其他诉讼请求。

八、晟某公司不服一审判决，以原判认定事实错误、适用法律错误为由提出上诉，请求撤销原判并依法改判驳回白某强对晟某公司的全部诉讼请求，并提出，即便判决晟某公司支付白某强工程款24025329.46元及同期利息正确，也应按照建设工程司法解释第二十六条，判令瑞某公司在24025329.46元范围内对白某强承担付款责任。二审法院审理后，依据建设工程司法解释第二十六条，改判令瑞某公司在24025329.46元范围内向白某强承担支付责任。

九、瑞某公司不服二审判决向最高法院申请再审，理由是：白某强系借用晟某公司资质的挂靠关系，不属于建设工程司法解释第二十六条规定的实际施工人，其不应在欠付工程款范围内向白某强承担支付责任。最高法院审查后认为白某强与晟某公司之间不是借用资质的挂靠关系，而是转包关系，故驳回了瑞某公司的再审申请。

法律分析

本案的焦点问题是白某强与晟某公司之间，到底是借用资质的挂靠关系，还是转包关系。

第一，理论界和实务界对借用资质挂靠情形下的实际施工人，是否能够依据《最高人民法院关于审理建设工程施工合同纠纷案件适用法律问题的解释（一）》第四十三条第二款"实际施工人以发包人为被告主张权利的，人民法院应当追加转包人或者违法分包人为本案第三人，在查明发包人欠付转包人或者违法分包人建设工程价款的数额后，判决发包人在欠付建设工程价款范围内对实际施工人承担责任"之规定主张发包人在欠付承包人工程款范围内承担直接支付责任，分歧很大。检索最高法院的判例，既有支持挂靠实际施工人可以适用上述规定的，也有不支持的，对此问题本文暂不论述。

第二，在借用资质的挂靠情形下，承包人通常仅仅出借资质、收取管理费，对投标、报价、工程范围、价款支付方式、工期等并不十分关心，所以一般不参与和发包人的磋商过程，工程项目从投标、报价、谈判一直到项目管理、结算，均由实际施工人以承包人委托代理人的身份实施。而在转包情形下，则是承包人中标工程以后，再将工程全部交由实际施工人实施，工程项目价款、工期、支付方式、违约责任等均与承包人息息相关，承包人会亲自参与谈判、磋商、投标、签订合同等过程。

第三，在借用资质的挂靠情形下，承包人往往会与实际施工人签订挂靠协议，约定的主要内容是挂靠费金额和支付方式。而转包情形下，转包人与实际施工人往往签订的是承包合同或转包合同，约定的主要内容是工程价款结算办法和支付方式。

实务经验

第一，合同无效的法律后果是参照实际履行的合同中关于工程价款的约定折价补偿承包人；而未经解除的施工合同属于有效合同，法律后果是按照发包人与承包人所签合同支付工程款。表面上，合同有效是按合同约定的计价方式结算，合同无效是参照合同约定的计价方式折价补偿，似乎没有什么区别，实质差异巨大：合同无效的，违约金条款无效，发包人无法按照违约金条款要求实际施工人支付违约金，而只能收集证据证明自己的实际损失，实践证明难度很高；借用资质导致合同无效的，很有可能无法突破合同相对性直接要求发包人支付工程款；合同无效的，相关利息条款也无效，发包人迟延付款时实际施工人无法得到足够的赔偿。

第二，为了避免遭受不必要的经济损失，云亭建工律师团队建议承发包双方（包括实际施工人）留存招投标、磋商、签约过程中的相关资料，一旦纠纷发生时，可以以此证明当初的真实意思表示和法律关系性质。确属实际施工人借用资质的，要保留好作为承包人的代理人与发包人磋商、投标、签约的相关资料。

法条链接

《中华人民共和国民法典》（2021年1月1日实施）

第一百五十三条第一款 违反法律、行政法规的强制性规定的民事法律行为无效。但是，该强制性规定不导致该民事法律行为无效的除外。

第八百零六条第一款 承包人将建设工程转包、违法分包的，发包人可以解除合同。

《最高人民法院关于审理建设工程施工合同纠纷案件适用法律问题的解释（一）》（法释〔2020〕25号 2021年1月1日实施）

第一条 建设工程施工合同具有下列情形之一的，应当依据民法典第一百五十三条第一款的规定，认定无效：

（一）承包人未取得建筑业企业资质或者超越资质等级的；

（二）没有资质的实际施工人借用有资质的建筑施工企业名义的；

（三）建设工程必须进行招标而未招标或者中标无效的。

承包人因转包、违法分包建设工程与他人签订的建设工程施工合同，应当依据民法典第一百五十三条第一款及第七百九十一条第二款、第三款的规定，认定无效。

法院判决

中某公司与白某强之间并非挂靠关系，而系转包关系。一般而言，区分转包和挂靠主要应从实际施工人（挂靠人）有没有参与投标和合同订立等缔约磋商阶段的活动加以判断。转包是承包人承接工程后将工程的权利义务概括转移给实际施工人，转包中的实际施工人一般并未参与招投标和订立总承包合同，其承接工程的意愿一般是在总承包合同签订之后；而挂靠是承包人出借资质给实际施工人，挂靠关系中的挂靠人在投标和合同订立阶段一般就已经参与，甚至就是其以被挂靠人的代理人或代表的名义与发包人签订建设工程施工合同。因此，一般而言，应当根据投标保证金的缴纳主体和资金来源、实际施工人（挂靠人）是否以承包人的委托代理人身份签订合同、实际施工人（挂靠人）有无与发包人就合同事宜进行磋商等因素，审查认定属于挂靠还是转包。本案中，中某公司中标在前，白某强与中某公司签订内部承包合同在后，实际施工人白某强并未以承包人中某公司的委托代理人身份签订合同，也没有与发包人瑞某公司就合同事宜进行磋商，故认定中某公司与白某强为挂靠关系，没有事实依据。因此，二审法院依照《最高人民法院关于审理建设工程施工合同纠纷案件适用法律问题的解释》第二十六条第二款"实际施工人以发包人为被告主张权利的，人民法院可以追加转包人或者违法分包人为本案当事人。发包人只在欠付工程价款范围内对实际施工人承担责任"之规定，认定发包人瑞某公司在其欠付工程价款范围内对实际施工人白某强承担工程款及利息支付责任，并无不当。

案件来源

重庆瑞某房地产有限公司、白某强建设工程施工合同纠纷再审审查与审判监督民事裁定书｜最高人民法院·（2019）最高法民申 729 号

延伸阅读

案例一：杨某忠、青海宜某化工有限责任公司建设工程施工合同纠纷二审民事判决书｜最高人民法院·（2020）最高法民终 549 号

关于涉案法律关系的性质和效力认定问题。本案宜某公司主张涉案工程属于借用资质完成施工，其法律关系应当认定为挂靠关系。挂靠关系是指实际施工人借用其他企业资质进行建筑工程承包活动的行为。本案中，杨某忠针对涉案工程并未发生利用荆某公司施工资质与宜某公司进行工程谈判、签约、履行的具体行为，故杨某忠与荆某公司之间并非挂靠关系。杨某忠与荆某公司宜昌分公司签订的《项目承包协议》，主要载明"甲方（荆某宜昌分公司）将已中标青海宜某氯碱工程的人工挖孔桩、焦炭堆场、石灰堆场等工程，责任承包给乙方（杨某忠）操作、施工，其工程内容以甲方与业主方签订的建筑施工合同为准"，该协议的双方当事人之间构成实际的工程转包关系。

案例二：鄂尔多斯市凯某房地产开发有限责任公司、周某根建设工程施工合同纠纷再审审查与审判监督民事裁定书｜最高人民法院·（2019）最高法民申 5609 号

周某根与南通某建之间的法律关系应如何认定。周某根主张其与南通某建之间就涉案工程成立分包合同关系，南通某建主张与周某根是挂靠关系。2011 年 6 月 16 日，凯某公司与南通某建签订《建设工程施工合同》，就"鄂尔多斯市凯某城市之巅绿色节能综合发展项目三期项目"达成建设工程承包协议，涉案工程由凯某公司发包，南通某建承包建设。南通某建将涉案的 11#、12# 楼交由不具备

施工资质的周某根施工，但双方并未签订书面合同。从涉案工程的工程款支付情况看，系由凯某公司将工程款直接支付给周某根，由南通某建出具收据；或凯某公司将工程款支付南通某建，由南通某建再拨付给周某根。凯某公司向周某根支付工程款及周某根收取工程款的行为证明双方相互明白互为交易对方。根据周某根施工及结算工程款的情况，及凯某公司向周某根出具的函件中将周某根作为实际履行施工关系的对方，认定周某根与南通某建之间形成挂靠关系，周某根是涉案工程的实际施工人，并无不当。

案例三：河南东某建设集团发展有限公司、黄某国建设工程施工合同纠纷二审民事判决书 | 最高人民法院・（2020）最高法民终576号

关于东某公司与黄某国之间是借用资质关系还是内部承包关系的问题。二审中，东某公司虽提交了《河南省城镇职工企业养老保险在职职工信息查询单》，但黄某国否认与东某公司之间存在劳动合同关系，且在二审庭审中称不知道东某公司为其购买养老保险的事实，主张其已经在天津购买了社会保险。东某公司一审中认可其与黄某国之间是借用资质关系，二审中亦未提交证据证明其与黄某国之间签订过劳动合同或者向黄某国发放过工资。故一审判决认定本案实质上是没有资质的实际施工人黄某国借用有资质的东某公司名义施工建设工程，并无不当。东某公司关于其与黄某国之间系内部承包关系、涉案《工程施工内部承包协议书》有效的上诉理由不能成立。

074 怎样证明己方是实际施工人，从而突破合同相对性向发包人索要工程款？

阅读提示

司法实践中，以"实际施工人"名义突破合同相对性向发包人索要工程款的案例比比皆是，有的得到了法院的支持，有的被法院以无证据证明是"实际施工人"为由驳回。那么，需要哪些证据才能证明己方是"实际施工人"呢？

裁判要旨

判断建设工程的实际施工人，应视其是否签订转包、挂靠或者其他形式的合同承接工程施工,是否对工程进行了人工、机械、材料等成本投入,是否是这些成本的最终承担人等因素综合认定。

案情简介

一、2012年10月25日,华某公司与广西某建公司签订《建设工程施工协议书》,将位于百色市的"逸某江南"项目发包给广西某建公司承包施工。

二、2014年7月9日,广西某建第九分公司与姚某广签订《责任书》,约定建设单位:百色市华某房地产开发有限责任公司,工程名称:逸某江南,工程地点:百色市……承包方式:……2.甲方在收到本项目工程款后,除扣留管理费6.5%。……4.由于项目所需的工程周转资金或需融资施工的资金,由乙方自行筹资解决,因此所引发的利息及项目实施过程所发生的经济纠纷由乙方自行解决和承担全部责任。乙方责任:……2.乙方作为本项目的直接承包人,对本项目负全部经济责任……6.乙方在保证工程质量、工期、安全竣工的情况下,对本项目所发生的人工费、材料费及有关费用的结清后,并办理完财务手续后,甲方将其承包所得费用一次性拨给乙方。

三、在施工过程中,因华某公司未按约定向广西某建公司支付工程款等原因,经广西某建公司与华某公司协商同意,涉案工程于2015年3月1日全面停工。广西某建公司与华某公司签订《逸某江南项目停工问题处理确认书》,确认:双方经中间结算后,确定已完工程总价合计48100554.06元。

四、协议签订之后,华某公司并未按照协议履行,广西某建公司将华某公司诉至一审法院,一审法院于2017年5月17日判决:华某公司支付广西某建公司涉案工程款48100554.06元及利息、工程停工损失等。

五、姚某广以其系涉案工程的实际施工人为由,起诉至一审法院,要求广西某建公司、广西某建第九分公司连带支付涉案工程的工程款、利息及损失等,且要求华某公司在未付工程款范围内承担责任。

法律分析

本案的焦点问题是,姚某广是否属于涉案工程的实际施工人?

《民事审判指导与参考》(总第78辑)中《建设工程施工合同实际施工人的认定规则》一文对实际施工人进行了较为权威的论述:"实际施工人一般是指,对相对独立的单项工程,通过筹集资金、组织人员机械等进场施工,在工程竣工验收合格后,与业主方、被挂靠单位、转承包人进行单独结算的自然人、法人或其他组织。主要表现为:挂靠其他建筑施工企业名下或借用其他建筑施工企业资质并组织人员、机械进行实际施工的民事主体;层层转包、违法分包等活动中最后实际施工的民事主体。"

本案中,广西某建第九分公司与姚某广所签《责任书》约定:广西某建第九分公司仅收取6.5%的管理费,其余工程款全部由姚某广支配;姚某广对工程项目自负盈亏,承担全部经济责任。实际施工过程中,姚某广与张某水劳务队签订了劳务分包合同、并就劳务款进行结算,与中某混凝土公司购买混凝土并支付货款和结算,向筑某物资公司购买钢材并支付货款和结算;姚某广提供了涉案工程施工质量全部验收材料的原件以及涉案工程施工过程中所产生的工程联系单、签证单、工程预算表、水电费支付凭证;姚某广能清楚地说明项目栋数、各栋楼房施工的具体进度、项目所涉及的相对方主体情况及相关资料内容。纵观以上事实,足于证明姚某广属于"对涉案工程通过筹集资金、组织人员机械等进场施工,在工程竣工验收合格后,与业主方、被挂靠单位、转承包人进行单独结算的自然人、法人或其他组织",应当认定为涉案工程的实际施工人。

实务经验

《最高人民法院关于审理建设工程施工合同纠纷案件适用法律问题的解释》于2005年1月1日正式实施后,以实际施工人身份作为原告向发包人索要工程款案件大量涌现,其中很大一部分因不足以证明实际施工人身份被驳回。云亭建工律师团队提醒实际施工人保存好以下证据:

1. 协议书:转包合同、分包合同等能证明己方实际施工人身份的书面材料。

2. 身份证据:证明己方与承包人不存在劳动关系、上下级关系、身份隶属关系,承包人没有为实际施工人缴纳社会保险费等相关证据材料。

3. 实际施工的证据:与劳务分包人签订的劳务分包合同,与出租人签订的设备租赁合同,与供应商签订的混凝土买卖合同、钢材买卖合同,施工日志、治商记录、签证记录、会议记录、工程进度申报记录、工程款申请记录、阶段性验收记录等可以证明实际组织施工的证据。

4. 工程款收取证据:发包人付款记录、承包人向实际施工人拨款记录等,以证明承包人收到发包人支付的工程款后,扣除管理费后全额支付给了实际施工人的证据。

5. 己方不是劳务分包单位的证据。

法条链接

《最高人民法院关于审理建设工程施工合同纠纷案件适用法律问题的解释（一）》（法释〔2020〕25号 2021年1月1日实施）

第一条 建设工程施工合同具有下列情形之一的，应当依据民法典第一百五十三条第一款的规定，认定无效：

（一）承包人未取得建筑业企业资质或者超越资质等级的；

（二）没有资质的实际施工人借用有资质的建筑施工企业名义的；

（三）建设工程必须进行招标而未招标或者中标无效的。

承包人因转包、违法分包建设工程与他人签订的建设工程施工合同，应当依据民法典第一百五十三条第一款及第七百九十一条第二款、第三款的规定，认定无效。

第四十三条 实际施工人以转包人、违法分包人为被告起诉的，人民法院应当依法受理。

实际施工人以发包人为被告主张权利的，人民法院应当追加转包人或者违法分包人为本案第三人，在查明发包人欠付转包人或者违法分包人建设工程价款的数额后，判决发包人在欠付建设工程价款范围内对实际施工人承担责任。

第四十四条 实际施工人依据民法典第五百三十五条规定，以转包人或者违法分包人怠于向发包人行使到期债权或者与该债权有关的从权利，影响其到期债权实现，提起代位权诉讼的，人民法院应予支持。

法院判决

姚某广是否为涉案工程的实际施工人。2012年10月25日，广西某建公司与华某公司签订《建设工程施工协议书》，将涉案项目发包给广西某建公司承包施工。2014年7月9日，广西某建第九分公司与姚某广签订《责任书》，约定姚某广作为涉案项目的直接承包人，对项目负全部经济责任，广西某建第九分公司扣留管理费6.5%。经查，《建设工程施工协议书》和《责任书》在工程名称、工程地点、合同工期、工程造价方面的约定均相一致，可初步证明广西某建公司将全部涉案工程，而非部分涉案工程交由姚某广承包施工。广西某建公司、广西某建第九分公司主张，因姚某广未按照《责任书》约定筹集项目所需资金，也未以自己的名义对外签订合同，涉案工程的人工、主要材料的采购均由广西某建公司、广西某建第九分公司与供应方签订合同并付款，《责任书》并未实际履行。

判断建设工程的实际施工人应视其是否签订转包、挂靠或者其他形式的合同承接工程施工，是否对施工工程的人工、机器设备、材料等投入相应物化成本，并最终承担该成本等综合因素确定。广西某建公司、广西某建第九分公司主张其自行组织实施并完成涉案工程的施工管理、停工、协调、结算，并举证证明其与元某劳务公司、中某混凝土公司、筑某物资公司签订合同，分别支付了210万元劳务费、512万元混凝土款和971万元钢材款、违约金等。经查，涉案工程于2015年3月1日停工，而广西某建公司、广西某建第九分公司主张其支付的各项费用，均发生在涉案工程停工之后。根据建设工程施工需要前期大量投资的常识判断，在涉案项目停工前应当存在大量支出，该事实与姚某广关于涉案项目停工之后，广西某建公司、广西某建第九分公司作为合同签订主体，因涉诉才支付材料款、工程款的主张相印证，且广西某建公司、广西某建第九分公司支付的款项并不能涵盖涉案工程的整体施工费用，不足以证明涉案工程由广西某建公司自行组织施工。

从涉案工程的实际支出情况看：在工程劳务方面，1707号判决查明，姚某广以广西某建公司的名义与张某水签订了《建筑施工劳务分包合同》，将涉案工程的部分劳务分包给张某水，并与张某水作为劳务队签订了结算单。在工程材料方面，姚某广向供货商中某混凝土公司支付混凝土款250760元，该款项在广西某建第九分公司与中某混凝土公司签订的《债务处理协议》中予以确认；姚某广向供货商筑某物资公司支付100万元，该款项在广西某建公司、广西某建第九分公司与筑某物资公司签订的《调解协议》中予以确认。本案再审期间，姚某广还提交了其与李某、蔡某刚2019年签署的《结算协议书》，确认姚某广尚欠的土石方款801680元。如姚某广不是涉案工程的实际施工人，其无理由为涉案工程支付上述款项。广西某建公司、广西某建第九分公司辩称1707号案所涉劳务部分仅为涉案工程项目的一项分包工程，不能证明姚某广为涉案项目的实际施工人，但对姚某广除劳务费之外的支出，广西某建公司、广西某建第九分公司未提出反驳证据。值得注意的是，一、二审期间，姚某广提供了涉案工程施工质量全部验收材料的原件以及涉案项目工程施工过程中所产生的工程联系单、签证单、工程预算表、水电费支付凭证，施工过程中需要的砂石、水泥砖、试验费用支付凭证，机械台班费用支付凭证等材料的原件，而广西某建公司、广西某建第九分公司称因发生农民工打砸抢事件，相关资料被抢夺，但其未提供证据证明。另外，姚某广的委托诉讼代理人、姚某广之子姚某峰能清楚地说明项目栋数、各栋楼房施工的具体进度、项目所涉及的相对方主体情况及相关资料内容，而广西某建公司、广西某建第九分公司对工程施工情况表述模糊。以上可为姚某广为涉案工程的实际施工人提供佐证。

建设工程施工合同纠纷案件中，普遍存在实际施工人以违法违规或者不规范的形式对外签订合同及付款的情形，致使实际施工人支出的款项无法准确查明。根据《最高人民法院关于适用〈中华人民共和国民事诉讼法〉的解释》第一百零八条第一款规定，"对负有举证证明责任的当事人提供的证据，人民法院经审查并结合相关事实，确信待证事实的存在具有高度可能性的，应当认定该事实存在"。《最高人民法院关于民事诉讼证据的若干规定》第七十三条第一款规定，"双方当事人对同一事实分别举出相反的证据，但都没有足够的依据否定对方证据的，人民法院应当结合案件情况，判断一方提供证据的证明力是否明显大于另一方提供证据的证明力，并对证明力较大的证据予以确认"。综合考虑各方当事人提交的证据并结合案件相关事实，根据高度盖然性的证明标准来看，尽管姚某广提交的关于涉案工程支出的款项的证据，无相关合同等证据进行印证，但其提供的证据证明力仍明显大于广西某建公司、广西某建第九分公司提供的证据。在广西某建公司、广西某建第九分公司无证据证明涉案工程系其自行组织施工以及本案还有其他实际施工人的情况下，姚某广系涉案工程实际施工人的事实具有高度盖然性。综上，一审判决认定姚某广为涉案工程的实际施工人，并无不当，本院予以维持。

案件来源

姚某广、广西建某集团第一建筑工程有限责任公司建设工程施工合同纠纷再审民事判决书｜最高人民法院·（2020）最高法民再176号

延伸阅读

案例一：拉萨市华某建设有限责任公司、冯某建设工程施工合同纠纷二审民事判决书｜最高人民法院·（2019）最高法民终1752号

从《工程承包合同》约定的内容和实际履行情况来看，华某公司与冯某之

间并无劳动或隶属管理关系，不符合法律规定的内部承包合同关系。冯某的财务管理、经营风险等方面均独立于华某公司，工程建设所需投资、机械设备、各种管理人员费用等亦由其自行承担，故冯某系本案的实际施工人。原判认定华某公司违法转包，《工程承包合同》因违反法律、行政法规的强制性规定而无效，冯某作为实际施工人参与工程建设活动，并无不当。

案例二：安丘市华某建筑有限责任公司、王某建设工程施工合同纠纷再审审查与审判监督民事裁定书｜最高人民法院·（2019）最高法民申 126 号

本院认为，本案争议焦点即二审认定郭某是涉案工程实际施工人是否存在错误。根据《合同法》第二百七十二条的规定，承包人禁止将工程分包给不具备相应资质条件的单位。根据《最高人民法院关于审理建设工程施工合同纠纷案件适用法律问题的解释》第一条第（二）项的规定，没有资质的实际施工人借用有资质的建筑施工企业名义进行施工，建设工程施工合同应认定为无效。而"实际施工人"是指违法的专业工程分包或劳务作业分包合同的承包人、转承包人、借用资质的施工人或挂靠施工人；如果建设工程经数次转包的，实际施工人应当是最终实际投入资金、材料和劳力进行工程施工的法人、非法人企业、个人合伙、包工头等民事主体。本案中，王某与华某公司虽未签订书面的挂靠协议或借用资质协议，且华某公司主张其三分公司参与了施工管理，但未否认王某对涉案工程实际投入了资金、材料和劳力。因王某不具备建设工程施工资质，即使存在华某公司主张的几方以合伙、合作等方式进行施工的情形，也属于华某公司变相允许没有资质的人员以本企业的名义承揽工程进行施工的情形，此种情形仍应认定为建设工程施工合同中违法分包的挂靠关系。从一、二审查明的事实看，王某以华某公司名义就涉案工程对外签订了大量安装施工合同，王某就涉案工程的施工实际投入了资金、材料和劳力，华某公司也认可已向王某单独支付工程款六千余万元。据此，二审认定郭某系涉案工程实际施工人，并无不妥。华某公司否认王某借用其公司资质从事施工活动，与其之间存在挂靠施工关系，缺乏事实与法律依据。另，本案系由王某诉请华某公司支付涉案工程尚欠工程款，主要依据是双方会计对账明细等资料，应视为双方已就涉案工程进行了结算，华某公司也据此支付了王某大部分工程款，在此基础上，华某公司以否认王某"实际施工人"身份为由拒付工程款，理据不足。

案例三：乐某平、福建四某建设有限公司劳务合同纠纷再审审查与审判监督民事裁定书 | 最高人民法院·（2019）最高法民申 5594 号

《最高人民法院关于审理建设工程施工合同纠纷案件适用法律问题的解释》第二十六条规定："实际施工人以转包人、违法分包人为被告起诉的，人民法院应当依法受理。实际施工人以发包人为被告主张权利的，人民法院可以追加转包人或者违法分包人为本案当事人。发包人只在欠付工程价款范围内对实际施工人承担责任。"鉴于乐某平与彭某瑞之间系劳务法律关系，乐某平（班组）作为受彭某瑞雇佣从事泥水劳务的人员，并非前述法律意义上的实际施工人，二审判决认定本案不具备适用前述司法解释第二十六条规定的前提条件，有相应的事实依据，不属于法律适用错误。乐某平以该规定为由请求涉案工程项目发包人淮安明某公司在欠付工程款范围内承担偿付责任，缺乏相应的事实基础和法律依据，二审判决未予支持，并无不当。

075 层层转包情形下，与实际施工人没有合同关系的转包人是否承担付款连带责任？

阅读提示

如果建设工程项目经过层层转包或分包，实际施工人能否要求与其没有合同关系的转包人对工程款支付承担连带责任？

裁判要旨

实际施工人与转包人之间不存在合同关系，发包人未将实际施工人所施工项目的未付工程款付给转包人，实际施工人不存在突破合同相对性向与其没有合同关系的转包人主张权利的事实基础和法律依据，实际施工人要求转包人对欠付工程款承担连带责任的主张不能成立。

案情简介

一、2011 年 6 月 23 日，明某公司与建某公司签订了《建设工程施工合同》，建某公司承包了涉案建设工程施工项目。

二、上述合同签订后，建某公司与远某公司签订《项目全额承包合同》，建某公司将全部施工项目转包给远某公司。

三、2011年7月26日，远某公司与隆某公司签订《土建扩大劳务工程承包合同》，约定远某公司将涉案项目中的地下车库、2#、3#、5#、6#楼土建工程分包给隆某公司施工。

四、因工程款纠纷，隆某公司向一审法院起诉，请求：判令远某公司支付工程款及利息、建某公司对远某公司支付其工程款承担连带清偿责任。

五、一、二审法院均驳回了隆某公司要求建某公司对工程款承担连带责任的诉讼请求。

六、隆某公司不服，向最高人民法院申请再审，最高人民法院驳回了其再审申请。

法律分析

本案的焦点问题是建某公司是否应对远某公司欠付工程款承担连带责任？

第一，《民法典》第一百七十八条规定："连带责任，由法律规定或者当事人约定。"

本案中，如果隆某公司要求建某公司对远某公司欠付其工程款承担连带责任，则需要提供向建某公司主张权利的法律依据或者合同依据。

第二，《民法典》第四百六十五条规定，依法成立的合同，除法律另有规定外，仅对当事人具有法律约束力。合同具有相对性，一般而言，合同一方只能向合同对方提出合同上的请求。

本案系因履行隆某公司与远某公司之间的《土建扩大劳务工程承包合同》而产生的工程款纠纷，建某公司与隆某公司之间不存在直接的合同关系，隆某公司向建某公司主张权利，突破了合同的相对性。

第三，《建设工程司法解释（一）》第四十三条虽然规定了"实际施工人以转包人、违法分包人为被告起诉的，人民法院应当依法受理"，但并不意味着和实际施工人没有合同关系的转包人需要对欠付工程款承担连带责任。

本案中，建某公司与隆某公司之间不存在合同关系，隆某公司也未证明发包人明某公司将隆某公司所施工项目的未付工程款已付给建某公司，隆某公司向建某公司主张权利缺乏法律依据和合同依据，建某公司不应对欠付工程款承担连带责任。

实务经验

第一,《建设工程司法解释(一)》第四十三条第二款的规定突破了合同相对性,实际施工人可向与其没有合同关系的发包人主张权利,发包人在欠付工程款范围内直接向实际施工人承担责任,但该条并未规定与实际施工人没有直接合同关系的转包人、分包人也要对欠付工程款承担责任,实际施工人依据该条起诉的"转包人、违法分包人"应为与其有合同关系的转包人、违法分包人,而不是与其没有合同关系的转包人、违法分包人。

第二,实践中,也有法院认为,如果发包人没有欠付工程款,则应当由承包人在欠付工程款范围内向实际施工人承担责任;如承包人没有欠付工程款,则由下一级转包人或者分包人在欠付工程范围内对实际施工人承担责任,依次类推,确定发包人、转包人、分包人应向实际施工人承担责任的范围。

第三,即使法院认为与实际施工人没有合同关系的转包人、分包人无须对工程款承担连带责任,也不代表实际施工人完全丧失了向该转包人、分包人主张权利的可能,在符合法律规定的条件的前提下,实际施工人可以行使债权人的代位权,提起代位权之诉。

第四,对于实际施工人而言,其既可以向合同相对方、发包人主张权利,也可以债权代位权为由向与其没有合同关系的转包人、分包人主张权利,建议实际施工人根据案件事实及掌握的证据情况,选择合理的诉讼策略,避免重复起诉。

法条链接

《中华人民共和国民法典》(2021年1月1日实施)

第一百七十八条 二人以上依法承担连带责任的,权利人有权请求部分或者全部连带责任人承担责任。

连带责任人的责任份额根据各自责任大小确定;难以确定责任大小的,平均承担责任。实际承担责任超过自己责任份额的连带责任人,有权向其他连带责任人追偿。

连带责任,由法律规定或者当事人约定。

第四百六十五条 依法成立的合同,受法律保护。

依法成立的合同,仅对当事人具有法律约束力,但是法律另有规定的除外。

第五百三十五条 因债务人怠于行使其债权或者与该债权有关的从权利，影响债权人的到期债权实现的，债权人可以向人民法院请求以自己的名义代位行使债务人对相对人的权利，但是该权利专属于债务人自身的除外。

代位权的行使范围以债权人的到期债权为限。债权人行使代位权的必要费用，由债务人负担。

相对人对债务人的抗辩，可以向债权人主张。

《最高人民法院关于审理建设工程施工合同纠纷案件适用法律问题的解释（一）》（法释〔2020〕25号 2021年1月1日实施）

第四十三条 实际施工人以转包人、违法分包人为被告起诉的，人民法院应当依法受理。

实际施工人以发包人为被告主张权利的，人民法院应当追加转包人或者违法分包人为本案第三人，在查明发包人欠付转包人或者违法分包人建设工程价款的数额后，判决发包人在欠付建设工程价款范围内对实际施工人承担责任。

《全国法院贯彻实施民法典工作会议纪要》（法〔2021〕94号）

8. 民法典第五百三十五条规定的"债务人怠于行使其债权或者与该债权有关的从权利，影响债权人的到期债权实现的"，是指债务人不履行其对债权人的到期债务，又不以诉讼方式或者仲裁方式向相对人主张其享有的债权或者与该债权有关的从权利，致使债权人的到期债权未能实现。相对人不认为债务人有怠于行使其债权或者与该债权有关的从权利情况的，应当承担举证责任

法院判决

关于建某公司应否对远某公司欠付隆某公司工程款承担连带清偿责任的问题。本案系因履行隆某公司与远某公司之间的《土建扩大劳务工程承包合同》而产生的工程款纠纷。建某公司与隆某公司之间不存在直接合同关系，建某公司亦非《三方协议书》签约人。隆某公司未证明明某公司已经将隆某公司所施工项目的未付工程款付给建某公司，远某公司与建某公司之间即使存在挂靠与被挂靠关系，隆某公司亦不存在可以突破合同相对性而向建某公司主张权利的事实基础和法律依据，隆某公司关于建某公司应当对远某公司欠付的工程款承担连带责任的主张不能成立。一、二审法院对隆某公司该项诉讼请求未予支持正确。

案件来源

陕西隆某建筑工程劳务有限责任公司、陕西建某安装集团有限公司建设工程

施工合同纠纷再审民事判决书｜最高人民法院·（2018）最高法民再 297 号

> **延伸阅读**

案例一：杨某川、陕西省城某建设综合开发公司等建设工程施工合同纠纷其他民事民事裁定书｜最高人民法院·（2021）最高法民申 4495 号

本院经审查认为，某县人民政府将涉案工程发包给城某建设公司，城某建设公司将工程交由长某路桥公司施工，长某路桥公司又将工程交由杨某川（丰某山隧道施工队）施工。杨某川主张本案工程款。一、二审判令长某路桥公司承担本案付款责任。杨某川再审申请认为城某建设公司应当与长某路桥公司承担连带责任。在工程施工过程中，城某建设公司虽然多次向杨某川支付工程款，但该支付行为应视为城某建设公司代长某路桥公司支付工程款。城某建设公司与杨某川（丰某山隧道施工队）无直接合同关系，双方并非本案合同相对人。杨某川要求城某建设公司承担本案连带责任，无明确法律依据，原审对其该主张未予支持，并无不当。杨某川另主张城某建设公司与长某路桥公司为高度关联公司，但其未向法庭提交充分证据予以证明。故杨某川再审申请认为原审判决适用法律错误，要求城某建设公司承担本案连带责任的意见，于法无据，本院不予支持。

案例二：陕西森茂某博建设工程有限公司、李某柱等建设工程施工合同纠纷其他民事民事裁定书｜最高人民法院·（2021）最高法民申 3649 号

（三）关于涉案工程款支付主体的认定问题

本案中，违法转包人北京世纪源某公司、山东显某公司、山东显某五公司与陕西森茂某博公司、李某柱并无直接合同关系。《最高人民法院关于审理建设工程施工合同纠纷案件适用法律问题的解释》第二十六条赋予了实际施工人可以突破合同相对性向发包人主张工程价款的权利，但并不意味着实际施工人可以直接向与其没有合同关系的转包人、分包人主张工程价款。因此，陕西森茂某博公司、李某柱主张由以上主体承担责任无事实和法律依据。再者，该条所规定的发包人在欠付工程价款范围内对实际施工人承担责任，并不以合同无效为适用前提，古浪鑫某公司与北京世纪源某公司签订的发包合同有效并不影响该条的适用。故原判决依据该第二十六条的规定，判决由发包人古浪鑫某公司承担涉案工程欠款的付款责任，并无不当。陕西森茂某博公司、李某柱关于原判决对工程款支付主体认定错误的再审申请事由不能成立，本院不予支持。

案例三：江苏祥某河道疏浚工程有限公司、日照凯某建设工程有限公司等船坞、码头建造合同纠纷民事裁定书丨最高人民法院·（2021）最高法民申 201 号

关于日照公司、港某公司、建某公司是否应承担相应付款义务的问题。本案中，涉案工程发包人日照公司提交了其向港某公司支付涉案工程的全部工程款的证据，且港某公司予以认可，日照公司与港某公司对双方之间的工程款已全部支付没有争议。祥某公司提起本案诉讼并不影响发包人日照公司向港某公司履行支付涉案建设工程价款的义务，日照公司在诉讼过程中向港某公司支付涉案建设工程价款也不影响祥某公司向凯某公司主张欠付工程款的权利。祥某公司以日照公司在诉讼中支付工程款构成恶意串通、规避诉讼为由要求其承担还款责任的主张缺乏法律依据。

根据《最高人民法院关于审理建设工程施工合同纠纷案件适用法律问题的解释》第二十六条的规定，发包人在欠付工程价款范围内对实际施工人承担责任。发包人日照公司的工程款已经支付完毕，不欠付承包人工程款，无须向实际施工人祥某公司承担责任。建某公司、港某公司与祥某公司不存在合同关系，也不是发包人，无须向祥某公司承担还款责任。建某公司与凯某公司存在分包合同，祥某公司未能提交证据证明建某公司与凯某公司之间存在挂靠关系，其要求按照挂靠关系由建某公司承担责任缺乏依据。祥某公司请求建某公司、港某公司、日照公司向其承担还款责任缺乏事实和法律依据，其再审申请理由均不能成立。

案例四：崔某发、洛阳路某建设集团第二工程有限公司建设工程施工合同纠纷再审审查与审判监督民事裁定书丨最高人民法院·（2019）最高法民申 5724 号

（一）《最高人民法院关于审理建设工程施工合同纠纷案件适用法律问题的解释》第二十六条第二款规定："实际施工人以发包人为被告主张权利的，人民法院可以追加转包人或者违法分包人为本案当事人。发包人只在欠付工程价款范围内对实际施工人承担责任。"平某高速公路公司将涉案工程发包给中铁某道集团一处，中铁某道集团一处将涉案工程分包给路某集团，路某集团又将该工程交由其子公司路某集团二公司，路某集团二公司与崔某发签订《山西平某高速公路 AS3 石某沟 2#桥工程联合合作协议书》，将涉案工程转包给崔某发，并由崔某发实际施工建设。依据上述规定，崔某发有权请求发包人平某高速公路公司在欠付工程款的范围内承担责任。如果平某高速公路公司已经向中铁某道集团一处支付全部工程款，不存在欠付工程款的情况，则中铁某道集团一处应当在欠付工程款范围内向崔某发承担责任，依次类推，确定涉案工程的发包人、分包人、转包人应向实际施工人崔某发承担责任的范围。二审判决以不能突破合同相对性、崔某发无证据证明本案其他被申请人之间存在违法转包的情形为由，认定路某集团、中铁某道集团一处、平某高速公路公司不应向崔某发承担责任，缺乏事实和法律依据。

案例五：王某、贵州建某集团第四建筑有限责任公司建设工程施工合同纠纷再审审查与审判监督民事裁定书｜最高人民法院·（2018）最高法民申1808号

本院经审查认为，王某关于本案各方当事人之间均没有合同关系，不应该适用《合同法》第八条[①]第一款的相关规定的再审申请理由，不能成立。合同无效不能等同于没有合同关系。合同无效应产生合同无效的法律后果，合同无效不是当事人可得主张突破合同相对性的理由。而《最高人民法院关于审理建设工程施工合同纠纷案件适用法律问题的解释》第二十六条规定："实际施工人以转包人、违法分包人为被告起诉的，人民法院应当依法受理。实际施工人以发包人为被告主张权利的，人民法院可以追加转包人或者违法分包人为本案当事人。发包人只在欠付工程价款范围内对实际施工人承担责任。"本案建某四公司为谢某阳违法转包前一手的违法分包人，系建设工程施工合同的承包人而非发包人，故王某要求依据司法解释的前述规定判令建某四公司承担连带责任缺乏依据，原审判决并无不当。根据《合同法》第七十三条之规定，因债务人怠于行使其到期债权，对债权人造成损害的，债权人可以向人民法院请求以自己的名义代位行使债务人的债权，但该债权专属于债务人自身的除外。故王某向谢某阳主张债权不能实现的，如谢某阳怠于行使其自身的债权，王某还可以行使债权人之代位权，本案建某四公司未承担连带清偿责任不影响实际施工人王某的权利救济。

076 挂靠人是否可以实际施工人身份，要求被挂靠人与发包人连带承担工程款支付责任？

阅读提示

根据建设工程司法解释，转包人、违法分包人应对实际施工人承担责任，发

[①] 编者按：《民法典》第119条。

包人在欠付工程价款范围内对实际施工人承担责任。那么，在借用资质的挂靠关系中，当发包人欠付工程款时，挂靠人能否要求被挂靠人与发包人承担连带付款责任？被挂靠人在哪些情况下应承担付款责任？哪些情况下不承担付款责任？

裁判要旨

被挂靠人不是《建设工程司法解释（一）》第四十三条规定的转包人、违法分包人，挂靠人以实际施工人的身份请求被挂靠人对欠付工程款承担连带责任，缺乏依据。

案情简介

一、2013年2月21日，英某公司与宋某寒签订《工程施工劳务承包合同》，将涉案工程发包给宋某寒。

二、英某公司对该工程进行投标，城某公司中标。2013年8月28日，英某公司与城某公司签订了《湖南省建设工程施工合同》。

三、城某公司以内部承包的方式将涉案工程交由并非其职工的宋某寒施工，宋某寒以城某公司的名义进行施工，对外也以城某公司的名义签订相关合同，宋某寒与城某公司之间实际上系挂靠与被挂靠的关系，宋某寒系涉案工程实际施工人。

四、因英某公司欠付工程款等，宋某寒向人民法院起诉，要求英某公司、城某公司对欠付工程款承担连带责任。

五、一、二审法院均认为，宋某寒要求城某公司对英某公司所欠款项承担连带责任的主张不成立。

六、宋某寒不服，向最高人民法院提出再审申请，被最高人民法院裁定驳回。

法律分析

本案的焦点问题是城某公司是否应对欠付工程款承担连带责任。

第一，《建设工程司法解释（一）》第四十三条仅明确规定了实际施工人以转包人、违法分包人为被告起诉的，人民法院应当依法受理；实际施工人以发包人为被告主张权利的，发包人在欠付工程价款范围内对实际施工人承担责任，并未将被挂靠人规定在内。

本案中，宋某寒不具备建设工程施工资质，借用城某公司的资质并以城某公司名义进行施工，其与城某公司系挂靠关系，城某公司属于被挂靠人而不是转包人、违法分包人或发包人，不应适用《建设工程司法解释（一）》第四十三条。

第二，《民法典》第一百七十八条第三款规定："连带责任，由法律规定或者当事人约定。"

本案中，英某公司直接向宋某寒支付工程款，款项均未通过城某公司账户，城某公司不存在截留工程款或拖欠工程款的行为，宋某寒并未提供城某公司承担连带责任的合同依据或法律依据，要求其承担连带责任的主张不成立。

实务经验

第一，《建设工程司法解释（一）》第四十三条在一定程度上突破了合同相对性，所以其适用范围应受到严格限制，被挂靠人并非该条所列明的主体，不适用该条。为了最大程度降低风险，建议被挂靠人在合同中明确约定，在发包人不支付工程款的情况下，被挂靠人不需要承担付款责任。

第二，挂靠人在与被挂靠人签订的协议也可能叫作"内部承包合同"，但法院并非仅根据合同名称来确认二者之间的关系，法院一般会重点审查双方是否签署过劳动合同，被挂靠人是否向挂靠人发放过工资或者为挂靠人缴纳过社会保险等因素，以判断二者之间是内部承包还是挂靠关系。

第三，有的实际施工人会主张其并非资质借用，而是转包，在区别这两种关系时，法院一般认为，如果承发包人签订合同之时，实际施工人就以承包人委托代理人或其他身份处理相关事宜，则应当认定为挂靠关系，反之则可能认定为转包关系。

第四，如果涉案工程款进入被挂靠人账户后，被挂靠人予以截留、挪用，此种情况下，挂靠人可以起诉被挂靠人索要被截留、挪用的款项。

第五，实践中，对于挂靠人能否向发包人主张工程款也存在争议。如果发包人在签订协议时知道挂靠事实，则挂靠人和发包人之间可能形成事实上的权利义务关系，挂靠人可直接向发包人主张权利。如果发包人在签订协议时不知道挂靠事实，有的法院认为挂靠人无权直接向发包人主张权利，也有法院认为，此时可视为被挂靠人从发包人处承包工程后又转包给发包人，发包人应在欠付工程价款范围内对实际施工人承担责任。

法条链接

《中华人民共和国民法典》（2021年1月1日实施）

第一百七十八条 二人以上依法承担连带责任的，权利人有权请求部分或者全部连带责任人承担责任。

连带责任人的责任份额根据各自责任大小确定；难以确定责任大小的，平均承担责任。实际承担责任超过自己责任份额的连带责任人，有权向其他连带责任人追偿。

连带责任，由法律规定或者当事人约定。

第四百六十五条 依法成立的合同，受法律保护。

依法成立的合同，仅对当事人具有法律约束力，但是法律另有规定的除外。

《最高人民法院关于审理建设工程施工合同纠纷案件适用法律问题的解释（一）》（法释〔2020〕25号 2021年1月1日实施）

第四十三条 实际施工人以转包人、违法分包人为被告起诉的，人民法院应当依法受理。

实际施工人以发包人为被告主张权利的，人民法院应当追加转包人或者违法分包人为本案第三人，在查明发包人欠付转包人或者违法分包人建设工程价款的数额后，判决发包人在欠付建设工程价款范围内对实际施工人承担责任。

法院判决

经审查，涉案工程由城某公司中标，宋某寒与城某公司授权的邵阳市城某劳务有限公司签订《内部承包合同》，约定宋某寒按工程总造价1%支付管理费。宋某寒作为自然人不具备建设工程施工合同主体资质，其借用城某公司的资质并以城某公司名义进行施工，系涉案工程实际施工人。宋某寒（承包人）与英某公司（发包人）签订《工程施工劳务承包合同》《雍某桂花城项目基础工程承包补充协议书》及宋某寒与英某公司、城某公司签订《工程施工劳务承包合同》之补充协议并实际履行，亦可证明涉案工程实际由宋某寒组织施工，城某公司没有对涉案工程投资并实际参与施工，宋某寒亦是涉案工程项目的实际承包人。发包人英某公司按照上述协议约定直接向宋某寒支付工程款，城某公司不存在截留工程款或拖欠工程款的行为，原审判决由发包人英某公司直接向实际施工人宋某寒支付工程款，并无不当。承担连带责任必须由法律规定或者当事人约定。宋某寒并未提供城某公司承担连带责任的合同依据和法律依据，宋某寒请求被挂靠单位城某公司对欠付工程款承担连带责任，缺乏理据。

案件来源

宋某寒、邵阳市英某房地产开发有限公司等建设工程施工合同纠纷民事申请再审审查民事裁定书｜最高人民法院·（2021）最高法民申6436号

延伸阅读

案例一：何某、江西锦某建设集团有限公司等建设工程施工合同纠纷民事申请再审审查民事裁定书｜最高人民法院·（2021）最高法民申6234号

一、关于何某与锦某公司之间的法律关系

根据原审法院查明的事实，针对涉案工程，何某以锦某公司委托代理人的身份与者楼办事处签订了《建设工程合同》，何某与锦某公司对双方存在借用资质的关系均无异议。一审程序中，何某以锦某公司在（2018）赣0192民初147号案件诉讼过程中提交的民事起诉状、承诺书等证据主张其系借用锦某公司资质，是涉案工程实际施工人。一审法院对该组证据进行了审查。现何某又以该组证据主张其与锦某公司是内部承包关系，但何某并未提交锦某公司为其缴纳社会保险等证据以证明其是锦某公司的员工，故其主张与锦某公司之间系内部承包关系缺乏事实依据。一、二审判决认定何某借用锦某公司资质承建涉案工程，并无不当。

案例二：宁夏钰某工程有限公司、安徽某建工程有限公司等建设工程施工合同纠纷再审审查与审判监督民事裁定书｜最高人民法院·（2019）最高法民申6085号

第一，关于安徽某建在本案中是否应当向钰某公司承担支付工程款责任的问题。根据钰某公司向安徽某建作出的书面承诺，在蓝某公司不支付工程款的情况下，安徽某建不需要承担付款责任。虽然涉案相关合同因为违反法律强制性规定而无效，但并不影响因为实际施工的行为在各方当事人之间形成了民事法律关系，也不影响实际施工人在此民事法律关系中依法享有的民事权利。如果权利人自愿放弃对债务人的权利，同样是有效的。原判决基于钰某公司自愿放弃对安徽某建权利的承诺，未判令安徽某建向钰某公司承担付款责任，不存在缺乏证据证明和适用法律错误的问题。

案例三：陈某军、阜阳某医院建设工程施工合同纠纷二审民事裁定书｜最高人民法院·（2019）最高法民终 1350 号

第二，一审法院经过初步审查，认为陈某军与江西某建之间形成挂靠关系。在处理无资质的企业或个人挂靠有资质的建筑企业承揽工程时，应进一步审查合同相对人是否善意、在签订协议时是否知道挂靠事实来作出相应认定。如果相对人不知晓挂靠事实，有理由相信承包人就是被挂靠人，则应优先保护善意相对人，双方所签订协议直接约束善意相对人和被挂靠人，此时挂靠人和被挂靠人之间可能形成违法转包关系，实际施工人可就涉案工程价款请求承包人和发包人承担相应的民事责任；如果相对人在签订协议时知道挂靠事实，即相对人与挂靠人、被挂靠人通谋作出虚假意思表示，则挂靠人和发包人之间可能直接形成事实上的合同权利义务关系，挂靠人可直接向发包人主张权利。即无论属于上述何种情形，均不能仅以存在挂靠关系而简单否定挂靠人享有的工程价款请求权。一审法院应当在受理案件后，就各方当事人之间形成何种法律关系、陈某军在本案中的法律地位究竟为何、对涉案工程款是否享有实体权利、其诉讼请求能否得到支持等焦点问题进行实体审理后作出判断得出结论。因此，一审法院认为挂靠关系不能适用《最高人民法院关于审理建设工程施工合同纠纷案件适用法律问题的解释》第二十六条规定，进而认定陈某军不是本案适格原告并驳回其起诉，系适用法律错误，本院予以纠正。陈某军的起诉符合《中华人民共和国民事诉讼法》第一百一十九条的规定，其具备本案原告的诉讼主体资格，一审法院应予受理。陈某军的上诉理由成立，本院予以支持。

案例四：河南申某置业有限公司、河南亚某建筑安装工程有限公司建设工程施工合同纠纷再审审查与审判监督民事裁定书｜最高人民法院·（2019）最高法民申 4500 号

马某臣以亚某公司的名义从申某公司处承包工程，如果申某公司在签订涉案建设工程施工合同时，知道马某臣挂靠亚某公司承揽涉案工程的事实，则马某臣为涉案工程的真实承包人，有权请求申某公司支付工程款。如果申某公司在签订涉案建设工程施工合同时，不知道马某臣挂靠亚某公司承揽涉案工程的事实，则系亚某公司从申某公司承包到涉案工程后又将工程转包给了马某臣。这种情况下，马某臣亦有权依据《最高人民法院关于审理建设工程施工合同纠纷案件适用法律问题的解释》的相关规定请求申某公司在欠付工程款的范围内承担责任。因此，无论申某公司在签订涉案建设工程施工合同时是否知道马某臣挂靠亚某公司承揽涉案工程的事实，马某臣均有权向其主张权利，马某臣是本案适格的诉讼主体。

案例五：四川中某建设工程有限公司、朱某军建设工程施工合同纠纷再审民事判决书｜最高人民法院·（2019）最高法民再 329 号

本院认为，本案的焦点问题是中某公司是否应承担欠付工程款及利息责任。

中某公司认为 2015 年 8 月 26 日与朱某军签订的《挂靠协议》上没有中某公司印章，但在《挂靠协议》中某公司法定代表人签字处有孙某刚的签名，孙某刚作为中某公司的法定代表人能够代表中某公司签订协议，朱某军与中某公司签订的《挂靠协议》成立。该协议第四条约定"中某公司同时协助朱某军办理收付工程款……"，并未有中某公司向朱某军支付工程款的约定，乌某县国土资源局未向中某公司支付涉案工程款，朱某军也未提供其他证据证明中某公司应向其支付工程款。朱某军主张中某公司支付欠付工程款及利息没有事实依据。

2018 年 3 月 12 日中某公司向乌某县国土资源局出具的《工作联系函》记载，"涉案工程一直由挂靠在我单位的朱某军先生与贵局联系并承包本项目"。乌某县国土资源局对《工作联系函》的内容认可，称朱某军是涉案工程的实际施工人。中某公司对此函的真实性认可，但认为涉案工程实际施工人并非朱某军，并提供了相关证据。《工作联系函》中明确记载涉案工程由朱某军承包，施工过程中实际由朱某军与乌某县国土资源局联系。中某公司提供的证据不能否定其所出具的《工作联系函》的内容，亦不能否定朱某军是涉案工程实际施工人的事实。并且，乌某县国土资源局作为发包人认可朱某军为涉案工程的实际施工人。故原审认定朱某军为涉案工程的实际施工人正确。

依据《最高人民法院关于审理建设工程施工合同纠纷案件适用法律问题的解释》第二十六条"实际施工人以转包人、违法分包人为被告起诉的，人民法院应当依法受理。实际施工人以发包人为被告主张权利的，人民法院可以追加转包人或者违法分包人为本案当事人。发包人只在欠付工程价款范围内对实际施工人承担责任"的规定，实际施工人可向发包人、转包人、违法分包人主张权利。但中某公司系被挂靠方，不属于转包人、违法分包人或发包人，原判决以上述规定为法律依据判决中某公司承担给付工程款的责任，适用法律错误，本院予以纠正。因此，中某公司再审主张其不承担涉案工程款及利息的给付责任成立，对中某公司请求驳回朱某军对其的诉讼请求，予以支持。

朱某军借用中某公司的资质与乌某县国土资源局签订涉案施工合同，中某公司作为被借用资质方，欠缺与发包人乌某县国土资源局订立施工合同的真实意思表示，中某公司与乌某县国土资源局不存在实质性的法律关系。本案中，朱某军作为涉案工程的实际施工人与发包人乌某县国土资源局在订立和履行施工合同的过程中，形成事实上的法律关系，朱某军有权向乌某县国土资源局主张工程款。乌某县国土资源局对原判决认定的工程款数额无异议，再审中乌某县国土资源局称其已经给付朱某军工程款4058300元，朱某军对此认可。

案例六：鹿邑县三泰某筑工程有限公司、吕某民建筑工程有限公司等建设工程施工合同纠纷再审民事判决书丨河南高级人民法院·（2021）豫民再36号

关于泰某公司应否向吕某民支付下欠工程款的问题。本案中，2013年11月3日，吕某民以涉案工程项目责任人名义，与泰某公司签订"项目管理目标责任书"，泰某公司亦于同日出具委托书同意吕某民接替涉案施工项目负责人，对涉案工程合同、质量、进度、工程款等工程有关事宜负责。从北京华某公司的原审陈述看，其对2013年11月3日之后吕某民实际施工人的身份并无异议，结合吕某民代表泰某公司与北京华某公司签订结算书以及相关涉案工程款上由吕某民签字的事实，能够证明吕某民系涉案工程的实际施工人。原审法院认为依据《最高人民法院关于审理建设工程施工合同纠纷案件适用法律问题的解释》第二十六条"实际施工人以转包人、违法分包人为被告起诉的，人民法院应当依法受理。实际施工人以发包人为被告主张权利的，人民法院可以追加转包人或者违法分包人为本案当事人。发包人只在欠付工程价款范围内对实际施工人承担责任"的规定，泰某公司应将欠付工程款支付给实际施工人吕某民。但泰某公司系被借用资质方，不属于转包人、违法分包人或发包人，原审判决以上述规定为法律依据判决泰某公司承担给付工程款的责任，适用法律错误。本案中，吕某民与泰某公司签订的"项目管理目标责任书"中没有泰某公司向吕某民支付工程款的约定。从工程款的实际领取过程看，涉案工程款并未支付至泰某公司账户，也没有证据证明泰某公司截留涉案工程款。因此，在实际施工人吕某民明知其与泰某公司系借用资质关系而不存在发、承包关系的情况下，其向泰某公司主张支付欠付工程及利息没有事实依据。故原审判令泰某公司直接向吕某民承担付款责任不当，本院再审予以纠正。

077 建设工程施工合同无效，实际施工人是自然人的，能否计取企业管理费？

阅读提示

不具备资质的单位和个人借用施工企业的资质施工，在司法实践中较为常见。当借用资质施工的是自然人时，企业管理费应否扣除？

裁判要旨

涉案工程项目由无建筑资质的自然人组织施工，不能按照有资质企业组织施工标准计取企业管理费，应予酌减。

案情简介

一、2010年6月中旬，李某刚挂靠昊某开发公司对颐某府邸小区（A、B两栋高层）及达某河镇商业街工程项目进行开发建设。司某杰挂靠昊某建筑公司与李某刚口头达成建设工程施工承包协议，承包了该工程。

二、2011年4月8日，司某杰开始施工。工程于2011年11月完工，并交付使用。

三、一审中，根据司某杰的申请，法院委托鉴定所对涉案工程造价进行司法鉴定。2014年7月15日，鉴定所作出《依兰达某河颐某府邸小区A栋、B栋工程定额造价鉴定意见书》。

四、本案一审、二审法院认定李某刚为涉案工程实际开发人，司某杰系借用有资质的昊某建筑公司名义进行施工的实际施工人；并直接适用《鉴定意见书》的工程造价作为付款依据，判决李某刚向司某杰支付工程款43495550.64元。

五、李某刚不服，向最高院申请再审，认为一、二审法院认定工程总造价错误，司某杰作为无资质的施工个人，既没有发生管理费用，也未给员工缴纳相关规费，不得将管理费、利润、规费及税金等计算在应付工程款内。

六、最高院再审认定李某刚应付工程款中，应扣减30%企业管理费。

法律分析

本案的焦点问题是自然人挂靠施工企业资质施工的，是否应当计取企业管理费。

根据 2013 年 3 月 21 日住房城乡建设部、财政部印发的《建筑安装工程费用项目组成》（建标〔2013〕44 号），企业管理费是指"建筑安装企业组织施工生产和经营管理所需的费用"，具体包括：（1）管理人员工资：是指按规定支付给管理人员的计时工资、奖金、津贴补贴、加班加点工资及特殊情况下支付的工资等。（2）办公费：是指企业管理办公用的文具、纸张、帐表、印刷、邮电、书报、办公软件、现场监控、会议、水电、烧水和集体取暖降温（包括现场临时宿舍取暖降温）等费用。（3）差旅交通费：是指职工因公出差、调动工作的差旅费、住勤补助费，市内交通费和误餐补助费，职工探亲路费，劳动力招募费，职工退休、退职一次性路费，工伤人员就医路费，工地转移费以及管理部门使用的交通工具的油料、燃料等费用。（4）固定资产使用费：是指管理和试验部门及附属生产单位使用的属于固定资产的房屋、设备、仪器等的折旧、大修、维修或租赁费。（5）工具用具使用费：是指企业施工生产和管理使用的不属于固定资产的工具、器具、家具、交通工具和检验、试验、测绘、消防用具等的购置、维修和摊销费。（6）劳动保险和职工福利费：是指由企业支付的职工退职金、按规定支付给离休干部的经费，集体福利费、夏季防暑降温、冬季取暖补贴、上下班交通补贴等。（7）劳动保护费：是企业按规定发放的劳动保护用品的支出，如工作服、手套、防暑降温饮料以及在有碍身体健康的环境中施工的保健费用等。（8）检验试验费：是指施工企业按照有关标准规定，对建筑以及材料、构件和建筑安装物进行一般鉴定、检查所发生的费用，包括自设试验室进行试验所耗用的材料等费用。不包括新结构、新材料的试验费，对构件做破坏性试验及其他特殊要求检验试验的费用和建设单位委托检测机构进行检测的费用，对此类检测发生的费用，由建设单位在工程建设其他费用中列支。但对施工企业提供的具有合格证明的材料进行检测不合格的，该检测费用由施工企业支付。（9）工会经费：是指企业按《工会法》规定的全部职工工资总额比例计提的工会经费。（10）职工教育经费：是指按职工工资总额的规定比例计提，企业为职工进行专业技术和职业技能培训，专业技术人员继续教育、职工职业技能鉴定、职业资格认定以及根据需要对职工进行各类文化教育所发生的费用。（11）财产保险费：是指施工管理用财产、车辆等的保险费用。（12）财务费：是指企业为施工生产筹集资金或提供预付款担保、履约担保、职工工资支付担保等所发生的各种费用。(13) 税金：是指企业按规定缴纳的房产税、车船使用税、土地使用税、印花税等。(14) 其他：包括技术转让费、技术开发费、投标费、业务招待费、绿化费、广告费、公证费、法律顾问费、审计费、咨询费、保险费等。

从企业管理费组成来看，大部分费用，如管理人员工资、办公费、差旅交通费、固定资产使用费、工具用具使用费、劳保和职工福利、劳动保护费、检验检测费、财务费等，自然人实际施工也必然会发生。所以在自然人挂靠施工企业施工的情形下，应酌情适当计取企业管理费。

实务经验

第一，当实际施工人是自然人的情形下，规费、利润、税金、企业管理费应否计取是争议双方必争的项目。讨论是否应当计取，要从这些项目的组成上寻找支撑。如果这些费用在自然人挂靠施工情形下不会发生，基于任何人不能通过违法行为获利的基本原则，自然不能计取。反之，则应当本着实事求是的原则，给予计取或给予适当计取。

第二，有时候发包人会要求挂靠施工的自然人对已经支出的规费、税金、企业管理费提供证据，根据云亭建工律师团队的实践经验，挂靠施工的自然人很难举出该类证据。特别是建筑行业营改增之前，实际施工人一般不考虑税款抵扣问题，很少保留办公费、差旅交通费等税务票据。取费定额、规费费率是政府部门根据某一时段社会平均成本计算得出的比例，具有政府指导价的某些特点。挂靠施工的自然人无法举证时，可从这些费用组成入手，向法院说明无论有无施工资质这些费用都必然实际发生，请法院酌情给予计取。

法条链接

《中华人民共和国民法典》（2021 年 1 月 1 日实施）

第七百九十三条　建设工程施工合同无效，但是建设工程经验收合格的，可以参照合同关于工程价款的约定折价补偿承包人。

建设工程施工合同无效，且建设工程经验收不合格的，按照以下情形处理：

（一）修复后的建设工程经验收合格的，发包人可以请求承包人承担修复费用；

（二）修复后的建设工程经验收不合格的，承包人无权请求参照合同关于工程价款的约定折价补偿。

发包人对因建设工程不合格造成的损失有过错的，应当承担相应的责任。

《最高人民法院关于审理建设工程施工合同纠纷案件适用法律问题的解释（一）》（法释〔2020〕25号 2021年1月1日实施）

第二十四条 当事人就同一建设工程订立的数份建设工程施工合同均无效，但建设工程质量合格，一方当事人请求参照实际履行的合同关于工程价款的约定折价补偿承包人的，人民法院应予支持。

实际履行的合同难以确定，当事人请求参照最后签订的合同关于工程价款的约定折价补偿承包人的，人民法院应予支持。

法院判决

承包人司某杰与发包人李某刚对工程结算标准存在争议，根据司某杰申请，一审法院委托鉴定机构对达某河商业区的工程造价进行司法鉴定。鉴定结论中，工程造价还包含企业管理费、利润、规费、税金。李某刚再审认为，企业管理费、利润、规费、税金应从应付工程款中扣除。本院认为，工程款由工程直接费、工程间接费、利润和税金四部分组成。税金、规费为建设工程施工过程中依规必须缴纳的费用。企业管理费为间接费，难以从工程造价鉴定结论中剥离、扣减。但是，涉案工程项目由无建筑资质的实际施工人司某杰组织施工，不能按照有资质企业组织施工标准计取企业管理费，原审法院将依据定额确定的企业管理费计入应付工程款不当，企业管理费应予酌减。本院在鉴定结论的基础上对达某河商业区工程款企业管理费扣减30%。另，工程款利润属建设工程施工合同合法有效情况下的履行利益，涉案施工合同被认定为无效，司某杰主张该部分工程款无法律依据。一、二审判决李某刚支付工程利润，法律适用不当。综上，本院依法对达某河商业区工程款中企业管理费和利润部分予以改判。

经司法鉴定确认，达某河商业区工程造价为85283147.91元……企业管理费酌减30%部分即581004.7元（1936682.34元×30%）及司某杰认可已支付的工程款49200000元后，达某河商业区工程欠付工程款金额应为31597503.61元。

案件来源

李某刚、依兰县某建筑工程有限责任公司建设工程施工合同纠纷再审民事判决书丨最高人民法院·（2017）最高法民再247号

延伸阅读

司法实践中，关于自然人挂靠施工企业施工，企业管理费是否应当扣除问题，大致有三类裁判观点，即：（1）自然人不是企业管理费缴费义务人，不应当计取企业管理费；（2）企业管理费中的部分费用并非具有资质的施工企业会发生，自然人施工中也必然会发生，故应当计取部分企业管理费；（3）自然人作为实际施工人参与了施工管理，企业管理费是必然发生的费用，故应当全额计取。云亭建工律师团队认同第二种观点，即本文主案例的裁判要旨；延伸案例一，持第一种观点；延伸案例二，持第三种观点。

案例一：马某英、甘肃某建设投资（控股）集团总公司建设工程施工合同纠纷再审审查与审判监督民事裁定书 | 最高人民法院·（2019）最高法民申5453号

原审判决适用法律是否错误的问题。因各方当事人对工程量及工程造价不能达成一致意见，鉴定机构根据华某达公司与建投公司签订的《建筑工程施工合同》《补充条款》以及2008年计价定额两种方式分别计算出工程造价。实际施工人马某英与润某公司没有订立书面合同，原审判决认为马某英没有施工资质，不应获得比合同约定更高的利益，并参照《建设工程施工合同》《补充条款》认定工程总价并无不当。马某英与润某公司并未签订书面合同约定工程价款的支付范围，亦未提交证据证明规费、企业管理费实际产生。原审判决根据"住房和城乡建设部、财政部关于印发《建筑安装工程费用项目组成》的通知"的规定，认定规费、企业管理费，缴纳义务人是企业而非自然人，马某英没有施工资质和取费资格，不应支付规费与企业管理费给马某英并无不当。

案例二：江苏集某置业有限公司、苏某建设集团有限公司建设工程施工合同纠纷再审审查与审判监督民事裁定书 | 最高人民法院·（2020）最高法民申470号

关于企业管理费、利润与规费的问题。根据《最高人民法院关于审理建设工程施工合同纠纷案件适用法律问题的解释（二）》第十一条第一款规定，当事人就同一建设工程订立的数份建设工程施工合同均无效，但建设工程质量合格，一方当事人请求参照实际履行的合同结算建设工程价款的，人民法院应予支持。本案中，高某虽挂靠苏某公司承揽了涉案工程，但苏某公司本身亦参与进行了施工的管理，苏某公司与集某置业之间实际履行了2012年12月10日订立的两份施工合同，涉案工程已经交付，鉴定机构参照合同约定对工程造价进行计取。对此，二审法院认定企业管理费、规费、利润不从工程造价中扣除，并无不当。

第七部分　刑事法律风险

078 如何认定建工领域刑事法律风险之串通投标罪？

阅读提示

建设工程招投标活动中串通投标等弄虚作假的行为屡禁不绝，串通投标不仅会损害各参与主体的合法权益、扰乱市场秩序，更可能为工程质量埋下重大隐患，危及广大人民群众的生命财产安全。对于串通投标行为，如果仅以认定中标无效、没收投标保证金、取消投标资格等民事或行政的方式加以制裁，不足以阻却该行为继续发生。为此，我国刑法在扰乱市场秩序罪中，明确规定了串通投标罪，对情节严重的串通投标行为课以刑罚。那么，串通投标罪是怎么认定的呢？我们又应该如何防范该刑事法律风险呢？

裁判要旨

我国《刑法》第二百二十三条没有对该罪名中所涉的"投标"适用范围进行限定，串通投标罪中的"投标"并不限于必须招标项目，非必须招标项目自愿采用招标形式的，同样应该严格按照招投标法的规定进行，不得串通投标。否则，情节严重的，将会被追究刑事责任。

案情简介

一、2017年7月，时任某公司法定代表人的被告人冯某与市政某公司签订项目委托代建合同，由国某2公司代市政某公司管理"哈某客站北广场区域土方防汛抢险工程-6#地块"项目。

二、2017年9月，冯某擅自让被告人周某某、胡某（另案处理）经营的被告单位鹏某公司、被告人何某某经营的被告单位龙某公司、被告人宋某1经营的被告单位国某1公司、被告人宋某2借用资质的哈尔滨柏某大件运输有限责任公司进场施工。

三、同年10月中旬，冯某授意国某2公司经营经济部部长被告人张某补办招投标材料，张某按冯某要求制作了日期与实际不符的招标文件及中标通知书等材料，并串通周某某、宋某2等人提交了四公司按冯某事先透露标底填写的报价函等投标文件。

四、何某某还按照张某要求，联系并制作了哈尔滨某土方运输有限公司投标文件参与围标。

五、同年11月，经评审及资金保障协议书确定此次工程总价为55297246.57元。

六、黑龙江省哈尔滨市道里区人民法院审理哈尔滨市道里区人民检察院指控原审被告单位鹏某公司、龙某公司、国某1公司、原审被告人冯某、张某、宋某1、周某某、何某某、宋某2犯串通投标罪一案，于2019年6月11日作出（2019）黑0102刑初52号刑事判决。

七、龙某公司、国某1公司以原审判决罚金过高为由提出上诉，其诉讼代理人提出相同的代理意见。何某某、宋某2以原审判决量刑过重为由提出上诉，其辩护人提出相同的辩护意见。张某以其应认定为自首，原审量刑过重为由提出上诉，其辩护人提出相同的辩护意见。冯某以原审认定事实错误，其不构成犯罪为由提出上诉，其辩护人提出相同的辩护意见。黑龙江省哈尔滨市中级人民法院维持黑龙江省哈尔滨市道里区人民法院（2019）黑0102刑初52号刑事判决第一项、第二项定罪部分、第三项定罪部分、第四项、第五项、第六项、第七项定罪部分及附加刑部分、第八项定罪部分及附加刑部分、第九项定罪部分及附加刑部分。

法律分析

本案的焦点是串通投标罪的认定。云亭建工律师团队认为：只要行为人的行为符合了串通投标罪的构成要件，就必然会受到相应的刑罚处罚。

串通投标行为的实质就是为满足投标的形式要求，多个投标人通过相互串谋，形成统一意志，并外化在投标活动中，进而使得形式上的数个招标人成为事实上的一个招标人，从而限制或排除竞争，规避和破坏了投标的实质性要求。也就是，无论是在强制招标项目中还是自愿招标项目中，无论是在公开招标中还是邀请招标中，串通投标行为都必然会破坏招投标市场的竞争秩序。因此，串通投标罪在《刑法》中归入扰乱市场秩序罪范畴。

我国《刑法》第二百二十三条没有对该罪名中所涉的"投标"的适用范围进行限定，"投标"的适用范围并不是串通投标罪的构成要件。无论是必须招标项目还是自愿招标项目，只要采用了招标形式，就应该严格按照招投标法的规定和要求进行，不得串通投标。因此，只要行为人的行为符合了串通投标罪的构成要件，均应受到相应的刑罚处罚。

串通投标罪仅限于规制《招标投标法》规定的招标投标行为，拍卖、竞争性磋商、竞争性谈判、单一来源采购、询价等采购方式不属于本罪规制的对象。

实务经验

第一，串通投标的行为在建设工程领域高发，除了因所涉利益巨大外，还有一个原因是参与人法律意识淡薄，自动、自愿接受各种所谓不良行业规则。因此，在招投标环节中所有参与者都应该明确，任何不当行为都会受到法律的惩处，甚至是刑事处罚。

第二，对于投标人而言：首先，投标人务必深刻认识到串通投标所带来的刑事法律风险。其次，在投标过程中，投标人应当坚守诚实信用原则，公平、公正地参与投标，严格遵守招投标法律、法规以及规范准则。切勿心存侥幸，应严格约束自身行为，严格约束违法冲动，不以身试法，既不与他人串通投标、围标，也不与招标人串通投标。

在以挂靠形式从事相关业务时，被挂靠人应与挂靠人签订完备的书面协议，明确约定挂靠人不得串通投标、不得围标。同时，对挂靠人所参与的投标活动予以高度关注，在出具有关投标文件时应要求挂靠人出具相应承诺，防止被挂靠人利用而涉嫌串通投标。

第三，对于招标人而言：首先，招标人务必深刻认识到串通投标所带来的刑事法律风险，通过制定符合自身需要的招投标制度并严格落实，做到有章可循，避免或减少招投标中具体行为的随意性。其次，招标人应规范自身行为，遵守招投标法和行业制度，对串通投标的行为进行严厉抵制。再次，在招标过程中，应事先公开定标原则，确保平等对待所有潜在投标人，确保所有潜在投标人所获得的招投标信息是对称的。最后，加强投标信息的保密，避免投标信息外泄，并建立科学、合理、完善的评标体系。

第四，对于招投标过程中的其他参与人而言：《刑法》第二百二十三条规定的"串通投标罪"的主体并不局限于《招标投标法》的规定，所有与招投标活动相关的主体都有可能被纳入串通投标罪的刑法评价范畴。因此，对于其他招投标参与者来说，应当避免为串通投标的行为提供任何帮助、支持，以避免承担刑事法律责任。

法条链接

《中华人民共和国刑法》（2020年修正）

第二百二十三条 投标人相互串通投标报价，损害招标人或者其他投标人利益，情节严重的，处三年以下有期徒刑或者拘役，并处或者单处罚金。

投标人与招标人串通投标，损害国家、集体、公民的合法利益的，依照前款的规定处罚。

法院判决

本院认为，本涉案及的工程系拉运残土工程，属政府出资的建设工程，是必须进行招标的工程。且哈尔滨市某集团有限公司经过会议研究必须要进行招标，上诉人冯某作为国某2公司的负责人参与了第一次招标，对于工程需要招标一事是明知的，但仍然采用事后制作标书的方式，意图通过补签的招投标文件掩盖其违法发包工程的行为，损害国家、集体的合法利益，侵害了其他投标人作为市场主体的公平竞争权，其行为构成串通投标罪。

案件来源

哈尔滨市龙某渣土运输有限公司、哈尔滨市某浩土方运输有限公司串通投标二审刑事判决书丨黑龙省江哈尔滨市中级人民法院·（2019）黑01刑终729号

延伸阅读

案例一：王某、王某熔串通投标二审刑事裁定书丨湖北省武汉市中级人民法院·（2020）鄂01刑终364号

关于上诉人王某及其辩护人、上诉人王某熔及其辩护人均提出王某、王某熔不是适格犯罪主体的意见，以及上诉人王某提出其不是本案主犯的上诉意见。经

查，刑法并未将串通投标罪的犯罪主体限定为单位，上诉人王某和原审被告人李某明为了获取不法利益，串通和组织多家公司围标，损害了招标人的利益，情节严重，其行为均已构成串通投标罪。上诉人王某在共同犯罪中起主要作用，应认定为主犯。上诉人王某熔帮助收集资料，并将制作好的标书给其他公司，构成串通投标罪共犯。上诉人王某、王某熔的上诉理由及其辩护人的辩护意见均不能成立，本院不予采纳。

案例二：湖北波某特岩土工程有限公司、杨某明串通投标二审刑事裁定书 | 湖北省黄冈市中极人民法院·（2020）鄂 11 刑终 112 号

对于上诉人湖北波某特、邵某荣、王某提出湖北波某特不是投标主体，投标主体是北京波某特的上诉理由和辩解意见。经查，湖北波某特法定代表人杨某明和北京波某特法定代表人王某 1 约定，具体的投标事项由湖北波某特负责，施工由北京波某特公司负责，前期试桩费用由北京波某特承担，利润双方平分。在招投标过程中湖北波某特具体实施了串通投标的行为，应当对其实施的串通投标行为承担刑事责任。故上诉人关于此节的上诉理由和辩解意见不能成立，本院不予采纳。

案例三：上诉人王某山、王某乐与原审被告人刘某科串通投标罪一案二审刑事判决书 | 新疆生产建设兵团第十三师中级人民法院·（2017）兵 12 刑终 1 号

主体上，《刑法》第二百二十三条规定的串通投标罪是确定性规则而非准用性规则，其主体范围的设定并不以《招标投标法》为依据；结合《刑法》第二百二十三条和第二百三十一条的规定及二者之间的联系，串通投标罪的主体首先规定的就是自然人主体；本案串通投标行为人虽非《招标投标法》意义上的招标人和投标人，但均实施了串通投标行为，达到了串通投标的目的，理应成为串通投标罪的行为主体。2. 主观方面，上诉人王某山组织多家单位围标以保障郑州某建公司中标，继而郑州某建哈密分公司承建招标工程，获取利益，上诉人王某乐明知王某山串通投标仍积极进行帮助，主观故意明显。3. 客观方面，上诉人王某山为了达到郑州某建哈密分公司承建招标工程的目的，联系、组织了郑州某建公司及另外两家有资质的单位参与投标，并负责投标的前期费用，向两家单位人员支付陪标费等，上诉人王某乐在王某山安排下为部分单位参与投标，编制、打印标书提供帮助。4. 客体上，招标投标是一种竞争性很强的市场交易方式，其本质在于要求当事人遵循公开、公平、公正以及诚实信用原则，在同等条件下通过市场实现优胜劣汰，最佳配置使用人、财、物力。倘若当事人通过串通投标的不正当手段排斥他人的正当竞争，就会使招标投标活动丧失其原有效应。通过法律甚至刑罚手段来严格规范招标投标活动，目的在于保护国家利益、社会公共利益和招标投标当事人的合法权益，提高经济效益，保证项目质量。本案中，上诉人等人为了获取该招标工程，私自串通其他投标人，通过支付陪标费的方式予以获得，具有明显的违法性与不正当性，扰乱了正常的经济社会秩序，损害国家、集体、公民合法利益。5. 根据《招标投标法》第三条及国务院颁布的《工程建设项目招标和规模标准规定》第三条及第七条，本案工程属于依法必须进行招标的项目，郑州某建哈密分公司与晟某公司未经招标而于2013年6月15日签订《建设工程施工合同》违反了国家法律的强制性规定，该种违法行为，不能成为各方串通投标并将串通投标行为合法化的依据；依照《招标投标法》第五十三条之规定，投标人间，或者招标人与投标人间实施串通行为的，该中标项目无效，这是对串通投标导致中标无效后果的法律规制，该规制与串通投标行为本身是否构成刑事犯罪无关；《招标投标法》对一般串通招投标行为，规定有罚款、没收违法所得、吊销串通投标人的营业执照或取消投标人的投标资格等行政处罚措施，但依照《刑法》，对串通投标行为情节严重已构成犯罪的，应当依法追究违法行为人的刑事责任，立法者在对该行为性质进行评价的时候加入"情节严重"这一因素进行综合评价，正是通过"情节严重"来限制串通投标罪犯罪成立的范围，防止把轻微的违法行为作为犯罪来处理，体现刑法谦抑性价值；《最高人民检察院、公安部关于公安机关管辖的刑事案件立案追诉标准的规定（二）》第七十六条规定立案标准虽非犯罪构成要件本身，但其实质上是对行为人刑事追诉的成罪要求，是对犯罪构成要件的综合性概括，本案中标项目金额达1.4亿元，远超上述立案追诉标准中的第三项即中标项目金额在200万元以上之规定，应认定为情节严重，应受刑罚处罚。

案例四：高某博、韩某串通投标二审刑事判决书｜山东省临沂市中级人民法院·（2017）鲁13刑终414号

上诉人高某博和原审被告人韩某、孟某杰、陈某芝、王某、孙某杰、刘某邦、王某光、吴某奎相互串通投标报价，损害招标人或者其他投标人利益，情节严重，其行为破坏了社会主义市场经济秩序，均构成串通投标罪，其非法所得依法应予追缴。关于上诉人高某博及其辩护人所提"一审判决认定的第三、四起不构成串通投标罪"的上诉理由和辩护意见，经查，上诉人高某博与其同案犯为保证工程中标，商量多找几家公司资质，并统一制作标书，以围标的方式投标，掩盖同一主体投标的事实，并获得较高中标机率，排挤其他投标人的公平竞争，损害招标人和其他投标人利益，符合串通投标罪的犯罪构成要件。

案例五：米某兴、胡某发串通投标二审刑事裁定书 | 广东省珠海市中级人民法院・（2017）粤 04 刑终 378 号

根据刑法理论，串通投标，不限于对投标报价的串通，还包括就报价以外的其他事项进行串通，上诉人米某兴与原审被告人胡某发等人共谋后，实施了为约定的投标联合体量身定制编制招标文件等行为，属操控招投标行为，亦即串通投标犯罪的客观行为，因此，上诉人米某兴的行为构成串通投标罪。

079 挂靠人私自以被挂靠人名义刻制项目部印章，构成伪造公司印章罪吗？

阅读提示

建筑施工行业挂靠资质现象屡禁不绝，挂靠人为了项目管理方便，未经被挂靠人同意私刻被挂靠单位的项目部印章，是否违反法律规定？

裁判要旨

挂靠人未经被挂靠单位授权而私自刻制被挂靠单位项目部印章，并使用该印章与他人签订购货合同，其行为影响了被挂靠单位的声誉，构成伪造公司印章罪。

案情简介

一、被告人孙某经苏某公司法定代表人同意，以苏某公司的名义与发包人订立了施工协议。

二、施工协议签订后，被告人孙某在 2012 年 9 月组织施工人员、材料等进驻工地开始施工。

三、施工期间，被告人孙某在工地附近的复印店私刻了一枚"山西苏某建筑装饰工程有限公司项目部"印章。

四、被告人孙某为了采购施工所需材料，与曲阳县诚某石材雕刻厂签订了货款总额 65000 元的汉白玉梯柱购货合同，合同加盖了"山西苏某建筑装饰工程有限公司项目部"印章；与孙某丽签订了货款总额 171600 元的卫浴设施购货合同，合同加盖了"山西苏某建筑装饰工程有限公司项目部"印章。

五、被告人孙某因材料款支付问题与孙某丽等人发生纠纷，孙某丽以孙某诈骗为由向公安机关报案，公安机关以孙某涉嫌合同诈骗罪立案侦查。侦查期间，苏某公司以孙某私刻其公司印章为由向公安机关报案，公安机关又以孙某涉嫌伪造公司印章罪立案侦查。

六、法院经审理认为，被告人孙某未经苏某公司授权而私自刻制"山西苏某建筑装饰工程有限公司项目部"印章，并使用该印章对外签订购货合同，其行为影响了苏某公司的声誉，构成伪造公司印章罪。

法律分析

在我国，印章从古至今一直是身份和权力的象征，"认章不认人"的观念在社会大众中根深蒂固。"加盖印章"往往代表着该种行为被印章所属单位承认，几乎所有单位都会制定严格的印章使用制度，并将印章交由专人进行特殊保管。正是因为印章在我国社会生活中的重要性，《刑法》给予其特殊保护，将伪造公司印章规定为犯罪行为。

借用资质施工，是指不具备资质的组织和自然人挂靠具备资质的单位（下统称被挂靠单位），以被挂靠单位的名义签订合同、进行施工。通常情况下，挂靠人为了工程管理的需要，会经被挂靠单位同意在项目所在地设立项目部。项目部在法律性质上属于被挂靠单位的内设机构。加盖项目部印章通常代表被挂靠单位对挂靠人行为的认可，法律后果将由被挂靠单位承担。

被挂靠单位同意挂靠人以其名义与发包人签订合同、进行施工，并不等同于同意挂靠人刻制其项目部印章、以项目部名义对外进行材料采购等高风险经济活动。

挂靠人伪造项目部印章并用于对外签订合同，客观上足以损害被挂靠单位对外的诚实信用度，因此，挂靠人未经被挂靠单位同意，刻制被挂靠单位项目部印章属于伪造公司印章罪规制的范畴。

实务经验

实践中存在以下情形：挂靠人事先经被挂靠单位同意刻制了项目部印章，并使用项目部印章与第三方签订了劳务分包合同、材料采购合同、模板租赁合同，但是一旦挂靠人资金出现问题，第三人起诉被挂靠单位索要合同款时，被挂靠单位谎称项目部印章系挂靠人未经其同意刻制，企图规避自己的付款责任，有时候还会向公安机关报案。这时，挂靠人往往拿不出被挂靠单位同意其刻制印章的证据，以致被追究法律责任。

云亭建工律师团队提醒借用资质的挂靠人，如需刻制项目部印章时，一定要通过电子邮件、微信、EMS 邮寄、专人送达等方式向被挂靠单位提出书面申请，取得同意刻制印章的函件或委托书后妥善保存，以免事后被追究法律责任。

案件来源

被告人孙某犯伪造公司印章罪、合同诈骗罪一案刑事二审裁定书｜山西省长治市中级人民法院·（2016）晋 04 刑终 90 号

法院判决

本院认为，上诉人（原审被告人）孙某未经苏某公司授权而私自刻制"山西苏某建筑装饰工程有限公司项目部"印章，并使用该印章与他人对外签订购货合同，其行为影响苏某公司的声誉，已构成伪造公司印章罪，应依法予以惩处。关于上诉人孙某所提上诉理由及其辩护人所提辩护意见，本院认为，被害人报案材料及陈述，证人赵某、姜某峰等人证言，上诉人孙某供述、购货合同等书证、痕迹司法鉴定检验报告等证据相互印证，充分证实孙某私刻并使用了"山西苏某建筑装饰工程有限公司项目部"印章。孙某虽否认其具有私刻行为，并称该系苏某公司提供给其使用，因无相关证据证明，本院不予采信。在原公诉机关指控被告人孙某犯合同诈骗罪的事实中，原审法院经审理后认为公诉机关指控被告人孙某犯合同诈骗罪罪名不能成立，但该部分指控事实中，公诉机关已认定孙某具有私刻并使用苏某公司项目部印章的行为，该事实与法院查明事实一致，原审据此认定被告人孙某犯伪造公司印章罪，符合《最高人民法院关于适用〈中华人民共和国刑事诉讼法〉的解释》第二百四十一条第一款第（二）项"起诉指控的事实清楚，证据确实充分，指控的罪名与审理认定的罪名不一致的，应当按照审理认定的罪名作出有罪判决"的规定，程序并无不当。综上，原审判决认定事实清楚，证据确实、充分，定罪和适用法律正确，审判程序合法。

法条链接

《中华人民共和国刑法》（2020年修正）

第二百八十条第二款 伪造公司、企业、事业单位、人民团体的印章的，处三年以下有期徒刑、拘役、管制或者剥夺政治权利，并处罚金。

延伸阅读

案例一：崔某利犯伪造公司印章罪二审刑事裁定书｜重庆市第二中级人民法院·（2018）渝02刑终230号

本院认为，上诉人崔某利未经授权，擅自刻制公司印章3枚，其行为已构成伪造公司印章罪。辩护人提出崔某利仅使用伪造的印章不构成本罪的理由，经查，现有证据能够认定崔某利找人刻制公司印章并使用；提出渝某公司在本案中给被告人设置了一个精心策划的局，从而达到非法占有本来属于崔某利的巨额财产的理由没有证据证实；提出渝某公司将资质借给刘某某明显违法，刘某某将该工程违法整体转包给崔某利，在施工过程中，渝某公司和刘某某违法抽取管理费，收取工程款，迫使崔某利在工程款不能到位的情况下举债用于该工程，因此，崔某利是最大的受害者，渝某公司却成了受益者的辩护意见不属本案的调整范围；其余上诉理由及辩护意见原判已有针对性的评判意见，经审查是正确的，故上诉人的上诉理由及辩护人的辩护意见均不成立，本院不予采纳。原判认定事实和适用法律正确，量刑适当，审判程序合法，依照《中华人民共和国刑事诉讼法》第二百二十五条第一款第（一）项的规定，裁定如下：驳回上诉，维持原判。

案例二：田某伪造公司印章二审刑事裁定书｜山西省最高人民法院·（2015）晋刑二终字第52号

本院经审理查明的事实和证据与原审相同，证明上述事实的证据均已在一审法院庭审质证属实，本院予以确认。

关于上诉人田某所提原判认定其伪造公司印章证据不足的上诉理由，经查，田某与何某某因工程款的结算发生纠纷，在此情况下，田某使用伪造山西建某集团公章和财务章的《委托支付证明》将后期工程款全部转到自己指定的账户。山西建某集团职工赵某甲证言称："建工机关及财务部未出具过《委托支付证明》，也未曾盖过公章。"该证言与何某某称未提供过《委托支付证明》的证言相互印证，结合山西省公安厅文件检验鉴定书及田某供述自己打印《委托支付证明》内容去开发区财政局结算工程款的证据，能够认定山西建某集团的印章系田某伪造。上诉人田某的上诉理由不能成立，本院不予支持。本院认为，上诉人田某伪造山西建某集团公章和财务专用章，制作《委托支付证明》的行为，已构成伪造公司印章罪，依法应予惩处。原判认定事实清楚，证据确实、充分，定罪及适用法律正确，量刑适当，审判程序合法，应予维持。

案例三：侯某某伪造公司印章罪二审刑事裁定书｜山西省某原市中级人民法院·（2014）并刑终字第 52 号

本院认为，上诉人侯某某既无委托也无授权，私自刻制山西宏某公司印章并使用，侵害了山西宏某公司的商业信誉和对本公司印章正常管理使用的权利，其行为的确已构成伪造公司印章罪。关于上诉人侯某某所提工程发包人知其使用假印章而继续签订合同，并给其造成损失的上诉意见，经查，在案并无证据证明该项情节，且工程发包人是否明知上诉人侯某某使用假公司印章，是否给其承揽工程造成损失，均与其伪造公司印章的行为无关，不影响对上诉人侯某某伪造公司印章犯罪行为的定性与量刑。该项上诉意见于法无据，不能成立，不予支持。关于上诉人侯某某及其辩护人所提侯某某认罪态度好，原判量刑过重，应从轻处罚的上诉、辩护意见，经查，原判认定侯某某自愿认罪，已对其依法从轻处罚；同时综合评价侯某某在伪造、使用公司印章犯罪过程中的具体情节和行为后果，对其依法判处有期徒刑二年，量刑并无不当。该项上诉理由、辩护意见不能成立，不予支持。综上，原审判决上诉人侯某某犯伪造公司印章罪，认定事实清楚，证据确实充分，定罪准确，量刑适当，审判程序合法。依照《中华人民共和国刑事诉讼法》第二百二十五条第一款第（一）项之规定，裁定如下：驳回上诉，维持原判。

080 如何防范建工领域刑事法律风险之重大责任事故罪？

阅读提示

重大责任事故罪是结果犯，只要发生了重大责任事故就可能构成犯罪。在建工领域实务当中，往往会有众多的参与者，其在工程项目建设的整个过程中，扮演着不同的角色、处于不同的地位，如建设单位、施工单位、实际施工人、专业分包人、劳务分包人、监理人、挂靠人、被挂靠人等。角色及地位不同，职责和义务亦不相同，进而对重大责任事故所负的责任也不同，在对该罪进行追惩时，应该予以合理区分。

裁判要旨

投资方、建设方在未办理《建设工程施工许可证》以及安全、质量监督手续的情况下，借用他人施工资质，违规分包工程，聘请无施工资质人员承建工程施工，擅自改变工程规划设计，是造成事故的主要原因，应负事故主要责任。

现场技术负责人无建筑施工相关资质，却在工程项目施工现场履行技术负责人的职责，不组织制定安全专项施工方案，也未确认安全生产条件，没有制定安全保证措施，明知存在安全隐患，仍冒险组织浇筑混凝土，导致事故的发生，应负事故主要责任。

直接施工人员无特种作业资质，违规上岗，作为组织者，不编制专项施工方案，并组织无特种作业资质人员搭设系统，致使系统存在安全隐患，也是事故发生的原因之一，对事故发生亦应承担相应的责任。

实际施工人没有建筑工程施工资质，聘请无相关资质的人员担任施工现场技术负责人、安全管理人员，负责技术与安全，并任用无特种作业资质的人员上岗作业，亦是导致事故发生的原因之一，亦应承担一定责任。

监理人明知自己所在的监理公司不能对工程项目进行监理，却违法挂靠其他监理公司承揽该工程项目的监理业务，且在工程项目内容发生重大变更时，不履行监理责任，对不符合标准搭设的模板支撑系统监理不到位，亦是造成事故的原因之一，应负相应责任。

被挂靠方违法出借资质，不安排有资质的工程项目人员从事施工管理，对违法分包不制止，对该项目工程质量和安全生产管理不到位，亦是造成事故的原因之一，应负相应责任。

案情简介

一、2012年7月6日，被告人郭某会以金某漳大酒店的名义与个体建筑商衡某辉签订协议，将金某漳酒店式公寓项目的土建及主体工程发包给衡某辉承建，方式为单包。

二、2012年8月24日，南某县城乡规划管理局在明知该项目未办理《建设工程规划许可证》的情况下，同意进行规划放线。2012年11月17日，衡某辉组织施工人员开始施工。

三、因衡某辉无建筑资质，为顺利办理相关审批手续，2012年11月26日，金某漳大酒店的法定代表人王某城与有建筑施工资质的宏某公司的法定代表人余某某签订建设工程合同，约定由宏某公司负责承建金某漳酒店式公寓项目土建及主体工程。宏某公司襄阳分公司负责人邹某华负责对该项目工地安全、质量和工程进度进行管理。

四、2012年11月27日，郭某会与邹某华签订《建筑工程施工责任书》，由郭某会本人承建金某漳酒店式公寓项目的土建及主体工程。后郭某会将该项目土建及主体工程转包给衡某辉，宏某公司于2012年12月10日以通知成立工程项目部的形式，任命衡某辉为该项目部负责人及安全员。衡某辉实际为该项目施工方的单包人和负责人，负责施工现场的工程质量和安全管理，衡某辉担任该项目施工工地的安全员。衡某辉又聘请被告人赵某峰为项目施工现场技术负责人，具体负责施工现场技术及生产安全管理。

五、郭某会与南某监理公司法定代表人刘某章于2012年12月19日签订监理合同，由刘某章等人对该项目进行监理。因南某监理公司不具备14层楼房以上的监理资质，刘某章找到大某公司总经理耿某某，要求借用该公司的资质，耿某某同意。后大某公司下达文件通知成立工程项目部监理部，负责对该项目进行监理，并下文任命刘某章任该项目总监理工程师、刘某丙为现场监理工程师、吴某某为旁站监理员。

六、2013年4月，郭某会持伪造的南某县城乡规划管理局批复文件，变更金某漳酒店式公寓项目的原规划设计，变更设计了施工图（未经图审及消防审查）。

七、2013年10月1日，衡某辉、赵某峰等人组织不具备特种行业从业资格的架子工即被告人杜某发等人，在未制定高支模安全施工方案的情况下，开始搭设附属商业用房中厅高大模板支撑脚手架，致使搭设的模板支撑体系存在严重安全隐患。

八、赵某峰在明知该分部分项工程没有按要求组织制定高大支模的安全专项施工方案的情况下，也未确认模板支撑体系是否具备混凝土浇筑的安全生产条件，未签署混凝土浇筑令，未制定和落实模板支撑体系位移的检测监控及施工应急救援预案等安全保证措施，于2013年11月20日上午便开始实施混凝土浇筑。

当日 18 时许，施工工人进行混凝土浇筑时模板支撑体系发生坍塌，致使工人王某旺、陈某意、聂某启等 7 人当场死亡，赵某峰等 2 人重伤，3 人轻伤。

九、湖北省南某县人民法院审理湖北省南某县人民检察院指控被告人衡某辉、赵某峰、杜某发、刘某章、郭某会、邹某华犯重大责任事故罪一案，于 2014 年 10 月 24 日作出（2014）鄂南某刑初字第 00103 号刑事判决。宣判后，被告人衡某辉、赵某峰、杜某发、刘某章不服，均提出上诉。

十、湖北省襄阳（樊）市中级人民法院审理后，认为原审判决认定事实不清，证据不足，于 2015 年 8 月 17 日作出（2015）鄂襄阳中刑终字第 00003 号刑事裁定，撤销原裁定，发回原审法院重新审判。南某县人民法院于 2015 年 10 月 15 日作出（2015）鄂南某刑初字第 00145 号刑事判决。被告人郭某会犯重大责任事故罪，判处有期徒刑三年，缓刑五年。被告人赵某峰犯重大责任事故罪，判处有期徒刑三年，缓刑四年。被告人杜某发犯重大责任事故罪，判处有期徒刑三年，缓刑三年。被告人衡某辉犯重大责任事故罪，判处有期徒刑二年六个月，缓刑三年。被告人刘某章犯重大责任事故罪，判处有期徒刑二年，缓刑三年。被告人邹某华犯重大责任事故罪，免于刑事处罚。

十一、被告人郭某会、赵某峰、衡某辉、刘某章不服，再次提出上诉。湖北省襄阳（樊）市中级人民法院受理后，依法组成合议庭，经过阅卷，讯问上诉人，听取辩护人的意见，认为本案事实清楚，决定不开庭。驳回上诉，维持原判。

法律分析

本案的焦点问题是建工领域的重大责任事故罪应如何认定。云亭建工律师团队认为：对于负有安全生产管理、监督职责的工作人员，应根据其岗位职责、履职依据、履职时间等，综合考察，进而合理确定罪责。

第一，本案构成重大责任事故罪的原因有很多，是多因一果的典型案例。其归罪原因主要包括：一是建设方、施工方未办理《建设工程施工许可证》、借用他人建设施工资质、违规分包工程、聘请无建筑工程施工资质人员承建工程施工、擅自改变工程规划设计；二是施工现场技术负责人无建筑施工相关资质、不组织制定安全专项施工方案、未确认安全生产条件、没有制定检测监控及施工应急救援预案等安全保证措施、冒险组织浇筑混凝土；三是实际施工人没有建筑工程施工资质，聘请无相关资质的人员担任施工现场技术负责人、安全管理人员，负责技术与安全，并任用无特种作业资质的人员上岗作业；四是监理公司违法挂靠、监理不到位；被挂靠单位违法出借资质、不安排有资质人员从事施工管理、对违法分包不制止、对该项目工程质量和安全生产管理不到位。人民法院会依法根据各方被告人的行为对结果发生所产生原因力进行区分，进而区分各被告人在本案中的责任大小、承担刑责的轻重。

第二，最高人民法院《关于进一步加强危害生产安全刑事案件审判工作的意见》第八条规定，多个原因行为导致生产安全事故发生的，在区分直接原因与间接原因的同时，应当根据原因行为在引发事故中所具作用的大小，分清主要原因与次要原因，进而确认主要责任和次要责任，合理确定罪责。一般情况下，对生产、作业负有组织、指挥或者管理职责的负责人、管理人员、实际控制人、投资人，违反有关安全生产管理规定，对重大生产安全事故的发生起决定性、关键性作用的，应当承担主要责任。对于直接从事生产、作业的人员违反安全管理规定，发生重大生产安全事故的，要综合考虑行为人的从业资格、从业时间、接受安全生产教育培训情况、现场条件、是否受到他人强令作业、生产经营单位执行安全生产规章制度的情况等因素认定责任，不能将直接责任简单等同于主要责任。对于负有安全生产管理、监督职责的工作人员，应根据其岗位职责、履职依据、履职时间等，综合考察其工作职责、监管条件、履职能力、履职情况等，合理确定罪责。

实务经验

第一，通常来说，重大责任事故的发生不会是单一原因，而是多种因素多个行为共同作用的结果。这些因素和行为，单独来看的话，似乎都不足以达到犯罪的程度，但实际上却都和事故的发生存在一定的因果关系，正如人们常说的"雪崩时没有一片雪花是无辜的"。一旦发生重大责任事故，对项目工程负有组织、指挥或者管理职责的负责人、管理人、实际控制人、投资人乃至直接从事施工作业的人员都有可能成为重大责任事故的犯罪主体。

第二，在建工领域中，所有参与者，无论是建设方、施工方、监理方还是其他参与者都应有足够的安全生产意识，通过建立健全规章制度、加强施工现场管理、规范施工流程、明确工程参与主体的职责及义务等，来防范事故的发生。

法条链接

《中华人民共和国刑法》（2020年修正）

第一百三十四条 在生产、作业中违反有关安全管理的规定，因而发生重大伤亡事故或者造成其他严重后果的，处三年以下有期徒刑或者拘役；情节特别恶劣的，处三年以上七年以下有期徒刑。

强令他人违章冒险作业，或者明知存在重大事故隐患而不排除，仍冒险组织作业，因而发生重大伤亡事故或者造成其他严重后果的，处五年以下有期徒刑或者拘役；情节特别恶劣的，处五年以上有期徒刑。

法院判决

本院认为，上诉人郭某会作为金某漳国际大酒店及新某汇酒店式公寓工程项目的投资方、建设方，在未办理《建设工程施工许可证》以及安全、质量监督手续的情况下，借用他人建设施工资质，违规分包工程，聘请无建筑工程施工资质人员承建工程施工，擅自改变工程规划设计，是造成事故的主要原因，应负事故主要责任。上诉人赵某峰无建筑施工相关资质，却在金某漳国际大酒店及新某汇酒店式公寓工程项目施工现场履行技术负责人的职责，对高大支模的搭设不组织制定安全专项施工方案，也未确认高大支模是否具备混凝土浇筑的安全生产条件，没有制定模板支撑体系位移的检测监控及施工应急救援预案等安全保证措施，明知高大支模的搭设存在安全隐患，仍冒险组织浇筑混凝土，导致事故的发生，应负事故主要责任。原审被告人杜某发无特种作业资质，违规上岗，作为高大支模搭设的组织者，不编制高大支模系统专项施工方案，并组织无特种作业资质人员搭设高大支模系统，致使搭设的高大支模系统存在安全隐患，也是事故发生的原因之一，对事故发生亦应承担相应的责任。上诉人衡某辉作为金某漳国际大酒店及新某汇酒店式公寓工程项目的实际施工人，没有建筑工程施工资质，聘请无相关资质的人员担任施工现场技术负责人、安全管理人员，负责技术与安全，并任用无特种作业资质的人员上岗作业，亦是导致事故发生的原因之一，亦应承担一定责任。上诉人刘某章明知自己所在的南某监理公司不能对金某漳国际大酒店及新某汇酒店式公寓工程项目进行监理，却违法挂靠襄某大正工程建设监理有限公司承揽该工程项目的监理业务，且在工程项目内容发生重大变更时，不履行监理方的责任，对不符合标准搭设的模板支撑系统监理不到位，亦是造成事故的原因之一,应负相应责任。原审被告人邹某华作为宏某公司襄阳分公司负责人,违法出借资质,不安排有资质人员工程项目从事施工管理,对违法分包不制止,安排非公司人员衡某辉为该项目负责人、安全员,对该项目工程质量和安全生产管理不到位,亦是造成事故的原因之一,应负相应责任。本次事故共造成7人死亡、2人重伤、3人轻伤的严重后果,情节特别恶劣,郭某会、赵某峰、杜某发、衡某辉、刘某章、邹某华的行为均已构成重大责任事故罪。郭某会、杜某发、衡某辉、刘某章、邹某华在事故发生后,主动到公安机关接受调查,并如实供述自己的犯罪事实,系自首,依法可以从轻或减轻处罚。郭某会在案发后真诚悔罪,积极赔偿被害人的经济损失,并取得谅解,可以酌情从轻处罚。郭某会、杜某发、衡某辉、刘某章案发后积极组织、参加救援,可酌情从轻处罚。邹某华犯罪情节轻微不需要判处刑罚,可以免予刑事处罚。

上诉人郭某会上诉及其辩护人辩护称,原判将郭某会排为第一被告不当,对本次事故应当负第一主要责任应当是实际施工人衡某辉以及监理工程师刘某章,郭某会在本次事故中责任极小,其过错和发生安全事故之间因果关系不明显,案发后,郭某会积极赔偿被害人全部属经济损失,并取得谅解,且有自首情节,却被判了最重刑罚,属司法不公。经查,郭某会作为金某漳国际大酒店及新某汇酒店式公寓工程项目的投资方、建设方,在未办理《建设工程施工许可证》的情况下,借用宏某公司的建设施工资质,将工程转包给无建筑工程施工资质的衡某辉承建施工,通过伪造规划管理部门批复文件,擅自改变工程规划设计,随意改变工程图纸,将天井部分的轻钢网架玻璃结构顶棚更改为钢筋混凝土结构,并擅自加天井部分的高度,是造成事故的主要原因,应当负事故主要责任;原判根据郭某会的犯罪事实、情节及对社会危害程度,在法定刑幅度内,判处其有期徒刑三年,缓刑五年,已充分考虑了其具有自首情节,积极赔偿被害人全部经济损失并得到谅解等法定或酌定从轻情节,并已对其从轻处罚。该上诉理由及辩护意见不能成立,本院不予采纳。

上诉人赵某峰上诉称,郭某会为工程的实际承包人,衡某辉是一个没有资质的单包工头,其是衡某辉雇佣的非专职人员,在工程现场仅是一个普通的施工人员,不是技术负责人,附属商品用房单项工程不在衡某辉的承包和管理范围内,天井脚手架是杜某发自己要求木工放线后搭建的,不是其安排的,不归其管,原判认定其承担主要责任事实不清,证据不足。经查,证人王某甲、赵某乙、谷某某、刘某乙、彭某某等人的证言及郭某会、杜某发、刘某章、邹某华等人的供述均证实,赵某峰是受衡某辉雇请,在施工现场履行技术负责人职责。赵某峰明知自己无建筑施工相关资质,仍代替衡某辉具体负责施工现场技术及生产安全管理。虽然附属商品用房单项工程天井部分模板支撑体系搭建费用由郭某会直接支付给模板支撑体系的搭建人,但模板支撑体系仍然是衡某辉与赵某峰安排杜某发等人搭建的,且模板支撑体系搭建完工后,赵某峰亦到现场进行了检查,还让杜某发等人对模板支撑体系的剪刀撑加密加固。其作为施工现场技术及生产安全管理人员,明知天井部分高大支模系统危险性较大,对天井部分高大支模的搭设,没有组织制定安全专项施工方案,在未确认已搭设高大支模系统是否具备混凝土浇筑的安全生产条件,未制定和落实模板支撑体系位移的检测监控及施工应急救援预案等安全保证措施情况下,未签署混凝土浇筑令,就冒险在现场组织浇筑混凝土,导致了事故的发生,应当负事故主要责任。该上诉理由不能成立,本院不予采纳。

  上诉人衡某辉上诉称,原判对其身份认定错误,原判认定金某漳国际大酒店总经理郭某会与其签订施工协议与事实不符,认定其与赵某峰组织杜某发等人施工的事实,证据不足。经查,证人赵某乙、谷某某、刘某乙、彭某某等人的证言,金某漳国际大酒与衡某辉签订的协议书,宏某公司《关于成立金某漳国际大酒店及新某汇酒店式公寓工程项目部的通知》及郭某会、杜某发、刘某章、邹某华等人的供述等证据均证实衡某辉是金某漳国际大酒店及新某汇酒店式公寓工程项目实际上的施工方(单包工),并被宏某公司任命该项目的安全员。证人刘某乙等人的证言及郭某会、杜某发的供述还证实是衡某辉让杜某发组织人搭建附属商品用房单项工程天井部分模板支撑体系。上述证据之间能相互印证,足以认定。该上诉理由不能立,本院不予采纳。衡某辉的辩护人辩护称,郭某会作为金某漳酒店式公寓项目的投资方、建设方、施工方,应对事故负全部责任;衡某辉并非金某漳酒店式公寓项目的项目负责人和安全员,也未借用其他公司资质承建工程,在郭某会违法变更工程设计后也未参与事故工程天井部分的施工,事故的发生与衡某辉没有刑法上的因果关系。经查,虽然并非衡某辉借用他人公司资质,但其作为施工方负责人,违反规范建筑行业的相关法律法规规定,聘请无相关资质的人员担任施工现场技术负责人、安全管理人员负责技术与安全,任用无特种作业资质的人员上岗,与本案的发生具备刑法上的因果关系,应当承担相应的刑事责任。该辩护意见不能成立,本院不予采纳。

  上诉人刘某章上诉及其辩护人辩护称,监理合同是金某漳国际大酒店有限公司与襄某市大正工程建设监理有限公司签订的，并非郭某会与刘某章签订的，刘某章不是附属商品用房单项工程的总监理工程师，附属商品用房单项工程不在监理合同约定的监理范围内，对该单项工程刘某章没有监理职责，事故的发生与刘某章的监理行为不具备刑法上的因果关系，监理单位及监理人员对监理范围内的工程履行了监理职责，请求改判刘某章无罪。经查，刘某章因自己所在南某监理公司只有14层以下建筑的监理资质，对金某漳国际大酒店及新某汇酒店式公寓工程项目不能进行监理情况下，为了承揽该工程的监理业务，违法挂靠襄某大正监理公司承揽金某漳酒店式公寓项目的监理业务，监理合同虽然是金某漳国际大酒店有限公司与襄某市大正工程建设有限公司签订的，但实际上是刘某章所在的南某县监理公司在对该工程进行监理，并且襄某大正监理公司也下文成立了金某漳国际大酒店有限公司新某汇酒店式公寓及酒店工程项目监理部，并任命刘某章为该工程项目总监理工程师。从表面看，附属商品用房单项工程不在监理协议内，但附属商品用房单项工程是金某漳国际大酒店有限公司新某汇酒店式公寓及酒店工程项目的一部分，不能分割，且现有证据能够证实刘某章等人仍在履行对附属商品用房单项工程监理职能。刘某章作为该项目的总监理工程师，明知施工方对危险性较大的分部分项工程没有制定施工方案，却不提出编制审查要求，对施工单位未编制高大模板支撑系统安全专项方案擅自组织施工的行为，既不制止，也不报告，现场施工监管失控，在施工单位未报送混凝土浇筑专项施工方案、未签署浇筑令、未对支撑架体进行安全检查验收的情况下，放任施工人员进行混凝土浇筑作业，对不符合标准搭设的模板支撑系统监理不到位，与事故的发生有一定的因果关系，应承担相应的刑事责任。该上诉理由及辩护意见不能成立，本院不予采纳。原审判决认定事实清楚，证据确实、充分，定罪准确，量刑适当。审判程序合法。

案件来源

郭某某等六人犯重大责任事故罪一案二审刑事裁定书｜湖北省襄阳市中级人民法院·（2015）鄂襄阳中刑终字第00241号

延伸阅读

案例一：季某光重大责任事故罪二审刑事裁定书 | 江苏省苏州市中级人民法院·（2019）苏 05 刑终 466 号

季某光在施工作业中，违反安全管理规定，因而发生重大伤亡事故，其行为已构成重大责任事故罪。上诉人季某光如实供述自己的罪行，依法可以从轻处罚。关于辩护人提出的上诉人非本罪适格犯罪主体的辩护意见，经查，根据相关法律规定，本罪的犯罪主体包括对生产、作业负有组织、指挥或者管理职责的负责人或管理人员。上诉人季某光的供述及证人姚某等人的证言，均证实本案所涉房屋修缮工程系季某光从姚某手中转包所得，季某光对该工程负有指挥、管理职责，故上诉人季某光能够成为重大责任事故罪的犯罪主体，辩护人的相关辩护意见不能成立，本院不予采纳。关于辩护人提出被害人于某丙死亡还包括被害人家属放弃治疗以及医院可能存在的治疗不当等因素，应当认定上诉人无罪的辩护意见，经查，姚某、季某光等人在施工过程中违反安全管理规定是本案发生的直接原因。根据证人周某、方某等人的证言及司法鉴定意见，被害人于某丙从高处坠落后，因高位颈髓损伤后继发肺部感染，最终发生呼吸、循环功能衰竭而死亡。综上，季某光违反安全管理规定进行施工作业，与被害人的死亡具有直接的因果关系，其应当承担重大责任事故罪的刑事责任，故辩护人的相关辩护意见不能成立，本院不予采纳。

案例二：姬某巍、李某霖重大责任事故二审刑事裁定书 | 安徽省滁州市中级人民法院·（2019）皖 11 刑终 23 号

上诉人姬某巍负责监管指挥生产，是工程施工的安全生产第一责任人，全面负责工程施工全过程的安全生产，对劳动保护全面负责。但其未认真履行安全生产管理职责，疏于对施工工人的安全教育培训，现场安全管理不到位，安全风险管控不力，对事故的发生应负直接管理责任。

081 实际施工人采取转移财产、逃匿方式逃避支付劳动报酬的，构成拒不支付劳动报酬罪

阅读提示

建筑施工行业是劳动密集型行业，同时也是欠薪最高发的行业。那么，拖欠农民工工资，有哪些法律风险呢？

裁判要旨

实际施工人拖欠劳动者劳动报酬数额较大，并采取关闭手机、更换住所等方式逃避支付，经政府有关部门通知，亦未在指定时间内到指定地点配合解决问题的，构成拒不支付劳动报酬罪。

案情简介

一、被告人刘某敏借用威海市恩某建筑劳务有限公司资质承包了锦某滨城18号楼土建工程。后刘某敏将木工工程分包给包工头孙某灯，将钢筋工程分包给包工头陈某亮，将混凝土及外架工程分包给包工头刘某申。

二、2016年10月工程停工，因刘某敏无力向孙某灯、陈某亮、刘某申等包工头支付约定的工程价款，导致包工头所雇用的农民工上访讨要工资。后经政府部门协调解决了大部分工资问题。截至2017年6月5日，刘某敏仍欠付农民工工资75135元。

三、刘某敏为避开农民工讨要劳动报酬，于2017年6月初到威海市文登区环山东路租房居住，隐匿行踪，并关闭手机。农民工因寻找不到刘某敏的下落，于同年6月7日到山东省信访局上访，后被劝回威海。

四、威海市环翠区人力资源和社会保障局受理投诉后，于2017年6月10日作出威环人社监令字〔2017〕第1007号《劳动保障监察责令改正指令书》，责令刘某敏自收到责令改正指令书之日起1日内支付拖欠的劳动报酬。同日21时32分该局工作人员通过短信向刘某敏手机发出短信，通知刘某敏于2017年6月11日上午9时至该局劳动监察大队接受询问调查，但刘某敏并未按通知前往，

而是继续隐匿行踪。

五、2017年6月14日8时许，威海市公安局环翠分局民警在威海市文登区环山东路3-×号×03室将刘某敏抓获。

六、法院审理认为，被告人刘某敏虽然不具备合法的用工主体资格，但其违法用工并拖欠劳动者数额较大的劳动报酬，在威海市环翠区人力资源和社会保障局通过张贴《劳动保障监察责令改正指令书》和发送短信等能够确认其收悉的方式通知其到场解决问题后，其未在指定的时间内到指定地点配合解决问题，其行为已构成拒不支付劳动报酬罪。

法律分析

本案中，刘某敏挂靠施工，本身不具备合法的用工主体资格，但"不具备用工主体资格"并不妨碍构成拒不支付劳动报酬罪。《最高人民法院关于审理拒不支付劳动报酬刑事案件适用法律若干问题的解释》（法释〔2013〕3号）第七条明文规定"不具备用工主体资格的单位或者个人，违法用工且拒不支付劳动者的劳动报酬，数额较大，经政府有关部门责令支付仍不支付的，应当依照刑法第二百七十六条之一的规定，以拒不支付劳动报酬罪追究刑事责任"。

本案中，刘某敏称其并没有拒不支付劳动报酬的主观故意，是因为发包人违约未支付工程款才导致其拖欠了农民工工资。云亭建工律师团队认为，刘某敏是支付劳动报酬的义务人，其向劳动者支付报酬并不以收到发包人工程款为前提，只要具有"以转移财产、逃匿等方法逃避支付劳动者的劳动报酬"的行为，即涉嫌拒不支付劳动报酬罪，至于发包人是否足额支付了刘某敏工程款，在所不问。退一步讲，即使因为发包人欠付刘某敏工程款才导致其无力支付农民工工资，刘某敏也应该及时采取诉讼、保全等方式积极追索，而不应该采取更换电话、更换住址等方式逃避责任。

工资、奖金、津贴、补贴、加班费等均属于拒不支付劳动报酬罪所指的"劳动报酬"范围。以转移资产、逃匿等方式逃避支付奖金、津贴、补贴、加班费等任何一项，数额较大的，均构成本罪。当然，构成本罪须以"经政府有关部门责令支付仍不支付"为前提，没有经政府部门责令支付而不支付情形，不构成本罪。

实务经验

第一，按时支付劳动报酬是用工主体的法定义务。2019年，国务院颁布实施了《保障农民工工资支付条例》，对工程建设领域农民工工资支付作出了特别规定，要求建立工资支付专户制度、工资与材料款分别拨付制度、总包单位代发工资制度、发包人垫付工资制度，等等。如能严格执行，建筑行业欠薪现象将会大大减少。

第二，承包人（包工头，下同）是支付农民工工资的法定义务人，发包人不是支付农民工工资的直接义务人，所以发包人拖欠工程款不是承包人拒不支付农民工工资的合理理由。承包人应当一边积极协调发包人付款，一边筹集资金支付农民工工资，切勿采取更换电话、更换住址等方式逃避责任。

第三，接到政府部门要求到指定地点解决拖欠工资的电话、短信、微信通知时，一定要按时赶到指定地点，否则将可能构成"以逃匿方法逃避"事由。

第四，万一出现了拖欠农民工工资情形，千万不要采取假离婚、虚构债务、销毁账簿、虚假倒闭等方式逃避责任，以上行为均属于《刑法》第二百七十六条之一第一款规定的"以转移财产、逃匿等方法逃避支付劳动者的劳动报酬"行为，可能会被追究拒不支付劳动报酬罪的刑事责任。

案件来源

刘某敏拒不支付劳动报酬二审刑事裁定书｜山东省威海市中级人民法院·（2018）鲁10刑终35号

法院判决

本院认为，上诉人刘某敏违法用工，拖欠劳动者劳动报酬数额较大，并关闭手机、更换住所逃避支付，经政府有关部门通知，亦未在指定时间内到指定地点配合解决问题，其行为已构成拒不支付劳动报酬罪。刘某敏自愿认罪，可酌情从轻处罚。关于刘某敏及辩护人提出的刘某敏不是一审判决认定的被欠薪工人的直接用工主体的上诉理由和辩护意见。经查，综合证人马某仁、张某1、卓某等人的证言和刘某敏在侦查阶段供述的事实能够认定，刘某敏于2017年3月至6月雇佣工人从事工地扫尾工作，王某、刘某伍、马某等人是带领孙某、张某1、蒋某等多名工人在工地上进行扫尾工作的领班,孙某、张某1、蒋某、马某、张某2、卓某、黄某、郭某、段某1、刘某、段某2等工人的工资应由刘某敏支付,刘某敏确系上述11名工人的直接用工主体,刘某敏及其辩护人的该上诉理由和辩护意见与查明事实不符,本院不予采纳。关于刘某敏及辩护人所提刘某敏没有拒不支付工人劳动报酬的主观故意,其系因发包人违约导致无力支付工人工资,另外其关闭手机、更换住所的原因是被欠薪工人要求其带队上访其不愿意的上诉理由和辩护意见。经查,刘某敏明知自己欠付工人劳动报酬,而被欠薪工人也在找其索要劳动报酬,仍关闭手机,更换住所,致使工人因无法与其取得联系,集体上访讨要工资,经政府有关部门通知后,刘某敏仍不出面配合调查和解决问题,其主观上显然有拒不支付工人劳动报酬的故意。上述工人系其直接雇用,发包人有无欠付其工程款,不能成为其逃避支付工人劳动报酬的理由,另外其关于关闭手机、更换住所的原因是被欠薪工人要求其带队上访的上诉辩解理由,亦无证据佐证,综上,刘某敏及辩护人的该上诉理由和辩护意见不能成立,本院不予采纳。原审判决认定事实和适用法律正确,量刑适当,审判程序合法。依照《中华人民共和国刑事诉讼法》第二百二十五条第一款第(一)项之规定,裁定如下:驳回上诉,维持原判。

法条链接

《中华人民共和国刑法》(2020年修正)

第二百七十六条之一 以转移财产、逃匿等方法逃避支付劳动者的劳动报酬或者有能力支付而不支付劳动者的劳动报酬,数额较大,经政府有关部门责令支付仍不支付的,处三年以下有期徒刑或者拘役,并处或者单处罚金;造成严重后果的,处三年以上七年以下有期徒刑,并处罚金。

单位犯前款罪的,对单位判处罚金,并对其直接负责的主管人员和其他直接责任人员,依照前款的规定处罚。

有前两款行为,尚未造成严重后果,在提起公诉前支付劳动者的劳动报酬,并依法承担相应赔偿责任的,可以减轻或者免除处罚。

《最高人民法院关于审理拒不支付劳动报酬刑事案件适用法律若干问题的解释》(法释〔2013〕3号)

第一条 劳动者依照《中华人民共和国劳动法》和《中华人民共和国劳动合同法》等法律的规定应得的劳动报酬,包括工资、奖金、津贴、补贴、延长工作时间的工资报酬及特殊情况下支付的工资等，应当认定为刑法第二百七十六条之一第一款规定的"劳动者的劳动报酬"。

第二条 以逃避支付劳动者的劳动报酬为目的，具有下列情形之一的，应当认定为刑法第二百七十六条之一第一款规定的"以转移财产、逃匿等方法逃避支付劳动者的劳动报酬"：

（一）隐匿财产、恶意清偿、虚构债务、虚假破产、虚假倒闭或者以其他方法转移、处分财产的；

（二）逃跑、藏匿的；

（三）隐匿、销毁或者篡改账目、职工名册、工资支付记录、考勤记录等与劳动报酬相关的材料的；

（四）以其他方法逃避支付劳动报酬的。

第三条 具有下列情形之一的，应当认定为刑法第二百七十六条之一第一款规定的"数额较大"：

（一）拒不支付一名劳动者三个月以上的劳动报酬且数额在五千元至二万元以上的；

（二）拒不支付十名以上劳动者的劳动报酬且数额累计在三万元至十万元以上的。

各省、自治区、直辖市高级人民法院可以根据本地区经济社会发展状况，在前款规定的数额幅度内，研究确定本地区执行的具体数额标准，报最高人民法院备案。

第四条 经人力资源社会保障部门或者政府其他有关部门依法以限期整改指令书、行政处理决定书等文书责令支付劳动者的劳动报酬后，在指定的期限内仍不支付的，应当认定为刑法第二百七十六条之一第一款规定的"经政府有关部门责令支付仍不支付"，但有证据证明行为人有正当理由未知悉责令支付或者未及时支付劳动报酬的除外。

行为人逃匿，无法将责令支付文书送交其本人、同住成年家属或者所在单位负责收件的人的，如果有关部门已通过在行为人的住所地、生产经营场所等地张贴责令支付文书等方式责令支付，并采用拍照、录像等方式记录的，应当视为"经政府有关部门责令支付"。

第七条 不具备用工主体资格的单位或者个人，违法用工且拒不支付劳动者的劳动报酬，数额较大，经政府有关部门责令支付仍不支付的，应当依照刑法第二百七十六条之一的规定，以拒不支付劳动报酬罪追究刑事责任。

第八条 用人单位的实际控制人实施拒不支付劳动报酬行为，构成犯罪的，应当依照刑法第二百七十六条之一的规定追究刑事责任。

《关于加强涉嫌拒不支付劳动报酬犯罪案件查处衔接工作的通知》（人社部发〔2014〕100号）

一、切实加强涉嫌拒不支付劳动报酬违法犯罪案件查处工作

……

（二）行为人拖欠劳动者劳动报酬后，人力资源社会保障部门通过书面、电话、短信等能够确认其收悉的方式，通知其在指定的时间内到指定的地点配合解决问题，但其在指定的时间内未到指定的地点配合解决问题或明确表示拒不支付劳动报酬的，视为刑法第二百七十六条之一第一款规定的"以逃匿方法逃避支付劳动者的劳动报酬"。但是，行为人有证据证明因自然灾害、突发重大疾病等非人力所能抗拒的原因造成其无法在指定的时间内到指定的地点配合解决问题的除外。

（三）企业将工程或业务分包、转包给不具备用工主体资格的单位或个人，该单位或个人违法招用劳动者不支付劳动报酬的，人力资源社会保障部门应向具备用工主体资格的企业下达限期整改指令书或行政处罚决定书，责令该企业限期支付劳动者劳动报酬。对于该企业有充足证据证明已向不具备用工主体资格的单位或个人支付了劳动者全部的劳动报酬，该单位或个人仍未向劳动者支付的，应向不具备用工主体资格的单位或个人下达限期整改指令书或行政处理决定书，并要求企业监督该单位或个人向劳动者发放到位。

延伸阅读

案例一：被告人王某某拒不支付劳动报酬一案二审刑事裁定书｜辽宁省葫芦岛市中级人民法院·（2015）葫刑终字第00152号

本院认为，被告人王某某作为承建香某花都15号楼的实际承包人，在收到辽宁兴某房地产建筑开发集团有限公司及葫芦岛九某建筑工程有限公司支付的工程款后，更换电话号码失去联系，工人多次寻找王某某，王某某均以"现在手里没钱""甲方未结账"等言词推脱工人，拒绝支付工资，后王某某在给个别工人打下欠条后便再次失去联系。被告人王某某以逃匿方法逃避支付劳动者的劳动报酬，数额较大，其行为已经构成拒不支付劳动报酬罪，依法应承担相应的刑事

责任。

关于上诉人王某某及其辩护人所提，王某某不具备拒不支付劳动报酬罪的主体资格的上诉理由及辩护意见。经查，上诉人王某某通过向九某公司缴纳管理费的方式挂靠在该公司进而使用该公司的名义与资质同兴某集团签订建设施工合同，承建香某花都小区15号楼，上诉人王某某系实际的施工与用工主体，依法应承担给付劳动者劳动报酬的法定义务，故其具有构成拒不支付劳动报酬罪的主体资格，对此上诉理由及辩护意见，依法不能予以支持。

关于上诉人王某某及其辩护所提，九某公司没有将工程款407884元向王某某支付，导致王某某无力支付工人工资的上诉理由及辩护意见。经查，根据兴某集团、九某公司出具的说明及相关付款凭证，证人宋某生证实，收条等证据，该407884元工程款已由兴某集团直接向王某某支付，并未通过九某公司。现没有证据证实九某公司隐匿王某某的工程款，故对此上诉理由，依法不能予以支持。

关于上诉人王某某及其辩护人所提，龙港区劳动监察大队的劳动保障监察责令改正决定书并未向其本人送达，故不应追究其刑事责任的辩护意见，经查，该劳动保证监察责令改正决定书因被告人王某某已经逃匿，故无法送达至本人手中，但已送达至其挂靠单位九某公司。应视为已经向被告人王某某送达，故对此上诉理由及辩护意见，依法不能予以支持。

案例二：黄某洪拒不支付劳动报酬罪一案刑事二审裁定书｜广东省梅州市中级人民法院·（2020）粤14刑终162号

经审理查明，原审判决认定上诉人黄某洪拖欠被害人刘某2、马某1、白某1等71名工人的工资共计6510391.6元，在大埔县人力资源和社会保障局向其发出了《劳动保障监察限期改正指令书》，责令其在2019年8月19日前足额支付工人工资，但上诉人黄某洪在此限期内仍不支付。经立案侦查后，在提起公诉前已支付清劳动者报酬的事实清楚，证据确实充分，本院予以确认。二审期间，检辩双方均未提交新的证据。

对于上诉人黄某洪提出的上诉意见，综合评价如下：1. 关于双方签订合同工程数额及实际支付工程款的数额的问题。原审判决认定的94000000元的工程数额，不是大埔县建筑工程有限公司（甲方）与上诉人黄某洪（乙方）签订合同的工程总额，而是双方签订的合同中已经完工的工程数额。根据双方当事人于2019年4月24日签订的《大埔翰某华府二期工程黄某洪施工班组劳务分包合同补充协议》，双方已经确认甲方已支付乙方工程款合计90656429元，该书面证据与本案的其他在案证据能相互印证,并形成一条完整闭合的证据链。2. 认定上诉人黄某洪拖欠工人工资共计6510391.6元的事实,有证人黄某兵、张某兰、刘尼某的证言,被害人白某钢、刘某2、马某1等71名工人的陈述及在案的相关书面证据材料等证据证实,71名工人中虽然有部分工人反映上诉人黄某洪所欠的款项中有小部分是材料款,但根据《最高人民法院关于审理拒不支付劳动报酬刑事案件适用法律若干问题的解释》第三条"具有下列情形之一的,应当认定为刑法第二百七十六条之一第一款规定的'数额较大':(二)拒不支付十名以上劳动者的劳动报酬且数额累计在三万元至十万元以上的"规定,上诉人黄某洪的行为已构成拒不支付劳动报酬罪。

本院认为,上诉人黄某洪有能力支付而不支付劳动者的劳动报酬,数额较大,经政府有关部门责令支付仍不支付,其行为已构成拒不支付劳动报酬罪。

082 虚报工程量进行结算,构成犯罪吗?

阅读提示

建设工程施工周期长、情况复杂,承包人提交的结算报告与发包人的审核结果往往差异巨大。造成差异的原因,有时候是双方对合同或工程量的理解问题,有时候也存在承包人故意虚报工程量问题。承包人虚报工程量获取不当收益,是否涉嫌刑事犯罪呢?

裁判要旨

承包人以非法占有为目的,在施工、结算等合同履行过程中制作虚假的竣工图纸、签证单,骗取对方数额较大财物的,构成合同诈骗罪,应依法追究刑事责任。

案情简介

一、被告人康某、艾某疆冒用哈尔滨某建筑保温工程有限公司的名义承揽沈阳市某文化宫露天修缮及装修工程。其中在游泳池回填工程中,被告人采用下层用毛石回填,上层用混凝土回填。

二、被告人康某、艾某疆为了多得到工程款，联合被告人任某（时任工程监理、另案处理）制作虚假的竣工图纸、签证单，将游泳池回填工程全部记载为混凝土回填。致使造价单位按照回填材料为混凝土进行了计取。

三、经中某工程技术有限公司勘察、瑞某工程管理有限公司鉴定，被告人康某、艾某疆在游泳池回填项目上，共骗取沈阳市某文化宫 108685.30 元。

四、经法院审理，认定被告人康某、艾某疆在合同履行过程中，骗取对方财物数额巨大，构成合同诈骗罪。

法律分析

在合同履行过程中，以非法占有为目的，虚构事实骗取对方数额较大财物的，涉嫌构成合同诈骗罪。本案中，被告人康某、艾某疆在游泳池回填施工中，实际下层用毛石回填、上层用混凝土回填，而在结算报告中全部按价格较高的混凝土回填材料计价结算，虚报工程款 108685.30 元，骗取发包人财物并非法占有的主观故意十分明显，所以构成合同诈骗罪。

如果承包人基于自身对合同条款和工程量的理解，编制了存在错误的结算报告，或者因为疏忽大意编制了错误的结算报告，发包人发现后对结算数额进行了大量核减，这种情况下，因承包人没有非法占有的主观故意，所以不构成合同诈骗罪。

实务经验

对合同条款、工程量存在不同理解是认识问题，属于民事争议范畴。编造虚假的事实、材料进行结算，就不仅是民事争议范畴，而可能涉嫌刑事犯罪。云亭建工律师团队提醒广大承包人，一定要诚信为本，切记不可编造虚假材料冒领工程款。

案件来源

康某、艾某疆合同诈骗罪一审刑事判决书 | 辽宁省沈阳市沈河区人民法院·（2019）辽 0103 刑初 147 号

法院判决

经审理查明，2013 年 5 月 15 日，被告人康某、艾某疆冒用哈尔滨某建筑保

温工程有限公司的名义承揽沈阳市某文化宫露天修缮及装修工程。在游泳池回填中，下层用毛石进行回填，上层用混凝土进行回填。被告人康某、艾某疆为了多得到工程款，联合被告人任某（时任工程监理、另案处理）制作虚假的竣工图纸、签证单，致使造价单位按照回填材料为毛石混凝土进行了计取，经中某工程技术有限公司勘察，瑞某工程管理有限公司鉴定，被告人康某、艾某疆在游泳池回填项目上，共骗取沈阳市某文化宫108685.30元。

本院认为，被告人康某、艾某疆以非法占有为目的，在履行合同过程中，骗取对方当事人财物，数额较大，已构成合同诈骗罪，应依法承担刑事责任。公诉机关指控被告人康某、艾某疆犯合同诈骗罪罪名成立。

法条链接

《中华人民共和国刑法》（2020年修正）

第二百二十四条　有下列情形之一，以非法占有为目的，在签订、履行合同过程中，骗取对方当事人财物，数额较大的，处三年以下有期徒刑或者拘役，并处或者单处罚金；数额巨大或者有其他严重情节的，处三年以上十年以下有期徒刑，并处罚金；数额特别巨大或者有其他特别严重情节的，处十年以上有期徒刑或者无期徒刑，并处罚金或者没收财产：

（一）以虚构的单位或者冒用他人名义签订合同的；

（二）以伪造、变造、作废的票据或者其他虚假的产权证明作担保的；

（三）没有实际履行能力，以先履行小额合同或者部分履行合同的方法，诱骗对方当事人继续签订和履行合同的；

（四）收受对方当事人给付的货物、货款、预付款或者担保财产后逃匿的；

（五）以其他方法骗取对方当事人财物的。

延伸阅读

案例一：李某合同诈骗罪二审刑事裁定书｜吉林省白城市中级人民法院·（2020）吉08刑终128号

被告人李某与他人签订承包白城市东某渠工程施工合同，李某在未施工的情况下，将虚假的施工数据提供给技术员李某亮让其向白城市中某城市基础设施建设有限公司出具东某渠施工工程量报告，虚报完成清淤工程7.8公里，骗取国家专项资金910822元。法院认为，被告人李某以非法占有为目的，虚构事实，隐瞒真相，在与分包商签订东某渠清淤工程施工合同后，虚构施工数据，骗取国家专项资金 910822 元，数额巨大，其行为已构成合同诈骗罪，依法应予以惩处。

案例二：杨某华合同诈骗罪一审刑事判决书 | 山西省长治市城区人民法院·(2018) 晋 0402 刑初 379 号

经审理查明，2009 年 7 月 17 日，王某庄（已起诉）以长治市某建筑总公司分公司名义与长治市某园签订施工合同。其间，被告人杨某华明知王某庄欲在履行承建合同中虚报工程量骗取结算款，仍协助王某庄虚报地基部分、干挂石材部分的挖土方外运、干铺毛石垫层、房心素土垫层、铁件、型钢骨架等数据，伪造该工程基槽验收图、经济签证、建筑安装工程结算书，虚报工程量，取得工程结算金 7876109.59 元。2017 年 12 月 4 日，经山西省潞城司法鉴定中心出具司法鉴定意见：长治市某园东、西陈列馆工程造价鉴定金额为 6295636.99 元。综上，被告人杨某华协助王某庄骗取工程款 1580472.6 元。上述事实，被告人杨某华在开庭审理过程中亦无异议，且有受案登记表、立案决定书、工程预算表、工程结算书、经济签证、情况说明等书证；鉴定意见；辨认笔录；证人罗某、曹某、宋某、梁某、李某、刘某等人的证言；被告人杨某华及其同案犯王某庄的供述等证据证实，足以认定。本院认为，被告人杨某华协助他人在履行合同过程中骗取对方当事人财物，数额特别巨大，其行为已构成合同诈骗罪。

案例三：莫某合同诈骗罪案 | (2008) 粤高法刑二终字第 258 号

2004 年 3 月 2 日，东莞市南某街道办南外环白某段道路工程在该办事处招投标所公开招投标，被告人莫某以辽宁省鞍山某公司的名义中标，中标价为 526 万元。同年 3 月 4 日，南某重点办与鞍山某公司以该中标价签订《工程承发包合同书》，该合同约定增加工程造价超过中标价 15% 的增加工程款以中标时的下降率 39.73% 进行结算，后经施工方与建设方协商该下降率调整为 29.09%。南某重点办委托东莞市某建设工程监理有限公司承担该工程的监理业务。2004 年 4 月，东莞市南外环白某段道路工程开始施工，南某重点办委派该办项目部副主任张某辉为工程的项目经理，与工程技术部的郑某宇、工程监理张某伟组成项目小组负责工程监管。由于南某重点办事先未对该路段路基做地质勘察，施工方进场施工后发现部分路段是软基，无法按原设计方案进行施工。后该道路工程设计方长春市市某工程设计院对南外环白某段软基路段出具了《路基处理意见》，对原设计方案进行变更设计，致使该道路工程在原合同标的外增加大量软基处理工程。莫某在南外环白某路段的软基处理工程施工中，未按照《路基处理意见》的具体要求施工，偷工减料。但在该工程的《增（减）工程现场签证记录》中，莫某则以开挖松散土及淤泥运走、软基处治回填片石、铺土工格栅、回填土方、软基处治打松木桩等名义，虚增工程量，骗取工程项目小组张某辉、张某伟、郑某宇对现场签证记录的签名确认。增加工程施工完毕后，莫某按照《增（减）工程现场签证记录》确认的虚假工程量向南某重点办索要工程款。2004年6月至2005年7月间，莫某先后七次通过鞍山市政公司东莞项目部账户收取东莞市南某街道办支付的南外环白某段道路增加工程款2350.66万元。经工程造价司法鉴定，南外环白某段道路增加工程部分实际造价为484.15万元（未下浮的实际造价）。南某街道办支付的增加工程款扣减增加工程的实际造价，再扣减尚未支付的合同内工程款52.6万元后，莫某共骗得南某街道办1813.9万元。该款至今仍未追回。

本院认为，上诉人莫某以非法占有为目的，在履行建设工程承包合同过程中，虚报工程量，骗取建设方工程款，数额特别巨大，其行为已构成合同诈骗罪，依法应予惩处。

第八部分 程序问题

083 工程进度款的诉讼时效从何时起算?

阅读提示

工程款一般分为预付款、进度款、结算款。工程进度款通常情况下按承包人每月完成工程量的一定比例支付。承发包双方发生纠纷后,发包人常常以承包人主张的某期进度款已经超过诉讼时效为由进行抗辩。法院对此如何处理?

裁判要旨

工程进度款属于工程款的一部分,属于《民法典》总则编规定的"同一债务分期履行",诉讼时效从工程款最后一期履行期限届满之日起算。

案情简介

一、2009年12月18日,某鼎公司(甲方)与某建公司(乙方)签订《建设工程施工合同》,约定:某建公司承包某鼎公司南部新区火车南站片区7号地块商住楼工程;合同价款:暂定合同价款为2.5亿元。工程款支付:(1)无预付款。(2)垫资款:乙方施工至垫资部位前三个月,甲方先行支付乙方3000万元;乙方施工至主体5层钢筋混凝土顶板完工时,五日内甲方向乙方支付垫资总额30%的工程款,前期已提前支付的3000万元工程款相应扣回,如未足从下次付款中继续扣回;乙方施工至主体20层钢筋混凝土顶板完工时,五日内甲方向乙方支付垫资总额20%的工程款;乙方施工至钢筋砼主体结构封顶后,五日内甲方向乙方支付垫资总额20%的工程款;乙方施工至钢筋砼主体结构工程封顶后三个月内,甲方向乙方支付垫资总额10%的工程款。(3)进度款:从主体钢筋混凝土工程6层起，工程款每月支付一次，按经甲方审核的当月完成的工程量的75%支付；工程竣工验收达到合同约定的质量标准时，甲方支付至工程总价的80%。(4) 结算款：工程竣工前开始办理结算，工程结算完备并验收合格后120天付至结算价款的97%。(5) 保修金：质保期满后一次性支付。

二、工程竣工后，某鼎公司提起诉讼，请求判令某建公司赔偿逾期竣工违约金1亿元。某建公司提起反诉，请求判令某鼎公司支付垫资款、进度款的逾期付款违约金。

三、一审法院查明，某鼎公司确实存在逾期支付垫资款和进度款情形。某鼎公司以某建公司所主张的逾期支付垫资款、进度款违约金已超诉讼时效进行抗辩。

四、一审法院以涉案合同约定分期支付的垫资款、进度款均属于工程款，属于同一债务分期履行，诉讼时效应从最后一期履行期限届满之日起算，支持了某建公司反诉请求。

五、某鼎公司不服一审判决，向最高法院提起上诉。最高法院维持了关于诉讼时效的判项。

法律分析

本案的焦点问题是工程进度款的诉讼时效何时起算。

《民法典》对同一债务分期履行和定期债务制定了不同的诉讼时效起算规则。同一债务分期履行，核心在于债务中每一期债务的内容和范围在债务发生时即已确定，各期债务实质上是同一债务的完整履行，各期债务具有整体性和唯一性，故此类债务的诉讼时效期间，应当依照《民法典》第一百八十九条之规定从最后一期债务履行期限届满之日起算。而定期履行之债，是指虽然债务关系已经确立，但是每一期债务发生的内容和范围并未自始确定，而是随着债务关系进程的延伸而逐期展开，并分别产生内容、范围均可能不同的债务。故，定期履行债务的核心特征是各期债务彼此均为独立之债，不具有整体性和唯一性，诉讼时效期间应当自每一期债务履行期间届满之日起分别起算。

建设工程施工合同案中，工程款无论是"预付款+进度款+结算款"，还是"进度款+结算款"，本质上仍属于同一债务的分期履行，诉讼时效应从最后一期履行期限届满之日起算，而非分别计算。

实务经验

第一，建设工程施工领域，工程完工后承发包双方多年未就结算达成一致的现象并不鲜见，此种情况下诉讼时效从何时起算呢？工程竣工之日？发包人实际占有之日？合同约定的工程款支付之日？云亭建工律师团队认为，在未就结算达成一致情况下，债务金额尚不确定，诉讼时效期间尚未起算。

第二，已经超过结算款诉讼时效，但未超过质保金诉讼时效的情形下，承包人能否以结算款与质保金系"同一债务分期履行"为由，主张全部工程款的诉讼时效从质保金履行期限届满之日起算呢？云亭建工律师团队认为，虽然质保金也是结算款的一部分，但质保金具有工程质量担保功能，能否退还以工程质量是否有缺陷、承包人是否履行修复义务为条件，与结算款性质不同，结算款（除质保金外）与质保金诉讼时效应分别起算。

法条链接

《中华人民共和国民法典》（2021年1月1日实施）

第一百八十九条 当事人约定同一债务分期履行的，诉讼时效期间自最后一期履行期限届满之日起计算。

法院判决

最高人民法院在本案民事判决书中就某鼎公司应否承担逾期支付工程进度款垫资款、逾期退还履约保证金、违约金及履约保证金利息论述如下：

某鼎公司对未按照施工合同约定时间支付工程进度款垫资款不持异议，但主张部分逾期付款违约金已过诉讼时效，部分迟延付款有正当理由。《最高人民法院关于审理民事案件适用诉讼时效制度若干问题的规定》第五条规定，当事人约定同一债务分期履行的，诉讼时效期间从最后一期履行期限届满之日起计算。工程进度款系分期支付，某鼎公司以部分逾期付款违约金超过诉讼时效作为抗辩，不予采纳。

案件来源

成都某鼎置业有限公司、成都市某建筑工程公司建设工程施工合同纠纷二审

民事判决书 | 最高人民法院·（2016）最高法民终 476 号

> 延伸阅读

  案例一：海南香某湾海滨假日酒店有限公司建设工程施工合同纠纷再审审查与审判监督民事裁定书 | 最高人民法院·（2018）最高法民申 284 号

  关于某通建设公司起诉主张支付工程进度款是否超过诉讼时效的问题。《最高人民法院关于审理民事案件适用诉讼时效制度若干问题的规定》第五条规定，当事人约定同一债务分期履行的，诉讼时效期间从最后一期履行期限届满之日起计算。工程进度款是工程款的一部分，因双方对结算有争议，涉案工程至今尚未结算，根据该司法解释的上述规定，某通建设公司于 2012 年 7 月 27 日诉请支付工程结算款，重审中于 2015 年 9 月 1 日变更为支付工程进度款，并未超过诉讼时效。退一步讲，即使认为本案超过诉讼时效，香某湾酒店公司在一审中并未提出诉讼时效抗辩，根据上述司法解释第四条的规定，当事人在一审期间未提出诉讼时效抗辩，在二审期间提出的，人民法院不予支持。举轻以明重，香某湾酒店公司在再审申请中提出的该项理由，本院亦不予认可。故香某湾酒店公司主张某通建设公司的起诉已过诉讼时效，没有事实和法律依据，本院不予支持。

  案例二：扬州宏某钢结构工程有限公司（原安某建设集团扬州宏某钢结构工程有限公司）与丹阳市荆某建筑工程有限公司、江苏微某科技有限公司建设工程施工合同纠纷二审民事判决书 | 江苏省高级人民法院·（2016）苏民终 465 号

  关于争议焦点二，最高人民法院《关于审理民事案件适用诉讼时效制度若干问题的规定》第五条规定，当事人约定同一债务分期履行的，诉讼时效期间从最后一期履行期限届满之日起计算。本案中，微某公司、荆某公司和宏某公司签订的联合声明附件 2 对工程款的分期支付作了具体约定，微某公司应于 2012 年 6 月 30 日付至工程总价的 95% 并将变更增加金额全部结清，2013 年春节前（即 2013 年 2 月 10 日）退还 5% 质保金，宏某公司起诉主张工程款包括该质保金，因此根据上述司法解释规定，诉讼时效应计算至 2015 年 2 月 10 日，原审法院据此认定宏某公司于 2015 年 1 月 20 日提起本案诉讼未超过诉讼时效，亦无不当。

084 当事人对工程款进行了初步结算，最终金额未确定，诉讼时效应否起算？

阅读提示

《民法典》规定"诉讼时效期间自权利人知道或者应当知道权利受到损害以及义务人之日起计算"。建设工程中，承发包双方仅进行了初步结算，对具体应付款金额并未最终达成一致意见，承包人起诉的，诉讼时效期间应从何时起算？

裁判要旨

承发包双方仅进行了初步结算，未就最终结算金额达成一致，债权债务关系没有最终确定，诉讼时效不应从初步结算时起算。

案情简介

一、1994年至2000年，熊某林承接了化某建公司发包的多项工程。

二、2001年5月12日，熊某林与化某建公司进行了初步结算，但对其中五项工程并未达成一致意见。

三、此后，熊某林向化某建公司索要工程款并要求对尚未达成一致的工程进行结算，化某建公司陆续支付了部分工程款。

四、2009年11月18日，化某建公司在支付了一笔工程款后便再未支付，双方也未就工程款的支付情况进行核算。

五、2010年12月30日及2011年11月20日，熊某林向化某建公司发送了要求结算和付款的催告函。

六、2013年1月28日，熊某林以化某建公司未支付涉案五项工程的工程款为由向法院起诉。

七、化某建公司主张熊某林的起诉已过诉讼时效，一、二审法院均认为，熊某林的起诉并未超过诉讼时效。

八、化某建公司不服，向最高人民法院申请再审，最高人民法院驳回了其再审申请。

法律分析

本案的焦点问题是诉讼时效期间应从何时起算，熊某林的起诉是否超过诉讼时效。

第一，根据《民法典》第一百八十八条规定，诉讼时效期间自权利人知道或者应当知道权利受到损害以及义务人之日起计算。

本案中，双方在 2001 年进行了初步结算，但对其中五项工程并未达成一致意见，最终结算金额未确定，诉讼时效不应从初步结算之日起算。化某建公司于 2009 年 11 月 18 日支付了最后一笔工程款，此后再未支付。因此，熊某林主张 2009 年 11 月 18 日是其知道自己的权利受到侵害的时间，诉讼时效应从此起算，有事实依据。

第二，《民法典》第一百九十五条规定，权利人向义务人提出履行请求的，诉讼时效中断，从中断、有关程序终结时起，诉讼时效期间重新计算。

2010 年 12 月 30 日及 2011 年 11 月 20 日，熊某林向化某建公司发送了要求结算和付款的催告函，属于权利人（熊某林）向义务人（化某建公司）提出履行请求，催告函产生诉讼时效中断的法律效果，诉讼时效期间应从 2011 年 11 月 20 日开始重新计算，熊某林于 2013 年 1 月 28 日向法院起诉，未超过诉讼时效。

实务经验

第一，如果结算和支付问题仍在磋商阶段，双方未就工程款结算达成一致，即使进行了初步结算，工程款最终数额未能确定，则承发包人之间的权利义务关系仍处在不确定的状态，诉讼时效不应起算。

第二，建设工程施工合同无效时，发包人仍需要参照合同的约定支付工程款，但法律对此种情形下诉讼时效期间应从何时起算没有作出明确规定，司法实践中对此也有争议。有的法院认为，应从法院确认合同无效时开始起算诉讼时效，也有法院认为，应从承包人知道或者应当知道权利被侵害时开始计算，也即合同相对方怠于履行付款义务时开始计算。鉴于司法机关对此问题的认定有分歧，云亭建工律师团队建议施工企业尽早行使权利。

第三，诉讼时效期间自合同相对方怠于履行付款义务时开始计算，也就是从发包人应付而未付工程款的时间开始起算，如果双方当事人明确约定了付款时间，则对诉讼时效起算时间的认定比较简单。

第四，如果当事人对付款时间没有约定或者约定不明，法院可能参照《建设工程司法解释（一）》第二十七条，将下列时间视为应付款时间：建设工程已实际交付的，为交付之日；建设工程没有交付的，为提交竣工结算文件之日；建设工程未交付，工程价款也未结算的，为当事人起诉之日。

第五，如果承包人仅向发包人主张了本金债权，由于利息系法定孳息，相较于本金债权而言具有从属性，只要承包人未明确表示放弃利息债权，则不应视为其放弃了该项权利，也就是说，承包人主张本金债权而发生的诉讼时效中断的法律效果及于利息债权。

法条链接

《中华人民共和国民法典》（2021年1月1日实施）

第一百八十八条 向人民法院请求保护民事权利的诉讼时效期间为三年。法律另有规定的，依照其规定。

诉讼时效期间自权利人知道或者应当知道权利受到损害以及义务人之日起计算。法律另有规定的，依照其规定。但是，自权利受到损害之日起超过二十年的，人民法院不予保护，有特殊情况的，人民法院可以根据权利人的申请决定延长。

第一百九十五条 有下列情形之一的，诉讼时效中断，从中断、有关程序终结时起，诉讼时效期间重新计算：

（一）权利人向义务人提出履行请求；

（二）义务人同意履行义务；

（三）权利人提起诉讼或者申请仲裁；

（四）与提起诉讼或者申请仲裁具有同等效力的其他情形。

《最高人民法院关于审理建设工程施工合同纠纷案件适用法律问题的解释（一）》（法释〔2020〕25号）

第二十七条 利息从应付工程价款之日开始计付。当事人对付款时间没有约定或者约定不明的，下列时间视为应付款时间：

（一）建设工程已实际交付的，为交付之日；

（二）建设工程没有交付的，为提交竣工结算文件之日；

（三）建设工程未交付，工程价款也未结算的，为当事人起诉之日。

法院判决

《中华人民共和国民法通则》第一百三十五条规定，向人民法院请求保护民事权利的诉讼时效期间为二年，法律另有规定的除外；第一百三十七条规定，诉讼时效期间从知道或者应当知道权利被侵害时起算。本案查明的事实表明，化某建公司与熊某林于2001年5月12日签订结算汇总表，就涉案五项工程进行了初步结算，但未就最终结算金额达成一致，债权债务关系没有最终确认。之后，化某建公司陆续向熊某林支付部分工程款，2009年11月18日支付了最后一笔工程款19906.77元后再未支付。因此，熊某林主张2009年11月18日是其知道自己的权利受到侵害的时间，本案诉讼时效应从2009年11月18日起算，有事实依据。2010年12月30日及2011年11月20日，熊某林向化某建公司发送了要求结算和付款的催告函。虽然2010年12月30日的催告函是以湖南省岳某防腐绝热工程建设有限公司名义发出，但其中明确载明催告的是化某建公司与熊某林的工程款结算与支付问题。可以认定熊某林通过《催告函》《要求支付工程款的函告》催告的均为涉案工程款，均产生诉讼时效中断的效力。原审认定熊某林于2013年1月28日向岳阳市岳阳楼区人民法院起诉要求化某建公司支付工程款，未超过诉讼时效，并无不当。

案件来源

熊某林、中国化某工程第四建设有限公司建设工程施工合同纠纷再审民事判决书｜最高人民法院·（2019）最高法民再193号

延伸阅读

案例一：镇江建某建设集团有限公司、大同市云某水泥有限责任公司建设工程施工合同纠纷二审民事判决书｜最高人民法院·（2020）最高法民终1274号

建某集团的起诉是否超过法定诉讼时效期间的问题。水泥公司称，其支付最后一笔工程款的时间为2011年11月17日，建某集团2015年4月9日提起诉讼，在长达3年半的时间内，建某集团并未向其主张过尚欠工程款，双方也没有任何联系，故本案已超过诉讼时效。

对此法院认为，双方签订的《建设工程施工合同》专用条款第六条第26项约定，工程款（进度款）支付的方式和时间为：合同期内根据资金情况，每月

按完成工程量造价（发包人提供的设备、材料不计入合同额）的85%计算。即进度款=当月完成工程量经审定后价款×85%，并在下月10号前支付给承包人。全部完成时，按结算审定计算工程合同金额的95%支付，留工程合同总价的5%作为保修金，其余部分一次付清。该合同第八条第33.1条约定：工程竣工验收后，承包人在约定的时间内向发包人递交竣工结算报告及完整的结算资料，双方按照协议书约定的合同价款及专用条款约定的合同价款调整内容，进行工程竣工结算。发包人收到承包人递交的竣工结算报告及结算资料后的二个月内审核完毕，并按审核价扣除工程应扣款项后予以支付。从以上约定看，承包人实际竣工后的结算期间，应为发包人收到结算报告及结算资料后的二个月内。

但涉案工程竣工后，双方并未按照上述合同的约定进行竣工结算，即起诉之前，涉案工程欠款数额尚未最终确定，剩余工程款的给付期限并不明确。而债务履行的诉讼时效期间是自履行期限届满之日起算。故建某集团向一审法院起诉要求水泥公司给付尚欠工程款及利息，并没有超过法定诉讼时效期间。水泥公司称建某集团的起诉已超过诉讼时效的理由不能成立。

案例二：中某建设集团有限公司、锦州新某业房屋开发有限公司建设工程施工合同纠纷二审民事判决书丨最高人民法院·（2020）最高法民终905号

关于中某公司起诉是否超过诉讼时效期间的问题，新某业公司主张中某公司提起本案诉讼已经超过诉讼时效期间。一审中，新某业公司未到庭参加诉讼，亦未提出诉讼时效抗辩；二审中，新某业公司自述就工程款争议，其委托辽宁凯某项目管理有限公司对工程量及单价重新审计决算，同时，中某公司提交的新某业公司2016年11月9日要求结算的工作联系单，能够证明双方对于全部工程款的支付始终处于协商阶段。依据《中华人民共和国民法总则》第一百八十八条关于"向人民法院请求保护民事权利的诉讼时效期间为三年。法律另有规定的，依照其规定"及《最高人民法院关于适用〈中华人民共和国民法总则〉诉讼时效制度若干问题的解释》第二条关于"民法总则施行之日，诉讼时效期间尚未满民法通则规定的二年或者一年，当事人主张适用民法总则关于三年诉讼时效期间规定的，人民法院应予支持"的规定，本案中某公司一审2019年4月9日起诉，亦不超过法定的诉讼时效期间。因此，新某业公司关于中某公司起诉已经超过诉讼时效期间的上诉主张不能成立，本院不予支持。

案例三：长泰金某房地产开发有限公司、长泰县兴某资产运营有限公司委托代建合同纠纷再审民事判决书｜最高人民法院·（2018）最高法民再 30 号

关于金某房地产公司向兴某资产运营公司主张权利是否超过诉讼时效的问题。本院认为，根据本案已经查明的事实，兴某资产运营公司虽未全面履行合同义务，但双方当事人就款项结算和支付一直处于交涉和磋商之中，且在本案二审期间，兴某资产运营公司还于 2017 年 1 月 20 日向金某房地产公司支付了 300 万元。故一审判决关于金某房地产公司主张权利并未超过诉讼时效的认定正确，二审判决关于金某房地产公司主张权利已经超过诉讼时效的认定，在事实认定和法律适用方面均有错误，本院予以纠正。

案例四：西安市某灞河综合治理开发建设管理委员会未央管理办公室、陕西东某实业有限公司建设工程施工合同纠纷二审民事判决书｜最高人民法院·（2018）最高法民终 1275 号

关于东某公司主张趸船工程款是否超过诉讼时效的问题，未央办主张趸船工程的工程款给付请求权应该从 2008 年 10 月 16 日淅某公司做出决算报告的时间起算，故东某公司起诉时已经超过两年的诉讼时效。本院认为，结算报告出具时间是灞河公司应向淅某公司支付工程款的时间，并非未央办应向灞河公司支付工程款的时间。如前所述，未央办虽系最终付款义务主体，但其系通过灞河公司修建趸船码头，应向灞河公司承担付款义务。而未央办与灞河公司之间并无书面合同，未约定具体结算方式和付款时间，因此灞河公司可随时向未央办主张该工程款，诉讼时效应当自债权人主张债权时起算。2011 年 3 月 10 日，东某公司受让了灞河公司就趸船工程对未央办的债权，同年 5 月东某公司即以向人民法院提起诉讼的方式向未央办主张该债权，故东某公司起诉时并未超过诉讼时效。未央办该项上诉主张不能成立。

案例五：郑州鸿某商贸有限公司、张某龙建设工程施工合同纠纷再审审查与审判监督民事裁定书｜最高人民法院·（2018）最高法民申 4644 号

关于本案的诉讼时效问题。首先，诉讼时效作为催促权利人尽快行使其所享有民事权利的法律制度，法律对于其起算时间进行了明确规定，即自权利人知道或者应当知道其权利受到侵害之日起计算。本案中，虽然景某公司于 2010 年 1 月 16 日即向鸿某公司提交了涉案工程的结算报告，但由于诸多原因，双方并未进行工程价款的最终决算，对于鸿某公司是否侵犯了景某公司的债权请求权，在本案诉讼前仍处于不确定状态，故鸿某公司主张张某龙等五人的起诉已超过诉讼时效，无事实依据。其次，人民法院对于诉讼时效的审查系基于当事人的抗辩。而本案鸿某公司虽于一审审理过程中提出诉讼时效抗辩，但一审法院未予采纳后，鸿某公司对此并未提出上诉，其于再审审查期间再次主张本案超过诉讼时效，本院不予支持。

案例六：茂名市某筑工程总公司深圳分公司、茂名市某筑工程总公司建设工程施工合同纠纷再审审查与审判监督民事裁定书丨最高人民法院·（2018）最高法民申1381号

关于利息等诉讼请求的诉讼时效问题。利息系法定孳息，相较于本金债权而言，具有从属性。基于该特性，如权利人在主张本金债权时未明确表示放弃利息债权，则不应视为其放弃了该项权利，权利人主张本金债权而发生的诉讼时效中断的效力可及于利息债权。在权利人已履行合同约定义务的情形下，义务人亦应严格按照合同约定履行其全部义务，此为诚实信用原则之基本要求，理应为包括交易主体在内的社会各方普遍遵循。就本案而言，在茂某深圳分公司于规定期限内已明确提出工程款、保证金等诉讼请求的情形下，基于利息债权与本金债权的一体性和从属性，不能因其未在一定期间内提出利息等诉讼请求，就简单认定其提出的该项诉讼请求已过诉讼时效。黄某台公司的该项申请再审事由理据不足，不能成立。

085 诉讼保全保险费应当由败诉方承担吗？

阅读提示

建设工程施工合同纠纷案执行难度大，申请诉讼保全几乎成为建工案件的标配。又因为建工案件标的大，诉讼保全所需担保金额巨大，往往超出了申请人自身能力，购买诉讼保全责任险就成了申请人的不二选择。那么，诉讼保全保险费的法律性质是什么？当事人需要提出明确的诉讼请求吗？法院在哪些情况下可以判令败诉方承担呢？

裁判要旨

承包人因发包人拖延支付工程款而提起诉讼、申请财产保全，并通过保险公司出具保函的形式为其财产保全提供担保，其为此支出的保全费以及保险费系其为实现债权支出的合理、必要的费用，应由发包人负担。

案情简介

一、2012年12月6日，中某公司与苑某公司签订《陕西省建设工程施工合同》约定：工程名称为航某星苑经济适用房小区，面积暂定74556.5平方米；工程范围为经审定后的施工图纸范围内的全部内容；合同工期为580日历天；合同价款：（1）本工程按1660元/平方米的单价包干，最终工程结算总价以1660元/平方米×总建筑面积+变更签证调整造价。（2）合同总价暂定壹亿贰仟肆佰伍拾万元。

二、2017年9月4日，建设单位、监理单位、勘察单位、设计单位及施工单位进行交房验收，工程验收合格。同日，中某公司与苑某公司签署《工程移交书》载明：截至2017年9月4日，中某公司项目部已按施工合同、施工图纸及建设方要求完成航某星苑经济适用房小区工程，经验收并验收合格。即日起中某公司项目部将已完成的航某星苑工程移交建设单位管理（使用），并进入保修期。

三、2018年11月16日，双方签订工程结算核对说明载明：双方在施工合同、工程结算书、技术规范等有关资料基础上，对现场进行了勘察，对工程量进行全面核对，对结算书所报工程量、工程造价进行了核对、核实。核对结果：航某星苑经济适用房小区建筑安装工程合同金额124500000元，送审金额139096926元，审定金额133732164.22元。

四、苑某公司已付款6820万元。苑某公司实际欠付中某公司工程款数额为65532164.22元。

五、中某公司提起诉讼，同时申请了诉讼保全，交纳了保全费5000元、保险费用17万元。

六、一审法院判决：苑某公司支付给中某公司工程款65532164.22元、诉讼保全产生的保全费5000元、保险费用17万元。

七、苑某公司不服一审判决提起上诉，其中一项上诉请求为：案件诉讼费用、保全费用、保险费用、执行费用等，因中某公司存在签订无效合同的过错责任，应按照过错责任原则由中某公司承担相应份额。

八、最高院二审驳回上诉、维持原判。

法律分析

本文的焦点问题是诉讼保全保险费应由哪方承担。云亭建工律师团队认为：诉讼保全保险费是否应由对方承担，取决于该笔费用是否属于实现债权合理且必要的费用，以及合同中是否有明确约定。

第一，诉讼保全费属于《诉讼费用交纳办法》第十条规定的"申请费"，是诉讼费的范畴。根据《诉讼费用交纳办法》第三十八条第三款之规定，当事人可以将诉讼保全费列入"诉讼请求"。即：诉讼保全费由申请人交纳，如申请人要求被申请人承担，将其列入起诉书的诉讼请求后，法院方可根据具体案情判决对方承担。

第二，诉讼保全保险费是为了实现债权而支出的费用，如要求对方承担，应当在起诉状中提出明确的诉讼请求，否则，法院无权超越诉讼请求判决对方当事人承担。

第三，列入诉讼请求后，法院必然会判决对方当事人承担吗？并不。诉讼保全保险费是否应由败诉方承担，取决于该笔费用是否属于实现债权合理且必要的费用，合同是否有明确约定。如果合同有明确约定的，自不待言。如合同没有明确约定，只要属于实现债权合理且必要的费用，亦可判决。如：诉讼保全保险对应的保全金额与判决实现的债权额相当、当事人明显不具备用自身财产提供担保的条件、诉讼保全事项不属于法律或司法解释规定的免予担保范围等。

实务经验

第一，交纳诉讼保全保险费后，应当将诉讼保全费和诉讼保全保险费列入诉讼请求。因为诉讼保全费和诉讼保全保险费不属于法院不经请求可以直接判决败诉方承担的范围。

第二，申请诉讼保全时，应当对诉讼结果进行合理评估，切勿盲目扩大保全金额。否则，不仅对方不会承担盲目扩大部分的保全费和保险费，还有可能因恶意申请诉讼保全给对方造成经济损失而被起诉承担赔偿责任。

第三，申请诉讼保全保险时，应当对照《最高人民法院关于人民法院办理财产保全案件若干问题的规定》第九条，查询保全事项是否属于免予担保的范畴。当然，建设工程施工合同纠纷案件不属于免予担保的范畴。

第四，《最高人民法院关于人民法院办理财产保全案件若干问题的规定》第五条规定，诉中保全的，担保数额不超过请求保全金额的百分之三十；诉前保全的，担保数额要相当于保全金额。在没有承办法院明确要求的前提下，超过此比例购买保险的，有可能被认定为非"必要"费用而得不到支持。

法条链接

《中华人民共和国民事诉讼法》（2023 年修正）

第一百零八条 申请有错误的，申请人应当赔偿被申请人因保全所遭受的损失。

《诉讼费用交纳办法》（国令〔2006〕481 号）

第十条 当事人依法向人民法院申请下列事项，应当交纳申请费：

（一）申请执行人民法院发生法律效力的判决、裁定、调解书，仲裁机构依法作出的裁决和调解书，公证机构依法赋予强制执行效力的债权文书；

（二）申请保全措施；

（三）申请支付令；

（四）申请公示催告；

（五）申请撤销仲裁裁决或者认定仲裁协议效力；

（六）申请破产；

（七）申请海事强制令、共同海损理算、设立海事赔偿责任限制基金、海事债权登记、船舶优先权催告；

（八）申请承认和执行外国法院判决、裁定和国外仲裁机构裁决。

第三十八条第三款 本办法第十条第（二）项规定的申请费由申请人负担，申请人提起诉讼的，可以将该申请费列入诉讼请求。

《最高人民法院关于适用〈中华人民共和国民事诉讼法〉的解释》（法释〔2022〕11 号 2022 年修正）

第一百五十二条 人民法院依照民事诉讼法第一百零三条、第一百零四条规定，在采取诉前保全、诉讼保全措施时，责令利害关系人或者当事人提供担保的，应当书面通知。

利害关系人申请诉前保全的，应当提供担保。申请诉前财产保全的，应当提供相当于请求保全数额的担保；情况特殊的，人民法院可以酌情处理。申请诉前行为保全的，担保的数额由人民法院根据案件的具体情况决定。

在诉讼中，人民法院依申请或者依职权采取保全措施的，应当根据案件的具体情况，决定当事人是否应当提供担保以及担保的数额。

《最高人民法院关于人民法院办理财产保全案件若干问题的规定》（法释〔2020〕21号）

第五条 人民法院依照民事诉讼法第一百条规定责令申请保全人提供财产保全担保的，担保数额不超过请求保全数额的百分之三十；申请保全的财产系争议标的的，担保数额不超过争议标的价值的百分之三十。

利害关系人申请诉前财产保全的，应当提供相当于请求保全数额的担保；情况特殊的，人民法院可以酌情处理。

财产保全期间，申请保全人提供的担保不足以赔偿可能给被保全人造成的损失的，人民法院可以责令其追加相应的担保；拒不追加的，可以裁定解除或者部分解除保全。

第八条 金融监管部门批准设立的金融机构以独立保函形式为财产保全提供担保的，人民法院应当依法准许。

第九条 当事人在诉讼中申请财产保全，有下列情形之一的，人民法院可以不要求提供担保：

（一）追索赡养费、扶养费、抚育费、抚恤金、医疗费用、劳动报酬、工伤赔偿、交通事故人身损害赔偿的；

（二）婚姻家庭纠纷案件中遭遇家庭暴力且经济困难的；

（三）人民检察院提起的公益诉讼涉及损害赔偿的；

（四）因见义勇为遭受侵害请求损害赔偿的；

（五）案件事实清楚、权利义务关系明确，发生保全错误可能性较小的；

（六）申请保全人为商业银行、保险公司等由金融监管部门批准设立的具有独立偿付债务能力的金融机构及其分支机构的。

法律文书生效后，进入执行程序前，债权人申请财产保全的，人民法院可以不要求提供担保。

法院判决

本案系因苑某公司拖延支付工程款引起的纠纷，中某公司据此提起诉讼、申请财产保全，并通过保险公司出具保函的形式为其财产保全提供担保，其为此支出的保全费以及保险费系其为实现债权支出的合理、必要的费用，一审判决该部分费用由苑某公司承担,并无不当。

案件来源

西安城某房地产实业有限公司、中某建设集团有限公司建设工程施工合同纠纷二审民事判决书 | 最高人民法院·(2020)最高法民终846号

延伸阅读

一、认为属于实现债权合理且必要费用,判决败诉方承担

案例一: 新疆嘉某资源控股有限公司、中国电建集团某北工程有限公司建设工程施工合同纠纷二审民事判决书 | 最高人民法院·(2018)最高法民终957号

一审判决是否存在未对保全费、保全担保费进行处理的问题。一审中电某北公司起诉要求新疆嘉某公司承担本案诉讼费、保全费、保全担保费、鉴定费由新疆嘉某公司承担。一审判决案件受理费534294元中确不包括保全费5000元及保全担保费295496.4元,一审对保全费、保全担保费未做处理。根据《中华人民共和国民事诉讼法》第一百零三条第二款关于"人民法院采取保全措施,可以责令申请人提供担保,申请人不提供担保的,裁定驳回申请"的规定以及《最高人民法院关于人民法院办理财产保全案件若干问题的规定》第八条关于"金融监管部门批准设立的金融机构以独立保函形式为财产保全提供担保的,人民法院应当依法准许"的规定,中电某北公司可以通过保险公司出具保函的形式为财产保全提供担保,而非必须以自己的财产或他人财产提供担保。因新疆嘉某公司未支付工程款引起本案诉讼,中电某北公司为此向保险公司交纳的诉讼保全担保保险费系其支出的合理必要费用,属中电某北公司的损失部分。中电某北公司在二审庭审中,提交交纳保全费收据及增值税专用发票,证明向新疆维吾尔自治区高级人民法院交纳了保全费5000元、向中国平安财产保险股份有限公司乌鲁木齐中心支公司交纳了保全担保费295496.4元,该部分费用应由新疆嘉某公司负担。一审法院未处理保全费及保全担保费有误,应予纠正。

案例二: 大柴旦云某实业有限公司、郑某平建设工程施工合同纠纷二审民事判决书 | 最高人民法院·(2019)最高法民终353号

云某公司应否承担保全担保费。云某公司未及时向郑某平支付工程款存在明显过错,郑某平向保险公司交纳保全担保费系其为主张权利支出的合理必要费用,与云某公司不及时支付工程款存在因果关系,一审法院判令云某公司承担保

全担保费并无不当。对云某公司不应承担保全担保费的上诉理由,本院不予支持。

二、认为属于实现债权合理但非必要费用,判决申请人承担

案例三:广西建某集团第一建筑工程有限责任公司、芜湖新某科技孵化器建设项目开发有限公司建设工程施工合同纠纷二审民事判决书|最高人民法院·(2019)最高法民终1925号

关于诉讼保全担保费的负担问题。本案中,广西建某公司上诉称其为申请诉讼财产保全提供担保而支付了担保费用380250元,并提供了相应的付款凭证、发票和投保单等证据。该担保费用虽系为实现本案债权而支出,但并不属于为实现本案债权必须发生的费用,且双方对于该费用的负担没有明确约定,故对其该部分上诉请求,本院不予支持。

三、判决按诉讼结果与申请金额的比例分担

案例四:青海赛某房地产开发有限公司、青海越某房地产开发有限公司合资、合作开发房地产合同纠纷二审民事判决书|最高人民法院·(2019)最高法民终1871号

赛某公司主张越某公司承担保全保险费、鉴定费的诉求能否成立。一审法院认为,越某公司与赛某公司合作开发涉案房地产项目,该项目因越某公司自身运营需要,在未经合作方赛某公司同意的前提下,于2014年将涉案土地进行抵押贷款,贷款至今未予偿清,且涉案9#、14#楼亦因越某公司自身债务导致被查封,现涉案7#、8#、9#、14#楼的施工处于停滞状态,赛某公司据此提起诉讼并申请财产保全,赛某公司通过保险公司出具保函的形式为其财产保全提供担保,其支出的保全保险费用为合理费用,该部分费用应由越某公司承担,但赛某公司申请保全金额为40000万元,产生保全保险费共计38万元,在一审审理过程中,赛某公司申请撤回了越某公司支付增值收益13334.1185万元的诉讼请求,根据本案审理情况,酌定由越某公司承担诉讼保全保险费15.2万元。……一审判决认定事实清楚,程序合法,适用法律正确,应予维持。

086 转包合同约定了仲裁条款，实际施工人还能依据建工司法解释（一）第四十三条第二款突破合同相对性起诉发包人吗？

阅读提示

《最高人民法院关于审理建设工程施工合同纠纷案件适用法律问题的解释（一）》第四十三条第二款规定，实际施工人可以直接起诉发包人，如果实际施工人与转包人签订的转包合同约定了仲裁条款，实际施工人还能否依据该款规定起诉发包人？

裁判要旨

实际施工人主张工程价款的基础法律关系是其与转包人或者违法分包人的合同关系，其向发包人主张权利是法律赋予的例外救济方式，实际施工人受其转包合同、分包合同仲裁条款的约束，不能直接通过诉讼方式向发包人主张权利。

案情简介

一、2017年12月22日，市某公司与中某公司签订《建设工程施工合同》，合同约定市某公司将涉案工程发包给中某公司，并约定了仲裁条款。

二、2018年5月5日，中某公司和荣某公司签订《四某中学内部承包协议》，该协议约定中某公司将涉案工程承包给荣某公司，也约定了仲裁条款。

三、由于中某公司欠付荣某公司工程款，荣某公司以市某公司为被告诉至法院，请求法院判令发包人市某公司在欠付中某公司工程价款范围内对荣某公司承担责任。

四、一、二审法院均裁定驳回起诉。

五、荣某公司向最高人民法院申请再审，最高人民法院认为，《四某中学内部承包协议》约定了仲裁条款，荣某公司应当受到仲裁条款的约束，不能直接向发包人主张权利，裁定驳回其再审申请。

法律分析

本案的焦点问题是荣某公司是否受仲裁条款的约束，能否直接通过起诉的方式向发包人市某公司主张权利。

第一,《最高人民法院关于审理建设工程施工合同纠纷案件适用法律问题的解释(一)》第四十三条第二款规定:"实际施工人以发包人为被告主张权利的,人民法院应当追加转包人或者违法分包人为本案第三人,在查明发包人欠付转包人或者违法分包人建设工程价款的数额后,判决发包人在欠付建设工程价款范围内对实际施工人承担责任。"根据该条规定,通常情况下,实际施工人以发包人为被告主张发包人在欠付工程价款范围内承担责任的,人民法院应当受理,但是还要考虑实际施工人与转包人或者违法分包人的合同约定。

本案中,荣某公司向发包人市某公司主张权利所依据的基础法律关系是其与中某公司签订的《四某中学内部承包协议》,而该协议约定了仲裁条款,排除了法院的管辖,所以荣某公司不能依据该条规定直接向发包人主张权利。

第二,根据上述司法解释,发包人仅在欠付工程价款范围内对实际施工人承担责任,所以发包人是否欠付承包人工程价款及欠付的数额还需要法律程序的认定。

本案中,发包人市某公司与承包人中某公司签订的《建设工程施工合同》中也约定了仲裁条款,市某公司是否欠付中某公司工程款及欠付数额的争议也排除了法院管辖,这是最高人民法院裁判的另一个理由。

实务经验

《最高人民法院关于审理建设工程施工合同纠纷案件适用法律问题的解释(一)》第四十三条第二款的规定突破了合同相对性,实际施工人向发包人主张权利涉及至少两个合同关系,第一个是发包人和承包人之间的建设工程施工合同,第二个是转包人(分包人)与实际施工人之间的转包合同(分包合同)。两个合同是否约定了仲裁条款,对实际施工人有不同的影响。

情形1:建设工程施工合同和转包合同(分包合同)均未约定仲裁条款。此时不存在实际施工人受仲裁条款约束的问题,实际施工人可直接起诉发包人。

情形2:建设工程施工合同约定了仲裁条款,转包合同(分包合同)未约定仲裁条款。《最高人民法院关于审理建设工程施工合同纠纷案件适用法律问题的解释(一)》第四十三条第二款的规定突破了合同相对性,是为了保障建筑工人合法权益的一种特殊制度安排,实际施工人依据该条规定向发包人主张权利,不能简单地理解为是对承包人权利的承继，实际施工人不是施工合同的当事人，不应受到建设工程施工合同约定的仲裁条款的限制，实际施工人可以直接起诉发包人。同理，实际施工人也不能依据建设工程施工合同申请仲裁。

情形3：建设工程施工合同未约定仲裁条款，转包合同（分包合同）约定了仲裁条款。实际施工人按该条规定向发包人主张权利，所依据的基础法律关系仍然是其与转包人或者违法分包人的合同关系，其签订的转包合同（分包合同）约定了仲裁条款，排除了法院管辖，故实际施工人应受到仲裁条款的约定，不能直接起诉发包人。

情形4：施工合同约定了仲裁条款，转包合同（分包合同）也约定了仲裁条款。同上述情形3，只要转包合同（分包合同）约定了仲裁条款，实际施工人即应受其约束，而不管建设工程施工合同是否约定了仲裁条款。值得注意的是，本文主案例中，法院将建设工程施工合同约定了仲裁条款也作为一个裁判理由。

若发包人与承包人的施工合同约定了仲裁条款，则发包人也不能依据《最高人民法院关于审理建设工程施工合同纠纷案件适用法律问题的解释（一）》第十五条的规定，直接起诉分包人和实际施工人。

建议实际施工人参考以上几点选择最优诉讼策略，避免在法律程序上耗费过多时间和精力。

法条链接

《中华人民共和国民法典》（2021年1月1日实施）

第五百零七条 合同不生效、无效、被撤销或者终止的，不影响合同中有关解决争议方法的条款的效力。

《中华人民共和国仲裁法》（2017年修正）

第四条 当事人采用仲裁方式解决纠纷，应当双方自愿，达成仲裁协议。没有仲裁协议，一方申请仲裁的，仲裁委员会不予受理。

《最高人民法院关于审理建设工程施工合同纠纷案件适用法律问题的解释（一）》（法释〔2020〕25号）

第十五条 因建设工程质量发生争议的，发包人可以以总承包人、分包人和实际施工人为共同被告提起诉讼。

第四十三条 实际施工人以转包人、违法分包人为被告起诉的，人民法院应当依法受理。

实际施工人以发包人为被告主张权利的,人民法院应当追加转包人或者违法分包人为本案第三人,在查明发包人欠付转包人或者违法分包人建设工程价款的数额后,判决发包人在欠付建设工程价款范围内对实际施工人承担责任。

法院判决

本院经审查认为,根据一审法院查明的事实,2017年12月22日,市某公司与中某公司签订《建设工程施工合同》,约定:市某公司将涉案工程发包给中某公司。2018年5月5日,中某公司和荣某公司签订《四某中学内部承包协议》,约定:中某公司将涉案工程承包给荣某公司。《建设工程施工合同》《四某中学内部承包协议》均约定有仲裁条款。《最高人民法院关于审理建设工程施工合同纠纷案件适用法律问题的解释》第二十六条规定:"实际施工人以转包人、违法分包人为被告起诉的,人民法院应当依法受理。实际施工人以发包人为被告主张权利的,人民法院可以追加转包人或者违法分包人为本案当事人。发包人只在欠付工程价款范围内对实际施工人承担责任。"根据上述法律规定,通常情况下,实际施工人以发包人为被告主张发包人在欠付工程价款范围内承担责任的,人民法院应当受理。然而,本案的特殊之处在于市某公司与中某公司及中某公司与荣某公司均约定有仲裁条款,排除了人民法院管辖。本案的基础法律关系为市某公司与中某公司签订了《建设工程施工合同》及中某公司与荣某公司签订了《四某中学内部承包协议》,故荣某公司应当受到仲裁条款的约束。发包人在欠付工程价款范围内对实际施工人承担责任,需以发包人与承包人之间的工程价款结算为前提,而前述事实的认定业经仲裁条款排除人民法院管辖。一审法院裁定驳回荣某公司起诉及二审法院裁定驳回荣某公司上诉并无不当。

案件来源

青岛荣某建筑劳务有限公司、某市市政建设发展有限公司等建设工程施工合同纠纷民事裁定书丨最高人民法院·(2021)最高法民申1073号

延伸阅读

案例一:唐山德某房地产开发有限公司、何某军等建设工程施工合同纠纷民事申请再审审查民事裁定书丨最高人民法院·(2021)最高法民申5747号

本院经审查认为,(一)虽然2011年7月德某公司与晟某公司签订的建设工

程施工合同约定了仲裁条款,但何某某并非该合同当事人。德某公司申请再审称本案应裁定驳回何某军的起诉,理由不能成立。

案例二:北京天某亨通建筑工程有限公司、中国人民解放军某科学院军事某研究院建设工程施工合同纠纷再审审查与审判监督民事裁定书|最高人民法院·(2020) 最高法民申6892号

本院经审查认为:(一)关于天某亨通公司与军事某研究院之间是否就涉案工程存在事实上的建设工程施工合同关系问题。二审法院综合考虑涉案《建设工程施工合同》由中某亨建公司与军事某研究院签订,天某亨通公司并非合同当事人,涉案工程虽由天某亨通公司实际施工,但在涉案《建设工程施工合同》现实存在、各方履行行为均以该合同作为依据的前提下,天某亨通公司也未能提供证据证明其曾以自己名义与军事某研究院就订立、履行涉案工程施工合同进行磋商等,对天某亨通公司关于其与军事某研究院之间就涉案工程形成事实上的建设工程施工合同关系的主张未予支持,并无不当。天某亨通公司申请再审提出的军事某研究院在仲裁阶段自认天某亨通公司为涉案工程真实承包人的主张,缺乏事实依据。其提出的军事某研究院在与中某建工公司订立涉案工程施工合同前即已知晓天某亨通公司借用中某建工公司资质,涉案工程的项目经理及其他相关人员等都是天某亨通公司、天某亨通公司关联公司人员或者其聘请的人员等情况,因订立合同、相关人员参与施工均是以中某建工公司名义而为,故上述情况不能作为认定天某亨通公司与军事某研究院之间就涉案工程形成事实上的建设工程施工合同关系的依据。中某建工公司虽在诉讼中同意天某亨通公司诉讼请求,认可天某亨通公司为涉案工程的真实承包人,但此对军事某研究院不能产生法律约束力。

(二)关于本案人民法院应否受理问题。涉案军事某研究院与中某亨建工公司订立的《建设工程施工合同》约定,双方发生争议时提交北京仲裁委员会仲裁。天某亨通公司与中某建工公司之间签订的合作合同也约定了类似的仲裁条款。二审法院综合考虑本案天某亨通公司系挂靠中某建工公司施工,天某亨通公司与军事某研究院之间并无直接的权利义务关系,在告知天某亨通公司有权要求中某建工公司履行协助配合义务,由其以中某建工公司名义依据《建设工程施工合同》向军事某研究院主张权利,如果中某建工公司无理拒绝,则天某亨通公司可以依据其与中某建工公司之间的合作合同向中某建工公司主张权利的同时,认定本案不属于人民法院受理范围,裁定驳回天某亨通公司的起诉,并无不妥。天某亨通公司关于二审裁定适用《最高人民法院关于适用〈中华人民共和国民事诉讼法〉的解释》第三百三十条错误的主张不能成立。其申请再审新提交的北京莫某工程顾问有限公司于2019年9月10日出具的《情况说明》不属于《中华人民共和国民事诉讼法》第二百条第一项规定的足以推翻原裁定的新的证据。

案例三：胡某某、万某某建设工程施工合同纠纷再审审查与审判监督民事裁定书｜最高人民法院·（2020）最高法民申4893号

本院认为，本案再审审查主要涉及原审法院能否依据涉案仲裁条款驳回胡某某、万某某、李某某起诉的问题。

根据华某公司与中某公司签订的《合同协议书》中关于"本合同如发生争议，双方当事人应及时协商解决；协商解决不成时，双方当事人同意由华某公司工商注册地的仲裁委员会仲裁"的约定可知，双方请求仲裁的意思表示和提交仲裁事项的约定已经明确，同时，双方还选定由"华某公司工商注册地的仲裁委员会"仲裁。华某公司工商注册地为南昌市西湖区，而南昌市仅有唯一仲裁委员会，即南昌仲裁委员会，根据《中华人民共和国仲裁法》第十条第一款"仲裁委员会可以在直辖市和省、自治区人民政府所在地的市设立，也可以根据需要在其他设区的市设立，不按行政区划层层设立"和《最高人民法院关于适用〈中华人民共和国仲裁法〉若干问题的解释》第六条中"仲裁协议约定由某地的仲裁机构仲裁且该地仅有一个仲裁机构的，该仲裁机构视为约定的仲裁机构"的规定，可以确定双方约定的仲裁机构为南昌仲裁委员会。二审法院将双方约定的仲裁条款作为事实基础并援引上述法条认定涉案仲裁条款合法有效并无不当，胡某某、万某某、李某某关于涉案仲裁条款因约定的南昌市西湖区不存在仲裁机构而无效的再审申请事由不能成立。

胡某某、万某某、李某某又主张其作为涉案工程实际施工人不受华某公司与中某公司间约定的仲裁条款约束。而根据《最高人民法院关于审理建设工程施工合同纠纷案件适用法律问题的解释》第二十六条"实际施工人以转包人、违法分包人为被告起诉的，人民法院应当依法受理。实际施工人以发包人为被告主张权利的，人民法院可以追加转包人或者违法分包人为本案当事人。发包人只在欠付工程价款范围内对实际施工人承担责任"和《最高人民法院关于审理建设工程施工合同纠纷案件适用法律问题的解释（二）》第二十四条"实际施工人以发包人为被告主张权利的，人民法院应当追加转包人或者违法分包人为本案第三人，在查明发包人欠付转包人或者违法分包人建设工程价款的数额后，判决发包人在欠付建设工程价款范围内对实际施工人承担责任"的规定，实际施工人主张工程价款的基础法律关系是其与转包人或者违法分包人的合同关系，其向发包人主张权利是法律赋予的例外救济方式。本案中，胡某某、万某某、李某某在再审申请中提出，涉案《合同协议书》系李某某在华某公司要求下以中某公司名义签订的，协议签订后，李某某才与胡某某、万某某协商合作施工事宜。据此可知，李某某主张涉案工程价款的基础法律关系是其以中某公司名义与华某公司签订的协议书，而该协议书中约定了仲裁条款，此条款具有独立性且排除了人民法院的管辖权。李某某将发包人城某公司、转包人有某公司作为共同被告起诉至一审法院，有违双方此前关于通过仲裁方式处理争议的约定。胡某某、万某某虽然与李某某签有《合同协议书》，属于内部合作关系，但其并未与城某公司、有某公司或华某公司就涉案工程的发包、转包、分包等事宜存在法律上的直接关系，其以实际施工人的身份提起本案诉讼欠缺事实与法律依据。即便胡某某、万某某与华某公司形成事实上的建设工程施工合同关系，亦与李某某的诉讼地位相同，不能以此排除涉案仲裁条款的适用。二审法院结合涉案事实，对胡某某、万某某、李某某的身份予以审查并认定其应受涉案仲裁条款的约束，于法有据。因二审法院并未将有某公司与华某公司签订的《施工项目承包合同》作为认定本案基本事实的主要证据，亦不影响案件的处理结果，故胡某某、万某某、李某某关于认定事实的主要证据未经质证以及涉案仲裁条款对其不具有约束力的再审申请事由不能成立。

案例四：无锡中某工程科技有限公司、叶某某建设工程施工合同纠纷二审民事裁定书｜最高人民法院·（2019）最高法民辖终14号

本院经审查认为，关于无锡中某公司是否有权援引《协议书》中的仲裁条款主张本案诉讼程序权利的问题。《协议书》之主体为无锡中某公司以及江苏天某公司，实际施工人叶某某并非《协议书》的签约方，不受《协议书》中仲裁条款的约束。无锡中某公司援引《协议书》中的仲裁条款对一审法院的管辖权提出异议没有事实依据。无锡中某公司提出的"无锡中某公司和江苏天某公司签订的《协议书》中明确约定了仲裁管辖条款，法院无权受理此案"的上诉理由，本院不予支持。

叶某某作为中某（昌吉）粮油公司1000t/d蛋白饲料加工项目工程的实际施工人，有权根据《最高人民法院关于审理建设工程施工合同纠纷案件适用法律问题的解释》第二十六条的规定，向工程的总承包人无锡中某公司提起本案诉讼。

无锡中某公司上诉认为"叶某某与无锡中某公司之间无任何法律关系,只能适用原告就被告的管辖原则向无锡市有管辖权的人民法院提起诉讼",其主张缺乏法律依据,本院不予支持。无锡中某公司虽然主张叶某某提交的《三方协议》系伪造,但并未提供证据证明,本院亦不予支持。

案例五:成都星某置业有限公司、成都建某集团有限公司(原成都建某工程集团总公司)建设工程施工合同纠纷再审审查与审判监督民事裁定书|最高人民法院·(2019)最高法民申5011号

本院经审查认为,星某公司的再审申请理由均不能成立,具体分析如下:

关于涉案施工合同约定了仲裁条款而补充合同未约定纠纷主管的问题。首先,《中华人民共和国仲裁法》第十九条规定,"仲裁协议独立存在,合同的变更、解除、终止或者无效,不影响仲裁协议的效力"。故施工合同的效力不影响仲裁条款的效力。其次,双方未在补充合同中约定纠纷主管问题,即未变更施工合同关于争议解决方式的约定。因此,双方在施工合同中约定的仲裁条款合法有效。

关于星某公司能否依据《建设工程司法解释一》第二十五条规定,突破其与成都建某的仲裁协议,提起本案诉讼的问题。根据《建设工程司法解释一》第二十五条"因建设工程质量发生争议的,发包人可以以总承包人、分包人和实际施工人为共同被告提起诉讼"的规定,发包人可以基于与承包人之间的合同关系就建设工程质量争议提起诉讼,也可以将承包人、分包人和实际施工人作为共同被告提起诉讼,故星某公司关于本案属于必要共同诉讼的理由不能成立。本案中,虽然由于仲裁条款的存在,星某公司不能将成都建某、富某公司、张某伟作为共同被告提起诉讼,但是如经由生效仲裁裁决确认成都建某应就涉案工程质量承担责任,那么成都建某仍可依据分包合同追究分包人富某公司、张某伟的责任,不存在星某公司所称本案排除法院管辖必然造成免除分包人实体责任的后果。

案例六:顾某某、张某某建设工程合同纠纷再审审查与审判监督民事裁定书|最高人民法院·(2018)最高法民申2314号

本院经审查认为:诉争工程由地中某公司发包,文某公司承包,张某某实际负责施工。顾某某、张某某于本案二审过程中向法院提交《合作协议》等证据,欲证明诉争工程系顾某某与案外人徐某某、庄某某三人实际出资,委托张某某为施工负责人。张某某与文某公司签订《工程协议书》,第十三条约定"协议签订后，如发生争议，双方协商解决，如协商不成双方同意由临沂仲裁委员会仲裁处理"。该仲裁条款是双方当事人真实意思表示，内容清楚明确，不违反法律强制性规定，应为合法有效。顾某某、张某某与文某公司之间就工程款问题产生争议，应向约定的仲裁机构申请仲裁。

地中某公司与文某公司签订的《建设工程施工合同》第三十七条载明："约定向项目所在地仲裁委员会提请仲裁"，该仲裁条款中虽未直接列明仲裁委员会的名称，但本案诉争工程项目所在地位于山东省临沂市，临沂市有唯一确定的仲裁委员会即临沂仲裁委员会，双方约定的项目所在地仲裁委员会明确指代临沂仲裁委员会，应视为仲裁条款约定了明确的仲裁机构，仲裁条款合法有效。

顾某某、张某某在一审诉状中自述"2014年4月16日顾某某、张某某使用文某公司的施工资质，就涉案工程签订了《建设工程施工合同》"，表明《建设工程施工合同》是由顾某某、张某某借用文某公司名义与地中某公司签订。顾某某、张某某在申请再审阶段虽对上述事实予以否认，但未提交证据证明。《建设工程施工合同》中约定的仲裁条款亦为顾某某、张某某的真实意思表示，顾某某、张某某在与文某公司、地中某公司之间的施工合同关系中，明确选择了仲裁方式解决各方争议。原审法院裁定驳回顾某某、张某某的起诉并无不当。

087 施工合同约定的仲裁条款有效，补充合同约定的仲裁条款无效，应仲裁还是诉讼？

阅读提示

发包人和承包人可能会签订多份建设工程施工合同和补充合同，就争议条款，如果施工合同约定的仲裁条款有效，补充合同约定的仲裁条款无效，应按原合同约定的仲裁条款申请仲裁，还是向法院起诉？

裁判要旨

补充合同与施工合同就争议解决方式约定不一致的，应以补充合同为准，补充合同约定的仲裁条款无效的案件应由法院主管。

案情简介

一、2016 年 4 月 16 日，谊某公司和金某公司签订了《晋中市建设工程施工合同书》，合同约定由金某公司承建数码电影某展中心工程项目，并约定"本合同在履行过程中发生的争议，由双方当事人协商解决，协商不成的提交晋中仲裁委员会仲裁"。

二、2017 年 3 月 23 日，谊某公司和金某公司签订了《数码电影某展中心项目建设工程施工补充合同》，合同约定："甲乙双方在执行本协议过程中，如发生分歧，可协商解决，协商达不成一致时，均可申请相关部门调解，调解不成，向晋中市仲裁委员会提起仲裁，如仲裁调解不成，可由合同签订地人民法院诉讼解决。"该补充合同还约定："原签订的文本合同作为备案依据。本补充合同是甲乙双方协商达成一致意见后签订补充协议，补充协议和本协议享有同等法律效力。"

三、双方在实际施工过程中发生了争议，造成停工。

四、金某公司向山西省高级人民法院起诉，诉讼请求为：解除合同并判令谊某公司支付金某公司已完工工程款 56012276.9 元等。

五、山西省高级人民法院认为金某公司应向仲裁机构申请仲裁，裁定驳回起诉，金某公司不服提起上诉。

六、最高人民法院裁定：撤销一审裁定，指定山西省高级人民法院再审。

法律分析

本案的焦点问题是《晋中市建设工程施工合同书》及《数码电影某展中心项目建设工程施工补充合同》约定的仲裁条款是否有效，应以哪一份约定为依据。

第一，《民法典》第五百四十三条规定："当事人协商一致，可以变更合同。"本案中，《晋中市建设工程施工合同书》签订在先，《数码电影某展中心项目建设工程施工补充合同》签订在后，两合同均对争议条款进行了约定，但内容不完全相同，《数码电影某展中心项目建设工程施工补充合同》对争议条款进行了变更，应以《数码电影某展中心项目建设工程施工补充合同》的约定为判断主观的依据。

第二，仲裁实行一裁终局制度，仲裁裁决作出后，当事人不能就此纠纷再向人民法院起诉。本案中,《数码电影某展中心项目建设工程施工补充合同》约定如仲裁调解不成,可由合同签订地人民法院诉讼解决。该约定将仲裁作为诉讼的前置程序,而未将仲裁作为纠纷的最终解决方式,违反仲裁法的规定。故该合同约定的仲裁条款无效,根据《仲裁法》第五条的规定,本案应由人民法院主管。

实务经验

第一,发包人和承包人可以变更仲裁条款。在建工领域,发包人和承包人可能签订了数份建设工程施工合同,也可能以补充合同、备忘录、会议纪要等形式对原合同进行补充或者变更,若后签订的文件对争议条款的约定与原合同不一致,应以后签订的文件为准;若建设工程施工合同约定了仲裁条款,而后签订的文件未约定争议条款,可能会引起争议,特别是后签订的文件中约定的工程范围超出了原合同约定的工程范围时。为避免争议,建议发包人和承包人在签订补充合同时,明确约定:与原合同不一致的以补充合同为准,补充合同未涉及的以原合同为准。

第二,建设工程施工合同无效不影响仲裁条款的效力。建设工程施工合同无效的情况非常多,根据《仲裁法》规定,仲裁条款是独立存在的,不受合同效力的影响,而且合同效力属于实体审查范围,在判断案件主管时,法院不进行实体审理,所以,当事人不能以建设工程施工合同无效为由否定仲裁条款。

第三,发包人和承包人在施工合同中或者签订施工合同之后约定该合同"仅供备案使用,不作为结算依据"的,该约定只是约定了该合同不作为结算的依据,并不涉及仲裁条款,所以无法否定该备案合同中的仲裁条款,除非发包人和承包人又对仲裁条款进行了变更。

第四,发包人和承包人如果对仲裁条款有异议,应在首次开庭之前提出,请求仲裁委或者人民法院作出裁定,如果在开庭之后,发现仲裁条款有问题,再提出仲裁条款无效,法院不予处理。

法条链接

《中华人民共和国民法典》(2021年1月1日实施)

第五百四十三条 当事人协商一致,可以变更合同。

《中华人民共和国仲裁法》（2017 年修正）

第二条　平等主体的公民、法人和其他组织之间发生的合同纠纷和其他财产权益纠纷，可以仲裁。

第五条　当事人达成仲裁协议，一方向人民法院起诉的，人民法院不予受理，但仲裁协议无效的除外。

第十九条　仲裁协议独立存在，合同的变更、解除、终止或者无效，不影响仲裁协议的效力。

仲裁庭有权确认合同的效力。

第二十条　当事人对仲裁协议的效力有异议的，可以请求仲裁委员会作出决定或者请求人民法院作出裁定。一方请求仲裁委员会作出决定，另一方请求人民法院作出裁定的，由人民法院裁定。

当事人对仲裁协议的效力有异议，应当在仲裁庭首次开庭前提出。

《最高人民法院关于适用〈中华人民共和国仲裁法〉若干问题的解释》（2008 年调整）

第七条　当事人约定争议可以向仲裁机构申请仲裁也可以向人民法院起诉的，仲裁协议无效。但一方向仲裁机构申请仲裁，另一方未在仲裁法第二十条第二款规定期间内提出异议的除外。

第十三条　依照仲裁法第二十条第二款的规定，当事人在仲裁庭首次开庭前没有对仲裁协议的效力提出异议，而后向人民法院申请确认仲裁协议无效的，人民法院不予受理。

仲裁机构对仲裁协议的效力作出决定后，当事人向人民法院申请确认仲裁协议效力或者申请撤销仲裁机构的决定的，人民法院不予受理。

法院判决

本院认为，2016 年 4 月 16 日，江苏金某公司与山西谊某公司签订《晋中市建设工程施工合同书》约定，将双方在合同履行过程中发生的纠纷提交晋中仲裁委员会仲裁。2017 年 3 月 23 日，双方签订《数码电影某展中心项目建设工程施工补充合同》约定，甲乙双方在执行本协议过程中，如发生分歧，可协商解决，协商达不成一致时，均可申请相关部门调解，调解不成，向晋中市仲裁委员会提起仲裁，如仲裁调解不成，可由合同签订地人民法院诉讼解决。双方于《晋中市建设工程施工合同书》之后，经协商重新签订《数码电影某展中心项目建设工程施工补充合同》，该两份合同就争议解决方式约定不一致的，应以《数码电影某展中心项目建设工程施工补充合同》为准。《数码电影某展中心项目建设工程施工补充合同》中虽然约定将纠纷提交仲裁机构仲裁，但同时约定如仲裁调解不成，可由合同签订地人民法院诉讼解决，并未将仲裁作为纠纷的最终解决方式。故《数码电影某展中心项目建设工程施工补充合同》约定的仲裁条款无效。一审法院以涉案仲裁协议有效，双方的工程结算纠纷应当向仲裁机构申请仲裁为由，裁定驳回江苏金某公司的起诉不当，本院予以纠正。

案件来源

江苏金某建设集团有限公司、山西谊某房地产开发有限公司建设工程合同纠纷二审民事裁定书｜最高人民法院·（2019）最高法民终279号

延伸阅读

案例一：江苏江某建设集团有限公司、宜昌长某置业有限公司建设工程施工合同纠纷二审民事裁定书｜最高人民法院·（2016）最高法民终670号

本院认为，综合上诉双方的上诉及答辩意见，本院确认二审的争议焦点是：本案中双方当事人是否受双方所签订的备案合同中的仲裁条款约束。

一、关于《备忘录》是否否决备案合同仲裁条款的效力。虽然双方在《备忘录》中曾确认上述备案合同仅用于前期备案后及时获得施工许可证使用，不作为双方工程实施及今后结算付款的依据。双方最终执行（履行）的合同以备案合同之后双方另行签订的《工程补充协议》为准，即双方对工程的技术要求（包括施工工期、竣工验收等）及最终结算均以《工程补充协议》为准。但是，因工程的技术要求（包括施工工期、竣工验收等）及最终结算，并不包含争议解决方式，因此，《备忘录》并不能否认备案合同中仲裁协议的效力。而且，长某公司与江某公司在《补充协议》中约定，双方承诺今后工程的实施（包括工期、竣工验收）及结算付款，若出现与双方2013年10月8日签订的备案的施工合同不一致时，以双方最终签订的《工程补充协议》为准。诉讼中，双方当事人均确认没有签订《工程补充协议》，也就没有出现与双方2013年10月8日签订的备案合同不一致的情形。根据《仲裁法》第十九条"仲裁协议独立存在，合同的变更、解除、终止或者无效，不影响仲裁协议的效力"的规定，不论备案合同是否有效，均不影响仲裁协议的效力。江某公司以备案合同无效主张仲裁协

议无效的理由不能成立。

二、关于备案合同与本案确定管辖的关联性。虽然江某公司仅以《意向合同》作为起诉事实证据提起本案诉讼，但在诉讼过程中，双方当事人均有权就本案的诉讼请求及理由、答辩请求及理由举证。而备案合同是经过招投标程序，长某公司与江某公司就涉案工程所签订，与本案的建设工程施工合同纠纷的相关事实具有事实上的关联。江某公司主张备案合同与本案无关的理由与客观事实不符。本案双方当事人针对诉争工程先后签订了三份合同——《意向合同》、备案合同、《补充协议》以及一份《备忘录》。尽管上述合同均是本案的基础性合同，但是，就同一事项，当事人之间订立了多份合同且合同之间有约定不一致情形时，应该以最后一份合同所约定的内容为准。本案中，诉争双方之间最后一份协议是双方于2013年10月18日签订的《补充协议》，该《补充协议》进一步确认了备案合同的效力。根据《建筑法》以及本院《关于审理建筑工程施工合同纠纷案件适用法律问题的解释》的相关规定，在建筑工程项目中存在多份合同时，应该以备案合同为准。江某公司认为其不是依据备案合同主张工程价款，即认为本案应当只能按照《意向合同》确定本案由人民法院管辖，没有事实与法律依据。

三、关于备案合同仲裁条款的效力。长某公司与江某公司在2013年10月8日签订的备案合同第62.6条中约定："双方同意选择下列一种方式解决争议：向宜昌仲裁委员会申请仲裁。"该条明确约定了双方当事人对本案争议解决的方式，该约定是当事人真实意思表示，不违反法律法规的禁止性规定，应为有效。根据《民事诉讼法》第一百二十四条第一款关于"人民法院对下列起诉，分别情形，予以处理"第（二）项"依照法律规定，双方当事人达成书面仲裁协议申请仲裁、不得向人民法院起诉的，告知原告向仲裁机构申请仲裁"，《仲裁法》第五条"当事人达成仲裁协议，一方向人民法院起诉的，人民法院不予受理，但仲裁协议无效的除外"，以及最高人民法院《关于适用〈中华人民共和国民事诉讼法〉的解释》第二百一十六条"在人民法院首次开庭前，被告以有书面仲裁协议为由对受理民事案件提出异议的，人民法院应当进行审查。经审查符合下列情形之一的，人民法院应当裁定驳回起诉"第（三）项"仲裁协议符合仲裁法第十六条规定且不具有仲裁法第十七条规定情形的"的规定，长某公司在一审法院首次开庭前以有书面仲裁协议为由对受理民事案件提出异议，该仲裁协议符合《仲裁法》第十六条规定且不具有第十七条规定的无效情形。本案争议解决的唯一方式是备案合同中约定的向宜昌仲裁委员会申请仲裁。即使备案合同无效，依据《仲裁法》第十九条规定，备案合同的仲裁条款独立存在，仲裁条款仍然有效。原审法院以双方签订的有关仲裁条款有效，裁定驳回江某公司的起诉并无不当。

案例二：江苏省苏某建设集团股份有限公司、宁夏银某实业有限公司建设工程施工合同纠纷二审民事裁定书丨最高人民法院·（2015）民一终字第374号

本院认为：本案主要争点在于是否应由法院主管。双方在《补充协议》中明确约定，"补充协议与主合同有冲突的，以补充协议为准"，"主合同与补充协议在履行中发生争议，双方协商，若协商不成，双方任何一方应向工程所在地有管辖权的人民法院诉讼解决"，该约定系对《建设工程施工合同》中约定的争议解决方式的变更，符合《民事诉讼法》第三十四条的规定，系有效的协议管辖条款，应据此确定案件管辖。《仲裁法》第十九条第一款关于仲裁协议独立性的规定，指的是合同其他内容的变更不影响仲裁协议的效力。就争议解决方式本身有新约定的，根据意思自治原则，应尊重双方当事人新的意思表示，依照新约定解决争议纠纷。本案工程位于宁夏回族自治区银川市，诉讼标的额超过2000万元，苏某公司住所地不在宁夏，根据《最高人民法院关于调整高级人民法院和中级人民法院管辖第一审民商事案件标准的通知》（法发〔2015〕7号）的规定，宁夏回族自治区高级人民法院有管辖权，受理本案并无不当。

案例三：吉林省恒某房地产开发有限公司、长春新某宇建筑安装有限责任公司申请确认仲裁协议效力二审民事裁定书丨吉林省高级人民法院·（2019）吉民终430号

本院审理查明的事实与一审法院查明的事实基本一致。另查明：2014年，恒某公司与新某宇公司签订《补充协议》，对包括F20号楼的建筑工程施工进行了约定，其中第四条约定了《补充协议》未尽事宜按照原《施工协议》执行，与原协议具有相同法律效力。

本院认为：恒某公司与新某宇公司在《补充协议》中虽未单独签订仲裁条款，但根据双方《补充协议》第四条的约定，《补充协议》未涉及的事项应适用原《建设工程施工合同》，仲裁条款的约定亦应及于F20号楼。恒某公司上诉理由没有事实及法律依据，本院不予支持。

案例四：武汉江某建设集团有限公司、嘉鱼高某房地产开发有限公司建设工程施工合同纠纷二审民事裁定书丨湖北省高级人民法院·（2020）鄂民终123号

本院认为：本案系武汉江某公司不服一审驳回起诉裁定而提起的上诉，争议焦点为涉案仲裁协议是否有效。关于仲裁管辖约定的问题，涉案 2013 年 11 月 11 日《湖北省建设工程施工合同》第 62.6 条约定"向武汉市仲裁委员会申请仲裁"；2013 年 11 月 11 日《高某天境项目建设工程施工承包（补充）合同》第十三条约定"合同执行过程中如出现争议，协商不能统一意见时，可由任何一方提出申请在具有经济合同仲裁权的机构解决，仲裁裁决是终局的，对各方均有约束力"；2014 年 6 月 12 日《湖北省建设工程施工合同》第 62.6 条约定"向武汉市仲裁委员会申请仲裁"。前述当事人签订的三个合同条款对争议解决的方式均选择仲裁，能够证明当事人之间就选择仲裁管辖有一致意思表示。虽然《湖北省建设工程施工合同》中仲裁机构名称具体表述为"武汉市仲裁委员会"，与"武汉仲裁委员会"之间存在"市"字的差别，但该表述差别尚不足以导致内容不明确而无法确定仲裁机构。《最高人民法院关于适用〈中华人民共和国仲裁法〉若干问题的解释》第三条的规定："仲裁协议约定的仲裁机构名称不准确，但能够确定具体的仲裁机构的，应当认定选定了仲裁机构。"原审裁定驳回武汉江某公司的起诉具有相应的事实和法律依据。武汉江某公司上诉主张双方实际履行的是《高某天境项目建设工程施工承包（补充）合同》，另外两份合同系嘉鱼高某公司为达成偷逃少缴税费之目的而故意分拆形成的备案合同，不是当事人真实意思表示，故法院不能采信并作为定案依据。对此，本院认为，根据《仲裁法》第十九条规定"仲裁协议独立存在，合同的变更、解除、终止或者无效，不影响仲裁协议的效力"，相关建设工程施工合同的效力属于实体审理范围，且其不影响合同中关于选择仲裁机构的条款效力。武汉江某公司以两份备案合同虚假为由主张当事人之间未达成有效仲裁协议，缺乏事实和法律依据，本院不予支持。

088 施工合同约定"向工程所在地仲裁委申请仲裁"是否有效？

阅读提示

2017 版《建设工程施工合同示范文本》第 20.4 条第（1）项是"向×××仲裁委员会申请仲裁"，第（2）项是"向×××人民法院起诉"。若选择诉讼，因建设工程施工合同属于专属管辖，一般应填写"工程所在地"法院；若选择仲裁，如果也填写"工程所在地"仲裁委员会,该约定是否有效?

裁判要旨

建设工程施工合同约定将争议提交"工程所在地仲裁委员会仲裁",若工程所在地仅有一个仲裁机构,该仲裁机构视为约定的仲裁机构,仲裁协议有效,案件应当由仲裁委员会主管。

案情简介

一、2011年9月26日,发包人平某土地中心与承包人中某航公司签订了《BT项目合同》,约定:"对于未能友好解决或者通过争议评审解决的争议,发包人或者承包人任意一方均有权提交给工程所在地的仲裁委员会仲裁。"

二、合同签订时,工程所在地无仲裁委员会。

三、2019年2月,因双方工程款纠纷,中某航公司向福建高院起诉,请求法院判令平某土地中心立即支付拖欠的建安费及相应利息。

四、福建高院查明,本案纠纷发生之时,海峡两岸仲裁中心在工程所在地已经成立,裁定驳回中某航公司起诉。中某航公司不服提起上诉。

五、最高人民法院认为,中某航公司起诉时,工程所在地的海峡两岸仲裁中心已依法成立,中某航公司应根据仲裁条款的约定申请仲裁,故裁定驳回其上诉。

法律分析

本案的焦点问题是涉案合同约定的仲裁条款是否有效,中某航公司是否应根据仲裁条款的约定申请仲裁。

第一,《仲裁法》第十八条规定:"仲裁协议对仲裁事项或者仲裁委员会没有约定或者约定不明确的,当事人可以补充协议;达不成补充协议的,仲裁协议无效。"

当事人应明确约定将争议提交哪个仲裁委员会仲裁,对仲裁委员会约定不明确,也未能达成补充协议的,仲裁协议无效,争议应由人民法院主管。

第二,《最高人民法院关于适用〈中华人民共和国仲裁法〉若干问题的解释》第六条规定:"仲裁协议约定由某地的仲裁机构仲裁且该地仅有一个仲裁机构的,该仲裁机构视为约定的仲裁机构。该地有两个以上仲裁机构的,当事人可以协议选择其中的一个仲裁机构申请仲裁；当事人不能就仲裁机构选择达成一致的，仲裁协议无效。"

本案中，虽然合同订立时工程所在地并无仲裁委员会，但在争议发生时海峡两岸仲裁中心已经成立，该仲裁中心是工程所在地唯一的仲裁机构，仲裁条款的不确定性已经消除，应当认定双方的仲裁条款有效，中某航公司应当根据仲裁条款的约定申请仲裁。

实务经验

第一，发包人和承包人之间未达成仲裁协议，或者达成的仲裁协议无效的，建设工程施工合同纠纷应由人民法院审理。根据民事诉讼法司法解释，建设工程施工合同纠纷案件为专属管辖，应按照不动产纠纷确定管辖法院，即由工程所在地人民法院管辖，双方是否约定管辖法院不影响管辖法院的确定。采用《建设工程施工合同示范文本》的，因示范文本"诉讼或仲裁"条款中有选项和空格，若选择诉讼，可填写"向工程所在地人民法院起诉"。

第二，建议不采用"向工程所在地仲裁委员仲裁"的约定，而是明确约定仲裁委员会的名称，如向成都仲裁委员会申请仲裁。本文主案例中，法院认定这样的约定有效，主要是因为涉案工程所在地仅有一个仲裁机构，当事人对仲裁机构的约定是明确的。但是，如果工程所在地不是仅有一个仲裁机构，而有两个或以上仲裁机构，当事人又无法补充约定的话，该仲裁协议无效。

第三，"工程所在地"是指所在区县、市还是省，也存在争议。如在（2019）京04民特169号案件中，工程所在地位于北京市朝某区某处，一方当事人主张"工程所在地"为北京市，因北京市有三个仲裁机构，所以仲裁协议无效；而法院将"工程所在地"理解为北京市朝某区，因北京市朝某区仅有北京仲裁委员会一个仲裁机构，所以法院认为仲裁协议对仲裁委员会的约定是明确的。再如，在（2021）川01民终24604号案件中，一方当事人主张约定的仲裁机构为四川省内的仲裁机构，审理法院根据合同等证据认定工程所在地为成都市，成都市仅有成都仲裁委员会一个仲裁机构，仲裁协议有效。

第四，除了"工程所在地仲裁委员会"，"当地仲裁委员会""合同所在地仲裁委员会"等约定都容易出现争议，建议发包人和承包人在签订建设工程施工合同时，若选择仲裁作为解决争议的方式，则在合同中明确约定具体的某一个仲裁机构，以免发生争议时在法律程序上耗费过多精力。

法条链接

《中华人民共和国仲裁法》（2017年修正）

第十条 仲裁委员会可以在直辖市和省、自治区人民政府所在地的市设立，也可以根据需要在其他设区的市设立，不按行政区划层层设立。

仲裁委员会由前款规定的市的人民政府组织有关部门和商会统一组建。

设立仲裁委员会，应当经省、自治区、直辖市的司法行政部门登记。

第十八条 仲裁协议对仲裁事项或者仲裁委员会没有约定或者约定不明确的，当事人可以补充协议；达不成补充协议的，仲裁协议无效。

《最高人民法院关于适用〈中华人民共和国仲裁法〉若干问题的解释》（2008年12月16日）

第六条 仲裁协议约定由某地的仲裁机构仲裁且该地仅有一个仲裁机构的，该仲裁机构视为约定的仲裁机构。该地有两个以上仲裁机构的，当事人可以协议选择其中的一个仲裁机构申请仲裁；当事人不能就仲裁机构选择达成一致的，仲裁协议无效。

第七条 当事人约定争议可以向仲裁机构申请仲裁也可以向人民法院起诉的，仲裁协议无效。但一方向仲裁机构申请仲裁，另一方未在仲裁法第二十条第二款规定期间内提出异议的除外。

法院判决

本院认为，《BT项目合同》签订于2011年9月26日，该合同系双方真实意思表示，且未违反法律禁止性规定，应依法确认合同有效。双方订立仲裁条款的本意为发生纠纷时选择用仲裁的方式解决纠纷，且选择工程所在地的仲裁委员会为仲裁机构，当中某航公司于2019年2月向福建高院提起诉讼时，工程所在地仲裁委员会即海峡两岸仲裁中心依法成立，仲裁条款的不确定性已经消除，应当认定仲裁条款有效。双方就《BT项目合同》发生争议时，中某航公司应根据《BT项目合同》中仲裁条款的约定申请仲裁，故一审法院驳回其起诉并无不当。

案件来源

中国某建集团港航建设有限公司、平某综合实验区土地储某中心建设工程施

工合同纠纷二审民事裁定书｜最高人民法院·（2019）最高法民终 1500 号

延伸阅读

案例一：中建某局第三建筑工程有限公司建设工程施工合同纠纷民事二审民事裁定书｜甘肃省高级人民法院·（2021）甘民终 272 号

本院认为，三某公司与宏某公司签订的合同编号为 GF-2017-0201 的《建设工程施工合同》第三部分《专用合同条款》第 20 条《争议解决》中的 20.4 款《仲裁或诉讼》中明确规定，"因合同及合同有关事项发生的争议，按下列第 1 种方式解决：（1）向工程所在地仲裁委员会申请仲裁；……"涉案工程名称为"庆某金融中心商业综合体项目一期（住宅）工程"，《建设工程施工合同补充协议》载明，建设地点为"庆某市西峰区"。该合同中虽未写明仲裁委员会的名称，仅约定"向工程所在地仲裁委员会申请仲裁"，但庆某仲裁委员会系庆某市唯一的仲裁委员会，且地址位于庆某市西峰区，根据《最高人民法院关于适用〈中华人民共和国仲裁法〉若干问题的解释》第六条规定：仲裁协议约定由某地的仲裁机构仲裁且该地仅有一个仲裁机构的，该仲裁机构视为约定的仲裁机构。该地有两个以上仲裁机构的，当事人可以协议选择其中的一个仲裁机构申请仲裁；当事人不能就仲裁机构选择达成一致的，仲裁协议无效。双方约定的仲裁机构明确，仲裁条款合法有效。当事人因履行该合同发生纠纷，应提交仲裁解决，人民法院对本案不享有管辖权，一审法院对于三某公司的起诉不予受理并无不当。

案例二：中某空港（北京）建设工程总队、广州白某国际机场建设发展有限公司建设工程施工合同纠纷二审民事裁定书｜江西省高级人民法院·（2020）赣民终 1 号

本院认为，本案双方对诉争合同中约定有仲裁条款无异议，双方争议的是此仲裁条款是否有效。根据《仲裁法》第十八条、《最高人民法院关于适用〈中华人民共和国仲裁法〉若干问题的解释》第五条及第六条的规定，仲裁协议约定的仲裁机构为唯一的，则仲裁协议为有效，否则为约定不明，在双方不能重新达成协议的情况下，仲裁协议无效。本案仲裁条款为："提交合同所在地仲裁委员会仲裁"，对"合同所在地仲裁委员会"应理解为涉及合同的且与争议有实际联系点的仲裁机构，根据民诉法的相关规定，通常是合同签订地和合同履行地。经查，2015 年 6 月 19 日井某山机场扩建工程项目经理部向二上诉人发出的《中标通知书》中已确定了《施工合同》的签订地在吉安市,而涉案建设工程所在地亦在吉安市,即合同履行地也在吉安市,故一审裁定认定合同所在地为吉安市并无不当。鉴于吉安市只有吉安仲裁委员会一家仲裁机构,因此,涉案仲裁条款合法有效。一审裁定以本案存在仲裁条款,排除了法院管辖为由驳回了二上诉人的起诉并无不当。

案例三:田某发、辽宁中某房地产开发有限公司建设工程施工合同纠纷二审民事裁定书 | 辽宁省高级人民法院·(2020)辽民终 454 号

本院认为,《仲裁法》第十八条规定:"仲裁协议对仲裁事项或者仲裁委员会没有约定或者约定不明的,当事人可以补充协议;达不成补充协议的,仲裁协议无效。"《最高人民法院关于适用〈仲裁法〉若干问题的解释》第三条规定:"仲裁协议约定的仲裁机构名称不准确,但能够确定具体的仲裁机构的,应当认定选定了仲裁机构。"本案中,抚顺某通集团、田某发与辽宁中某公司于 2014 年 5 月 28 日签订的《建设工程补充合同 2 号》约定:"……本协议未尽事宜,需经双方协商解决,如协商不成,双方均可向合同签署地的仲裁部门提出申请仲裁。"各方在合同中对签署地没有约定,在诉讼中对合同签订的具体地点陈述不一,但所指的辽宁中某公司的办公地点及工程地点、抚顺某通集团的住所地均在抚顺市,一审法院认定涉案《建设工程施工合同》及《补充合同》的签署地点为抚顺市,并无不当。而抚顺市解决经济纠纷的唯一仲裁机构是抚顺仲裁委员会,故抚顺仲裁委员会应视为双方约定的仲裁机构。田某发提到的其他案件的裁判结果不能作为本案审理的依据。因此,双方在《建设工程补充合同 2 号》中约定的仲裁条款合法有效。田某发关于双方在合同中未明确约定合同签署地、对仲裁委员会约定不明、仲裁条款属于无效的诉讼主张不能成立,本院不予支持。田某发应依照仲裁条款的约定,就本案纠纷向抚顺仲裁委员会申请仲裁解决。

案例四:十堰某阳建设工程有限责任公司建设工程施工合同纠纷二审民事裁定书 | 湖北省高级人民法院·(2020)鄂民终 452 号

本院认为,起诉人十堰某阳公司提交的其与十堰明某置业有限公司签订的《建设工程施工承包合同书》第十四条约定,"因本合同所引发的所有争议,双方另行协商处理,并负有防止事端及损失扩大的责任,若协商不成向当地仲裁机构仲裁解决。"《中华人民共和国民事诉讼法》第一百二十七条第二项规定,"依照法律规定,双方当事人达成书面仲裁协议申请仲裁、不得向人民法院起诉的,告知原告向仲裁机构申请仲裁。"《最高人民法院关于适用〈中华人民共和国民事诉讼法〉的解释》第二百一十五条规定，"依照民事诉讼法第一百二十四条第二项的规定，当事人在书面合同中订有仲裁条款，或者在发生纠纷后达成书面仲裁协议，一方向人民法院起诉的，人民法院应当告知原告向仲裁机构申请仲裁，其坚持起诉的，裁定不予受理，但仲裁条款或者仲裁协议不成立、无效、失效、内容不明确无法执行的除外。"一审裁定驳回十堰某阳公司的起诉，有事实和法律依据。十堰某阳公司上诉称，合同相对方十堰明某置业公司的住所地和建设工程所在地均在丹江口市，因此不能将仲裁条款中约定的"当地"认定为唯一指向十堰，该仲裁条款属于约定不明。《最高人民法院关于适用〈中华人民共和国仲裁法〉若干问题的解释》第六条规定，"仲裁协议约定由某地的仲裁机构仲裁且该地仅有一个仲裁机构的，该仲裁机构视为约定的仲裁机构"。丹江口市属于十堰市辖区，本案双方当事人住所地、合同履行地、建设工程所在地均在十堰市辖区内，而整个十堰市辖区仅有一个仲裁机构即十堰仲裁委员会，因此，诉争合同的仲裁条款约定了明确的仲裁机构，该仲裁条款有效，十堰某阳公司应向仲裁机构申请仲裁。

案例五：中某国际（西安）技术发展有限公司、成都西某港工业发展投资有限公司建设工程施工合同纠纷民事二审民事裁定书丨四川省成都市中级人民法院·（2021）川 01 民终 24604 号

本院认为，一是根据中某西安公司所主张的涉案工程施工地等意见，一审法院认定《项目合同书》所约定的"工程所建省地仲裁委员会"系指工程所在地仲裁委员会，并无不当。且《项目合同书》签订时，中某西安公司所主张的中国国际经济贸易仲裁委员会四川分会尚未成立，一审裁定按照双方所签《项目合同书》认定工程所在地仅有成都仲裁委员会一家仲裁机构无误。二是现无证据证明中某西安公司向人民法院提起诉讼时主动声明本案存在仲裁条款，根据《仲裁法》第二十六条"当事人达成仲裁协议，一方向人民法院起诉未声明有仲裁协议，人民法院受理后，另一方在首次开庭前提交仲裁协议的，人民法院应当驳回起诉，但仲裁协议无效的除外；另一方在首次开庭前未对人民法院受理该案提出异议的，视为放弃仲裁协议，人民法院应当继续审理"的规定，一审法院就本案立案受理后，应由西某港投资公司选择是否放弃仲裁协议。本案中，一审法院受理该案并向西某港投资公司送达诉讼文书后，西某港投资公司未向法院提交证据、答辩状等材料，也未表示其放弃仲裁协议。涉案民事裁定出具并送达西某港公司后，西某港投资公司也未向本院提起上诉认为本案法院有主管权或表示其放弃仲裁协议。综上，一审法院裁定认为本案不属于法院主管并无不当，应予维持。

案例六：三里陆某餐饮管理（北京）有限公司、北京丽某亚建筑装饰工程有限公司申请确认仲裁协议效力民事裁定书丨北京市第四中级人民法院·(2019)京04民特169号

本院认为，本案系申请确认仲裁协议效力的案件。依据《仲裁法》第二十条规定，当事人对仲裁协议的效力有异议的，可以请求人民法院作出裁定。人民法院应依据仲裁法第十七条和第十八条的规定进行审查。《仲裁法》第十七条规定："有下列情形之一的，仲裁协议无效：（一）约定的仲裁事项超出法律规定的仲裁范围的；（二）无民事行为能力人或者限制民事行为能力人订立的仲裁协议；（三）一方采取胁迫手段，迫使对方订立仲裁协议的"；第十八条规定："仲裁协议对仲裁事项或者仲裁委员会没有约定或者约定不明确的，当事人可以补充协议；达不成补充协议的，仲裁协议无效"。上述规定是人民法院确认仲裁协议无效的法定事由。

三里公司主张仲裁协议无效的理由是，《建设工程施工合同》双方约定产生争议向"工程所在地仲裁委员会"申请仲裁。工程所在地的北京市有北京仲裁委员会、中国国际经济贸易仲裁委员会、中国海事仲裁委员会三家仲裁机构，因此仲裁协议对仲裁委员会约定不明确。对此，本院认为，本案《建设工程施工合同》仲裁条款约定的仲裁机构为"工程所在地仲裁委员会"，而工程所在地位于北京市朝某区新源里谭某美饭店，仅有北京仲裁委员会是位于北京市朝某区的仲裁机构，故本案不存在仲裁协议对仲裁委员会约定不明确的问题。该仲裁协议符合《仲裁法》第十六条的规定，且不存在上述法律第十七条、第十八条规定的仲裁协议无效的情形，应当认定仲裁协议有效。综上，三里公司撤销仲裁的理由缺乏事实和法律依据，本院不予支持。

089 工程款债权转让，受让人是否受施工合同仲裁条款的约束？

阅读提示

施工合同约定了仲裁条款，承包人将工程款债权转让给受让人后，受让人是否受施工合同仲裁条款的约束？

裁判要旨

债权转让协议约定受让人拒绝接受发包人和承包人之间的仲裁条款的，仲裁条款对受让人不发生法律效力，受让人有权通过诉讼方式向发包人主张工程款债权。

案情简介

一、2014年5月28日，辰某公司与光某公司签订了《建设工程施工合同》。

二、2017年8月25日，李某金、唐某星与辰某公司签订了《债权转让协议书》，其中第四条约定：各方同意，李某金、唐某星拒绝接受辰某公司与光某公司之间的仲裁条款。

三、2019年4月8日，李某金、唐某星以债权受让人的身份向吉林省高级人民法院起诉光某公司，请求法院判令其支付拖欠工程款及利息。

四、光某公司认为李某金、唐某星应当申请仲裁，故向法院提出异议。

五、吉林省高级人民法院认为仲裁条款对李某金、唐某星不发生法律效力，裁定驳回光某公司的异议。

六、光某公司不服提起上诉，最高人民法院裁定驳回上诉。

法律分析

本案的焦点问题是李某金、唐某星是否受《建设工程施工合同》仲裁条款的约束。

第一，根据《仲裁法》第五条的规定，仲裁协议排除法院主管，如果建设工程施工合同约定了仲裁条款，当事人应当向仲裁机构申请仲裁，如果一方当事人向法院起诉，另一方当事人可提出异议。

本案中，光某公司对诉讼提出了异议，主张其建设工程施工合同约定了仲裁条款，李某金、唐某星应受仲裁条款的约束，本案不应由法院审理。

第二，《最高人民法院关于适用〈中华人民共和国仲裁法〉若干问题的解释》第九条规定："债权债务全部或者部分转让的，仲裁协议对受让人有效，但当事人另有约定、在受让债权债务时受让人明确反对或者不知有单独仲裁协议的除外。"

本案中，李某金、唐某星作为受让人与承包人辰某公司签订了《债权转让协议书》，并且明确约定拒绝接受辰某公司与光某公司之间的仲裁条款约定，故仲裁条款对李某金、唐某星不发生法律效力，李某金、唐某星可通过诉讼的方式向光某公司主张工程款债权。

实务经验

第一，仲裁协议是当事人之间达成的以仲裁方式解决争议的合意，债权债务转让时，仲裁协议的效力扩张到未直接达成合意的债务人和受让人。根据《最高人民法院关于适用〈中华人民共和国仲裁法〉若干问题的解释》第九条的规定，债权债务转让的，除以下三种情形，仲裁协议对受让人有效：一是当事人另有约定，二是在受让债权债务时受让人明确反对仲裁协议，三是受让债权债务时受让人不知道还有单独仲裁协议。云亭建工律师团队建议承包人将工程款债权转让时，与受让人明确约定争议条款。

第二，债权人转让债权的，要通知债务人才对债务人发生效力。建议工程款债权人（承包人）在将工程款债权转让时，及时通知债务人（发包人），最好采取书面通知的方式，并保存好相关证据。

第三，债权人转让债权不需要债务人同意。实践中，有的承包人通过将工程款债权转让的方式规避建设工程施工合同约定的仲裁条款。

第四，仲裁协议是独立存在的，不受债权转让协议的效力的影响，债务人（发包人）以债权转让协议无效或建设工程施工合同无效抗辩不能得到支持，建议债务人（发包人）进行实体抗辩。

法条链接

《中华人民共和国民法典》（2021年1月1日实施）

第五百四十五条 债权人可以将债权的全部或者部分转让给第三人，但是有下列情形之一的除外：

（一）根据债权性质不得转让；

（二）按照当事人约定不得转让；

（三）依照法律规定不得转让。

当事人约定非金钱债权不得转让的，不得对抗善意第三人。当事人约定金钱债权不得转让的，不得对抗第三人。

第五百四十六条 债权人转让债权，未通知债务人的，该转让对债务人不发生效力。

债权转让的通知不得撤销,但是经受让人同意的除外。

《最高人民法院关于适用〈中华人民共和国民事诉讼法〉的解释》(法释〔2020〕20号)

第二百一十六条　在人民法院首次开庭前,被告以有书面仲裁协议为由对受理民事案件提出异议的,人民法院应当进行审查。

经审查符合下列情形之一的,人民法院应当裁定驳回起诉:

(一)仲裁机构或者人民法院已经确认仲裁协议有效的;

(二)当事人没有在仲裁庭首次开庭前对仲裁协议的效力提出异议的;

(三)仲裁协议符合仲裁法第十六条规定且不具有仲裁法第十七条规定情形的。

《中华人民共和国仲裁法》(2017年修正)

第四条　当事人采用仲裁方式解决纠纷,应当双方自愿,达成仲裁协议。没有仲裁协议,一方申请仲裁的,仲裁委员会不予受理。

第五条　当事人达成仲裁协议,一方向人民法院起诉的,人民法院不予受理,但仲裁协议无效的除外。

第十九条　仲裁协议独立存在,合同的变更、解除、终止或者无效,不影响仲裁协议的效力。

仲裁庭有权确认合同的效力。

《最高人民法院关于适用〈中华人民共和国仲裁法〉若干问题的解释》(2008年12月16日)

第八条　当事人订立仲裁协议后合并、分立的,仲裁协议对其权利义务的继受人有效。

当事人订立仲裁协议后死亡的,仲裁协议对承继其仲裁事项中的权利义务的继承人有效。

前两款规定情形,当事人订立仲裁协议时另有约定的除外。

第九条　债权债务全部或者部分转让的,仲裁协议对受让人有效,但当事人另有约定、在受让债权债务时受让人明确反对或者不知有单独仲裁协议的除外。

法院判决

本院认为,《最高人民法院关于适用〈中华人民共和国仲裁法〉若干问题的解释》第九条规定："债权债务全部或者部分转让的，仲裁协议对受让人有效，但当事人另有约定、在受让债权债务时受让人明确反对或者不知有单独仲裁协议的除外。"2019年4月8日，李某金、唐某星以光某公司和长光盛某公司为被告，起诉至法院请求判令光某公司和长光盛某公司支付拖欠工程款及利息超过五千万元。一审中，光某公司主张李某金、唐某星从辰某公司处受让的《建设工程施工合同》（GF-2013-0201）项下审核金额为6643000元工程款的纠纷，应依照《建设工程施工合同》（GF-2013-0201）关于"向建设工程所在地仲裁委员会申请仲裁"的约定，向仲裁机关申请仲裁的方式解决，扣除该争议工程款金额后，本案李某金、唐某星起诉的诉讼标的额并未达到一审法院级别管辖标准。因李某金、唐某星于2017年8月25日与辰某公司签订《债权转让协议书》，明确约定李某金、唐某星拒绝接受辰某公司与长光盛某公司、光某公司之间的仲裁条款约定，故一审法院未支持光某公司关于李某金、唐某星诉请的部分工程价款应通过仲裁方式解决的异议并无不当。至于《债权转让协议书》本身是否真实有效、是否对光某公司产生法律效力，属于案件实体审理问题，光某公司以此为由主张一审法院认定李某金、唐某星不受仲裁条款约束错误，本院不予支持。

案件来源

吉林省光某电子产业孵化器有限公司、李某金建设工程施工合同纠纷二审民事裁定书｜最高人民法院·（2020）最高法民终71号

延伸阅读

案例一：张家口畅某商贸有限公司、大某传媒集团有限公司民间借贷纠纷再审审查与审判监督民事裁定书｜最高人民法院·（2020）最高法民申5620号

本院认为，本案再审审查的主要问题是涉案仲裁条款的效力及畅某公司受让的债权是否应受仲裁条款的约束。

畅某公司主张，天某美业公司与大某集团签订的《借款协议书》中约定的纠纷解决方式为提交"有管辖权的人民法院解决"，《补充协议》未明确约定变更争议解决方式，仅系补充了另一种解决办法，即"提交北京仲裁委员会解决"，根据《最高人民法院关于适用〈中华人民共和国仲裁法〉若干问题的解释》第七条的规定，上述仲裁协议无效。本院认为，《补充协议》约定："2.本协议引起的或与本协议有关的任何争议，由双方友好协商解决。协商不成时，双

方应提交北京仲裁委员会解决。3. 其他事宜仍按原《借款协议书》执行"。根据上述约定,《补充协议》已对争议解决方式进行了变更。同时,苏某、刘某凤、华某公司均出具《承诺函》,明确表示作为担保人已知晓借款双方达成补充协议,将《借款协议书》中约定争议解决方式变更为"提交北京仲裁委员会解决"。苏某、刘某凤、华某公司承诺继续为该合同债务承担无限连带担保责任。故原审法院关于《补充协议》中约定的纠纷仲裁管辖事项合法有效,相关保证人亦均对约定的仲裁条款予以认可,协议各方均应受仲裁协议约束的认定,并无不当。

畅某公司主张,其与天某美业公司签订的《债权转让协议》中已明确反对仲裁协议。经查明,《债权转让协议》第六条约定:1. 畅某公司有权就其受让的债权提交畅某公司所在地人民法院诉讼。2. 在本协议履行过程中发生的纠纷,双方应友好协商解决;协商不成的,双方同意提交畅某公司所在地人民法院诉讼。《最高人民法院关于适用〈中华人民共和国仲裁法〉若干问题的解释》第九条规定:"债权债务全部或者部分转让的,仲裁协议对受让人有效,但当事人另有约定、在受让债权债务时受让人明确反对或者不知有单独仲裁协议的除外。"从上述协议约定内容看,仅表明畅某公司与天某美业公司之间发生纠纷时,应提交人民法院诉讼。畅某公司并未作出明确反对涉案《补充协议书》《不可撤销担保函》中有关仲裁条款的意思表示。根据现有证据不足以证明存在畅某公司与天某美业公司另有约定或者在受让债权时畅某公司明确反对或者不知道有仲裁条款的情形。因此,畅某公司受让债权后,应受涉案仲裁条款的约束。

案例二:阳山县金某力发电有限公司、北京聚某鼎科技有限公司申请撤销仲裁裁决民事裁定书 | 北京市第四中级人民法院·(2021)京04民特312号

本院认为,本案是当事人申请撤销国内仲裁裁决案件,应依据《仲裁法》第五十八条的规定进行审查。《仲裁法》第五十八条规定:当事人提出证据证明裁决有下列情形之一的,可以向仲裁委员会所在地的中级人民法院申请撤销裁决:(一)没有仲裁协议的;(二)裁决的事项不属于仲裁协议的范围或者仲裁委员会无权仲裁的;(三)仲裁庭的组成或者仲裁的程序违反法定程序的;(四)裁决所根据的证据是伪造的;(五)对方当事人隐瞒了足以影响公正裁决的证据的;(六)仲裁员在仲裁该案时有索贿受贿,徇私舞弊,枉法裁决行为的。人民法院经组成合议庭审查核实裁决有前款规定情形之一的,应当裁定撤销。人民法院认定该裁决违背社会公共利益的,应当裁定撤销。上述规定是人民法院撤销国内仲裁裁决的法定事由。

关于金某力公司主张其与聚某鼎公司没有仲裁协议，北京仲裁委员会无管辖权，对此，本院认为，依据《最高人民法院关于适用〈中华人民共和国仲裁法〉若干问题的解释》第九条规定，债权债务全部或者部分转让的，仲裁协议对受让人有效，但当事人另有约定、在受让债权债务时受让人明确反对或者不知有单独仲裁协议的除外。本案中，各方均认可《四方协议》的仲裁协议有效，聚某鼎公司作为债权受让人主动提起仲裁，未有明确反对仲裁协议的情形。依据上述法律规定，金某力公司签订的《四方协议》的仲裁条款对聚某鼎公司具有约束力。另，金某力公司、袁某波在仲裁阶段已提出管辖异议，仲裁庭在查明事实的基础上作出认定，认为北京仲裁委员会具有管辖权，本院予以确认。综上，对于金某力公司的主张，本院不予支持。

案例三：重庆捷某置业有限公司、重庆建工某市政工程有限责任公司申请确认仲裁协议效力民事裁定书｜重庆市第一中级人民法院·（2021）渝01民特83号

本院认为，根据《最高人民法院关于适用〈中华人民共和国仲裁法〉若干问题的解释》第九条的规定，债权债务全部或者部分转让的，仲裁协议对受让人有效，但当事人另有约定、在受让债权债务时受让人明确反对或者不知有单独仲裁协议的除外。本案中，案外人致某公司与捷某公司就涉案工程在《建设工程施工合同补充协议》中约定仲裁协议，致某公司作为涉案工程的债权人，将其对捷某公司的债权转让给了建某公司，并将债权转让事宜通知了捷某公司。故《建设工程施工合同补充协议》中的仲裁协议对建工公司有效。综上，捷某公司关于建工公司并非《建设工程施工合同补充协议》的签约当事人，该协议中的仲裁条款效力不及于建工公司的主张于法无据，本院不予支持。

案例四：天津经济技术开发区管理委员会某本建设中心、华某城（天津）贸易有限公司申请确认仲裁协议效力民事裁定书｜天津市第二中级人民法院·（2020）津02民特96号

本院经审查认为，《建筑装饰工程施工合同》约定了履行本合同中发生的争议向天津仲裁委员会申请仲裁，该约定是开发区建设中心与南京稼某建设工程有限公司解决纠纷自愿达成的合意，具有明确的仲裁意愿，亦有确定的仲裁事项和选定的仲裁委员会，该仲裁条款合法有效。针对该合同与开发区建设中心发生的争议向天津仲裁委员会申请仲裁符合开发区建设中心请求仲裁的意愿，并无不当。

《债权转让协议》是华某城公司与南京稼某建设工程有限公司、上海稼某装饰工程设计有限公司三方就华某城公司与上海稼某装饰工程设计有限公司之间的债权债务以南京稼某建设工程有限公司对开发区建设中心享有的债权转让给华某城公司等事项进行约定而签订的合同，该合同中的约定并不当然地对开发区建设中心产生法律效力，且根据《仲裁法解释》第九条关于"债权债务全部或者部分转让的，仲裁协议对受让人有效，但当事人另有约定、在受让债权债务时受让人明确反对或者不知有单独仲裁协议的除外"的规定，华某城公司按照仲裁协议的约定申请仲裁是正确的，开发区建设中心要求向华某城公司有管辖权的人民法院提起诉讼无法律依据，本院无法支持。

关于开发区建设中心提出的转让债权是否有效以及转让的债权金额是否正确等问题，均属于天津仲裁委员会审理的实体问题，不影响天津仲裁委员会受理该案件。

案例五：北京城建道某建设集团有限公司、张某涛申请撤销仲裁裁决民事裁定书丨北京市第四中级人民法院·（2018）京04民特370号

关于城某公司与张某涛之间是否有仲裁协议。《仲裁法解释》第九条规定，"债权债务全部或者部分转让的，仲裁协议对受让人有效，但当事人另有约定、在受让债权债务时受让人明确反对或者不知有单独仲裁协议的除外"。本案中张某涛依据《债权转让协议书》受让了春某公司对城某公司《分包合同》项下的债权，且转让事宜已经通知城某公司，故《分包合同》中的仲裁条款对张某涛有效，城某公司因其与张某涛之间没有仲裁协议而请求撤销仲裁裁决的理由，没有事实和法律依据，本院不予支持。

090 实际施工人与转包人的仲裁案正在审理过程中，实际施工人是否可以同时对发包人提起代位权诉讼？

阅读提示

在建设工程领域，层层转包的现象比较常见，实际施工人总是希望突破合同相对性直接起诉发包人索要工程款，在满足一定条件的情况下，实际施工人可以提出代位权诉讼。然而，需要注意的是，本文的主案例中，两个实际施工人以不同的诉讼方案多次起诉，被法院以重复起诉为由各罚款10万元。

裁判要旨

代位权行使的前提是债权人对债务人享有合法债权，债务人对次债务人享有到期债权。实际施工人是否具有债权人身份，尚需以实际施工人与转包人的仲裁裁决结果为依据，在实际施工人的债权人身份未决情形下，不能认定具有代位权。

案情简介

一、自2015年7月20日起，慧某公司与神州长某公司先后签订了《商某联中心样板房综合建设工程施工安装合同》《补充协议》及《商某联中心住宅精装交房装饰装修施工合同》，将涉案工程承包给神州长某公司。

二、刘某书又以神州长某公司负责人的身份分别与张某忠、李某签订了三份《项目管理书》，将上述三份合同中的部分工程转包给张某忠、李某施工，神州长某公司收取相关管理费。三份《项目管理书》中约定："发生争议后如协商不成则交北京市仲裁委员会仲裁裁决"。

三、2019年8月5日，张某忠、李某以发包人慧某公司、承包人神州长某公司及转承包人和某美建筑工程有限公司、刘某书为被告提起诉讼，因《项目管理书》中约定了仲裁条款，被法院驳回。

四、前案审理期间，张某忠、李某又以发包人慧某公司为被告，提起与前案相同的诉讼，被法院驳回。

五、南昌市中级人民法院对张某忠、李某的重复起诉行为，作出了各处罚10万元的决定。

六、2020年3月12日，张某忠、李某向发包人慧某公司提起代位权之诉。南昌市中级人民法院认为张某忠、李某重复起诉，裁定驳回其起诉。

七、江西省高级人民法院认为不能认定张某忠、李某有代位权，且二人系重复起诉，裁定驳回其上诉。

八、最高人民法院认为本案不构成重复起诉，但是张某忠、李某是否具有债权人资格应待仲裁结果确定后视情况而定。

法律分析

本案的焦点问题是张某忠、李某的起诉是否构成重复起诉，张某忠、李某行使代位权的条件是否成就。

第一，《最高人民法院关于适用〈中华人民共和国民事诉讼法〉的解释》第二百四十七条第二款规定："当事人重复起诉的，裁定不予受理；已经受理的，裁定驳回起诉，但法律、司法解释另有规定的除外。"

本案中，张某忠、李某第一次起诉被驳回的理由是：其与被告之一转包人神州长某公司约定了仲裁条款排除了法院主管。第二次起诉发包人慧某公司被驳回的理由是：慧某公司系第一次诉讼的被告之一，而第一次诉讼当时尚处二审阶段未审结。本次起诉，张某忠、李某是以实际施工人身份代位行使神州长某公司（债务人、转包人）对慧某公司（次债务人、发包人）的权利，诉讼标的与前两次并不相同，实质也不是为了否定前两次裁定结果，故不宜认定为构成重复诉讼。

第二，《最高人民法院关于审理建设工程施工合同纠纷案件适用法律问题的解释（一）》第四十四条规定："实际施工人依据民法典第五百三十五条规定，以转包人或者违法分包人怠于向发包人行使到期债权或者与该债权有关的从权利，影响其到期债权实现，提起代位权诉讼的，人民法院应予支持。"

本案中，张某忠、李某可以根据上述规定行使代位权，但条件之一是张某忠、李某对转包人神州长某公司的确存在到期债权。张某忠、李某与神州长某公司签订的《项目管理书》约定了仲裁条款，张某忠、李某向神州长某公司主张工程款的案件应由仲裁机构审理，因该仲裁案件尚在审理之中，张某忠、李某是否对神州长某公司享有债权尚不确定，不满足对神州长某公司的存在到期债权的条件，故法院认定张某忠、李某不具有代位权。

实务经验

实际施工人提起代位权诉讼的条件一：实际施工人对转包人或违法分包人享有到期债权。虽然实际施工人与转包人或违法分包人之间的合同是无效合同，但是，实际施工人也可以请求参照实际履行的合同进行折价补偿，即实际施工人可以要求转包人或违法分包人支付工程款。该条件要求双方已经达成结算协议或者经仲裁机构、法院裁判。

实际施工人提起代位权诉讼的条件二：转包人或违法分包人对发包人享有到期债权。实际施工人对转包人或违法分包人与发包人之间的债权金额、期限难以证明，实践中，法院可能要求承包人和发包人证明其结算情况，如果债权金额尚不确定，不满足该条件。

实际施工人提起代位权诉讼的条件三：转包人或违法分包人怠于行使权利影响实际施工人债权的实现。如果承包人不以诉讼方式或者仲裁方式向其债务人主张权利，则满足该条件。

实际施工人提起代位权诉讼的条件四：代位标的为非专属于转包人或违法分包人自身的权利。建设工程领域中，实际施工人所代位的是转包人或违法分包人对发包人享有的工程款权利，不是专属于自身的权利，该条件不是法院审查的重点。

实际施工人直接起诉发包人的案件与实际施工人行使代位权的案件在当事人、诉讼请求等方面均有相同或者相似之处，但是所依据的请求权基础并不相同，云亭建工律师团队建议实际施工人选择最优诉讼策略，在诉讼中向法院明确法律关系、法律依据，避免被认定为重复诉讼。

根据民事诉讼法司法解释，建设工程施工合同纠纷案件为专属管辖，应按照不动产纠纷确定管辖法院，即由工程所在地人民法院管辖，而代位债权人提起代位权诉讼的，应由被告住所地人民法院管辖。实际施工人提起的代位权诉讼是否适用专属管辖，在实践中存在完全不同的观点。

法条链接

《中华人民共和国民法典》（2021 年 1 月 1 日实施）

第五百三十五条 因债务人怠于行使其债权或者与该债权有关的从权利，影响债权人的到期债权实现的，债权人可以向人民法院请求以自己的名义代位行使债务人对相对人的权利，但是该权利专属于债务人自身的除外。

代位权的行使范围以债权人的到期债权为限。债权人行使代位权的必要费用，由债务人负担。

相对人对债务人的抗辩，可以向债权人主张。

《最高人民法院关于适用〈中华人民共和国民事诉讼法〉的解释》（法释〔2022〕11号）

第二百四十七条　当事人就已经提起诉讼的事项在诉讼过程中或者裁判生效后再次起诉，同时符合下列条件的，构成重复起诉：

（一）后诉与前诉的当事人相同；

（二）后诉与前诉的诉讼标的相同；

（三）后诉与前诉的诉讼请求相同，或者后诉的诉讼请求实质上否定前诉裁判结果。

当事人重复起诉的，裁定不予受理；已经受理的，裁定驳回起诉，但法律、司法解释另有规定的除外。

《最高人民法院关于审理建设工程施工合同纠纷案件适用法律问题的解释（一）》（法释〔2020〕25号）

第四十四条　实际施工人依据民法典第五百三十五条规定，以转包人或者违法分包人怠于向发包人行使到期债权或者与该债权有关的从权利，影响其到期债权实现，提起代位权诉讼的，人民法院应予支持。

法院判决

本院经审查认为：一、二审裁定驳回申请人起诉并无不当。

一、关于是否构成重复诉讼问题。申请人第一次起诉被裁定驳回起诉理由是被告之一神州长某公司（转包人）与其约定了仲裁条款进而排除法院管辖权，第二次起诉慧某公司（发包人）被裁定驳回起诉的理由是慧某公司系第一次诉讼的被告之一，而第一次诉讼当时尚处二审阶段未审结。显然，前两次诉讼被裁定驳回起诉系基于仲裁条款排除法院管辖和该关联诉讼未审结。在前两次诉讼结束后，申请人以实际施工人身份依据《建设工程司法解释（二）》第二十五条规定再次单独针对慧某公司提起本案诉讼，实质并非为了否定前两次裁定结果，故不宜认定为构成重复诉讼。此外，申请人依据转包合同关系和仲裁约定以神州长某公司为被申请人向仲裁机构申请仲裁，与本案诉讼当事人、请求权基础并不相同，故一、二审认为本案构成重复诉讼，依据不足，应予指正。

二、代位权行使的前提是债权人对债务人享有合法债权，债务人对次债务人享有到期债权。申请人对神州长某公司是否享有合法债权，其已依据仲裁条款约定提起仲裁，尚在仲裁审理，即是否具有债权人资格需以仲裁裁决结果为依据。

在申请人的债权人身份处于未决情形下,二审认为目前不能认定申请人是否具有代位权,裁定驳回本案起诉,并无不当。申请人待仲裁结果确定后,可视情决定是否向慧某公司另行主张权利。

三、《民事诉讼法解释》第二百零八条第三款规定"立案后发现不符合起诉条件或者属于民事诉讼法第一百二十四条规定情形的,裁定驳回起诉"。一、二审经审查认为本案不符合起诉条件,径行裁定驳回起诉,于法有据,并非属剥夺当事人辩论权利的情形。申请人该再审理由不能成立。

案件来源

张某忠、李某建设工程施工合同纠纷再审审查与审判监督民事裁定书丨最高人民法院·(2020)最高法民申 4500 号

延伸阅读

案例一:刘某霖、吉林市中某海华房地产开发有限公司债权人代位权纠纷再审审查与审判监督民事裁定书丨最高人民法院·(2020)最高法民申 298 号

本院经审查认为,本案申请再审争议的主要问题是:金某公司对中某公司的债权是否到期;金某公司是否怠于行使到期债权,对刘某霖造成损害。

关于金某公司对中某公司的债权是否到期问题。涉案建设工程施工合同系没有资质的李某某借用金某公司名义与中某公司签订,依法应认定为无效。因实际施工人李某某涉嫌犯罪不能参加核算,涉案工程决算难以完成,工程款数额尚未确定。原审判决认定金某公司对中某公司的债权不确定且未到期,并无不当。刘某霖再审主张李某某负责涉案工程施工是代表金某公司履行合同的职务行为,未提供相关证据予以证明,本院不予采信。因涉案建设工程施工合同属于无效合同,其关于工程款支付节点及支付比例的约定,不属于合同中独立存在的有关解决争议方法的条款,对双方当事人不具有合同效力。刘某霖主张参照无效合同条款支付工程进度款,于法无据。一审法院已对中某公司与金某公司签订的合同进行质证并在判决书中予以阐明,刘某霖再审主张上述合同文件未经质证,与事实不符,本院不予采信。

关于金某公司是否怠于行使到期债权对刘某霖造成损害问题。根据《最高人民法院关于适用〈中华人民共和国合同法〉若干问题的解释(一)》第十三条的规定,债务人怠于行使其到期债权,限于债务人能够通过诉讼或者仲裁的方式

向次债务人主张权利却一直未主张。本案工程决算尚未完成,工程款数额未能确定。长春市南关区人民法院、吉林市昌邑区人民法院已作出法律文书通知中某公司停止支付涉案工程款,吉林市劳动监察支队两次发函告知中某公司在剩余工程款额度内优先将拖欠的农民工工资存入该支队农民工工资账户。故即便涉案工程决算完成,工程款亦应优先支付农民工工资,依法保护劳动者的合法权益。刘某霖再审主张金某公司怠于行使到期债权,缺乏事实和法律依据,本院不予支持。

案例二:湖北康某特冷气装饰工程有限公司、程某武建设工程合同纠纷再审审查与审判监督民事裁定书丨最高人民法院·(2019)最高法民申 1857 号

一、关于二审判决适用代位权法律关系审理是否妥当,是否损害当事人诉讼权利的问题

《最高人民法院关于适用〈中华人民共和国民事诉讼法〉的解释》第二百二十八条规定:"法庭审理应当围绕当事人争议的事实、证据和法律适用等焦点问题进行。"第三百二十一条规定:"第二审人民法院应当围绕当事人的上诉请求进行审理。"本案中,曹某雁基于认为其本人承包施工涉案工程的事实,诉请法院判令康某特公司、华某公司连带支付工程结算余款。而康某特公司、程某武上诉主张施工主体为康某特公司,曹某雁与程某武为内部承包关系,曹某雁非实际施工人,并不具有主张工程价款的资格,故应驳回曹某雁之诉求。根据前述法律规定,二审法院应当围绕各方当事人的诉请、争议事实、证据和法律适用等焦点问题进行,从各方当事人的诉求及基于的事实和理由看,曹某雁自始至终并未主张其系基于行使代位权向康某特公司、华某公司主张权利,其列举的事实、提交的证据以及双方争议的焦点问题亦未围绕其行使代位权的条件是否成立而进行。二审法院脱离各方当事人的诉讼请求、争议事实和焦点问题,适用代位权的相关法律规定展开审理和认定,违反上述法律规定。

根据《最高人民法院关于民事诉讼证据的若干规定》第五十三条规定:"诉讼过程中,当事人主张的法律关系性质或者民事行为效力与人民法院根据案件事实作出的认定不一致的,人民法院应当将法律关系性质或者民事行为效力作为焦点问题进行审理。但法律关系性质对裁判理由及结果没有影响,或者有关问题已经当事人充分辩论的除外。存在前款情形,当事人根据法庭审理情况变更诉讼请求的,人民法院应当准许并可以根据案件的具体情况重新指定举证期限。"如二审法院在审理中认为当事人主张的法律关系的性质与其根据案件事实作出的认定不一致的,则应当在审理中予以释明,告知相关当事人可以变更诉讼请求,并组

织各方当事人就本案能否适用代位权的相关法律规定请求华某公司直接支付剩余工程款作为争议焦点组织当事人进行举证和辩论。但是二审法院在未向当事人释明、未将该法律适用问题列为争议焦点并组织当事人围绕该焦点问题进行举证和辩论的情况下，径行适用代位权的相关法律规定作出认定和裁判，认定事实不清，适用法律错误，剥夺了当事人举证和辩论的诉讼权利。

案例三：黑龙江鼎某丰房地产开发有限公司、鸡西市福某房地产开发有限公司债权人代位权纠纷再审审查与审判监督民事裁定书 | 最高人民法院・（2018）最高法民申5978号

本院经审查认为，一、关于卢某艳是否对福某公司享有债权

根据原审法院查明的事实，福某公司与卢某艳签订的涉案《确认书》约定，经双方确认，福某公司在确认书签订之前拖欠卢某艳施工费、材料费及其他垫付费用共计2074万元。该《确认书》上，福某公司加盖公章，福某公司的法定代表人王某俊、项目投资人丁某洋及刘某福签字。此外，债权人卢某艳还举示了涉案《确认书》签订之前的《借款协议》《工程分包合同》以及相应票据、签证等证据证明其与福某公司之间的债权债务关系。原审依据上述证据认定卢某艳与福某公司之间的债权债务关系，并无不当。《最高人民法院关于适用〈中华人民共和国民事诉讼法〉的解释》第一百二十一条第一款规定，"当事人申请鉴定，可以在举证期限届满前提出。申请鉴定的事项与待证事实无关联，或者对证明待证事实无意义的，人民法院不予准许"。鼎某丰公司、福某公司关于二审并未对卢某艳等施工的涉案工程进行鉴定的情况下即认定债权债务关系，缺乏科学依据的申请再审理由，理据不足，本院不予支持。

二、卢某艳有权请求鼎某丰公司承担代位清偿责任

本案中，福某公司开发的涉案工程为棚户区改造经济适用房项目，卢某艳为该开发项目的实际施工人、材料供应商，在项目开发过程中，因福某公司资金短缺向卢某艳借款，卢某艳亦实际施工了部分工程。卢某艳对福某公司债权已于2015年通过上述《确认书》确认。2017年，因福某公司资金不足不能完成项目开发，故与鼎某丰公司签订《鸡东县福某家居项目开发建设转让协议书》（以下简称《项目转让协议》）将涉案项目整体转让。签订《项目转让协议》的当日，福某公司、鼎某丰公司联合向卢某艳发函要求其做好工程退场、工程量清算等事宜。此外，鼎某丰公司的股东刘某强、丁某洋系福某公司的股东和项目投资人，两公司存在密切关联。上述事实可以认定涉案《项目转让协议》签订时，鼎某

丰公司对福某公司尚欠卢某艳债务应属明知。原审还查明，《项目转让协议》签订后，经福某公司申请，经鸡东县政府及有关住房管理部门批准，将涉案项目开发单位变更为鼎某丰公司，即涉案《项目转让协议》已经实际履行，而福某公司除涉案项目外已无其他有效财产。《项目转让协议》约定福某公司将涉案房地产开发项目转让给鼎某丰公司后，鼎某丰公司应依约限时将转让价款约7000万元支付给福某公司。福某公司对鼎某丰公司的上述金钱债权在本案审理过程中已经到期。福某公司与鼎某丰公司均明知卢某艳债权尚未清偿的前提下将涉案项目实际转让，福某公司无其他财产。在鼎某丰公司支付项目转让款的期限届满之前，福某公司先行起诉鼎某丰公司，仅要求确认涉案《项目转让协议》无效，而不提出其他诉讼请求。基于债的相对性，上述合同效力之诉不影响卢某艳依法行使权利。福某公司与鼎某丰公司存在密切关系而主张合同无效，且不主张缔约过失责任，意味着其主观上存在预期放弃其项目转让协议项下的合同债权的可能性，该行为使债务人福某公司的责任财产不能保持，让债权人卢某艳的债权实现预先陷于风险之中，其效果并不亚于怠于行使到期债权。其后，项目转让款到期至今，上述局面没有发生变化，既无证据证明《项目转让协议》无效，福某公司亦未另行提交其向鼎某丰公司主张权利的有效证据。福某公司、鼎某丰公司以合同效力纠纷尚未审结为由，主张卢某艳的代位权不能成立，于法无据，本院不予支持。原审法院基于以上事实，认定福某公司怠于行使其到期债权对债权人卢某艳造成损害，判令卢某艳有权请求鼎某丰公司承担代位清偿责任，并无不当。

本案为债权人代位权诉讼，原审法院依法查明债权人与债务人以及债务人与次债务人之间的债权债务关系，并对债务人是否怠于行使债权，债务人怠于行使债权是否对债权人实现债权产生不利影响作出认定，并无不当。本案并不存在应中止诉讼的情形，鼎某丰公司、福某公司申请再审主张卢某艳不具备代位求偿权主体资格，本案应以另案审理结果为依据的申请再审理由，不能成立。

案例四：王某、贵州某集团第四建筑有限责任公司建设工程施工合同纠纷再审审查与审判监督民事裁定书｜最高人民法院·（2018）最高法民申1808号

本院经审查认为，王某关于本案各方当事人之间均没有合同关系，不应该适用《合同法》第八条①第一款的相关规定的再审申请理由，不能成立。合同无效不能等同于没有合同关系。合同无效应产生合同无效的法律后果，合同无效不是当事人可得主张突破合同相对性的理由。而《最高人民法院关于审理建设工程施

---

① 编者按：《民法典》第119条。

工合同纠纷案件适用法律问题的解释》第二十六条规定："实际施工人以转包人、违法分包人为被告起诉的，人民法院应当依法受理。实际施工人以发包人为被告主张权利的，人民法院可以追加转包人或者违法分包人为本案当事人。发包人只在欠付工程价款范围内对实际施工人承担责任。"本案贵州某建四公司为谢某阳违法转包前一手的违法分包人，系建设工程施工合同的承包人而非发包人，故王某要求依据司法解释的前述规定判令贵州某建四公司承担连带责任缺乏依据，原审判决并无不当。根据《合同法》第七十三条之规定，因债务人怠于行使其到期债权，对债权人造成损害的，债权人可以向人民法院请求以自己的名义代位行使债务人的债权，但该债权专属于债务人自身的除外。故王某向谢某阳主张债权不能实现的，如谢某阳怠于行使其自身的债权，王某还可以行使债权人之代位权，本案贵州某建四公司未承担连带清偿责任不影响实际施工人王某的权利救济。

091 发包人要求承包人开具工程款发票是否属于人民法院受案范围？

阅读提示

一般情况下，发包人会要求收到承包人的工程款发票后再付款，但是如果双方发生争议，发包人有可能难以及时取得工程款发票，发包人是否可以在诉讼中请求法院判决承包人向其开具发票？

裁判要旨

有义务开具发票的当事人在遵守税收法律法规的前提下，可以自主作出向其他民事主体开具发票的意思表示，该行为属于民事法律行为；对于接受发票的一方当事人来说，是否可以取得发票将影响其民事权益，因此当事人之间就一方自主申请开具发票与另一方取得发票的关系，属于民事法律关系范畴，人民法院应当依法审理。

案情简介

一、2011年临某公司将其开发的香某花园商住楼总承包给中某公司施工。

二、双方发生纠纷后，临某公司向青海省西宁市中级人民法院起诉，其中一项诉讼请求是：判令中某公司按工程价款开具建安税务专用发票，按未开具发票的金额开具。

三、一审法院未支持临某公司的该项诉讼请求。

四、青海省高级人民法院认为开具发票属于税务机关核定确认的事项，人民法院不宜作出处理，也未支持临某公司的该项诉讼请求。

五、临某公司不服，向最高人民法院申请再审，最高人民法院再审支持了临某公司的该项诉讼请求，判决：中某公司于工程款给付后十五日内向临某公司移交税务机关开具的建安税务专用发票。

法律分析

本案的焦点问题是发包人临某公司要求承包人中某公司开具发票是否属于人民法院受案范围。

第一，根据《中华人民共和国税收征收管理法》第二十一条第一款及《中华人民共和国发票管理办法》第十九条的规定，收取工程款后开具工程款发票是承包人税法上的义务，承包人应当依据税法的相关规定向发包人开具发票。

本案中，承包人中某公司应当依法向发包人临某公司开具发票。

第二，最高人民法院认为，有义务开具发票的当事人在遵守税收法律法规的前提下，可以自主作出向其他民事主体开具发票的意思表示，该行为属于民事法律行为；对于接受发票的一方当事人来说，是否可以取得发票将影响其民事权益，因此当事人之间就一方自主申请开具发票与另一方取得发票的关系，属于民事法律关系范畴，人民法院应当依法审理。

本案合同约定的开具发票，是指承包人向发包人给付发票，该给付义务属承包人应当履行的合同义务，故最高人民法院判决中某公司依法向临某公司开具发票。

实务经验

第一，如本文所引用案例，建设工程施工合同约定承包人开具发票的，发包人可以通过诉讼的方式要求承包人按照合同约定的规则开具发票。

第二，建设工程施工合同没有约定承包人开具发票的。在司法实践中有不同的处理方式，有的案例中，法院认为承包人向发包人开具发票是合同附随义务，即使合同没有约定，承包人也应向发包人开具发票，法院可能酌定开具发票和付款的先后顺序；有的案例中，法院以合同未约定为由不支持发包人的诉讼请求。云亭建工律师团队建议发包人在合同中明确约定承包人开具发票并交付发包人等事项。

第三，承包人开具发票不仅是合同义务，也是法定义务，如果建设工程施工合同无效，承包人也应参照合同约定向发包人开具发票。

第四，如果承包人拒不开具发票，发包人也可以向税务部门举报。

第五，发包人以承包人未开发票为由拒付工程款的，如果建设工程施工合同未约定承包人开具发票作为支付工程款的条件的，不会得到支持，如果建设工程施工合同约定承包人开具发票作为支付工程款的前提条件的，有可能得到支持。可参考云亭建工律师团队的其他文章和下文案例五、案例六。

法条链接

《中华人民共和国税收征收管理法》（2015 年修正）

第二十一条 税务机关是发票的主管机关，负责发票印制、领购、开具、取得、保管、缴销的管理和监督。

单位、个人在购销商品、提供或者接受经营服务以及从事其他经营活动中，应当按照规定开具、使用、取得发票。

发票的管理办法由国务院规定。

《中华人民共和国发票管理办法》（中华人民共和国国务院令第 709 号 2019 年修订）

第十九条 销售商品、提供服务以及从事其他经营活动的单位和个人，对外发生经营业务收取款项，收款方应当向付款方开具发票；特殊情况下，由付款方向收款方开具发票。

法院判决

根据《中华人民共和国税收征收管理法》第二十一条第一款、第二款"税务机关是发票的主管机关，负责发票印制、领购、开具、取得、保管、缴销的管理和监督。单位、个人在购销商品、提供或者接受经营服务以及从事其他经营活动中，应当按照规定开具、使用、取得发票"及《中华人民共和国发票管理办法》第十九条"销售商品、提供服务以及从事其他经营活动的单位和个人，对外发生经营业务收取款项，收款方应当向付款方开具发票；特殊情况下，由付款方向收款方开具发票"的规定，收取工程款后开具工程款发票是承包人税法上的义务，承包人应当依据税法的相关规定向发包人开具发票。

本案中，开具发票、交付竣工资料等均属合同约定内容，属于民事合同义务范围。"开具发票"从文义解释看虽是由税务机关开具和履行，但合同文本中所约定的"开具发票"含义并非是指由税务机关开具发票，而是指在给付工程款时需由承包人向发包人给付税务机关开具的发票。该给付义务属承包人应当履行的合同义务。有义务开具发票的当事人在遵守税收法律法规的前提下，可以自主作出向其他民事主体开具发票的意思表示，该行为属于民事法律行为；对于接受发票的一方当事人来说，是否可以取得发票将影响其民事权益，因此当事人之间就一方自主申请开具发票与另一方取得发票的关系，属于民事法律关系范畴，人民法院应当依法审理。原判决以不属于人民法院民事受理范围未予支持临某公司的该项诉讼请求确有不当，予以纠正。

案件来源

青海临某房地产开发有限公司、浙江中某建设集团有限公司建设工程施工合同纠纷再审民事判决书｜最高人民法院·（2019）最高法民再166号

延伸阅读

案例一：新疆天某建设工程集团有限责任公司建设工程施工合同纠纷再审审查与审判监督民事裁定书｜最高人民法院·（2021）最高法民申1337号

（一）关于开具发票问题

关于开具发票是否属于民事案件的审理范围问题。根据《中华人民共和国税收征收管理法》第二十一条第一款、第二款"税务机关是发票的主管机关，负责发票印制、领购、开具、取得、保管、缴销的管理和监督。单位、个人在购销商品、提供或者接受经营服务以及从事其他经营活动中，应当按照规定开具、使用、取得发票"及《中华人民共和国发票管理办法》第十九条"销售商品、提供服务以及从事其他经营活动的单位和个人，对外发生经营业务收取款项，收款方应当向付款方开具发票；特殊情况下，由付款方向收款方开具发票"的规定，收取工程款，开具工程款发票是承包人税法上的义务，承包人应当依据税法的相

关规定向发包人开具发票。本案中，双方补充协议中约定的提供发票并非是指由税务机关提供发票，而是指在给付工程款时需由承包人向发包人给付税务机关开具的发票，当事人之间就一方自主申请开具发票与另一方取得发票的关系，属于民事法律关系范畴，原判决认定开具发票属于民事案件的审理范围，并无不当。天某公司该再审申请事由不能成立，本院不予支持。

关于天某公司所称的原判决对未支付的工程款开具发票问题。1. 双方在补充协议中约定商砼为甲供材，在结算时将商砼款计入工程总造价，在对账时将商砼款作为已付工程款进行了扣除，鉴定报告亦将商砼款作为应付工程款计入工程总造价。因此，天某公司关于其对商砼款不承担开具发票义务的再审申请事由不能成立。2. 根据原审查明的事实，天某公司所称的 2013 年 9 月 17 日、2014 年 1 月 15 日实际付款与发票差额 126 万元，系新某园公司从应付工程款中扣除的天某公司应向其交纳的履约保证金，原判决认定履约保证金应当退还，从已付工程款中扣除了该款项，天某公司关于该款项的再审申请事由不能成立。3. 双方在对账明细表中均同意以房抵偿工程款 1609063 元，原判决按照双方的对账将此部分款项作为已付款扣除，并无不当。天某公司所称的房屋未交付、未办理过户登记，属于以物抵债的具体履行问题，天某公司可依法另行主张。4. 对于天某公司所称的基坑支护费收据与实际支付款项的差额、未按收据金额支付工程款问题，天某公司并未提交证据证明，原判决按照收据金额将此部分款项作为已付款并无不当。综上，天某公司关于原判决对未实际支付的工程款开具发票的再审申请事由不能成立，本院不予支持。

案例二：贵州好某佳房地产开发有限公司、福建省晓某建设工程有限公司建设工程施工合同纠纷二审民事判决书｜最高人民法院·（2019）最高法民终 996 号

关于晓某公司是否应承担开具工程款发票义务的问题。根据《建设工程施工合同》的约定，晓某公司作为工程款接受方应当开具对应金额的建安发票，开具发票是双方约定的晓某公司应承担的合同义务，晓某公司主张开具发票义务是基于税法规定中收款方的法定义务非平等主体之间的民事权利义务关系的主张不能成立，晓某公司应按合同约定履行开具发票义务。根据一、二审查明的事实，虽然现在工程款金额超过合同约定需要补办相应手续，但并无开具发票履行不能的情况，一审法院判决晓某公司履行开具发票的义务并无不当。除相关代扣代交费用外，好某佳公司已付工程进度款 88233610.2 元，晓某公司已开具发票

68189248.6 元，应当再开具 20044361.6 元。（2019）最高法民终 995 号案件认定，好某佳公司尚欠晓某公司工程款 25750756.37 元，并判决好某佳公司在该判决生效十日内支付，晓某公司基于合同约定应就该部分开具建安发票。综上，晓某公司还需开具发票总额为 20044361.6+25750756.37＝45795117.97 元。

案例三：河南省建某集团有限公司、安阳德某置业有限公司建设工程施工合同纠纷二审民事判决书｜最高人民法院·（2019）最高法民终 590 号

德某公司、欧某龙公司与省某公司签订的《建筑施工合同补充协议》第 5.4 条规定：付款前省某公司须提供足额有效的发票，否则德某公司不予支付进度款。虽然上述协议无效，但是在德某公司支付工程款的情况下，省某公司应当参照该协议的约定向德某公司开具发票。本院对德某公司要求省某公司开具数额为 80401265 元工程款发票的请求予以支持。德某公司以《建筑施工合同补充协议》第 16.1 项的约定主张省某公司应当向德某公司履行交付施工资料的义务。即使德某公司主张交付的施工资料可以参照上述《建筑施工合同补充协议》第 16.1 项处理，由于德某公司认可涉案工程主体结构验收已完成，因此省某公司是否交付施工资料并不影响主体结构验收。同时，因省某公司与德某公司均认可涉案工程并未竣工，不具备交工验收和交付使用的条件，所以涉诉工程也未达到上述协议第 16.1 项约定的交付验收资料的条件。对德某公司要求省某公司目前移交涉案工程施工资料的主张，本院不予支持。待工程具备验收条件后，德某公司可通过法律途径另行解决。

案例四：山东某阳控股集团有限公司、山东圣某国际酒店有限公司建设工程施工合同纠纷二审民事判决书｜最高人民法院·（2019）最高法民终 917 号

关于济宁华某公司开具发票的问题，济宁华某公司上诉认为开具发票不属民事案件受理范围，其不应承担该义务，同时认为原审判决同时履行不当。本院认为，开具发票虽属纳税人税法上的义务，本案亦未就发票如何开具作出明确约定，但民事合同中收款方在收到款项后开具相应的发票属于合同当事人应有的附随义务，具有民事性，该民事行为性质与履行税法上的义务具有一致性，二者并不冲突和矛盾。对此，当事人提出诉讼请求的，人民法院予以受理，具有法律依据。关于发票的开具时间问题，因建筑业发票类型存在差异，属自开的，应在收款同时交付；属于税务机关代开的，需要完税才能开具，而收款是完税的前提，二者有一定时间差，故可在收款后依法及时开具。为便于双方履行，本院酌定济宁华某公司在收款后对发票再行开具。

案例五：辽宁万某建设集团有限公司、江苏中某信建设集团有限公司（原江苏中某建设集团有限公司）建设工程施工合同纠纷再审民事裁定书｜最高人民法院·（2019）最高法民申 2634 号

关于原判决认定应以结算协议为依据进行结算是否错误，虽然结算协议约定如鑫某公司未按约支付工程款，万某公司可按原分包合同执行，鑫某公司首付款未按约支付协议无效，但该协议同时约定，万某公司申请付款时应负责开具正规等额的发票，否则鑫某公司有权拒绝支付。原审未支持万某公司在未开具发票的情形下要求按照原分包合同执行的主张，并无不当。并且万某公司于 2013 年 4 月 8 日签订的两份分包合同施工范围为"盘某辽某湾区清正园北区"，而其实际施工范围为"盘某辽某湾新区清宁园二期、清上园、清怡园、清和园小区"，原审以双方一审诉讼中自愿达成的结算协议作为工程造价确定依据，亦更符合实际施工情况。万某公司虽认为其未开具发票系因发票主体不确定以及鑫某公司无法入账等原因所致，但并未提交充分证据证明。涉案协议明确赋予了鑫某公司在万某公司未开具发票的情形下有拒付工程款的权利，万某公司关于未开具发票不能成为鑫某公司拒付工程款理由的主张，本院不予支持。

案例六：宁夏瑞某泰房地产开发有限公司、浙江宏某建设集团有限公司建设工程施工合同纠纷民事二审民事判决书｜最高人民法院·（2020）最高法民终 1310 号

关于工程款支付条件是否成就问题，瑞某泰公司上诉认为 4.25 协议第七条约定以开具发票作为支付工程款的条件，该付款条件并未成就。该第七条约定"……宏某公司应在瑞某泰公司转账付款或办理房产抵顶之前（为了尽快办理交房，本合同第一次支付 793 万元付款后的七天内宏某公司应把所有应开而未开给瑞某泰公司的所有的发票补齐，否则瑞某泰公司有权拒绝支付后面的款项）向瑞某泰公司开具等额的税务部门认可的工程款专用发票……"首先，该条并未明确约定将开具全部税务发票作为支付工程款的条件。其次，从文义分析，该约定括号内所称应开而未开的发票应是指瑞某泰公司已付工程款所对应的发票，并不包含未付工程款对应的发票。最后，在涉案建设工程施工合同中，开具发票是宏某公司的附随义务，支付工程款是瑞某泰公司的主要义务，瑞某泰公司以宏某公司未履行开具发票义务作为不支付工程款的抗辩理由，没有合同和法律依据。因此，瑞某泰公司关于工程款支付条件未成就的上诉理由不能成立，本院不予支持。

092 判决生效多年后，当事人发现鉴定人员资质系伪造的新证据，据此申请再审能否成立？

阅读提示

近几年，每年向最高人民法院申请再审的建设工程施工合同纠纷案件近千件，仅几十件能够成功启动再审，可见，大部分案件都不符合《民事诉讼法》规定的再审条件。本文引用的主案例中，原审是河南省高级人民法院于2011年判决的二审案件，2019年，发包人阳城某医院在法院审理的阳城某医院原院长贪污、受贿、国有事业单位人员失职一案中发现，原案件鉴定意见中的鉴定人员资质系伪造，阳城某医院以此为由向最高人民法院申请再审。

裁判要旨

原判决的主要依据是鉴定意见，而新证据能够证明鉴定意见中的鉴定人员资质系伪造，该新证据符合"有新的证据，足以推翻原判决、裁定"的情形，以新的证据申请再审的，自知道或者应当知道之日起六个月内提出。

案情简介

一、2011年12月23日，河南省高级人民法院对刘某杰与宏某公司及阳城某医院建设工程施工合同纠纷一案作出二审判决，该判决确定工程款数额的主要依据为焦作市融某工程造价咨询服务有限公司出具的"鉴定意见"。

二、2019年3月4日，山西省阳城县人民法院向阳城某医院发出司法建议书：我院在审理侯某珍（阳城某医院原院长）贪污、受贿、国有事业单位人员失职一案时，证据材料显示你院建设施工合同纠纷一案民事判决认定事实的主要证据鉴定意见的鉴定人员资质系伪造，涉案鉴定人员不具备相关的鉴定资格，上述证据及相关材料足以影响原判决结果。

三、2019年9月16日，阳城某医院向最高人民法院申请再审，提交了刑事判决书、刑事裁定书、司法建议书等证据。

四、2019年10月29日，最高人民法院裁定：指令河南省高级人民法院再审本案；再审期间，中止原判决的执行。

法律分析

本案的焦点问题是阳城某医院申请再审是否超过法律规定的期限，其提交的证据是否是足以推翻原判决的新的证据。

第一，根据《民事诉讼法》第二百一十二条（原《民事诉讼法》第二百零五条）的规定，当事人申请再审，应当在判决、裁定发生法律效力后六个月内提出；对于以下四种情形应自知道或者应当知道之日起六个月内提出：（1）有新的证据；（2）主要证据是伪造的；（3）据以作出原判决、裁定的法律文书被撤销或者变更的；（4）审判人员审理该案件时有贪污受贿，徇私舞弊，枉法裁判行为的。

本案中，发包人阳城某医院申请再审的理由为有新的证据足以推翻原判决，符合上述第（1）种情形，应在其知道之日起6个月内提出。阳城某医院原院长侯某珍二审刑事裁定书发生法律效力的时间为2019年5月16日，阳城某医院于2019年9月16日申请再审，未超过6个月，符合法律规定。

第二，阳城某医院建设工程施工合同纠纷一案中，法院主要根据鉴定意见来确定阳城某医院所需支付的工程款数额，而阳城某医院提交的刑事判决书、刑事裁定书、司法建议书等证据显示，在阳城某医院原院长侯某珍的刑事案件中，法院查明出具鉴定意见的鉴定人资质是伪造的，该事实情况足以推翻原判决，所以，阳城某医院的再审申请符合"有新的证据，足以推翻原判决、裁定"的情形，应再审。

实务经验

第一，判决、裁定发生法律效力后，当事人应当在《民事诉讼法》规定的再审的期限内申请再审。当事人依据《民事诉讼法》第二百零七条第一项、第三项、第十二项、第十三项以外的其他事由申请再审，应当在判决、裁定发生法律效力后六个月内提出；在判决、裁定发生法律效力六个月后，依据《民事诉讼法》第二百零七条第一项、第三项、第十二项、第十三项规定申请再审的，也应在自知道或者应当知道这些情形之日起六个月内提出。超出期限申请再审的，人民法院不予受理。

第二，在判决、裁定发生法律效力六个月后，当事人依据上述四种情形申请再审时，同时也附有其他再审理由的，人民法院只审查是否符合上述四种情形的再审理由，其他理由因超过六个月，不予审查。建议当事人在申请再审时，列明所依据的《民事诉讼法》的条、款、项及具体事实、理由。

第三，依据《民事诉讼法》第二百零七条第一项"有新的证据，足以推翻原判决、裁定的"申请再审的，首先要证明所提交的证据是"新的证据"，在原审庭审结束前已经存在的，要证明因客观原因未能发现；在原审庭审结束前已经发现的，要证明因客观原因未能提供。

第四，《民事诉讼法》第二百零七条规定的四种例外情形是针对判决和裁定，对于民事调解书的再审，应当在调解书发生法律效力后六个月内提出，没有例外情形。

法条链接

《中华人民共和国民事诉讼法》（2023 年修正）

第二百一十一条 当事人的申请符合下列情形之一的，人民法院应当再审：

（一）有新的证据，足以推翻原判决、裁定的；

（二）原判决、裁定认定的基本事实缺乏证据证明的；

（三）原判决、裁定认定事实的主要证据是伪造的；

（四）原判决、裁定认定事实的主要证据未经质证的；

（五）对审理案件需要的主要证据，当事人因客观原因不能自行收集，书面申请人民法院调查收集，人民法院未调查收集的；

（六）原判决、裁定适用法律确有错误的；

（七）审判组织的组成不合法或者依法应当回避的审判人员没有回避的；

（八）无诉讼行为能力人未经法定代理人代为诉讼或者应当参加诉讼的当事人，因不能归责于本人或者其诉讼代理人的事由，未参加诉讼的；

（九）违反法律规定，剥夺当事人辩论权利的；

（十）未经传票传唤，缺席判决的；

（十一）原判决、裁定遗漏或者超出诉讼请求的；

（十二）据以作出原判决、裁定的法律文书被撤销或者变更的；

（十三）审判人员审理该案件时有贪污受贿，徇私舞弊，枉法裁判行为的。

第二百一十六条 当事人申请再审，应当在判决、裁定发生法律效力后六个月内提出；有本法第二百零七条第一项、第三项、第十二项、第十三项规定情形的，自知道或者应当知道之日起六个月内提出。

《最高人民法院关于适用〈中华人民共和国民事诉讼法〉的解释》（法释〔2022〕11号 2022年修正）

第三百八十二条 当事人对已经发生法律效力的调解书申请再审，应当在调解书发生法律效力后六个月内提出。

第三百八十五条 再审申请人提供的新的证据，能够证明原判决、裁定认定基本事实或者裁判结果错误的，应当认定为民事诉讼法第二百零七条第一项规定的情形。

对于符合前款规定的证据，人民法院应当责令再审申请人说明其逾期提供该证据的理由；拒不说明理由或者理由不成立的，依照民事诉讼法第六十八条第二款和本解释第一百零二条的规定处理。

第三百八十六条 再审申请人证明其提交的新的证据符合下列情形之一的，可以认定逾期提供证据的理由成立：

（一）在原审庭审结束前已经存在，因客观原因于庭审结束后才发现的；

（二）在原审庭审结束前已经发现，但因客观原因无法取得或者在规定的期限内不能提供的；

（三）在原审庭审结束后形成，无法据此另行提起诉讼的。

再审申请人提交的证据在原审中已经提供，原审人民法院未组织质证且未作为裁判根据的，视为逾期提供证据的理由成立，但原审人民法院依照民事诉讼法第六十八条规定不予采纳的除外。

《最高人民法院民事案件当事人申请再审指南》

第二条 当事人对高级人民法院已经发生法律效力的一审、二审民事判决、裁定，符合下列情形之一的，可以向最高人民法院申请再审：

（一）再审申请人对原判决、裁定认定的基本事实、主要证据和诉讼程序无异议，但认为适用法律有错误的；

（二）原判决、裁定经高级人民法院审判委员会讨论决定的。

第八条 当事人申请再审，应当在判决、裁定、调解书发生法律效力后六个月内提出；有民事诉讼法第二百条第一项、第三项、第十二项、第十三项规定情形的，自知道或者应当知道之日起六个月内提出。

法院判决

本院认为，阳城某医院提交的原院长侯某珍贪污、受贿、国有事业单位人员失职一案的"刑事判决书、刑事裁定书"以及"山西省阳城县法院向阳城某医院发出的司法建议书"等，均为原审判决生效后新出现的证据，属于法律规定的新证据。经查，刘某杰与宏某公司及阳城某医院建设工程施工合同纠纷一案，河南省高级人民法院于 2011 年 12 月 23 日作出（2011）豫法民一终字第 136 号民事判决，并已发生法律效力。该判决据以确定双方权利义务的主要证据为，焦作市融某工程造价咨询服务有限公司对刘某杰完成工程造价进行鉴定后出具的"鉴定意见"，而根据阳城某医院申请再审提供的新证据，能够证明该鉴定意见的鉴定人员资质系伪造，上述新证据符合《民事诉讼法》第二百零七条第一项规定的"有新的证据，足以推翻原判决、裁定的"情形。此外，依据《民事诉讼法》第二百一十二条的规定，以新证据申请再审的，自知道或者应当知道之日起六个月内提出。经查，阳城某医院原院长侯某珍贪污、受贿、国有事业单位人员失职一案二审刑事裁定书发生法律效力的时间为 2019 年 5 月 16 日，阳城某医院于 2019 年 9 月 16 日向本院提交再审申请，符合法律规定。

案件来源

阳城县某人民医院、刘某杰建设工程施工合同纠纷再审审查与审判监督民事裁定书｜最高人民法院·（2019）最高法民申 5065 号

延伸阅读

案例一：湖北鄂某桩基工程有限公司、广东庞某粤西建设工程有限公司等建设工程施工合同纠纷其他民事民事裁定书｜最高人民法院·（2021）最高法民申 1342 号

本院经审查认为，本案中，鄂某桩基公司针对二审判决申请再审，因该份判决系 2007 年 6 月 25 日作出，从该份判决作出生效至鄂某桩基公司提出本次再审申请已经超过了 6 个月，根据《民事诉讼法》第二百一十二条"当事人申请再审，应当在判决、裁定发生法律效力后六个月内提出；有本法第二百零七条第一项、第三项、第十二项、第十三项规定情形的，自知道或者应当知道之日起六个月内提出"的规定，本案应围绕鄂某桩基公司是否提交了足以推翻原判决的新证

据进行审查。

鄂某桩基公司在本案中提交了四份裁判文书，即广东省吴川市人民法院（2017）粤0883民初580号民事判决书、广东省湛江市中级人民法院（2018）粤08民终460号民事判决书、广东省湛江市中级人民法院（2019）粤08民终1979号民事判决书、广东省吴川市人民法院（2019）粤0883民初228号民事判决书，据此主张二审作出的"签合同的主体、结算主体、支付主体系火某大厦指挥部，指挥部由武汉某建公司设立和管理，其实施的行为应为武汉某建公司的行为"认定与事实不符，但从鄂某桩基公司所提交的上述四份法律文书载明内容看，武汉某建公司并非上述四起案件的当事人，上述民事判决书虽认定林某光、杨某与粤某公司之间系挂靠关系，但对武汉某建公司与粤某公司之间的法律关系性质并未涉及，在查明事实以及本院认为部分也均未作出指挥部不是由武汉某建公司设立、管理的认定。同时，粤某公司、林某光在广东省吴川市人民法院（2019）粤0883民初228号案件审理中虽作出了"鄂某桩基公司每年都向公司主张权利"等方面的表述，但相关事实在本院查明部分亦未作出认定。根据《最高人民法院关于适用〈中华人民共和国民事诉讼法〉的解释》第三百八十五条第一款"再审申请人提供的新的证据，能够证明原判决、裁定认定基本事实或者裁判结果错误的，应当认定为民事诉讼法第二百零七条第一项规定的情形"的规定，鄂某桩基公司在再审审查阶段所提交的相关裁判文书并不符合上述司法解释的规定情形，不足以推翻原判决。

案例二：孝义市中某楼街道桥某村村民委员会、林州某建集团建设有限公司建设工程施工合同纠纷民事申请再审审查民事裁定书丨最高人民法院·（2021）最高法民申2398号

本院经审查认为，根据《民事诉讼法》第二百一十二条的规定，当事人申请再审，应当在判决、裁定发生法律效力后六个月内提出；有本法第二百零七条第一项、第三项、第十二项、第十三项规定情形的，自知道或者应当知道之日起六个月内提出。本案二审判决作出时间为2018年12月27日，进入执行程序时间为2019年3月，故桥某村以原审判决适用法律错误为由于2021年向本院申请再审，该申请再审事由已超过6个月的法定期限，本院不予审查。另，其以"有新的证据足以推翻原判决"为由向本院申请再审，故本院只对桥某村所称的新证据是否符合《民事诉讼法》第二百零七条第一项规定的情形进行审查。桥某村在申请再审时提交数份合同及大量的付款凭证、证明等复印件作为新证据，拟证明桥某村将涉案工程中的窗户和阳台、楼宇门、入户门等工程分包给本村村民实际施工，且已向村民支付了全部分包工程款，不应在本案中重复支付。经审查，其一，桥某村所提交的上述合同、付款凭证等形成于原审判决作出之前，桥某村亦实际持有。其二，林州某建公司在一审中提交甲供材铝合金门窗、楼宇门、入户门、电暖材料结算表，且在 2018 年 1 月 12 日的一审庭审中称工程总造价为 43742922.38 元，桥某村已付工程款为 23872366.88 元，桥某村供应的铝合金门窗、楼宇门等材料款为 1205287.43 元，水暖电材料款为 957558.44 元，下欠工程款为 17707709.63 元。原审判决认定桥某村支付的工程款、水电暖、铝合金门窗、楼宇门、入户门等材料款为 26035212.75 元，与林州某建公司认可的已付款总额一致。因此，不论是林州某建公司还是原审判决，在计算本案下欠工程款时，对桥某村分包给他人施工的窗户、楼宇门、入户门等工程款均进行了扣除。其三，在二审上诉状中，桥某村称"工程总造价为 36537064.78 元，已付款为 26035212.75 元，尚欠 10501852.03 元"，进一步证实桥某村认可一审判决所认定的已付工程款数额。故桥某村在申请再审中所提交的上述合同、记账凭证等不符合《最高人民法院关于适用〈中华人民共和国民事诉讼法〉的解释》第三百八十五条、第三百八十六条的规定。

案例三：贵州宏某建设工程有限责任公司、陈某全建设工程施工合同纠纷再审审查与审判监督民事裁定书｜最高人民法院·（2020）最高法民申 5747 号

本院经审查认为，根据《民事诉讼法》第二百一十二条的规定，当事人申请再审，应当在判决、裁定发生法律效力后六个月内提出。本案二审判决作出的时间为 2018 年 6 月 9 日，宏某公司承认其再审申请超出了 6 个月的法定申请再审的期限，故其关于原判决存在基本事实缺乏证据证明和对本案法律关系定性错误等再审申请理由，依法应予驳回。

宏某公司主张，本案有新的证据足以推翻原判决。本院经审查认为，宏某公司提交的证据不足以推翻原判决，不符合《民事诉讼法》第二百零七条第一项、《最高人民法院关于适用〈中华人民共和国民事诉讼法〉的解释》第三百八十五条第一款的规定，且宏某公司主张的所谓代付工程款发生于本案一审诉讼前，宏某公司作为本案的被告和上诉人，其应当于原审诉讼中将上述说明提交人民法院。宏某公司并未提交相应供货单、付款凭证等履约证明，仅凭《混凝土购销合同》和说明，不足以证明智某阳公司已代付货款。

案例四：江苏金某置业有限公司建设工程施工合同纠纷再审审查与审判监督民事裁定书｜最高人民法院·（2020）最高法民申4706号

本院认为，根据《民事诉讼法》第二百一十二条的规定，当事人申请再审，应当在判决、裁定发生法律效力后六个月内提出；有本法第二百零七条第一项、第三项、第十二项、第十三项规定情形的，自知道或者应当知道之日起六个月内提出。本案二审判决已于2016年9月6日作出并依法送达，至其2019年12月12日申请再审，早已超过申请再审的法定期限六个月。金某公司以有新的证据，足以推翻原判决、裁定的事由申请再审，则需审查其是否自知道或应当知道之日起六个月内提出。

金某公司在再审申请中作为新证据向本院提交的《协议书》《补充协议书》《招标函》及附件等材料，在本案一审、二审审理期间即已客观存在，且均属于金某公司可自行掌控，并非因客观原因无法取得或者在规定期限内不能提供的证据材料，金某公司作为协议签订方对该事实显为明知，现以此作为新证据证明涉案合同因违反招标投标法而无效逾期申请再审于法无据。

金某公司用以证明包某成与冉某公司系挂靠关系而提交的《冉某公司管理费》《与冉某公司往来账》《银行流水》《付款凭证》等证据，在本案一审、二审审理期间亦已客观存在，金某公司主张前述证据系在包某成与妻子王某晶离婚后才能取得的理由无从佐证，且上述证据材料不足以直接证明包某成系挂靠冉某公司施工，亦不足以影响冉某公司与金某公司之间建设工程施工合同效力的认定，其所提供的新证据并不能够证明原判决认定基本事实错误。

从本案审理情况来看，金某公司在一审中并未就包某成挂靠冉某公司施工和涉案建设工程施工合同效力问题提出抗辩，在一审法院对合同效力予以认定并作出判决后，亦未就此问题提出上诉，可见双方对合同效力问题并无异议。在涉案双方当事人未对此形成争议亦未提交相应证据材料的情形下，原审法院依照当事人所提交的证据材料作为认定案件事实的基础并据以作出裁判并无不当。金某公司在足以了解知晓涉案事实的情况下在原审程序中怠于行使权利，却在双方达成执行和解协议之后又以其所认为的发现新证据为由申请再审主张推翻原审生效判决，有违诚实信用，亦与程序效益价值不符。金某公司在超过法定期限后以发现新的证据足以推翻原审判决申请再审的事由不能成立。

093 二审判决生效后，当事人发现一审程序的审判人员曾在审理该案时收受过对方当事人的贿赂并被判刑，案件是否应再审？

阅读提示

建设工程施工合同纠纷案二审判决生效后，承包人发现一审审判人员曾在审理本案时收受过发包人的贿赂，承包人以此为由申请再审，是否能够成功？

裁判要旨

虽然一审程序的审判人员在一审审理中收受一方当事人贿赂，并被判受贿罪成立，但并无证据证明二审程序的审判人员也存在《民事诉讼法》规定的贪污受贿、徇私舞弊、枉法裁判行为，再审理由不成立。

案情简介

一、2011年1月22日，泰某建设公司与宏某玻璃公司签订《建设工程施工合同》，约定：宏某玻璃公司将其位于南某经济开发区的新厂区1#厂房钢结构基础、库房土建和水电安装工程发包给泰某建设公司施工。后双方发生纠纷。

二、2014年3月13日，泰某建设公司向安徽省芜湖市中级人民法院提起诉讼，请求判令宏某玻璃公司支付工程款3148174.45元等。宏某玻璃公司提起反诉，请求判令泰某建设公司承担工期延误违约金200万元等。

三、安徽省芜湖市中级人民法院判决：宏某玻璃公司向泰某建设公司支付工程款2578346.67元及利息；泰某建设公司向宏某玻璃公司交付工程竣工备案所需全部资料。

四、宏某玻璃公司不服上诉，安徽省高级人民法院二审判决维持原判。

五、2020年8月25日，安徽省含山县人民法院查明，本案一审程序的审判人员汪某在审理本案期间收受了承包人泰某建设公司项目经理的2万元贿赂，犯受贿罪。

六、宏某玻璃公司据此向最高人民法院申请再审，最高人民法院驳回了其再审申请。

法律分析

本案的焦点问题是宏某玻璃公司的申请再审理由是否成立。

根据《民事诉讼法》第二百零七条第一项、十三项的规定，有新的证据，足以推翻原判决、裁定的，应当再审；审判人员审理该案件时有贪污受贿、徇私舞弊、枉法裁判行为的，应当再审。

本案中，一审程序的审判人员在本案一审审理期间收受过一方当事人贿赂并被生效刑事判决书所确认。但是，本案的生效判决是二审判决，并无证据证明二审程序的审判人员也存在上述行为，该刑事判决书不属于足以推翻二审判决的新证据，宏某玻璃公司的再审申请理由不符合上述规定，应驳回其再审申请。

实务经验

第一，如果当事人以审判人员存在贪污受贿、徇私舞弊、枉法裁判行为为由申请再审，当事人应提交刑事法律文书、纪律处分决定作为证据，而不是提交当事人自认为可以证明审判人员有上述行为的证据，若有相关证据可向纪检委、监察委等部门举报，待事实认定后再据此为由申请再审。

第二，审判人员在审理本案期间存在受贿等行为，才符合本项再审理由，如果审判人员在其他案件上有受贿行为，与本案没有关联的话，申请再审不能成立。

第三，审判监督程序是对已经发生法律效力的裁判进行再审的程序，若存在二审的话，一审判决并非生效裁判，所以，以一审程序的审判人员有受贿行为为由申请对二审判决再审没有法律依据。

第四，因审判人员受贿而启动再审程序的，法院仍会查明案件事实，根据案情和法律作出判决，如认为原判决结果正确，则会维持原判决，并非一定改判。

法条链接

《中华人民共和国刑法》（2020年修正）

第三百八十五条 国家工作人员利用职务上的便利，索取他人财物的，或者非法收受他人财物，为他人谋取利益的，是受贿罪。

国家工作人员在经济往来中，违反国家规定，收受各种名义的回扣、手续费，归个人所有的，以受贿论处。

《中华人民共和国民事诉讼法》（2023年修正）

第二百一十一条 当事人的申请符合下列情形之一的，人民法院应当再审：

（一）有新的证据，足以推翻原判决、裁定的；

（二）原判决、裁定认定的基本事实缺乏证据证明的；

（三）原判决、裁定认定事实的主要证据是伪造的；

（四）原判决、裁定认定事实的主要证据未经质证的；

（五）对审理案件需要的主要证据，当事人因客观原因不能自行收集，书面申请人民法院调查收集，人民法院未调查收集的；

（六）原判决、裁定适用法律确有错误的；

（七）审判组织的组成不合法或者依法应当回避的审判人员没有回避的；

（八）无诉讼行为能力人未经法定代理人代为诉讼或者应当参加诉讼的当事人，因不能归责于本人或者其诉讼代理人的事由，未参加诉讼的；

（九）违反法律规定，剥夺当事人辩论权利的；

（十）未经传票传唤，缺席判决的；

（十一）原判决、裁定遗漏或者超出诉讼请求的；

（十二）据以作出原判决、裁定的法律文书被撤销或者变更的；

（十三）审判人员审理该案件时有贪污受贿，徇私舞弊，枉法裁判行为的。

《最高人民法院关于适用〈中华人民共和国民事诉讼法〉的解释》（法释〔2022〕11号）

第三百九十二条 民事诉讼法第二百零七条第十三项规定的审判人员审理该案件时有贪污受贿、徇私舞弊、枉法裁判行为，是指已经由生效刑事法律文书或者纪律处分决定所确认的行为。

第三百九十三条 当事人主张的再审事由成立，且符合民事诉讼法和本解释规定的申请再审条件的，人民法院应当裁定再审。

当事人主张的再审事由不成立，或者当事人申请再审超过法定申请再审期限、超出法定再审事由范围等不符合民事诉讼法和本解释规定的申请再审条件的，人民法院应当裁定驳回再审申请。

法院判决

宏某玻璃公司提交了（2020）皖0522刑初54号刑事判决作为新的证据，该判决认定本案一审法院审判人员汪某在一审审理中收取泰某建设公司委托诉讼代理人汪某洋贿赂，判决该审判人员犯受贿罪，对其处以刑罚。该刑事判决已生效。二审判决虽然维持了一审判决，但现无证据证明二审法院审判人员存在《民事诉讼法》第二百零七条第十三项规定的贪污受贿、徇私舞弊、枉法裁判行为，故该刑事判决不属于足以推翻二审判决的新证据。

案件来源

芜湖宏某玻璃器皿有限公司、安徽泰某建设有限公司建设工程施工合同纠纷民事申请再审审查民事裁定书｜最高人民法院·（2021）最高法民申4674号

延伸阅读

云亭建工律师团队就本文相关问题，检索到如下有代表性的案例，现分享如下，供读者学习参考：

案例一：沈阳金某大厦有限公司、沈阳沈某建筑安装工程处建设工程施工合同纠纷再审审查与审判监督民事裁定书｜最高人民法院·（2018）最高法民申4833号

关于本案一审程序的审判人员受贿的问题。审判监督程序是对已经发生法律效力的裁判进行再审的程序。虽然（1998）皇刑初字第39号刑事判决书、（1999）沈刑终字第40号刑事裁定书认定本案一审程序的审判人员在审理该案件时有受贿行为，但本案一审判决并非生效裁判，金某大厦以一审程序的审判人员有受贿行为为由申请对本案二审生效判决予以再审没有法律依据。

案例二：华某建设集团有限公司、张某等建设工程施工合同纠纷民事申请再审审查民事裁定书｜山东省高级人民法院·（2021）鲁民申9870号

关于申请人华某建设公司所提审判人员审理该案件时有枉法裁判行为的问题。本院认为，《最高人民法院关于适用〈中华人民共和国民事诉讼法〉的解释》第三百九十二条规定，"民事诉讼法第二百零七条第十三项规定的审判人员审理该案件时有贪污受贿、徇私舞弊、枉法裁判行为，是指已经由生效刑事法律文书或者纪律处分决定所确认的行为"。本案中，华某建设公司未提交生效刑事法律文书或者纪律处分决定证明原审判人员在审理本案时有枉法裁判的行为存在，因此，其该申请事由不能成立。

案例三：竺某辛、金某等建设工程施工合同纠纷再审审查民事裁定书｜北京市高级人民法院·（2020）京民申 3759 号

《最高人民法院关于适用〈中华人民共和国民事诉讼法〉的解释》第三百九十二条规定，民事诉讼法第二百零七条第十三项规定的审判人员审理该案件时有贪污受贿、徇私舞弊、枉法裁判行为，是指已经由生效刑事法律文书或者纪律处分决定的确认的行为。竺某辛所提审判人员枉法裁判的主张，缺乏依据，本院亦不予采信。竺某辛申请再审的理由不能成立。

案例四：陕西航某建筑工程有限公司、陕西建某安装集团有限公司建设工程施工合同纠纷申诉、申请再审民事裁定书｜陕西省高级人民法院·（2020）陕民申 3221 号

关于焦点四。再审审查的对象应为二审生效判决，故航某公司称一审未对陕西某光电科技有限公司拒不提供相关证据的行为进行评价的再审理由不属于本案再审审查范围。航某公司称有新证据证明一审审判人员收受贿赂损害司法公正，但《最高人民法院关于适用〈中华人民共和国民事诉讼法〉的解释》第三百九十二条规定：民事诉讼法第二百零七条第十三项规定的审判人员审理该案件时有贪污受贿、徇私舞弊、枉法裁判行为，是指已经由生效刑事法律文书或者纪律处分决定所确认的行为。而航某公司并未提交相应的生效刑事法律文书或者纪律处分决定，故航某公司的该项再审理由亦不能成立。

案例五：邯郸市圣某建筑工程有限公司、河北某悦房地产开发有限公司建设工程施工合同纠纷再审审查与审判监督民事裁定书｜河北省高级人民法院·（2019）冀民申 8722 号

（六）关于本案审判人员是否枉法裁判问题。依据《最高人民法院关于适用〈中华人民共和国民事诉讼法〉的解释》第三百九十二条规定"民事诉讼法第二百零七条第十三项规定的审判人员审理该案件时有贪污受贿、徇私舞弊、枉法裁判行为，是指已经由生效刑事法律文书或者纪律处分决定所确认的行为"。圣某公司没有提供生效刑事法律文书或者纪律处分决定，证明审判人员审理案件时有枉法裁判行为，故其该项主张亦不能成立。

第九部分 其他

094 BT合同纠纷，可以适用施工合同纠纷司法解释吗？

阅读提示

建设工程的勘察、设计、施工适用《民法典》建设工程合同章的规定。BT合同以施工为主，同时还有投融资内容，BOT合同还有运营内容，这些合同履行过程中发生纠纷，应该适用什么法律法规呢？

裁判要旨

"BT合同"模式，是指利用非政府资金进行经营性基础设施建设的一种融资建设模式，其涉及施工部分的争议适用建设工程施工合同纠纷解决规则。

案情简介

一、2012年5月，阜某产业园作为回购人与金某公司、临汾某政公司签订了《新疆阜某园区扬水工程投资建设-移交（BT）合同》，约定，阜某市人民政府决定阜某园区扬水工程采用投资建设-回购模式（即BT方式）进行建设，授权阜某产业园作为项目回购主体，授予金某公司、临汾某政公司对阜某园区扬水工程进行投资、融资和施工建设。金某公司、临汾某政公司在建设期内自行承担费用和风险，负责进行项目的投融资、建设和移交，根据约定将项目的所有权利以及和所有权有关的权益移交给回购人或指定机构。回购人承诺按时完成立项和征地拆迁工作，保证投资人能够获得建设用地的相关权利及在建设期间有权进入该土地，及时接收项目的所有权利、所有权和权益的移交。

二、2013年4月28日，阜某产业园与金某公司、临汾某政公司签订了《BT

合同解除协议》，就解除 2012 年 5 月签订的 BT 合同达成协议。

三、2015 年，金某公司、临汾某政公司诉至新疆高级人民法院，主张阜某产业园向其支付可获得预期利益 30108302.78 元损失。

四、一审法院认定合同约定的"BT 合同"模式，是指政府利用非政府资金来进行非经营性基础设施建设项目的一种融资模式，但合同内容为对阜某园区扬水工程的建设，依照招投标法的规定，必须进行招投标，本案工程未经公开招投标手续，违反了法律的强制性规定，签订的 BT 合同应属无效；金某公司、临汾某政公司依无效合同主张投资损失，没有合同依据。

五、金某公司不服一审判决，向最高院提起上诉，主张涉案 BT 合同不属于工程建设合同，现行招投标法律对 BT 合同没有明确规定，不应认定为无效。

六、最高院经审理认为涉案 BT 合同实质上属于建设工程施工合同，一审认定合同无效事实清楚，适用法律正确，驳回金某公司上诉，维持原判。

法律分析

本案的焦点问题是涉案 BT 合同纠纷，可否适用建设工程施工合同纠纷相关规则问题。云亭建工律师团队认为可以依照《民法典》合同编典型合同分编中的建设工程合同章来处理。

《最高人民法院关于印发修改后的〈民事案件案由规定〉的通知》（法〔2020〕347 号）规定："民事案件案由是民事案件名称的重要组成部分，反映案件所涉及的民事法律关系的性质，是对当事人诉争的法律关系性质进行的概括，是人民法院进行民事案件管理的重要手段。建立科学、完善的民事案件案由体系，有利于方便当事人进行民事诉讼，有利于统一民事案件的法律适用标准。""民事案件案由应当依据当事人诉争的民事法律关系的性质来确定"。本文主案例中双方当事人诉争的是 BT 合同项下工程款的支付问题，民事法律关系性质是建设工程施工合同，故应按照《民法典》合同编典型合同分编中的建设工程合同章来处理。

实务经验

第一，《国务院关于创新重点领域投融资机制鼓励社会资本投资的指导意见》（国发〔2014〕60 号）发布后，PPP 模式开始在中华大地上风起云涌。BT

合同、BOT 合同是 PPP 模式的最主要的表现形式。BT 合同主要内容是"建设+移交"，BOT 合同主要内容是"建设+运营+移交"，建设是该类合同的主要内容。

第二，这几年，BT 合同、BOT 合同纠纷到了高发期，不少纠纷案件起诉到法院，这类合同应该按照哪些法律法规处理呢？是应该按照建设工程施工合同的相关法律法规、司法解释处理，还是属于无名合同，适用《民法典》合同编通则分编和总则编处理？云亭建工律师团队认为，应该按照讼争纠纷的类型确定适用法律。比如：因建设工期、工程质量、工程价款发生的纠纷，应该适用建设工程施工合同的相关法律法规和司法解释来处理；因投资关系、股东权利、利润分配、公司解散等引发的纠纷，应适用《公司法》及其司法解释来处理；因融资等引发的纠纷，应适用《民法典》总则编、合同编通则分编，以及借款、保证等制度处理。

法院判决

金某公司上诉主张阜某产业园与金某公司、临汾某政公司订立的涉案"BT 合同"不应认定无效。涉案合同约定的 BT 模式虽然在形式上是政府与社会资本合作，由社会资本垫资施工，但合同实质仍属于建设工程施工合同。根据招标投标法第三条的规定，大型基础设施、公用事业等关系社会公共利益、公众安全的项目必须招标。《最高人民法院关于审理建设工程施工合同纠纷案件适用法律问题的解释》第一条的规定，建设工程必须进行招标而未招标或者中标无效的，建设工程施工合同应当根据合同法第五十二条第（五）项的规定，认定无效。因此一审判决认为阜某产业园与金某公司、临汾某政公司订立的"BT 合同"违反法律强制性规定，认定合同无效是正确的。

法条链接

《最高人民法院关于印发修改后的〈民事案件案由规定〉的通知》（法〔2020〕346 号）

一、高度重视民事案件案由在民事审判规范化建设中的重要作用，认真学习掌握修改后的《案由规定》

民事案件案由是民事案件名称的重要组成部分，反映案件所涉及的民事法律关系的性质，是对当事人诉争的法律关系性质进行的概括，是人民法院进行民事案件管理的重要手段。建立科学、完善的民事案件案由体系，有利于方便当事人进行民事诉讼,有利于统一民事案件的法律适用标准,有利于对受理案件进行分类管理,有利于确定各民事审判业务庭的管辖分工,有利于提高民事案件司法统计的准确性和科学性,从而更好地为创新和加强民事审判管理、为人民法院司法决策服务。

各级人民法院要认真学习修改后的《案由规定》,理解案由编排体系和具体案由制定的背景、法律依据、确定标准、具体含义、适用顺序以及变更方法等问题,准确选择适用具体案由,依法维护当事人诉讼权利,创新和加强民事审判管理,不断推进民事审判工作规范化建设。

三、关于案由的确定标准

民事案件案由应当依据当事人诉争的民事法律关系的性质来确定。鉴于具体案件中当事人的诉讼请求、争议的焦点可能有多个,争议的标的也可能是多个,为保证案由的高度概括和简洁明了,修改后的《案由规定》仍沿用 2011 年《案由规定》关于案由的确定标准,即对民事案件案由的表述方式原则上确定为"法律关系性质"加"纠纷",一般不包含争议焦点、标的物、侵权方式等要素。但是,实践中当事人诉争的民事法律关系的性质具有复杂多变性,单纯按照法律关系标准去划分案由体系的做法难以更好地满足民事审判实践的需要,难以更好地满足司法统计的需要。为此,修改后的《案由规定》在坚持以法律关系性质作为确定案由的主要标准的同时,对少部分案由也依据请求权、形成权或者确认之诉、形成之诉等其他标准进行确定,对少部分案由的表述也包含了争议焦点、标的物、侵权方式等要素。另外,为了与行政案件案由进行明显区分,本次修改还对个别案由的表述进行了特殊处理。

对民事诉讼法规定的适用特别程序、督促程序、公示催告程序、公司清算、破产程序等非讼程序审理的案件案由,根据当事人的诉讼请求予以直接表述;对公益诉讼、第三人撤销之诉、执行程序中的异议之诉等特殊诉讼程序案件的案由,根据修改后民事诉讼法规定的诉讼制度予以直接表述。

案件来源

新疆金某控股集团有限公司、山西临汾某政工程集团股份有限公司建设工程施工合同纠纷二审民事判决书丨最高人民法院·(2017)最高法民终 135 号

延伸阅读

案例一：上海普某能源科技有限公司、浙江大某房地产开发有限公司建设工程施工合同纠纷二审民事裁定书丨最高人民法院·（2018）最高法民辖终7号

本院经审查认为，本案争议焦点是双方之间是否属于建设工程施工合同关系，应否由工程所在地人民法院专属管辖。经查，2012年12月17日，大某公司作为业主方、普某公司作为项目建设方、上海普某邮通科技股份有限公司作为项目咨询方共同签订了《仙居新区"大某世纪城"能源中心项目能源管理建设合同》，就仙居新区"大某世纪城"能源中心项目建设总包事宜达成协议，约定普某公司负责对整个项目以BT方式分期进行投资建设，大某公司同意以总金额97256万元在7年内分次回购，在协议期未结束前以及大某公司未完全履行本协议规定的所有义务前，项目工程涉及的全部土地、土建、设施、设备相关的占有权、使用权、处分权、收益权均归普某公司所有，同时约定了普某公司的验收、交付、修复等义务。在该份合同项下，大某公司作为发包人、普某公司作为承包人又签署一系列的《专业总承包工程合同》，对各工程的具体内容、承包方式、合同价款、合同工期、工程款支付进度及支付方式、质量要求和技术标准、竣工结算、违约责任等进行约定。基于上述协议，普某公司作为发包人又与案外人浙江天某建设（集团）股份有限公司、中某建设集团股份有限公司签订《专业分包工程合同》，并由普某公司向分包商支付工程款并开具工程款发票。前述合同内容中包括了工程范围、建设工期、工程质量、工程造价等建设工程施工合同的基本要素，属于《合同法》第二百六十九条①关于"建设工程合同是承包人进行工程建设，发包人支付价款的合同"的文义范围。原审据此认为本案属于建设工程施工合同纠纷，应由涉案工程所在地人民法院专属管辖，并根据级别管辖的要求将本案移送至浙江省高级人民法院审理，认定事实清楚，适用法律正确，本院予以维持。普某公司认为本案不属于建设工程施工合同，应根据协议约定由上海市高级人民法院管辖的上诉理由，缺乏事实依据，本院不予支持。

案例二：天津滨海鼎某环保科技工程有限公司、国家电某集团远某水务有限公司建设工程施工合同纠纷二审民事判决书丨最高人民法院·（2019）最高法民终134号

关于本案争议法律关系的性质。本案中，滨海鼎某公司与远某水务公司之间

---

① 编者按：《民法典》第788条。

先后签订了五份名称和内容虽不相同但合同目的相互关联的协议，双方之间法律关系的性质应如何认定，是确定本案法律适用的前提和基础。涉案渤某化工公司中水回用 BOT 特许经营项目，系由案外人重庆环某设计院经过招投标获得，滨海鼎某公司以中标人重庆环某设计院项目公司名义与招标人渤某化工公司签订《BOT 合约》，约定滨海鼎某公司享有涉案中水回用项目融资、建设、运营、维护等特许经营权。滨海鼎某公司又依据《BOT 合约》将涉案工程整体发包给远某水务公司，双方签订《总承包合同》《施工协议》《采购协议》《服务协议》以及《补充协议》等合同，约定远某水务公司负责包括项目设计、设备及材料采购、建筑安装、调试运行、技术培训、质量保修等内容的工程全过程建设。因此，远某水务公司与滨海鼎某公司之间形成建设工程总承包合同关系，《施工协议》《采购协议》《服务协议》等合同约定都是工程项目总承包的具体内容，本案双方争议的问题是工程款的支付及工程项目总承包合同的继续履行问题，故本案应适用有关建设工程合同的法律规定及相关司法解释，一审判决适用法律并无不当，滨海鼎某公司关于一审判决法律适用错误的上诉主张不成立。

案例三：秦皇岛市信某水泥有限公司、杭州某轮动力集团设某成套工程有限公司建设工程施工合同纠纷二审民事判决书丨最高人民法院·（2019）最高法民终 1798 号

关于涉案合同的性质。本案中，双方订立和履行的主要合同是《合建电站协议书》《委托管理协议书》。合同订立后，杭某公司对余某电站进行了施工建设，至 2011 年 6 月，余某电站建设完成可并网发电。但发电设备未能达到合同约定的发电功率，双方亦未对电站进行竣工验收。2012 年 3 月 6 日，杭某公司与信某公司签订《余某发电站 BOT 项目管理期协议》，约定："经双方协商，余某电站定于 2012 年 3 月 10 日 00:00 进入合同管理计费期，电费于每月 30 日前付清，其他事项按双方 BOT 合同执行。"根据上述内容可以看出，双方之间产生的合同关系包含了建设工程施工、安装、技术服务、委托管理等法律关系，杭某公司主张双方合同系 BOT（建设-运营-移交）性质具有合理性，但 BOT 协议的处理原则仍需实际遵循双方订立合同的具体内容。无论是《合建电站协议书》还是《委托管理协议书》，均涉及涉案余某发电站工程价款支付的约定，一审法院将案由定为建设工程施工合同纠纷，并对双方协议的订立及履行均进行了审理，并不存在杭某公司上诉所称的遗漏认定事实问题。杭某公司的该项上诉理由，本院不予支持。

095 "包工头"聘用的建筑工人因工伤亡，承包人应承担赔偿责任吗？

阅读提示

工程施工领域承包人把工程转包、分包给不具备用工主体资格的"包工头"的现象较为常见，当"包工头"或者"包工头"聘用的工人因工伤亡时，承包人应承担赔偿责任吗？

裁判要旨

承包人违反法律法规将工程转包或违法分包给不具备用工主体资格的"包工头"，当"包工头"聘用的工人因工伤亡时，承包人是承担工伤保险责任的主体。

案情简介

一、2013年9月1日，中铁某局集团第五分公司将其承建的甘肃省永登县"恒某嘉豪"项目工程的劳务部分分包给重庆兴某公司，重庆兴某公司又将铺设琉璃瓦劳务分包给自然人董某海。2014年9月22日，董某海的合伙人孙某卫招聘孙某生、蔺某平、苏某保和蔺某全等四人共同铺设琉璃瓦。

二、2014年10月8日，蔺某全在施工现场铺设琉璃瓦时，被吊沙灰的塔吊铁盘砸伤左足，兰州市人社局经审查核实，认定蔺某全为工伤，并出具了《工伤认定决定书》。重庆兴某公司不服，向兰州铁路运输中级法院提起行政诉讼，请求撤销工伤认定。

三、2015年4月，蔺某全起诉请求确认劳动关系；2016年2月，甘肃省兰州市中级人民法院作出二审终审判决，认定蔺某全与中铁某局集团、重庆兴某公司之间均不存在劳动关系。

四、重庆兴某公司不服工伤认定，提起行政诉讼，本案一审认定：重庆兴某公司作为具备用工主体资格的承包单位，违法将承包业务分包给不具备用工主体资格的自然人，自然人招聘的蔺某全在铺设玻璃瓦时因工受伤，故重庆兴某公司依法应当承担蔺某全所受事故伤害的工伤保险责任。

五、重庆兴某公司不服，上诉至甘肃省高院。二审认定：是否存在劳动关系是认定工伤的必要条件，重庆兴某公司与蔺某全之间不存在劳动关系已经生效民事判决确认，撤销了兰州市人社局的工伤认定决定。

六、蔺某全不服二审判决，向最高法申请再审，最高人民法院再审判决维持一审判决，判决重庆兴某公司依法应当承担蔺某全所受事故伤害的工伤保险责任。

法律分析

为了保障工伤职工获得医疗救治和经济补偿、分散用人单位工伤风险，国家制定了工伤保险制度。正常情况下，用人单位按月向工伤保险基金缴纳工伤保险费，工伤事故发生时由工伤保险基金承担因工伤亡职工的医疗费和赔偿金。但是在一些地方，用人单位逃避缴纳工伤保险费的法定义务，或者雇主不具备用工主体资格无法缴纳工伤保险费，此种情况下，劳动者因工伤亡的医疗费和赔偿金应该由谁来承担？按照什么标准承担？针对本案焦点问题，云亭建工律师团队分析如下：

第一，具备用工主体资格的用人单位未缴纳工伤保险费，劳动者因工伤亡的，根据《工伤保险条例》（2010修订）第六十二条第二款"依照本条例规定应当参加工伤保险而未参加工伤保险的用人单位职工发生工伤的，由该用人单位按照本条例规定的工伤保险待遇项目和标准支付费用"之规定，由用人单位按照《工伤保险条例》规定的标准向劳动者支付医疗费和赔偿金。

第二，不具备用工主体资格的个人，不属于《中华人民共和国劳动合同法》第二条规定的用人单位，其与其聘用的提供劳务一方不构成劳动关系；其也不属于《工伤保险条例》第二条规定的缴纳工伤保险费主体，不具备缴纳工伤保险费的资格。当提供劳务一方因劳务发生伤亡时，根据《中华人民共和国民法典》第一千一百九十二条"个人之间形成劳务关系，……提供劳务一方因劳务受到损害的，根据双方各自的过错承担相应的责任"之规定，由聘用人向提供劳务一方承担与其过错相适应的赔偿责任。

第三，承包人将工程转包、违法分包给不具备用工主体资格的组织或个人，不具备用工主体资格的组织或个人所聘用的人员因工伤亡时，由承包人按照《工伤保险条例》规定的工伤保险待遇项目和标准，向因工受伤劳动者或因工死亡劳动者的近亲属承担相关费用和赔偿责任。这是法律法规和司法解释为保护弱势群体而作出的特殊规定，也是为了避免本应当承担责任的承包人通过转包、违法分包等违法行为获得经济利益。

实务经验

第一，通常情况下，承担工伤保险责任须以存在劳动关系为前提。但是，为了最大限度保护劳动者的合法权益，最高法院和人社部规定在以下几种情况下，可在不存在劳动关系前提下由用人单位承担工伤保险责任：

（一）转包和违法分包情形下，不具备用工主体的组织或个人聘用的人员因工伤亡。相关依据：《最高人民法院关于审理工伤保险行政案件若干问题的规定》（法释〔2014〕9号）第三条第四项规定"用工单位违反法律、法规规定将承包业务转包给不具备用工主体资格的组织或者自然人，该组织或者自然人聘用的职工从事承包业务时因工伤亡的，用工单位为承担工伤保险责任的单位"；《人力资源和社会保障部关于执行〈工伤保险条例〉若干问题的意见》（人社部发〔2013〕34号）第七条规定"具备用工主体资格的承包单位违反法律、法规规定，将承包业务转包、分包给不具备用工主体资格的组织或者自然人，该组织或者自然人招用的劳动者从事承包业务时因工伤亡的，由该具备用工主体资格的承包单位承担用人单位依法应承担的工伤保险责任"。

（二）挂靠情形下，挂靠一方聘用的劳动者因工伤亡。相关依据：《最高人民法院关于审理工伤保险行政案件若干问题的规定》（法释〔2014〕9号）第三条第五项规定"个人挂靠其他单位对外经营，其聘用的人员因工伤亡的，被挂靠单位为承担工伤保险责任的单位"。

（三）达到退休年龄后未办理退休手续或未享受养老待遇，继续在原用人单位工作时因工伤亡。相关依据：《人力资源社会保障部关于执行〈工伤保险条例〉若干问题的意见（二）》（人社部发〔2016〕29号）第二条第一款规定"达到或超过法定退休年龄，但未办理退休手续或者未依法享受城镇职工基本养老保险待遇，继续在原用人单位工作期间受到事故伤害或患职业病的，用人单位依法承担工伤保险责任"。

（四）招用超过法定退休年龄或已享受养老待遇的人员因工伤亡。相关依据：《人力资源社会保障部关于执行〈工伤保险条例〉若干问题的意见（二）》

（人社部发〔2016〕29号）第二条第二款规定"用人单位招用已经达到、超过法定退休年龄或已经领取城镇职工基本养老保险待遇的人员，在用工期间因工作原因受到事故伤害或患职业病的，如招用单位已按项目参保等方式为其缴纳工伤保险费的，应适用《工伤保险条例》"；《最高人民法院行政审判庭关于超过法定退休年龄的进城务工农民因工伤亡的，应否适用工伤保险条例请示的答复》（〔2010〕行他字第10号）"用人单位聘用的超过法定退休年龄的务工农民，在工作时间内、因工作原因伤亡的，应当适用《工伤保险条例》的有关规定进行工伤认定"。

（五）"包工头"因工伤亡。依据最高人民法院（2021）最高法行再1号行政判决书确立的裁判规则："包工头"因工伤亡，与其聘用的施工人员因工伤亡，就工伤保险制度和工伤保险责任而言，并不存在本质区别；"包工头"及其招聘的职工因工伤亡时，均应由违法转包、分包的承包单位承担工伤保险责任。

第二，云亭建工律师团队建议承包人：切莫将工程或劳务转包、分包给不具备用工主体资格的组织和个人，这些组织和个人因不属于《工伤保险条例》第二条规定的工伤保险费缴费主体，无法为所聘用人员缴纳工伤保险费，万一出现工伤事故，承担赔偿责任的主体还是承包人。

第三，承包人将工程转包、违法分包给不具备用工主体资格的组织和个人，不具备用工主体资格的组织和个人聘用的人员因工伤亡情形下，不具备用工主体资格的组织和个人才是聘用人，他们才应该是聘用人员因工伤亡赔偿责任的最终承担人。所以，承包人承担工伤保险责任后，可以依法向该组织和个人追偿。

法院判决

本院再审认为，国家建立工伤保险制度，其目的在于保障因工作遭受事故伤害或者患职业病的职工获得医疗救治和经济补偿。用人单位有为本单位全部职工缴纳工伤保险费的义务，职工有享受工伤保险待遇的权利。即通常情况下，社会保险行政部门认定职工工伤，应以职工与用人单位之间存在劳动关系为前提，除非法律、法规及司法解释另有规定情形。《最高人民法院关于审理工伤保险行政案件若干问题的规定》第三条第一款规定："社会保险行政部门认定下列单位为承担工伤保险责任单位的，人民法院应予支持：……（四）用工单位违反法律、法规规定将承包业务转包给不具备用工主体资格的组织或者自然人，该组织或者自然人聘用的职工从事承包业务时因工伤亡的，用工单位为承担工伤保险责任的单位；……"

该条规定从有利于保护职工合法权益的角度出发，对《工伤保险条例》将劳动关系作为工伤认定前提的一般规定作出了补充，即当存在违法转包、分包的情形时，用工单位承担职工的工伤保险责任不以是否存在劳动关系为前提。根据上述规定，用工单位违反法律、法规规定将承包业务转包、分包给不具备用工主体资格的组织或者自然人，职工发生工伤事故时，应由违法转包、分包的用工单位承担工伤保险责任。

本案中，重庆兴某公司对蔺某全由董某海聘用并在铺设琉璃瓦时因工受伤一节事实不持异议，但认为其不属于违法分包。住房城乡建设部《建筑工程施工转包违法分包等违法行为认定查处管理办法（试行）》（建市〔2014〕118号）第九条明确规定："存在下列情形之一的，属于违法分包：……（六）劳务分包单位将其承包的劳务再分包的；……"该条规定不违反《中华人民共和国建筑法》的相关规定，可以作为判断重庆兴某公司是否属于违法分包的参考依据。中铁某局集团第五分公司将其承建项目工程的劳务部分分包给重庆兴某公司。重庆兴某公司属于具有建筑劳务资质的企业，其应使用自有劳务工人完成所承接的劳务项目，但其却又将铺设琉璃瓦劳务分包给自然人董某海，该行为属于违法分包。故重庆兴某公司的该辩解意见不能成立，本院不予采纳。

重庆兴某公司作为具备用工主体资格的承包单位，违法将其所承包的业务分包给自然人董某海，董某海聘用的工人蔺某全在铺设琉璃瓦时因工受伤，重庆兴某公司依法应当承担蔺某全所受事故伤害的工伤保险责任。兰州市人社局作出的369号工伤认定决定所认定的事实清楚，适用法律正确，符合法定程序。兰州铁路运输中级法院一审判决驳回重庆兴某公司的诉讼请求，并无不当。甘肃省高级人民法院二审以生效民事判决已确认重庆兴某公司与蔺某全之间不存在劳动关系为由，判决撤销兰州铁路运输中级法院一审判决和369号工伤认定决定，不符合《最高人民法院关于审理工伤保险行政案件若干问题的规定》第三条等相关规定，属于适用法律错误，本院依法予以纠正。

案件来源

蔺某全、重庆兴某建筑劳务有限公司劳动和社会保障行政管理（劳动、社会保障）再审行政判决书｜最高人民法院·（2018）最高法行再151号

法条链接

《中华人民共和国建筑法》（2011 年修正）

第二十九条第三款 禁止总承包单位将工程分包给不具备相应资质条件的单位。禁止分包单位将其承包的工程再分包。

《工伤保险条例》（2010 年修订）

第二条 中华人民共和国境内的企业、事业单位、社会团体、民办非企业单位、基金会、律师事务所、会计师事务所等组织和有雇工的个体工商户（以下称用人单位）应当依照本条例规定参加工伤保险，为本单位全部职工或者雇工（以下称职工）缴纳工伤保险费。

中华人民共和国境内的企业、事业单位、社会团体、民办非企业单位、基金会、律师事务所、会计师事务所等组织的职工和个体工商户的雇工，均有依照本条例的规定享受工伤保险待遇的权利。

《关于确立劳动关系有关事项的通知》（劳社部发〔2005〕12 号）

四、建筑施工、矿山企业等用人单位将工程（业务）或经营权发包给不具备用工主体资格的组织或自然人，对该组织或自然人招用的劳动者，由具备用工主体资格的发包人承担用工主体责任。

《人力资源社会保障部关于执行〈工伤保险条例〉若干问题的意见》（人社部发〔2013〕34 号）

七、具备用工主体资格的承包单位违反法律、法规规定，将承包业务转包、分包给不具备用工主体资格的组织或者自然人，该组织或者自然人招用的劳动者从事承包业务时因工伤亡的，由该具备用工主体资格的承包单位承担用人单位依法应承担的工伤保险责任。

《最高人民法院关于审理工伤保险行政案件若干问题的规定》（法释〔2014〕9 号）

第三条第一款 社会保险行政部门认定下列单位为承担工伤保险责任单位的，人民法院应予支持：

（一）职工与两个或两个以上单位建立劳动关系，工伤事故发生时，职工为之工作的单位为承担工伤保险责任的单位；

（二）劳务派遣单位派遣的职工在用工单位工作期间因工伤亡的，派遣单位为承担工伤保险责任的单位；

（三）单位指派到其他单位工作的职工因工伤亡的，指派单位为承担工伤保险责任的单位；

（四）用工单位违反法律、法规规定将承包业务转包给不具备用工主体资格的组织或者自然人，该组织或者自然人聘用的职工从事承包业务时因工伤亡的，用工单位为承担工伤保险责任的单位；

（五）个人挂靠其他单位对外经营，其聘用的人员因工伤亡的，被挂靠单位为承担工伤保险责任的单位。

前款第（四）、（五）项明确的承担工伤保险责任的单位承担赔偿责任或者社会保险经办机构从工伤保险基金支付工伤保险待遇后，有权向相关组织、单位和个人追偿。

《建筑工程施工发包与承包违法行为认定查处管理办法》（建市规〔2019〕1号）

第十一条　本办法所称违法分包，是指承包单位承包工程后违反法律法规规定，把单位工程或分部分项工程分包给其他单位或个人施工的行为。

第十二条　存在下列情形之一的，属于违法分包：

（一）承包单位将其承包的工程分包给个人的；

（二）施工总承包单位或专业承包单位将工程分包给不具备相应资质单位的；

（三）施工总承包单位将施工总承包合同范围内工程主体结构的施工分包给其他单位的，干结构工程除外；

（四）专业分包单位将其承包的专业工程中非劳务作业部分再分包的；

（五）专业作业承包人将其承包的劳务再分包的；

（六）专业作业承包人除计取劳务作业费用外，还计取主要建筑材料和大中型施工机械设备、主要周转材料费用的。

延伸阅读

案例一：刘某丽、广东省英某市人民政府再审行政判决书｜最高人民法院·（2021）最高法行再1号

（一）建某公司应否作为承担工伤保险责任的单位。

《建筑法》第二十六条规定："承包建筑工程的单位应当持有依法取得的资质证书，并在其资质等级许可的业务范围内承揽工程。禁止建筑施工企业超越本企业资质等级许可的业务范围或者以任何形式用其他建筑施工企业的名义承揽工程。禁止建筑施工企业以任何形式允许其他单位或者个人使用本企业的资质证书、营业执照，以本企业的名义承揽工程。"第二十八条规定："禁止承包单位将其承包的全部建筑工程转包给他人，禁止承包单位将其承包的全部建筑工程肢解以后以分包的名义分别转包给他人。"同时，《最高人民法院关于行政诉讼证据若干问题的规定》第五十四条规定："法庭应当对经过庭审质证的证据和无需质证的证据进行逐一审查和对全部证据综合审查，遵循法官职业道德，运用逻辑推理和生活经验，进行全面、客观和公正地分析判断，确定证据材料与案件事实之间的证明关系，排除不具有关联性的证据材料，准确认定案件事实。"

本案中，《广东省建设工程标准施工合同》、涉案工程项目报建资料、施工许可证和现场照片均能证明朱某雄商住楼的承建单位为建某公司；以施工人员为被保险人的建筑工程人身意外团体险，投保人也是建某公司；在建某公司与朱某雄签订的补充协议中，还指定陆某峰账户为工人工资账户；而根据在案的证人证言和对陆某峰的询问笔录，陆某峰实际参与了项目的施工管理，且事发当天与梁某洪一同在工地等候住建部门检查。上述证据已经能够证实，建某公司实际以承建单位名义办理了工程报建和施工许可手续，并在一定程度上参与施工管理。建某公司知道、应当知道朱某雄又与梁某洪另行签订施工合同，既未提出异议或者主张解除之前的施工合同，反而配合梁某洪以建某公司名义施工，委派工作人员参与现场施工管理并约定经手工人工资。建某公司在2017年8月11日的答辩状中虽不承认其与梁某洪之间存在劳动关系，但也认可梁某洪与其是挂靠关系，是实际施工人。而无论挂靠关系、借用资质关系还是违法转包关系，建某公司仅以梁某洪与朱某雄另行签订施工承包合同为由，主张其与梁某洪之间不存在任何法律关系，与在案证据证明的事实明显不符，也违反《中华人民共和国建筑法》相关规定。

综上，建某公司与朱某雄签订建设工程施工合同后，作为具备用工主体资格的承包单位，既然享有承包单位的权利，也应当履行承包单位的义务。建某公司允许梁某洪利用其资质并挂靠施工，理应承担被挂靠单位的相应责任。在工伤保险责任承担方面，建某公司与梁某洪之间虽未直接签订转包合同，但其允许梁某洪利用其资质并挂靠施工，可以视为两者间已经形成事实上的转包关系，建某公司可以作为承担工伤保险责任的单位。而且，就朱某雄、建某公司、梁某洪三者之间形成的施工法律关系而言，由建某公司作为承担工伤保险责任的单位，符合原劳动和社会保障部《关于确立劳动关系有关事项的通知》（劳社部发〔2005〕

12号)第四条、《人力资源和社会保障部关于执行〈工伤保险条例〉若干问题的意见》(人社部发〔2013〕34号)第七点规定以及最高人民法院《关于审理工伤保险行政案件若干问题的规定》第三条第一款第四项、第五项规定的立法精神,亦在上述规定的扩张解释边界之内。

(二)建某公司应否承担梁某洪的工伤保险责任

原劳动和社会保障部《关于确立劳动关系有关事项的通知》(劳社部发〔2005〕12号)第四条规定,建筑施工、矿山企业等用人单位将工程(业务)或经营权发包给不具备用工主体资格的组织或自然人,对该组织或自然人招用的劳动者,由具备用工主体资格的发包人承担用工主体责任。《人力资源和社会保障部关于执行〈工伤保险条例〉若干问题的意见》(人社部发〔2013〕34号)第七点规定:"具备用工主体资格的承包单位违反法律、法规规定,将承包业务转包、分包给不具备用工主体资格的组织或者自然人,该组织或者自然人招用的劳动者从事承包业务时因工伤亡的,由该具备用工主体资格的承包单位承担用人单位依法应承担的工伤保险责任。"《最高人民法院关于审理工伤保险行政案件若干问题的规定》第三条第一款规定:"社会保险行政部门认定下列单位为承担工伤保险责任单位的,人民法院应予支持:……(四)用工单位违反法律、法规规定将承包业务转包给不具备用工主体资格的组织或者自然人,该组织或者自然人聘用的职工从事承包业务时因工伤亡的,用工单位为承担工伤保险责任的单位;(五)个人挂靠其他单位对外经营,其聘用的人员因工伤亡的,被挂靠单位为承担工伤保险责任的单位。"

本案中,英某市政府和建某公司认为,即使建某公司与梁某洪之间存在项目转包或者挂靠关系,但相关法律规范仅规定"包工头"招用的劳动者或者"包工头"聘用的职工因工伤亡的,建某公司才可能承担工伤保险责任;梁某洪作为"包工头",而非其"招用的劳动者"或"聘用的职工",其因工伤亡不应由建某公司承担工伤保险责任。本院认为,对法律规范的解释,应当结合具体案情,综合运用文义解释、体系解释、目的解释等多种解释方法。

首先,建设工程领域具备用工主体资格的承包单位承担其违法转包、分包项目上因工伤亡职工的工伤保险责任,并不以存在法律上劳动关系或事实上劳动关系为前提条件。根据《人力资源和社会保障部关于执行〈工伤保险条例〉若干问题的意见》(人社部发〔2013〕34号)第七点等规定,认定工伤保险责任或用工主体责任,已经不以存在法律上劳动关系为必要条件。根据《最高人民法院关于审理工伤保险行政案件若干问题的规定》（法释〔2014〕9号）第三条规定，能否进行工伤认定和是否存在劳动关系，并不存在绝对的对应关系。从前述规定来看，为保障建筑行业中不具备用工主体资格的组织或自然人聘用的职工因工伤亡后的工伤保险待遇，加强对劳动者的倾斜保护和对违法转包、分包单位的惩戒，现行工伤保险制度确立了因工伤亡职工与违法转包、分包的承包单位之间推定形成拟制劳动关系的规则，即直接将违法转包、分包的承包单位视为用工主体，并由其承担工伤保险责任。

其次，将"包工头"纳入工伤保险范围，符合建筑工程领域工伤保险发展方向。《国务院办公厅关于促进建筑业持续健康发展的意见》（国办发〔2017〕19号）强调要"建立健全与建筑业相适应的社会保险参保缴费方式，大力推进建筑施工单位参加工伤保险"，明确了做好建筑行业工程建设项目农民工职业伤害保障工作的政策方向和制度安排。《人力资源社会保障部办公厅关于进一步做好建筑业工伤保险工作的通知》（人社厅函〔2017〕53号）等规范性文件还要求，完善符合建筑业特点的工伤保险参保政策，大力扩展建筑企业工伤保险参保覆盖面，推广采用按建设项目参加工伤保险制度。即针对建筑行业的特点，建筑施工企业对相对固定的职工，应按用人单位参加工伤保险；对不能按用人单位参保、建筑项目使用的建筑业职工特别是农民工，按项目参加工伤保险。因此，为包括"包工头"在内的所有劳动者按项目参加工伤保险，扩展建筑企业工伤保险参保覆盖面，符合建筑工程领域工伤保险制度发展方向。

再次，将"包工头"纳入工伤保险对象范围，符合"应保尽保"的工伤保险制度立法目的。考察《工伤保险条例》相关规定，工伤保险制度目的在于保障因工作遭受事故伤害或者患职业病的职工获得医疗救治和经济补偿，促进工伤预防和职业康复，分散用人单位的工伤风险。《工伤保险条例》第二条规定："中华人民共和国境内的企业、事业单位、社会团体、民办非企业单位、基金会、律师事务所、会计师事务所等组织和有雇工的个体工商户应当依照本条例规定参加工伤保险，为本单位全部职工或者雇工缴纳工伤保险费。中华人民共和国境内的企业、事业单位、社会团体、民办非企业单位、基金会、律师事务所、会计师事务所等组织的职工和个体工商户的雇工，均有依照本条例的规定享受工伤保险待遇的权利。"显然，该条强调的"本单位全部职工或者雇工"，并未排除个体工商户、"包工头"等特殊的用工主体自身也应当参加工伤保险。易言之，无论是从工伤保险制度的建立本意，还是从工伤保险法规的具体规定，均没有也不宜将"包工头"排除在工伤保险范围之外。"包工头"作为劳动者,处于违法转包、分包利益链条的最末端,参与并承担着施工现场的具体管理工作,有的还直接参与具体施工;其同样可能存在工作时间、工作地点因工作原因而伤亡的情形。"包工头"因工伤亡,与其聘用的施工人员因工伤亡,就工伤保险制度和工伤保险责任而言,并不存在本质区别。如人为限缩《工伤保险条例》的适用范围,不将"包工头"纳入工伤保险范围,将形成实质上的不平等;而将"包工头"等特殊主体纳入工伤保险范围,则有利于实现对全体劳动者的倾斜保护,彰显社会主义工伤保险制度的优越性。

最后,"包工头"违法承揽工程的法律责任,与其参加社会保险的权利之间并不冲突。《中华人民共和国社会保险法》第一条规定:"为了规范社会保险关系,维护公民参加社会保险和享受社会保险待遇的合法权益,使公民共享发展成果,促进社会和谐稳定,根据宪法,制定本法。"第三十三条规定:"职工应当参加工伤保险,由用人单位缴纳工伤保险费,职工不缴纳工伤保险费。"工伤保险作为社会保险制度的一个重要组成部分,由国家通过立法强制实施,是国家对职工履行的社会责任,也是职工应该享受的基本权利。不能因为"包工头"违法承揽工程违反建筑领域法律规范,而否定其享受社会保险的权利。承包单位以自己的名义和资质承包建设项目,又由不具备资质条件的主体实际施工,从违法转包、分包或者挂靠中获取利益,由其承担相应的工伤保险责任,符合公平正义理念。当然,承包单位依法承担工伤保险责任后,在符合法律规定的情况下,可以依法另行要求相应责任主体承担相应的责任。

总之,将"包工头"纳入工伤保险范围,并在其因工伤亡时保障其享受工伤保险待遇的权利,由具备用工主体资格的承包单位承担用人单位依法应承担的工伤保险责任,符合工伤保险制度的建立初衷,也符合《工伤保险条例》及相关规范性文件的立法目的。英某市人社局认定梁某洪在工作时间和工作岗位突发疾病死亡,应由建某公司承担工伤保险责任,具有事实和法律依据,本院予以支持。

案例二:周某华、广东省东某市人民政府再审行政判决书|最高人民法院·(2020)最高法行再118号

本院经审理认为,《工伤保险条例》第二条第二款规定,中华人民共和国境内的各类企业的职工和个体工商户的雇工,均有依照本条例的规定享受工伤保险待遇的权利。第十四条第一项规定,职工在工作时间和工作场所内,因工作原因受到事故伤害的,应当认定为工伤。《最高人民法院关于审理工伤保险行政案件若干问题的规定》第三条规定,用工单位违反法律、法规规定将承包业务转包给不具备用工主体资格的组织或者自然人,该组织或者自然人聘用的职工从事承包业务时因工伤亡的,社会保险行政部门认定用工单位为承担工伤保险责任单位的,人民法院应予支持。承担工伤保险责任的单位承担赔偿责任或者社会保险经办机构从工伤保险基金支付工伤保险待遇后,有权向相关组织、单位和个人追偿。本案中,东某公司将承包的"一某山庄宴会厅"等工程分包给不具备用工主体资格的谢某坤,谢某坤聘用的周某华从事承包工程时受伤,周某华以东某公司为用工单位申请认定工伤,东莞市社会保障局作出《认定工伤决定书》,符合法律规定。

东某公司不服,申请行政复议。东莞市政府以周某华已领取了谢某坤支付的损害赔偿款,其因工作遭受的事故伤害已获医疗救治和经济补偿,不再具有工伤认定所保护的权利为由,撤销了《认定工伤决定书》。本院认为,东某公司与周某华之间并非典型的劳动关系,而是法律拟制的用工主体责任关系,周某华在劳动仲裁机构认定其与东某公司不存在劳动关系的情形下,对其能否要求工伤保险赔偿存在认识不足。而且,民事损害赔偿系周某华在未进行伤残等级鉴定的情况下与谢某坤调解达成,赔偿金额可能低于工伤保险赔偿金额。依法享受工伤保险待遇是劳动者享有的法定权利,东莞市政府仅以周某华签订调解协议并领取损害赔偿款为由,撤销《认定工伤决定书》,可能损害周某华的法定权利,应当予以纠正。需要说明的是,周某华在认定工伤、鉴定劳动能力后,若实际获得的医疗费、损害赔偿款少于应当享受的工伤保险待遇,有权要求补齐。

096 挂靠人对外签订转包合同,对被挂靠人是否构成表见代理?

阅读提示

挂靠人借用被挂靠人名义承揽工程并实际施工,在施工过程中,对外签订的转包、分包或者其他合同,是否会因为构成表见代理而对被挂靠人发生法律效力?

裁判要旨

挂靠人在项目文件中项目经理栏处签字并加盖被挂靠人印章的行为，足以对外使人相信其身份为承包人（被挂靠人）的项目经理，转承包人有理由相信挂靠人系代表承包人（被挂靠人）与其订立合同，故转承包合同对承包人（被挂靠人）发生法律效力。

案情简介

一、2013年，建某公司承建了御某公司开发的位于江苏省沛县的龙某观邸1#、2#、3#、S2#楼及人防地库工程。

二、建某公司与陈某干签订协议，约定由陈某干负责上述建设工程的施工。

三、陈某干又与杨某青等人签订《清包合同》，在《清包合同》中，陈某干将甲方名称书写为建某公司，并加盖建某公司的印章（经鉴定与其备案印章不一致）。

四、在龙某观邸项目部处罚单、御某公司及监理单位处罚单等项目文件中，陈某干均于项目经理栏处签字，并加盖建某公司签章。

五、建某公司作为承包人已向发包人御某公司请求支付诉争工程的工程款。

六、杨某青等人起诉后，一审法院认定建某公司与陈某干之间为非法转包合同关系，判决陈某干支付杨某青等人工程款，建某公司承担连带责任。

七、二审法院认定陈某干与建某公司之间系挂靠关系，陈某干对外系项目经理，其行为对建某公司构成表见代理。

八、建某公司以《清包合同》上的印章系伪造等理由认为陈某干的行为对建某公司不构成表见代理，向最高人民法院申请再审，最高人民法院驳回了其再审申请。

法律分析

本案的焦点问题是陈某干签订《清包合同》对建某公司是否构成表见代理。

第一，根据《民法典》第一百七十二条及《最高人民法院关于适用〈中华人民共和国民法典〉总则编若干问题的解释》第二十八条的规定，同时满足存在代理权的外观、相对人不知道行为人行为时没有代理权且无过失两个条件的，可以认定为表见代理。

本案中，建某公司以承包人名义向发包人主张了工程款，令人相信该工程系建某公司承建；在龙某观邸项目部处罚单、御某公司及监理单位处罚单等证据中陈某干均在项目经理栏处签字，且陈某干具体负责了涉案工程的施工组织活动，对外令人相信陈某干是项目经理，其工作系履行建某公司职务。对杨某青等人而言，其并不清楚陈某干与建某公司的真实关系，其基于以上原因相信签订《清包合同》的相对人是建某公司，而不是陈某干个人。所以，陈某干签订《清包合同》对建某公司构成表见代理。

第二，本涉案及多方当事人之间的法律关系的认定，以及陈某干与承包人建某公司内部关系和外部关系的认定。在构成表见代理的情况下，陈某干为建某公司签订《清包合同》的代理人，应当由建某公司向杨某青等人承担责任，而不是由陈某干向杨某青等人承担责任，因本案法律关系复杂，二审法院基于公平原则、避免当事人诉累等因素作出上述判决。

实务经验

第一，挂靠人对外签订的合同是否对被靠人有约束力不可一概而论。挂靠人签订的合同复杂多样，有以项目部名义签订的，有以被挂靠人名义签订的，有以自己名义签订的；有盖项目印章的，有盖私刻被挂靠人印章的，有挂靠人自己签字或者盖章的；有采购合同，有转包合同，有分包合同，有融资合同，有结算协议；等等。所签合同是否对被挂靠人具有约束力应具体案情具体分析，一般应审查挂靠人是否有授权、签订合同是否构成表见代理等几个方面。

第二，就挂靠的内部关系而言，挂靠人或者挂靠人安排的项目负责人并非被挂靠人的工作人员，但是，为方便施工，挂靠人对外可能以被挂靠人的项目经理的身份出现。项目经理是对工程项目施工过程全面负责的项目管理者，具有相当多的职权，如果挂靠人对外的身份是被挂靠人的项目经理，其对外签订合同可能被认定为履行施工企业职务的行为，所签订合同因职务代理行为而对被挂靠人发生效力。

第三，挂靠人对外签订合同因构成表见代理对被挂靠人发生法律效力，应满足几个条件：(1) 挂靠人有被挂靠人授予代理权的外观，如挂靠人持有委托书、介绍信等材料；(2) 相对人相信挂靠人有代理权且无过失，比如：相对人已经按照交易习惯、基本常识进行了必要的审查。

第四，如果施工企业因挂靠人或其他合作方的无权代理行为被认定为表见代理而承担责任，施工企业可向该无权代理人追偿。

法条链接

《中华人民共和国民法典》（2021年1月1日实施）

第一百七十二条 行为人没有代理权、超越代理权或者代理权终止后，仍然实施代理行为，相对人有理由相信行为人有代理权的，代理行为有效。

《最高人民法院关于适用〈中华人民共和国民法典〉总则编若干问题的解释》（法释〔2022〕6号 2022年2月24日）

第二十八条 同时符合下列条件的，人民法院可以认定为民法典第一百七十二条规定的相对人有理由相信行为人有代理权：

（一）存在代理权的外观；

（二）相对人不知道行为人行为时没有代理权，且无过失。

因是否构成表见代理发生争议的，相对人应当就无权代理符合前款第一项规定的条件承担举证责任；被代理人应当就相对人不符合前款第二项规定的条件承担举证责任。

《最高人民法院关于当前形势下审理民商事合同纠纷案件若干问题的指导意见》（法发〔2009〕40号 2009年7月7日）

四、正确把握法律构成要件，稳妥认定表见代理行为

12. 当前在国家重大项目和承包租赁行业等受到全球性金融危机冲击和国内宏观经济形势变化影响比较明显的行业领域，由于合同当事人采用转包、分包、转租方式，出现了大量以单位部门、项目经理乃至个人名义签订或实际履行合同的情形，并因合同主体和效力认定问题引发表见代理纠纷案件。对此，人民法院应当正确适用合同法第四十九条关于表见代理制度的规定，严格认定表见代理行为。

13. 合同法第四十九条规定的表见代理制度不仅要求代理人的无权代理行为在客观上形成具有代理权的表象，而且要求相对人在主观上善意且无过失地相信行为人有代理权。合同相对人主张构成表见代理的，应当承担举证责任，不仅应当举证证明代理行为存在诸如合同书、公章、印鉴等有权代理的客观表象形式要素，而且应当证明其善意且无过失地相信行为人具有代理权。

14. 人民法院在判断合同相对人主观上是否属于善意且无过失时，应当结合合同缔结与履行过程中的各种因素综合判断合同相对人是否尽到合理注意义务，此外还要考虑合同的缔结时间、以谁的名义签字、是否盖有相关印章及印章真伪、标的物的交付方式与地点、购买的材料、租赁的器材、所借款项的用途、建筑单位是否知道项目经理的行为、是否参与合同履行等各种因素，作出综合分析判断。

《江苏省高级人民法院关于审理建设工程施工合同纠纷案件若干问题的解答》（已失效）

25. 建设工程领域，项目部或项目经理以施工企业名义对外借款，出借人要求施工企业承担责任的如何处理？

建设工程领域，项目部或者项目经理不具有对外借款的职权，其以施工企业名义对外借款的，出借人要求施工企业承担还款责任的，原则上不予支持。出借人举证证明项目经理系获得施工企业授权，或具有款项进入施工企业账户、实际用于工程等情形，导致其有理由相信项目部或项目经理有代理权的，出借人要求施工企业承担还款责任的，可予支持。

《河北省高级人民法院建设工程施工合同案件审理指南》（冀高法〔2018〕44号）

50. 施工企业设立项目部并任命项目部负责人的，项目部负责人受施工企业委托从事民事行为，应视为履行职务行为，施工企业应为合同主体。

建设工程承包人设立的项目部负责人在施工企业授权范围外从事的行为，构成表见代理的，施工企业应对外承担责任。

施工企业与其设立的项目部负责人签订的有关内部协议，约定免除施工企业对外承担责任的条款，不具有对外效力，不能约束第三人。

法院判决

二、关于二审认定陈某干与杨某青、李某华签订《清包合同》，对建某公司构成表见代理，并判决建某公司承担连带清偿责任是否错误的问题。

根据《合同法》第四十九条[①]规定，行为人没有代理权、超越代理权或者代理权终止后以被代理人名义订立合同，相对人有理由相信行为人有代理权的，该代理行为有效。首先，陈某干具体负责涉案工程的施工组织活动，涉案工程系建某公司施工的工程，且建某公司作为诉争工程的名义承包人，已向发包人御某公

---

① 编者按：已失效，被《民法典》吸收。

司请求支付诉争工程的工程款。其次，在龙某观邸项目部处罚单、御某公司及监理单位处罚单等证据中陈某干均于项目经理栏处签字，并加盖建某公司签章，对外足以使人相信陈某干在涉案工程中的身份为建某公司的项目经理，杨某青、李某华有理由认为陈某干是代表建某公司与其订立涉案《清包合同》。最后，现本案中未有证据证明杨某青、李某华在与陈某干签订《清包合同》时，知晓陈某干并未获得建某公司代理权，二者之间实际系挂靠法律关系故原审认定陈某干的行为构成表见代理并无不当。故二审法院基于公平原则，判决被挂靠单位建某公司对陈某干尚欠杨某青、李某华的诉争工程款本息承担连带清偿责任并无不当，建某公司该项再审申请事由不成立。

案件来源

江西建工某建筑有限责任公司、杨某青建设工程施工合同纠纷再审审查与审判监督民事裁定书｜最高人民法院·（2019）最高法民申1001号

延伸阅读

案例一：辽宁某建集团有限公司、庄某市某心医院建设工程施工合同纠纷再审审查与审判监督民事裁定书｜最高人民法院·（2021）最高法民申1840号

二、关于工程价款的给付主体如何确定问题

2010年8月8日庄某某心医院作为发包人与辽宁某建签订《建设工程施工合同》，约定将涉案工程全部发包给辽宁某建施工，辽宁某建为涉案工程的总承包人。而辽宁某建作为总承包人又与江苏某建签订《辽宁某建集团有限公司工程施工项目经营承包责任书》，约定辽宁某建将涉案工程全部交由江苏某建施工，辽宁某建据此再审主张其与江苏某建存在合同关系，故不应向没有合同关系的弘某公司支付工程款。经查，2010年8月6日，辽宁某建集团庄某市某心医院新建工程项目部（以下简称项目部）与弘某公司（原大连铭某建设有限公司）签订《建筑工程内部承包协议书》（以下简称《内部承包协议》），协议约定工程内容为由弘某公司完成涉案项目施工。而项目部为辽宁某建应江苏某建设立，且辽宁某建为项目部出具《授权书》，授权项目部负责庄某某心医院新建工程的具体施工、管理结算等工作。据此，江苏某建虽与辽宁某建签订了《内部承包协议》，但江苏某建并不负责涉案工程的具体施工及管理等工作，江苏某建并非涉案工程的实际施工人。因弘某公司与项目部签订了《内部承包协议》，且对涉案工程进

行了实际施工，弘某公司为涉案工程的实际施工人。因此，虽形式上江苏某建与辽宁某建签订有转包协议，而项目部为辽宁某建的有权代理人，故项目部与弘某公司签订的《内部承包协议》对辽宁某建具有法律约束力，辽宁某建与弘某公司之间依据《内部承包协议》形成了直接的合同关系。

《合同法》第二百七十二条规定："承包人不得将其承包的全部建设工程转包给第三人或者将其承包的全部建设工程肢解以后以分包的名义分别转包给第三人。"因辽宁某建承建涉案工程后，即将其承包的全部工程转包给弘某公司，辽宁某建为非法转包人，弘某公司为实际施工人，双方之间构成非法转包关系。在庄某某心医院未全部支付工程价款的情况下，辽宁某建应向弘某公司支付欠付工程价款 11940805.6 元。庄某中心医院作为发包人明知涉案工程由弘某公司实际施工，根据《最高人民法院关于审理建设工程施工合同纠纷案件适用法律问题的解释》第二十六条第二款关于发包人只在欠付工程价款范围内对实际施工人承担责任的规定，庄某某心医院应在欠付工程价款 11940805.6 元范围内对实际施工人弘某公司承担连带给付责任。据此，辽宁某建、庄某中心医院关于对弘某公司不承担欠付工程款给付责任的再审申请理由，依法不能成立。

案例二：重庆建工第某建筑工程有限责任公司、广元宏某房地产开发有限公司建设工程施工合同纠纷再审审查与审判监督民事裁定书｜最高人民法院·（2020）最高法民申 4862 号

本院经审查认为，本案的审查重点为：陈某军的行为是否构成表见代理。

重建某司主张，陈某军虽是重建某司员工，其权限只是消防工程施工合同的签约代理人；陈某军与宏某公司达成的约定，均未加盖重建某司公章；宏某公司曾向重建某司广元分公司支付了部分工程款，在没有重建某司书面委托的情形下，改向陈某军个人银行账户支付或按陈某军指示向第三方支付，宏某公司并非善意相对人，陈某军的行为不构成表见代理。本院认为，其一，《民法总则》第一百七十二条①规定："行为人没有代理权、超越代理权或者代理权终止后，仍然实施代理行为，相对人有理由相信行为人有代理权的，代理行为有效。"因此表见代理的构成要件之一系无权代理，本案中陈某军是否仅有消防工程施工合同签约权限不影响陈某军的行为是否构成表见代理的判断。

其二，在该项目施工过程中，陈某军作为重建某司委托代理人与宏某公司就涉案消防工程、涉案工程外墙装修工程签订合同，并与宏某公司、北京红某伟业

---

① 编者按：《民法典》第 172 条。

工程造价咨询事务所有限责任公司签订《建设工程造价咨询合同》。同时，陈某军与宏某公司多次结算、协商工程款。且宏某公司向第三人支付的款项有陈某军签字的收据、费用报销单、支付审批单、书面说明以及陈某军签字并加盖项目部印章的委托书证明。重建某司向宏某公司出具的关于以雪某物流中心商铺抵部分工程款的承诺书上有重建某司雪某物流中心项目部印章，陈某军在项目负责人处签名确认。重建某司自认陈某军系涉案工程项目的管理人员，也未在原审中举证证明涉案项目负责人由其委托他人担任。因此，陈某军的行为足以形成具有代理权的表象。

其三，表见代理的相对人是善意无过失的，即相对人对行为人没有代理权限是不知情的，且对该不知情无过失。本案中，重建某司应证明宏某公司在明知陈某军无相关代理权的情形下依然支付工程款，但重建某司仅以宏某公司先前履约行为进行抗辩，在无其他证据的情形下，结合前述陈某军的代理行为，该抗辩不足以证明宏某公司系非善意相对人。综上，重建某司关于陈某军的行为不构成表见代理的主张，本院不予支持。

案例三：利川市创某尔房地产开发有限公司、重庆石某建设开发有限公司建设工程施工合同纠纷再审审查与审判监督民事裁定书丨最高人民法院·（2019）最高法民申5243号

二、原审法院认定王某魁以伪造的创某尔公司印章与石某建设公司签订协议的行为构成表见代理并判令创某尔公司承担相应民事责任是否有误的问题。

《民法总则》第一百七十二条规定："行为人没有代理权、超越代理权或者代理权终止后，仍然实施代理行为，相对人有理由相信行为人有代理权的，代理行为有效"。根据该条法律规定，无权代理行为人在实施代理行为过程中，存在令相对人相信行为人具有代理权的表征，且相对人为善意、无过失的，即构成表见代理。

原审已查明，2011年7月22日，利川市谋某镇政府（甲方）与创某尔公司（乙方）订立《新某地避暑山庄开发项目协议》，约定乙方在谋某镇药材村二组厚柏树开发"新某地避暑山庄项目"，占地面积约16亩（以红线图为准），建筑面积约6万平方米，投资规模7000万元等。王某魁代表创某尔公司签名。2012年5月19日，创某尔公司向王某魁出具《委托书》，载明："兹委托王某魁同志，身份证号码（略），为创某尔公司利川市谋某镇苏马荡新某地避暑山庄项目负责人。特此委托！"2012年9月创某尔公司委托湖北天某工程管理咨询有限公司出具的《利川市谋某镇苏马荡新某地避暑山庄建设项目可行性研究报告》第 7 页"项目拟建地点"中，明确载明为"湖北省利川市谋某镇药材村一组"，在该报告第 23 页载明的"住宅工程楼号及每层面积分布表"中，石某建设公司承建的第 8、第 16、第 17 号楼即包括在其中。利川市发展和改革局 2013 年 1 月 23 日向创某尔公司出具的《关于谋某镇新某地避暑山庄建设项目可行性研究报告的批复》（利发改投资【2013】13 号）中载明：涉案项目选址位置在"谋某镇药材村 1 组"，用地面积 51073.95 平方米，建筑面积 73812.89 平方米，项目资金估算总投资为 12676.81 平方米（资金来源为自筹）。利川市城市规划管理委员会的利规委【2014】04 号《会议纪要》也载明：在 2014 年 4 月 3 日召开的规划委员会议中，对"谋道苏马荡新某地规划方案审查"意见为：原则同意报审的规划方案，并应当完善相关内容。此外，创某尔公司于 2014 年 4 月 24 日向利川市环境保护局就新某地避暑山庄项目提交的环境评估申请表中，载明的项目联系人即为王某魁，载明的规划用地面积为 80 亩，总面积 10 万平方米。2014 年 10 月 9 日，创某尔公司、新纽沃某公司（甲方）与石某建设公司（乙方）就涉案工程订立《建设工程承包合同》，王某魁以创某尔公司代理人身份签名并加盖"创某尔公司"印章。2015 年 6 月 22 日，王某魁再次以创某尔公司代理人身份与石某建设公司订立《补充协议》，对涉案工程承包合同的部分内容进行变更。另外，已发生法律效力的（2017）鄂 28 刑终 10 号刑事裁定认定：2011 年 7 月 5 日，王某魁与创某尔公司订立《房地产开发合作协议书》，约定王某魁与创某尔公司合作在利川市谋某镇药材村二组"厚柏树"（地名）开发"新某地避暑山庄"项目；王某魁负责办理项目前期的土地出让、图纸设计、规划审批、施工许可等相关手续，并承担相关费用；创某尔公司负责监督审核，王某魁在此基础上支付创某尔公司每平方米 20 元，总计费用不低于 50 万元，超过面积按照实际发生面积计算总价，作为创某尔公司为该项目处理相关事务的收益和费用；王某魁负责项目的开发建设与房屋销售，承担相关费用，并独立享有项目销售的全部收益等；2014 年 10 月 9 日，王某魁在未经创某尔公司授权的情况下，以该公司名义及新纽沃某公司名义与石某建设公司订立涉案工程承包合同；在涉案工程承包合同中王某魁使用的"创某尔公司"印章，系王某魁以创某尔公司在双方订立的《房地产开发合作协议书》中的印章印文为样本，私自刻制并使用；同时，王某魁还私刻了印文为"创某尔公司新某地项目合同专用章"印章一枚，该枚印章在 2016 年 3 月 27 日，王某魁以新纽沃某公司、创某尔公司新某地项目部名义与石某建设公司订立有关涉案工程决算的《协议书》上使用。

根据前述查明的事实，创某尔公司与王某魁之间订立了《房地产开发合作协议书》，约定对外由王某魁以创某尔公司名义从事涉案房地产项目开发，创某尔公司收取约定的管理费，不承担出资义务等。此后，创某尔公司向王某魁出具了授权委托书，委托王某魁为"利川市谋某镇苏马荡新某地避暑山庄项目负责人"，该授权行为已具有通常认知的外表授权。同时，利川市发展和改革局向创某尔公司出具的《关于谋某镇新某地避暑山庄建设项目可行性研究报告的批复》等行政职能部门作出的批复材料，亦使石某建设公司对王某魁能够代表创某尔公司实施涉案新某地避暑山庄项目形成合理信赖。此外，根据创某尔公司提交的王某魁2016年8月23日在利川市看守所接受公安机关询问的笔录显示：王某魁自述在2014年10月9日当日与石某建设公司商定好以后就签订了合同，对方（即石某建设公司）加盖了公章，因其是挂靠创某尔公司，找该公司法定代表人周某林盖章，他一直未在，拖了差不多一两个月时间都未能加盖公章，最后因对方公司催得比较急，就伪造了一枚创某尔公司的公章。结合王某魁陈述的涉案施工承包合同的订立过程，以及原审庭审中石某建设公司陈述王某魁与其订立涉案施工承包合同时提供了创某尔公司向王某魁出具的授权委托书、王某魁以创某尔公司代表人名义与谋某镇政府订立的《新某地避暑山庄开发项目协议》等事实，石某建设公司在订立涉案施工承包合同过程中应属于善意且无重大过失。故原审法院认定王某魁以创某尔公司名义签订涉案施工承包合同以及在涉案项目实施中的相关民事行为构成表见代理，并无不当。

创某尔公司提交的利川市自然资源和规划局于2019年4月30日作出的利自然资罚（2019）52号《行政处罚决定书》，该处罚决定虽针对王某魁个人作出，但在该处罚决定中已载明："经调查，王某魁于2011年6月开始在利川市谋某镇药材社区居民委员会1组开发'新某地避暑山庄'项目第二期过程中，开发的商住楼及小区附属设施未办理任何用地手续……"，即该处罚决定所涉及的非法占用土地的建筑物及设施属于王某魁与创某尔公司订立《房地产开发合作协议书》约定的"新某地避暑山庄"项目，只是王某魁未依法办理项目前期的土地出让、规划审批、施工许可等相关手续。因此，该处罚决定虽针对王某魁作出，但并不能否定王某魁与创某尔公司合作开发"新某地避暑山庄"项目的事实。故创某尔公司申请再审主张的涉案房产属于王某魁个人开发的违法建筑，与创某尔公司无关的理由不能成立，本院不予支持。

097 用已设定抵押的房屋抵偿工程款，承包人的权利优先于抵押权人吗？

阅读提示

实践中，开发商用房屋抵偿承包人工程款司空见惯，用已抵押给债权人的房屋抵偿工程款也并不少见。出现这种情况后，承包人和抵押权人的权利，谁更优先？

裁判要旨

发包人与承包人已确认将涉案房屋抵偿工程款，申请人作为承包人指定的购房人，对房屋享有的对抗执行的民事权益亦来源于承包人的建设工程价款优先受偿权。根据《最高人民法院关于审理建设工程施工合同纠纷案件适用法律问题的解释（一）》第三十六条"承包人根据民法典第八百零七条规定享有的建设工程价款优先受偿权优于抵押权和其他债权"之规定，申请人对涉案房屋享有的权利优先于抵押权。

案情简介

一、发包人瑞某公司与承包人西安某建公司签订《建设工程施工合同》，承包人承建了发包人住宅工程。

二、发包人为筹集建设资金，与交某银行陕西分行签订了《公司客户委托贷款合同》及抵押合同，向交某银行陕西分行借款1亿元，并将发包人承建的房屋等在建工程抵押给交某银行陕西分行，办理了在建工程抵押登记。后双方共同到公证处办理了《具有强制执行效力的债权文书公证书》。

三、工程竣工且验收合格后，发包人无力支付承包人工程款，经协商将包括涉案房屋在内的67套房屋抵偿给承包人，签订了《商品房抵工程款协议》。

四、承包人西安某建公司指定发包人瑞某公司就上述67套房屋中的两套与许某利等人签订了《商品房买卖合同》，瑞某公司向许某利出具交纳62万元和55万元购房款的收据、房屋验收交接表、入住通知书。

五、因瑞某公司到期无力偿还交某银行陕西分行借款，交某银行陕西分行凭公证处出具的执行证书向法院申请强制执行。法院查封了瑞某公司和许某利签订合同的2套房屋。许某利提出执行异议,未果,又提出执行异议之诉。

六、法院终审支持了许某利的诉讼请求,判决不得执行涉案两套房屋。交某银行陕西分行认为现有证据不足以证明许某利为消费者,亦不能证明许某利享有排除执行的民事权益。许某利提供的证据不足以证明其符合《最高人民法院关于人民法院办理执行异议和复议案件若干问题的规定》第二十九条所规定的排除执行要件,应承担败诉风险,故申请最高人民法院再审。最高法院审查后驳回了其再审申请。

法律分析

本案的焦点问题是用已设定抵押的房屋抵偿工程款,承包人的权利是否优先于抵押权人。云亭建工律师团队认为:建设工程优先受偿权优先于抵押权。

第一,优先受偿权的法律性质。

1999年《合同法》第二百八十六条①规定"发包人未按照约定支付价款的,承包人可以催告发包人在合理期限内支付价款。发包人逾期不支付的,除按照建设工程的性质不宜折价、拍卖的以外,承包人可以与发包人协议将该工程折价,也可以申请人民法院将该工程依法拍卖。建设工程的价款就该工程折价或者拍卖的价款优先受偿",从此创设了建设工程优先受偿权。《民法典》第八百零七条将该条予以保留。建设工程优先受偿权是一种什么性质的法律权利呢?有观点认为是法定抵押权,还有观点认为是法定优先权。从《民法典》的规定来看,典型合同这一分编先规定加工承揽合同,接着规定了建设工程合同,并且在建设工程合同一章最后一条规定"本章没有规定的,适用承揽合同的有关规定"。因此,可以将建设工程合同视为特殊的加工承揽合同,故有人将工程款优先权解释为不动产留置权,这是法理上的一种解释路径,但从留置权只适用于动产而不适用于不动产的规定来看,理解为留置权似也有不妥。

第二,建设工程优先受偿权优先于抵押权。

《最高人民法院关于建设工程价款优先受偿权问题的批复》(法释〔2002〕16号)第一条规定"人民法院在审理房地产纠纷案件和办理执行案件中,应当按照《中华人民共和国合同法》第二百八十六条规定,认定建筑工程的承包人的优先受偿权优先于抵押权和其他债权"。2020年12月29日,最高法院废止了

---

① 编者按:《民法典》第807条。

《最高人民法院关于建设工程价款优先受偿权问题的批复》，同时颁布实施了修正后的《最高人民法院关于审理建设工程施工合同纠纷案件适用法律问题的解释（一）》，该解释第三十六条规定"承包人根据民法典第八百零七条规定享有的建设工程价款优先受偿权优于抵押权和其他债权"。足见，现行司法解释仍然规定：建设工程优先受偿权优于抵押权。

实务经验

第一，建设工程优先受偿权是有实现期限的。《最高人民法院关于建设工程价款优先受偿权问题的批复》（法释〔2002〕16号）规定最长期限是从建设工程竣工之日或者建设工程合同约定的竣工之日起算6个月内；后2019年2月1日起实施的《最高人民法院关于审理建设工程施工合同纠纷案件适用法律问题的解释（二）》（法释〔2018〕20号）调整为自发包人应当给付建设工程价款之日起算六个月内；《民法典》颁布后，2021年1月1日起实施的《最高人民法院关于审理建设工程施工合同纠纷案件适用法律问题的解释（一）》规定最长期限是从发包人应当给付工程款之日起计算十八个月内。以房抵偿工程款应当在上述期限内行使。

第二，《最高人民法院关于审理建设工程施工合同纠纷案件适用法律问题的解释（一）》第三十五条规定"与发包人订立建设工程施工合同的承包人，依据民法典第八百零七条的规定请求其承建工程的价款就工程折价或者拍卖的价款优先受偿的，人民法院应予支持"。故，用来抵偿工程款的房屋，应当是接受以房抵偿工程款的承包人所承建的房屋，而非其他施工人承建的房屋，也非第三人用其所有的房屋替发包人抵偿欠付承包人的工程款。

第三，从云亭建工律师团队检索到的案例来看，基本都是签订以房抵工程款协议或商品房买卖合同以后，实际已经收房入住的得到了支持，其中不排除法院考虑了社会稳定因素。故云亭建工律师团队建议，承包人在与开发商签订符合法律规定的以房抵工程款协议后，应当尽快收房入住，以争取主动。

法条链接

《中华人民共和国民法典》（2021年1月1日实施）

第八百零七条 发包人未按照约定支付价款的，承包人可以催告发包人在合理期限内支付价款。发包人逾期不支付的,除根据建设工程的性质不宜折价、拍卖外,承包人可以与发包人协议将该工程折价,也可以请求人民法院将该工程依法拍卖。建设工程的价款就该工程折价或者拍卖的价款优先受偿。

《最高人民法院关于审理建设工程施工合同纠纷案件适用法律问题的解释(一)》(法释〔2002〕16号)

第三十六条 承包人根据民法典第八百零七条规定享有的建设工程价款优先受偿权优于抵押权和其他债权。

法院判决

《最高人民法院关于建设工程价款优先受偿权问题的批复》第一条规定,"人民法院在审理房地产纠纷案件和办理执行案件中,应当依照《中华人民共和国合同法》第二百八十六条的规定,认定建筑工程的承包人的优先受偿权优于抵押权和其他债权"。如前所述,瑞某公司与西安某建公司已确认将涉案房屋在内的67套房屋抵偿工程款,许某利作为西安某建公司指定的购房人,其购买房屋,对房屋享有的对抗执行的民事权益亦来源于西安某建公司的建设工程价款优先受偿权,原审法院依据《最高人民法院关于建设工程价款优先受偿权问题的批复》第一条规定,认定许某利对涉案房屋享有的权利优于交某陕西分行享有的抵押权,适用法律没有错误。交某陕西分行的该项申请再审理由不成立。

案件来源

交某银行股份有限公司陕西省分行、许某利申请执行人执行异议之诉再审审查与审判监督民事裁定书丨最高人民法院·(2018)最高法民申4809号

延伸阅读

案例一:中国东某资产管理股份有限公司广西壮族自治区分公司、伍某申请执行人执行异议之诉二审民事判决书丨最高人民法院·(2020)最高法民终377号

2012年5月10日,伍某父亲伍某彬与同某房开公司签订《外墙保温、涂料施工合同》,对同某房开公司涉案工程部分外墙保温、涂料工程进行施工。根据《合同法》第二百八十六条[1]、《最高人民法院关于建设工程价款优先受偿权问题的批复》第一条的规定,伍某彬作为涉案工程承包人,享有优先于一般抵押权和

---

[1] 编者按:《民法典》第807条。

其他债权的工程价款优先受偿权。伍某彬完成施工后，与同某房开公司就工程款进行结算，双方确认同某房开公司差欠伍某彬工程款150万元。在施工合同履行完毕、经清算确认债权债务的情况下，伍某彬与同某房开公司签订《以物抵债协议》，约定同某房开公司以涉案房产抵偿差欠工程款389844元，并由伍某彬的女儿伍某作为买受人与同某房开公司签订《商品房买卖合同》，不违反法律规定。从本案事实来看，伍某与同某房开公司订立房屋买卖合同在前，人民法院查封该房产在后。同某房开公司交付涉案房产后，伍某已装修并实际入住使用。涉案房屋未办理过户登记并非伍某自身的原因。综上，伍某就涉案房产提出执行异议，符合《最高人民法院关于人民法院办理执行异议和复议案件若干问题的规定》第二十八条的规定，其对涉案房屋享有的权利能够排除人民法院强制执行。东某资产管理公司关于原审判决认定事实不清、适用法律错误的上诉理由不能成立，本院依法不予支持。

案例二：上诉人中国某银行股份有限公司郴州北湖支行与被上诉人甘某清及原审第三人郴州东某房地产开发有限公司执行异议之诉案民事判决书｜湖南省高级人民法院·（2014）湘高法民一终字第107号

根据查明的事实，本案被上诉人甘某清系东某广场的实际施工人之一，在完成相关工程施工后，东某公司自愿与甘某清结算，双方签订的《东某广场工程决算协议》《公司与21栋工程承建人甘某清往来清算》均系真实意思表示，内容不违反法律法规的禁止性规定，合法有效。东某公司自愿与实际施工人甘某清进行结算，而不是与承包人珠海市建某集团公司结算，并不违反法律的禁止性规定，且珠海市建某集团公司也未提出异议，该结算应视为发包人与承包人的结算，根据《合同法》第二百八十六条①的规定，建设工程价款的优先受偿权系为了保障施工方及时取得工程款，属法定优先权，在东某公司明确表示用其开发的房产抵偿甘某清剩余工程款的情况下，甘某清取得涉案商铺系行使建设工程价款优先受偿权的行为。根据《最高人民法院关于建设工程价款优先受偿权问题的批复》第一条，甘某清的建设工程价款优先受偿权优于郴州北湖支行的抵押权。

根据相关司法解释的规定，承包人行使建设工程优先受偿权的期限是从竣工之日起六个月内。甘某清原审中提交的房屋交接表和东某公司一审庭审中的陈述均表明甘某清2005年1月12日占有房屋，虽然东某公司主张甘某清系非法占有，但未提供证据证明，且双方2006年11月7日签订的结算协议也有用涉案商

---

① 编者按：《民法典》第807条。

铺抵偿工程款的约定，再结合本案甘某清与东某公司2003年8月22日签订的施工协议关于东某公司未及时支付工程欠款则用商铺抵偿的约定，可以认定2005年1月12日双方之间房屋交接的意思表示是以涉案房屋抵偿甘某清的工程款，该行为发生在甘某清施工的21栋工程竣工之日即2004年12月21日起六个月内，2006年11月13日甘某清与东某公司签订《商品房买卖合同》只是对甘某清行使优先受偿权的再次确认和手续完善，因此，本案甘某清行使建设工程价款优先受偿权没有超过法定期间。

综上所述，甘某清作为涉案工程的实际施工人，在法定期间内行使优先受偿权并实际占有涉案房屋，其就涉案房屋所享有的优先受偿权优于郴州北湖支行的抵押权，由于涉案房屋具有不可分性，郴州北湖支行请求执行涉案房屋将损害甘某清就该房屋所享有的优先受偿权，故其要求继续执行该房屋的诉请应不予支持。至于甘某清是否按照涉案《商品房买卖合同》付清全部房款的问题与本案郴州北湖支行的诉请属不同法律关系，郴州北湖支行或东某公司可以依据相关法律另行主张权利。

案例三：何某平、恒某银行股份有限公司南充分行申请执行人执行异议之诉二审民事判决书丨四川省高级人民法院·（2020）川民终281号

本院认为，根据各方当事人上诉、答辩的主要理由，本案二审争议的主要问题为：何某平对涉案争议房屋是否享有足以排除人民法院强制执行的民事权益。其主要涉及《最高人民法院关于建设工程价款优先受偿权问题的批复》第二条以及《最高人民法院关于人民法院办理执行异议和复议案件若干问题的规定》第二十九条在本案中的适用问题。

人民法院审理执行异议之诉案件，应综合考虑不同当事人之间的利害关系、享有权益的性质等因素，依法充分保护各方当事人的合法权益。《最高人民法院关于人民法院办理执行异议和复议案件若干问题的规定》第二十七条规定："申请执行人对执行标的依法享有对抗案外人的担保物权等优先受偿权，人民法院对案外人提出的排除执行异议不予支持，但法律、司法解释另有规定的除外。"该条规定确立了享有担保物权的申请执行人的优先受偿地位，同时基于对一些特定权益优先保护的必要，通过"但书"条款予以排除。《最高人民法院关于建设工程价款优先受偿权问题的批复》第一条、第二条规定，交付全部或者大部分款项的商品房消费者的权利优先于申请执行人的抵押权，此即属于"但书"条款的例外规定。该规定是基于生存权至上的考虑，突破合同相对性和债权平等原则而设置的特别规定，必须严格审查、严格把握，以免动摇抵押权具有优先性的基础。因此，此处的商品房消费者，应当仅限于《最高人民法院关于人民法院办理执行异议和复议案件若干问题的规定》第二十九条规定的商品房消费者。该条规定："金钱债权执行中，买受人对登记在被执行的房地产开发企业名下的商品房提出异议，符合下列情形且其权利能够排除执行的，人民法院应予支持：（一）在人民法院查封之前已签订合法有效的书面买卖合同；（二）所购商品房系用于居住且买受人名下无其他用于居住的房屋；（三）已支付的价款超过合同约定总价款的百分之五十。"该条规定施行于2015年，系在2002年施行的《最高人民法院关于建设工程价款优先受偿权问题的批复》的基础上，以满足生存权合理消费的立法精神作为基础，以新的司法解释的形式，将对商品房消费者的认定标准进一步细化成三个必须同时具备的要件，作出一手房买卖、房屋居住属性、合理居住需求等方面的限定，以防止相关规定被滥用。本案中，何某平主张其应视为《最高人民法院关于建设工程价款优先受偿权问题的批复》规定的"支付商品房全部购买款项的消费者"，其享有的权利应优先于抵押权。该主张成立与否，应结合《最高人民法院关于人民法院办理执行异议和复议案件若干问题的规定》第二十九条的规定条件进行审查判断。

《最高人民法院关于人民法院办理执行异议和复议案件若干问题的规定》第二十九条的规定，解决的是商品房消费者的权利对抗性问题。其将"在人民法院查封之前已签订合法有效的书面买卖合同"作为执行案外人的权益能够排除强制执行的首要条件，其意欲保护的主体是真实的消费者购房人，保护的对象是合法的房屋交易法律关系。本案中，何某平对涉案争议房屋所享有的权益来源于前述《执行和解协议》和据此签订的《可预售房产冲抵（预冲抵）合同》，其仅系以物抵债的实际履行方式，其目的在于通过债务人交付房屋，了结相关当事人之间的既有债权债务关系，即何某平并非真实的消费者购房人，不属于该规定所优先保护的对象。

依照《最高人民法院关于建设工程价款优先受偿权问题的批复》的规定，建设工程价款的优先受偿权优先于抵押权，该优先性来源于《合同法》第二百八十六条[①]确立的建设工程价款的法定优先权，同抵押权一样，其针对的均是就承包人承建的特定建设工程进行折价或拍卖的价款。本案中，何某平主张其系基于恒某公司抵偿周某华建设工程价款的行为而受让的涉案争议房屋，相对于恒某

---

① 编者按：《民法典》第807条。

银行南充分行的抵押权而言具有优先性。而根据本案现有证据反映的事实，该房屋系执行案外人某金公司提供的位于四川省成都市的房屋，并非工程价款债权人周某华在四川省南充市承建的债务人恒某公司的房屋，因此，无论是周某华，还是其指定的受让人何某平，对用于抵债的涉案争议房屋均不享有建设工程价款优先受偿权，即涉案争议房屋并非本案承包人享有法定优先权的特定财产。同时，即便涉案争议房屋系由周某华承建或施工，其实现优先权的路径，亦应体现在依法就该房屋折价或拍卖的价款上，即对该房屋依法变现的价款，承包人可以优先于抵押权受偿；特别是在该房屋存在抵押权负担的情形下，其径行用于抵债的行为关乎抵押权人的重大利益，如不加以限制，势必损害抵押权人的合法权利。此外，涉案争议房屋性质为商业用房，并不具备居住功能，不符合《最高人民法院关于人民法院办理执行异议和复议案件若干问题的规定》第二十九条第二项关于"用于居住"的房屋属性。据此，何某平通过以房抵债的方式受让涉案争议房屋，其既不属于《最高人民法院关于人民法院办理执行异议和复议案件若干问题的规定》第二十九条规定的商品房消费者，该以房抵债行为本身依法也不应优先保护。何某平对涉案争议房屋不享有足以排除人民法院强制执行的民事权益。

案例四：中国光某银行股份有限公司呼和浩特分行、内蒙古苏某格路桥建设有限公司申请执行人执行异议之诉再审民事判决书｜最高人民法院·（2019）最高法民再359号

关于苏某格路桥公司与金某泰公司签订《房屋抵顶协议书》应否视为苏某格路桥公司行使建设工程价款优先受偿权的行为问题。二审判决认定"《房屋顶账协议书》系苏某格路桥公司与金某泰公司约定以涉案工程的部分房屋及地库的所有权和使用权折价抵顶金某泰公司所欠苏某格路桥公司的工程款，该折价抵顶行为系苏某格路桥公司行使其建设工程款优先受偿权的行为"，依据并不充分。首先，《房屋顶账协议书》约定以工某大厦103号、107号房屋的所有权及地下库房（01、02、03、04、05、06）使用权抵顶工程款1416071元，该协议中并无苏某格路桥公司行使建设工程价款优先受偿权的意思表示。其次，根据苏某格路桥公司与金某泰公司签订的《建设工程施工合同》，苏某格路桥公司的施工范围为海某大酒店、海某工业大厦的附属设施工程（装修工程、管道工程、电气工程），苏某格路桥公司与金某泰公司签订的《房屋顶账协议书》中约定的103号、107号房屋及地下一层库房并非苏某格路桥公司承建。即便苏某格路桥公司施工范围包括涉案争议房产的附属工程，依照最高人民法院《关于装修装饰工程款是否享有合同法第二百八十六条规定的优先受偿权的函复》，装饰装修工程承包人的优先权只能在建筑物因装修装饰而增加价值的范围内优先受偿。因此，苏某格路桥公司并不能对《房屋顶账协议书》中约定的103号、107号房屋及地下一层库房行使建设工程价款优先受偿权。故，二审判决认定"《房屋顶账协议书》系苏某格路桥公司行使其建设工程款优先受偿权的行为"，并据此认定苏某格路桥公司对涉案房产的权利优于光某银行呼和浩特分行对涉案房产的抵押权，依据不足。

098 借用资质施工情形下，借用人能以实际施工人身份排除出借人其他债权人的强制执行吗？

阅读提示

建设工程施工实务中，借用资质施工司空见惯，在"营改增"大背景下，工程款往往先由发包人汇入资质出借人银行账户，然后出借人再通过支付劳务费、材料费等名义转至借用人账户。一旦出借人拖欠他人款项被法院强制执行时，法院往往会冻结出借人的银行账户，借用资质施工的工程款亦会被冻结，此时借用人以实际施工人身份提出执行异议之诉，法院会如何处理？

裁判要旨

借用资质施工的行为是法律和司法解释禁止的行为，借用人选择利用出借人的资质对外承揽建筑工程，选择为法律所不容之行为并获取收益，其亦应承担由此带来的不受法律保护的法律风险。进入出借人账户内的资金即为出借人的财产，借用人主张该款属于其个人财产的理由没有法律依据，不足以排除强制执行。

案情简介

一、2012年1月9日，孟某生等人将东某公司以买卖合同纠纷为由，诉至长春中院。2012年9月28日长春中院判决：东某公司于本判决生效之日起十日内给付孟某生钢材款731.930620万元并支付违约金。执行过程中长春中院实际冻结东某公司建和分公司账户存款585.043510万元。该585.043510万元系沈阳某住房发展中心于2012年12月17日转入东某公司建和分公司的蓝某佳苑小区二期工程的工程款。

二、东某公司成立于1993年7月9日，经营范围为承揽国内外建筑工程。2006年3月17日，东某公司向长春市工商行政管理局申请设立分支机构东某公司建和分公司。建和分公司的负责人于2013年5月29日变更为李某国。2011年3月4日，东某公司与沈阳某住房发展中心长春办事处签订《沈阳军区空某建筑安装工程承包合同书》，承建蓝某佳苑二期工程，合同价款为8356.1772万元。

三、东某公司建和分公司自成立起，李某国为实际投资人，建和分公司承建的全部工程为李某国个人洽谈，亦由其投入垫资并组织工人建设，东某公司仅收取管理费。蓝某佳苑二期工程亦由李某国个人洽谈、组织施工承建，并垫付部分款项。李某国是建和分公司的实际承包人。东某公司建和分公司每年向东某公司缴纳3万元业务费用，每年向东某公司缴纳10万元工程费用。

四、李某国提出执行异议，认为法院查封的585.043510万元是李某国承包东某公司建和分公司并承建蓝某佳苑二期工程所得收益，请求法院解除对该款项的冻结。长春中院驳回了李某国的异议。

五、后李某国提起执行异议之诉，请求判决长春中院不得执行东某公司建和分公司账户存款585.043510万元。最高人民法院撤销吉林省高级人民法院（2015）吉民一终字第72号民事判决、吉林省长春市中级人民法院（2014）长民二初字第5号民事判决；并驳回李某国的诉讼请求。

法律分析

本案的焦点问题是在借用资质施工情形下，借用人能否以实际施工人身份排除出借人其他债权人的强制执行。云亭建工律师团队认为：借用人不能以此为由排除出借人其他债权人的强制执行。

第一，建设工程事关公共安全和公共利益，国家对建设施工实行严格的资质管理。借用资质承揽工程是《建筑法》和《建设工程质量管理条例》明令禁止的行为。

第二，《最高人民法院关于审理建设工程施工合同纠纷案件适用法律问题的解释（一）》第二十四条对合同无效但竣工验收合格情形下，参照合同约定的工程价款进行折价补偿，并非对借用资质施工的许可，而是特定情形下对农民工等弱势群体的保护措施。

第三，资质借用人在应当知道借用资质承揽工程非法，应当知道工程款有可能被出借人的债权人申请强制执行措施的情况下，仍然逆法而行，法律如果再对其进行保护，不利于法律法规的贯彻实施和对善良风俗的保护。

实务经验

第一，借用资质施工是法律严格禁止的行为。司法解释之所以设立实际施工人权利保护制度，是考虑到承包人承揽工程后一转了之，实际施工人垫付人力、财力将工程完工且验收合格后，如果承包人不积极向发包人主张工程款，将导致实际施工人物化在工程项目中的资金无法收回，继而无力支付建筑工人工资。该制度是出于保护建筑工人利益而制定的权宜之计，但司法实践中实际施工人制度存在过度滥用的情形，以实际施工人身份排除强制执行即为滥用情形之一。

第二，《保障农民工工资支付条例》要求承包单位开设农民工工资专用账户，专项用于支付工程建设项目中的农民工工资。同时，农民工工资专用账户资金不得因支付为本项目提供劳动的农民工工资之外的原因被查封、冻结或者划拨。在已经发生实际施工人借用资质施工时，为避免农民工工资被承包人其他债权人申请法院扣划，可以充分运用《保障农民工工资支付条例》赋予的权利，设立农民工工资专用账户以排除强制执行。

法条链接

《中华人民共和国建筑法》（2019年修正）

第二十六条 承包建筑工程的单位应当持有依法取得的资质证书，并在其资质等级许可的业务范围内承揽工程。

禁止建筑施工企业超越本企业资质等级许可的业务范围或者以任何形式用其他建筑施工企业的名义承揽工程。禁止建筑施工企业以任何形式允许其他单位或者个人使用本企业的资质证书、营业执照，以本企业的名义承揽工程。

《建设工程质量管理条例》（国令〔2019〕714号 2019年修订）

第二十五条 施工单位应当依法取得相应等级的资质证书，并在其资质等级许可的范围内承揽工程。

禁止施工单位超越本单位资质等级许可的业务范围或者以其他施工单位的名

义承揽工程。禁止施工单位允许其他单位或者个人以本单位的名义承揽工程。

施工单位不得转包或者违法分包工程。

《最高人民法院关于人民法院办理执行异议和复议案件若干问题的规定》（法释〔2020〕21号　2020年修正）

第二十五条　对案外人的异议，人民法院应当按照下列标准判断其是否系权利人：

（一）已登记的不动产，按照不动产登记簿判断；未登记的建筑物、构筑物及其附属设施，按照土地使用权登记簿、建设工程规划许可、施工许可等相关证据判断；

（二）已登记的机动车、船舶、航空器等特定动产，按照相关管理部门的登记判断；未登记的特定动产和其他动产，按照实际占有情况判断；

（三）银行存款和存管在金融机构的有价证券，按照金融机构和登记结算机构登记的账户名称判断；有价证券由具备合法经营资质的托管机构名义持有的，按照该机构登记的实际出资人账户名称判断；

（四）股权按照工商行政管理机关的登记和企业信用信息公示系统公示的信息判断；

（五）其他财产和权利，有登记的，按照登记机构的登记判断；无登记的，按照合同等证明财产权属或者权利人的证据判断。

案外人依据另案生效法律文书提出排除执行异议，该法律文书认定的执行标的权利人与依照前款规定得出的判断不一致的，依照本规定第二十六条规定处理。

《保障农民工工资支付条例》（国令〔2019〕724号）

第二十六条　施工总承包单位应当按照有关规定开设农民工工资专用账户，专项用于支付该工程建设项目农民工工资。

第三十三条　除法律另有规定外，农民工工资专用账户资金和工资保证金不得因支付为本项目提供劳动的农民工工资之外的原因被查封、冻结或者划拨。

法院判决

最高人民法院在本案民事判决书中就李某国对建和分公司账户内的涉案争议款项提出的执行异议是否成立，是否足以阻却人民法院的强制执行论述如下：

一、李某国提出的其与东某公司关于建和分公司经营模式的内部约定，不具有对抗第三人的法律效力。如前所述，建和分公司作为东某公司的分公司在工商行政管理机关依法注册登记,应当受到《公司法》既有规则的调整。无论当时东某公司与建和分公司内部如何约定双方之间的权利义务关系及责任划分标准,该约定内容均不足以对抗其在工商行政管理机关依法注册登记的公示效力,进而不足以对抗第三人。建和分公司、李某国如认为其为东某公司承担责任有违其与东某公司之间的内部约定,可与东某公司协商解决。

既然建和分公司系东某公司的分支机构,而涉案争议款项又在建和分公司银行账户内,故该笔款项在法律上就是东某公司的财产。在对东某公司强制执行时,如未出现法定的可以不予执行之情形,人民法院可以执行该笔款项。

二、建和分公司与东某公司之间的内部承包合同,不属于《执行规定》第七十八条规定的企业法人分支机构被承包的情形。首先,该内部承包合同载明的承包人是建和分公司,被承包人是东某公司,也就是说,从该合同的表现形式来看,被承包经营的是东某公司,建和分公司作为企业法人的分支机构并没有被承包。且从已查明的事实看,无论是东某公司还是建和分公司与李某国之间均没有签订相关承包合同。据此,原判决认定李某国是建和分公司的实际承包人缺乏合同依据。其次,该内部承包合同约定的承包范围为《资质证书》中规定的工业与民用建筑承包范围,也就是说,究其合同约定之实质,该合同名为内部承包,实为建设工程施工企业资质租赁或者有偿使用。李某国在庭审中亦自认其经营建和分公司,主要是利用东某公司的资质方便其对外承揽建筑工程。换言之,该内部承包合同约定之实质并非承包法律关系。

三、《执行规定》第七十八条中规定以及予以保护的承包或者租赁经营,应当是法律所准许的承包、租赁形式。众所周知,建筑施工企业具有很强的专业技术性,且施工质量直接关系到人民群众的生命财产安全,因此不仅要求此类企业要具有符合国家规定的注册资本,而且要具有与所从事的建筑施工活动相适应的专业资质。实践中,一些建筑施工企业中所谓承包或者租赁经营的实质,是不具备资质的企业或者个人,以承包或者租赁形式,掩盖其借用建筑施工企业资质进行施工的目的,由于借用资质进行施工是法律及司法解释所禁止的行为,故与之相关的承包或者租赁经营合同以及施工转分包合同亦为法律所不容。因此,即便能够认定李某国与建和分公司之间存在实际承包关系,因其承包经营形式为法律所不容,故亦不应包括在《执行规定》第七十八条规定的承包经营之列。

四、法律作为一种约束人们各项行为之规范的总和,其中一项重要价值即在于保护合法权益。本院认为并倡导,遵法守法依法行事者,其合法权益必将受到法律保护；反之，不遵法守法甚至违反法律者，因其漠视甚至无视法律规则，就应当承担不受法律保护或者受到法律追究的风险。李某国具有完全民事行为能力，从事建设工程施工事务多年，其应当知道国家有关建设工程施工方面的法律法规规定，应当知道法律对于借用资质从事施工行为的态度，应当知道公司与分公司之间的权利义务以及责任关系。但是，其坚持选择以东某公司的分公司名义从事经营活动，坚持选择利用东某公司的资质对外承揽建筑工程，坚持选择实施此种为法律所不容之行为并获取收益，其亦应当承担由此可能带来的不受法律保护的法律风险。因此，即便能够认定李某国系建和分公司的实际经营控制人，因其对外以建和分公司名义从事民事活动，涉案争议款项亦实际存至建和分公司账户，其就应当按照既有法律规则承担法律责任，即其对于涉案争议款项提出的执行异议，不足以阻却人民法院的强制执行。

司法实践中，一些案件常产生某些既定事实或者特殊情况与既有的法律规则之间的冲突。本案一、二审法院之所以作出原判决之认定，即是受到这种冲突所引发的利益权衡纠结之影响。诚如原判决之分析，本案东某公司、建和分公司以及李某国之间确实存在着有别于一般公司与分公司经营模式的特殊情况，如李某国自述的其虽以分公司形式开展经营活动，但实际上系其个人借用东某公司资质从事部分工程的施工活动，从某种角度上讲，其境遇亦值得同情。但本院同时认为，既然法律规则是立法机关综合衡量取舍之后确立的价值评判标准，就应当成为司法实践中具有普遍适用效力的规则，就应当成为司法者在除非法律有特别规定之外要始终坚守的信条，就应当成为不受某些特殊情况或者既定事实影响的准则。否则，如某一法律规则可以随着个案的特殊情况或者既定事实不断变化左右逢源，该规则将因其不确定性，而不再被人们普遍信奉、乐于遵守，从而失去其存在意义，并将严重伤害法律的权威性、秩序的稳定性以及司法的公正性。

案件来源

李某国与孟某生、长春圣某建筑工程有限公司等案外人执行异议之诉案｜最高人民法院·（2016）最高法民再149号

延伸阅读

云亭建工律师团队检索发现，各地法院就本文类似问题，有不同的裁判观点。

一、判决挂靠人可以排除被挂靠人的债权人强制执行的

案例一：金牛区大某钢材经营部、刘某鑫申请执行人执行异议之诉再审审查与审判监督民事裁定书丨最高人民法院·（2019）最高法民申 2147 号

本院经审查认为，本案审查的焦点问题是：刘某鑫对涉案工程进度款是否享有足以排除强制执行的民事权益。针对大某经营部的再审申请理由，具体分析如下：

首先，黄某台公司与刘某鑫均认可刘某鑫系借用黄某台公司资质承揽"中某·王府景"四期复合地基与基础工程。根据中某公司出具的《情况说明》，中某公司在与黄某台公司签订涉案施工合同时，就知晓系刘某鑫借用黄某台公司资质与其签订合同，中某公司也认可刘某鑫是涉案施工合同项下建设工程的施工人。这表明，中某公司对刘某鑫作为涉案施工合同实际履行人是明知且认可的，也意味着黄某台公司与中某公司之间并没有订立施工合同的真实意思表示。中某公司在《情况说明》中也表示"2016 年 12 月 6 日，我司将本应支付刘某鑫的工程进度款 3894970 元转入了四某司的账户，该 3894970 元系我方拨付的工程进度款"。在涉案账户被冻结后，中某公司又直接向刘某鑫支付工程进度款。以上事实说明，本案真实的施工合同关系存在于中某公司与刘某鑫之间，中某公司与刘某鑫才是施工合同权利享有者和义务承担者。建设工程价款是施工人投入劳务、材料等到建设工程中所获得的对价。刘某鑫提供了其与案外人签订的土石方工程施工合同、管桩施工合同、转账凭证、收条等证据证实其对工程的投入情况，作为投入对价的工程款应由刘某鑫享有，即刘某鑫是涉案工程进度款的实际权利人和给付受领人。

其次，黄某台公司与中某公司虽然签订了施工合同，但因合同双方均欠缺订立合同的真实意思表示，施工合同关系未能在双方之间订立，黄某台公司不是施工合同权利人，不具有享有中某公司所拨付 3894970 元工程进度款的权利基础。同时，涉案款项进入黄某台公司账户时，该账户已被人民法院冻结，不受黄某台公司的支配和控制，黄某台公司因而未实际占有该款项，故不能仅凭账户名义外观即认定该款项属黄某台公司所有。从涉案账户业务交易单可以看出，除涉案款项外，该账户被冻结后没有其他款项进入，涉案款项并未与黄某台公司其他款项混同。而且，刘某鑫提供的巴中市巴州区劳动保障监察大队出具的《情况说明》、巴中市巴州区人力资源和社会保障局《劳动保障监察投诉登记表》及《劳动保障监察限期改正指令书》可以形成证据链证实涉案款项的拨付用途与支付民

工工资有关。综上，可认定涉案款项不属于黄某台公司可供执行的责任财产范围。

再次，本案属于执行异议之诉，并非当事人间的建设工程合同纠纷，故不宜对当事人间的建设工程合同效力进行评述。刘某鑫与黄某台公司均认可双方签订《内部挂靠承包合同》，系刘某鑫借用黄某台公司资质承揽工程，黄某台公司收取管理费，双方并未因该合同形成以建设工程价款为标的的合同权利义务关系。因此，刘某鑫对黄某台公司享有工程款债权这一前提并不存在，大某经营部关于其对黄某台公司享有的债权应优先于刘某鑫对黄某台公司所享有工程款债权予以保护的理由不能成立。法律虽然禁止借用资质承揽建设工程，但借用资质一方在其施工的建设工程符合法定条件的情况下仍有权获得建设工程价款。故虽然刘某鑫借用黄某台公司资质承揽工程的行为违法，但不能以此否定其获得工程价款的权利，大某经营部关于挂靠行为违法，工程款请求权不能排除强制执行的再审申请理由不能成立。

案例二：杨某伟与钱某、江苏新某东建筑装饰工程有限公司案外人执行异议之诉再审民事判决书｜江苏省高级人民法院·（2020）苏民再122号

第一，《最高人民法院关于适用〈中华人民共和国民事诉讼法〉的解释》第三百一十条规定，对案外人提起的执行异议之诉，人民法院经审理，按照下列情形分别处理：（一）案外人就执行标的享有足以排除强制执行的民事权益的，判决不得执行该执行标的；（二）案外人对执行标的不享有足以排除强制执行的民事权益的，判决驳回诉讼请求。因此，人民法院在审理案外人执行异议之诉案件中，应对案外人是否享有民事权益、享有何种民事权益，该民事权益是否足以排除强制执行等问题进行实质性审查和实体权利认定。在执行过程中，如建设工程承包人为被执行人，执行法院对涉案工程款债权采取强制执行措施，案外人以其系实际施工人为由提出执行异议，请求排除执行的，对于案外人符合最高人民法院关于审理建设工程施工合同纠纷案件适用法律问题的相关解释中实际施工人身份、案外人提供的证据能够支持其所主张的债权数额，且主张的债权数额覆盖涉案债权的，对案外人的主张应予以支持。因此，在本案审理中，杨某伟是否是涉案工程的实际施工人是判断其是否能够排除对涉案工程款债权执行的基础法律关系，应依法予以审查。被申请人主张本案作为执行异议之诉不应直接审理确定杨某伟是否具有实际施工人身份，没有法律依据，本院不予支持。

第二，《最高人民法院关于审理建设工程施工合同纠纷案件适用法律问题的解释》第一条规定,建设工程施工合同具有下列情形之一的,应当根据合同法第五十二条第(五)项的规定,认定无效:(一)承包人未取得建筑施工企业资质或者超越资质等级的;(二)没有资质的实际施工人借用有资质的建筑施工企业名义的;(三)建设工程必须进行招标而未招标或者中标无效的。因此,实际施工人是指没有施工资质,但对建设工程进行了实际施工的单位或个人。虽然实际施工人借用有资质的建筑施工企业名义订立的建设工程施工合同被认定无效,但借用资质的实际施工人与发包人之间就建设工程施工合同的标的产生了实质性的法律关系,双方当事人之间会基于这些法律关系产生债法上的请求权。根据《合同法》第五十八条规定,合同无效或者被撤销后,因该合同取得的财产,应当予以返还;不能返还或者没有必要返还的,应当折价补偿。因此,在建设工程质量合格的情况下,实际施工人直接向发包人请求参照合同约定支付工程价款,有法律和法理依据。本案中,虽然涉案工程项目的签约双方为华某公司与新某东公司,但六份工程施工合同中约定的乙方新某东公司现场代表均为张某明,工程签证单、工程移交单、材料确认单、工程竣工验收表上的施工单位签名也均为张某明。根据本院查明的事实,张某明为创某公司员工,而杨某伟为创某公司的法定代表人和持股90.48%的大股东,可以视为杨某伟以创某公司的资金和人员力量实际施工了涉案工程项目。新某东公司在京口法院(2016)苏1102民初690号案件的执行中将80万元汇票背书后由创某公司交付给无锡嘉某丽软装饰材料经营部,用以支付创某公司结欠无锡嘉某丽软装饰材料经营部的材料款的行为,亦可进一步佐证杨某伟以创某公司的资金和人员力量组织对涉案工程进行施工这一事实及新某东公司对这一事实的认可。虽然新某东公司与杨某伟签订《工程项目承包合同》的时间晚于涉案6个工程项目的施工时间,但华某公司与新某东公司之间就涉案6个工程项目施工合同本身的签订时间也晚于该6个工程项目的施工时间,对此,杨某伟关于其与新某东公司和华某公司存在长期合作关系,故在涉案工程中先进行施工后订立合同的解释符合常理,亦不违反法律规定,且能与本案中的其他证据形成证据锁链,本院予以采信。被申请人以此主张杨某伟与新某东公司之间签订的《工程项目承包合同》为伪造,证据不足,本院不予采信。综上,现有证据能够证明杨某伟为涉案工程项目的实际施工人,对涉案工程款债权享有排除执行的民事权益。

第三,在实际施工人参与施工的工程项目中,普遍存在实际施工人为了保障其权利的实现,另行与承包人签订债权转让协议的做法。人民法院在审理此类案外人执行异议之诉案件中，应综合审查判断实际施工人与承包人、发包人之间的实际权利义务关系和真实意思表示，无论该工程款债权是否转让给实际施工人，是否通知了债务人等，均不影响杨某伟基于实际施工人身份行使排除执行的权利。此外，虽然新某东公司与华某公司之间的工程款纠纷经过京口法院（2016）苏1102民初690号民事调解书的确认，但该调解书仅对新某东公司与华某公司之间基于工程承包关系形成的工程款债权进行了认定，并未涉及实际施工人的权利义务问题，且事实上该案系杨某伟以新某东公司名义提起的诉讼，故不能以该调解书否定实际施工人杨某伟所享有的权利。

案例三：魏某来、丁某跃等与李某平案外人执行异议之诉再审民事判决书｜江苏省高级人民法院·（2019）苏民再552号

本院再审认为，再审申请人以其系涉案工程实际施工人的名义提出异议，被申请人对再审申请人系涉案工程实际施工人的身份亦不持异议。已生效的淮安区法院（2017）苏0803民初1498号民事判决认定再审申请人系涉案工程的实际施工人。依据本案查明事实，中某公司对涉案工程款项未进行投资，中某公司仅是被借用资质，其没有履行建设工程施工合同义务，不享有建设工程施工合同的工程款权利。故中某公司对淮安城某公司不享有到期债权。开发区法院于2016年7月7日向淮安城某公司发出（2016）苏0891执271号协助执行通知书，要求协助扣留中某公司工程款962000元不当，后开发区法院从中某公司扣划962000元亦属不当。再审申请人魏某来、丁某跃、胡某月、李某成系该扣划款项的真实权利人，再审申请人对开发区法院扣划的中某公司银行账户中的962000元享有排除强制执行的民事权益。

二、判决挂靠人不可以排除被挂靠人的债权人强制执行的

案例四：薛某、徐某风案外人执行异议之诉二审民事判决书｜山东省高级人民法院·（2019）鲁民终2280号

本院认为，本案的焦点问题是薛某对本案执行标的是否享有足以排除执行的民事权益。根据《最高人民法院关于审理建设工程施工合同纠纷案件适用法律问题的解释》第二十六条规定，建设工程实际施工人可以在发包人欠付工程款范围内向发包人主张工程款。该条规定突破了合同相对性，其适用应当限于实际施工人向发包人主张工程款的范围。徐某风申请一审法院执行生效民事裁判文书，一审法院依法查封久某公司在巴彦高勒镇政府的到期债权，并无不当。现在薛某以涉案工程实际施工人身份，主张其系实际债权人，对一审法院的查封提出异议，超出了实际施工人在发包人欠付工程款范围内向发包人主张工程款的范围。薛某关于其对涉案债权享有足以排除强制执行的民事权益的上诉主张缺乏事实和法律依据，本院不予支持。

案例五：谭某伟、张某平重庆天某实业集团有限公司案外人执行异议之诉二审民事判决书｜重庆市高级人民法院·（2016）渝民终538号

谭某伟对争议标的不享有排除强制执行的权利。事实和理由：1. 根据合同相对性原则，合同在特定的当事人之间发生法律效力，只有合同一方当事人方能基于合同向合同相对方主张权利。《施工承包协议》系千某美林公司与天某实业公司签订，该协议仅在该二公司之间发生法律效力，第三人不能依据该协议向协议的一方当事人主张合同权利。无论谭某伟是否为涉案工程实际施工人，是否与天某实业公司之间存在借用资质关系，谭某伟都仅与天某实业公司之间存在合同关系，而与千某美林公司之间不存在合同关系。2. 建工合同司法解释第二十六条是最高人民法院基于保护农民工合法权益的目的赋予实际施工人突破合同相对性原则向发包人主张工程款的权利。但该条亦作出了限定性规定，即发包人只在欠付承包人工程款范围内对实际施工人承担责任。该条并未赋予实际施工人取代承包人合同地位的权利。故谭某伟关于其是《施工承包协议》的一方当事人的上诉理由缺乏事实和法律依据。3. 涉案项目尚在施工过程中，千某美林公司与天某实业公司的结算条件尚未成就，事实上亦未结算。谭某伟亦未向天某实业公司主张工程欠款。故建工合同司法解释第二十六条的适用条件尚未成就，即"千某美林公司应在欠付天某实业公司400万元（及以上）工程款范围内对谭某伟承担工程款支付责任的事实"尚不成立。综上，谭某伟关于其对千某美林公司关于"千山·美岸"项目工程款400万元享有债权，请求排除强制执行的上诉理由不能成立。

案例六：吴某婵、李某夫案外人执行异议之诉一审民事判决书｜贵州省高级人民法院·（2018）黔民初70号

本院认为，吴某婵不享有排除强制执行的民事权益。理由如下：

首先，关于本案的案由及当事人地位问题，本案虽在立案时立案案由确定为建设工程施工合同纠纷，但从本案的情况来看，吴某婵在向本院执行部门提出执行异议后被裁定驳回，进而提起本案诉讼。在本案诉讼中其主要诉求也请求本院停止对款项的强制执行，故本案符合执行异议之诉的特征，本案案由应界定为案外人执行异议之诉纠纷。同时依照《最高人民法院关于适用〈中华人民共和国

民事诉讼法〉的解释》第三百零七条"案外人提起执行异议之诉的，以申请执行人为被告。被执行人反对案外人异议的，被执行人为共同被告；被执行人不反对申请执行人主张的，可以列为第三人"之规定，本案中，高某公司不反对吴某婵的异议主张，故吴某婵的起诉虽将高某公司列为被告，本院依法更正其诉讼地位为第三人。另，本院认为，因本案属案外人执行异议之诉纠纷，故本案中吴某婵是否实际施工人不属于本案审理范围。

其次，本案中吴某婵不具备施工资质，其行为不为法律所倡导。根据已查明的事实可知，吴某婵不具备建筑施工资质，其借用资质进行施工的行为是法律和司法解释禁止的行为，故与高某公司签署的《目标管理责任书》及对外承建工程的行为亦为法律所不允许。

最后，本案争议款项在高某公司账户之内，该款项属于高某公司财产。本院认为，金钱属于种类物，一般以账户户名为所有人的判断标准，本案涉案争议款项位于高某公司账户之内，故该笔款项在法律上应认定为高某公司的财产，吴某婵对争议款项提出的执行异议，不足以阻却人民法院的强制执行。

099 费用索赔事由出现后，未在合同约定时间内提出索赔，诉讼中提出索赔请求能否得到支持？

阅读提示

《建设工程施工合同（示范文本）》（GF-2017-0201）通用条款第19条约定"承包人应在知道或应当知道索赔事件发生后28天内，向监理人递交索赔意向通知书，并说明发生索赔事件的事由；承包人未在前述28天内发出索赔意向通知书的，丧失要求追加付款和（或）延长工期的权利"。各个建设工程施工合同示范文本中均有类似表述。实践中，很多承包人在费用索赔事由出现后，未在合同约定的期限内提出索赔申请，而是在诉讼中才提出增加工程价款的诉讼请求。承包人超过索赔期限所提诉讼请求能得到法院支持吗？

裁判要旨

索赔权属于损害赔偿请求权，不属于除斥期间。根据《民法典》第一百九十七条第二款："当事人对诉讼时效利益的预先放弃无效"之规定，建设工程施工合同约定的"索赔事由出现后 28 天内未提出索赔请求，丧失要求追加付款权利"的约定不具有法律效力。

案情简介

一、华某公司开发的林芝地区尼某河幸福小区于 2014 年 12 月 29 日在林芝地区建设工程交易中心进行招标，民某公司中标。《中标通知书》载明该项目 2015 年 1 月 10 日开工、2016 年 7 月 10 日竣工，总工期为 540 日历天。

二、2015 年 1 月 30 日，华某公司与民某公司就上述项目签订《建设工程施工合同》，合同约定工期为：计划开工日期 2015 年 3 月 6 日、计划竣工日期 2015 年 10 月 15 日，工期日历天数为 220 天。该合同通用条款第 19（3）条约定"发包人应在知道或应当知道索赔事件发后 28 天内通过监理人向承包人提出索赔意向通知书，发包人未在前述 28 天内发出索赔意向通知书的，丧失要求赔付和（或）延长缺陷责任期的权利"；专用条款第 20（14）条约定"承包人工期延误的，每日支付发包人人民币 50000.00 元违约金"。

三、涉案工程开工时间为 2015 年 3 月 17 日，竣工日期为 2017 年 3 月 31 日。工程建设过程中，出现过增加施工面积、设计的变更、消防的迟延、延期拨款等情形。

四、双方因工程款支付问题发生纠纷，诉至法院。华某公司诉讼请求之一为：请求判令民某公司支付工期违约金 522 万元。一审法院支持了华某公司的该诉讼请求。

五、民某公司提出上诉，理由之一为：华某公司未在合同约定的 28 天内提出索赔请求，在诉讼中提出已经超过合同约定索赔期限，丧失索赔权利。二审法院认为索赔期限属于诉讼时效性质，当事人通过签订合同的方式预先放弃诉讼时效利益无效。

六、民某公司认为《建设工程施工合同》中约定的索赔期间不属于诉讼时效，属于当事人的合意，对当事人有约束力，华某公司未在索赔期限内进行索赔，已丧失要求赔付的权利，故向最高法院申请再审，最高法院以同样理由驳回了民某公司的再审申请。

法律分析

本案的焦点问题是费用索赔事由出现后，未在合同约定时间内提出索赔，诉讼中提出索赔请求能否得到支持。

关于索赔期限的法律性质，理论界和实务界争议很大。有学者认为属于诉讼时效，合同中约定"承包人未在 28 天内提出索赔即为丧失要求追加付款的权利"，法律性质上属于对诉讼时效利益的预先放弃，依照《民法典》第一百九十七条之规定，应认定为无效；还有学者认为属于除斥期间，当事人可以通过合同自行约定，应认定为有效。司法实践中亦存在不同的判法。

云亭建工律师团队认为，费用索赔期限应属于诉讼时效范畴，《民法典》第一百九十七条规定诉讼时效由法律规定，当事人约定无效。合同约定施工过程中某些费用发生后超过 28 天未向对方提出即视为放弃的，违反了诉讼时效法定制度，为无效约定。工期索赔期限则属于除斥期间，可以由合同双方约定。

实务经验

对索赔期限约定有无法律效力问题，长期以来理论界和实务界争论不断，法院裁判也不尽相同。云亭建工律师团队建议：实践操作中，要么在合同中明确排除通用条款中索赔期限之适用，要么由发包人做好项目开发全过程合同管理、由承包人做好项目施工全过程合同管理，出现索赔事由时，在约定期间内及时提出索赔，避免在可能出现的诉讼或仲裁中再去争论索赔期限效力问题。

法条链接

《中华人民共和国民法典》（2021 年 1 月 1 日实施）

第一百九十七条 诉讼时效的期间、计算方法以及中止、中断的事由由法律规定，当事人约定无效。

当事人对诉讼时效利益的预先放弃无效。

第一百九十九条 法律规定或者当事人约定的撤销权、解除权等权利的存续期间，除法律另有规定外，自权利人知道或者应当知道权利产生之日起计算，不适用有关诉讼时效中止、中断和延长的规定。存续期间届满，撤销权、解除权等权利消灭。

法院判决

二审法院：关于约定的违约索赔期限已过，是否适用诉讼时效的问题。

民某公司在二审中提出根据《建设工程施工合同》通用合同条款19（3）约定"发包人应在知道或应当知道索赔事件发后28天内通过监理人向承包人提出索赔意向通知书，发包人未在前述28天内发出索赔意向通知书的，丧失要求赔付和（或）延长缺陷责任期的权利"。华某公司提起的违约索赔诉讼，早已超过合同约定的期限，其诉讼请求应予驳回。对此，本院认为，根据《民法总则》第一百九十九条①规定："法律规定或者当事人约定的撤销权、解除权等权利的存续期间，除法律另有规定外，自权利人知道或者应当知道权利产生之日起计算，不适用诉讼时效中止、中断和延长的规定。"本院认为，根据该规定，适用除斥期间的权利为撤销权、解除权等形成权。本案中索赔权属于损害赔偿请求权，不属于除斥期间。因此，本案中，华某公司请求人民法院保护其民事权利属于诉讼时效期间。根据《民法总则》第一百九十七条第二款②规定："当事人对诉讼时效利益的预先放弃无效。"《最高法院关于审理民事案件适用诉讼时效制度若干问题的规定》第四条规定："当事人在一审期间未提出诉讼时效抗辩，在二审期间提出的，人民法院不予支持。"民某公司在一审中并未提出时效抗辩，对于民某公司的该项上诉请求本院不予支持。

最高法院：关于华某公司是否丧失索赔权利问题。二审判决依据《民法总则》第一百九十七条第二款、第一百九十九条、《最高法院关于审理民事案件适用诉讼时效制度若干问题的规定》第四条的规定，以诉讼时效利益的预先放弃无效、民某公司在一审期间并未提出诉讼时效的抗辩为由驳回民某公司诉讼时效的抗辩具有事实和法律依据。民某公司关于华某公司未在28日内发出索赔意向通知书，丧失索赔权利的再审申请理由亦不能成立。

案件来源

山东民某建设有限公司、林芝华某房地产开发有限责任公司建设工程施工合同纠纷二审民事判决书｜西藏自治区高级人民法院·（2018）藏民终67号

山东民某建设有限公司、林芝华某房地产开发有限责任公司建设工程施工合同纠纷再审审查与审判监督民事裁定书｜最高人民法院·（2019）最高法民申2708号

---

① 编者按：《民法典》第199条。
② 编者按：《民法典》第197条第2款。

延伸阅读

云亭建工律师团队检索发现，各地法院就本文类似问题，有不同的裁判观点。

一、认为索赔期限既不属于诉讼时效，也不属于除斥期间，索赔期限届满，当事人并不必然丧失胜诉权及实体权利。

案例一：辽源市浩某建筑安装有限责任公司、辽源市御某房地产开发集团有限公司建设工程合同纠纷再审审查民事裁定书丨吉林省高级人民法院·（2020）吉民申1477号

关于《施工合同》通用条款中约定的索赔期限，因《施工合同》采用的是GF-2013-0201示范文本，该条款的设置旨在督促合同双方及时行使权利、及时形成主张权利的证据材料，该索赔期限并非诉讼时效或除斥期间，索赔期限届满，当事人并不必然丧失胜诉权及实体权利。浩某公司关于御某公司未在索赔期限内主张延误工期违约责任致其丧失实体权利的再审申请理由没有法律依据，本院不予支持。

二、未按合同约定索赔期限、索赔程序提出索赔的，丧失要求追加付款的权利。

案例二：中国某冶某建设有限公司、陕西黄某高速公路有限责任公司建设工程施工合同纠纷二审民事判决书丨最高人民法院·（2018）最高法民终380号

关于某冶金公司提出黄某公司应赔偿其窝工损失5457130.7元的诉讼请求是否应当支持的问题。某冶金公司请求的窝工损失赔偿，主要是基于原设计的利用土方不能作为路基填料及甲供材料前期不能按计划供应问题。鉴定机构作出的鉴定意见虽然认为该项损失金额为5457130.7元，其中原设计的利用土方不能作为路基填料造成的窝工损失经鉴定应补偿的金额为5178650.37元，甲供材料前期不能按计划供应造成损失的金额为278480.33元。但是，黄某公司与某冶金公司签订的《合同协议书》约定，合同通用条款为《公路工程国内招标文件范本》1999年版。合同53.1规定，如果承包人根据本合同条款中任何条款提出任何附加支付的索赔时，应在该索赔时间首次发生的21天之内将其索赔意向书提交监理工程师，并抄送业主；53.2规定，第53.1款所指事件发生时，承包人应保存当时记录，作为申请索赔款的凭证；53.4规定，如果承包人提出的索赔要求未能遵守本条中的各项规定，则承包人无权得到索赔或只限于索赔由监理工程师按当时记录予以核实的那部分款额。本案中，合同中对索赔的程序有明确规定，对

承包人未能按合同约定的程序所产生的后果亦有明确约定，即承包人无权得到索赔或只限于索赔由监理工程师按当时记录予以核实的那部分款额。对于因甲供材供应不及时导致停窝工损失278480.33元，某冶金公司项目部于2003年、2004年就该损失向黄某公司项目部、监理办提出要求赔偿的请求，并提供了监理工程师签字认可的部分损失明细汇总表。鉴定单位依照监理工程师当时记录核实的部分以及考虑程序惯例，计算出因甲供材供应不及时造成的机械、人工停滞损失为278480.33元。因此，一审判决对某冶金公司按照约定的必要条件和材料索赔的278480.33元予以支持。但对于其他停窝工损失赔偿请求，某冶金公司未能按照合同约定在索赔事件发生后及时将索赔意向书提交监理工程师，也未能提供监理工程师对该损失进行核实的记录材料。故一审判决根据双方合同通用条款对于索赔事项的规定，对某冶金公司未按照约定的必要条件和材料要求赔偿的停窝工损失部分不予支持，是正确的。

案例三：中铁某局集团有限公司、北海市美某龙置业有限公司建设工程施工合同纠纷二审民事判决书｜最高人民法院·（2020）最高法民终1156号

关于北海美某龙公司欠付的工程款问题。中铁某局上诉对索赔事项和带E钢筋部分的工程款提出异议。关于索赔事项问题，《施工补充协议》约定："解释顺序为：1、《施工补充协议》；2、《施工协议》；3、《施工补充合同》；4、《施工合同》""本补充协议约定内容与原协议不相符的，以本补充协议条款为准，本补充协议未作特别约定的内容，按照原协议的相关约定执行……"因涉案合同均为有效合同，《施工补充协议》《施工协议》均未就索赔事项作出约定，而《施工合同》第二部分通用合同条款第19.1条对索赔期限和索赔程序作出了明确约定，应当按照《施工合同》关于索赔事项的约定履行。一审法院认定，中铁某局无证据证明其已按照《施工合同》的约定向北海美某龙公司提出过索赔主张，中铁某局应当承担《施工合同》约定的"丧失要求追加付款……"的法律后果，并无不当。鉴定机构在不确定各索赔事项是否成立的情况下，作出北海美某龙公司赔偿金额暂定为11354364.48元的鉴定意见，应不予采信。中铁某局还主张即使不支持其索赔请求，对其中预留钢筋部分费用552939.65元，因已实际发生，也应得到赔偿。经查，中铁某局对鉴定意见的异议仅针对带E钢筋部分，而预留钢筋部分费用是在索赔请求中进行主张，因中铁某局未按合同约定进行索赔，且鉴定意见显示"停工后现场防护人工费用及预留钢筋增加费用的索赔金额暂定为0元"，中铁某局该项上诉主张，不能成立。

100 工程停工，发包人未要求监理人暂停服务，监理人能否主张停工期间的监理费？

阅读提示

建设工程施工周期长，在施工过程可能因各种原因导致停工，如果发包人未通知监理人暂停服务或者解除合同，监理人主张停工期间的监理费能否得到支持？

裁判要旨

监理服务费包括派驻监理人员费用、现场费用、企业管理费等，在发包人未依照合同约定向监理人发出暂停监理服务或者解除监理合同的书面通知的情况下，即使工程停工，相关费用仍会实际支出，发包人不能以工程停工为由拒绝支付相应监理服务费。

案情简介

一、2012年6月，湖北某高速公司就湖北省武汉至监利高速公路洪湖至监利项目工程施工监理进行招标。

二、2012年8月8日，广东翔某监理公司中标后，双方签订了《监理委托合同》，合同约定监理服务期共44个月，从2013年1月起算，至2016年6月届满，还约定"发包人要求监理人全部或部分暂停监理服务或解除本监理合同时，必须在56日之前发出书面通知，监理人应立即安排停止全部或该部分监理服务并将相关费用开支减至最小"。

三、因监理费用等争议，广东翔某监理公司向法院起诉，请求法院判令湖北某高速公司支付监理费及利息等，并提交了监理服务费支付月报以证明湖北某高速公司应支付的服务费数额。湖北某高速公司认为，工程于2015年7月底实际停工，故只需支付2015年7月25日之前的监理费用。

四、一审法院、二审法院均认为，湖北某高速公司应向广东翔某监理公司支付截止2016年6月的监理费用，判决湖北某高速公司支付尚欠的51555038元监理费等。

五、湖北某高速公司不服，向最高人民法院提出再审申请，最高人民法院驳回其再审申请。

法律分析

本案的焦点问题是湖北某高速公司是否应支付工程停工后的监理服务费。

第一，《民法典》第一百一十九条规定："依法成立的合同，对当事人具有法律约束力。"

本案中，根据双方在合同中的约定，如果出现停工现象导致广东翔某监理公司不能继续履行监理服务，湖北某高速公司必须在56日之前书面通知广东翔某监理公司暂停监理服务或解除监理合同，但湖北某高速公司并未通知广东翔某监理公司，并继续对广东翔某监理公司提交的监理费支付月报予以签字确认。

第二，《民法典》第九百二十八条规定："受托人完成委托事务的，委托人应当按照约定向其支付报酬。因不可归责于受托人的事由，委托合同解除或者委托事务不能完成的，委托人应当向受托人支付相应的报酬。当事人另有约定的，按照其约定。"

建设工程监理属于委托合同的范畴，可适用委托合同的相关规则。本案中，由于湖北某高速公司（委托人）并未通知广东翔某监理公司（受托人）暂停监理服务或解除监理合同，虽然工程已停工，但广东翔某监理公司仍在提供监理服务，并支出了派驻监理人员费用、现场费用、企业管理费等，湖北某高速公司按约定应向广东翔某监理公司支付报酬，其以工程停工为由拒付监理服务费的主张不能成立。

实务经验

第一，实践中对于工程停工期间发包人是否需要向监理人支付监理服务费观点不一。有观点认为，工程停工后监理人实际上并没有进行监理活动，不应获得监理服务费；也有观点认为，除非建设单位已经通知监理人退场，监理人实际上仍需支出派驻监理人员费用、现场费用等，其履约成本应当由建设单位承担。

针对此种情况，云亭建工律师团队建议发包人在工程停工后及时通知监理人，视情况要求暂停监理服务、解除合同或对监理服务工作量变动所涉及的服务费进行调整。

第二，如果双方没有在合同中明确约定当工期延长时监理方继续履行监理服务是否应获得延期监理费，以及延期监理费的计算方法，很容易发生争议。有观点认为，延期监理费应按增加的工作量计，工期延长不必然代表工作量增加，在工作量未增加的情况下不应支付延期监理费。也有观点认为，工期延长导致监理时间、人员成本增加，工期延长时间应作为计算延期监理费的依据。

云亭建工律师团队建议双方在签订合同时，应考虑到工期变化可能带来的影响，明确约定在工程延期情况下监理费的计算方法，当然，双方也可以约定，即使工程延期，只要延期时长仍在某一特定合理范围内，监理费不做调整。

第三，监理单位以工程竣工日期延后主张增加监理服务费的，不仅需要证明工程延期的事实，还需要证明监理单位因此增加的工作量或增加的工作时间，如提供监理单位工作人员的考勤记录、监理工作日志等，云亭建工律师团队建议监理单位妥善保管相应证据，防止因不能证明增加了工作量或工作时间而败诉。

法条链接

《中华人民共和国民法典》（2021年1月1日实施）

第一百一十九条 依法成立的合同，对当事人具有法律约束力。

第四百七十条 合同的内容由当事人约定，一般包括下列条款：

（一）当事人的姓名或者名称和住所；

（二）标的；

（三）数量；

（四）质量；

（五）价款或者报酬；

（六）履行期限、地点和方式；

（七）违约责任；

（八）解决争议的方法。

当事人可以参照各类合同的示范文本订立合同。

第七百九十六条 建设工程实行监理的，发包人应当与监理人采用书面形式订立委托监理合同。发包人与监理人的权利和义务以及法律责任，应当依照本编委托合同以及其他有关法律、行政法规的规定。

第九百二十八条 受托人完成委托事务的，委托人应当按照约定向其支付报酬。

因不可归责于受托人的事由,委托合同解除或者委托事务不能完成的,委托人应当向受托人支付相应的报酬。当事人另有约定的,按照其约定。

法院判决

本院经审查认为,本案原审已查明,在原审中,湖北某高速公司称涉案工程因其与施工方产生纠纷而导致停工,并主张对于未施工、停工等工程不应支付监理费用,但其并未举证证明已依照《监理委托合同》通用条款第5条的约定,在56日之前向广东翔某监理公司发出过书面通知,要求全部或者部分暂停监理服务或者解除监理合同。此外,湖北某高速公司不仅未按合同的约定对于由此增加的监理服务工作量所涉及的费用进行调整,而且其总经理陈某林、副总经理林某广、计划合同部主管罗某保等工作人员又在广东翔某监理公司提交的监理服务费支付月报上签字确认,故原审法院认定湖北某高速公司的上述主张不能成立的基本事实并不缺乏证据证明。本案原审也查明,双方所签《监理委托合同》中对监理费用的计算等问题有明确约定,且湖北某高速公司对广东翔某监理公司提交的监理费支付月报予以签字确认。因此,湖北某高速公司认为监理费的计取应当按建设工程施工完成产值占施工合同总价的比例计算的主张不能成立,其在原审中再对《监理服务费支付证书》《施工阶段延期监理服务费用计算表》申请鉴定已无意义,亦违反诚实信用原则,故原审法院对其申请未予准许,适用法律并无不当,程序亦不违法。

案件来源

湖北洪某高速公路有限公司建设工程监理合同纠纷再审审查与审判监督民事裁定书 | 最高人民法院·(2020)最高法民申6358号

延伸阅读

案例一:青岛某大学建设工程监理咨询公司、聊城市某房地产开发有限公司建设工程监理合同纠纷再审审查与审判监督民事裁定书 | 最高人民法院·(2020)最高法民申3753号

本院认为,本案再审审查的主要问题是:某房地产开发有限公司是否应当向青岛某大学监理公司支付附加工作报酬。具体分析如下:

青岛某大学监理公司再审申请主张，二审法院对《承诺函》的内容认定错误，应以《建设工程委托监理合同》作为处理双方争议的依据，该合同中约定了附加工作报酬的计算方式，某房地产开发有限公司应当按照约定向青岛某大学监理公司支付附加工作报酬。本院认为：第一，涉案工程属于必须进行招投标的建设工程项目，青岛某大学监理公司在招投标前已实际进行监理，违反了《招标投标法》的相关规定，双方签订的《建设工程委托监理合同》应认定无效。第二，《承诺函》系由青岛某大学监理公司向某房地产开发有限公司出具，载明双方签订的实际执行的监理合同须加盖青岛市政建设综合开发有限公司公章为有效。双方在履行过程中没有另行签订由青岛市政建设综合开发有限公司加盖公章的监理合同，即双方没有签订符合《承诺函》要求的实际执行的监理合同。因此，在涉案工程竣工验收合格，且实际交付购房户居住、使用的情况下，青岛某大学监理公司可参照监理合同的约定，向某房地产开发有限公司要求支付监理费。第三，《建设工程委托监理合同》及招投标文件中均确定监理费总额为275.84万元，青岛某大学监理公司的监理范围包括施工阶段及保修阶段的监理。青岛某大学监理公司在向某房地产开发有限公司申请支付监理费的书面申报材料中主张的监理费总额为275.84万元，并未提及附加工作报酬的事宜。本案诉讼过程中，青岛某大学监理公司以工程竣工日期延后导致监理服务期超出合同约定的施工期限为由，主张监理过程中产生了附加工作量并要求附加工作报酬。《建设工程委托监理合同》标准条件第二十五条约定如果因为工程延误超过了约定的监理日期，双方应当进一步约定延长的合同期，第三十一条约定如果因为委托人原因使监理工作发生时间延长，监理人应当将该情况与可能产生的影响及时通知委托人，完成监理业务的时间延长并得到工作报酬。青岛某大学监理公司既未举证证明双方另行约定延长合同期，也未举证证明其向某房地产开发有限公司履行了通知义务，其向某房地产开发有限公司要求支付附加工作报酬的主张无事实和法律依据，原审不予支持，并无不当。第四，青岛某大学监理公司向一审法院提出鉴定申请，请求对某房地产开发有限公司提交备案的《工程质量竣工验收记录》及《工程竣工报告》等材料上的青岛某大学建设工程监理咨询公司印章的真实性进行鉴定。鉴定机构对印章真实性进行司法鉴定后出具了鉴定意见。该鉴定报告真实合法，可以作为证据予以采信。青岛某大学监理公司主张鉴定报告的鉴定事项与鉴定申请事项不符，鉴定报告内容错误，但并未提交证据证明，对此不予支持。

案例二：四川成某渝高速公路有限公司、四川某信工程监理咨询有限公司建设工程监理合同纠纷再审审查与审判监督民事裁定书｜最高人民法院·（2020）最高法民申 2363 号

本院经审查认为，成某渝公司的再审申请事由依法不成立。本案不应当再审。2010 年 3 月 9 日，某信公司、某龙公司以联合体的名义与成某渝公司签订《成某渝高速公路四川段土建施工监理合同协议书》。履约过程中，某信公司、某龙公司向成某渝公司发出《关于委托支付成某渝高速公路第三监理合同段监理服务费的函》，载明某信公司的监理服务费为 2800 万元、某龙公司为 43779965 元。成某渝公司认可已分别向某信公司、某龙公司支付了相应的监理服务费。某信公司、某龙公司的服务费并非不可分，某龙公司亦未在本案中提出诉请，非本案必须参加共同诉讼的当事人。原审法院将其列为第三人并无不当。

涉案协议书第三条约定监理服务期为 60 个月，其中施工准备阶段为 2 个月，施工阶段监理为 34 个月，交工验收与缺陷责任期阶段监理为 24 个月。专用条款第五条第二款约定，施工准备阶段监理服务结束时间为 2010 年 5 月 14 日，施工阶段监理服务结束时间为 2013 年 3 月 14 日，交工验收与缺陷责任期阶段监理服务结束时间为 2015 年 3 月 14 日。某信公司履行监理义务至 2013 年 9 月 10 日，其施工阶段的监理义务已履行完毕，有权向成某渝公司主张该阶段的监理服务费。成某渝公司未举示证据证明某信公司存在违约情形，应依约支付监理服务费。

本案二审审理期间，涉案工程已交付使用，交工验收与缺陷责任期阶段监理服务结束时间点已过，某信公司请求成某渝公司支付缺陷责任期监理服务费的条件已成就。成某渝公司再审主张其于 2016 年 1 月 19 日后未再参与涉案工程后续施工，该时间节点亦在支付缺陷责任期监理服务费结束时间点之后。该主张与合同约定不符，不能成立。原审判决对此所作认定并不缺乏证据证明。

案例三：南京苏某联能源设备有限公司、贵州电某工程建设监理公司建设工程监理合同纠纷再审审查与审判监督民事裁定书｜最高人民法院·（2019）最高法民申 4868 号

本院审查认为，申请人的申请再审事由不能成立。具体评析如下：

苏某联公司申请再审中称，其于 2017 年 9 月 11 日收到二审判决，但于 2019 年 7 月始取得新证据，故于 2019 年 8 月依据《民事诉讼法》第二百零七条第一项向本院申请再审。苏某联公司提交证据材料三册，其中两册分别为一、二审证据清单，第三册未注明。第三册证据材料分别为：专业/系统图纸会审记录四份、工作联系单两份、《火电安装工程质量检验计划》一页、中间验收交接表一份、主要工程材料报审一份、《4#脱硫装置防腐材料存在问题》一份、《关于贵州发某电厂4×600兆瓦新建工程竣工环境保护验收意见的函》一份。验收意见函表明相关工程验收合格，其他材料能证明季某仁、张某林、石某龙履行了发某电厂工程监理职务，但原审对此并未否认。原审不支持申请人诉讼请求的理由之一在于：季某仁、张某林、石某龙履行发某电厂工程监理职务期间分别与南京东某科技发展有限公司、苏某联公司都签订有《监理劳务协议书》，苏某联公司原审提交的相关证据无法证明季某仁、张某林、石某龙三人系代表苏某联公司在履行监理职责。而苏某联公司申请再审期间新提交的证据材料亦只能证明季某仁、张某林、石某龙履行了监理职责，而不足以证明季某仁、张某林、石某龙三人系代表苏某联公司在履行监理职责，故其新提交的相关证据不足以推翻原审裁判。

案例四：吴川市某中学、广东省某规建设监理有限公司建设工程监理合同纠纷民事申请再审审查民事裁定书｜广东省高级人民法院·（2021）粤民申988号

本院经审查认为，本案属建设工程监理合同纠纷。根据吴川某中的申请再审事由及一、二审法院审理的情况分析，本案争议的焦点问题是某规监理公司是否已按合同履行了监理职责及吴川某中是否应支付监理费给某规监理公司。

关于某规监理公司是否已按合同履行了监理职责问题。根据原审法院查明的事实，某规监理公司按照双方签订的《建设监理合同》约定于2015年4月1日开始派出监理工作需要的监理机构及监理人员进场开始监理工作，吴川某中的建设工程也随即动工兴建。截至2017年1月14日，某规监理公司完成了对发现工程安全隐患发出整改通知、基桩检测、（钻）冲孔桩隐蔽验收、钢筋隐蔽工程质量验收、建筑起重机械安装申报审批及验收、工程签证、工程进度款审批、关键部位旁站记录等监理合同约定的监理工程范围内的监理业务。某规监理公司为此提供了相应的证据予以证明。因非监理人的原因，吴川某中涉案公租房项目未能在预期的18个月内完工，故从2016年10月1日起，即为某规监理公司的额外监理期。虽然某规监理公司于2017年4月20日作出《关于暂停吴川市某中学麓城校区教师公租房建设项目工程监理工作的函》，书面告知吴川某中及吴川规划局因吴川某中不支付监理酬金，某规监理公司于2017年4月25日起暂停监理服务。但因某规监理公司未能提供其从2017年1月15日起之后实施监理工作的相关证据，一、二审法院因此认定本案的监理期限为2015年4月1日至2017年1

月14日（其中从2016年10月1日至2017年1月14日止为额外监理期）共105天并无不当。

关于吴川某中是否应支付监理费给某规监理公司问题。双方监理合同约定了监理期限及按月支付监理费，如前所述，某规监理公司亦已按合同约定派出监理工作需要的监理机构及监理人员进场并完成了相关监理工作。因此，吴川某中应向某规监理公司支付相应的报酬（包括正常监理服务费和延长工期监理费）及逾期付款利息。吴川某中主张某规监理公司只完成了小部分监理工作，其证据不充分，而且吴川某中亦未举证证实其存在损失，故一、二审法院未支持吴川某中的主张并无不当。依据《合同法》第四百零五条的规定及双方《建设工程监理合同》对监理期和监理费的约定，经计算，截至2017年1月14日，某规监理公司的涉案工程监理（费）酬金（合同约定酬金+延长工期酬金）为894086.66元。扣除吴川某中已支付的194366.66元，吴川某中尚应向某规监理公司支付监理费699720元及自2015年11月2日起至付清欠款之日止的相应利息。二审法院对此认定和处理正确，本院予以认可。至于吴川某中诉称的涉案公租房项目至今仍未能办理施工许可证的原因等问题，二审法院已经在判决中做出了详细的分析和说明，理据充分，并无不当，本院不再赘述。综上，吴川某中的申请再审理据不足，本院不予支持。

案例五：上海市某工程监理咨询有限公司、上海某投资控股有限公司建设工程监理合同纠纷民事申请再审审查案件民事裁定书｜上海市高级人民法院·（2021）沪民申2163号

本院经审查认为，双方在合同中约定附加工作酬金是指监理人完成附加工作、委托人应给付的金额，故对延长监理期的附加监理费，并非是按延长时间计，而应按增加的工作量计。一审法院委托上海××有限公司所做的审价意见，方案一只考虑了工期延长时间，方案二考虑了工程量的变化，一审法院最终采信方案二，符合合同中对附加工作酬金的约定。综上，上海市某工程监理公司的再审申请不符合《民事诉讼法》第二百零七条第二项、第六项规定的情形。

后　记

创作并不是一件容易的事，对于业务繁忙的执业律师更是如此。本书编委在办案之余抽出宝贵时间研究案例、撰写书稿，初稿完成后，又经过六轮的交叉审阅、修订、核校，最终定稿。在此，非常感谢各位编委的辛勤付出。

感谢北京云亭律师事务所的大力支持，以及云亭各位领导和同事们的鼓励。感谢中国法制出版社，本书的出版离不开你们的帮助。

感谢所有支持、帮助、关心我们的人！

本书若有不妥之处，敬请提出您的宝贵意见。

图书在版编目（CIP）数据

建设工程纠纷裁判规则与类案集成／张海龙，刘春辉编著．—北京：中国法制出版社，2023.11
ISBN 978-7-5216-3780-9

Ⅰ．①建… Ⅱ．①张… ②…刘 Ⅲ．①建筑施工-合同纠纷-审判-案例-中国 Ⅳ．①D923.65

中国国家版本馆CIP数据核字（2023）第138584号

责任编辑：王悦 封面设计：李宁

建设工程纠纷裁判规则与类案集成
JIANSHE GONGCHENG JIUFEN CAIPAN GUIZE YU LEIAN JICHENG

编著／张海龙，刘春辉
经销／新华书店
印刷／河北华商印刷有限公司
开本／710毫米×1000毫米 16开　　　　　　　　　　印张／45.75　字数／690千
版次／2023年11月第1版　　　　　　　　　　　　　2023年11月第1次印刷

中国法制出版社出版
书号 ISBN 978-7-5216-3780-9　　　　　　　　　　　定价：179.00元

北京市西城区西便门西里甲16号西便门办公区
邮政编码：100053　　　　　　　　　　　　　　　　传真：010-63141600
网址：http：//www.zgfzs.com　　　　　　　　　　编辑部电话：010-63141830
市场营销部电话：010-63141612　　　　　　　　　　印务部电话：010-63141606

（如有印装质量问题，请与本社印务部联系。）